모든 것의 역사

A BRIEF HISTORY OF EVERYTHING
by Ken Wilber

모든 것의 역사

1판 1쇄 발행 2015. 12. 24.
1판 5쇄 발행 2021. 12. 26.

지은이 켄 윌버
옮긴이 조효남

발행인 고세규
편집 황여정 | 디자인 지은혜
발행처 김영사
등록 1979년 5월 17일(제406-2003-036호)
주소 경기도 파주시 문발로 197(문발동) 우편번호 10881
전화 마케팅부 031)955-3100, 편집부 031)955-3200 | 팩스 031)955-3111

값은 뒤표지에 있습니다.
ISBN 978-89-349-9346-9 03180

홈페이지 www.gimmyoung.com 블로그 blog.naver.com/gybook
인스타그램 instagram.com/gimmyoung 이메일 bestbook@gimmyoung.com

좋은 독자가 좋은 책을 만듭니다.
김영사는 독자 여러분의 의견에 항상 귀 기울이고 있습니다.

이 도서의 국립중앙도서관 출판시도서목록(CIP)은 서지정보유통지원시스템 홈페이지
(http://seoji.nl.go.kr)와 국가자료공동목록시스템(http://www.nl.go.kr/kolisnet)에서
이용하실 수 있습니다.(CIP제어번호 : CIP2015034238)

모든 것의 역사

켄 윌버

조효남 옮김

김영사

CONTENTS

3부 평원적 세계를 넘어서

일러두기

1. 이 책은《A BRIEF HISTORY OF EVERYTHING》을 번역한 책입니다.

2. 이 번역서는 개정판으로, 어려운 한자식 표현과 용어를 재검토하여 현대에 널리 쓰이는 알기 쉬운 말로 풀어썼습니다. 대표적으로 '상한象限'으로 번역했던 'quadrant'를 '4분면分面'으로 수정하였습니다.

3. 본문에서 " "와 ( ) 안의 내용은 지은이의 표기 및 보충 설명이고, ' '와 [ ] 안의 내용은 옮긴이의 표기 및 보충 설명입니다.

4. 본문에 나오는 고유명사(책명이나 인물명 등)는 영문을 병기하되 처음 등장할 때만 표기하였고, 인물명의 경우 일반적으로 잘 알려진 이들은 성만, 그 외는 풀네임을 영문 병기하였으며, 일부 주요 단어들은 독자의 이해를 돕기 위해 문맥에 따라 영문과 한자를 여러 번 재병기하였습니다.

5. 본문에서 인용한 책의 쪽수는 한국어 번역본의 경우 '쪽'으로 표기하였고, 국내에 출간되지 않은 원서의 경우는 'p.' 혹은 'pp.'으로 표기하였습니다.

옮긴이의 글

《모든 것의 역사》는 켄 윌버의 20여 권의 저서 중 유일하게 대화체 형식으로 집필된 책이다. 그 스스로 자신의 3부작 중 1부에 해당한다고 말하는 그의 대표작 《성, 생태, 영성: 진화의 영Sex, Ecology, Spirituality: The Spirit of Evolution》이 주로 전문가들을 대상으로 집필한 꽤 난해한 전문적 학술 서적인 데 반하여, 그가 사상의 완숙기에 접어들어 저술한 이 책은 온우주론적 통합 사상, 인류의식의 진화, 인간의식의 성장발달, 포스트모던 사상 등을 일반 독자들에게 알기 쉽게 들려준다. 한마디로 이 책은 진리를 갈구하지만 너무나 혼란스럽고 서로 모순되어 보이는 진리 주장들이 난무하고 있는 21세기 이 혼돈의 전환기적 포스트모던 시대에 참다운 통합적 진리를 갈구하는 이들을 위하여 그가 특별히 대화체로 읽기 쉽게 집필한 그의 대표적 주요 저서 중 하나이다.

이 책의 핵심 내용은 추천사에서 토니 슈워츠Tony Schwartz가 쉽게 요약하고 있다. 그가 지적하듯이 이 책에서 켄 윌버는, 책의 제목 "모든 것의 역사"가 시사하듯이, 온우주Kosmos(피타고라스 학파에서 우주를 지칭하는 용어로 물질우주만이 아닌 생물권, 정신권, 신성의 영역을 모두 포괄하는 전체 우주) 내의 '모든 것의 진화'의 역사에 대하여, 즉 빅뱅우주에서 가이아 생태계·생물권·정신권로의 진화, 그리고 인간의 개체적·사회적·문화적 의식의 창발적 진화, 바꾸어 말하면 '절대영Spirit'의 현현顯現으로서의 '만물'의 창발적·양자도약적 진화에 대하여 설득력 있고 호소력 있는 목소리로 진지하게 전해주고 있다. 다시 말해 이 책에서 그는, 포스트모던 현대 세계에서의 남녀 인간의 위치나 페미니즘의 문제, 생태 파괴와 생태주의 문제, 에고(합리주의) 진영 대 에코(생태주의) 진영 사이의 갈등, 영성의 상승(초월성)과 하강(내재성)의 문제, 전근대·근대·탈근대의 문제, 포스트모던 시대의 영성의 상실과 평원적·유물론적 의식의 문제 등을 통합적 관점에서 심층적으로 다루고 있다. 뿐만 아니라 동서양의 '영원의 철학perennial philosophy'의 존재의 대사슬도 진화론적 관점에서 신영원의 철학적 발달 전개로 보고 있다. 이에 창발적 진화론과 헤겔의 관념론에 따라서 그의 독창적 사상인 의식의 스펙트럼 모형과 진리의 4분면quadrant, 그리고 그의 독특한 온우주론kosmology 진리관인 홀라키적 전일주의와 통합방법론적 다원주의IMP: Integral Methodological Pluralism를 제시하고 있다.

켄 윌버의 핵심 사상은 이미 필자가 켄 윌버의 저서 중 국내에 최초로 소개한 《감각과 영혼의 만남: 과학과 종교의 통합The Marriage of Sense and Soul: Integrating Science and Religion》의 옮긴이의 글에서 소개한 바 있고, 필자의 졸저 《의식·영성·자아초월 그리고 상보적 통합》에서 그의 사상의 비판적 고찰과 함께 그 응용에 대해서도 광범위하게 심층적으로 다룬 바 있다. 또한 이 책 말미의 〈켄 윌버의 사상과 생애〉에서 그의 통합 사상의 핵심에 대해 간략하게 소개하였으므로 여기서는 다시 언급하지 않을 것이다. 다만 이 책 속으로 들어가는 독자의 이해를 돕기 위해 《모든 것의 역사》에 나타난 그의 통합 패러다임 사상의 특징만을 간략하게 요약하였다.

켄 윌버는 1970년대 중반 약관 23세의 나이에 집필한 《의식의 스펙트럼The Spectrum of Consciousness》을 통해 '스펙트럼 의식 심리학'의 개념을 최초로 도입함으로써 트랜스퍼스널 심리학 분야의 패러다임 전환을 가져오면서 이 분야의 새 지평을 열었다. 그 후 40여 년에 걸쳐 수많은 논문과 20여 권에 달하는 획기적인 저술을 발표하면서 트랜스퍼스널transpersonal(자아초월) 사상과 통합 사상 분야의 데카르트 또는 프로이트나 아인슈타인에 비유될 정도로 우리 시대의 대사상가 반열에 오르게 되었다. 윌버는 오늘날 통합철학·통합심리학 분야의 가장 중요한 포스트모던 사상가 중 한 사람으로서 단순한 학자가 아니라 명상가·영적 지도자로서 전 세계 다양한 분야의 수많은 전문가와 지식인, 그리고 그 추앙자들의 존경을 한 몸에 받고 있다.

필자가 과학과 종교의 통합 사상을 다룬 《감각과 영혼의 만남》을 소개한 이래로 지금은 그의 주요 저서의 절반 이상이 국내에 번역되어 나왔을 정도로 윌버의 자아초월 사상과 통합 사상이 열린 의식의 전문가들과 지식인들에게 상당히 널리 알려지긴 했으나, 아직도 켄 윌버의 사상은 다른 나라와 달리 국내에서는 제도권 내의 학자들이 외면하고 있어서 전문가나 지식인들에게는 비교적 생소한 편이다. 게다가 국내외의 일부 포스트모던 사상가나 일부의 종교·철학·심리학 분야의 전문가들조차도 그의 사상을 자기 전문 분야의 특정 선호 사상에 맞추어 편협하게 또는 피상적으로 잘못 해석하여 적용하거나 평가하는 경우가 허다한 실정이다.

그의 사상은 지난 40여 년간 20여 권의 저서를 통해 4~5단계의 변천 과정을 거치며 성숙해왔다. 그의 저서는 어느 것을 막론하고 동서고금의 철학, 종교, 심리학, 인류학, 과학, 신과학, 신물리학, 사회학, 정치학, 경영학, 문학, 예술 등 거의 모든 분야를 종횡무진으로 넘나들면서, 동서양의 '영원의 철학'적 전통지혜에서 나온 인간의식의 역동적인 성장 및 진화에 관한(신영원의 철학적) 통합적 진리관을 넓은 의미의 경험주의에 따라 심층과학적으로 명석하게 밝히고 있다. 뿐만 아니라 40년 이상의 명상·수련을 통한 체험과 깨달음에서 우러나온 초월적 의식세계, 궁극의 실재계, 심오한 정신세계에 대한 안내 지도를 명확하게 기술하고 있다. 따라서 그의 모든 저서는 그의 심오한 통합 사상이 보여주듯이 단순한 포스트모던적 편향의 어떤 독특한 이론서나 사상서가 아니다. 윌버는 포스트모던적이고 영성과학적인 이론가이면서도, 오늘날 유행하고 있는 깊이 없고 단조로운 '평원적flatland' 의식의 전일주의적·시스템적 포스트모던 사상과 신과학 사상, 극단적인 이론주의적 신패러다임주의 사상들을 신랄하게 비판하고 있는 사상가이기도 하다.

또한 포스트모던적으로 그의 사상은 보편적 통합주의에 따르는 통합 사상이라고 말할 수 있지만, 이것도 그의 사상의 어느 한 측면만을 말하는 것에 불과하다. 왜냐하면 거의 모든 제도권 학문이나 포스트모던 사상들이 인간의식의 정신적mental(이성적·합리적·개인적) 영역에 국한되어 있는 데 반하여, 그의 사상은 근본적으로 인류의 전통지혜의 정수인 '영원의 철학'과 동서양의 합리적 신비주의를 받아들이는 비전논리적 통합 사상이며 트랜스퍼스널 사상이므로, 개인적·집합적 인간의식이 자아초월적(초이지적·초이성적·초합리적·초개인적) 영역으로 지속적 진화 발달을 한다는 데에 사상의 중심축을 두고 있기 때문이다. 그러므로 윌버는 인간의식의 가장 심층적이고 가장 포괄적인 통합 비전을 제시한다는 점에서 21세기의 신영성 시대에 가장 적합한 위대한 선각자적인 대사상가이고, 인간의식과 영성의 통합 연구를 최선단에서 선도하면서 진정한 통합비전을 추구하는 위대한 통합 사상가·트랜스퍼스널 사상가라고 말할 수 있다.

무엇보다도 오늘날과 같이 초고도 ICT-SNS 양자정보화 시대, 융복합 과학기술 혁명이 우리의 삶을 빛의 속도로 변화시키는 대통합의 탈포스트모던 시대가 되어서도, 첨단 과학기술 문명의 어두운 면이 인류의 미래를 더욱더 암울하게 만들고 있다는 게 문제다. 왜냐하면 아직도 전근대·근대·탈근대 사상이 혼재하고 난무하는 가운데, 물질세계만을 실재로 인정하는 과학적 실증주의에 빠진 유물론적·물리주의적 세계관과 다윈의 진화론을 신봉하는 진화심리학·진화인문학과 뇌세포를 인간의식의 근거로 보는 거친 환원주의적 뇌신경과학이 인터넷뿐 아니라 학문적 지식 생태계의 주요 영역을 지배하고 있고, 반대로 신무속적·심령적·뉴에이지적 신비주의와 '한방' 영성주의도 지식 생태계의 다른 한 영역을 점령하고 있는 비극적 상황이 점점 더 심화되고 있기 때문이다.

더구나 21세기에도 지속되고 있는 후기 산업사회 체제 아래 과학기술 문명의 이와 같은 어두운 면은, 유용한 정보보다도 쓰레기 정보가 넘치는 정보의 홍수 속에 잠겨버린 채 그 속에서 서식하는 인간의 의식과 지성을 더욱더 혼미오도 시키면서 온전한 지성과 이성을 마비시키고 있고, 오염된 이상異狀 지식 생태계 속에 사는 이들의 의식을 물질 중독, 뇌(인지) 중독으로 더욱더 황폐화시키고 있기 때문이다. 이러한 가운데 가진 자, 권력자들은 탐욕적 지배체제를 더욱 공고화하고 있고 이에 따라 인종·민족·종교·이념·세대 간의 갈등과 광기도 더욱 심화되고 있는 게 오늘의 전 지구적 암울한 현실이다.

그러나 반면에 21세기 과학기술 문명의 밝은 면으로는, 참다운 대통합의 통전統全적·통섭通涉적 진리 인식과 윌버의 비전논리적 통합의식과 같은 진정한 지혜를 갈구하는 각 분야의 지성들이 아직은 비록 소수이지만 점점 더 늘어나고 있고, 그래서 머지않은 미래에 그 집

단지성의 힘이 임계치를 넘어 인류의식의 양자도약을 가져올 것으로 기대할 수 있다는 것이다. 그러한 독자들에게, 윌버의 통합비전의 정수를 모두 담고 있는 이 책 《모든 것의 역사》는 대통합의 시대, 신영성의 시대에 깨어 있는 의식으로 진정한 통합적 진리의 세계로 나아가는 데 길라잡이가 될 수 있을 것이다.

졸역이나마 이 책의 개정판 번역을 마치면서, 탈포스트모던적 통합·통섭·융합의 시대에 과학·철학·심리학·종교 등과 자아초월적 정신세계의 진리와 영성을 탐구하려는 국내의 지식인들을 위하여 켄 윌버의 주요 사상을 국내에 소개하는 데 적극 앞장서서 이 책을 출판해주신 김영사 김강유 대표 및 편집자 여러분에게 진심으로 감사드린다.

2015년 가을

조효남

추천사

6년 전인 1989년, 나는 직접 나 스스로 지혜를 찾기 위하여 전국에 걸친 여행길에 나섰다. 여행 도중에 나는 내가 바라는 해답을 알고 있다고 주장하는 200명 이상의 심리학자, 철학자, 의사, 과학자, 신비주의자들과 인터뷰하며 함께 일도 해보았다. 《무엇이 정말 문제인가: 미국의 지혜를 찾아서What Really Matters: Searching for Wisdom in America》라는 책을 쓰고 있을 즈음, 내가 분명하게 깨달은 사실은, 켄 윌버야말로 학문적으로 자수성가한 대가의 부류에 속한다는 것이다. 내가 확신하는 바로는, 그는 최근에 출현한 미국의 독특한 지혜로는 가장 설득력 있고 호소력 있는 목소리로 매우 높은 경지에 가 있다는 것이다.

켄 윌버가 《의식의 스펙트럼》을 출판한 지도 어언 20여 년이 지났다. 이 책은 그의 나이 23세 때 쓰여진 것으로, 그를 하룻밤 만에 아마도 우리 시대의 가장 넓은 철학적 식견을 지닌 사상가로 유명인이 되게 만든 책이다. 《의식의 스펙트럼》은 그가 대학원에서 생화학 분야의 공부를 하다가 도중에 포기한 후 세 달 만에 집필한 것으로, 이 책에서 그는 인간의 발달이 서양 심리학에서 이미 통상 인정되고 있는 단계를 훨씬 넘어서는 구체적인 여러 단계로 전개해나간다는 획기적인 주장을 하였다. 윌버의 주장에 의하면 먼저 우리 인간은 개인으로서의 건전한 분별력을 발달시키고 나서 그다음에는 궁극적으로 개인적 자아를 초월하는, 또한 동시에 내포하는 보다 폭넓은 정체성을 경험하는 것이 가능하다는 것이다. 윌버는 그 전까지는 도저히 화해될 수 없어 보이는 이질성으로 인하여 등 돌리고 있던 프로이트Freud와 붓다를 결혼시킨 것이다. 그리고 이것이야말로 그의 수많은 독창적 공헌 가운데 바로 첫 번째로 손꼽히는 것이다.

이 책의 제목은 믿기 어려울 정도로 매우 산뜻하다. 《모든 것의 역사》는 책 제목이 약속하는 바를 그대로 전달하고 있다. 이 책은 우주적 시원으로서의 빅뱅으로부터 정신적으로 무미건조한 포스트모던 시대의 현재에 이르기까지 방대한 역사적 근거를 망라하고 있다. 그러한 궤를 따라서 이 책은 인류가 신체적으로, 감정적(정서적)으로, 지적으로, 도덕적으로, 영적으로 진화해온 방식, 흔히 서로 모순되어 보이는 방식들의 의미를 알리고자 한다. 그리고 그 모든 광범위한 주제의 범위를 두드러질 정도로 얇게 축약하고 있다.

실제로《의식의 스펙트럼》과 달리, 또한 이어서 출간된 11권의 윌버의 저서들과 달리《모든 것의 역사》를 두드러진 것으로 만드는 요인은, 이 책이 앞서 나온 그의 여러 초기 저서에서 나타난 관념들을 확장시키고 있을 뿐만 아니라 그것들을 단순하고 쉽게 접근 가능한 대화체 형식으로 제시하는 데 있다. 윌버의 저서 대부분은 최소한 동양의 주요 정관靜觀/명상적 전통의 지식뿐 아니라 서양의 발달심리학의 전문지식까지도 요구하고 있다. 《모든 것의 역사》는 보다 광범위한 독자층을 위해—말하자면 우리의 일상적인 삶에서 지혜를 찾으려고 분투하지만, 흔히 서로 너무나 모순되어 보이고 근본적으로 여러 면에서 부족해 보이는 길들로 인하여, 또 난마같이 얽힌 수없이 많은 진리에의 길들로 인하여 당혹해하는 사람들을 위해—쓰여진 것이다. 이 책을 읽은 다음 여전히 더 많은 것을 알기를 원하는 독자들에게 나는 윌버의 최근의 저서 《성, 생태, 영성: 진화하는 영》을 권하고 싶다. 이 책에는 《모든 것의 역사》에 나오는 대부분의 개념들을 보다 더 엄격하게 모색하면서 상술하고 있다.

지금까지 내가 만난 그 어느 누구도 인간발달의 경로, 즉 의식의 진화를 윌버보다 더 체계적으로 또는 포괄적으로 기술한 사람은 없었다. 내 여정에서 나는 자신들이 권장하고 있는 진리에 대한 특정한 해석을 펼치기 위해 당당하게 주장하는 여러 사람들을 만나보았다. 그들은 거의 예외 없이 다른 것들은 제외시키는, 일련의 능력과 가치만을 예찬하고 원하는 어느 한 부분만을 선택함으로써 그들의 결론에 도달하고 있음을 발견하였다. 독자들이 이 책을 읽어나가면서 곧 발견하게 되겠지만 윌버는 보다 포용적이며 포괄적인 접근 방식을 취하고 있다. 그는 이 책에서 신플라톤주의로부터 모더니즘에 이르는, 관념론으로부터 포스트모더니즘에 이르는, 상반되는 철학적 사조로부터 나온 진리들뿐만 아니라, 방대하고 본질적으로 상이한 여러 학문의 분야들—예컨대 물리학과 생물학, 사회과학과 시스템과학, 예술과 미학, 발달심리학과 정관/명상적 신비주의—로부터 나온 모든 진리를 존중하고 통합하는 정합적 시각을 펼쳐나가고 있다.

윌버가 인정하는 것은 어떤 하나의 주어진 진리 주장은 완전하지 않으면서도 정당할 수 있고, 그것이 성립되는 한계 내에서는 옳다는 것이며, 또한 이것은 똑같이 중요한 다른 진리들의 일부로 보아야 한다는 점이다. 아마 그가 《모든 것의 역사》에서 우리에게 전해주고자 하는 가장 위력적인 새로운 이론적 도구는, 발달에는 네 개의 "분면分面"이 있다는 견해일 것이다. 여러 시대에 걸쳐 수많은 사상가들에 의해 창안되어온 수백 가지 발달—그중에 약간만 언급하면 생물학적·심리학적·인지적·영적 발달—의 지도를 고찰해볼 때, 그것들은 흔히

"진리"에 대한 매우 상이한 해석을 기술하고 있다는 생각이 윌버에게 떠오른 것이다. 예컨대 발달의 외면적 형태는 객관적으로, 또 경험적으로 측정 가능한 것들이다. 그렇지만 윌버가 분명하게 하는 것은 이러한 형태의 진리는 우리로 하여금 그것의 한계 내에서만 알게 한다는 것이다. 무엇이든 포괄적인 발달은 내면적 차원—주관적이고 해석적이며, 의식과 내관에 의존하는 차원—도 역시 포함한다는 것을 그는 지적하고 있다. 그뿐 아니라 윌버는 내면적인 발달과 외면적인 발달은 모두 단지 개인적으로만 일어나는 것이 아니고 사회적·문화적 맥락과 관련하여서도 일어난다고 보았다. 그래서 4분면을 언급하는 것이다.

윌버는 일련의 명백한 예들을 들어가며 논하기를, 진리의 이러한 형태들 중에 그 어느 것도 다른 것으로 환원될 수 없다는 것이다. 단 하나의 사례만 들자면 행동주의자의 경우, 한 개인의 외면적 행동—혹은 그것의 생리학적 상관 기능—에 관한 관찰만 갖고서는 그것의 내면적 경험을 이해할 수 없다는 것이다. 오로지 많은 종류의 진리가 있다는 점을 인식할 경우에만 진리는 참으로 우리를 자유롭게 놓아준다는 것이다.

《모든 것의 역사》는 여러 수준level에서 영향을 미치고 있다. 그것은 우리가 사는 세계에 대해, 그리고 그 안의 남녀의 위치에 대해 지금껏 내가 발견한 가장 풍부한 지도이다. 윌버가 시사하는 바는, 진보의 변증법에서 진화의 각 단계는 그 이전 단계의 한계를 초월하지만 동시에 새로운 것이 생겨나게 한다는 것이다. 이것은 남녀 양쪽 모두의 보다 더 의식적이며 완전한 삶을 향한 진정한 탐색을 위하여 지속적으로 분투하는 정신에 대해 존엄성을 부여하고 축복하는 관점이다. "그 어느 획기적인 시대도 최종적이 될 권리를 부여받고 있지 않다." 윌버는 이렇게 쓰고 있다. "우리 모두는 내일의 먹이이다. 발달의 과정은 계속되므로 '영Spirit'은 어떤 특정한 시대나 시간이나 장소에서가 아니라 과정 그 자체에서 발견되는 것이다."

또 다른 수준에서 보면, 《모든 것의 역사》에서 윌버는 신비성을 벗기는 사람이며 가면성을 폭로하는 사람—말하자면 모든 것을 망라하는 진리에 이르는 길을 약속하면서도 보다 더 흔하게는 불완전하거나 오도하고 있거나 잘못 안내하거나 왜곡하고 있는 선생들, 기법들, 관념들, 체계들에 대한 분별력 있는 비평가—으로서 역할도 하고 있다. 우리 자신도 너무 자주 공범자가 되고 있다. 조그마한 어떤 변화도 두려워하고, 자기만의 무한한 잠재적 가능성도 두려워함으로써, 우리는 너무도 빨리 단순한 해답을 구하고 그에 대한 고착 상태에 빠져들곤 한다. 결국에 가서 이것은 진리에 대한 우리의 조망을 좁아지게 하고 우리의 발달을 멈추게 할 뿐이다.

윌버의 목소리는 매우 찾아보기 드문 것이다. 그는 진리를 향한 진정한 마음과 헌신적인 진리에의 참여라는 두 과업으로 우리를 이끌어 간다. 그는 가능한 한 가장 큰 사진을 찍기 위하여 그의 렌즈를 확대시키지만, 모든 요소를 똑같은 크기로 보기는 거부한다. 그는 질적인 면에 차이를 둔다. 그는 깊이에 가치를 부여한다. 그 자신은 비록 다른 목소리를 가진 많은 사람들에 대한 존경심으로 넘치지만, 그는 적을 만드는 것을 두려워하지 않는다. 그 결과 《모든 것의 역사》는 단지 우주적 질문에 대해서뿐만 아니라 혼란스럽고 제대로 해결되지 않고 있는 우리 시대의 수많은 문제들—예컨대 변화하고 있는 남녀의 역할, 환경의 지속적인 파괴, 다양성과 다문화주의, 억압된 기억과 아동의 성적 학대, 정보화 시대의 인터넷의 역할 등—에 대해 매우 독창적인 조명을 비추고 있다.

나는 이 책보다 더 나은 방식으로 켄 윌버를 소개할 수 있다는 것을 상상할 수 없다. 이 책은 진화, 의식, 그리고 전적으로 새로운 수준으로의 변용을 위한 우리의 잠재적 가능성에 대한 논의를 다루고 있다.

보다 실제적으로 이 책은, 우리들이 그 어떤 지혜의 길을 선택하여 취한다 하더라도 수많은 헛걸음과 그릇된 방향 전환으로부터 우리를 구해줄 것이다.

토니 슈워츠[1]

1 저널리스트로 시작하여 〈뉴욕타임스〉의 리포터, 〈뉴스위크〉의 에디터, 미 경영 월간지 〈패스트컴퍼니〉의 칼럼니스트 등으로 활동하였다. 구글, GE, 자포스, 포드, 아메리칸익스프레스 등 〈포춘〉이 선정한 세계 500대 기업을 대상으로 삶과 조직의 에너지 관리에 대해 컨설팅하고 있다. 전 세계 28개 언어로 번역된 저서 《몸과 영혼의 에너지 발전소The Power of Full Engagement》는 4개월 동안 〈뉴욕타임스〉 베스트셀러였으며, 도널드 트럼프와 함께 쓴 《거래의 기술The Art of the Deal》 또한 세계적인 베스트셀러가 되었다.

제2판 서문

《모든 것의 역사》는 내가 집필한 가장 인기 있는 책 중 하나인데, 이는 내가 발달시키려고 노력해온 통합적 비전을 상당수 포함하고 있다는 점에서 고무적인 일이다. "통합적"이란 말은 단순히, 이러한 접근 방식이 가급적 많은 분야들에서—서양뿐 아니라 동양, 전근대·근대·탈근대, 물리학 같은 견고한 과학hard science에서 영성과학 같은 유연한 과학tender science에 이르기까지—수많은 중요한 진리를 포함하도록 시도하고 있다는 것을 의미한다. 어느 한 비평가가 말하듯이, 이 통합적 접근 방식은 역사상 어느 접근 방식보다도 더 많은 진리를 드높이고 통합시킨다. 나는 이 말이 참이라는 것을 믿고 싶지만, 독자가 이 책을 읽어나가면서 정말 그러한지를 판단하는 게 최선일 수 있다.

그래서 설사 그 말이 참이라 해도 그게 어떻다는 것일까? "통합적 접근"이 도대체 무엇을 의미한다는 것일까? 그래서 오늘날 같은 세상에 그것이 도대체 나와 무슨 상관이 있다는 것일까? 글쎄, 그렇다면 그것이 비즈니스, 과학, 영성에서 무엇을 의미하는지 신속하게 살펴보기로 하자.

수많은 다양한 인간 문화—전근대·근대·탈근대 문화—를 연구하는 학자들은 그러한 문화들의 풍성한 다양성에, 즉 종교·윤리·가치·신념에서 여러 겹의 차이를 가진 인간성의 아름답고, 다문화적이고, 다색조적인 무지개에 점점 더 많이 부딪치고 있다. 그러나 마찬가지로 많은 학자들은 이러한 문화들의 일부 유사성에도 역시 부딪치고 있다. 예를 들면 언어, 인지, 인간심리에 있어서 어떤 패턴들은 그것들이 어디에서 나타나든지 간에 매우 유사하다. 세상 모든 곳의 인간들은 이미지, 상징, 개념을 형성할 능력을 갖고 있고, 비록 그러한 개념들의 내용은 흔히 변하지만, 그 능력은 보편적이다. 이러한 보편적이고 문화를 가로지르는 패턴들은 인간 조건에 관해 매우 중요한 어떤 것을 우리에게 말해준다. 만약 독자가 대부분의 인간들이나 심지어 모든 인간들에 의해 공유되는 어떤 것을 발견했다면 이는 심오한 의미가 있는 어떤 것을 발견한 것이기 때문이다.

만약 우리가 이러한 공통 패턴들의 모든 것을 취하여 그것들을 함께 모아놓는다면 어떻게 될까? 어떤 종류의 그림을 얻을 수 있을까?

이것은 인간 게놈 프로젝트(인간 DNA 유전자의 완전한 지도화)와 아주 흡사하다. 다만 이것은 일종의 '인간의식 및 문화 프로젝트Human Consciousness and Culture Project'라는, 즉 세상 모든 곳의 인간들이 접근 가능하도록 되어 있는 모든 문화적 능력의 지도화라는 점을 빼놓고는 그렇다는 말이다. 이 프로젝트는 우리에게 오히려 인간 잠재력에 대한 비범한 지도, 즉 인간의 가능성에 대한 위대한 지도를 제공할 수도 있을 것이다. 그래서 나아가 우리가, 즉 독자와 내가 아직은 실현하지 못하고 있을지도 모르는 잠재력의 어떤 점을 인식하도록 도와줄 수도 있을 것이다. 이것은 우리 자신의 더 상위적인 성장 단계의 지도이자 우리 자신의 더 위대한 기회의 지도일 수도 있는 것이다.

독자들은 이 '인간의식 및 문화 프로젝트'의 상당히 많은 부분이 사실상 이미 완성되었다는 것을 알면 놀라게 될지도 모른다. 세계 도처의 수천의 연구자들이 연구한 결과에 따르면, '인간의식 및 문화 프로젝트'는 이미 의식의 상위적 상태, 성장의 단계, 영성의 패턴, 그리고 [심층] 과학의 형태들의 보다 심원한 범위를 드러내고 있다. 흔히 이 [심층적 형태의 과정]들은 한편으로는 과학적 유물론, 그리고 다른 한편으로는 표층의 포스트모던 축제에 관한 (우리의 현재의 문화에서 인정받고 있는 보다 더 엄격하게 제한된 과학적) 비전 등을 종종 왜소하게 보이게 한다.

앞으로 독자들이 알게 되겠지만, 이러한 더 큰 잠재력과 가능성은 이 책 전반에 걸쳐 제시된 더 거대한 그림—일종의 "모든 것의 이론"이랄 수 있는 더 거대한 그림—에서 결정적으로 중요한 핵심요소가 되고 있다. "모든 것의 이론"이란 그저 이런 것이다. '만약 세계의 모든 문화는 다 중요하지만 다만 부분적이라면, 그러한 진리 모두를 풍성하게 짜여진 형형색색의 벽걸이 융단으로, 즉 다양성 속의 통일 Unity-in-diversity로, 말하자면 다색조이지만 단일한 무지개로 다 함께 짜 맞추어지게 하면 어떻게 될까?'

그래서 일단 그러한 무지개가 분명하다면, 그것이 내게 어떻게 적용된다는 말일까? 그 답은 아마 매우 단순할 것이다. 인간의 잠재력에 관한 보다 더 정확하고 포괄적인 지도는 보다 더 효과적인 비즈니스, 정치, 의학, 교육, 영성으로 직접 해석될 것이다. 반면에 만약 독자가 인간에 대한 부분적이고 절단되고 조각난 지도를 갖고 있다면 독자는 비즈니스, 의학, 영성 등에 대한 부분적이고 절단되고 조각난 접근 방법만을 갖게 될 것이다. 쓰레기가 들어가면 쓰레기만 나올 뿐이다.

그러므로 독자가 추구하는 분야가 그 무엇이라고 해도 "모든 것의 이론"은 그것을 훨씬 더 효과적인 것으로 만들 것이다. 그렇다면 인간의 가능성에 대한 이러한 보다 더 포괄적인 지도가 정치, 비즈니스, 교육, 건강 관리, 법률, 생태학, 과학, 종교를 포함하는 실제로 거의 모든 분야에서 폭발적인 관심을 끌고 있다는 것은 결코 놀라운 일이 아니다. 이러한 최근의 일부 응용에 대해 관심이 있는 독자들은《모든 것의 이론: 비즈니스, 정치, 과학, 영성에 대한 통합적 비전A Theory of Everything: An Integral Vision for Business, Politics, Science, and Spirituality》을 참조하기 바란다.

그렇지만 그 기본적인 내용은 여기 이 한 권의 책 속에 다 들어 있다. 이 책은 이러한 포괄적인 지도가 독자에게 유용한지 어떤지를 알기 위하여 독자가 이 지도에 관해 필요로 하는 모든 것을 제공할 것이다. 그리고 비록 이 포괄적인 지도가 복잡하게 들릴는지 모르나 일단 독자들이 그 핵심을 터득하고 나면—나는 이 책 전반에 걸쳐 그 핵심을 보여주려고 노력할 터이지만—그것은 놀랄 만큼 단순하고 사용하기 쉬울 것이다. 그리고 독자가 이 책을 다 읽고 날 때쯤 독자가 원하기만 한다면 그것을 응용하기 시작하는 데 필요한 모든 도구들을 갖게 될 것이다.

마지막으로 한 가지 요점을 더 말하자면, 보다 더 포괄적인 지도에 대한 전반적인 아이디어는 독자 자신의 현재의 이해를 풍성하게 하는 것이지 부정하는 것이 아니라는 것이다. 일부 사람들은 보다 더 통합적인 접근 방법으로 인해 위협을 받는데, 그렇게 되면 자신들이 지금 하고 있는 것이 어쩐지 잘못된 것임을 의미한다고 상상하기 때문이다. 그러나 이는 마치 뛰어난 프랑스 요리사가 멕시코 요리에 의해 위협받는 것과도 같을 것이다. 우리는 단순히 새로운 스타일을 추가하는 것이지, 이미 존재하고 있는 것들을 경멸하는 것이 결코 아니다. 나는 프랑스 요리를 아주 좋아한다. 하지만 멕시코 요리도 좋아하는 편이다. 만약 둘의 진가를 충분히 알아본다면 그 진가가 사라지게 하지 않을 것이다. 통합적 접근에 대한 대부분의 저항은 멕시코 요리를 경멸하는 프랑스 요리사로부터 나온다. 이것은 아마 도움이 되지 못하는 태도일 것이다.

그러므로 이 책을 읽어나가면서 독자들은 "요리"의 국제적 스타일—인간의 가능성에 대한 보편적인 바이킹 요리[서서 먹는 스칸디나비아식 가짓수 많은 요리의 일종], 희미하게 빛나는 무지개처럼 배열된 모든 것, 독자 자신의 더 심층적이고 더 상위적인 잠재력의 비범한 스펙트럼—을 발견할 것이다. 이러한 지도는 단순히, 독자들이 자신의 의식의 방대한 지형, 자신의 존재와 생성 과정의 거의 무제한의 잠재능력, 즉 자신의 원초적 자각의 거의 무한대의 팽창을 탐구하도록 하기 위한 초대일 뿐이다. 그리하여 독자가 결코 떠나본 적이 없는 장소, 즉 독자 자신의 가장 심층적인 본성과 독자 자신의 본래면목에 도달하도록 하기 위한 것이다.

독자에게 드리는 글

더글러스 애덤스Douglas Adams의 《은하수를 여행하는 히치하이커를 위한 안내서Hitchhiker's Guide to the Galaxy》라는 소설을 보면 궁극적인 해답, 절대적인 해답, 즉 신, 생명, 우주, 만물을 완전하게 설명하는 해답을 내릴 수 있는 거대한 슈퍼컴퓨터가 설계되어 있다. 그런데 컴퓨터는 이 일을 하는 데 750만 년이 걸리게 되고, 컴퓨터가 해답을 내릴 때쯤에는 모든 사람들이 그 질문을 잊고 만다. 아무도 그 궁극적인 질문을 기억하지 못하지만, 컴퓨터는 궁극적인 해답을 내놓는다. "42"라고.

정말 놀랍지 않은가! 결국 이것이 궁극의 해답이라니. 해답 자체가 너무 이상했던지라, 그 질문이 무엇인지 밝혀내기 위한 논쟁이 벌어진다. 수많은 심오한 질문들이 제기되었다. 그리고 결국 선택된 질문은 다음과 같다. "인간은 얼마나 많은 길을 걸어 나가야 하는가How many roads must a man walk down?"[2]였다.

물론 그 해답이 "42"와 같이 아주 멋진 것으로 주어지지는 않고 있

2 '궁극적인 질문'이 무엇인지 밝히려던 초지성적인 존재(소설에서는 '생쥐'로 등장)들이 다시 컴퓨터를 천만 년 동안 가동해야 하는 상황을 피하고자 그럴듯한 질문을 모의하다 우연히 떠올린 것으로, 이는 밥 딜런Bob Dylan의 노래 〈Blowin' in the Wind〉(1962)의 가사 첫 구절이다. 소설이 인기를 얻으면서 '42'는 독자들에게 특별한 숫자가 되었고, 실제로 구글을 비롯한 몇몇 검색엔진에 'the answer to life, the universe and everything(삶, 우주, 그리고 모든 것에 대한 해답)'이라고 적으면 '42'가 검색된다.

지만, 이 책에서 다루고 있는 꽤 많은 부분이 바로 바로 "신, 생명, 우주, 만물"에 관한 것이다. 이 책에서는 물질, 생명, 마음, 영Spirit, 나아가 이것들을 모두 하나로 연결하는 패턴으로 통일하는 것 같아 보이는 진화의 흐름에 대해서 다룬다.

나는 이 책을 대화—질문과 답변—형식으로 집필하였다. 이러한 대화의 많은 부분은 실제로 있었던 것이지만 대부분은 이 책을 위하여 다시 구체적으로 쓰여진 것이다. 이 책의 질문들은 매우 사실적인데, 이것들은 내 저서 일반과 특히 나의 최근의 저서(《성, 생태, 영성》)에 관하여 대단히 자주 제기되곤 했던 질문들이다. 그렇지만 그 책이나 내 저서들 중 어느 것을 반드시 먼저 읽어야 할 필요는 없다. 내가 믿기에는 이 책에 나오는 주제들은 그 자체가 본래 매우 흥미 있는 것들이며, 그것들에 대한 대화는 관련된 분야의 예비지식이나 전문지식을 요구하지 않는다(참고도서, 문헌, 주註와 보다 상세한 논증에 흥미 있는 학자들은《성, 생태, 영성》을 참고하기 바란다).

이 책의 처음 몇 장에서는 물질우주와 생명의 창발創發에 대해 다룬다. 무엇이 혼돈을 질서로 이끌어 가는가? 어떻게 하여 물질에서 생명이 생겨났는가? 진화의 이 비상한 게임에는 어떤 흐름이 진행되고 있는가? 생태계의 "영"은 존재하는가? 그것이 진정 문제가 되는가와 같은 주제들이다.

이 책 중간의 여러 장에서는 마음이나 의식의 출현에 대해 탐구한다. 그런 다음 우리는 인류 발전의 주요한 5~6단계, 즉 수렵채집사회로부터 원예농사회로, 농경사회로, 산업사회로, 정보사회로 나아가는 이 의식의 진화를 차례차례 다룰 것이다. 그러한 진화의 각 단계에서 남녀의 지위는 어떠했는가? 왜 진화의 어떤 단계에서는 남성 젠더가 강조되고 다른 어떤 단계에서는 여성 젠더가 강조되었는가? 이것이 오늘날 젠더 전쟁에 어떤 빛을 비추고 있는가? 범우주적 진화 게임에서와 마찬가지로 인간의 진화에서도 동일한 진화의 흐름이 작용하고 있는가? 어떻게 과거의 인간의 발달이 오늘의 인간의 문제에 연관되는가? 만약 우리가 과거를 기억하지 못한다 하더라도 우리는 그것을 반복하도록 운명 지어져 있는 존재인가?

다음으로 우리는 '신성의 영역'을 살펴볼 것이며, 그리고 어떻게 그것이 물질, 생명, 마음으로의 창조적 흐름에 연관되는가를 알아볼 것이다. 역사적으로 볼 때 종교는 어떻게, 왜 심리학에 그 권능을 넘겨주게 되었는가? 예전에는 언제나 그랬듯이 만일 당신이 내적으로 혼란스럽고 동요되어 해답을 구하고자 한다면 성직자에게 가서 말하곤 했었다. 오늘날 우리는 정신과 의사에게 가서 말하지만 그들의 처방이 서로 일치하는 경우가 거의 드물다. 왜 그럴까? 무엇이 일어났기 때문일까? 혹시 그들 모두 우리에게 말해줄 무언가 중요한 것을 갖고 있는 것일까? 어쩌면 그들 양쪽은 서로 반목하는 사이가 아니라 얼싸안고 입 맞추는 사촌 간이라야 하지 않는가?

우리 자신의 삶에 있어서 우리는 누구에게 해답을 구하려는가? 우리는 궁극의 해답을 얻기 위하여 애덤스의 슈퍼컴퓨터에 물어봐야 하는가? 종교? 정치? 과학? 심리학자? 영적 스승? 아니면 심령술사에게서 해답을 구해야 하는가? 우리는 진실로 중요한 질문에 대해 최종적으로 **어디에** 궁극적 신뢰를 두고 있는가? 이러한 것이 우리에게 정말 무언가를 말해주고 있는가? 이러한 여러 상이한 출처들이 각각 자신의 진리를 균형적이고 조화로운 방식으로 말하도록 하기 위해 이러한 것들을 함께 묶는 길이 있는 것인가? 이것이 오늘날과 같이 분열된 세계에서 과연 가능할 것인가?

마지막의 몇몇 장들은 평원적 세계를 다룬다. 말하자면 풍성하게 짜여진 '온우주Kosmos'로부터 평탄하고 시들해진 일차원적 세계로의 붕괴, 즉 근대성과 탈근대의 음침한 흑백사진 같은 세계로의 붕괴를 다룬다. 그러나 우리는 단순히 근대 세계를 비난하는 안목으로 그렇게 하지 않을 것이고, 오히려 명백하게 신에게 버림받은 우리 자신의 시대에서조차도 창조적 활동을 하고 있는 찬란하게 빛나는 '영'을 발견하려고 애쓰는 가운데 그렇게 할 것이다.

얼마나 많은 길을 우리 각자는 걸어 나가야 하는가? 결국에 가서는 이것에 대한 해답을 얻게 될는지도 모른다. 인식의 굴레로부터 벗어나고 각성의 깨우침 속에서 해방되면서, 경이로움이 계속 거품처럼 넘쳐흐르고 환희가 표면으로 솟아오르게 될 것이기 때문이다. 그래서 결국 우리 모두는 어떻게 경탄하는지를 알게 되는데, 그것은 바로 우리 안에 있는 그 '신'의 목소리로 말하는 것이며 우리의 영원한 고향을 불가해하게 가리키는 것이다.

1995년 봄 콜로라도 볼더에서

켄 윌버

서론

■ 《성, 생태, 영성》에 성sex에 관한 이야기가 나옵니까?

○ 네, 도해와 함께 실제로 그것을 다룹니다.

■ 농담이시겠지요!

○ 네, 농담입니다만 사실이기도 하지요. 성적인 문제는 이 책의 주요 주제 중의 하나이고, 특히 젠더gender에 관련된 성에 대해 다루고 있습니다.

■ 성과 젠더는 서로 다른 것입니까?

○ 인간의 생식이라는 **생물학적** 측면을 언급하기 위해 "성"이나 성적인 문제sexuality를 사용하고, 성적이거나 생물학적 차이를 중심으로 생겨나는 남녀 간의 문화적 차이를 언급하기 위해 '젠더'를 사용하는 것은 흔한 일입니다. 남녀 간의 성적인 차이는 통상 **남성**male과 **여성**female으로, 그리고 문화적 차이는 **남성성**masculine과 **여성성**feminine으로 말해집니다. 그래서 남성과 여성은 말 그대로 생물학적으로 결정되는 반면, 남성성과 여성성은 주로 문화의 산물이라고 해야겠지요.

■ 그렇다면 요령은, 어느 특징이 '성'이고 어느 특징이 '젠더'인가를 잘 결정하는 데 있겠군요.

○ 어떤 의미로는 그렇지요. 남성과 여성 간의 성적 차이는, 일차적으로 생물학적인 것이기 때문에 보편적이며 문화횡단적인 공통 현상입니다. 즉 남성은 어디서나 정자를 생산하는 반면 여성은 난자를 생성하고 출산을 하고 젖을 분비한다는 점 등 때문에 그러하다는 것입니다. 그렇지만 남성성과 여성성 간의 차이는 주로 남성과 여성으로 길러지게 되는 문화의 차이에 의해서 생겨나고 그 틀이 갖추어집니다.

그래서 말입니다만 오늘날 양성兩性 사이의 소란의 일부는, 남성과 여성의 차이는 생물학적이고 보편적이지만—따라서 실제로 그 현저한 변화란 있을 수 없지만—그럼에도 남성성과 여성성은 많은 면에서 문화의 산물인지라, 이러한 남녀의 역할은 최소한 몇몇 주목할 만한 방향으로 변화될 수 있다는 데서 비롯되는 것입니다. 그래서 문화적 산물로서 우리는 이러한 일부의 '젠더' 역할을 변화시키려고 하는 어렵고도 아주 묘하게 주의를 요하는 과정에 처해 있습니다.

□ 예를 들자면 어떤 것인가요?

○ 글쎄요. 예컨대 평균적으로 남성의 신체는 여성보다 더 근육질이고 물리적으로 더 강하다는 것은 옳은 말이지만, 그렇다고 해서 반드시 남성성이란 강하고 적극적이라는 것을 의미하고 여성성이란 약하고 얌전하다는 것을 의미한다고 단정할 수 있는 것은 아닙니다. 그래서 지금 우리는 남성성과 여성성의 역할이 재정의되고 재창조되고 있는 전환기 속에 있습니다. 이것은 남녀 양쪽 모두가 여러 형태의 젠더 전쟁에서 서로에게 증오심을 품고 저격 행위를 하는 상황으로 몰아넣고 있습니다.

문제의 일부분은, 남자와 여자의 역할은 사실 재정의되고 재양식화될 수 있는 것이지만—장구한 세월 동안 미제未濟로 남아 있어서 절실하게 쇄신을 필요로 하는 것이지만—반면에 남성과 여성의 특징은 크게 변할 수 없는 것이어서 남성성과 여성성의 차이를 평준화하려는 우리의 시도로 말미암아 우리가 남성과 여성의 차이마저 없애버리려는 데까지 위험스러울 정도로 근접해 있다는 것입니다. 전자는 좋은 생각이지만 후자는 불가능한 일입니다. 그래서 이 문제를 푸는 묘수는 다름 아니라 그 차이를 바로 아는 데 있다는 게 내 생각입니다.

■ 그렇다면 남녀 간의 차이에서 어떤 부분은 그대로 남아 있어야 하고 어떤 부분은 변화되어야 할 필요가 있다는 말입니까?

● 그런 것 같은데요. 우리가 '성'과 '젠더' 양쪽에 모두 관계되는 남녀 간의 차이에 대한 연구 조사를 계속하게 되면, 문화적 영역에서조차도 개개의 문화들을 가로질러 계속 반복하여 불쑥불쑥 나타나곤 하는 어떤 분명한 차이가 있습니다. 바꾸어 말하면 일정한 성적 차이뿐 아니라 일정한 젠더의 차이까지도 문화를 가로질러 반복되는 경향이 있습니다.

그것은 마치, 남녀 간의 생물학적인 성차는 너무나 강력한 기반이므로 이러한 차이가 문화 부문에도 침투하여 젠더의 차이로까지도 나타나는 경향이 있는 것과 같습니다. 그래서 젠더는 비록 문화적으로 형태가 만들어지는 것이고 생물학적으로 주어지는 것이 아니라 하더라도 남성성과 여성성의 젠더에서의 어떤 불변적인 것들이 문화를 가로질러 나타나는 경향이 있습니다.

■ 10년 전까지만 해도 그러한 것은 오히려 논쟁을 불러일으킬 정도의 처지에 있었지요. 하지만 이제는 보다 일반적으로 받아들여지는 것 같습니다.

● 네, 그렇지요. 일반적으로 말하자면 이제는 급진적인 페미니스트들조차도 남성과 여성의 가치 영역에는, 즉 성과 젠더 양쪽 모두에는 매우 현저한 차이가 있다는 견해를 옹호합니다. 남자는 과도한 개인

성, 자율성의 강조, 권리, 정의, 힘을 지향하는 성향이 있고, 여자는 친교, 배려, 책임, 관계를 강조하면서 보다 더 관계적인 자각을 지향하는 성향이 있습니다. 남자는 자율성을 강조하고 관계를 두려워하지만 여자는 관계를 강조하고 자율성을 두려워합니다.

물론 캐럴 길리건Carol Gilligan[3]과 데보라 태넌Deborah Tannen[4]의 연구가 이 분야에서 근간이 되어왔지만, 당신이 말하듯이 단지 10여 년 사이에 가장 보수적인 연구자들과 가장 페미니스트적인 연구자들조차도 이제는 남성과 여성의 가치 영역에서의 어떤 근본적인 차이에 대해 사실상 거의 합의에 도달해 있다는 것은 아주 놀랄 만한 일입니다. 이것은 또한 "진화심리학"—심리적 습성에 미치는 생물학적 진화의 영향—으로 알려진 새로운 연구 분야에서도 근간을 이루고 있습니다.

그런데 현재 아주 미묘한 부분은 이러한 차이들을 또다시 여자들의 공민권을 박탈하는 데 사용하는 일이 없이 어떻게 그것들을 인정하느냐는 것입니다. 사람들 사이에 어떤 유형의 **차별**을 선언하자마자 특권의식을 가진 자들은 그러한 차이를 그들 자신에게 유리한 점을 촉진하기 위해 이용할 것이기 때문입니다. 무슨 문제인지 아시겠지요?

■ 네, 그렇지만 지금은 정반대의 현상이 일어나고 있는 것 같습니다. 이러한 차이는 남자란 오히려 "정말 구제 불능일 정도로" 선천적으로 둔감한 얼간이들이고 테스토스테론testosterone(남성호르몬)의 변종에 불과하다는 것을 입증하는 데 사용되고 있는 것으로 보입니다. 그 메시지는 다름 아니라, 남자는 좀 더 민감하고 타인에 대해 좀 더 배려

3 미국의 심리학자. 1997년 하버드대학교 최초로 여성학 교수직을 맡았고, 〈타임〉이 선정한 '미국에서 가장 영향력 있는 25명'에 꼽힌 바 있다.

4 미국의 언어학자. 존 그레이와 함께 남녀 간 대화법에 관한 최고의 권위자로 이름 나 있다.

하고 좀 더 애정을 갖고 좀 더 관계적이 되어야 한다는 것입니다. 선생님이 남성의 가치 영역이라고 일컫는 것은 어디에서나 공격받고 있습니다. 그 메시지는 곧 '왜 남자는 좀 더 여자와 같이 되지 못하느냐?'는 것입니다.

○ 네, 그 말은 어느 정도는 확실한 "방향 전환이 있어야 공정하다"는 것이겠지요. 종래에는 여자를 "불충분한 남자"로—이를테면 고전적 예로 "남근 선망"으로—정의하곤 했습니다. 오늘날은 남자를 "불완전한 여자"로—그들이 소유하는 어떤 긍정적 속성에 의해서가 아니라 그들이 결여하고 있는 여성적 특성에 의해—정의하고 있습니다. 양쪽의 접근 방식 모두 말할 것도 없이 성性의 존엄성을 실추시키고 품격을 저하시키는 꽤 터무니없는 짓입니다.

그런데 미묘한 부분은 내가 이미 시사한 바와 같이 매우 곤란한 다음 두 가지 사실을 어떻게 해결해야 하는가 하는 점입니다. 그 하나는 (길리건의 말과 같이) 정확히 무엇이 남성과 여성의 가치 영역 사이의 주요 차이인가를 이성적으로 결정하는 일이지요. 두 번째는, 그들에게 어느 정도 평등하게 가치를 부여하는 방법을 배우는 일입니다. 그들을 동일하게 만드는 것이 아니라 그들을 대등하게 평가하자는 것이지요.

자연은 아무런 이유도 없이 인류를 두 개의 성으로 갈라놓은 것이 아니므로 단순히 그들을 동일하게 만들려고 애쓰는 것은 바보짓입니다. 그렇지만 가장 보수적인 이론가들조차도 지금에 이르기까지 매우 오랜 기간 동안 우리의 문화가 남성의 가치 영역 쪽으로 압도적으로 편중되어왔음을 인정할 것입니다. 그래서 우리는 양자 사이의 가치 척도에 좀 더 균형을 이루고자 노력하고 있는, 민감하고 아슬아슬하고 매우 곤란하고 또한 종종 원한에 사무치는 과정 속에 있는 것입니다. 차이를 없애버리려는 것이 아니라 그들에게 균형을 부여하자는 것이지요.

◘ 그러면 이러한 차이들이 남성과 여성 사이의 생물학적 차이에 뿌리를 두고 있는 것입니까?

◎ 부분적으로는 그런 것 같아 보입니다. 호르몬적인 차이, 특히 남성 호르몬인 테스토스테론에 관한 연구—예컨대 실험실에서, 문화횡단적으로, 태생학적으로, 나아가 의료 목적으로 여성에게 테스토스테론 주사를 투여했을 때 일어나는 것에 대한 연구—에서는 모두가 단순한 결론을 지향하고 있습니다. 나는 결코 노골적으로 무례하고 싶은 의도는 추호도 없지만, 테스토스테론은 기본적으로 두 가지의, 오직 두 가지의 주요 본능적 충동을 일으키는데 그것은 '성교를 하거나 아니면 죽이거나'입니다.

그래서 창조의 첫날 무렵부터 남성에게는 여자들은 거의 상상도 할 수 없는 이러한 생물학적 악몽의 멍에가 지워져 있는 것입니다(다만 여자들이 의료의 목적으로 테스토스테론 주사를 맞음으로써, 성욕이 항진되게 하는 경우를 제외하고는 그렇습니다. 어떤 여성이 말하듯이, "나는 섹스에 대해 생각하는 것을 멈출 수 없어요. 제발 이것을 멈추게 해줄 수는 없나요?"라고 할 정도니까요). 보다 더 나쁜 것은, 남자들은 때때로 성교하고 죽이는 것을 위험하게 서로 융합시키면서 이러한 두 가지 충동 본능을 혼합하거나 혼동하고 있는데, 하지만 여자들이 기꺼이 지적하듯이 그것이 행복한 결과를 초래한 일은 거의 없다는 사실입니다.

◘ 그러면 여성에게도 대등한 사례가 있나요?

◎ 피부를 살짝 쓰다듬어주기만 해도 여성적인 면이 넘치게 만드는 성향의 호르몬인 옥시토신Oxytocin을 지적할 수 있겠지요. 옥시토신은 "향관계성 약물"로 기술되어오고 있는데, 그것은 믿기 어려울 정도로 애착, 관계, 양육, 보존, 접촉의 강한 감정을 유발시킵니다.

그래서 테스토스테론과 옥시토신 양쪽 다 생물학적 진화에 뿌리를 두고 있다는 것을 아는 것은 그다지 어렵지 않은데, 전자는 번식과 생존을 위한 것이고 후자는 육아를 위한 것입니다. 동물의 세계에서 대부분의 성행위는 수초 사이에 일어납니다. 교미하는 동안 양측 모두 잡아먹히는 상황에 처하게 되지요. 이 "저녁식사와 성행위"라는 말이 새로운 의미를 갖는 것은 당신이 바로 저녁식사감이기 때문입니다. 그렇다면 그것은 '후딱 한번 해치우게 해주어서 고마워요, 부인' 같은 꼴이 되는 것입니다. 이러한 성행위에는 느낌이나 감정의 표출이나 포옹 같은 것이 있을 수 없습니다. 그래서 이것은 대체로 남자들의 특성을 요약하는 말입니다. '감수성이 예민한 남자Mr. Sensitive'—다시 말해 진정한 남자, 신화적인 인물, 꼴불견인 남자—란 아주 매우 최근에 새로 만들어진 말일 뿐이고, 그래서 이 말은 그렇게 하는 데 어느 정도 익숙해져 있는 남자들을 필요로 한다고 말할 수 있겠지요.

그러나 어미로서 자식을 돌보는 일에 대한 성적인 요건은 전혀 다른 것입니다. 어미는 하루 24시간, 특히 배고픔과 고통의 징후에 아주 조심하면서 영아와 끊임없이 친밀한 유대 속에 있어야 하는 것입니다. 옥시토신은 그녀로 하여금 계속 영아와 같이 있게 하고, 지속적으로 관계에 집중하도록 하고, 계속 매우 강한 애착을 갖도록 합니다. 그녀의 감성은 섹스를 하거나 죽이거나 하는 것이 아니라 아주 조심스럽게 두루 베풀며, 관심이 흘러넘치면서 촉감에 예민해짐으로써 지속적으로 '관계하는' 것입니다.

◘ 그렇다면 '감수성이 예민한 남자'란 섹스 역할과는 맞지 않는 '젠더' 역할이군요.

○ 어떤 의미로는 그렇지요. 그렇다고 그것이 남자는 보다 더 감수성이 예민하게 될 수 없거나 되어서는 안 된다는 것을 의미하지는 않습니다. 오늘날 그것은 피할 수 없는 현실입니다. 그렇지만 단순히 그

것은 그렇게 하기 위해서는 **교육을 받아야** 한다는 것을 의미합니다. 그것은 그들이 꼭 **배워야 할** 역할입니다. 게다가 이러한 역할이 왜 학습되어야 하는가에 대해서는 수많은 이유가 있지만, 남자들이 이 낯선 새로운 풍경을 향해 무언가 모색해나갈 때 우리는 그들을 약간은 무딘 상태에서 벗어나게 해야 합니다.

그렇지만 그것은 여자들의 경우에도 마찬가지입니다. 오늘날 세계에서 여자로 사는 데 대한 새로운 요구의 일부는, 그녀는 자신의 자율성을 위해 싸워야 하고 그녀의 주변 관계에 의해서만 그녀 자신을 단순히, 그리고 일차적으로 정의하지 말아야 한다는 것입니다. 이것은 물론 페미니즘의 거창한 요구입니다. 즉 여자들이 그들 자신의 자율성과 그들 자신의 고유의 가치성에 의거하되 단지 '타자'와의 관계에 의거하지 않으면서 그들 자신을 정의하기 시작한 것입니다. 관계성이 평가절하되어야 한다는 뜻이 아니라 그 같은 여자들은 그들의 성숙한 자신을 존중하고, 그래서 '타자'와 부딪칠 때 단지 자기부정 쪽으로만 매달리지 않는 길을 찾는다는 뜻입니다.

◘ 그렇다면 남자와 여자는 생물학적으로 주어진 자신들의 본성에 역행하는 쪽으로 나아가고 있군요.

○ 어떤 면에서는 그렇지요. 그러나 그런 것이 바로 진화의 전체적인 요점입니다. 그것은 언제나 그 이전에 겪었던 것을 넘어서 나갑니다. 언제나 새로운 한계들을 설정하려고 분투하고 있고, 그런 다음 그것들을 타파하고 초월하고서 보다 더 포괄적이며 통합적이고 전일적인 양상으로 그것들을 넘어서서 이동하려고 분투하고 있는 것입니다. 그리고 남성과 여성의 전통적인 성 역할이 예전에 한때는 완벽하게 필요하고 적절했지만 오늘날에 와서 그런 역할은 점차적으로 더 구식이고 답답하고 스타일 구기는 꼴이 되어가고 있습니다. 그래서 남녀

양쪽 다 단순히 그들의 예전 역할을 없애버리는 대신—게다가 이것은 아주 미묘한 부분이므로—그 역할을 없애지 않고서 초월하는 길을 찾고자 애쓰고 있습니다. 진화는 언제나 **초월하면서 포함하고** 통합하면서 넘어서 나아가는 것입니다.

그러므로 남성은 언제나 테스토스테론 충동 본능을—즉 섹스를 할 것인가 죽일 것인가를—바탕에 갖고 있지만 그들의 그러한 충동은 보다 더 적절한 행동양식으로 취해지고 작용될 수 있습니다. 남자들은 언제나 어느 정도는 자신의 한계를 타파하고 자신을 둘러싸고 있는 덮개를 밀쳐내고 전력을 다해 거칠게 정신없이 밖으로 달려 나가고, 그래서 그 과정에서 새로운 발견, 새로운 발명, 새로운 양식이 생겨나게 하기 위해 믿기 어려울 정도로 전력투구하게 됩니다.

그리고 급진적인 페미니스트들이 주장하듯이 여자는 언제나 그 핵심에는 옥시토신이라는 관계적인 존재의 바탕을 갖고 있지만 그러한 바탕 위에서 성숙한 자아는 관계의 가치를 계속 존중하면서도 자기에게 가치를 부여함으로써 자아존중과 자율성에 대한 보다 더 건전한 감각이 이룩될 수 있는 것입니다.

그래서 한마디로 그것은 남녀 양쪽 모두를 위해 초월하며 내포하고 또 계속 초월하며 내포하는 것입니다. 그래서 우리는 진화 과정에서 관계적 존재를 받아들이는 법을 배우는 남자와 자율성을 받아들이는 법을 배우는 여자와 더불어 성의 일차적인 역할—남자에게는 과도한 자율성, 여자에게는 과도한 관계성—양쪽을 모두 어느 정도 초월하는 시점에 와 있는 것입니다. 그리고 이 어려운 과정 속에 양성은 상대의 눈에 자칫 괴물로 보이기 쉬운데, 내 생각에는 이것이 곧 쌍방에 대한 어떤 호의적인 태도가 지금 왜 그렇게 중요한가 하는 이유라고 봅니다.

■ 우리 사회는 상당히 오랜 기간 동안 남성 지향적이었고, 그래서

어떤 일정한 균형 잡힌 규범이 요청되는 것 같다는 말씀이시군요.

○ 그 [남성 지향적이라는] 말은 일반적으로 언제나 경멸스럽고 혐오스러운 것이라고 공공연하게 지탄해온 "가부장제"를 의미하는 것입니다. 명백하고 고지식한 해결책은, 남자가 여자에게 가부장적인 **억압을 가하였으므로**—이는 잘만 하면 쉽게 달라질 수도 있었을 법한 비열하고 냉혹한 사태였지만—이제 와서 필요로 하는 모든 것은, 남자들이 무조건 "아이쿠, 용서해주십시오. 5000년간이나 당신들을 학대하고 억압할 의도는 추호도 없었습니다. 내가 도대체 무슨 정신 나간 생각을 하고 있었던 거지? 우리 이제 정말로 다시 한 번 시작해볼 수 없을까요?"라고 말하는 것뿐입니다.

그러나 애석하게도 그같이 단순한 해답에 엇비슷하게 해당하는 것은 어디에도 없습니다. "가부장제도"를 인간발달의 한 중요한 부분으로서 도저히 피할 수 없는 장치로 만든 어떤 피치 못할 사정이 있었습니다. 그래서 우리는 이제 막 그러한 장치가 더 이상 필요 없는 시점에 도달하고 있는 것이고, 그리하여 이제 우리는 어떤 근본적인 방식으로 가부장제를 "해체하기" 시작하거나, 아니면 남성의 가치권과 여성의 가치권 간의 규범을 보다 너그러운 방식으로 균형 잡히게 할 수 있게 된 것입니다. 그렇지만 이것은 만약 그렇게 하지 않을 경우 쉽게 있을 수도 있는 [가부장제하의] 잔혹한 사태를 다시 되풀이하는 것은 결코 아닙니다. 그것은 오히려 더 이상은 필요 없는 어떤 사태를 성장을 통해 벗어나는 것입니다.

■ 그렇다면 이는 가부장제에 대해 매우 다른 방식으로 바라보는 것이로군요.

○ 글쎄요. 만약 우리가 표준적인 반응—가부장제는 일단의 가학적이고 권력에 굶주린 남자들에 의해 여자들에게 속박 지워진 것이라

는—을 그대로 받아들인다면 우리는 남녀에 대한 두 가지 옴짝달싹 못할 정의에 갇히게 됩니다. 말하자면 남자는 돼지이고 여자는 양이라는 식입니다. 의도적으로 남자들이 인류의 절반을 억압하고 싶어 할지도 모른다는 생각은 곧 남자들 모두에 대하여 싸잡아서 음험한 그림을 그리는 것입니다. 테스토스테론이든 아니든 간에 남자들은 그들 존재의 총체성에 있어서 단순히 그렇게까지 악의에 차 있지는 않은 것입니다.

그렇지만 현실적으로 가부장제에 대한 이러한 설명이 그와 같이 온통 믿을 수 없는 것뿐인 이유는 남자에 대해 도저히 믿기 어려운 정도로 **실물보다 과장된** 그림을 그리는 데 그 까닭이 있습니다. 말하자면, 남자들은—페미니스트들에 따르면 너무나 과도하게 독립적이라서 여하튼 그들은 그 어느 것에도 제대로 의견 일치를 볼 수 없는 게 당연한데—용케도 집단적으로 함께 뭉쳐 인류의 절반을 억압하는 데 동의하게 되었고, 그런데 더욱 놀라운 것은 그들은 알려져 있는 모든 인류 문화에서 **전면적으로** 성공했다는 것입니다. 하지만 사실 알고 보면 남자들은 수백 년 이상 지속하여 권력의 횡포를 휘두르는 정부를 한 번도 창출해본 적이 없다는 사실을 명심해야 합니다. 그렇지만 페미니스트들에 따르면 남자들은 다른 성에 대한 이 같은 대규모의 지배를 5000년—혹자는 말하기를 10만 년—동안이나 용케도 구현할 수 있었다는 것입니다. 그 이상한 별종들이 그렇게 하기를 정말로 아주 좋아했다는 것이지요.

그렇지만 "억압 이론Imposition theory"이 가진—이를테면 창조의 첫날부터 남자는 여자를 억압했다는 것과 같은—진짜 끔찍한 문제는 그것이 여자에 대해 가공할 정도로 음산한 그림을 그리고 있다는 것입니다. 우리는 단순히 강하고 또 지적이면서 또한 동시에 **억압이나 받**

는 존재가 될 수는 없습니다. 그래서 이러한 그림은 필연적으로 여자를 기본적으로 양과 같은 존재로, 즉 남자보다는 더 약하거나 더 어리석은 존재로 그립니다. 인간 진화의 모든 단계에서 남자와 여자는 서로 상호작용하는 사회적 형태를 그들이 **공동으로** 창조하였다고 보는 대신에, 이 그림은 여자를 일차적으로 '타자'[남자]에 의해 틀이 만들어지는 것으로 정의합니다. 다시 말하면 이러한 유類의 페미니스트들은 바로 그들이 지워버리고 싶다고 늘 말하는 여자의 그림을 가정하면서 정확히 그것을 더욱 강화시키고 있습니다. 그렇지만 사실 남자는 단순히 그렇게 돼지 같지만은 않고, 여자도 또한 그렇게 양 같지만은 않습니다.

그래서 보다 최근의 여성학에 바탕을 두고 내가 시도하고자 노력한 것 중의 하나는 여자들이 원래 지니고 있는, 그래서 소위 가부장제를 포함하는 인류의 역사를 통하여 다양한 문화적 구조에 영향을 미쳤고 그것을 공동으로 창조했던, 바로 그 숨겨진 힘의 출처를 밝혀내는 일입니다. 다른 어떤 것보다도 이것은 남자를 총체적인 얼간이로 정의하고 있는 것으로부터 벗어나게 해주며, 그리고 여자를 잘 속아 넘어가고 쉽게 세뇌되고 어리석게 이끌리는 존재로 정의하고 있는 것으로부터 벗어나게 해줍니다.

◘ 여러 다양한 저서에서 선생님은 먼저 인간 진화의 대여섯 가지 주요 신기원적 시대를 밝혀내고 나서는 그러한 각 단계에서의 남녀의 지위를 조사하는 것 같은데요.

◉ 네, 그렇지요. 인간의식 진화의 여러 단계를 뒤돌아볼 때 우리가 하고 싶은 것 중의 하나는 역시 **그러한 각 단계에서**의 남녀의 **지위**를 살펴보는 일입니다. 그리고 그렇게 함으로써 그것은 곧 어떤 명백한 결론을 우리가 도출하도록 허용한다고 믿습니다.

◘ 그렇다면 이러한 접근 방법은 정확히 무엇을 수반합니까? 일반적으로 말하자면 말입니다.

◎ 맨 먼저 우리가 하고 싶은 것은 문화에서 문화로 옮겨 가면서 변하지 않는 생물학적 불변항을 분리해내는 일입니다. 이러한 불변항들은 매우 단순하고 진부하기조차 한 것으로 보입니다. 이를테면 평균적으로 남자는 체력과 기동성 면에서 유리하고, 여자는 출산과 수유授乳 능력이 있다는 것입니다. 그러나 그러한 단순한 생물학적 차이가 그들을 둘러싸고 생겨나는 문화적 차이 혹은 젠더 차이의 형태에 지대한 영향을 미친다는 사실이 속속 드러나고 있습니다.

◘ 예를 들자면요?

◎ 예컨대 만약 당신의 특정한 문화에서 생계의 수단이 말이고 그것을 방목하는 거라면 어떻게 될까요? 자넷 차페츠Janet Saltzman Chafetz[5]가 지적하는 바와 같이 이러한 활동에 참여하는 여자들은 유산율流産率이 매우 높습니다. 다윈Darwin의 진화론적 관점에서 본다면 생산적 영역에 참가하지 않는 것이 그들에게 **유리하게** 작용하는 것이며, 따라서 이 영역은 남자들에 의해 거의 그들의 전유물로 점유되었던 것입니다. 그리하여 실제로 유목 사회의 90퍼센트 이상이 "가부장제"적입니다. 그렇지만 이 가부장적 지향을 설명하기 위해 억압의 개념은 전혀 필요로 하지 않습니다. 반대로 증거에 의하면 여자는 이러한 합의에 자유로운 의사로 참여했음을 시사하고 있습니다.

다른 한편으로, 만약 우리가 미욱하고 단순한 [조건]반사행위 쪽으로 전락하여, 그 일환으로 만약 이러한 사회의 여자들이 여자로서 반드시

5 성 평등 이론을 펼친 페미니스트. 성 불평등의 시스템뿐만 아니라 시스템이 변경될 수 있는 방법을 설명하는 모델과 명제를 제시했다.

했어야만 한다고 근대의 페미니스트가 생각하는 일들을 제대로 하지 못하고 있었다고 가정한다면 그러한 여자들은 억압을 받았음이 **틀림 없다**는 것입니다. 또한 그렇다면 그것은 '남자는 돼지, 여자는 양'이라는 말을 그대로 좇는 꼴이 되겠지요. 이것은 양성 모두에게 다 아주 끔찍할 정도로 모멸스러운 일이 될 뿐입니다. 그렇게 생각하지 않나요?

남녀 간의 이러한 타협의 일부는 매우 가혹하고 음험하기까지 했다는 사실을 부인하고 있는 사람은 아무도 없습니다. 그렇지만 우리가 발견하는 것은 성이 양극화되거나 엄격하게 분리되면 양쪽의 성이 모두 다 끔찍할 정도로 고통을 받게 된다는 사실입니다. 증거에 의하면 사실 "가부장제적" 사회들은, 우리가 원하기만 하면 쉽게 논의할 수 있는 여러 이유들로 인하여 보통 평균적인 여성에게보다는 평균적인 남성에게 보다 훨씬 더 큰 시련이었다는 것입니다. 그러나 이데올로기와 희생 책략 같은 것들은 이러한 특정한 논점에 관한 한 그다지 별로 도움이 되지 못합니다. 여성의 힘과 여성의 희생정신을 맞바꾼다는 것은 자기 패배적 모험일 뿐입니다. 그것은 극복하기를 원하는 것을 전제해놓고서 도리어 그것을 강화시키는 것과도 같습니다.

◘ 그래서 선생님은 우리가 두 가지 일을 모두 하고 싶어 한다고 말씀하셨는데, 그 첫째는 양성 사이의 보편적인 생물학적 차이를 주시해보는 것이었지요.

○ 그렇습니다. 그리고 두 번째는, 이러한 일정한 **생물학적** 차이들이 인간의 **문화적** 진화의 대여섯 단계에 걸쳐서 어떻게 끝까지 드러나고 있는가를 주시해보는 일입니다. 일반적인 요점은, 바로 이러한 접근 방법을 통해 우리는 역사적으로 보다 더 "평등주의적"인—남성과 여성의 가치 영역에 있어서 대체로 동등한 지위를 제공했던—사회들로 인도했던 제반 요인들을 분리해낼 수 있다는 것입니다. 그 사

회들은 결코 남성과 여성을 똑같이 취급하지 않았고, 양자에게 균형을 부여했던 것입니다. 따라서 보다 더 조화로운 입장에 도달하려는 오늘날의 우리의 시도에서 단지 무엇이 변화되어야 할 필요가 있고, 무엇이 변화되지 말아야 할 필요가 있는가에 대한 훨씬 더 나은 아이디어를 우리는 갖게 될 것입니다.

그렇게 되면 아마 우리는 남성과 여성의 가치권 간의 바로 그 차이점들에 가치를 부여하는 법을 배울 수 있을 겁니다. 그러한 차이들은 설사 급진적 페미니스트들의 주장을 따르는 경우에도 이러한 면에서는 오히려 호의적인 것으로 보입니다. 그렇지만 우리는 평등성에 보다 더 중점을 두고서 그것들에 가치를 부여하는 법을 배울 수 있습니다. 어떻게 하면 그렇게 할 수 있는가 하는 점이 바로 우리가 논의했으면 하는 것들 중의 하나입니다.

논의의 범위

■ 인간의 발달 단계는 진화 일반을 조망하는 더 거대한 프로젝트의 일부로군요. 그리고 그것은 잠재의식으로부터 자기의식 및 초의식에 걸친 온갖 종류의 모든 영역—물질적 · 정신적 · 문화적 · 영성적 영역—에서 일어나지요. 선생님은《의식의 스펙트럼》부터《아트만 프로젝트The Atman Project》,《에덴을 넘어Up from Eden》,《성, 생태, 영성》에 이르는 10여 권의 책에서 다음과 같이 강조하셨지요. 우리가 하고자 하는 바는, 이러한 아이디어들—의식의 진화, 영성의 발달, 남녀의 역할, 생태, 그리고 온우주에서의 우리의 위치—에 관해 다시 살펴보고 우리가 그것들을 단순하고 개략적인 양식으로 논할 수 있는지 알아보자는 것이라고요. 즉 우리가 그것들을 보다 쉽게 접근할 수 있는가에

대해 알아보자는 것이라고요.

◎ 물질에서 생명으로 마음[정신]으로 관통하는 공통의 진화적 줄기가 있어 보인다는 꽤 놀라운 사실과 함께 시작할 수 있습니다. 어떤 일정한 **공통의 패턴**이나 법칙 또는 관습들이 그러한 모든 영역에서 계속 되풀이되고 있습니다. 그래서 우리는 이러한 경이로운 패턴들을 살펴보는 것으로부터 시작할 수 있는데, 그 까닭은 그러한 것들이 진화의 비밀 열쇠를 쥐고 있는 것 같아 보이기 때문입니다.

◘ 선생님은 의식의 진화 그 자체의 보다 더 상위적인 단계들, 영적이라고 일컫는 것이 최선일 수도 있는 단계들도 역시 조망하셨지요.

◎ 그렇습니다. 이것은 셸링Schelling, 헤겔Hegel, 오로빈도Aurobindo Ghosh[6]를 비롯한 동서양의 여러 다른 진화적 이론가들에 의해 시사된 바 있는 다양한 주제들에서 취한 것입니다. 요컨대, 이러한 비이원적인 모든 접근에서 진화는 **활동 중에 있는 영**Spirit-in-Action, 창조하고 있는 신God-in-the-Making으로 생각하는 것이 최상입니다. 여기서 '영Spirit'은 발달의 모든 단계에서 그 자신을 전개하고, 그리하여 그 자신을 점차로 더 많이 현현하게 되고, 그리하여 각각의 모든 전개에서 그 자신을 점차로 더 많이 실현하게 되는 것입니다. '영'은 어떤 특정한 단계도 아니고 혹은 어떤 선호하는 이데올로기도 아니며 혹은 좋아하는 신이나 여신도 아닌 것으로서 오히려 그 자신을 전개하는 전 과정, 모든 유한의 단계에 완전하게 현존하고 있는 무한의 과정이지만 모든

6 1872~1950, 현대 인도의 베단타 학파의 위대한 사상가이자 통합요가의 창시자로 '스리Sri 오로빈도'라는 존칭으로도 잘 알려져 있다. 자신의 요가 체험을 바탕으로 인도의 전통종교 사상을 서양 사상을 포함하는 형태로 비판적으로 취사 통합하였고, 절대자로서의 실재는 초심supermind을 통하여 우주적 존재로 하강하고 신적 존재로 상승한다는 것을 사상의 기본 바탕으로 삼았다.

진화적 통로와 더불어 그 자신에게 점차로 더 많이 가용한 상태로 되어갑니다.

그렇습니다. 우리는 세계의 위대한 전통지혜에 따라서 이 진화적 전개의 상위적인 단계들—말하자면 '영'이 그 자신에 대해 의식적이 되고 그 자신으로 깨어나고 그 특유의 진리의 본성을 인식하기 시작하는 상위적인 더 심층적인 단계들—을 조망할 수 있습니다.

이러한 상위적인 단계들은 흔히 신비적이거나 "현실과 동떨어진" 것으로 상상되고 있지만 대부분의 경우 그것들은 한층 더 높은 발달에 대한 매우 구체적이고 매우 명료하고 매우 실제적인 단계들—말하자면 당신에게, 그리고 나에게 가용한 단계들, 우리 자신의 심층 잠재능력인 단계들—이라는 것입니다.

■ 선생님은 세계의 위대한 영적 전통은 매우 상이한 두 가지의 큰 진영으로 구분된다는 사실을 발견하신 것 같은데요.

○ 그렇습니다. 만약 우리가 '신성한 존재the Divine'를 이해하려는 다양한 종류의 인간적인 시도를—그러한 문제에 대해 동서남북 모두에서—주시해보면 우리는 영성에 대한 두 가지의 매우 상이한 유형을 발견합니다. 이것을 나는 **상승**Ascending과 **하강**Descending이라고 일컫습니다.

상승의 길은 순수하게 초월적이며 내세적입니다. 그것은 일반적으로 금욕주의적이고 고행적이고 요가수행적이며, 또한 그것은 신체, 오감, 성욕, 세상사the Earth, 육욕 같은 것에 가치를 두지 않거나 심지어 부정하는 경향마저 있습니다. 그것은 이 세상이 아닌 왕국[천국]에서의 구원을 추구합니다. 그것은 현현하거나 윤회하는 세계를 악이나 환영幻影으로 봅니다. 그것은 윤회의 바퀴를 완전히 벗어나기를 추구합니다. 게다가 사실 상승론자들의 눈에는 어떠한 종류의 하강도 환영이나 심지어 사악한 것으로 보여지는 경향이 있습니다. '상승의 길'은 '다자多者'가 아닌 '일자一者'를 찬미하고, '색色'(형상形相)이 아닌 '공空'을 찬미하고 '지상'이 아닌 '천상'을 찬미합니다.

'하강의 길'은 아주 정반대입니다. 그것은 철두철미하게 현세적이고, '일자'가 아닌 '다자'를 찬미합니다. 그것은 세상사, 신체, 감각, 그리고 흔히 성욕마저도 찬양합니다. 그것은 심지어 '영'을 감각적 세계와도, '가이아Gaia'와도, 현현하는 모든 것과도 동일시하고, 모든 일출과 월출 속에서도 어느 한 개인이 원한다면 언제든지 그 모든 '영'을 봅니다. 그것은 순수하게 내재적이고, 그래서 초월적인 것은 어느 것이든지 다 흔히 의심스러워합니다. 사실 '하강론자'들의 눈에는 어떠한 형태의 '상승'도 사악한 [기망인] 것으로 보입니다.

■ 우리가 논의하고 싶은 것들 중의 하나는 '상승론자'와 '하강론자' 사이의 "전쟁"의 역사입니다. 그들은 서로 상대방의 눈에는 악마와 같은 것으로 보이지요.

○ 그렇습니다. 그것은 최소한 2000년이나 계속된 잔혹하고 언제나 원한에 차 있는 전쟁입니다. 서양에서는 대체로 아우구스티누스Augustinus[7] 시대로부터 코페르니쿠스Copernicus 시대에 이르기까지 철두철미하게 내세적인 순수한 상승적 관념을 가지고 있었습니다. 최종의 구원과 해방은 이 육체와, 이 지상과, 이 생애에서는 어디에서도 찾을 수 없다는 것입니다. 우리의 금생今生도 괜찮을 수 있으나 일단 우리가 죽고 나면 만사가 정말로 아주 흥미진진하게 전개된다는 말입니다. 일단 우리가 내세로 가게 된다면 그렇다는 것이지요.

그렇지만 근대성과 탈근대성의 발흥과 함께 우리는 완전하고도 아

7 354~430, 중세 유럽 기독교의 대표적인 플라톤주의적 신학자이자 성자.

주 의미심장한 역전을 보게 됩니다. 그래서 '상승론자'는 퇴장하고 하강론자가 등장하게 됩니다.

◘ 선생님은 이것을 우리가 다루게 될 또 하나의 주요 토픽으로 "하강론자의 지배"라고 일컫습니다. 그래서 선생님은, 근대와 탈근대 세계는 줄곧 순전히 '하강적'인 개념 일반, 순전히 '하강적'인 세계관에 의해 거의 전적으로 지배당하고 있다고 지적하시는군요.

◉ 그렇습니다. 감각적·경험적·물질적 세계만이 실재하는 유일한 세계라는 아이디어이지요. 우리에게 유용한 더 상위적인 또는 더 심층적인 능력(정신적 잠재능력) 같은 것은 없다는—예컨대 의식 진화의 더 상위적인 단계란 없다는—것입니다. 단지 우리의 오감으로 감지하거나 우리의 손으로 포착할 수 있는 것만 있다는 말입니다. 그것은 어떤 종류의 상승적 에너지도 없이 완전히 텅 빈 세계, 즉 어떠한 초월에 대해서도 완전히 공동空洞인 세계인 것입니다. 그래서 사실 단순한 '하강론자들'의 경우 통상 그렇듯이, 어떠한 종류의 '상승'이나 초월도 기껏해야 우리를 오도하는 것으로, 최악의 경우에는 사악한 것으로 간주하고 있습니다.

◘ 그렇지만 제가 보기에 요점은, '상승'의 길과 '하강'의 길 양쪽의 최상을 통합하고 내포하는 데 있지요. 그렇지 않나요?

◉ 그렇습니다. 내가 믿기에 그들 양쪽 다 우리에게 가르쳐주는 매우 중요한 어떤 점들을 갖고 있지요.

◘ 다른 한편으로 그들이 서로에게서 헤어지게 될 때나 그들이 서로를 부인하려고 애쓸 때는 어떤 제한되고 부분적이고 억압적인 구도가 야기되는 경향이 있지요.

◉ 그 말이 옳다고 확신합니다. 우리 모두는 단순한 '상승'의 길의 아래쪽을 잘 알고 있지요. 그것은 매우 청교도적이고 억압적일 수 있

습니다. 그것은 육체, 감각, 생명, 세상사, 성생활 등을 부정하고 평가절하하고 억누르는 경향이 있습니다.

반면에 '하강'의 길은 우리에게 '영'이 육체, 성, 세상사, 생명, 역동성, 다양성 속에서 찾아질 수 있다는 것을 상기시켜줍니다. 그러나 '하강'의 길은 그 자체로는 특유의 한계를 지니고 있게 마련이지요. 초월이 전혀 없다면 단지 감각적이기만 한 것을 넘어서 상승하는 방도는 없습니다. 즉 우리와 살아 있는 모든 [유정有情의] 존재들 사이에 있는 더 심층적이고 더 광범위하고 더 상위적인 연결을 찾을 방도가 없습니다. 우리는 단지 감각적인 표면, 피상적인 외관에 국한되어 있고, 이것은 우리가 결합하고 통일시키는 것과는 아주 거리가 멀어지도록 우리를 분리시키는 것입니다. 어떤 종류의 초월이나 '상승'이 없다면 우리는 오직 '하강적'인 세계만을 갖게 되는데, 이것은 천박하고 소외되고 단편화될 수 있는 것입니다.

■ 선생님은 단순히 '하강적인' 세계를 "평원적 세계flatland"라고도 일컬으시더군요.

○ 평원적 세계라, 맞습니다. 우리 근대인들, 그리고 탈근대인들 모두는 거의 전적으로 이 순전히 '하강적인' 격자grid [창살], 끝없는 감각적 형상의 평원적이고 색이 바랜 세계, 단조롭고 적막한 표면의 피상적 세계 안에서만 살고 있습니다. 자본주의 또는 마르크시즘과 함께하든지, 산업주의 또는 심층생태심리학과 함께하든지, 가부장적 과학 또는 생태페미니즘과 함께하든지 간에 대부분의 경우, 우리의 '신'과 '여신'은 우리의 오감으로 각인할 수 있고 눈으로 볼 수 있고 감정으로 포장하고 감각으로 숭배하는 존재이며, 우리가 열중할 수 있는 '신'이고, 또 그 형태를 소모할 수 있는 '신'인 것입니다.

우리가 자신을 영적이라고 생각하든 안 하든 간에 우리 평원주의자들은 단순한 '하강적인 신', 감각적인 '여신', 감각적 세계, 단순정위(단순한 위치)의 단색조의 세계, 오직 우리가 손으로 지적할 수 있는 세계의 제단에 예배 올립니다. 우리의 시계視界 주위에서 우당탕 요란하게 소리 내고 있는 '신'보다 우리를 위해 더 높거나 더 깊은 것이라곤 아무것도 없습니다.

■ 반면, 선생님은 동서양의 위대한 '비이원적' 전통에서는 상승의 길과 하강의 길을 통합하고자 시도하고 있다고 지적하고 계시지요.

● 네. 초월과 내재, '일자'와 '다자', '공'과 '색', 열반과 윤회, '천상'과 '지상' 양쪽 모두가 균형을 갖도록 하기 위해서이지요.

■ "비이원성"이란 '상승적'인 것과 '하강적'인 것의 통합을 지칭하는 말입니까?

● 맞습니다.

■ 그렇다면 그런 것—'상승적'이고 '하강적'인 영성의 조류潮流들, 그리고 그러한 조류들이 우리 자신의 일상적 삶 속에서 어떻게 통합될 수 있는가 하는 것—이야말로 바로 우리가 논의하고자 하는 또 하나의 주요한 관점이 되는 셈이로군요.

● 그것은 매우 중요한 관점이라고 생각합니다. 다시 말하지만, 양쪽 경로는 우리에게 가르쳐주기 위한 믿기 어려울 정도로 매우 중요한 것들을 가지고 있기 때문입니다. 조화가 찾아질 수 있는 것은 '상승' 조류와 '하강' 조류의 결합에 있는 것이지 둘 사이의 어떤 전쟁에 있는 것은 당연히 아닙니다. '상승'과 '하강'이 통합될 때 비로소 양쪽 다 구제될 수 있는 것 같아 보입니다. 그래서 만약 우리가, 즉 당신과 내가 이러한 결합에 기여하지 않는다면, 우리는 우리가 가진 하나밖에 없는 이 '세상Earth'을 파괴시킬 뿐 아니라 우리가 포옹해야 할 하나밖에 없는 '천상Heaven'마저도 박탈당하게 될 것이 너무나 뻔합니다.

1부

활동 중에 있는 영

1

존재의 연결 패턴

■ 그러면 먼저 빅뱅에서 이야기가 시작되겠군요. 그다음에 물질에서 생명으로의 진화 코스를 차례로 밟아나가겠네요. 그런 다음에는, 마음 혹은 인간의식의 창발創發과 더불어 인간진화 자체의 대여섯 개 정도의 획기적인 주요한 시대적 구분을 살펴보겠지요. 그리고 이 모든 것을 영성의 맥락에서, 즉 영성이란 과연 무엇을 의미하는가의 맥락에서, 또한 그것이 역사적으로 취해온 다양한 형태, 그리고 그것이 앞으로 취하게 될 형태의 맥락에서 살펴보겠지요. 맞습니까?

● 네, 그것은 일종의 '모든 것의 개략적인 역사'인 셈이지요. 이렇게 말하면 아주 거창하게 들리겠지만, 그것은 내가 "정향적定向的 일반화"라고 일컫는 것에 바탕을 두고 있습니다. 이는 전반적인 이야기를 엄청나게 단순화시키는 거지요.

■ 정향적 일반화란 정확하게 무엇을 의미하는지요?

● 인지人知의 여러 다양한 분야들—예컨대 물리학에서 생물학, 나아가 심리학, 사회학, 신학, 종교에 이르기까지—을 잘 살펴보면 어떤 광범위하고 일반적인 주제가 나타나는데, 이 점에 대한 의견의 불일치는 실제로 거의 없다고 봅니다.

예컨대 도덕성의 발달을 논하는 학문 영역에서 모든 사람들이 다 로렌스 콜버그Lawrence Kohlberg의 도덕성 발달 단계를 찬성하거나 그의 구도에 대한 캐럴 길리건의 수정 이론의 세세한 내용에 대해서 동의하는 것은 아닙니다. 그렇지만 인간의 도덕성 발달은 최소한 **세 가지 광범위한 단계**를 거친다는 데에는 일반적으로 폭넓은 의견 일치가 있습니다.

갓 태어난 인간은 모종의 도덕적 체계 속으로의 사회화가 아직 안 되어 있습니다. 그래서 이 단계에서 개인은 "전前인습적preconventional"이 됩니다. 그러고 나서 인간은 도덕성이 길러지는 사회의 기본 가치를 나타내는 일반 도덕의 개요를 배우게 됩니다. 그래서 이 단계에서 개인은 "인습적conventional"이 됩니다. 그리고 더욱더 성장하면서 개인은 사회에 대해 성찰하는 데까지 이를 수 있고, 그래서 사회로부터 어느 정도 약간의 거리를 두고 그것을 비판하거나 개혁하는 능력을 획득하게 됩니다. 이 단계에서 개인은 어느 정도 "탈脫인습적postconventional"이 됩니다.

그러므로 그러한 발달의 순차적 순서에서 각 단계의 사실적인 상세한 내용과 엄밀한 의미에 대해서는 아직도 뜨겁게 논쟁이 진행되고 있지만, 그러한 세 가지 광범위한 단계와 같은 어떤 것이 정말로 일어나고 그것이 보편적으로 일어난다는 데에는 모든 사람이 대체로 동의하고 있습니다.

이러한 것들이 바로 '정향적 일반화'입니다. 우리가 비록 숲 속에 얼마나 많은 나무가 있는지에 대해서는 찬동할 수 없다 할지라도 최소한 중요한 숲이 어디에 놓여 있는지에 대해서는 상당한 의견 일치를 볼 수 있다는 것입니다.

나의 관점은, 만일 이러한 형식으로 대체로 동의하는 다양한 분야의 지식—예컨대 물리학에서 생물학, 심리학, 신학에 이르기까지—에 대한 정향적 일반화를 취한다면, 그리고 만일 이러한 정향적 일반화들을 모두 실에 꿰듯이 묶을 수 있다면, 우리는 어느 정도 놀랄 만하고 대개는 보다 깊고 폭넓은 결론에 도달할 수 있다는 것입니다. 그렇지만 또한 설사 그러한 결론들이 아주 독특하다고 인정할 만큼 될 수 있을지 모르지만 그와 달리 우리가 '이미 대체로 동의하는' 지식보다 더 이상의 어떤 의미를 부여할 수 없다는 결론에 도달할 수도 있습니다. 지식의 구슬을 이미 넘겨받았다면 그것들을 함께 꿰어서 목걸이가 되게 할 필요가 있는 것입니다.

◘ 그렇다면 이 같은 논의에서는 어떤 종류의 목걸이인지를 어느 정도 염두에 두고 만들어나가겠군요.

◎ 네, 어떤 의미에서는 그렇습니다. 광범위한 정향적 일반화의 작업을 해나가는 데 있어서 우리는 '우주', '생명', '영'에 관련되는 남녀 인간의 위치에 대한 광범위한 정향적 지도를 제시할 수 있습니다. 이 지도의 상세한 내용은 우리가 원하는 대로 다 채울 수 있겠습니다만, 그 지도의 광범위한 개요들에 관해서도 인지人知의 다양한 분야에서 나온, 단순하면서도 견고한 '정향적 일반화'에 의해 발췌한 참으로 놀랄 만큼 많은 뒷받침이 되는 증거 자료들을 우리는 갖고 있습니다.

온우주

◘ 우리의 논의는 물질에서 생명에, 또 마음에 이르는 여러 영역에 걸쳐서 드러나게 되는 진화의 코스를 따라가겠군요. 선생님은 이 세 가지 영역을 물질 혹은 물질우주cosmos, 생명 혹은 생물권biosphere, 마

음 혹은 정신권noosphere[8]이라 부르고, 이러한 영역들 모두를 합쳐서 "온우주Kosmos"라고 일컫고 있군요.

○ 네, 통상 '우주cosmos'라고 번역되고 있는 "온우주Kosmos"란 용어는 피타고라스 학파에 의해 도입된 것입니다. 그렇지만 '온우주'의 최초의 의미는, 물질에서 마음으로 나아가 '신'에 이르기까지 존재의 전 영역에 걸쳐 있는 패턴화된 본성이나 과정이었습니다. 그러므로 온우주는 오늘날 통상 "코스모스cosmos" 또는 "우주universe"를 뜻하는, 단순히 **물질적** 우주만을 가리키는 것이 아닙니다.

그래서 나는 이 용어 '온우주'를 다시 도입하려는 것입니다. 그리고 당신이 지적한 대로 온우주는 물질우주cosmos(혹은 물질권physiosphere), 생물bios(혹은 생물권biosphere), 마음psyche 혹은 이성nous(정신권noosphere), 신神, theos(신의 영역theosphere 혹은 신성의 영역divine domain)을 모두 내포합니다.

그래서 예를 들면, 정확히 어디서 물질이 생명으로—혹은 코스모스(물질우주)가 생물권으로—된다는 말인가, 라고 시비를 걸 수도 있습니다. 그렇지만 프란시스코 바렐라Francisco Varela[9]가 지적한 바와 같이, 자기생산autopoiesis[10](혹은 자기복제self-replication)은 생명계living system에서만 일어납니다. 그것은 코스모스의 어디에서도 찾을 수 없고 다만 생물

8 인간의 이성과 지적 활동, 또는 그에 의해 만들어진 세계.

9 칠레 출신의 생물학자이자 인지과학자. 의학과 생물학을 전공했고, 프랑스의 에콜 폴리텍에서 인지과학과 인식론을, 파리대학에서 신경과학을 가르쳤다.

10 자기생산autopoiesis은 생물학자 마투라나Humbertos Maturana와 바렐라에 의해 만들어진 용어로, 유기체나 생명체의 생명현상의 특징적 본질로서 생명을 유지하기 위해 끊임없이 스스로 자기조직self-organi-zation을 하고 자기갱신self-renewal을 하며, 그 구조의 통합성이 유지되는 방향으로 스스로 자기규제self-regulation를 하고 끊임없이 순환되는 생물체계의 자율적 특성을 의미하는데, 지금은 생명현상뿐 아니라 사회현상과 자연현상 일반까지 확대시킨 일반적인 의미로 사용하고 있다.

권에서만 있는 것입니다. 그것은 매우 중요하고 엄청나게 **창발적인**—깜짝 놀랄 만큼 신기한—속성이고, 그래서 나는 온우주 내의 진화 과정에서 일어나고 있는 이러한 의미심장한 변용이나 창발의 여러 가지 형식을 추적해나갈 것입니다.

◘ 그렇다면 이러한 논의들에서 우리는 단지 물질우주만이 아닌 '온우주'에 관심을 두겠군요.

◎ 그렇습니다. 대다수의 우주론자들은 유물론적으로 편향되어 있으며 편견을 갖고 있습니다. 그들은 아무튼 물리적 우주야말로 가장 실제적인 차원이라고 여기고 있고, 그래서 그 밖의 모든 것은 궁극적으로 이 물질계와 관련시켜서 설명합니다. 그렇지만 이거야말로 정말 얼마나 무지막지한 접근 방식입니까! 그것은 마치 '온우주' 전체를 환원주의의 벽에다 내던져 산산조각이 나게 하는 것과도 같습니다. 그리하여 물리적인 세계를 제외한 모든 영역이 바로 우리 눈앞에서 서서히 피 흘리며 죽어갑니다. 이것이 온우주를 다루는 어떤 바람직한 방법일 수 있다고 봅니까?

아니지요. 나는 우리가 원하는 것은 '온우주론Kosmology'이지 우주론cosmology이 아니라고 생각합니다.

20가지 원칙: 존재의 연결 패턴

◘ 우리는 여러 다양한 영역에서 진화의 특성을 살펴봄으로써 이 온우주론을 시작할 수 있겠지요. 선생님은 [《성, 생태, 영성》에서] 물질에서 생명으로, 또 마음으로의 진화가 어디에서 일어나든지 간에 모든 진화에 대해 진리라고 여겨지는 20가지 패턴을 골라내셨습니다.

◎ 수많은 연구자들의 연구 결과에 바탕을 두고 그랬습니다.

◘ 무엇이 내포되어 있는지를 보여주기 위하여 이러한 20가지 원칙들 가운데 몇 가지만을 예로 들어보는 게 어떨까요. 제1원칙에 의하면 실재는 '전체whole/부분part' 혹은 "홀론holon"으로 구성되어 있다는데, 실재는 정말 홀론으로 구성되어 있습니까?

○ 잘 이해되지 않습니까? 벌써부터 혼동됩니까? 아니죠? 잘 알다시피, 아서 쾨슬러Arthur Koestler[11]는 그 자체가 **전체**이면서 동시에 다른 전체의 **부분**인 어떤 존재를 지칭하기 위하여 "홀론"이란 용어를 만들어냈습니다. 그리고 만약 당신이 현실적으로 존재하는 사물들과 그 과정들을 면밀하게 관찰하기 시작하면, 그것들은 순전히 전체만이 아니고 다른 어떤 것의 부분이라는 사실이 곧 명백해집니다. 그것들은 전체/부분이고, 그래서 그것들은 홀론입니다.

이를테면 하나의 온전한whole 원자는 한 온전한 분자의 부분이며 그 온전한 분자는 한 온전한 세포의 부분이고, 그 온전한 세포는 온전한 한 유기체의 부분이다, 라는 것입니다. 이러한 현실적 존재들의 각각은 단순한 하나의 전체도 아니고 하나의 부분도 아니며 다만 한 전체/부분인 하나의 홀론인 것입니다.

그리고 무엇보다 중요한 점은, 모든 것은 기본적으로 한 종류의 혹은 다른 종류의 홀론이라는 것입니다. 원자론자와 전체론자 사이에는 2000년 이상이나 케케묵은 시시한 철학적 논쟁이 있습니다. 도대체 어느 것이 궁극의 실재인가, 전체인가 아니면 부분인가? 그리고 그 대

11 1905년 헝가리 부다페스트에서 태어나 빈 대학교에서 물리학과 심리학을 전공했다. 행동파로서 스페인 내란 때 공산당 편에 서서 나치즘과 싸웠고, 1938년 공산당을 탈당하여 1940년 영국으로 망명, 세계적 인기를 모은 《정오의 어둠》을 비롯한 많은 저서를 남긴 소설가이자 저널리스트이지만 신과학 사상가로도 유명하며 《야누스-혁명적 홀론 이론》에서 신과학의 위대한 개념인 "홀론", "홀라키"라는 용어를 창안하였다.

답은 둘 다 아니거나 또는 굳이 그러기를 바란다면 둘 다 맞습니다. 존재의 맨 위에, 또 맨 아래에 이르기까지 모든 방향으로 오직 '전체/부분'만이 있습니다.

한 '현자'에게 가서 대지가 아래로 떨어지지 않는 것이 도대체 어떻게 된 일인지를 물어본 어떤 왕에 관한 케케묵은 우스갯소리가 하나 있습니다. 그 현자가 답하기를 "대지는 사자 위에 놓여 있습니다." "그러면 사자는 무엇 위에 놓여 있는가?" "사자는 코끼리 위에 놓여 있습니다." "코끼리는 무엇 위에 놓여 있는가?" "코끼리는 거북이 등 위에 있습니다." "그렇다면 그것은……?" "왕이시여, 거기서 멈추시지요. 그 아래로는 모두 거북이들뿐입니다."

맨 아래까지 거북이뿐이라는, 즉 맨 아래까지 홀론이라는 말입니다. 아무리 아래로 내려가도 우리는 홀론 위에 놓인 홀론, 그리고 그 홀론 위에 놓인 홀론을 만날 뿐입니다. 아원자입자subatomic particle[12]까지도 확률파동probability wave[13]의 **무한성** 속에서 홀론 속의 홀론, 거품 속의 거품이라는 가상의 구름 속으로 사라져버립니다.

◘ 그리고 맨 위로도 마찬가지라는 말씀이시지요. 우리는 궁극의 '전체Whole'에는 결코 도달할 수 없다는 거지요.

○ 맞습니다. 역시 동시에 다른 어떤 전체의 부분이 아닌 전체란 무한정 끊임없이 나아가도 있을 수 없습니다. 시간이 흐르면서 오늘의 전체는 내일의 부분이 됩니다.

12 원자보다 더 작은 입자. 소립자, 원자핵, 양성자, 전자, 쿼크 등이 있다.

13 파동함수를 입자의 위치에 관한 함수로 나타낸 것으로, 슈뢰딩거Erwin Schrodinger는 "전자는 일정한 영역 안에 퍼진 채로 존재하며 그 존재 자체가 파동이다"라는 가설을 제안했고, 막스 보른Max Born은 "그 파동의 정체는 공간상에 퍼져 있는 전자가 아니라 확률파동이다"라고 주장했는데, 현재까지도 물리학자들 사이에서는 확률파동의 실체에 대해 의견이 분분하다.

심지어 '온우주'의 "전체자the Whole"마저도 단지 **무한정** 언제까지나 다음 순간의 전체의 한 **부분**일 뿐입니다. 전체란 없기 때문에 그 어느 시점에서도 전체란 있을 수 없고, 오직 전체/부분만 영원히 있다고 할까요.

그래서 첫 번째 원칙은 말하기를, 실재는 사물이나 과정으로 구성되어 있는 것이 아니고 전체나 부분으로 구성되어 있는 것도 아니며, 다만—맨 위, 또 맨 아래에 이르기까지—전체/부분 혹은 홀론으로 구성되어 있다는 것입니다.

◘ 그렇다면 실재는, 이를테면, 아원자입자들로 구성되어 있는 것이 아니군요.

○ 물론 아니지요. 그러한 접근 방식이 보통 있는 일인 것을 알고 있지만, 그렇게 되면 아주 철저히 환원주의적 접근 방식으로 되고 맙니다. 왜냐하면 그것은 물질과 물리적 우주에만 특권을 부여하려는 것이고 그렇게 되면 그 외의 모든 것—이를테면 생명에서 마음, 나아가 정신에 이르기까지—이 아원자로부터 '유도'되어야 하는데 이러한 일은 결코, 결단코 일어날 수 없는 것입니다.

그렇지만 아원자입자 자체가 홀론임을 알아야 합니다. 그리고 세포도 그렇고, 하나의 '상징'도 그렇고, 또한 하나의 '이미지'와 하나의 '개념'도 그렇습니다. 그러한 모든 현실적 존재들은 다른 어떤 것이기 전에 바로 하나의 홀론인 것입니다. 그래서 세계는 원자나 상징이나 세포나 개념으로 구성되어 있는 것이 아니라 홀론으로 구성되어 있는 것입니다.

'온우주'는 홀론으로 구성되어 있으므로 만약 우리가 **모든 홀론이 공통으로 갖고 있는** 것을 살펴보면, 곧 우리는 여러 다양한 모든 영역에서 진화가 공통으로 갖고 있는 점들을 깨닫기 시작하게 됩니다. 물질우주, 생물권, 정신권, 신의 영역에서 그러한 홀론들이 모두 어떻게 전개되고 있는가를 보면 그들 모두가 드러내는 공통 패턴을 알 수 있습니다.

◘ 모든 홀론이 갖고 있는 공통점, 그것이 바로 선생님이 20가지 원칙에 도달할 수 있었던 노하우로군요.

○ 네, 그렇습니다.

작인과 공존적 교섭

◘ 그래서 제1원칙은 온우주는 홀론으로 구성되어 있다는 것이고, 제2원칙은 모든 홀론은 어떤 일정한 특성들을 지니고 있다는 것이지요.

○ 그렇습니다. 왜냐하면 모든 홀론은 전체/부분이기 때문에, 그것은 두 가지 "성향" 혹은 "동인動因"(추동력)을 갖고 있습니다. 굳이 말하자면 홀론은 자신의 '전체성'과 '부분성'을 모두 유지해야 하므로 그렇다고 볼 수 있지요.

한편으로, 홀론은 그 자신의 전체성, 그 자신의 정체성, 그 자신의 자율성, 그 자신의 **작인성**作因性, agency[14]을 유지해야 합니다. 홀론이 자신의 작인성이나 정체성을 유지하고 보존하는 것에 실패하게 되면 그것은 단순히 존재하기를 멈추게 됩니다. 그래서 홀론의 특성 중 하나는, 어느 영역에서든지 자칫하면 자신을 없애버리려는 환경의 압력에 직면한다 하더라도 자신의 전체성을 유지하기 위한 작인과 역량을 지

14 작용인으로서의 특성. 여기서는 자기의 전체성과 정체성과 자율성을 유지 보호하기 위한 홀론의 능력과 기술을 의미한다.

니고 있다는 것입니다. 이것은 원자, 세포, 유기체, 관념들에서도 모두 정말 그렇습니다.

그렇지만 하나의 홀론은 자신의 작인성을 보존해야만 하는 어떤 한 전체일 뿐 아니라, 역시 어떤 다른 '체계', 즉 어떤 다른 전체성의 일부분인 것입니다. 또한 그러므로 하나의 **전체**로서의 독자성을 유지해야 함과 동시에 그 밖의 다른 어떤 것의 한 **부분**으로서 적응하지 않으면 안 됩니다. 그 자신의 실존은 주변 환경에 적응하기 위한 자신의 역량에 좌우되고, 이것은 원자에서 분자에, 동물에, 나아가 인간에 이르기까지 모두 정말로 그렇습니다.

그래서 모든 홀론은 하나의 전체로서 자신의 작인을 갖고 있을 뿐 아니라 다른 전체의 부분으로서 그 자신의 **공존적** 교섭communion에도 적응하지 않으면 안 됩니다. 만일 홀론이 이런 것들 중 어느 하나에 실패한다면—만일 그것이 작인이나 공존적 교섭에 실패한다면—그것은 단순히 없어져버리고 존재하기를 멈추게 됩니다.

초월과 소멸

■ 그래서 그것은—각 홀론은 '작인과 공존적 교섭' 양쪽 모두를 소유한다는 것은—제2원칙의 일부로군요. 선생님은 이러한 것을 홀론의 "수평적" 역량이라고 일컫고 계시지요. 그러면 "자기초월"과 "자기소멸"이라고 말하는 홀론의 "수직적" 역량이란 무엇인가요?

○ 만일 어떤 홀론이 자신의 작인성과 공존적 교섭을 유지하는 데 실패한다면 그것은 완전히 와해되어버릴 수 있습니다. 홀론이 와해되어버리면, 그것은 아홀론subholon으로 분해됩니다. 세포는 분자로 분해되고, 그것은 다시 원자로 부서지게 되고, 그것은 엄청난 압력에 의해

무한정으로 "분쇄되어"버릴 수 있습니다. 홀론의 분해에 관하여 아주 흥미진진한 사실은, 그것들은 구성되었던 방향과 반대로 (해체)소멸되려는 경향이 있다는 것입니다. 그리고 이러한 분해는 "자기소멸"이거나 단순히 아홀론으로 분해되는 것입니다. 이것은 그것들 스스로 그것들의 아홀론으로 분해될 수 있다는 것이고, 계속 그런 식으로 분해되어간다는 것이지요.

그렇지만 그 역과정을 살펴보면, 이는 더할 나위 없이 아주 비상한 과정, 즉 구성해가는 과정, 새로운 홀론이 창발하는 과정인 것입니다. 무엇보다도 첫째로, 도대체 어떻게 하여 자력으로는 움직이지 못하는 불활성 분자가 세포를 형성하기 위하여 함께 모일 수 있는가 하는 점입니다.

돌연변이와 자연선택에 대한 판에 박힌 그럴듯한 신新다윈주의자들의 설명은 이제는 더 이상 누구도 믿으려 하지 않습니다. 진화란 부분적으로는 분명 다윈주의자의 자연선택에 의해 진행되지만, 이러한 과정은 절대로 아무도 이해하지 못하는 메커니즘들에 의해 **이미** 발생한 그러한 변용을 단순히 선택하는 것일 뿐입니다.

◘ 예를 든다면요?

○ 날개는 단순히 앞발에서 진화된 것이라는 표준적인 개념을 예로 들어보지요. 아마도 다리로부터 기능을 제대로 가진 날개를 만들어내려면 수백 번의 돌연변이를 필요로 할 겁니다. 절반 정도만 진화된 날개는 제 기능을 못할 것이 뻔하니까요. 절반의 날개는 다리로서도 좋지 않고 날개로서도 좋지 않지요. 그것으로는 달릴 수도 없고 날아갈 수도 없으니까요. 어떻든 간에 그것은 날개로 적응될 수 있는 가치가 전혀 없는 것이지요. 다시 말하자면, 절반의 날개로는 밥이 될 뿐입니다. 이 수백 번의 돌연변이가 어느 한 동물에서 **모두 한꺼번에 일어나**

야만 날개는 제구실을 할 테니까요. 그리고 역시 이러한 동일한 돌연변이들이 이성異性의 다른 동물에서도 **동시에** 일어나야만 하고, 그렇게 되면 그들은 어떤 방법으로든 서로를 찾아내고 먹고 마시고 짝짓기하고, 그러고 나서 실제적 기능을 갖춘 날개를 가진 자손을 낳게 되어야 하는 것입니다.

너무나 믿기 어려운 사실에 대해 말하고 있지요. 이것은 무한정으로, 절대적으로, 극단적으로 너무나 믿기 어려운 사실입니다. 무작위 돌연변이로는 도저히 이것에 대한 설명을 시작조차 할 수도 없으니까요. 수없이 많고 많은 절대다수의 돌연변이란 여하튼 치명적이지요. 어떻게 하여 동시에 일어나는, 치명적이 아닌, 수백 번의 돌연변이를 획득할 수 있을까요? 아니면 그런 일이 네댓 번 만에라도 가능할까요? 그렇지만 일단 이 도저히 믿기 어려운 변용이 생기고 나면, 자연선택은 그 기능이 시원치 않은 날개들로부터 틀림없이 더 좋은 것들을 선택하겠지요. 그렇지만 날개들 자체는 어디서 오는 것일까요? 아무도 단서를 갖고 있지 않습니다.

우선 당장은 이러한 것을 "양자적 진화" 혹은 "종지부적 진화" 혹은 "창발적 진화"—말하자면 급격하게 신기하고 창발적이며 믿기 어려울 정도로 복잡한 홀론이 양자와 같은 양상으로 엄청난 도약에 의해 존재하게 되는 것—라고 부르기로 모두가 단순히 동의한 것입니다. 그 중간 형태가 **무엇인지에 대해서는** 아무런 증거도 없이 말이죠. 적어도 살아남기 위해서는 예컨대 날개나 안구 같은, 수십 혹은 수백 번의 비치명적 돌연변이가 한꺼번에 동일한 시기에 일어나지 않으면 안 됩니다.

하지만 아무튼 우리가 이와 같이 엄청나게 비상한 변용이 일어나는 것에 대해 어떠한 결론을 내린다 해도, 그러한 것들이 일어난다는 사실 자체는 부정할 수 없습니다. 그러므로 에리히 얀치Erich Jantsch[15]와 같은 많은 이론가들은 이러한 진화를 단순히 "자기초월을 통한 자기실현"이라고 일컫습니다. 진화란 격렬하게 **자기초월하는** 과정인 것입니다. 그것은 그 전에 있었던 것을 넘어서 나가는 극도로 깜짝 놀랄 만한 역량을 갖고 있습니다. 그래서 진화란 부분적으로는 초월의 과정인데, 그것은 그 전에 있던 것을 포함하면서 믿을 수 없을 만큼 신기한 새 구성요소를 추가합니다. 그러므로 자아초월을 향한 추동은 '온우주'라는 직물 바로 그 자체 속에 본래 짜여져 들어가 있는 속성으로 보입니다.

모든 홀론의 네 가지 추동

◘ 그리고 그것이 바로 모든 홀론의 네 번째 "추동"이군요. 그래서 어느 수준에서 "수평적으로" 작용하는 작인과 공존적 교섭이 있고, "수직적으로는" 다 함께 더 높은 수준으로의 이동이 있는데 이것이 자기초월성이고, 또 더 낮은 수준으로의 이동이 있는데 이것이 자기소멸성이군요.

○ 네, 맞습니다. 모든 홀론들은 전체/부분이기 때문에 그들은 그들 자신의 실존 상황 속에서 다양한 "인력引力"의 작용을 받습니다. 하나의 전체가 되기 위한 인력, 하나의 부분이 되기 위한 인력, 위로의 인력, 아래로의 인력, 즉 작인, 공존적 교섭, 초월, 소멸이 바로 그것입니다. 그래서 제2원칙에서는 단순히 모든 홀론은 이러한 네 가지 인력들

15 오스트리아 태생의 미국 물리학자. 생존을 위하여 적응하는 다윈류의 자연선택에 의한 진화를 부정하며, 진화란 창조적으로 자기초월하면서 환경과 함께 전 우주적으로 이루어진다고 주장했다.

을 갖고 있다고 말하는 것입니다.

그래서 그것은 20가지 원칙이 어떻게 시작하는지를 보여주는 하나의 본보기인 것입니다. "20"이란 숫자에 대해서는 아무런 마법적인 의미도 없습니다. 이것들은 단지 내가 초점을 두고 있는 공통 패턴들의 일부일 뿐입니다. 20가지 원칙의 나머지들은 이러한 여러 가지 힘들이 그것들 스스로 홀론에 끝까지 다양하게 작용할 때 무슨 일이 생기는지에 대해 살펴보는 것입니다. 자기초월하는 추동이 물질로부터 생명을, 그리고 생명으로부터 마음을 만들어냅니다. 그리고 20가지 원칙은, 홀론들이 어디서 나타나든지 간에—사물에서 생명으로 마음으로, 그리고 아마 그보다 더 높은 단계에 이르기까지도—이들의 진화 과정에서 발견되는 공통 패턴의 유형들 중 일부를 단순히 제시한 것이지요. 아마 영적 단계까지도 그렇겠지요?

◘ 그렇다면 진화에는 참으로 어떤 종류의 통일성이 내재한다는 말씀이시군요.

○ 그럼요, 확실히 그런 것 같습니다. 자기초월의 **연속적인** 과정이 **불연속성**, 비약, 창조적 도약을 낳습니다. 그러므로 진화에는 불연속성이—말하자면 마음은 생명으로 환원될 수 없고 생명은 물질로 환원될 수 없다는 것이—있습니다. 그리고 또한 연속성, 즉 이러한 모든 영역들에서 진화가 일어나는 공통의 패턴이 있습니다. 그렇고말고요. 그런 의미에서 온우주는 어떤 단일한 과정에 의해 통일되어 혼연일체를 이루고 있습니다. 그것은 바로 "단일 운율uni-verse", 즉 하나의 노래입니다.

◘ 그 하나의 노래를 선생님은 "활동 중에 있는 영Spirit-in-action", 또는 "창조 중에 있는 신God-in-the making"이라고 하셨는데, 이것은 나중에 돌아와서 다시 한 번 되짚어보고 싶은 것입니다. 그렇지만 지금 당장은, 제3원칙에서 단순히 '홀론은 창발한다'라고 말하는 것에 대해 알아보고 싶은데요.

◎ 네, 지금까지 말해온 바대로, 진화는 부분적으로는 자기초월의 과정입니다. 그것은 언제나 선행한 것을 넘어서 나아갑니다. 그리고 그 신기함에서, 그 창발성에서, 그 창조성에서 새로운 존재들이 생겨나게 되고 새로운 패턴이 전개되고 새로운 홀론이 태어나게 됩니다. 이 독특한 과정이 단편적인 것으로부터 결합된 것을, 또 단순히 쌓인 더미로부터 전체성을 구축합니다. 온우주는 창조적 창발의 양자적 도약으로 전개해나가는 것 같습니다.

◘ 왜 하나의 수준은 그보다 낮은 구성요소로 환원될 수 없고, 또 왜 홀론이 아홀론으로 환원될 수 없는가 하는 것은 바로 그 때문이군요.

◎ 그렇습니다. 내가 말하고자 하는 바는, 전체는 그것을 구성하는 부분에 의해 분석될 수 있고, 또 그렇게 하는 것은 전적으로 타당한 노력이라는 것입니다. 그러나 그렇게 되면 우리가 갖게 되는 것은 부분이지 전체는 아닙니다. 당신은 시계를 해체해서 그 부품들을 분석하는 것은 가능하지만 분해된 그것들이 당신에게 하루의 시간을 말해주지는 못합니다. 그것은 어느 홀론에 대해서도 마찬가지입니다. 홀론의 전체성은 그것의 어느 부분들에서도 찾아지지 않습니다. 그래서 사실상 그것은 서양 과학을 애당초 그 시작에서부터 고질병에 걸리게 해

온 어떤 종류의 환원주의적 열광에 종지부를 찍습니다. 그러한 명백한 자각은 특히 시스템과학과 함께 밝아지기 시작했습니다. 우리는 창조적으로 창발하는 우주 속에 살고 있는 것입니다.

■ 아직도 여전히 환원주의자들이 주위에 널려 있지만 대세는 돌아선 것 같아 보입니다. 왜 환원주의는 본질적으로, 또 당연히 "나쁜" 것일 수밖에 없는가에 대해서는 더 이상 설명할 필요는 거의 없다고 봅니다. 그리고 비환원주의란 어떤 의미에서 보면 온우주는 창조적이라는 것을 의미하겠지요.

● 정말 아주 놀랄 만한 일이지요. 그렇지 않습니까? 화이트헤드 Alfred North Whitehead[16]는 "궁극의 범주"로서—그 외의 어떤 다른 것에 대해 조금이라도 생각하기 위해서 필요한 개념을 의미하는 것으로서—오직 세 가지만, 즉 창조성, 일자一者, 다자多者를 들고 있습니다(실질적으로 모든 홀론은 일자/다자이기 때문에 그러한 범주는 사실 창조성과 홀론이라는 용어만으로도 다 설명할 수 있는 것입니다).

그렇지만 요컨대 화이트헤드가 말한 대로, "궁극의 형이상학적 바탕은 바로 **새로운 것으로의 창조적 진보**"인 것입니다. 즉 새로운 홀론은 창조적으로 창발합니다. 아무튼 창조성, 홀론 같은 것들은 우리가 다른 무엇을 생각할 수 있기 전에 먼저 생각해야 할 필요가 있는 어떤 가장 기본적인 범주니까요!

그러니까 말이죠. 그것이 바로 제3원칙이고, "홀론은 창발한다"라는 것입니다. 그리고 각 홀론은 이러한 네 가지의 기본적인 역량—작인,

16 영국의 철학자이자 수학자. 수제자인 버트런드 러셀과의 공저《수학원리》를 통해 수학의 논리적 기초를 확립하려 하였다. 아인슈타인의 상대성 원리 등 현대 과학을 철학에 도입시킨 과학철학자이며, 대표 저서《과정과 실재》를 통하여 철학 사상사에 과정철학이라는 새로운 국면을 전개한 과정철학자, 유기체철학자로서도 높이 평가되고 있다.

공존적 교섭, 자기소멸, 자기초월—을 갖고 있습니다. 그와 같이 하여 '온우주'를 계속 창조해나가는 것이지요.

■ 이는 이야기를 좀 앞서 나가게 하므로 지금 당장은 그것에 대해 지나치게 깊이 들어가고 싶지 않습니다. 그런데 선생님은 창조성과 '영Spirit'을 서로 결부시키고 있군요.

○ 글쎄요, 창조성이란 곧 '영'에 대한 또 다른 명칭이 아니고 무엇이겠습니까? 화이트헤드가 말한 대로, 창조성이란 게 어떤 **궁극적인 것**—말하자면 우리가 그 외의 어떤 다른 것(존재, 범주)을 갖기 전에 먼저 그것부터 전제하지 않으면 안 되는 어떤 것—이라면, '영'이 아닌 무엇이 과연 "궁극의 형이상학적 바탕"이 될까요? '영'에 관하여 나는 "공空"이란 불교적 용어도 사용합니다. 이에 대해서는 앞으로 얘기하게 되겠지요. 그러나 '영' 또는 '공'이란 색色, form[형상]으로 나타납니다. 새로운 형상[사물, 존재]이 창발하면 새로운 홀론이 창발합니다. 그렇다고 그것이 허공에서 나오는 것은 아닙니다.

우리는 우주라는 직물 바로 그 안에 '자기초월'이 짜 넣어져 있는 것이라는 사실에 이미 수많은 과학자들도 동의하고 있음을 보았습니다. 설혹 다른 어떤 명칭으로 말한다 해도 그와 같이 자기초월하는 창조성이란 과연 무엇이겠습니까? '영'이 맞지요? 우리는 여기서 명백히 매우 일반적인 용어로 명백하게 말하고 있지만, 지금까지 우리는 '영', 창조성, 홀론을 알게 된 셈이지요.

■ 또한 창조에 관한 보다 더 영적인 또는 관념론적인 해석에 대해 최근에 몇몇 과학계에서의 호응이 있어왔지요.

○ 어떤 의미로는 그렇습니다. '빅뱅' 우주대폭발은 사색하는 사람이라면 누구를 막론하고 거의 다 관념론자로 만들었습니다. 태초에는 절대로 아무것도 없었다가 꽝! 하는 폭발로 무언가 생겨났다는 것입

니다. 이것은 분명 단순히 불가사의한 어떤 것 이상의 무엇이지요. 바로 지순至純한 '공'으로부터 현현顯現이 생겨난 것입니다.

이것은 전통과학에게는 약간의 악몽입니다. 왜냐하면 그것이 우주(의 진화)를 설명하는 그 우연에 의한 돌연변이에 시간제한을 두기 때문입니다. '어떻게 우연에 의해 질서 있는 우주가 생겨날 수 있는가?'를 설명해주는 한 실례로, 수천의 원숭이와 셰익스피어Shakespeare 이야기를 생각해보면 잘 알 수 있습니다.

■ 아무렇게나 타자하는 원숭이들이 충분한 시간이 주어지면 셰익스피어 극본 하나를 타자해낼 수 있을 거라는 이야기 말씀이시군요.

● 무한히 긴 시간만 충분히 준다면요! 어떤 한 계산에서는 원숭이의 능력으로 우연히 셰익스피어극 하나를 만들어낼 가능성은 $10^4 \times 10^6 \times 10^6 \times 10^6 \times 10^6 \times 10^6 \times 10^6$분의 1이라는 것을 보여주었습니다. 그래서 그것이 일어날 가능성은 아마 100억 년의 100억 배, 다시 그 100억 배의 100억 배 후에나 있을는지도 모르지요. 우리 우주는 고작 120억 년밖에 되지 않았습니다.

그렇다면 분명 이것은 **모든 것**에 대한 우리의 생각을 변하게 만듭니다. 프레드 호일Fred Hoyle로부터 솔즈베리F. B. Salisbury에 이르는 과학자들이 해본 계산에 의하면 120억 년은 우연에 의해 **단 하나의 효소**를 만들어내는 데에도 충분하지 않다는 것을 일관성 있게 보여주고 있습니다.

바꾸어 말한다면, 우연이 아닌 다른 무엇이 우주를 밀고 있습니다. 전통과학자들에게는 '우연'이 그들의 구세주였습니다. '우연'이 그들의 신이었습니다. '우연'이 모든 것을 설명해주니까요. '우연', 거기에다 끝없이 무한한 긴 시간이 우주를 낳는 것이지요. 그렇지만 그들은 끝없이 무한한 긴 시간을 갖고 있지 않으며, 그래서 그들의 신은 그들을 비참하게 실패하도록 만든 것입니다. 그 신은 죽었습니다. '우연'은 우주를 설명하는 것이 아니고, 사실상 우연은 우주가 극복하려고 부단히 강력하게 힘쓰고 있는 것입니다. '온우주'의 자기초월하는 추동이 극복하고자 하는 것은 바로 우연입니다.

■ 그것은 곧 자기초월성이란 우주 속에 짜 넣어져 있는 것이라고 말하거나, 또는 선생님이 말씀하시듯이 자기초월이란 어느 홀론이나 갖고 있는 네 가지 추동 중의 하나라고 말하는 또 다른 방식이군요.

● 네, 그렇다고 생각합니다. 온우주에는 형성하고자 하는 추동이 있고, 목적인目的因[17]이 있습니다. 그것은 방향성을 갖고 있으며, 그것은 어디론가 향해 나가고 있습니다. 그 근본바탕은 '공'이며, 그 추동은 점차로 증가하는 정합적定合的 홀론으로 '형상(색)'을 조직화하는 것입니다. 바로 '공', 창조성, 홀론입니다.

■ 오늘날 "종교적 창조론자"들은 이로부터 아주 큰 것을 건져 올렸다고 봅니다. 그들은 그것이 '성경' 및 '창세기'와 꼭 부합한다고 말하고 있지요.

● 그렇다면 그들은 전통과학이 설명해낼 수 없는, 점점 더 일반화되고 있는 명백한 진리를 붙잡은 것입니다. 우연이 아닌 창조성이 '온우주'를 만든다는 말입니다. 그렇지만 그것이 바로 우리가 좋아하는 특정한 '신'과 창조성을 동일시할 수 있다는 것을 의미하지는 않습니다. 그것이 곧 이 허공 속에서 우리를 행복하게 해주는 일체의 독특한 특성을 가진 '신God'을 가정할 수 있다는 것을 의미하지는 않습니다. 이를테면 그 '신'은 유대교인들만의, 또는 힌두교인들만의, 또는 고유

17 목적으로서의 원인, 즉 그것을 위해 무엇인가가 일어나게 되어 있는 어떤 것으로 사건을 미리 정해진 목표에 따라 규정하는 원인성.

의 토착신앙을 가진 사람들만의 '신'이고, 그래서 그 '신'은 나를 내려다보고 있고, 그 신은 친절하며 공정하고 자애롭다는 등을 의미하지는 않지요. 우리는 한정적이며 의인화된 특성을 지닌 이러한 신들의 형식에 매우 조심하지 않으면 안 됩니다. 이것이 바로 한정할 수 없거나 혹은 자격을 부여할 수 없다는 것을 의미하는 '공'을 내가 특히 좋아하는 이유 중 하나입니다.

그렇지만 근본주의자, "창조론자"들은 그들의 신봉자들로 학술회의를 채우기 위해 마치 '과학이라는 호텔' 안의 이와 같은 빈 곳들을 점령하고 있는 것과도 같습니다. 그들은 '창조성은 **절대적**이다'라는 틈새를 보고서, 그 절대성을 그들의 신화적 신과 동일시하고, 그러고 나서 이 특정의 신을 믿지 않으면 우리는 영원히 지옥에서 고통 받게 된다는 것을 사실화하는 것부터 시작하여, 그들 자신의 에고적 취향을 조장하는 온갖 특성들로 이러한 신을 채우는 것입니다. 이것은 정확히 말해 '영'에 대한 관대한 관점이 아닙니다.

그래서 내가 생각하기에는 단순하게 시작하는 것이 좋은 아이디어이고 매우 신중하지 않으면 안 된다고 봅니다. 온우주에는 영적인 통로opening가 있습니다. 우리가 그것을 어떻게 채우는가에 대하여 매우 주의해서 보도록 하지요. 가장 단순한 진리는 이렇습니다. '영' 혹은 '공'은 무규정적인 것이지만, 그렇다고 그것이 활동성이 없거나 비생산적이라는 것은 아니라는 말입니다. 왜냐하면 그것은 현현 그 자체로서 생겨나는 것, 즉 새로운 '형상[색]'이 창발하고 그 창조성은 궁극적[속성]이기 때문입니다. 그것은 바로 '공', 창조성, 홀론입니다.

앞으로 얼마 동안은 이 정도로 언급하는 선에서 놔두도록 하지요. 괜찮지요? 계속 이야기를 전개해나가다 보면 이 주제로 다시 돌아올 수 있을 겁니다.

◘ 네, 좋습니다. 그래서 방금 우리는 제3원칙, "홀론은 창발한다"는 것에 대해 살펴보았지요. 제4원칙에서는, "홀론은 홀라키적으로 창발한다"라고 하는데 '홀라키holarchy'라는 게 무엇인지요?

○ 계층구조hierarchy를 의미하는 쾨슬러의 용어입니다. '계층구조'는 오늘날 매우 나쁜 평판을 갖고 있는데, 그 까닭은 대체로 사람들이 지배자적 계층구조와 자연적 계층구조를 혼동하고 있기 때문입니다.

자연적 계층구조는 단순히 증가하는 전체성의 순서입니다. 이를테면 소립자에서 원자로 세포로 생체 기관으로, 혹은 글자에서 단어로 문장으로 문단으로의 계층적 구조 같은 것입니다. 어느 한 수준의 전체는 그다음 수준 전체의 한 부분입니다.

바꾸어 말하면, 정상적인 계층구조는 홀론으로 구성되어 있습니다. 그래서 쾨슬러는 말하기를, "계층구조"는 실제로는 "홀라키"라고 일컬어져야 한다는 것입니다. 그는 전적으로 옳게 보았습니다. 사물에서 생명에, 마음에 이르는 사실상의 모든 성장 과정은 자연적 홀라키들에 따라, 혹은 전일성과 전체성—새로운 전체의 부분이 되는 전체—의 증가 순서에 따라 일어나고, 그래서 그것이 바로 자연적 계층구조 혹은 홀라키인 것입니다.

◘ 사람들을 착각하게 만드는 것이 바로 그 지배자적 계층구조군요.

○ 네, 그럴 만한 이유가 충분히 있지요. 자연적 홀라키 안의 어느 홀론이 그 [홀라키의] 위계를 찬탈하여 전체를 지배하려고 시도한다면, 병리적 또는 지배자적 계층구조로 됩니다. 말하자면 암세포가 신체를 지배한다든지, 혹은 파시스트 독재자가 사회체제를 지배한다든지, 또

는 억압된 자아가 유기체를 지배한다든지 하는 등으로 됩니다.

그렇지만 이러한 병리적 홀라키들의 치유는 홀라키 자체를 제거하는 것이 아니고—여하튼 이는 불가능한 일이지만—반면에 오히려 그 오만한 홀론을 사로잡아 자연적 홀라키 속으로 도로 통합시키거나, 또는 말하자면 그것을 적재적소에 도로 밀어 넣는다는 것입니다. '계층구조'에 대한 비판자들은—그들의 이름을 열거하자면 무수히 많지만—단순히 이러한 병리적 홀라키들을 홀라키 일반과 혼동하고, 그래서 그들은 [홀라키라는] 어린아이를 목욕탕물 속으로 던져 넣어버리는 것과도 같은 [어리석은 짓을 하는] 셈이지요.

■ 그들은 계층구조를 없애버림으로써만 진정으로 '전일적holistic'으로 된다고 주장하고 있군요. 왜냐하면 모든 것은 똑같이 취급되고, 그리하여 다 함께 참여하기 때문이라는 것이지요.

● 사실 [그들의 주장과는] 정반대인 것 같습니다. 전일주의holism에 이르는 유일한 길은 오로지 홀라키를 통해서입니다. "전체는 그 부분들의 합보다 더 크다"라고 전일주의자들이 말할 때, 전체는 그 부분들만으로 된 것보다 더 높고 깊은 수준의 조직을 갖고 있다는 의미입니다. 그래서 그것은 계층구조 혹은 홀라키라는 말입니다. 개개의 분리된 분자들은 이러한 분자들만이 갖는 성질을 능가하는 성질들에 의해서만 한 개의 세포를 구성하도록 함께 끌어당겨집니다. 말하자면 세포는 홀라키적으로 정해지는 것입니다. 그래서 홀라키가 없으면 전체가 아닌 단순하게 뭉쳐진 더미만 갖게 됩니다. 그들은 온더미주의자heapist이지 전일주의자holist가 아닙니다.

■ 그렇지만 대다수의 페미니스트들과 수많은 생태철학자들은 계층구조 혹은 "등급화"란 그것이 어떤 종류이든지 간에 다 억압적이고 심지어 파시스트적이라고까지 주장하고 있습니다. 그들은 말하기를, 그

러한 모든 가치의 등급화는 "낡은 패러다임"이거나 "가부장제적"이거나 단순히 억압적이고, 그래서 그것은 **등급화**ranking가 아닌 **연결하는** linking 세계관으로 대치되어야 한다는 것입니다. 그들은 이 점에 관해서는 극단적으로 공격적입니다. 게다가 그들은 계층구조에 대해 한술 더 떠서 고약한 비난마저 퍼붓고 있습니다.

○ 그러한 주장은 사실 좀 부정직한 것입니다. 계층구조는 피할 수 없기 때문입니다. 당신이 언급한 반계층구조의 이론가들조차도 그들 자신의 **등급화**인 **그들 스스로의 계층구조를 갖고 있습니다**. 말하자면, 그들은 연결화가 등급화보다 **더 좋다고** 생각하고 있습니다. 그렇다면 그것이 바로 가치의 등급화인 계층구조입니다. 그렇지만 그들은 이런 것까지는 솔직하게 받아들이지 않기 때문에 그들의 계층구조는 무의식적이 되고 숨겨져 있게 되고 부인되어지게 됩니다. 그들의 계층구조가 계층구조를 부인하는 셈입니다. 그들은 등급화는 나쁘다고 말하는 등급제도를 갖고 있는 셈입니다.

□ 선생님은 이것을 "수행상의 역설"이라고 부르시지요.

○ 네, 요점을 말하자면 반계층구조적 자세는 자기모순적입니다. 이러한 이론가들은 계층구조를 갖고 있습니다. 그것은 단지 숨겨져 있거나 은폐되어 있을 뿐입니다. 이러한 은밀한 계층구조를 갖고서 그들은 다른 모든 계층구조들을 공격하고, 또 그들이 말하는 그런 모든 음흉한 등급화로부터 그들 자신은 "자유롭기" 때문에 그들 스스로에 매우 만족스러워합니다. 그래서 그들 스스로 인정하지는 않겠지만 자신들이 하고 있는 것을 다른 사람들이 정확히 그대로 하는 것에 대해 악의적으로 비난하며 매도하고 있습니다. 그것은 전적으로 불유쾌한 일이지요.

□ 그런데 선생님이 충분히 상세하게 설명하신 바와 같이 계층구조

는 많이 남용되어왔다고 볼 수 있겠군요.

○ 네, 그러한 점에서 나는 그 비판자들에 아주 전적으로 동의합니다. 그러나 요점은 계층구조나 홀라키를 모두 함께 없애버리라는 것이 아닙니다. 그것은 불가능한 일입니다. 등급화를 제거하려고 노력하는 것 자체가 등급화입니다. 계층구조를 부인하는 것 자체가 계층구조인 것입니다. 그 까닭은 바로 '온우주'가 홀론으로 구성되어 있고, 또 홀론은 홀라키적으로 존재하기 때문에 우리는 이같이 겹겹이 둥지화된 nested 질서들로부터 도저히 벗어날 수가 없습니다. 오히려 우리는 **정상적** 홀라키를 **병리적** 또는 **지배자**적 홀라키로부터 떼어내고 싶어 합니다.

□ 그렇다면 홀라키는 정말로 피할 수 없는 것이로군요.

○ 네, 왜냐하면 홀론은 피할 수 없는 것이기 때문입니다. 모든 진화적이고 발달적인 패턴은 홀라키화에 의해, 즉 전체성과 포괄성이 증가하는 순서에 따른 과정에 의해 진행되는데, 이는 **전일적** 역량에 의거한 **등급화**의 한 형태입니다. 이것이 바로 전일주의의 기본 원리는 홀라키라고 하는 이유인 것입니다. 말하자면 더 높고 더 깊은 차원은 만약 그대로 두면, 분리되고 갈등을 일으키고 고립되는 부분들을 정합적 통합체로 통일하고 **연결하는** 원리, 혹은 "접착제", 혹은 패턴을 제공합니다. 즉 그것은 분리된 부분들이 공통의 전체성을 인식함으로써 단지 일부분, 단지 하나의 단편이 되는 운명으로부터 벗어날 수 있는 공간을 제공하는 것입니다.

그래서 연결화가 정말로 중요하지만, 그러나 연결화 자체는 등급화와 홀라키 안에서 이루어지고, 그것은 단지 홀라키로 인해 존재할 수 있는 것입니다. 바로 이 홀라키가 연결화와 결합화가 일어날 수 있는 보다 더 높고 보다 더 깊은 공간을 제공하는 것입니다. 만약 그렇지 않으면 그것은 전체가 아닌 뭉쳐진 덩어리에 불과할 뿐이니까요.

게다가 어떤 특정한 홀론이 어느 홀라키 내에서 그 지위를 불법으로 행사하려 든다면—다시 말해 그것이 오로지 한 전체가 되기만을 원하되 동시에 역시 어떤 부분이 되기를 원하지 않는다면—그 자연적인 혹은 정상적인 홀라키는 병리적 혹은 지배자적 홀라키로 퇴행하고 맙니다. 다른 어떠한 말로 이를 호도하려고 해도 이것은 분명 질병, 병증, 질환입니다. 그것은 물리적이거나 감정적[정서적]이거나 사회적이거나 문화적이거나 영적이거나 간에, 어느 수준에서건 다 매한가지입니다. 그래서 우리는 이러한 병리적 계층구조들을 공격하여 "옴짝달싹 못하게" 하고 싶어 하는데, 이는 계층적 구조 자체를 제거하기 위해서가 아니라 정상적인 또는 자연적인 계층구조가 그 자리에 새롭게 나타나도록 해서 그것의 건전한 성장과 발달을 계속 허용하기 위해서입니다.

전면적 포섭의 길

◘ 일단 여기서 지금까지의 이야기를 정리해보지요. '온우주'는 맨 위에서, 또 맨 아래에 이르기까지 홀론으로 구성되어 있다는 것이고, 모든 홀론은 네 가지 기본 역량—작인 및 공존적 교섭, 초월 및 소멸—을 지니고 있다는 것이지요. 그리고 홀론은 창발적이고, 또 홀론은 홀라키적으로 창발한다는 것이지요.

○ 네, 그것들이 최초의 네 가지 원칙입니다.

◘ 그래서 그다음 제5원칙은, '창발하는 각각의 홀론은 그보다 선행하는 것(들)을 초월하지만 내포한다'는 것이지요.

○ 예를 들면 세포는 그 구성 분자를 초월하거나 넘어서지만, 또한

역시 그것들을 명백히 포함하고 있습니다. 분자는 원자들을 초월하며 포함하고, 이것들은 다시 소립자들을 초월하며 포함하고, 이것들은 다시…… 이렇게 계속되는 것입니다.

요컨대 모든 홀론은 전체/부분이므로 그 전체성은 **초월**하게 되지만 그 부분들은 **포함**되는 것입니다. 이 '초월'을 통하여 덩어리들은 전체로 전환되고, 또 '포함'을 통하여 그 부분들은 개개의 홀론이 하나의 단편적인 것이 되는 부담에서 벗어나게 해주는 공통의 속성 안에서, 그리고 공유되는 공간 속에서 서로 연결되어 동등하게 포섭되고 소중하게 다루어지게 되는 것입니다.

그렇습니다, 진화는 초월하며 포함하고 또 계속 초월하며 포함하는 과정입니다. 그래서 이것은 '활동 중에 있는 영'의 바로 그 심장부를, 즉 진화적 충동의 바로 그 비밀의 문을 비로소 열기 시작하는 것입니다.

A BRIEF HISTORY
OF
EVERYTHING

2

비밀스러운 충동

◘ 진화의 비밀스러운 충동이라고요?

○ 분자는 원자를 초월하면서 포함합니다. **초월**이란 그것이 단지 그 구성요소의 총합이 아니라 창발적이거나 신기하거나 창조적인 어떤 분명한 성질을 갖는다는 것입니다. 이는 일반적으로 시스템 이론과 전일주의의 전반적인 요점이고, 즉 새로운 수준의 조직이 생기게 된다는 것입니다. 그리고 이러한 새로운 수준들은 어떠한 방법으로도 그 아래 차원 쪽으로 환원될 수 없다는 것입니다. 즉 전자는 후자를 초월합니다. 그렇지만 동시에 전자는 후자를 **포함**하는데, 그 까닭은 그 아래의 홀론들이 새로운 홀론의 구성요소이기 때문입니다. 그래서 초월하면서 포함한다는 것이지요.

◘ 그래서 상위적인 것은 하위적인 본질적 요소 외에 뭔가 다른 특별한 점을 갖는다는 말씀이군요.

○ 네, 그것은 [홀라키에 대한] 또 다른 표현 방식을 나타내는 것인데, 이는 아리스토텔레스Aristoteles가 처음 지적했던 말입니다. 말하자면 하위적인 모든 것은 상위적인 것 속에 있지만 상위적인 모든 것이 다 하위적인 것에 있지는 않다는 것으로, 이는 **언제나 예외 없이** 계층구

조 또는 홀라키를 성립시킨다는 말입니다. 세포는 분자를 포함하지만 그 역은 아니지요. 분자는 원자를 포함하지만 그 역은 아니지요. 문장은 단어를 포함하지만 그 역은 아니지요. 그리고 바로 이 **역은 성립하지 않는다**는 것이 계층구조, 홀라키, 증가하는 전체성의 질서를 성립시키는 것입니다.

더 높고 더 낮은 수준

◘ 어느 한 수준이 다른 것보다 "더 높다"거나 "더 낮다"는 것에 대한 매우 격렬한 논쟁이 있습니다. 그렇지만 선생님은 그 어떤 순차적 순서에 있어서도 더 높고 더 낮은 순위를 정립하는 것에 대해 매우 단순한 규칙을 제시하시는 듯한데요.

◎ 글쎄요, 그렇다면 일단 원자로부터 분자로, 세포로, 나아가 유기체에 이르기까지의 어떤 진화적 발달을 예로 들어보지요. 이것은 전체성이 증가해가는, 즉 홀론이 증가해가는 순차적 순서이며, 그 각각은 앞의 것을 초월하면서 포함합니다. 그런데 만약 일종의 사고실험思考實驗에 의해 어느 특정한 종류의 홀론을 파괴시킨다면 그보다 **더 상위적인** 홀론들도 역시 모두 파괴될 것입니다. 그러나 **더 하위적인** 홀론들은 어느 것도 파괴되지 않습니다. 그리고 이 간단한 사고실험은 그 어떤 순차적인 순서에서도 무엇이 더 상위적인 것이고 무엇이 더 하위적인 것인가를 분간하는 데 도움을 줄 수 있습니다.

예를 들어 우주 안의 모든 분자가 파괴되면 그보다 더 상위적인 수준의 것들도 모두—모든 세포와 유기체들도—역시 파괴됩니다. 그러나 그 하위적인 홀론들—원자와 아원자입자들—은 그 어느 것도 파괴되지 않습니다.

◘ 네, 잘 알겠습니다. 그러니까 보다 "더 높고" "더 낮은" 조직은 단지 상대적인 "가치 판단"에 따른 것이 아니라는 말씀이시군요.

○ 맞습니다. 정말로 그것은 가부장제적 혐오스러움이나 파시스트적 이데올로기에 의해 발명된 것이 아닙니다. 만약 어느 특정한 종류의 홀론을 파괴하면 더 상위적인 홀론들도 역시 모두 파괴됩니다. 그것들은 **그것들 자신의 구성요소로서의** 더 하위적인 홀론들에 부분적으로 의존하고 있기 때문입니다. 반면에 더 하위적인 홀론들은 더 상위적인 홀론이 없어도 완벽하게 존속할 수 있습니다. 말하자면 원자는 분자 없이도 아주 잘 존재할 수 있지만 분자는 원자 없이는 존재할 수 없습니다. 매우 단순한 규칙이지요. 그렇지만 그것은 어느 홀라키에 관해서든 정확히 무엇이 더 상위적인 것이고 무엇이 더 하위적인 것인가를 매우 분명하게 규정짓습니다.

이 규칙은, 즉 그 어떤 홀라키—이를테면 도덕적 발달, 언어의 습득, 생물학적 종의 형성, 컴퓨터 프로그램, 핵산 유전정보의 해석 등—에 대한 그 어떤 발달의 순차적 순서에서도 유효합니다. 전체는 부분에 의존하지만 그 역은 성립하지 않는다는 단순한 원리의 덕택으로 예외란 없습니다. 그래서 우리가 말하는 "역은 성립하지 않는다"는 것은 바로 홀라키, 즉 전체성이 증가하는 순위order를 뜻합니다.

◘ 이것이 바로 선생님이 어떻게 생물권이 물질권보다 더 상위적인가를 보여주는 방식이로군요.

○ 그렇습니다. 만약 우리가 생물권—모든 생명체—을 파멸시킨다 해도 우주 또는 물질권은 존재할 수 있고, 또한 여전히 존재하겠지요. 그렇지만 만약 우리가 물질권을 파괴시킨다면 생물권도 마찬가지로 즉각 파괴됩니다. 이러한 일이 일어나는 것은 생물권은 물질권을 초월하고 포함하지만 그 역은 아니기 때문입니다. 그렇습니다, 물질권은

생물권보다는 구조적 조직의 더 하위적인 수준입니다. 그것이 더 상위적인 조직과 더 하위적인 조직의 의미입니다. 그래서 생물권은 **더 상위적**이고 코스모스[물질우주]는 **더 하위적**입니다.

■ 마찬가지 방식으로 정신권은 생물권보다 더 상위적이겠군요.

● 바로 정확히 똑같은 방식으로 그렇지요. 정신권은 어떤 이지적 이미지를 형성하는 능력으로부터 시작되는 것이고, 이 능력은 말과 같은 어떤 종류의 포유동물로부터 확실히 시작됩니다. 그렇지만 여기서 나는 이에 대한 실제 예로서 단지 무엇이 문제인가를 보여주기 위하여 더 고도로 발달된 마음과 인간의 문화적 소산에 정신권을 한정시킬 것입니다. 어느 쪽이든 간에 어차피 우리는 동일한 결과를 얻게 될 테니까요.

생물권은 인간의 마음이 나타나기 전, 즉 정신권이 창발하기 전 수백만 년 동안 완벽하게 잘 존재하고 있었습니다. 그래서 만약 우리가 정신권을 파괴시킨다 해도 생물권은 여전히 존재할 것이며 존재할 수 있는 것입니다. 그렇지만 만약 우리가 생물권을 파괴시키면 인간의 마음도 역시 모두 다 파괴되고 말 것입니다. 생물권은 정신권의 한 부분이고 그 역은 아니기 때문입니다. 그렇습니다, 생물권은 정신권보다 구조적 조직의 더 하위적인 수준입니다. 정신권은 생물권을 초월하며 포함하는 것이지, 단지 생물권의 한 부분이 아닌 것입니다. 그와 같은 [단순히 부분으로 보는] 것이 바로 환원주의입니다.

■ 그래서 물질권은 생물권이라는 더 상위적인 전체의 부분이고, 다시 이것은 정신권이라는 더 상위적인 전체의 부분이고, 그리고 그 역은 아니라는 말씀이시군요.

● 그렇습니다.

■ 그런데 왜 그렇게도 수많은 사람들이 그것을 거꾸로 보고 있을까요?

● 아마도 사람들은 크기 또는 **폭**span을 **깊이**와 혼동하고 있기 때문일 겁니다. 그리고 사람들은 '큰 폭'이란 '큰 깊이'를 의미한다고 생각하고 있는데, 이것은 정말 거꾸로 본 것입니다.

■ 그렇다면 "깊이"와 "폭"은 정확하게 무엇을 지칭합니까?

● 어느 홀라키에서 수준의 수는 그것의 **깊이**를 가리키고, 어떤 임의의 주어진 수준에서의 홀론의 수는 그것의 **폭**을 가리킵니다.

■ 그러면 만약에 원자가 '깊이 하나'를 갖고 있다고 말하면 분자는 '깊이 둘', 세포는 '깊이 셋'을 갖겠군요.

● 굳이 그렇게 구분한다면 그렇지요. 하지만 정확히 무엇을 "수준"이라고 부르고 싶은지는 어느 정도 임의적입니다. 이를테면 그것은 마치 3층집과도 같습니다. 각 층을 하나의 수준으로 세는 것이 가능한데, 이것은 통상 우리가 그렇게 하는 것이지요. 그러면 그 집은 **깊이 셋**을, 즉 세 수준을 갖게 되겠지요. 그렇지만 계단 내의 각 단을 하나의 수준으로 셀 수도 있습니다. 층 사이에 20개의 계단이 있을 수 있겠지요. 그렇게 되면 우리는 그 집이 60개의 수준이나 '60개의 깊이'를 갖고 있다고 말하겠지요.

그렇지만 요점을 말하자면, 비록 이러한 척도는 상대적이거나 임의적일지 모르나 그 상대적 위치는 제멋대로가 **아니라는** 것입니다. 우리가 그 집을 세 개의 수준 또는 60개의 수준을 갖고 있다고 어느 쪽으로 말하든지 간에 언제나 2층은 1층보다 더 높다는 것입니다. 상대적으로 동일한 척도를 사용하는 한, 다시 말해 일관성이 있는 한, 마치

물의 온도를 측정하기 위해 화씨온도계나 섭씨온도계 어느 것이든 사용할 수 있는 것과 마찬가지로 아무런 문제가 일어나지 않습니다.

그래서 쿼크는 '깊이 하나'를 갖고 있다고 한다면 원자는 '깊이 둘', 결정체는 '깊이 셋', 분자는 '깊이 넷'을 갖고 있다고 말할 수 있을 것입니다. 아무리 우리가 그 어떤 상대적 척도를 사용하기로 마음먹는다고 해도 깊이 자체는 실제적입니다.

◘ 그래서 깊이와 폭이군요.

○ 그것이 사람들을 혼란스럽게 만드는 까닭은, 실제로 진화는 잇따르는 수준들에서 **더 깊은 깊이와 더 좁은 폭**을 만들어내기 때문입니다. 그래서 사람들은 집합적인 **규모** 혹은 **크기** 혹은 **폭**을 **깊이**와 혼동하게 되고, 그 결과 전적으로 중요성의 순위를 거꾸로 받아들입니다.

◘ 진화는 보다 더 깊은 깊이와 보다 더 좁은 폭으로 진행한다는 말씀이시군요. 실제로 그것은 제8원칙이고요(우리는 그중 일부 원칙은 그냥 넘어가고 있습니다만). 그러면 이 원칙의 실례를 들어주실 수 있습니까?

○ 세포보다는 유기체들이 더 적게 있고, 분자보다는 세포가 더 적게 있고, 원자보다는 분자가 더 적게 있고, 쿼크보다는 원자가 더 적게 있다는 것입니다. 각각은 **더 깊은** 깊이를 갖고 있지만 그 폭은 **더 좁다**는 것입니다.

물론 보다 상위적인 홀론은 보다 하위적인 것을 초월하며 내포하고 있는 까닭에 언제나 상위적인 홀론의 수는 더 적고 하위적인 홀론의 수는 더 많으며, 그래서 여기에는 예외란 없습니다. 우주에 세포가 아무리 많다고 해도 언제나 더 많은 수의 분자가 있을 테니까요. 우주에 분자가 아무리 많다고 해도 언제나 그보다 많은 원자가 있을 테니까요.

원자가 아무리 많다고 해도 언제나 더 많은 쿼크가 있을 테니까요.

그래서 **더 깊은 깊이**는 언제나 그 앞의 것보다는 더 좁은 '폭'을 갖는다는 것입니다. 개체적 홀론은 더욱더 깊은 깊이를 갖게 되지만 집합체로서는 더욱더 그 수가 적어지게 되는 것입니다. 그래서 사람들은 더 큰 것이 더 좋은 것이라고 생각하기 때문에 유의성有意性의 방향을 완전하게 혼동하는 경향이 있고, 그래서 존재의 순위를 거꾸로 봅니다. 사람들은 실재를 물구나무 시켜서 더 큰 것을 더 좋은 것으로 숭배하고 있습니다.

■ 홀론은 그 앞의 것들을 초월하면서 포함하지만—보다 깊은 깊이를 갖지만—그 깊은 깊이의 모집단 규모는 더 작아진다는 말씀이시군요. 이른바 발달의 피라미드군요.

◎ 그렇지요. 그림 2-1은 어빈 라즐로Ervin Laszlo[18]의 《진화: 대통합 Evolution: The Grand Synthesis》에서 인용한 것입니다. 이 그림은 일반적으로 근대과학적 진화관에 대한 사실 그대로의 명쾌하고 정확한 요약으로 간주되고 있습니다. 그래서 이 그림에서 보면 진화의 피라미드를 매우 명확하게 알 수 있습니다. 물질이 생명에 유리한 조건을 갖추게 되는 곳에 생명이 출현하고, 생명이 마음에 유리한 조건을 갖추게 되는 곳에 마음이 출현합니다(여기에 덧붙이자면, 마음이 '영'에 유리한 조건을 갖추게 되는 곳에 '영'이 출현합니다).

도형에서 보면, 수직 방향의 깊이는 더 깊게 되지만 수평적인 폭은 더 좁게 된다는 것을 실제로 알 수 있습니다. 흥미롭게도 '영원의 철학

18 헝가리 태생의 과학철학자이자 미래학자이며 시스템 이론의 창시자. 인류의 위기에 직면하여 새로운 의식을 진전시켜야 한다는 취지 아래, 달라이 라마, 고르바초프, 주빈 메타 등 전 세계를 선도하는 예술가와 작가, 종교인, 과학자 등이 참여한 '부다페스트 클럽'을 설립했다.

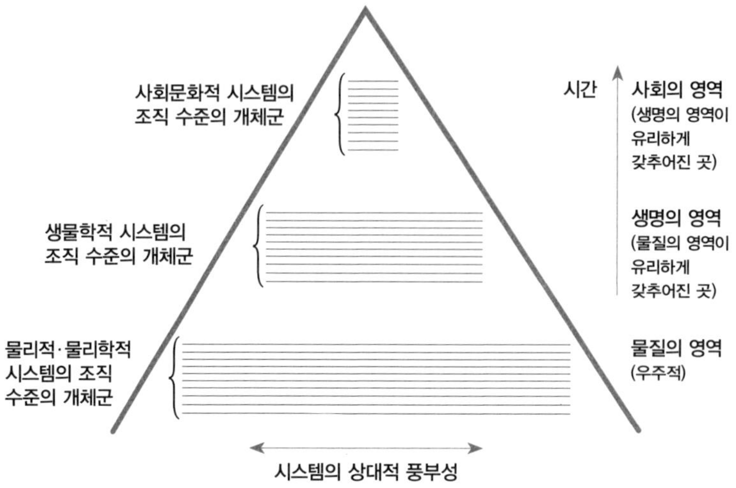

그림 2-1 **진화의 영역**(어빈 라슬로, 《진화의 대통합》, p.55.)

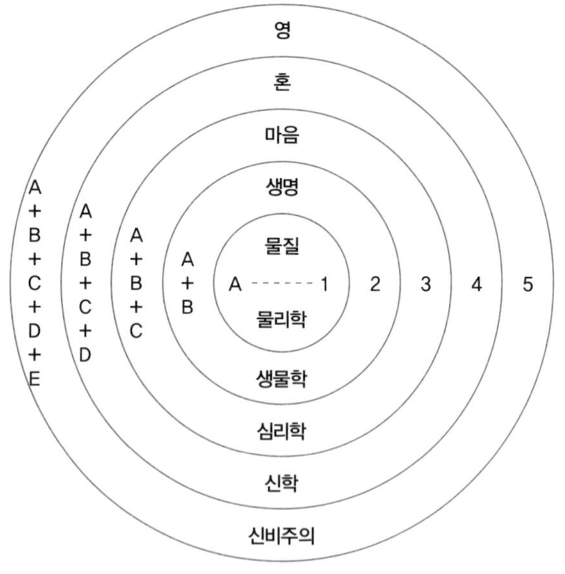

그림 2-2 (깊이의 증가에 따른) **홀라키도**圖

perennial philosophy'도 그 나름의 독특한 방식으로 똑같은 결론에 도달하고 있습니다.

■ 영원의 철학이라고요……?

○ 그것은 세계의 위대한 전통지혜의 핵심이라고 말할 수 있을 것입니다. 영원의 철학(영속 철학)에서 실재는 곧 물질로부터 생명으로, 마음으로, '**영**'으로 이르는 존재와 의식의 '**대홀라키**Great Holarchy'라고 주장합니다. 각 차원은, 흔히 동심원이나 동심구로 표현되기도 하는, 겹겹의 둥지로 된nested 홀라키 안에 그 아래 차원을 초월하고 내포합니다. 그림 2-2는 이 "초월하고 내포하는" 것을 보여주고 있습니다.

각 수준은 선행하는 것을 포함하고 나서는 그 자체의 창발적 속성, 즉 그 이전의 차원에서는 찾을 수 없는 속성을 추가합니다. 그렇게 하여 계속 이어지는 각 차원은 보다 더 큰 포섭, 더 깊은 깊이라는 의미에서 "더 거대한" 것입니다. 그래서 그림 2-2에서 정확하게 보여주는 바와 같이 개개의 홀론의 **정체성**은 '온우주'의 더욱더 많은 것을 포함하기 위하여 실제로 **확장되고** 있다는 사실을 알 수 있습니다.

그렇지만 잇따르는 홀론들의 실제 폭은 **점점 더 좁아지므로**—더 상위의 각 수준에서의 홀론의 숫자는 더 적어지므로—동일한 도표를 흔히 그림 2-3과 같이 정확히 반대 양식으로 그리기도 합니다. 보다 깊은 깊이란 보다 적은 수의 홀론들이 그러한 깊이에 도달한다는 것을, 즉 더 좁은 폭이라는 것을 의미합니다. 그래서 실제로 그 모집단 규모는 그림 2-3에서 보여주는 바와 같이 점점 더 작아지게 됩니다. 이것은 발달의 피라미드에 대한 영원의 철학적 '해석verison'입니다.

■ 그렇다면 이러한 순차적인 전진, 즉 깊이의 증가와 폭의 감소에 따른 전진의 양쪽을 다 기억할 필요가 있군요.

○ 네, 우리가 진화에 대해 논의하려면 아마 이 두 가지 도표 모두를

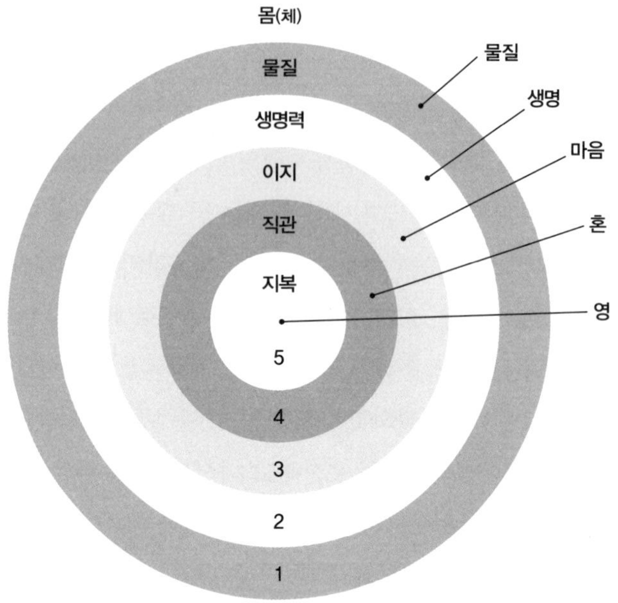

층sheath/신체maya-kosha — 체体

1 안나마야코샤anna-maya-kosha(물질, 육신) — 스툴라샤리라sthula sharira(조대체)

2 프라나마야코샤prana-maya-kosha(기氣, 생명력)

3 마노마야코샤mano-maya-kosha(의식, 지성) — 슉슘마사리라sukshma-sharira(정묘체)

4 비즈나나마야코샤vijnana-maya-kosha(직관, 예지)

5 아난다마야코샤ananda-maya-kosha(지복) — 카라나샤리라karana-sharira(원인체)

브라만-아트만Brahman-Atman

그림 2-3 **(폭의 감소에 따른) 홀라키도**

염두에 두어야 할 것입니다. 첫째 도표는 "더 깊게"라는 의미에서 "더 크게" 되어가는 것을 나타내는, "초월하면서 내포한다"라는—즉 포섭성·내포성·정체성·정첩성enfolding[안으로 감싸 접어 넣는 속성]의 실제적인 증가라는—것을 보여줍니다. 그것은 바로 그 구성요소의 일부로서, 바로 그 존재의 일부로서, 또 그 복합적 개체성의 일부로서 그것에 내재하는 실재의 더욱더 많은 수준 혹은 차원을 포함하거나 감싸 넣고 있고, 그래서 그것은 보다 더 의미가 중요한 것이 됩니다. 말하자면 그것은 마치 분자가 원자를 내적으로 포함함에 있어서 실제적으로 자신의 존재 속으로 원자들을 감싸 넣는 것과 꼭 마찬가지로 '온우주'의 더욱더 많은 것들이 그것에 내재하게 된다는 것을 의미하거나 나타냅니다.

그렇지만 두 번째 도표는 이러한 더 깊은 차원들을 현실적으로 실현하는 홀론의 숫자는 더욱더 작아진다는 사실을 보여줍니다. 그림 2-2는 깊이에 관한 도표이고 그림 2-3은 폭에 관한 도표입니다. 하나는 점점 더 커지고 다른 하나는 점점 더 작아지는, 즉 깊이는 더 깊어지고 폭은 더 좁아지는 것을 뜻합니다.

온우주의식

■ 그렇지만 최고의 수준은 '**영**Spirit'이지요. '**영**'은 어디에나 두루 존재하지 않나요? 그것은 어느 하나의 '수준'이 아니고 모든 곳에 두루 있는 것이지요.

● 각각의 수준은 선행하는 것을 초월하면서 포함합니다. '**영**'은 모든 것을 초월하고, 그래서 모든 것을 포함합니다. 그것은 이 세계를 전적으로 넘어서지만, 그러면서도 이 세계 내의 모든 개개의 홀론을 남김없이 포섭합니다. 그것은 (현상세계에) 현현하는 모든 것에 스며 있지만, 그렇다고 단순히 현현하는 존재가 아닙니다. 그것은 모든 수준 혹은 차원에 상존하지만, 단지 어떤 특정한 수준이나 차원이 아닙니다. 그것은 모든 현현하는 세계의 밑바탕 없는 '**근본바탕**the Ground(기저)'

또는 '**공**空'으로서 모든 것을 초월하고 모든 것을 포함합니다.

그래서 '**영**'은 홀라키 내에서 최고의 "수준"이지만, 또한 전체 홀라키가 쓰여지는 종이 그 자체입니다. 그것은 사다리의 맨 윗단이지만, 또한 전체 사다리를 만들고 있는 나무 자체이기도 합니다. 그것은 전체의 순차적인 순서의 '**목표**the Goal'이며 동시에 '**근본바탕**'이기도 합니다. 이 점은 이야기가 진행됨에 따라 보다 더 명백해질 것이라고 생각합니다.

■ 이야기를 앞서서 나가고 싶지는 않지만, 이것은 또한 환경윤리 쪽과도 통하는 거로군요.

● 그렇지요, 우리가 진정한 포섭 속에서 모든 홀론을 초월하면서 포함하도록 되어 있다는 것이 진정한 환경윤리의 요점입니다. 우리 인간은 우리 자신을 구성하는 요소로 물질, 생명, 마음을 포함하고 있기 때문에 우리는 물론 당연히 이러한 모든 홀론들을 존중하지 않으면 안 됩니다. 왜냐하면 곧 우리 자신의 존재를 구성하는 요소이기도 하므로 그것들을 파괴시키는 것은 **문자 그대로** 우리에게는 자살 행위와도 같은 것이기 때문입니다. 그것은 곧 우리가 생물권을 해치게 되면 결국 그 결과가 우리에게 되돌아와서 외부세계로 인해 우리가 상하게 된다는, 꼭 그런 의미만은 아닙니다. 말하자면 그것은, 생물권은 문자 그대로 우리에게는 내재적인 것이고, 바로 우리 존재의 일부이며, 우리의 복합적 개체성의 일부라는 것입니다. 즉 생물권을 해친다는 것은 단지 어떤 종류의 외적인 문제가 아니라 바로 내적인 자살 행위라는 것입니다.

그래서 우리는 '단순히' 생태학적이지 않고서도 혹은 모든 것을 단순히 생물권으로 환원시키지 않고서도 심원한 생태학적인 관점을 갖는 것이 가능합니다. 우리는 생태학을 초월하면서 포함하는 접근법을 필요로 합니다. 그 이유는 다름 아니라 물질권을 초월하고 포함하는 생물권을 다시 정신권이 초월하며 포함하기 때문입니다. 우리는 단순히 일차원적 생명으로, 또 생명의 평원적 그물망으로 퇴행적으로 평탄화시킴으로써 생태학에 특권을 부여하는 어떤 접근법을 필요로 하는 것이 아닙니다.

■ 그렇지만 대다수의 생태철학자나 에코페미니스트들은 모든 자연과의 신비적 일체성, 즉 버크Richard Maurice Bucke[19]가 "우주의식"이라고 일컫는 것에 대해 언급하고 있는데, 이렇게 되면 모든 존재는 일체 아무런 계층도 없고 더 높고 더 낮음도 없으며 단지 거대한 생명의 그물망만으로 이루어져 있다는 평등한 시각으로 보여지겠지요.

● 그렇습니다. 평등에 대한 그 같은 종류의 신비적 체험은 인간발달의 더 높은 단계에서는 공통으로 나타나지요. 그리고 그러한 것을 존중하는 것은 중요합니다.

그러나 여기에는 매우 다른 두 가지의 논점이 있습니다. 인간의 정체성은 정말로 그림 2-2와 같이 '모든 것the All'—군이 일컫자면, '온우주'의식, '신비적 합일'—까지 포함하도록 확장될 수 있습니다. 개체의 정체성은 '영'으로까지 확대되고, 그래서 '온우주'를 껴안습니다. 즉 모든 것을 다 초월하며 포함합니다. 그래서 그것은 매우 좋은 일입니다. 다만 그러한 지고의 정체성을 실제로 깨닫는 인간의 수는 아주, 아주, 아주 적습니다. 바꾸어 말하자면, 바로 이 거대한 깊이는 매우 좁은 폭을 갖고 있다는 것이지요. 언제나 그렇듯이 더 깊은 깊이를 갖게 되면 더 좁은 폭을 갖게 됩니다.

19 1837~1903, 캐나다의 정신과 의사이자 심리학자. 대표 저서인 《우주의식》은 1894년 미국 의료심리학회 연례 학회에서 발표한 논문을 발전시킨 책이다.

그러나 그러한 체험을 하는 데 있어서 의식의 정체성이란 진정한 의미로 '모든 것', 즉 '온우주'와의 정체성입니다. 그리고 그 같은 정체성에 있어서 높거나 낮거나 신성하거나 세속적이거나를 막론하고—더 낮거나 더 높거나가 없이—정확하게 있는 그대로 모든 존재는 참으로 **'영'**의 완벽한 현현으로 보여집니다. **궁극의 깊이**란 '모든 것'과의, 즉 **'온우주'**와의 궁극의 일자성一者性인 것입니다.

그렇지만 비록 모든 존재가 다 똑같이 **'영'**의 현현이라 하여도 이러한 **실현**은 모든 존재에게 **평등하게** 주어져 있지 않습니다. **그 실현**은 성장과 초월의 발달적이고 진화적인 과정의 결과로 생겨나는 것입니다.

그런데 '생명의 그물' 이론가들은 통상 존재의 평등성에만 집중하고 있고, 그래서 실현의 홀라키를 놓치고 있습니다. 그들은 생각하기를, 개미와 원숭이 모두 **'절대신성**the Divine'의 완벽한 현현이므로—실제로 그들은 그렇지요—그들 사이에는 깊이에 있어서 아무런 차이가 없다는 것입니다. 이는 가장 골치 아픈 형태로 된 환원주의적 주장입니다.

그러므로 우리는 우리 시대의 환경윤리학이 **'영'**의 현현으로서의 모든 홀론을 예외 없이 존중하기를 바라고, 동시에 그 본래적 가치에 대한 실용적 구분을 할 수 있기를 바랍니다. 그래서 원숭이보다는 바위를 걷어차는 게 훨씬 더 낫고 암소보다는 당근을 먹는 게 훨씬 더 낫고 포유동물보다는 곡물로 살아가는 쪽이 훨씬 더 낫다는 것을 깨닫기를 바랍니다.

만일 우리가 앞에서 말한 내용들에 동의한다면 우리는 깊이에 있어서의 차등, 내재적 가치에 있어서의 차등을 인정하고 있는 것입니다. 즉 우리는 가치의 홀라키를 인정하고 있는 것입니다. 대다수의 생태철학자들은 그러한 진술에 동의하고 있지만 왜 그런가에 대해서는 말하지 못합니다. 왜냐하면 그들은 계층구조를 부인하는 계층구조를 갖고 있고, 평원적 생명의 그물망과 생명의 평등성만을 소중하게 여기고 있기 때문입니다. 이는 자기당착적 모순일 뿐만 아니라 (생명 유지를 위한) 실용적인 제반 활동을 마비시키고 내재적 가치를 불구로 만드는 것입니다.

의식의 스펙트럼

■ 잘 알겠습니다. 저로서는 뒤에(제3부에서) 이 모든 주제로 되돌아오기를 간절하게 바라고 있습니다만, 지금은 현 주제의 범위 안에 머물러 있을 필요가 있겠지요. 우리는 진화의 방향, '**온우주**'의 궁극의 **목적인**目的因에 관해 얘기해왔는데, 이는 진화가 우연의 선택이 아니라 지향성을 갖고 있다는 말이지요.

● 그렇습니다. 진화는 방향, 즉 우리가 보통 말하고 있듯이 '혼돈으로부터의 질서'라는 원리를 갖고 있습니다. 바꾸어 말하면, 보다 깊은 깊이를 향해 나가는 동인動因(추동)입니다. 그것은 우연이 들어설 곳이라곤 전혀 없는 깊이의 창발성을 의미합니다. 온우주의 내재적 가치는 각각의 진화적 전개에 따라 증가합니다.

■ 실제로 그것은 제12원칙이고, 이것은 제가 논의하고 싶어 하는 마지막 원칙입니다. 이 원칙에서 선생님은 진화의 방향성에 대한 다양한 지표指標를 제시하고 있는데, 이에 대해 단순히 열거만 해보겠습니다. 진화는 말하자면 복잡성이 점차로 증대하고, 분화/통합성이 점차로 증대하고, 조직화/구조화가 점차로 증대하고, 상대적 자율성이 점차로 증대하고, 목적인이 점차로 증대하는 방향으로 움직이는 광범위

하고 일반적인 경향을 갖고 있다는 것이지요.

○ 그렇습니다. 그러한 것들은 진화의 방향성에 대해 전형적으로(과학적으로) 받아들여지고 있는 것들의 일부입니다. 그렇지만 이것은 곧 퇴행과 소멸이 일어나지 않는다는 것을 반드시 의미하는 것은 아닙니다. 퇴행과 소멸은 일어납니다(소멸은 홀론의 네 가지 역량 중의 하나입니다). 그리고 모든 단기적 발달이 그러한 방향을 따라야 한다는 것을 반드시 의미하는 것은 아닙니다. 마이클 머피Michael Murphy[20]가 말하듯이 진화는 곧바로 전진하기보다는 구불구불하게 굽이쳐 나아갑니다. 그렇지만 긴 시간에 걸쳐서 보면 진화는 분화/차별화가 점차로 증대되는 것이 아주 명백한 광범위한 목적인目的因, 즉 광범위한 방향을 갖고 있습니다. 이를테면 원자로부터 아메바로, 다시 원숭이로와 같이!

그러나 그러한 모든 과학적 기술記述은 '진화의 기본적인 동인은 깊이를 증대시키려는 것이다'라고 일반적으로 요약할 수 있습니다. 이것은 **온우주가** 자기초월하는 동인입니다. 말하자면 선행한 것을 넘어서 나가려는, 그렇지만 그 앞에 선행한 것을 내포하는, 그리하여 그 자신의 깊이를 증대시키려는 것입니다.

□ 그런데 선생님은 역시 이것을 의식과도 결부시키고 있는 것 같습니다. 왜냐하면 "홀론의 깊이가 깊어지면 깊어질수록 의식의 심도深度는 더욱더 커진다"라고 덧붙여 설명하고 있기 때문입니다.

○ 맞습니다. 의식과 깊이는 사실상 동의어입니다. 모든 홀론은 아무리 미미한 것이라 해도 밑바닥이 없기 때문에 어느 정도의 깊이를

20 본래는 의학도였는데 비교종교학을 접하고 동·서양 철학과 종교, 사고 등의 통합에 관심을 가지게 되면서 심리학과 인간 내면의 잠재력에 대한 연구에 몰두했다. 수많은 철학자와 심리학자, 종교인, 작가 등이 참여하는 강의와 워크숍, 콘퍼런스를 주도하며 전 세계적으로 이름을 알렸다.

갖고 있습니다. 그래서 진화와 더불어 깊이는 더욱더 깊어지고 깊어집니다. 즉 의식이 더욱더 깊어지고 깊어집니다. 하지만 원자가 아무리 깊은 깊이를 갖고 있다 해도 분자는 더 깊은 깊이를 갖고 있습니다. 또한 세포는 분자보다 더 깊은 깊이를 갖고 있고, 식물은 세포보다 더 깊은 깊이를 갖고 있습니다. 그리고 영장류의 깊이는 식물보다 더 깊은 것입니다.

깊이의 스펙트럼, 즉 의식의 스펙트럼이 있는 것입니다. 그리고 진화는 그러한 스펙트럼을 전개합니다. 의식은 더욱더 많이 전개하고 스스로에 대해 더욱더 많은 것을 깨닫게 되고 더욱더 많이 현현하는 쪽으로 나아가게 됩니다. 영, 의식, 깊이는 똑같은 것을 나타내는 아주 다양한 말인 셈이지요.

◘ 깊이는 어디에나 있기 때문에 의식도 어디에나 있겠군요.

◎ 의식이란 단지 내부로부터 깊이가 어떻게 보이는가에 대한 것입니다. 그러니까 깊이는 어디에나 있고 의식도 어디에나 있으며 '**영**'도 어디에나 있습니다. 그리고 깊이가 증대하면 의식도 점차로 증대하는 쪽으로 깨어나고 '**영**'도 점차로 증대하는 쪽으로 전개합니다. 진화가 더 깊은 깊이를 낳는다고 말하는 것은 그것이 단지 더 깊은 의식을 전개하는 것이라고 말하는 것에 지나지 않습니다.

◘ 선생님은 "전개한다unfold"와 "감싸 넣는다enfold"라는 표현을 사용하시는군요.

◎ '**영**'은 각각의 새로운 초월에서 자신을 **전개하고** 있고, 새로운 단계에 이르면 그것을 자신의 존재 속으로 **감싸 넣습니다**. 말하자면 초월하고 포함한다는 것, 낳고 포옹하는 것, 창조하고 사랑하는 것, **에로스**Eros와 **아가페**Agape, 전개하고 감싸 넣는 것이지요. 이 모두는 동일한 것을 다른 방식으로 말하는 것입니다.

우리는 이 모든 것을 매우 단순히 다음과 같이 요약할 수 있습니다. 진화는 선행한 것을 넘어서 나아가지만 그것은 동시에 선행한 것을 껴안아야 하므로, 결국 그것의 참본성은 초월하고 포함하는 것입니다. 그러므로 그것은 깊이가 증대하는 쪽, 본래의 내재된 가치가 증대하는 쪽, 의식이 증대하는 쪽으로 향하는 본래의 내재된 방향성, 즉 비밀스러운 충동을 갖고 있습니다. 진화가 조금이라도 진행되려면 그러한 방향으로 움직여야 합니다. 그것이 나아갈 수 있는 그 외의 다른 어떤 곳도 있을 수 없으니까요!

◘ 일반적인 요점을 말씀하신다면……?

◎ 글쎄요. 여러 가지를 들 수 있겠지요. 그중 하나는, 우주가 방향을 갖고 있으므로 우리 인간들 자신도 방향을 갖고 있다는 것입니다. 그 움직임 속에는 의미가 담겨 있고, 그 포섭 속에는 본래의 내재된 가치가 있습니다. 에머슨Ralph Waldo Emerson[21] 이 말하듯이 우리는 끝없이 광대한 예지의 무릎 위에 놓여 있는데, 이는 어떤 다른 이름으로 말한다 해도 바로 '**영**'인 것입니다. **온우주**의 본래면목 위에 각인되어 있는 어떤 주제가 있습니다. **무**無의 장벽에는 어떤 패턴이 서술되어 있습니다. 그것의 모든 몸짓 속에는 어떤 의미가 있고, 그것의 모든 눈짓 속에는 은총이 있습니다.

우리는—그리고 모든 존재는 그 자체로—[신성의] 보살핌과 심원한 가치, 궁극의 [존재적] 유의성, 본래의 내재적 자각[의식] 같은 것의 어떤 조류 속을 떠다니며 이러한 의미 속에 푹 잠겨 있는 것입니다. 우리는 이 광대무변한 예지, 즉 이 '**활동 중에 있는 영**', 이 '**창조 중에 계신**

21 미국의 철학자이자 시인. 정신과 물질의 관계를 철학의 영원한 문제로 보고 초월론을 주장하였다.

하느님'의 본질적인 한 부분입니다. '**신**God'이란 현실세계의 밖에서 우주적 쇼를 연출하고 있는 어떤 신화적인 존재라고 생각할 필요가 없습니다. 그렇다고 우리는 그 '신'을 그저 자신의 피조물 속으로 사라진, 단지 어떤 내재하는 '**여신**' 같은 것으로 상상해서도 안 됩니다. 진화는 '**남신**'과 '**여신**', 즉 초월과 내재 모두에 대한 것입니다. 진화는 그 과정 자체 속에 내재하고 있는, 즉 바로 '온우주'라는 직물 속에 짜여져 들어가 있는 것입니다. 그러면서도 그것은 어디에서나 그 자신의 창조물을 초월하면서 매 순간마다 새로운 것이 태어나게 하는 것입니다.

■ 초월하면서 포함한다는 말씀이시군요.

● 맞습니다. 그리고 내가 믿기로는 우리는 이 진화 과정에 의해 깨어나도록 초대받고 있습니다. 우리 속에 있는 바로 그 '**영**'은 자기의식적이 되도록 또는 혹자가 말하듯이 나아가 초의식적이 되도록 초대받고 있습니다. 그래서 존재의 깊이는, 찬란하게 빛나는 '전체자the All'와 전적으로 하나가 되는 특유의 충격적인 깨우침을 향해 나가는 도상에서 잠재의식으로부터 자의식으로, 다시 초의식으로 점차로 증대해가게 되고, 그래서 우리는 그와 같은 일자성oneness으로 깨어나게 됩니다.

어떻게 생각하십니까? 그게 정신 나간 생각일까요? 신비가와 성현들은 모두 정신이상자인가요? 그들은 모두 이 동일한 이야기를 다만 상이한 방식으로 말하고 있기 때문에 그렇게 보이는 것이 아닌가요? 그것은 어느 날 아침 깨어나서 보니 무시간적이고 영원하고 무한한 어떤 양상으로 당신이 '전체자'와 하나가 되어 있는 것을 발견한다는 그런 이야기인 것입니다.

어쩌면 그들은 정신 나갔거나 이같이 신성한 바보들일지도 모르지요. 어쩌면 그들은 '**심연**the Abyss'에 직면하여 알아듣지 못할 소리를 중얼거리는 바보들일는지도 모르지요. 어쩌면 그들을 매우 잘 이해해주는 정신과 의사 하나가 필요할는지도 모르지요. 그럼요, 어쩌면 그렇게 하는 게 확실히 도움이 될는지도 모르지요.

그러나 그런데도 여전히 나는 이상하다고 생각합니다. 아마도 결국 진화의 순차적 순서는, 정말로 사물로부터 신체로 마음으로 혼으로 나아가 영에 이르기까지 각각 더 깊은 깊이와 더 깊은 의식으로, 그리고 더 폭넓은 포섭으로 각각 초월하고 내포하는 그런 것일는지도 모른다는 말입니다. 그리고 진화의 최고 단계에 도달하게 되면, 아마도 각 개체의 의식은 무한성—전체 '~~**온우주**~~'와의 전면적인 포섭—을, 다시 말해 그 자신의 참된 본성에 따라 깨어나는 '영'으로서의 '~~**온우주**~~' 의식을 정말로 접하게 된다는 것입니다.

그것은 최소한 정말로 그럴듯한 말입니다. 그러면 어디 한번 말해보시지요. 세계 도처의 신비가나 현자들에 의해 음유되고 있는 그러한 이야기가 과학적 유물론의 어느 이야기보다도 더 미친 소리이고, 그래서 이는, 말하자면 진화의 전체적인 순차적 순서란 소란스러움과 열정에 가득 차 있는 어떤 바보가 지껄이는 절대적으로 무의미한 이야기에 불과하다는 것인가요? 아주 주의 깊게 들어보십시오. 이 두 이야기 중에 과연 어느 쪽이 현실적으로 아주 완전히 정신 나간 소리라고 생각됩니까?

내가 생각하는 바를 당신에게 말해주지요. 내 생각에는 현자들이 진화의 비밀스러운 충동이 성장하는 선단先端에 있다고 봅니다. 내 생각에는 그들이 항상 선행한 것을 넘어서 나아가는 자기초월적 추동推動을 선도하는 선단에 있다고 봅니다. 내 생각에는 그들이 더 깊은 깊이와 확장하는 우주의식을 향한 '~~**온우주**~~'의 바로 그 동인을 구현하고 있다고 봅니다. 내 생각에는 그들이 '**신**'과의 랑데부를 향해 돌진하는 광선의 선단을 타고서 달리고 있다고 봅니다.

그리고 또 내 생각으로는 그 현자들이 당신 안에, 그리고 내 안에, 또한 우리 모두의 안에 존재하는 동일한 심층 깊이를 지적하고 있다고 봅니다. 내 생각으로는 그들은 '**전체자**'와 접속되어 있고, 그래서 **온우주**는 그들의 목소리를 통해 노래하고, '**영**'은 그들의 눈을 통해 비추고 있다고 봅니다. 그리고 또 내 생각으로는 그들이 내일의 모습을 드러나게 하고, 또 우리 자신의 피할 수 없는 운명의 심장부를 향해 우리로 하여금 열리게 하고 있다고 봅니다. 이는 바로 이 순간의 무시간성 속에 언제나 이미 현존하는 것이고, 그리고 바로 그 깜짝 놀랄 만한 깨우침 속에 현자의 목소리는 당신의 목소리가 되고 현자의 눈은 당신의 눈이 되는 것입니다. 그리고 당신은 천사의 목소리로 말하며 새벽이 밝아오면서 결코 희미해지거나 꺼져버리지 않는 깨달음의 불로 타오를 것이고, '**온우주**' 자체의 거울 속에 비친 우리 자신의 **진면목**을 깨닫게 됩니다. 말하자면 당신의 정체성이야말로 진정한 '**전체자**'이고, 당신의 주변이 아닌 바로 당신 속에서 전개하는 '**전체자**'와 더불어 당신은 더 이상 그러한 진화적인 흐름의 **일부**가 아니라 당신이 바로 그 조류입니다. 별은 더 이상 저 밖에서 빛나지 않고 여기 이 안에서 빛나고 있습니다. 초신성超新星은 당신 가슴속에 존재하게 되고 태양은 당신의 자각 안에서 빛납니다. 당신은 모든 것을 초월하고 모든 것을 포섭하기 때문입니다. 여기에 궁극의 '**전체**'란 없고 오직 끝이 없는 과정만 있을 뿐이고, 당신은 곧 전체 과정이 전개하는—끊임없이 불가사의하게, 항구적으로 경쾌하게—**통로**이거나 **소통로**이거나 순수한 '**공**'인 것입니다.

전체 게임, 이 진화의 악몽은 원상태로 되돌려지고, 그래서 당신은 전체 쇼가 개막되기 전에 당신이 있었던 바로 그곳에 있는 것입니다. 극단적으로 명백한 것에 대한 갑작스런 충격과 함께 당신은 자신의 '**본래면목**', '빅뱅' 이전에 가졌던 면목, 모든 피조물로 미소 짓고 전체 '**온우주**'로 노래하는 절대적인 **공**의 면목을 깨닫게 됩니다. 그래서 그것은 그러한 원초적 일별 속에 모두 원상태로 되돌려지게 되고, 그래서 남아 있는 것이라곤 모두 미소뿐이며, 늦은 밤의 수정같이 맑고 고요한 연못 위에 비친 달의 모습뿐입니다.

A BRIEF HISTORY
OF
EVERYTHING

3

모두 너무나 인간적인

◘ 초의식은 우리 이야기에서 아직은 좀 앞서는 것이지요! 우리는 지금까지 정신권의 개화인 인간 존재의 출현까지의 진화에 대해서만 기본적으로 다루어왔습니다. 선생님은 인간의식 진화의 각 주요 단계도 역시 20가지 원칙을 따른다고 지적하시는군요. 그래서 진화에는 물질권에서 생물권으로, 정신권으로 이르는 전반적인 연속성이 있다는 말씀이시군요.

◉ 정말 그렇다고 생각되지 않나요? 그래서 진화가 정신권으로 옮겨 오게 되면—몇 사람만 예로 든다 해도, 장 겝서Jean Gebser, 피티림 소로킨Pitirim Sorokin, 로버트 벨라Robert Bellah, 위르겐 하버마스Jurgen Habermas, 미셸 푸코Michel Foucault, 피터 버거Peter L. Berger 등과 같은 수많은 연구자들의 연구에 바탕을 두고—우리는 인간발달의 여러 다양한 시대의 지배적인 "세계관"의 윤곽을 그릴 수 있습니다. 이러한 단계들, 이러한 세계관들은 태곳적, 마법적, 신화적, 합리적, 실존적이라고 요약할 수 있겠지요.

◘ 이것을 또한 선생님은 기술적·경제적 발달의 주요 단계와 관련시키고 있군요.

○ 그렇습니다. 그것들은 소위 수렵채집 단계, 원예농 단계, 농경 단계, 산업화 단계, 정보화 단계들입니다(이것들은 그림 5-2에 그려진 도표로부터도 알 수 있습니다).(156쪽 참조)

□ 이러한 단계들 하나하나에 대해 선생님은 경제적 생산의 유형, 세계관, 기술의 양식, 도덕적 관점, 법률적 규약, 종교의 형식 등의 윤곽을 그려내시는군요.

○ 그리고 또 여기서 우리는 역시 각 단계에서의 남자와 여자의 지위에 대해 살펴보고자 하는 점도 있습니다. 왜냐하면 남녀의 상대적인 지위가 이러한 단계들을 거치면서 엄청나게 변화해왔고, 그래서 이러한 변화들에 기여했던 여러 다양한 요인들을 찾는 것이 그 기본 구상이기 때문입니다.

□ 그것은 "가부장제"도 포함하겠군요.

○ 그럼요, 그렇고말고요. 케이 마틴Kay Martin, 바바라 부어하이즈Barbara Voorhies, 조이스 닐슨Joyce Nielsen, 자넷 차페츠와 같은 최근의 페미니스트 연구자들의 흥미진진한 연구에 바탕을 두고 우리는 인간발달의 이러한 다섯 가지 남짓한 진화의 주요한 각 단계에서 남자와 여자의 상대적 지위를 어느 정도는 제대로 재구성할 수 있습니다.

만약 우리가 이러한 근거 자료를 모두 다 끌어모은다면, 예컨대 게르하르트 렌스키Gerhard Lenski[22]가 개관한 바대로 기술경제적인 대여섯 가지의 주요 단계에 대하여, 그리고 차페츠와 닐슨과 기타 여러 사람이 개관한 바대로 이러한 각 단계에서의 남자와 여자의 상대적 지위에 대하여, 그리고 겝서와 하버마스가 개관한 바대로 세계관들 사이의 상관성에 대하여 말할 수 있습니다.

22 종교사회학과 생태진화론 분야에 기여한 미국의 사회학자.

이러한 근거 자료들과 더불어—우리가 굳이 찾아 들어갈 필요가 없는 수많은 다른 자료들을 사용하면—우리는 이러한 각 단계에서의 남자와 여자의 상대적 지위에 대해 어느 정도는 꽤 틀림없는 결론에 이르는 것이 가능하고, 또한 보다 중요한 것은, 사회적 신분에 있어서의 이러한 차이들에 기여했던 요인들을 분리해낼 수도 있습니다.

수렵채집 단계

■ 선생님께서 의미하고자 하는 바를 보다 정확하게 알기 위하여 여기서 몇 가지 예를 들어보면 어떨까요?

● 수렵채집사회에서는 남자와 여자의 역할은 뚜렷하게 묘사되고 예리하게 구별되어 있었습니다. 남자는 실제로 사냥의 대부분을 전담했고, 여자는 채집과 육아의 대부분을 전담했습니다. 깜짝 놀랄 정도이지만 97퍼센트나 되는 수렵채집사회가 그와 같이 오히려 아주 경직된 패턴을 따르고 있습니다.

그렇지만 소유물이라고는 거의 없었기 때문에—바퀴조차도 발명되지 않았을 정도였기에—남성이나 여성의 가치 영역에 특별한 중점을 둘 것이 없었습니다. 남자의 일은 남자의 것이었고 여자의 일은 여자의 것이었기에 양쪽의 역할이 서로 바뀌는 일은 결코 없었던 것인데—그 점에 관한 한 매우 강하게 금기시하는 바가 있었는데, 특히 월경 기간 중의 여자에 대해서는 그랬었는데—그렇다고 그것이 (사회적) 신분상의 주요한 차별로 확장되는 것 같아 보이지는 않았습니다.

이러한 사실 때문에 이 사회들은 일부 페미니스트들에 의해 예찬되었는데, 그렇지만 그러한 페미니스트들 중 어느 누구도 남녀의 젠더 역할의 경직성을 정말로 즐겼을 것이라고 나는 생각하지 않습니다. 그

렵요, 완전히 그 정반대라고 생각합니다.

◘ 이러한 사회들은 언제쯤 출현했습니까?

◉ 수렵채집사회는 100만 년 전과 40만 년 전 사이의 어느 시기엔가 최초로 출현했습니다. 하버마스가 지적하는 바와 같이, 최초의 인간을 유인원과 원인原人, hominids으로부터 분리시킨 것은 경제나 심지어 도구마저도 아니며, 오히려 '아버지'의 역할—그가 "남성의 가족화"라고 일컬었던 것—의 발명이었습니다. 생산적인 사냥과 종족 번식적인 가족 양쪽에 다 참여함으로써 '아버지'는 이러한 두 가치 영역의 가교 역할을 하였고, 특히 인류진화의 시작 시점을 구별 지었던 것입니다. 임신한 여성은 사냥에 참가하지 않았으므로 이러한 일은 남성에게 넘어갔는데, 그가 그것을 원했든 원하지 않았든 간에(내가 추측하기에는 대개의 경우 원치 않았다고 보지만) 그랬던 것입니다.

그렇지만 남성의 가족화와 더불어 우리는 그 이후에 이어지는 모든 문명에서 단일하고 거대하며 지속적이고 악몽 같은 과제, 즉 테스토스테론 길들이기의 시작을 보게 됩니다.

성교를 하거나 죽이거나 해야 하는데 이제는 가족의 남자로 봉사하면서 그렇게 해야 합니다. 이것은 아주 우스꽝스러운 꼴인데, 그렇다고 생각하지 않습니까? 여하튼 간에 부족의 구조는 이러한 가족이나 친족 혈통을 갖고 있고, 그래서 서로 다른 혈통을 가진 다른 부족들은 상호간에 매우 쉽게 으르렁대는 적대 관계에 있다고 말할 수 있겠지요. 누구든지 성교하는 쪽에 있거나 죽이는 쪽에 있거나 하는 것입니다.

이러한 초기의 수렵채집 부족의 "최대 구성 인원"은 대략 40명 정도였습니다. 평균수명은 대략 22.5년 정도였다고 렌스키는 보고하고 있습니다. 물론 우리는 최초의 원시 부족의 구조에 대해 말하고 있는 것이지, 수십만 년 동안에 그 이상의 다양한 형식의 발달을 거쳐온 오늘날의 토착 원주민들에 대해 말하고 있는 것은 아닙니다. 그러나 기본적인 부족 구조 자체는 특히 친족 혈통에 바탕을 둔 소집단을 의미하고, 그리고 수렵채집 부족이란 생계를 전前농업적 수렵과 채집에 바탕을 두고 있는 부족을 의미합니다.

생태남성주의자ecomasculinists(심층생태주의자)들은 특히 이 시기를 무척 좋아합니다.

◘ 그들은 이러한 사회들이 생태학적으로 건전하기 때문에 좋아하는 것이겠지요.

◎ 일부 원시부족사회들은 생태학적으로 건전했지만 일부는 전혀 그렇지 못했습니다. 일부 부족들은 수목을 벌채하여 태워버리는 관행이 있었고, 일부는 수많은 종種의 절멸을 초래한 책임이 있습니다. 시어도어 로작Theodore Roszak[23]이 《지구의 목소리The Voice of the Earth》에서 지적하고 있듯이, "성聖스러운" 자연관이 곧 생태학적으로 건전한 문화를 어떤 방식으로든 반드시 보장한 것은 아니었습니다.

당시의 남자와 여자는 언제 어디에서나 대체로 **단순무지**로 인하여 환경을 훼손하곤 했습니다. 심지어 대단히 존경받는 마야 문화조차도 크게 보면 주위의 열대우림을 고갈시킴으로써 사라졌던 것입니다. 환경에 대한 근대사회의 무지는 훨씬 더 심각한 편인데, 그 까닭은 단순히 근대사회가 환경을 파괴하는 훨씬 더 강력한 수단을 갖고 있기 때문입니다. 반면에 원시 부족의 무지는 보통 더 경미하지만 무지는 어디까지나 무지이고, 그래서 마냥 흉내 내어도 좋을 정도는 결코 아닙

23 캘리포니아 웨이워드 주립대학의 역사학 교수이자 생태심리학 연구소장. 과학기술, 예술, 종교, 환경, 윤리 등 다양한 분야의 쟁점들에 대해 사회사적 비평을 가해온 문화사회학자로 널리 알려져 있다.

니다. 수렵사회에서의 [대량 파괴] 수단의 **결여**를 지혜의 **현존**과 단순히 같은 것으로 볼 수는 없습니다.

그런데 오늘날 일부 사람들이 원시부족사회를 그들의 "생태학적 지혜" 혹은 그들의 "자연에 대한 숭배" 혹은 그들의 "비공격적인 방식들" 때문에 예찬하고 있는 것도 사실입니다. 그렇지만 나는 그러한 관점의 그 어느 것도 증거에 의해 전면적이고 일반적인 양상으로 뒷받침되고 있다고 생각하지는 않습니다. 오히려 나는 원시부족사회를 전적으로 다른 이유로 인하여 예찬합니다. 우리는 모두 원시 부족의 아들과 딸들입니다. 원시 부족은 문자 그대로 우리의 뿌리이고 우리의 기초이고 우리가 뒤따라야 할 모든 것의 기반입니다. 그리고 그것은 그 후에 이어지는 모든 인류의 진화가 구축되어야 할 기본 구조이고, 그만큼 수많은 인류의 역사가 놓여져야 할 매우 중요한 밑바탕 층입니다.

오늘날 현존하는 부족들, 오늘날의 국가들, 오늘날의 문화들, 오늘날의 [과학기술 문명의] 성취들, 이 모두는 그들의 계보를 전혀 단절이 없는 양상으로 인류의 계통수系統樹가 막 축조되고 있던 원시 부족의 홀론으로까지 거슬러 올라가게 할 것입니다. 그러한 관점에서 우리의 조상들을 돌이켜보는 순간 나는, 인간으로 하여금 주어진 본성을 뛰어넘어서 정신권을 구축하기 시작하도록 허용하는 그 깜짝 놀랄 만한 창조성—그 원초의 비약적인 창조성—에 대한 외경과 찬탄으로 그만 넋이 나갑니다. 바로 그 창조성의 과정이야말로 '**하늘**天國'을 '**땅**地上'으로 하강하게 하고 '**땅**'을 '**하늘**'로 고양시킬 수 있는 것입니다. 바로 그 같은 과정이야말로 우리가 원하기만 하면 결국에 가서는 세계 내 모든 사람들을 다 함께 하나의 전 지구적 부족으로 단결시킬 수도 있을 것입니다.

그러나 위에서 언급한 일이 일어나게 하기 위하여 원초적인 원시부족들은 그들의 고립된 부족적 혈통을 초월하는 길을 찾지 않을 수 없었던 것입니다. 그들은 초超부족적으로 나아가는 길을 찾아야만 했고, 그래서 사냥이 아닌 농업이 이러한 새로운 초월을 위한 수단을 제공했던 것입니다.

원예농 단계

◘ 그래서 수렵채집 단계는 결국에 가서 농업 단계에 길을 양보한 것이로군요. 그런데 선생님은 두 개의 서로 다른 형태의 농업 문화, 즉 원예horticultural농업 문화와 농경 문화가 있다고 지적하시는군요.

◎ 그렇지요. 원예농사는 호미나 간단히 땅을 파는 막대기에 기반을 두고 있지만, 농경은 동물이 끄는 무거운 쟁기에 기반을 두고 있습니다.

◘ 아주 근소한 차이만 있는 것으로 들리는데요.

◎ 실제로는 매우 극적인 차이지요. 땅 파는 막대기나 간단한 호미는 임신한 여자라도 매우 쉽게 사용할 수 있는 것이고, 따라서 '어머니'들도 '아버지'들만큼 원예농사를 하는 데 대등한 능력이 있었습니다. 실제로 여자들이 그런 농사일을 했습니다. 사실 이러한 사회에서 먹거리의 80퍼센트 정도는 여자들에 의해 생산되었습니다(물론 남자들은 여전히 집을 떠나 사냥을 나갔습니다). 그렇다면 이러한 사회들의 약 3분의 1 정도는 여성만으로 된 숭배신을 갖고 있었고, 또한 약 3분의 1 정도는 남성 및 여성으로 된 숭배신을 갖고 있었습니다. 또한 이러한 사회들에서 물론 비록 남녀의 역할은 여전히 뚜렷이 분리되어 있었지만 여자의 지위가 남자의 지위와 대체로 동등했었다는 것 등은 별로 놀

라운 일이 아닙니다.

■ 이들은 모계제matriarchal사회였군요.

● 글쎄요. 모계중심사회matrifocal겠지요. '모계제'란 엄격하게 어머니-통치적이거나 어머니-지배적이라는 의미이고, 그래서 이런 엄격한 의미의 모계적 사회는 결코 있지 않았습니다. 오히려 이러한 사회들은 남자와 여자 사이에 대체로 동등한 지위가 보장됨으로써 보다 "평등주의적"이었습니다. 대다수의 그러한 사회들은 실제로 모계를 통해 조상의 계보를 거슬러 올라가게 하였고, 그래서 바꾸어 말하자면 "모계중심적"인 제도를 갖고 있었다는 것입니다. 앞에서 언급한 바와 같이 이러한 사회들 중에 약 3분의 1 정도는 여성만으로 된 숭배신, 특히 다양한 모양으로 장식한 '**태모신**the Great Mother'을 가졌었고, 그래서 뒤집어 말하면 **실제로 거의 모든 알려진 태모사회는 원예농업사회였습니다.** 당신이 태모의 종교를 보는 거의 모든 곳에는 원예농업사회 배경이 있음을 알 수 있습니다. 이것은 동서양 모두에서 대략 기원전 1만 년경부터 시작되었습니다.

■ 이것은 생태여성주의자[에코페미니스트]들이 특히 선호하는 시기이지요.

● 네, 이러한 사회들과 약간의 해상무역사회들이 그렇습니다. 생태남성주의자[에코마스쿠리니스트]들은 수렵채집사회를 사랑하고 생태여성주의자들은 원예농업사회, 즉 태모사회를 매우 좋아합니다.

■ 그들은 자연의 계절적 흐름과의 조화 속에 살았기 때문이고, 그래서 바꾸어 말하면 생태 지향적이었기 때문이겠지요.

● 그렇습니다. **태모**를 행복하게 하고 작물을 성장하게 하도록 매년 인간 제물을 바치는 의식을 행하는 정도 내에서는 모든 것은 자연과 잘 어우러졌습니다. 평균수명은 렌스키의 연구에 의하면 약 25세 정

도였는데, 당연히 그 같은 삶에서 이 정도의 수명은 꽤 자연스러운 것입니다.

알다시피 그것은 생태남성주의자들에게 있어서도 똑같은 문제입니다. 이들은 그 이전의 수렵채집 부족들이 때 묻지 않은 순수한 상태의 자연과 접촉하며 살았다고 보기 때문에 그들을 예찬하는 것입니다. 그렇지만 도대체 무엇이 때 묻지 않은 "순수한 상태의 자연"이란 말입니까? 에코페미니스트들의 주장에 따르면, 초기의 농업사회는 인간에 의해 간섭되지 않은 순수한 자연인 대지와 접촉하면서 자연의 계절적 흐름에 따라 살았다는 것입니다. 그렇지만 생태남성주의자들은 어떤 종류의 농사든지 간에 이는 자연에 대한 최초의 폭행이라고 목청을 높여 비난하고 있습니다. 그 까닭은 [원예농업사회에서] 사람들은 더 이상 단지 자연이 제공하는 것을 채집하는 것이 아니라 작물을 심고, 자연에 대해 인위적으로 간섭하고, 자연을 파헤치고서 영농 기술로 대지의 얼굴에 상처를 입히고, 대지를 폭행하는 데 착수하고 있기 때문이라는 것입니다. 생태여성주의자들의 천국은 생태남성주의자에 따르자면 지옥의 시작입니다.

그렇습니다. 생태남성주의자들은 주장하기를, 원예농업은 '태모'에 속하고, 그것은 태모의 비호 아래 농업이 저지른 가공할 만한 범죄, 즉 대지를 파헤치고서 자연이라는 온화한 거인이 다니는 길목에다가 인간의 오만을 최초로 자리 잡게 하는 엄청난 대죄를 짓기 시작했다는 것입니다. 나아가 이러한 시기를 찬미한다는 것은 단순히 최악의 상태에서 나타나는 인간의 오만에 지나지 않는다고 논박하고 있습니다.

◘ 선생님은 수렵채집사회나 원예농업사회 중 어느 쪽도 예찬하는 것 같아 보이지 않는데요.

○ 글쎄요, 진화는 계속 진행되고 있는 게 맞지요? 어느 한 시기만을 가리키면서 그러한 시기에 미치지 못하는 모든 것은 모두 엄청난 오류이고 가증스런 범죄라고 말하는 우리는 도대체 누구란 말입니까? 정확히 어느 누구에 따르면 그렇다는 말입니까? 만약 우리가 진정 '**위대한 영**the Great Spirit'이나 '**태모**'의 손 안에 있다면 '**그녀**'는 자신이 하는 일을 모른다고 정말 그렇게 생각할 수 있는 것인가요? 털어놓고 말하면 그와 같은 생각은 내게는 오만으로 보이네요.

여하튼 간에 우리는 진화의 축을 따라 기술적技術的으로 획기적인 서너 단계의 주요한 시대를 거쳐왔고, 그래서 나는 진화가 우리를 위해 역방향으로 진행할 것이라고 보지는 않습니다.

□ 선생님은 이에 대해 자주 "진보의 변증법"으로 언급하시는군요.

○ 그렇습니다. 진화의 모든 단계는 결국에 가서는 그 자체의 본래의 내재된 한계에 봉착하게 되고, 그래서 이러한 것이 자기초월하는 동인의 촉발력으로 작용한다는 것이 그 핵심 아이디어입니다. 각 단계의 본래의 내재적 한계는 일종의 혼란, 심지어 혼돈까지도 야기하고, 그래서 시스템은 파멸(자기소멸)되거나 상위적인 질서(자기초월)—이른바 '혼돈 속의 질서'—쪽으로 진화함으로써 이러한 혼돈을 벗어납니다. 이 새롭고 상위적인 질서는 선행 단계의 한계를 벗어나게 해주지만 그러고 나서는 자체의 수준으로는 도저히 해결될 수 없는 자체의 한계와 문제를 끌어들입니다.

바꾸어 말하면 모든 진화적 단계의 전진에는 치러야 할 대가가 있습니다. 예전의 문제가 해결되고 위험이 제거되고 나면 곧 새롭고 때로는 보다 더 복잡한 난제들이 등장하게 될 뿐입니다. 그렇지만 퇴행적 낭만주의자들은, 생태남성주의자이거나 생태여성주의자이거나 간에, 단순히 계속해서 이어지는 진화의 수준에서 **문제들**을 취한 다음 그것들을 이전 수준의 **성취 결과**와 비교합니다. 그러고 나서 모든 것은 그들이 선호하는 획기적인 시대에 못 미치고 내리막길로 곤두박질쳤다고 주장합니다. 이것은 분명 상당한 곡해입니다.

내 생각에는, 우리 모두는 세계 도처에 있는 과거 문화의 수많은 위대한 성과들을 존중하고 인정하기를 바라고 있고, 또한 우리가 할 수 있는 한 가급적 많이 그들의 지혜를 보존하고 통합하려 하고 있다고 봅니다. 그렇지만 더 좋든 더 나쁘든 간에 진화의 열차는 움직이는 가운데 있고, 이는 창조의 첫날부터 그래 왔습니다. 그런데 백미러만을 바라보면서 운전하려고 애쓰는 것은 오히려 아주 더 나쁜 사고마저 초래할 가능성이 있습니다.

◘ 선생님은 우리 시대도 역시 지나가버릴 뿐이라고 지적하시는 거군요.

◉ 어떤 시대도 최종적이 되도록 특권을 부여받지는 못합니다. 우리 모두는 내일의 먹이입니다. 과정은 계속됩니다. 그리고 '영'은 그 과정 자체 속에서 찾아지는 것이지, 어느 특정한 획기적인 시대나 시간과 장소에서 찾아지는 것은 아닙니다.

농경 단계

◘ 그러한 점에 관해서는 나중에 되돌아와서 좀 더 알아보고 싶습니다. 우리는 원예농업사회에 대해, 그리고 농경사회로의 필연적인 이동에 대해 언급한 적이 있습니다. 두 사회 모두 농업을 하고 있지만 호미로부터 쟁기로의 이행은 현실적으로 극적인 변화라는 말이지요.

◉ 아주 대단한 변화지요. 땅 파는 막대기는 임산부에 의해서도 쉽게 취급될 수 있지만 동물이 끄는 쟁기는 불가능합니다. 조이스 닐슨

과 자넷 차페츠가 지적한 바와 같이 그렇게 하려고 시도한 임산부들은 현저하게 높은 유산율로 고통 받는다는 것입니다. 바꾸어 말하면 쟁기질을 하지 않는 것이 다윈의 유전학설적으로는 여자에게 유리한 면이 있었습니다. 따라서 쟁기의 도입과 함께 대규모의, 참으로 아주 대규모의 문화 이행이 시작되었던 것입니다.

첫째, 실제로 거의 모든 먹거리는 이제 오로지 남자들에 의해서만 생산되었습니다. 남자들이 이렇게 하기를 원한 것은 아니었습니다. 그들은 그렇게 하기 위하여 여성의 노동력을 "빼앗거나" 또는 "억압하지도" 않았습니다. 일단 **남자와 여자 양쪽 모두** 무거운 쟁기질은 남성의 일이라고 **결정했던** 것입니다.

여자는 양이 아니었고 남자는 돼지가 아니었습니다. 이러한 "가부장제"는 대체로 가혹한 환경에 직면하면서 생겨난 남녀의 의식적인 노력에 의한 공동 창작품이었습니다. 남자들에게 확실히 이것은 해변에서 놀 수 있는 날이 없어진 데다가, 그들이 주로 포기하지 않으면 안 되었던 거창한 게임인 사냥만큼 재미있는 일이 아니었습니다. 더구나 렌스키와 차페츠 같은 연구자들에 의하면, 이러한 "가부장적" 사회에서는 남자들만이 유독 국가 방위를 위해 징집되었고, 그들만이 유독 국가가 위태로울 때 목숨을 바치도록 요구되었다는 것입니다. 이런 사실과 함께 시작되고 있는 객관적인 "삶의 질"의 척도에 대한 그 어떤 수치에 비추어 보더라도 당시의 남자들은 여자들보다 상당히 더 열악한 상황에 처해 있었음이 분명하다는 것입니다. 가부장제란 남자들을 위해 즐겁고 웃기고 재미있는 일밖에는 없는 죽마지우 클럽 같은 것이었다는 아이디어는, 정도가 지나친 [페미니즘] 이데올로기에 의해 심하게 오염되어 있는, 오히려 빈약한 연구에 바탕을 두고 있는 것 같습니다.

왜냐하면 우리가 이러한 다양한 사회들로부터 진정으로 배우는 것은, 양성兩性이 심하게 **양극화**될 경우—그들의 가치권들이 예리하게 분할되고 구획화될 경우—양성 모두 다 끔찍하게 고통을 받는다는 것이기 때문입니다.

■ 이것이 가부장제와 함께 생긴 것입니까?

○ 양성의 양극화라는 측면에서는 그렇습니다. 농경사회는 일반적으로 알려진 사회 유형 중에 가장 고도로 성적性的으로 양극화된 구조를 갖고 있습니다. 이것은 그러한 문제에 대한 남성의 책략도 아니고 여성의 책략도 아니며, 다만 단순히 이러한 사회들이 당시 그들 사회조직의 기술적技術的인 형태하에서 할 수 있었던 최선이었습니다.

따라서 남자들이 실제로 먹거리의 거의 유일한 생산자가 되기 시작했을 때—별로 놀라운 일도 아니지만—이러한 문화들에서의 숭배신의 모습들이 여성 지향적인 것에서 거의 예외 없이 남성 지향적인 것으로 전환되었던 것입니다. 90퍼센트 이상의 농경사회들이 지구상 **어디에서 나타났다 하더라도** 오로지 남성 본위적인 숭배신들을 갖고 있었습니다.

■ 《성, 생태, 영성》에서 선생님은 "여성들이 호미로 들판을 경작하는 곳에서의 '신'은 '여자'이고, 남성들이 쟁기로 들판을 경작하는 곳에서의 '신'은 '남자'였다"고 말씀하신 적이 있지요.

○ 그랬나요? 그건 간단히 요약하자면 그렇다는 거지요. '**신**'과 '**여신**'은 보다 더 심오하고 보다 더 자아초월적인transpersonal 의미를 지닐 수 있지만—이에 대해서는 나중에 언급할 기회가 있겠지요—그러나 당시의 인간의식의 **평균적 양태**로 미루어 보면 그러한 신화적 이미지들은 통상적으로 훨씬 더 단조로운 현실을 표상했습니다. 많은 경우 그것들은 주어진 사회의 기본 바탕이 되는 기술경제적 현실을 표

상했습니다. 즉 누가 식탁 위에 음식물을 갖다 놓는 존재인가를 표상한 것이지요.

■ '**신**'이 '**남자**'인 곳, 이것이 바로 "가부장제"의 의미 중 하나군요.

○ 그렇습니다. 그리고 가부장제, 즉 부권 지배는 올바르게 명명된 것입니다. 그러면 여기서 마르크스Karl Marx 이론으로 기초 개념을 간략하게 다루어보도록 하지요. **기본적인 생산력**을—이 경우에는 쟁기를—중심으로 그들 자신을 조직화하기 시작한 **사회적 관계** 때문에 남자들은 정부, 교육, 종교, 정치와 같은 공적인 영역을 지배하기 시작하였습니다. 그리고 여자들은 가족, 가정, 집과 같은 **사적인** 영역을 지배하였습니다. 이러한 분할은 흔히 남성의 생산과 여성의 종족 번식으로 언급되고 있습니다. 농경사회는 동서양에서 모두 기원전 4000~2000년경에 나타나기 시작하였고, 그리고 이것은 산업혁명 시기까지 생산의 지배적 양식이었습니다.

진보된 영농법이 식료품의 대규모 잉여공급을 창출하였다는 사실이 초래한 파급 영향은 정말로 아주 광범위한 것 같아 보였습니다. 그래서 이것은 수많은 개인들, 수많은 남성들로 하여금 식량 수확과 식량 생산이 아닌 다른 과업들을 아주 대규모로 추구하도록 자유롭게 풀어놓아주었던 것입니다. 말하자면 영농 기술이 일부 남자들을 생산으로부터 자유롭게 하였지만, 그러나 여자들은 여전히 주로 자손 번식에만 얽매여 있었습니다. 이것은 일련의 고도로 전문화된 계층이 출현하도록 허용했습니다. 단지 생계 유지를 위한 노력이 아니라 문화적인 것을 위한 보다 확장된 노력에 그들의 시간을 바칠 수 있는 남자들의 출현 말입니다. 수학이 발명되었고 글쓰기가 발명되었고 야금술이 발달되었습니다. 그래서 고도로 전문화된 전쟁 행위가 생겨나게 되었던 것입니다.

잉여농산물의 생산은 남자들로 하여금 테스토스테론의 "죽여라" 부분의 영향 아래 최초의 거대한 군사대제국의 건설을 시작하도록 자유롭게 허용하였습니다. 그래서 기원전 3000년경에 시작하여 전 세계에 걸쳐서 알렉산더제국the Alexanders, 시저제국the Caesars, 사르곤제국the Sargons, 칸제국the Kahns 등과 같이, 역설적이게도 전혀 이질적이고 호전적인 부족들을 하나로 합하여 사회적 질서 안에 묶어놓기 시작한 대규모의 '제국'들이 출현하였던 것입니다. 이러한 신화적·제국주의적인 '대제국'은 합리성과 산업화의 발흥과 더불어 근대적인 국가nationstate[민족/국민국가]에게 길을 양보하게 되었던 것입니다.

또한 마찬가지로 농경사회의 영농법 덕택으로 어느 한 계층의 개인들이 그들 자신의 실존에 대해 사색할 수 있도록 자유롭게 놓아졌던 것입니다. 따라서 이러한 위대한 농경적 문화와 함께 최초의 지속적인 **명상/정관적** 노력이 일어났습니다. 말하자면 더 이상 '**영**'이 **단지** "저 밖의" 생물권 안에(수렵채집 단계로부터 초기 원예농업 단계에 이르기까지의 마법적인 영역 안에) 있게 하지도 않고, 또 단지 "저 위의" 신화적 '**천국**'에(후기 원예농업 단계로부터 초기 농경 단계에 이르기까지의 신화적인 영역 안에) 있게 하지도 않았습니다. 오히려 심오한 주체성의 문, 내면의 자각의 문, 명상과 묵상/관상의 문을 통하여 '**영**'을 "여기(우리의 내면)에" 임재하게 하려는 노력이 일어났던 것입니다. 그리하여 위대한 기축 시대axial age의 현자들이 출현하였고, 그들은……

■ 기축 시대라고요?

● 그것은 역사상 믿기 어려울 정도로 중대한 의미를 지닌 이 시기에 대해 칼 야스퍼스Karl Jaspers가 사용한 용어지요. 이 시기는 동양과 서양 모두에서 기원전 6세기경에 시작하는 위대한 "기축 시대의 현자들", 즉 붓다Gautama Buddha, 노자老子, 파르메니데스Parmenides, 소크

라테스Socrates, 플라톤Platon, 파탄잘리Patanjali, 공자孔子, 《우파니샤드Upanishads》[24]의 현자 등이 출현한 시기입니다.

■ 모두가 남자들이군요.

○ 그럼요, 농경 시대에는 '**언제나**' 모두 남자들입니다. 그래서 포스트모던 세계에서 영성에 대한 대과업 중의 하나는 이 남성 지향적 영성을 그와 상관적인 여성적 영성 형태로 보완하고 균형을 이루게 하는 일입니다. 우리는 이러한 위대한 전통지혜가 우리에게 가르쳐주어야 하는 모든 것을 그냥 내던져버리기를 결코 원하지 않습니다. 그렇게 하는 것은 엄청난 파국을 초래할 것이기 때문입니다. 그것은 마치 남자가 바퀴를 발명했기 때문에 그것을 사용하는 것을 거부한다고 말하는 것과 마찬가지입니다.

그렇지만 참으로 이러한 거의 모든 위대한 전통들은 실제로 남자들이 '신'에게 직접 말하고 여자들이 오직 그들의 남편들을 통해서만 '신'에게 말하는 분위기에서 나타났던 것은 사실입니다.

산업화 단계

■ 남성과 여성의 영성에 관한 그와 같은 쟁점에 대해서는 뒤에서 다시 다루고 싶습니다. 왜냐하면 그것은 선생님이 "상승적Ascending"이고 "하강적Descending"인 영성, 또는 '신적'이고 '여신적'인 영성이라고 일컫고 있는 것에 대한, 그리고 어떻게 하면 우리가 이러한 두 접근 방식이 균형을 갖도록 할 수 있는가에 대한 과제를 수반하기 때문입니다.

24 인도 사상의 원천인 고대 인도의 경전. 《오의서奧義書》라고도 일컫는 힌두교의 가장 중요한 철학서. 《베다Vedas》의 네 부분 중 최종 부분에 해당하는 의미로 '베단타'라고도 일컬어진다.

그렇지만 농경 단계를 그만 다루고 먼저 산업화 단계로의 이행에 대해 알아보지요. 이러한 것은 "근대성"과 어떻게 연관됩니까?

○ "근대성"과 "탈근대성"이란 용어는 양쪽 다 어리둥절하게 할 만큼 다양한 의미로 사용되고 있습니다. 그렇지만 "근대성"이란 통상 데카르트Decartes로부터 로크Locke와 칸트Kant에 이르는 계몽 사조와 더불어 진행되었던 역사적 사건들, 그리고 이에 부수하는 기술의 발달을 의미합니다. 이는 신화적 세계관을 가진 봉건적 농경사회로부터 합리적 세계관을 가진 산업화사회로 이동해온 것입니다. 그리고 "탈근대성"이란 보통 가장 넓은 의미에서 탈계몽 사조의 발달 전체를 통틀어 의미하는데, 이는 또한 탈산업적 발달도 포함합니다.

□ 그렇다면 지금 우리의 논의는 근대성의 시작, 즉 농경 문화에서 산업화로 이행하는 시점에 있는 셈이로군요.

○ 산업화는 비록 그 모든 전율과 악몽 같은 부수적인 결과들을 초래했다고 하더라도, 자연에 대한 인간의 완력에 의한 작업이 아닌 기계력에 의한 작업을 통하여 생계를 확보하는 최초의, 그리고 가장 첨단의 기술적 수단이었습니다. 농경사회가 생계를 위해 인간의 물리적 노동(쟁기질)만을 요구한 이상 그러한 사회에서는 **남성**의 체력과 기동성에 **불가피하게 필연적으로** 프리미엄을 부여했던 것입니다. 지금껏 알려진 그 어느 농경사회도 모호하나마 여성의 권리와 엇비슷하게 닮은 것이라곤 조금도 갖고 있지 않습니다.

그러나 산업화 이후 1세기도 지나기 전에—이 산업화는 남성 체력에 대한 강조를 일소하면서 그것을 남녀의 젠더 중립적인[어느 성별에 치우치지 않는] 내연 기관으로 대치하였고—여성해방운동이 **역사상 최초로** 어느 정도 대규모로 출현하였던 것입니다. 메리 울스턴크래프트

Mary Wollstonecraft[25] 의《여성의 권리 옹호Vindication of the Rights of Women》는 1792년에 집필되었고, 그것은 역사상 최초의 주요한 페미니스트 논문입니다.

여자들이 억압되고 어리숙하고 양같이 온순하였던 100만 년이 경과하자 어느 순간 갑자기 현명하고 강력하고 결단력 있는 존재로 되었다는 게 아닙니다. 그것은 역사상 처음으로 체력이 문화의 지배권을 압도적으로 결정하지 않는 시점으로까지 사회 구조가 진화했다는 것입니다. 생물학적 조건은 남녀의 젠더 역할의 문제에 관한 한 더 이상 숙명적인 것이 아니게 된 것입니다. 단지 수 세기도 안 되어—진화의 시간에 비추어 본다면 눈 깜짝할 사이에—여자들은 재산을 소유하고 투표하고 "그들 스스로 인격체가 될" 수 있는, 즉 그들 자신을 위한 자기 소유의 재산을 가질 수 있는 법적 권리를 확보하기 위해 번개같이 빠른 속도로 행동했던 것입니다.

■ 통계 자료들이 이러한 견해를 뒷받침하는 것 같은데 맞습니까?

● 앞에서 언급한 바 있는 페미니스트 연구자들이 제시한 경험적 증거에 의하면 차페츠가 밝히고 있듯이 후기 산업사회에서 여자의 지위는—원예농업사회를 포함하는—역사상 다른 어떤 잉여생산사회에서보다도 '더 높다'는 것을 보여주고 있습니다.

후기 산업사회(및 정보사회)를 목청 높여 비난하면서 **'태모'**의 원예농업사회를 열렬하게 찬미하는 여자들은 그에 대한 다량의 증거를 전혀 접하지 못하고 있는 것이 분명합니다. 그렇지 않으면 그들은 예전

25 1759~1797, 당대의 베스트셀러 작가이자 근대 페미니즘의 선구자로 불리는 여권 운동가이며, 혁명을 옹호한 급진주의 정치사상가. 여성의 정신이 남성의 정신과 조금도 다르지 않으며, 따라서 여성도 이성을 지닌 온전한 인격체로 평등한 교육과 정치 참여의 기회를 제공받아야 한다고 주장했다.

시대의 몇 가지 그럴듯한 항목들만을 지나치게 선택적으로 취하고 그 밖의 악몽은 모두 무시해버리고는, 그러한 "에덴"을 근대성의 가장 최악에 지나지 않는 것과 대조하는 것입니다. 이것은 그 저의가 아주 의심스러운 획책이지요.

하지만 그 어느 것도 현대 세계에서 남자와 여자 모두를 위하여 더 이상의 여권 증진이 필요하지 않음을 의미하는 것이 아닙니다. 성性의 양극화는 남녀 각각에 아주 가혹할 정도의 시련임을 기억해야 합니다. 남녀 모두는 농경사회의 성의 양극화에 따른 가공할 만한 속박으로부터 해방될 필요가 있습니다. 산업화는 이러한 해방을 가져오기 시작하였고, 또 생물학적으로 부여받은 것들을 넘어서는—즉 초월하고 내포하는—남녀의 젠더 역할을 확장하기 시작하였지만, 우리는 이러한 자유와 초월을 계속하여 발달시켜나갈 필요가 있습니다.

■ 예를 든다면요?

● 예컨대 남자들이 자동적으로 주된 생산자이고 주된 국가방위자로 더 이상 기대되지 않을 경우, 우리는 남자들의 예상되는 평균수명이 조금 더 여성의 수준으로 올라가는 것을 볼 수 있을지도 모릅니다. 그리고 여자들이 단지 자손 번식이나 가정과 가사일에 수반하는 역할들에 보다 덜 제약받게 되는 것을 보게 될지도 모릅니다. 내 생각으로는 가혹한 일들은 동등하게 나누어 분담하고 그로써 얻는 해방은 똑같이 나누어 갖게 되면 모두에게 유익하리라고 봅니다. 그렇게 된다면 오히려 남자들이 얻게 되는 게 더 많을 것입니다. 미국에서의 여론 조사들이 대다수의 남자들은 헌법의 '**남녀평등권 수정안**'을 선호했지만 대다수의 여자들은 반대했다는 사실을 일관성 있게 보여주고 있으며, 그래서 이 법안은 애석하게도 통과되지 못했는데, 이것이 그 이유라고 하겠습니다.

■ 산업화와 생태적인 위기는 어떻게 된 것인가요? 이런 것은 분명 근대성, 즉 "진보의 변증법"의 주요 하강적인 국면들 가운데 하나이겠지요.

○ 그렇고말고요. 그렇지만 그것은 극도로 미묘한 상황이기도 합니다. 어떠한 생태계의 황폐화도 일차적 원인은 우리가 이미 언급했듯이 단순한 무지에서 기인합니다. 그것은 오직 생물권에 대한 과학적 지식, 즉 인간 존재의 생물학적 홀론을 비롯하여 생물권 내의 모든 홀론들이 어떻게 상호 연관되어 있는가 하는 정확한 방식들에 대한 과학적 지식과 연관되는 문제입니다. 그것은 다만 남녀 인간들이 그들의 활동을 어떻게 생물권과 실제적으로 조화시킬 것이냐에 관한 지식과 연관된 문제인 것입니다. 자연에 대한 단순한 혹은 신성한 존경심만으로는 그렇게 하지 못할 것입니다. 신성시하는 자연관은 수많은 부족들이 단순하고 순진무구한 무지로 인하여 환경을 파괴하는 것을 막지 못하였고, 그래서 마야족이 열대우림을 황폐화시키는 것을 막지 못하였으며, 나아가 우리가 그러한 무지로 인해 또다시 똑같은 일을 저지르는 것도 막지 못할 것입니다.

로작은 우리 인간의 활동이 어떻게 왜 생명권을 침식시키고 있는가를 우리에게 직접 보여줄 수 있는 것이 바로 근대과학이라는 점을, 그리고 오직 근대과학—예컨대 생태과학과 시스템과학—뿐이라는 점을 지적하였습니다. 만약 원시 부족들이 나무를 베고 태워버리는 행위로 인하여 그들의 주거 환경을 그들 스스로 파괴하게 된다는 것을 미리 알았더라면—만약 그들이 과학적 확실성을 갖고서 그러한 것을 현실적으로 미리 알았더라면—그들은 최소한 그들의 생태계 파괴를 시작하기 전에 좀 더 신중하게 그 점에 대해 생각했을 것입니다. 만약 마야족들이 열대우림을 파괴함으로써 그들 자신의 생명을 파멸시키고 있다는 것을 미리 알았더라면 즉각 멈추었거나 적어도 상당히 머뭇거렸을 것입니다. 그러나 무지는 어디까지나 무지입니다. 순진무구하거나 탐욕스럽거나 간에, 신성시하거나 신성 모독적이거나 간에 무지는 생물권을 파괴하고 맙니다.

◘ 그러나 수단이 변화되었지요.

○ 그것은 사실 두 번째 요점입니다. 원시적이거나 부족적인 기술技術에 의해 뒷받침되는 무지는 한정적으로 손상을 입히는 능력이 있을 뿐입니다. 그러나 산업에 의해 뒷받침되는 무지는 **똑같은** 무지라 할지라도 전 세계를 멸망시킬 정도의 능력이 있습니다. 그래서 우리는 그와 같은 두 가지 현안—무지와 그러한 무지를 가하는 수단—을 분리해야 하는데, 그 까닭은 우리가 근대성 및 과학과 더불어 역사상 처음으로 우리의 무지를 극복하는 방법을 갖고 있고, 그와 동시에 이러한 무지에 따라 전 지구적인 규모의 대량 학살을 절대적으로 초래하게 하는 수단도 창안했기 때문입니다.

◘ 그렇다면 그것은 좋은 소식이면서도 또한 나쁜 소식이로군요.

○ 그렇습니다. 분명 근대성이 처한 곤경이지요. 결국 우리는 보다 더 잘 알게 되겠지만, 동시에 만약 우리가 이러한 앎에 바탕을 두고 행동하지 않는다면 우리 모두는 결국 죽고 말 것입니다. "부디 재미있는 시대interesting time에서 살아가기를 바란다"는 유교의 경구에 새로운 의미를 부여해야 할 것입니다.

4

포스트모던 대혁명

◻ 지금껏 우리는 단지 각 시대의 기술적·경제적 기반에만 주목하여 살펴보았지요. 그렇다면 그에 상응하는 '세계관'은 어떤 것인가요?

○ 일반적인 관점은 꽤 단순하지요. 의식 성장의 상이한 단계들은 상이한 세계관을 드러냅니다. 세계는 각 단계에 따라 달라 보입니다—사실 정말로 다릅니다. 새로운 인지 능력이 전개되고 진화하면서 '온우주'는 다른 눈으로 스스로를 바라보게 되고 매우 다른 것들을 알게 됩니다.

편의상 나는 대체로 이러한 세계관들을 더 높아지는 단계들에 따라 태곳적, 마법적, 신화적, 합리적, 실존적이라고 일컫습니다. 그림 5-2(156쪽)에서 이러한 단계들을 볼 수 있습니다.

◻ 그러면 이러한 것들이 바로 세계를 바라보는 상이한 방식입니까?

○ 네, 하지만 여기서 아주 신중하지 않으면 안 됩니다. 이것은 사소한 것을 너무 시시콜콜 따지는 꼴이 될는지는 모르지만, 그러나 그것은 정말로 매우 중요한 것입니다. 그것은 단 하나의 미리 주어진 pregiven 세계가 있고 단순히 우리가 그것을 다르게 바라본다는 것이 아닙니다. 오히려 '온우주'가 스스로에 대해 더욱 충실히 알게 되면서

이에 따라 **상이한 세계**가 새롭게 출현한다는 것입니다.

그것은 마치 상수리나무로 자라나는 도토리와도 같습니다. 상수리나무는 도토리 안에 내재된 불변적인 동일한 세계를 그린 다른 어떤 그림이 아닙니다. 상수리나무는 자신의 존재성 안에 도토리 속에서 발견되는 것과는 전혀 다른 매우 새롭고 상이한 구성요소들을 지니고 있습니다. 상수리나무는 잎과 가지와 뿌리 등을 가지고 있고, 그중 어떤 것도 도토리의 현실적 "세계관"이나 "세계공간" 내에 존재하는 것은 없습니다. 상이한 세계관이 상이한 세계를 창조하고 상이한 세계를 규정하는 것입니다. 상이한 세계라는 것은 단지 다르게 보여지는 동일한 세계가 아닌 것입니다.

포스트모던 분수령

■ 그러한 구별이 이해는 갑니다. 하지만 그것은 다소 쓸데없이 시시콜콜 따지는 행위로 보입니다. 그와 같은 구별이 왜 그렇게 중요합니까?

◎ 그것은 결정적으로 중요한 것입니다. 왜냐하면 수많은 방면에서 그것은 지식에 대한 근대와 탈근대적 접근 방법을 분리하는 대大분수령이기 때문입니다. 우리는 인지人知에 관한 이 엄청난 혁명적 발상을 고려하고자 하는 것입니다.

게다가 사실상 우리가 지식에 대한 근대와 탈근대적 접근 방법 사이의 중대한 차이에 대해 언급하지 않고서는 도저히 이러한 형식의 논의를 더 이상 진전시킬 방도가 없습니다. 그렇다고 그것이 전부 다 지루하고 무미건조한 것만은 아닙니다. 여러 가지 면에서 그것은 포스트모던 세계에서 '영Spirit'의 위치를 알아내는 열쇠이기도 합니다.

■ 잘 알겠습니다. 그러면 근대와 탈근대는……

○ 지식에 대한 "새로운 패러다임"적 접근에 대해 전부 들어보셨지요?

■ 글쎄요. 다만 모든 사람들이 새로운 패러다임을 원하는 것 같아 보인다는 정도나, 아니면 어쨌든 간에 어떤 새로운 패러다임 하나 정도는 들어보았지요.

○ 여하튼 좋습니다. 모든 사람들이 원하지 않는 **낡은** 패러다임은 계몽주의 패러다임이고, 이는 또한 일명 근대적 패러다임이라고도 불립니다. 이것은 모두가 경멸과 혐오감을 갖고 공공연하게 말하는 10여 가지의 다른 명칭을 갖고 있습니다. 즉 뉴턴주의적 패러다임, 데카르트주의적 패러다임, 기계론적 패러다임, 자연의 거울 패러다임, 반사反射 패러다임 등이 그것입니다.

그 이름이야 어떻든 간에, 이제 그 패러다임은 전혀 희망이 없고 낡아 빠졌거나, 아니면 적어도 극히 제한된 것이라고 생각합니다. 그래서 모든 사람이 새로운 패러다임, 결과적으로 탈근대적 혹은 탈계몽주의 패러다임을 찾아내기 위해 극도로 전율하는 흥분 상태에 있는 것입니다.

그러나 포스트모던 패러다임이 과연 어떤 모습을 하고 있는가를 제대로 이해하기 위해서는 먼저 그것이 필사적으로 바꾸고자 애쓰는 그 야수부터 제대로 이해할 필요가 있습니다.

■ 근본적 계몽주의 패러다임을 이해할 필요가 있다는 말씀이시군요.

○ 그렇습니다. 그리고 근본적 계몽주의 패러다임은 **표상 패러다임**으로도 알려져 있습니다. 말하자면 우리는 한편으로는 자기 혹은 주체를, 다른 한편으로는 경험적이거나 감각적인 세계를 갖고 있고, 그래서 타당한 모든 지식은 경험세계, 즉 단일하고 단순한 "미리 주어진" 세계의 **지도**를 제작함으로써 성립된다는 것이 바로 그 기본 착상입니다. 그리고 만일 그 지도가 정확하다면, 만일 그것이 경험적 세계를 올

바르게 표상하거나 그 세계와 일치한다면 그것이 바로 "진리"라는 것입니다.

◘ 그래서 표상 패러다임이군요.

◉ 그렇습니다. 그 지도는 하나의 현실적 지도, 혹은 하나의 이론, 혹은 하나의 가설, 혹은 하나의 관념, 혹은 하나의 도표, 혹은 하나의 개념, 혹은 어떤 종류의 표상—일반적으로 객관적 세계에 대한 어떤 종류의 지도—일 수도 있습니다.

주요 계몽주의 이론가들은 전일주의적이거나 원자론적이거나 혹은 그 중간의 어느 것이거나 간에 모두 다 이 표상 패러다임에 동의하였습니다. 그들은 경험적 방법으로 끈기 있게 지도화될 수 있는 하나의 단일한 경험적 세계에 대한 신념을 전적으로 지지한 것입니다.

그래서 아무쪼록 세계가 원자적인가 아니면 전일적인가 하는 것은 완전히 핵심에서 벗어나는 것임을 기억해야 합니다. 그들 모두가 동의한 것은 지도화 패러다임 자체였던 것입니다.

◘ 그렇지만 그러한 표상 패러다임에 무슨 잘못이 있다는 말입니까? 우리는 늘 그것을 만들어내고 있으니 하는 말입니다.

◉ 표상 패러다임 자체에 무슨 잘못이 있다는 말이 아닙니다. 다만 그것은 너무나 좁고 너무나 한정되어 있다는 것입니다. 그러나 표상 패러다임이 지닌 곤란한 점은 오히려 너무나 미묘한 것입니다. 그리고 그 문제가 무엇인지를 깨닫는 데는 너무나 오랜 기간이—실제로는 수 세기가—걸렸습니다.

무릇 지식이란 기본적으로 세계의 지도를 만드는 데서 이루어진다는 관념 같은 표상 패러다임의 한계를 요약하는 방법은 여러 가지가 있습니다. 그러나 지도가 갖고 있는 문제를 언명하는 가장 간단한 방법은 **그들이 지도 작성자를 제외시키고 있다**고 말하는 것입니다. 무엇보다 전적으로 무시되고 있었던 점은, 지도 작성자 자신이 무엇인가를 지도의 그림이 되도록 가져왔을 것이라는 바로 그 사실이지요!

■ 이와 같이 반사시키고 지도화하는 작업의 모든 과정에서 지도 작성자가 제외되었다는 말씀이시군요.

● 그렇지요. 그래서 여러 다양한 **포스트모던 사상들**의 공격 방식이 설사 아무리 서로 다르다고 해도 **그들은 표상 패러다임을 공격하는 일에는 모두 일치단결했습니다.** 그들은 모두 반사 패러다임, 즉 "자연의 거울" 패러다임—말하자면 하나의 단일한 경험적 세계 혹은 경험적 자연만이 있다는 관념, 그리고 지식은 오로지 이 하나뿐인 진실한 세계를 거울같이 비치거나 반사시키거나 지도로 모사하는 데 있다는 관념—을 아주 철두철미하게 공격했던 것입니다. 모든 "탈계몽주의" 혹은 "포스트모던" 집단들은 이 "자연의 거울" 관념이야말로 아주 절망적일 정도로 엄청나게 고지식한 것이라는 데는 모두 동의했던 것입니다.

특히 칸트로부터 시작하여 헤겔, 쇼펜하우어Schopenhauer, 니체Nietzsche, 딜타이Dilthey, 하이데거Heidegger, 푸코, 데리다Derrida—즉 모든 포스트모던 대이론가들—에 이르는 그들 모두에게서, 우리는 지도화 패러다임이 애초부터 지도를 작성하고 있는 '자기'를 고려하는 데 실패하고 있기 때문에 그 패러다임에 대해 강력하게 공격하고 있음을 발견합니다.

이 자기는 단지 낙하산같이 지상에 내려오기만 하는 것이 아닙니다. '자기'는 [지도 작성자로서] 그 자신 특유의 특성, 그 특유의 구조, 그 특유의 발달, 그 특유의 **역사**를 지니고 있습니다. 그리고 그런 모든 속성들은, 필경 주위에 여기저기 그냥 널려져 있는 그 같은 "단일한" 세계 속에서 '자기'가 보게 되고 또 볼 수 있는 것들에게 영향을 미치고 그것들을 좌지우지하게 됩니다. 말하자면 낙하산 강하자는 무엇보다 애초부터 단지 그가 볼 수 있는 것만을 결정하는 맥락과 배경 속으로 휘말리게 된다는 것이지요!

그래서 포스트모던 사상의 위대함은, 자기나 세계는 단순히 미리 주어져 있는 것이 아니고, 오히려 그것들은 어떤 역사와 발달을 지니고 있는 맥락과 배경 속에 존재한다는 것을 발견한 데 있습니다.

■ 그것은 진화한다는 말씀이시군요.

● 그렇죠. 진화한다, 그런 뜻입니다. 지도 작성자는 조금이라도 [현실 속에] 구현되어 있지 않거나, 역사와 무관하거나, 자기충족적인 어떤 단자單子, monad가 전혀 아닙니다. 즉 자신이 지도화하는 세계와는 완전히 방부防腐 처리되고 고립되어 있고 손대지 않은 채 있는 단자가 아니란 말입니다. '자기'는 어떤 불변하는 실체를 갖고 있다기보다는 역사성을 지니고 있다고 하겠습니다. 그래서 지도 작성자는 그 자신의 역사, 즉 그 자신의 성장 및 발달의 다양한 여러 단계에 따라 **매우 상이한 지도**를 작성하게 될 것입니다.

그렇다면 이러한 발달 과정에서 주체는, 어떤 미리 주어진 세계 내에 실질적으로 "거기 있는" 것에는 그다지 크게 바탕을 두지는 않고, 오히려 그 **주체가 스스로 대상의 그림 속으로 가져오는 것들**에 관한 여러 방식들에 바탕을 두고서 세계를 매우 다른 모습으로 묘사할 것입니다.

■ 칸트의 "코페르니쿠스적 혁명[발상 전환]"이군요. 세계가 마음을 형성한다기보다는 마음이 세계를 형성한다는 말이지요.

● 모든 면에서 반드시 다 그렇지는 않지만, 수많은 중요한 여러 면에서 그렇다고 할 수 있지요. 그리하여 헤겔은 결정적으로 중요한 관점, 즉 모든 포스트모던 이론들을 어떤 방식으로든 명확하게 규정하는 관점을 보탰습니다. 말하자면 마음 곧 주체는 **오로지 발달을 거쳐**

온 것으로만 파악되어야 한다는 것입니다.

예컨대 니체는 이러한 점을 계보학, 즉 우리가 아주 당연한 것으로 여기고 받아들였던 세계관의 역사에 대한 연구로 전환시켰습니다. 다시 말해 우리가 세상 모든 곳에 있는 사람들에게 합당한 케이스라고 단순하게 가정한 것이, 사실은 알고 보면 매우 제한적이고 역사적으로 처해진 어떤 상황에 불과한 것으로 판명되는 세계관의 역사에 대한 연구로 전환시켰던 것이지요. 그래서 이래저래 모든 포스트모던 도로는 니체로 통합니다.

◼ 그렇다면 전반적인 관점은……

⭘ 주체는, 단순히 지상에 낙하산으로 강하하고 나서는 "실재의" 세계, "실재의" 영토, 미리 확정적으로 주어져 있는 세계의 외부에 여기저기 널려져 있는 것들을 보이는 대로 순진하게 "지도화"하기 시작하는, 초연하고 고립되고 미리 주어져 있고 충분하게 형태를 갖추고 있는 어떤 작은 존재가 아닙니다.

오히려 주체는 그 자신의 발달, 자신의 역사, 자신의 진화의 맥락과 조류 안에 **처해 있고**, 그래서 그것이 만들어내는 "세계"의 "그림"은 크게 보면 "세계"에 의존하는 것이라기보다는 오히려 이러한 "역사"에 의존한다는 것입니다.

◼ 네, 알겠습니다. 그러면 이것은 현재 우리의 논의에 어떻게 연관되는 것입니까?

⭘ 글쎄요. 우리가 하고자 하는 것들 중에 하나는 **이러한 세계관들의 역사를 추적하는** 일입니다. 그 세계관들은 인간 영역에서의 진화의 일부인 것입니다. 즉 그것이 의미하는 바는, 인간의 마음을 통해 '활동 중에 있는 영'이 전개해나갈 때의 그 다양한 형태라는 것이지요. 이러한 각 단계에서 '온우주'는 새로운 눈으로 스스로를 바라보게 되고, 그

래서 그 이전에는 존재하지 않았던 새로운 세계가 생겨나게 합니다.

탈근대성에서의 두 경로

■ 그렇다면 이러한 세계관들은 발달한다는 말씀이시군요.

● 그렇습니다. '세계관들은 발달한다'는—세계나 자기는 단순히 미리 주어진 것이 아니라는—전반적인 아이디어 자체가 포스트모던적인 대발견인 것입니다.

"미리 주어져 있는 것이 아니다"라는 [포스트모던적] 발견에 부딪치게 되면, 어느 이론가든 바탕 근거가 되는 것이 아무것도 없는 이 새롭고 당혹스러운 포스트모던 풍경을 통과하는 **두 개의 길 중에 하나**를 따라갈 가능성이 있습니다.

첫 번째로는, 그리고 아마 대개의 경우 보통은—"미리 주어져 있는 것이 아니다"에 대한 강한 버전인—극단적인 **구성주의**의 길로 나아간다는 것입니다. 말하자면 세계관들은 미리 주어져 있는 것이 아니기 때문에 모두가 임의적이라고 주장할 수 있다는 것입니다. 그것들은 기호嗜好를 바꾸는 것보다 현저하게 더 나은 구석이라곤 아무것도 없다는 주장에 바탕을 두고, 단순히 문화에 의해 단순히 "구성된다"는 것이지요.

그에 따라 성性의 사회적 구성, 음식물의 사회적 구성, 노동의 사회적 구성, 의복의 사회적 구성 등의 제목을 가진 이러한 온갖 책들이 나오고 있는 실정입니다. 나는 심지어 대장大腸의 사회적 구성과 같은 책도 볼 날이 있을 것으로 계속 기대해보고 있습니다.

모든 것은 "사회적으로 구성된다"는 말입니다. 이는 포스트모더니즘의 극단주의 진영의 만트라입니다. 그들이 생각하기에는 서로 다른 문화적 세계관들은 권력이나 편견이나 어떤 "주의"나 또 다른 어떤 것들—이를테면 성차별주의, 인종차별주의, 동물종차별주의, 남성중심주의, 자본주의, 언어중심주의, 혹은 내가 즐겨 쓰는 말인 남성언어중심주의에 지나지 않는 것들—에 뿌리를 두고 있는, 전적으로 임의적이라는 것입니다. 와! 정말 그렇다면 이같이 범 무서운 줄 모르는 하룻강아지는 초강력 배터리나 아니면 다른 무엇을 달고 다니는 것일까요?

◘ 그러한 접근 방법들이 전혀 아무런 장점도 갖고 있지 않다는 것인가요?

● 아니지요, 물론 갖고 있습니다. 다만 강한 구성주의적 접근 방법은 단순히 지나치게 완강하고 지나치게 극단주의적이라는 것뿐입니다. 세계관들은 꼭 그렇게 임의적인 것만은 아니며, 그것들은 온우주 내의 [진화/발달적] 조류들에 의해 현실적으로 **제약**되어 있습니다. 그리고 그러한 조류들은 어떤 하나의 문화가 얼마나 많이 임의로 "구성"될 수 있는가를 **제한**합니다. 예컨대 남자가 아기를 낳는다거나 사과가 위로 떨어진다는 것과 같은 황당한 생각이 있는 곳에서는 어떤 일치된 세계관을 찾아낼 수 없을 것입니다. 마찬가지로 임의적 세계관들도 다르지 않습니다. 그러한 세계관들도 전적으로 상대적이고 임의적이라는 의미에서 "단지 구성되어진" 것은 아닙니다. 이제는 데리다조차도 이 기초적인 관점을 인정합니다.

우리가 "다이아몬드", "자른다", "유리"라는 말 대신 그 어떤 다른 단어를 사용한다고 하더라도, 그리고 이러한 단어들을 그 어떤 문화 속에서 발견한다고 해도 다이아몬드는 유리 조각을 자르는 것이 분명할 것입니다. 극단적으로 치달아 나아가서 감각운동적 세계가 미리 존재하는 것까지 몽땅 부인할 필요까지는 없다는 것이지요! 그래서 그러한 감각운동적 세계—물질우주와 생물권—는 말하자면 "아래로부터" 세계관에 제약을 가하고 있는 것입니다.

더 나아가 문화적 구성은 정신권 자체 내에서의 발달적 조류들에 의해 제한되고 **제약**을 받습니다. 정신권은 발달하고, 또한 그것은 진화합니다. 그것도 역시 [홀론의] 20가지 원칙을 따르고, 또한 그러한 조류들은 문화적 구성을 아주 확실하게 제약하고 제한합니다.

그리하여 이러한 방식들과 수많은 다른 방식들에 의해 '**온우주**' 내에 실재하는 조류들은 세계관들을 제약하고, 그래서 그들이 단지 집단적 환각 상태로 되는 것을 막아줍니다. 곧 알게 되겠지만 일반적으로 세계관들은 [실제적이고 합당한] **타당성의 기준들**validity claims에 뿌리를 두고 있습니다. 그리고 이러한 주장들은 그 진화적 조류들이 실제적이기 때문에 먹혀드는 것입니다.

◘ 푸코도 종종 이러한 극단적 구성주의와 연관되지 않나요?

◉ 예, 그렇습니다. 그도 이 길을 따라서 시작했지만 결국에 가서는 그것이 다만 막다른 길이라는 것을 발견하는 데 그쳤지요.

◘ 어떤 방법으로요?

◉ 만약 구성주의자적 입장을 너무 멀리까지 밀고 나가면 자멸하고 맙니다. 심지어 모든 세계관은 임의적이고, 모든 진리는 상대적이며 단지 문화 지향적일 뿐이고, 보편적인 진리란 없다고까지 말합니다. 그러면서도 그러한 자신의 입장 자체는 보편적인 진리라고 주장합니다. 그것은 곧 내 것만이 절대적이며 보편적인 진리이므로 **내 것을 제외한** 다른 모든 사람들의 진리는 상대적일 뿐이라고 주장하고 있는 셈이지요. 나만이 보편적인 진리를 지니고 있고, 너희 가엾은 얼간이들 모두는 상대적이고 문화 지향적이라는 것이지요.

이것은 극단적이고 다문화적인 모든 포스트모던 운동에 숨겨진 수행상의 역설입니다. 그리고 **그들이 말하는** 절대 진리란 최악의 의미로는 매우 이데올로기적이고 매우 엘리트주의적인 것 같아 보입니다. 심지어 푸코마저도, 이 같은 방향의 자신의 초기 시도들을 "오만한" 것이었다고 일컬었습니다. 하지만 그의 미국 내 추종자들 대부분은 불행하게도 이러한 점을 무시했던 것입니다.

이러한 극단적 구성주의는 실제로 단지 허무주의의 포스트모던적인 한 형태일 뿐입니다. '온우주'에 진리란 없고, 오직 사람들이 다른 사람들에게 강요하는 개념들만 있을 뿐이라는 것입니다. 이러한 허무주의자가 온우주의 모습을 들여다보고 거울로 만들어진 그 끝이 없는 복도를 보게 된다고 합시다. 그러면 그것은 결국 무한성 속으로 반사된 자신의 이기적 추악함 외에는 아무것도 그에게 보여주지 않는 것입니다. 이것이 미국 대학들에서의 주요 포스트모던 운동의 현실이지요!

■ 극단적 구성주의라…… 그렇다면 그것은 탈근대성이 나아갔던 하나의 길이로군요.

● 그렇지요. 그것은 강한 해석이고, 너무 완강하고 지나치게 구성주의적인 것입니다.

다른 하나의 해석은 보다 더 온건한 접근 방식, 보다 더 온건한 구성주의입니다. 그리고 그 가운데 가장 일반적인 해석은 발달적이거나 진화적입니다. 아주 다양하게 변형된 수많은 형태들 가운데는 헤겔, 마르크스, 니체, 하이데거, 겝서, 피아제, 벨라, 후기의 푸코, 하버마스 등을 대표로 꼽을 수 있습니다.

이러한 접근 방식에서는 세계와 세계관은 모두 다 미리 주어진 것이 아니라 오히려 역사 속에서 발달한다고 인식합니다. 그러므로 그 방식은, 단지 제멋대로 여기저기 난타하면서 돌아다니는 일련의 어떤 것으로서가 아니라 오히려 진화 자체의 조류에 의해 부분적으로 지배받는 진화적 혹은 발달적 패턴으로서의 **현실적 역사**와 이러한 세계관들의 전개를 **연구할** 따름입니다.

■ 20가지 원칙에 지배받는다는 거로군요.

● 발달주의에 대한 나의 독특한 해석으로는 그렇습니다. 하지만 그것은 어디까지나 나의 독특한 해석일 뿐이지요.

그러나 중요한 점은, 이러한 발달론적 또는 진화론적 접근 방식들에서 보면, 보다 앞서 나온 세계관에는 **어떤 내재된 한계**가 분명히 드러나게 되기 때문에 각 세계관은 보다 후속적인 것에게 길을 양보하게 된다는 것입니다. 말하자면 앞서 나온 것은 점차 상당한 혼란과 혼돈을 야기시키게 되고, 그래서 만약 그 시스템이 그냥 붕괴되어버리지 않는다면 **그것은 보다 더 고도로 조직화된 패턴으로 진화해나감으로써 그러한 혼돈으로부터 벗어나게 됩니다.** 새롭고 더 상위적인 이러한 패턴들은 초기의 문제들을 해결하거나 완화시키게 되지만, 그러고 나면 그것들 특유의 다루기 어려운 문제와 자신들의 수준에서는 해결할 수 없는 본래의 내재된 한계들을 초래하게 됩니다. 이러한 현상은 우리가 진화의 다른 영역들에서도 보게 되는 똑같은 진화 과정입니다.

■ 선생님은 아직 보다 더 상위적인 단계들이 나타날 가능성을 열어두면서, 이러한 세계관들을 태곳적 · 마법적 · 신화적 · 합리적 · 실존적이라고 언급하신 적이 있지요.

● 그렇습니다. 그것은 매우 일반적인 형태로 그러한 세계관들을 요약하는 한 가지 방법입니다. 원한다면 나중에 이러한 세계관들의 상세한 특징들을 다시 논의할 수도 있습니다. 그러나 지금으로서 나는 이미 언급한 바와 같이, 인간 진화의 각 단계에서의 이러한 "정신적" 세계관들을 "물질적" 생산 양식과 연관시키고 있습니다. 그래서 방금 언급한 그러한 세계관들에 대응하여 각각 수렵채집 단계, 원예농 단계, 농경 단계, 산업화 단계, 정보화 단계가 있다고 하겠습니다. 그러므로

나는 모든 종류의 중복과 혼합 형태가 가능하다는 점을 이해하면서, 종종 여러 단계들을 신화적·농경적, 혹은 합리적·산업적 등으로 결합시켜 자주 언급할 것입니다.(그림 5-2 참조)

■ 한 문장으로 표현한다면……

● 세계관은 '**영**Spirit'의 마음이고, 그 바탕은 '영'의 몸입니다. '빅뱅'이라기보다는 오히려 대개화大開花, Big Bloom, 온우주의 봄에 찬란하게 피는 꽃으로서 '**영**'이 스스로의 잠재 능력을 전개해나감으로써 이러한 심신心身들은 진화하고 그 과정에서 **새로운 세계들**이 태어나게 됩니다.

게다가 발달의 각 단계마다 세계는 상이하기 때문에 달라 보이고, 그래서 바로 거기에 포스트모던적 계시啓示가 있는 것입니다.

내일의 끄트머리에서

■ 저에게 두 가지의 학술적인 질문이 있습니다. 먼저, 최선의 포스트모던적 접근 방식은 이른바 데카르트적 이원론을 얼마나 정확히 극복할 수 있습니까?

● 표상 패러다임은 다음과 같은 의미에서 이원적입니다. 지도를 작성하고 있는 주체는 실제로 지도화되고 있는 세계의 일부분이 아니라는 것입니다. 아니면 적어도 그렇게 생각했습니다. 마치 그 두 실체entity가 사실상 아무것도 서로 공유하고 있는 것이 없다는 듯이 외계인 같은 지도 작성자는 미리 주어진 세계로부터 한 발 뒤로 물러서서 단순히 그것을 지도화할 뿐이었습니다.

대부분의 "새로운 패러다임" 접근 방법들도 여전히 이러한 이원론의 함정 속으로 떨어지고 있는데, 그 까닭은 그것이 아주 몹시 교묘한 함정이기 때문입니다. 대부분의 새로운 패러다임 접근 방법들은, 단지 **더욱 정확한 지도**를 획득하는 것만으로 문제를 해결할 수 있다고 생각합니다. 만약 우리가 원자적이고 기계적인 너절한 지도 대신에 하나의 전일적이고 시스템적인 훌륭한 지도를 가졌더라면 그것이 이원론을 치유했을 것이라고 말입니다.

그러나 (그 누구보다) 헤겔이 강력하게 지적한 바와 같이, 그렇게 하는 것은 실제의 문제를 해결하는 방법이 전혀 아니고, 단지 보다 미묘한 방식으로 문제를 지속시킬 뿐이라는 것입니다. 하지만 그것[새로운 패러다임]은 여전히 가정하기를, 그러한 사고思考의 과정은 현실세계와 기본적으로 너무나 다르다 보니 그것은 세계를 정확하게 전일적으로 반사시킬 수도 있고, 아니면 부정확하게 원자적으로 반사시킬 수도 있다는 것입니다. 그러나 그러한 신념 자체는 은밀하게 숨겨진 데카르트적 이원론입니다.

오히려 헤겔은 말하기를, 사고思考는 단지 실재의 반사일 뿐만 아니라 바로 실재 자체의 활동이기도 하다는 사실을 우리는 깨달아야 한다는 것입니다. 사고는 곧 그것이 알고자 하는 실재의 한 행위performance이지 실재 자체와 무관한 어떤 단순한 거울이 아니라는 것입니다. 지도 작성자, 자기, 사고하며 아는 주체들은 실로 알고자 하고 표상하고자 하는 실재의 산물이고 행위입니다.

요컨대 사고는 바로 그것이 알고자 하는 실재의 활동 그 자체이기도 합니다. 한편으로는 지도가 있고 다른 한편으로는 영토가 있는 것이 아니고—그러한 것은 아주 너절한 데카르트적 이원론일 뿐이고—오히려 지도는 곧 영토가 지도화하려고 애쓰고 있는 그것 자체의 행위라는 것입니다.

이 비이원론적 접근 방법이 표상 패러다임을 전부 다 부정하는 것은 아닙니다. 그렇지만 그것이 말하고자 하는 바는, 사고야말로 바로 온우주적 조류들의 산물이며 행위이기 때문에 보다 깊은 수준에서는 사고 자체도 그 조류로부터 벗어날 수 없다는 것입니다. 게다가 철학의 과업은, 말하자면 단지 지도를 명확하게 하고 그것이 실재로부터 일탈하는 것을 **바로잡는 데** 있는 것이 아닙니다. 오히려 과업은, 설사 사고가 아무리 벗어나려 해도 도저히 벗어날 수 없는, 보다 더 심오한 온우주적 조류들을 제대로 **해명**하는 일에 있다고 보아야지요!

■ 보다 더 단순한 말로 한다면요?

● 선禪에는, "무엇이든지 [오온개공五蘊皆空-연기緣起-무자성無自性의 도리道理/법성法性에서] 벗어날 수 있는 것이라면 그런 것은 진정한 도道가 아니다"라는 말이 있습니다. 바꾸어 말하면, 어떤 면에서 우리의 지식은 우리의 부정확한 지도를 바르게 고치는 문제이기도 합니다. 뿐만 아니라 보다 더 심오한 수준에는 우리가 결코 벗어나본 적도 없고, 도저히 결코 벗어날 수도 없는 **도**, '**진리의 길**Way', '**온우주**'의 '**조류**Current'가 있다는 것입니다. 그래서 우리가 해야 할 과업의 일부는 이와 같이 보다 더 심오한 '**조류**'를, 즉 이러한 **도**를 발견하고 표현하고 명료하게 밝히고 찬미하는 일입니다.

게다가 우리가 단지 우리의 지도를 바르게 고치려는 일에만 사로잡혀 있는 한, 우리는 정확하거나 부정확한 지도 모두가 똑같이 '영Spirit'의 표현이라는 점을 놓쳐버릴 수도 있습니다.

그러므로 예컨대 생태철학자들의 경우와 같은 "새로운 패러다임"적 접근에서는 우리 인간이 자연에서 벗어나 있다고 집요하게 말하고 있는데, 이는 다분히 옳은 말입니다. 그러나 내가 보기에는, 그 말이 아무리 참이라고 해도 이러한 이론가들은 우리가 어느 한 순간도 벗어나지도 벗어날 수도 없다는 바로 그 참된 도를 이해하지 못한다는 사실을 보여주고 있다는 것입니다. 그리고 동양과 서양의 진정한 비이원론적 전통이 명확하게 밝히려고 시도했던 것은 바로 이와 같이 훨씬 더 심오한 진리였습니다. 이는 바로 데카르트의 이원론을 진정으로 극복하는 길이기도 하고요!

이러한 점은 발달의 보다 상위적인 수준에 대해 말할 때쯤이면 보다 더 분명해질 것으로 봅니다.

■ 사실 바로 그게 저의 두 번째 학술적인 질문입니다만, 만일 세계관이 태곳적인 것으로부터 마법적·신화적·합리적·실존적인 것으로 차례로 진화해왔다면, 역사의 길을 따라 계속 가보아도 더 이상 상위적인 세계관은 없을 것이라고 누가 감히 호언할 수 있겠습니까?

● 네, 바로 그 점이 중요합니다. 그렇지 않은가요? 셰익스피어 희곡의 대사를 바꾸어 말하면, "천상과 지상에는 우리의 세계관으로 꿈꿀 수 있는 것보다 훨씬 더 많은 것들이 있다네"입니다.

마법은 신화로 인해 자신의 으뜸패를 내어주게 되리라고는 아주 황당한 꿈속에서조차 결코 생각해본 적이 없었습니다. 그리고 신화적 신들과 여신들은 이성이 자신들을 파멸시킬 것이라고는 어렴풋하게나마 결코 상상해본 적이 없었습니다. 그런데도 우리는 여기에, 우리의 합리적인 세계관 속에 안주하고 있습니다. 더 상위적인 그 무엇이 천상으로부터 휘몰아치듯 내려와서는 우리의 견고한 지각 능력을 완전히 박살냄으로써 우리 인식의 바탕마저 허물어버리는 일은 결코 없을 것이라는 독선과 확신으로 가득 차서 말입니다.

그런데도 확실히 초합리적인 어떤 것이 기다림 속에서 도사리고 있습니다. 이 새로운 여명은 바로 우리 가까이에 와 있습니다. 모든 새로운 단계는 초월하면서 내포하지요. 그러므로 도망갈 수도 피할 수도 없어 보이는데, 태양은 수많은 여러 가지 면에서 이성을 초월하는 내일의 세계 위에 떠오를 것입니다…….

그래서 또 다른 유명한 이론가의 말을 인용하자면, "당신의 안전벨트를 착용하라. 심하게 흔들거리는 밤이 올 것 같다"라는 것이지요.

초월과 억압

■ 그렇다면 선생님은 이런저런 세계관에 어떤 종류의 유리한 점이 있는지의 여부를 어떻게 말할 수 있습니까?

● 초월하고 내포하는 속성을 갖고서 말하지요. 의식의 보다 상위적인 단계들이 출현하고 발달하게 되면서 그 상위 단계들 자체는 보다 앞서 나왔던 세계관의 기본적인 구성요소들을 내포하게 되고, 그러고는 그것들 자신의 새롭고 더욱 분별력을 갖춘 인식을 추가시킵니다. 그것들은 초월하면서 내포합니다. 그것들은 보다 더 내포적이기 때문에 보다 더 적절합니다.

그렇다고 이전의 세계관은 전적으로 그릇된 것이고 새로운 세계관이 전적으로 옳다는 것이 아닙니다. 이전의 것도 적절하지만 새로운 것은 보다 더 적절합니다. 만약 그것이 보다 더 적절한 것이 아니라면, 그것은 진화에 의해 선택된 것이 아닐 것이고, 그것은 온우주의 조류에 편승한 것이 아닐 것입니다. 그것은 이미 거쳐왔을지도 모를 해변에 떠밀려온 난파선의 잡동사니로 전락하고 말 것입니다.

물론 이것은 "보다 상위적인" 세계관에는 그것 특유의 문제가 전혀 없다는 것을 의미하지는 않습니다. 바로 그 반대이지요. **초월**의 가능성이 있는 곳마다 바로 그와 똑같은 이유로 **억압**의 가능성도 도사리고 있는 것입니다. 더 상위적인 것은 단지 초월하고 내포하는 것만이 아니라, 그것은 초월하는 동시에 억압하고 배제하고 소외시키고 분리시킬지도 모릅니다.

그런 까닭에 세계관들의 출현을 뒤따라가면서 우리는 역사적 과정 안에서 이미 발생했거나 아직도 발생하고 있는 **억압과 분리**의 가능성에 대해 지속적으로 주시하지 않으면 안 됩니다.

요점은 어느 수준에서건 **초월할 수 있는 동물은 역시 억압도 할 수 있다**는 것입니다. 마야인들은 당시 이미 수렵채집 단계에서 원예농 단계로 옮겨 왔는데, 그것은 그들이 여러 호전적인 부족들을 더 거대하고 공고한 사회구조로 결속하기 시작할 수 있었다는 것—그리고 영농을 통하여 한 계층의 사제들을 자유롭게 하여 수학과 점성술과 정교한 달력을 개발해내게 할 수 있었다는 것을 의미할 뿐 아니라—또한 수렵채집인들은 결코 엄두도 낼 수 없었던 방식으로 열대우림을 고갈시키기 시작하게 되었음을 의미하는 것이기도 합니다. 그들은 단순한 수렵채집 생활을 넘어서고 나서는 다만 너무 지나치게 멀리 치닫게 되면서 어떤 결정적인 방법을 사용하여 그들 스스로를 생물권으로부터 분리시켜나갔는데 이는 총체적인 자살 행위였습니다.

그들은 차별화하면서 통합하지 않았고, 그 결과 분리되고 소외되었던 것입니다. 그들은 초월하면서 내포하지 않았고, 대신 억압하고 거부했던 것입니다. 생물권은 인간 홀론의 내적 구성 요소의 하나이므로 그들은 스스로 파멸을 확실하게 초래시켰던 것입니다.

그래서 이러한 주제—초월 대 억압—는 역사적 발달에서 모두 다 결정적으로 중요한 주제이고, 때문에 우리는 개체적이거나 집합적인 인간진화의 각 단계에서 억압의 징후를 조심스럽게 주시하고자 하는 것입니다. 그리고 물론 이러한 것은 합리적인 산업화와 더불어 야기되는 엄청나게 거대한 문제들도 포함합니다.

◘ 그렇다면 각각의 새로운 세계관은 그 자신의 중대한 문제들에 봉

착하는 것이로군요.

◎ 그 자신의 중대한 문제들을 **새롭게 만들어내지요.** 케케묵은 문제의 해결이 곧 새로운 문제를 만들어내는 것이기도 하지요. 비록 새로운 문제는 보통 그 세계관이 오직 특유의 운명적 소멸을 향해 접근해 갈 때에야 비로소 표면으로 부상하는 것이긴 하지만, 본래 그런 문제들은 함께 존재하게 되어 있는 것입니다. 이것이 바로 세계관들의 불가사의한 점이고 악몽인 것입니다.

그래서 우리는 지금 이지적·합리적·산업적 세계관이 그 자신의 구조 내에 본래 내재하고 있는 중대한 문제를 향해 돌진해가고 있는 시점에 와 있습니다. 우리는 이제 우리 자신의 한계에 부딪치게 된 것입니다. 우리는 적수를 만나게 되었고, 그 적은 물론 우리 자신입니다. **근대**는 **탈근대**에 자리를 내주기 위해 몸부림치고 있습니다.

시대적 국면에 특유하고 그 국면에 적절한 근대적 세계관은 이미 목적을 달성하였고, 이제는 그 자신이 내뿜는 가스 안에서 살고 있습니다. 우리는 우리 자신이 내뿜은 배기가스를 들이마시고 있습니다. 그래서 우리가 이것을 어떻게 다루고 어떻게 집합적으로 취급하는가에 따라 이러한 문제들을 해소시키기 위한, 새롭고 보다 더 적절한 세계관이 출현하게 될는지 아니면 우리 자신이 버린 쓰레기 속에 묻혀버리게 될는지 여부가 결정될 것입니다.

'영'은 현 단계에 이르러 스스로를 전개하는 데 있어 자신의 한계에 부딪치고 말았습니다. 이 아주 비범한 근대의 꽃은 자신의 영광스러운 봄에 활짝 피어올랐고, 이제는 떠오르는 내일의 대지 위에 자신의 잎사귀들이 시들어 떨어지는 것을 바라볼 수밖에 없게 되었습니다. 그래서 '과연 그 새로운 땅에 무슨 꽃이 피어오를까요?'

5

온우주의 네 코너

◘ 그렇다면 선생님은 최소한 우리가 합리적·산업적 세계관의 최종 한계점에 근접해가고 있음을 믿고 있다고 말하는 것이 옳겠군요.

○ 다만 우리가 얼마나 정확하게 그것을 해석할 것인가에 대해 아주 신중할 경우에만 그렇다고 볼 수 있지요. 근대성의 진보는—그리고 내가 "근대성"이라고 할 때 그것은 구체적으로는 합리적·산업적 세계관을 의미하고, 또 대략적으로는 계몽주의 전반을 의미하지만—수많은 유용하고 비범한 목적들에 봉사했습니다. 이에 대해 일부 열거하자면 민주주의의 발흥, 노예제의 추방, 진보적 페미니즘의 출현, 시스템과학과 생태과학을 포함한 경험과학의 광범위한 출현, 거의 30년 정도의 평균수명의 연장, 예술·도덕·과학에서 상대성과 원근법[조망]주의perspectivism의 도입, 민족중심적 도덕에서 세계중심적인 도덕으로의 이동, 그리고 일반적으로 지배자형 사회적 위계의 수많은 의미심장한 여러 방식으로의 해체 등을 들 수 있습니다.

이러한 것들은 아주 대단한 성취입니다. 그렇게 생각하지 않나요? 내게는 근대성의 수많은 혜택을 기꺼이 누리면서도 무턱대고 그것을 비난하기만 하는 반근대주의자 비평가들이 몹시 불공평한 것으로 보입니다.

다른 한편 근대성을 무조건 위대한 진보의 기록으로만 보는 경박한 지지자들은 근대성이 결코 해결한 적이 없고 결코 해결할 수 있을 것 같아 보이지 않는 다루기 어려운 문제들을 애써 무시합니다.

◘ 근대성 속에 붙박여 있는 본래의 고질적인 문제나 한계들을 말씀하시는 거로군요.

○ 맞습니다. 합리적·산업적 세계관 속에 붙박여 있는 것 말이지요.

◘ 그렇다면 "근대성을 넘어서" 나아가려면—"포스트모던"으로 가려면—정확히 무엇이 필요한가요?

○ 글쎄요, 간단한 말로는 근대성—혹은 합리적 산업화—을 초월하고 내포한다는 것이 의미하는 바는 다음과 같습니다. 먼저 **초월한다**는 부분은 (1) 단순한 합리성을 넘어서 나아가는 의식의 양태들modes에 열려 있어야 한다는 뜻이고, (2) 산업화를 넘어서 나아가는 기술경제적 구조의 양태들 속에 그것들을 깊숙이 각인해야 한다는 뜻입니다. 바꾸어 말하면 제도의 변화 속에 깊숙이 각인되어 있는 의식의 변화 말입니다. 틀림없이 그것들 중에 어느 한쪽만으로는 이루어질 수 없습니다.

◘ 그래서 초합리적이고 초산업적이라야 한다는 것이군요.

○ 그렇습니다. 합리성과 산업은 양쪽 모두 포함되어야 할 것이지만, 이제는 합리성과 산업을 하나로 묶게 될—그리고 제한하게 될—보다 균형적이고 보다 포괄적이고 보다 통합적인 견지에서 단지 구성요소로 내포되어야 한다는 것을 명심한다면 맞는 말이지요. 말하자면 지속 가능한 합리성, 지속 가능한 산업이라고나 할까요.

그렇지만 어떤 면에서는 합리성과 산업을 특유의 방식들대로 그냥 내버려두다 보니 이제 그것들은 결과적으로 악성 종양과도 같이 상궤를 벗어난 해악적인 성장을 한 [국가라는] 신체 내의 아주 교활한 악성 종양이 되어버렸습니다. 그것들은 자신들의 한계를 넘어서 과도하게 나가고 있고, 자신들의 기능을 벗어나 치닫고 나가면서 여하튼 간에 여러 다양한 종류의 지배자 위계 속을 떠돌고 있습니다. 근대성을 초월한다는 것은 이같이 월권하는 면면들을 부정하거나 제한하는 한편, 양호하고 유익한 측면들은 내포한다는 것입니다. 다가오는 변용變容, transformation은 근대성의 이러한 특징들을 초월하면서 포함할 것이고, 그것들의 본질적인 부분들은 내포하며 그 위력은 제한할 것입니다.

그리고 물론 이 새롭고 훌륭한 변용은 모든 사람이 열망하는 것으로 보이지만 그러한 변화 역시 특유의 도저히 스스로 해결할 수 없는 문제와 가혹한 한계를 초래하게 될 것입니다. 그것은 합리적 산업화의 문제들을 일부 해소할 것입니다. 그래서 그 점은 아주 훌륭한 일이지만 특유의 심각한 난제들을 새로 생겨나게 하고 또 마구 풀어놓을 것입니다.

그래서 만일 이것이 어떤 황당한 유토피아적 신시대와는 반대로 바로 다가올 변용을 구체적으로 의미하는 것이라면, 그렇지요, 나는 이러한 변용이 지금 확실하게 진행 중에 있다고 믿습니다.

4분면

■ 그렇다면 다가올 변용의 일부는 의식의 변화와 제도의 변화 양쪽 모두를 수반하겠군요.

● 네, 그렇다고 봅니다. 새로운 행동 패턴을 지니고 있는 새로운 양식의 자기감과 함께 그것은 실제로 새로운 세계관을 수반하고 새로운 기술경제적 기반 속에 확립될 것입니다.

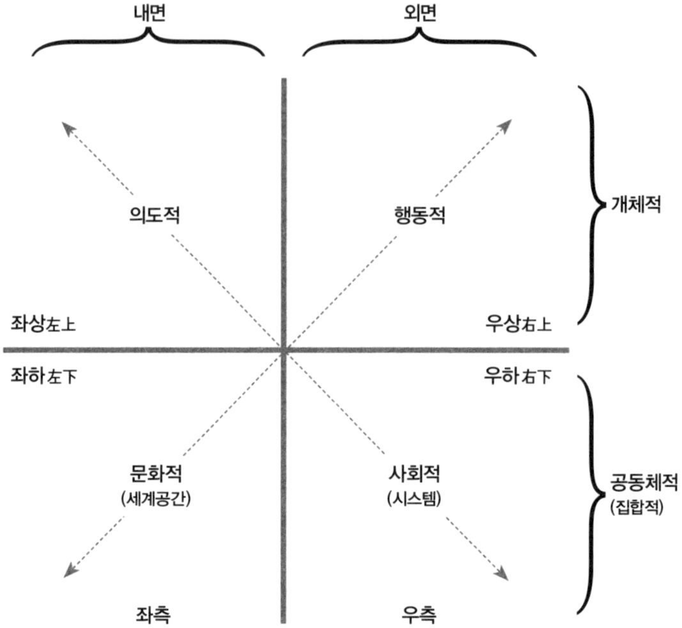

그림 5-1 **4분면도**

◘ 잘 알겠습니다. 그렇다면 그것은 곧바로 우리로 하여금 선생님이 '4분면four quadrants'(그림 5-1 참조)이라고 일컫는 것과 만나게 하는군요. 그러나 **이러한 4분면에 대해 언급하기에 앞서** 선생님이 어떻게 하여 이러한 개념에 도달하게 되셨는지 호기심이 생기는군요. 저는 이전에 그것을 한 번도 본 적이 없어서 어떻게 하여 **그것을 생각해내게 되셨는지 궁금합니다.**

○ 4분면에 도달하기까지 내가 거쳐온 이지적 사고의 단계를 뜻하는 것이겠지요.

◘ 네, 그렇습니다.

○ 우선 생각건대, 만약 당신이 다양한 "새로운 패러다임" 이론가들

을—전일주의자로부터 생태페미니스트, 심층생태주의자, 시스템 사상가들에 이르기까지—살펴본다면 그들 모두 다양한 형식의 홀라키들, 즉 계층적 위계들을 제시하고 있음을 발견하게 됩니다. 반위계주의적 생태철학자들조차도 그들 특유의 위계를 제시하고 있습니다. 그 위계란 통상 다음과 같은 것입니다. 원자는 분자의 부분이고, 분자는 세포의 부분이고, 세포는 개체적인 유기체의 부분이고, 유기체는 유기체 집단의 부분이고, 그 집단은 문화의 부분이고, 문화는 전체 생물권의 부분이라는 것이지요. 이것이 그들이 정의하는 위계, 그들이 정의하는 홀라키입니다. 그리고 이것은 "생물권"이 무엇을 의미하는가에 대한 일부 혼동을 제외하고는 꽤 정확한 홀라키입니다.

그와 마찬가지로 정통적 학문 분야의 연구자들도 그들 특유의 계층적 위계를 제시합니다. 도덕발달, 자아발달, 인지발달, 자기욕구, 방어기제 등에서 계층적 위계들이 발견됩니다. 게다가 이러한 것들 역시 대체로 정확해 보입니다. 뿐만 아니라 마르크스주의부터 구조주의, 언어학, 컴퓨터 프로그래밍에 이르기까지 모든 것에서—열거하자면 정말 끝이 없지만—발달적 홀라키들을 발견하게 됩니다.

달리 말하면 깨닫고 있든지 않든지 간에 홀라키는 도저히 피할 수 없는 것이라는 단순한 이유 때문에(왜냐하면 홀론은 도저히 피할 수 없는 것이기 때문에), 우리에게 제공되고 있는 세계에 대한 대개의 지도들은 사실상 홀라키적입니다. 우리는 문자 그대로 세계 도처—동양과 서양, 남반부와 북반부, 고대와 현대를 막론하고—에서 나온 수만 가지의 홀라키적 지도를 갖고 있고, 이러한 지도의 대부분은 지도 작성자마저도 그 안에 포함하고 있습니다.

그래서 어느 시점에서인가부터 나는 단순히 이러한 모든 홀라키적 지도—재래적인 것과 뉴에이지적인 것, 동양적인 것과 서양적인 것,

전근대적·근대적·탈근대적인 것들—에 대한 목록을 만들기 시작했습니다. 예컨대 시스템 이론부터 '존재의 대사슬'까지, [유식]불교의 식識, vijnanas부터 피아제, 마르크스, 콜버그, 베단타 철학의 [의식의] 층/체体, koshas, 뢰빙거Jane Loevinger[26], 매슬로Abraham H. Maslow[27], 렌스키, 카발라Kabbalah[28] 등에 이르기까지의 모든 것에 대한 목록 말입니다. 나는 문자 그대로 수백 가지의 이러한 것들, 이러한 지도들을 마룻바닥에 여기저기 온통 늘어놓은 규격 패드 위에 펼쳐놓았던 것입니다.

처음에 나는 이러한 지도들이, 말하자면 모두 동일한 영역에 관련되어 있는 것이라고 생각했습니다. 나는 그것들이 모두 본질적으로 유사한 홀라키의 서로 다른 해석들일 것이라고 생각했습니다. 그것들 모두에는 정말 너무나 많은 유사점과 일치하는 점들이 있었습니다. 그래서 그것들 모두를 비교하고 대조함으로써 그것들이 모두 각각 특유의 방식으로 나타내고자 애쓰고 있는, 단일하며 기본적인 홀라키를 혹시 내가 찾아낼 수 있을지도 모른다고 생각했습니다.

내가 이와 같이 노력하면 할수록 그렇게 되지 않을 것이라는 사실이 더욱 명백해졌던 것입니다. 이러한 다양한 홀라키들은 어떤 부인할 수 없는 유사점들을 갖고 있었지만 그것들은 확실히 어떤 의미심장한 면들에서 서로 달랐고, 게다가 이러한 차이점들의 정확한 본질이 무엇인지는 조금도 분명하지 않았습니다. 그리고 무엇보다도 가장 혼란스

26 자아발달 이론으로 유명한 미국의 여성 심리학자.

27 미국의 심리학자. 인간에게는 생득적·본능적이고 기본적인 여러 욕구가 있으며, 이는 병렬적이 아니라 계층적으로 존재한다고 주장했다.

28 유대교 신비주의의 전통에 따른 신비적 가르침의 일반적인 형태를 지칭한다. 주요 텍스트는 13세기 스페인에서 쓰여진 《조하르Zohar》이고, 유대교의 신앙 및 의례 등을 범신론적 신비 사상으로 재해석한 비교적秘教的 신학이다.

러웠던 점은 이러한 홀라키적 지도의 일부에서는 발달이 진행되면서 홀론들이 **더 커진** 반면 또 다른 지도에서는 그것들이 **더 작아**졌다는 것입니다(당시 나는 아직, 진화는 더 깊은 깊이에 더 좁은 폭을 갖게 한다는 사실을 이해하지 못했던 것입니다). 그것은 정말 혼란스러웠고, 그래서 나는 여러 시점에서 이 연구로부터 아무것도 얻을 수 없었기에 그냥 그것을 단념하고 잊어버리려 했습니다.

그렇지만 이러한 다양한 홀라키들을 살펴보면 살펴볼수록 **매우 다른 유형의 네 가지** 홀라키들, 즉 네 가지의 아주 다른 형식의 전일적인holistic 순차적 순서들이 있을 것이라는 생각이 떠오르게 되었습니다. 당신이 말하듯이 아무도 전에는 이를 알아낸 적이 없었다고 생각합니다. 아마도 그 이유는 너무나 하찮을 정도로 단순한 것이었기 때문이겠지요. 어쨌든 그것은 내게는 새로운 것이었습니다. 그런데 일단 이러한 홀라키들 모두를 네 가지 그룹으로 묶고 나자—그리고 그 순간 그것들이 즉각 제자리에 들어맞게 되자—각 그룹 내의 각각의 홀라키는 확실히 동일한 영역을 다루고 있지만, 말하자면 전체적으로는 네 개의 상이한 영역이 있다는 것이 아주 명백했습니다.

◘ 이러한 네 개의 영역, 즉 이러한 네 가지 상이한 형식의 전일적인 순차적 순서를 선생님은 4분면이라 일컫고 계시군요.

● 그렇습니다. 그림 5-1에서 이러한 것들을 볼 수 있지요. 그림 5-2에서는 몇 가지 예들을 더 추가했습니다. 이 그림은 다만 각 분면에서의 극히 소수의 예를 보여주는 데 불과하다는 것이 강조되어야 합니다만, 그로써 4분면을 대강 알 수 있을 것으로 봅니다.

그렇다면 이러한 네 가지 형식의 홀라키들은 어떻게 서로 상호관계를 갖는가 하는 의문이 제기됩니다. 그들은 단지 근본적으로 서로 상이한 전일적인 순차적 순서일 수만은 없습니다. 그들은 어떻게 해서든

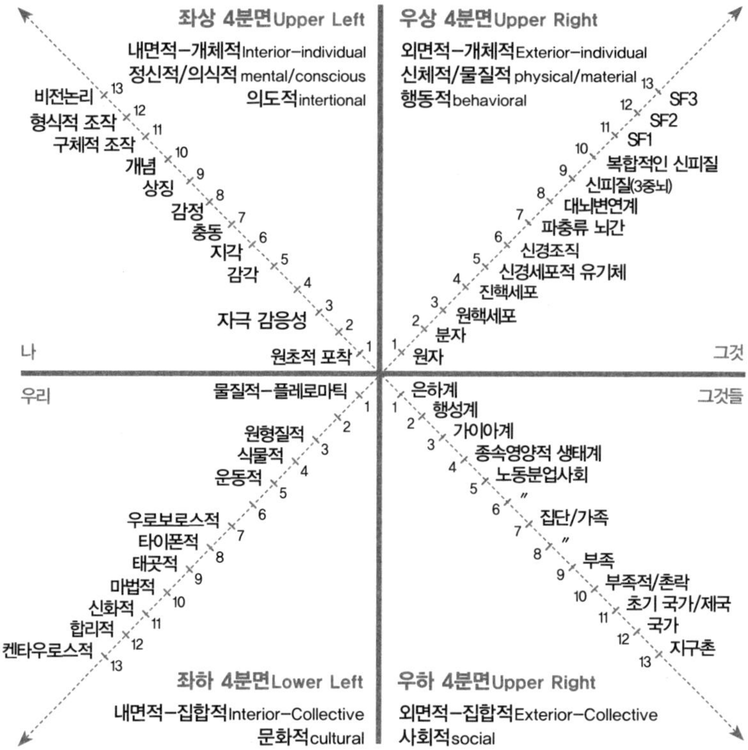

그림 5-2 **4분면의 일부 상세**

지 서로 간에 맞닿아서 연관되어야만 했습니다.

마침내 이러한 4분면은 믿기 어려울 정도로 아주 단순한 바탕을 지니고 있다는 생각이 떠오르기 시작하였습니다. 홀라키들의 이러한 네 가지 형식은 실제로 어느 한 홀론의 **개체적**이고 **집합체적**인 양 형태로 그것의 **내면**과 **외면**을 취급하고 있고, 그래서 이러한 것이 우리에게 4분면을 제공한다는 것입니다.

내측과 외측, 단수형과 복수형같이 우리가 해낼 수 있는 가장 단순한 구분의 어떤 면들이, 또 모든 홀론 내에 존재하는 이러한 매우 단순

좌상 4분면	우상 4분면
원초적 포착 prehension	원자
자극 감응성 irritability	세포(유전자)
초보적 감각 rudimentary sensation	대사적代謝的 유기체(예:식물)
감각 sensation	원시적 유기체(예:강장동물)
지각 perception	신경세포적 유기체(예:환형동물)
지각/충동 impulse	신경조직(예:어류, 양서류)
충동/감정 emotion	뇌간(예:파충류)
감정/이미지 image	대뇌변연계(예:원시포유류)
상징 symbols	신피질(예:영장류)
개념 concepts	복합신피질(예:인류)

그림 5-3 **개체의 내면과 외면**

한 특징들이 이 같은 4분면을 생겨나게 하는 것이거나, 아니면 그러하다고 내가 주장하는 것입니다. 이러한 홀라키들의 네 가지 모두는 실재하는 홀론들의 현실적인 측면들을 취급하고 있습니다. 이것은 곧 이러한 네 가지 형태의 홀라키들이 세계 도처의 다양한 지도 위에 매우 끈질기게 계속 나타나고 있는 까닭인 것입니다.

이것은 '온우주'의 진정한 어떤 기본 밑바탕의 실재들, 즉 온우주의 네 코너인 것 같아 보입니다.

의도적 대 행동적

◘ 혹시 약간의 예를 들어주실 수 있을는지요.

○ 그러지요. 4분면이란 **개체적**인 것과 **집합적**인 것의 **내면**과 **외면**을 의미하고, 이는 그림 5-1과 그림 5-2에서 보여주는 바와 같습니다.

우리는 먼저 내면적 측면과 외면적 측면 양쪽에서의 개체적 홀론으로부터 시작할 수 있습니다. 달리 말하면 '**좌상 4분면**Upper-Left'과 '**우상 4분면**Upper-Right'으로부터지요. 그림 5-3은 이러한 두 분면에 대한 약간 더 상세한 지도를 나타냅니다.

먼저 우상 4분면부터 보면, 어떤 표준 생물학 교과서에라도 제시되어 있는 전형적인 홀라키를 볼 수 있습니다. 각 수준은 그보다 선행하는 것을 초월하며 포함하고 있습니다. 각 수준은 그 어떤 수준의 기본적인 구성요소를 포함한 다음 자체의 독특하고 정의적인 특성, 즉 자체의 창발성을 추가합니다. 이들 각각은 홀라키의 20가지 원칙을 따르게 됩니다.

그러나 이러한 것들은 모두 **외적인 면**에 대한 기술記述임을 주목해야 합니다. 그것은 이러한 홀론들이 외부로부터 어떻게 객관적이고 경험적인 방식으로 보여지는가에 대한 것입니다. 그러므로 우리는 예컨대 과학 교재 속에 상세하게 기술되어 있는 대뇌변연계大腦邊緣系[29]에 대하여—예컨대 그것의 구성요소와 생화학적 조성, 그것이 언제 어떻게 진화했고 어떻게 유기체의 다른 부분과 연관되는가 하는 등—발견할 수 있을 것입니다. 게다가 우리는 필경 그러한 대뇌변연계가 말이나 인간이나 유인원을 막론하고 어디에서 나타나든지 간에 확실히 어떤 매우 근원적인 **감정**emotion[정서, 정동], 즉 어떤 매우 기본적인 형태의 성性, 공격성, 공포심, 욕망의 발상지라는 것에 대해 언급하고 있음을 발견하게 될 것입니다.

그러나 물론 감정은 대뇌변연계의 **내면적 경험**에 속하는 까닭에 감

29 감정과 행동, 욕망 등을 조절하고 기억에 관여하는 일련의 대뇌 신경 구조의 집합으로 '포유류 뇌'라고 일컫는다.

정에 관한 풍부한 기술은 과학 교재에서 찾지 못할 것입니다. 이러한 감정과 그에 수반하는 자각은 대뇌변연계를 가진 홀론이 **내측에서, 내면에서, 즉 내부에서 경험**하는 것입니다. 게다가 **객관적**이며 과학적인 기술은 그러한 내면적 의식에 크게 관심을 갖고 있지 않은데, 이는 내면적 공간이 객관적이고 경험적인 방식으로는 도저히 접근할 수 없기 때문입니다. 당신은 이러한 감정들을 오직 내부로부터만 느낄 수 있습니다. 예컨대 당신이 일종의 원초적 기쁨을 경험할 때 설사 당신이 뇌생리학자라고 해도 당신 스스로에게 '와, 얼마나 멋진 변연계의 날이야'라고 말하지 않습니다. 오히려 우리는 이러한 감정들을 은밀하고 개인적이며 정서적인 마음속 말로, 즉 **주관적**인 말로 이렇게 말합니다. 예컨대 '나는 기분이 아주 좋다', '살아 있다는 것은 얼마나 대단한 일인가', 혹은 그 밖의 다른 어떤 말이라도 다 마찬가지입니다.

그래서 '좌상 4분면'에는 '우상 4분면'에 수록된 **객관적**이거나 **외면적**인 다양한 형태에 대응하는 **주관적**이거나 **내면적인 자각**의 일부 기본적인 유형들이 수록되어 있음을 볼 수 있습니다. "자극 감응성"—환경적 자극에 능동적으로 반응하는 능력—은 세포로부터 시작합니다. 감각은 신경세포조직과 함께 나타나고 지각은 신경중추와 함께 나타납니다. 충동은 뇌간과 함께 나타나고 기본적인 감정은 대뇌변연계와 함께 나타납니다. 그리고 계속 이와 같은 식으로 되는 것입니다.

좌측 역시 하나의 홀라키이지만 주관적이거나 내면적인 홀라키입니다. 각 수준은 역시 그보다 선행하는 것을 초월하며 내포하고, 각각은 20가지 원칙을 따릅니다. 그리고 이 '좌측' 홀라키는 '우측'과 마찬가지로 이미 가용한 광범위한 증거에 바탕을 두고 있는데, 당신이 원한다면 그것에 관해서도 논의할 수 있습니다.

그러나 주요한 점은, 이 '좌측' 차원이란 다름 아닌 내측, 즉 **의식** 그 자체인 **내면의 깊이**를 지칭하는 말입니다.

◘ 이미 앞에서 선생님은 깊이는 곧 의식이라는 것에 대해, 또는 내부로부터 깊이가 어떻게 보이는가에 대해 말씀하셨습니다.

● 네, 정확히 그랬지요. '**좌측**'은 내부로부터 홀론이 어떻게 보이는가 하는 것이고, '**우측**'은 동일한 그 홀론이 외부로부터 어떻게 보이는가 하는 것입니다. 좌측과 우측은 각각 내면과 외면, 의식과 형상, 주체와 객체에 관한 것이라고 말할 수 있겠지요.

◘ 우상 4분면은 단순히 표준적·객관적·경험적·과학적 지도이기 때문에 우리와 가장 친숙한 것이겠지요.

● 그렇지요. 그리고 그 타당한 범위 내에서는 그것은 충분히 정확하다고 가정할 수 있습니다. 그것은 객관적 용어로 기술된 개체적인 홀론에 대한 전형적인 홀라키로 나타납니다. 이 홀라키는 이를테면 원자에서 분자, 세포, 초기세포나 원핵세포prokaryotes[30]로, 그리고 고등세포나 진핵세포eukaryotes[31], 단순유기체로(처음에는 신경세포망으로 시작하여 그다음에는 보다 고등한 중추신경계로) 이릅니다. 그런 다음 보다 더 복잡한 유기체로, 즉 파충류에서 고원시포유류로, 드디어는 인간으로 이르게 됩니다. 후자는 그보다 이전 단계의 뇌를 초월하고 포함하는 복합적인 3중뇌를 지니고 있습니다. 그 결과 3중뇌는 파충류의 뇌간腦幹, 그리고 **원시포유류**의 변연계邊緣系에다가 이에 추가하여 좀 더 새로운 어떤 능력을 지닌 것, 즉 추상적 논리와 언어 능력과 비전논리적 능력을 지닌 복잡한 **대뇌신피질**[32]을 갖추게 된 것입니다(그림 5-2에서 나는

30 세균, 녹조綠藻 따위의 세포핵이 없는 세포.

31 고등식물이나 생물같이 세포핵이 있는 유핵有核세포.

32 대뇌 양반구의 표층을 형성하는 회백질 부분으로 지적 인지를 담당한다.

이러한 보다 복잡한 능력들을 SF1, SF2, SF3로 표기하여 수록하였는데, 이에 대해서는 뒤에서 설명하게 될 것입니다).

우리는 그림 5-3에 있는 모든 것의 엄밀한 배치에 대해서는 다 동의할 필요는 없다고 보지만, 대개의 사람들은 최소한 그와 같은 **어떤 것**들이 생겨나고 있다는 사실에는 동의할 것입니다.

문화적 대 사회적

◘ 이렇게 하여 4분면도의 상반부, 개체적인 것을 다루었군요. 이제는 하반부, 집합적인 것이 남아 있습니다.

○ 네, 그렇지요. 개체적 홀론은 **오로지** 비슷한 깊이를 가진 홀론들의 **공동체** 안에서만 존재합니다. 그래서 우리는 그림 5-3의 양쪽 칸에 있는 것들을 모두 살펴보고 나서 **개체적** 홀론과 항상 밀접하게 연관되어 있는 **공동체적** 홀론의 유형들을 발견해야 할 필요가 있습니다.

◘ 그리고 이 공동체적 측면도 역시 내면적인 것과 외면적인 것, 즉 '**좌하 4분면**' 및 '**우하 4분면**'이라는 것을 갖고 있겠군요.

○ 그렇습니다.

◘ 선생님은 이것들을 "문화적" 그리고 "사회적"이라고 일컬으셨죠.

○ 네, "문화적"이란 것은, 부족공동체이거나 국가공동체이거나 세계공동체이거나에 상관없이 우리가 그런 유사한 공동체들과 공유하는 **내면적** 의미와 가치와 정체성의 모든 것들을 지칭하는 말입니다. 그리고 "사회적"이라는 것은, 단지 몇 가지만 열거하자면, 공동체의 기술경제적 기반으로부터 건축 양식, 성문 법규, 인구 규모에 이르는 그 공동체의 외면적·물질적·제도적 **형태**들에 관한 모든 것들을 지칭하는 말입니다.

그렇다면 매우 일반적인 의미에서 "문화적"이라는 말은 공유하는 집합적 **세계관**을 언급하고, "사회적"이라는 말은 그러한 세계관의 **물질적 기반**을 언급하는 것입니다(물론 지금 당장은 이러한 것들이 인간 홀론에서 어떻게 나타나는가에 대해서만 언급하고 있습니다만, 비인간 홀론에 대해서도 곧 논의하게 될 것입니다). 사회적이라는 말은 어떤 객관적·구체적·물질적인 구성요소, 특히 기술경제적 기반을 의미하고, 그래서 우리는 이러한 것들이 수렵채집·원예농·농경·산업화 단계로, 그리고 마을, 국가, 세계연합 등의 지정학적 구조로 열거되어 있는 것을 알 수 있습니다. 그림 5-2에서 볼 수 있듯이 이러한 것들은 모두 다 집합적인 것의 외적 형태에 대한 실례들입니다.

◘ 제가 생각하기에는 그만하면 충분한 설득력이 있다고 봅니다. 하지만 인간 이외의 홀론들도 살펴보는 게 좋겠습니다. 대체로 우리는 그것들이 공통의 세계관이나 공통의 세계공간, 즉 공통의 문화를 지니고 있는 것으로 생각하지 않습니다.

◎ 만약 의식이 곧 홀론의 깊이이고, 그래서 깊이가 맨 아래까지 뻗어 있다면, 그 공유되는 깊이나 공통의 깊이도 역시 맨 아래까지 뻗어 있습니다. 즉 홀론의 문화도 맨 아래까지 뻗어 있다는 말이지요.

◘ 무슨 말씀이신지?

◎ 바꾸어 말해서, 만약 홀론들이 외부적인 것들을 공유한다면 그것들은 내부적인 것들도 공유한다는 말이지요.

◘ 말하자면 그것들의 "문화"를 공유한다는 말씀이시군요.

◎ 네, 그렇지요. 내가 홀론들의 문화 혹은 세계공간이라고 할 때, 그것은 단순히 홀론들이 **반응할 수 있는** 것들의 공유공간을 의미합니다. 예컨대 쿼크는 주변 환경 안의 모든 자극에 대해 다 반응하지 않습니다. 그것들은 자신들에게 의미를 갖게 될, 그것들에게 **영향을 미치게**

될 매우 좁은 범위의 것들만을 수용하여 받아들이기 때문입니다. 쿼크들은(그리고 모든 홀론들은) **그것들의 세계공간에 적합한 것**에만 반응합니다. 그 외의 모든 것들은 그것들에게 외국어일 뿐이고 국외자들일 뿐입니다. 홀론이 **반응할 수 있는** 대상에 대한 연구는 그것들이 공유하는 세계공간에 대한 연구입니다. 세계공간은 유사한 깊이의 모든 홀론들이 반응하는 공통의 세계입니다. 그것이 곧 그것들의 공유문화인 것입니다.

■ 잘 알겠습니다. 혹시 구체적인 예를 하나 들어주실 수 있을는지요?

● 비인간세계의 문화들도 매우 정교할 수 있습니다. 예컨대 여우들은 정서적인 세계공간을 공유합니다. 그것들은 대뇌변연계를 갖고 있는데, 그것의 내면적 상관성에 따라 어떤 기본적인 정서가 확실히 존재합니다. 따라서 여우는 이러한 기본적인 정서적 인지를—단지 파충류적이고 감각운동적인 인지뿐만 아니라 감정적 인지까지—사용하여 자신과 동료 여우들을 외부세계에 순응시켜나갑니다. 그것들은 매우 복잡한 정서적 신호체계를 통하여 무리를 지어 사냥하고 협동합니다. 그것들은 이러한 정서적 세계공간을 공유합니다.

그렇지만 여우는 그러한 세계공간의 **외측**에 있는 것은 그 어떤 것도 의미 있게 **수용하지 않습니다.** 내 말은 당신이 여우들에게 《햄릿Hamlet》을 읽어줄 수는 있지만 이는 괜한 짓거리를 한 것이 된다는 것입니다. 여우들이 보기에 그 책과 더불어 당신이란 것은 기본적으로 식사거리와 내뱉어버려야 할 몇 가지 것들에 지나지 않는 것입니다.

요컨대 하나의 홀론은 오직 자신의 세계공간, 자신의 세계관 내에 들어오는 자극들에만 반응하고, **반응할 수 있다는** 것입니다. 그 외에는 아무것도 존재하지 않습니다.

■ 인간과 똑같군요.

◎ 네, 똑같지요. 진화가 대뇌신피질에, 혹은 이미지·상징·개념들의 내면적 상관성을 갖고 있는 복합적인 3중뇌에 도달할 시기에 이르게 되면, 이러한 기본적인 세계공간은 보다 더 정교해진 인지 구조로 명확하게 나타나게 되는 것입니다. 이러한 세계공간은 이전의 세계공간들의 기본 구성요소들—이를테면 세포적 감응성, 파충류적 본능, 원시포유류적 정서 같은 것들—을 **통합**시킵니다. 그러고 나서는 새로운 세계관을 명확하게 나타나게 하거나 전개시키는 새로운 구성요소들을 **추가**시킵니다.

이미 앞에서 언급하였듯이, '**온우주**'는 이러한 각각의 단계들에서 상이하기 때문에 각각의 단계에서 서로 다르게 보입니다. 이러한 각각의 단계에서 **온우주**는 새로운 눈으로 자신을 바라보게 되고, 그리하여 이전에는 존재하지 않던 새로운 세계가 생겨나게 합니다.

이러한 문화적 세계공간들은 **좌하 4분면**에 열거되어 있습니다. 그리고 그것들은 물질적이고 식물적이고 파충류적(뱀과 같은 "우로보로스적uroboric"[33])이고 대뇌변연계적·감정적("타이폰적typhonic"[34])인 형태로부터, 보다 더 특별나게는 원인原人, hominid으로, 그리고 드디어는 인간의 형태로까지 진화해왔다는 것, 아직은 앞으로 올 가능성이 있는 더 상위적인 단계들이 남아 있지만, 지금까지는 태곳적·신화적·합리적·켄타우로스적centauric[35] (혹은 실존적) 수준으로 진화해왔다는 것을 알 수 있

33 우로보로스는 그리스신화에 등장하는, 자신의 꼬리를 물고 있는 뱀으로, 윌버는 자기완결적이고 미분화된 영아의 감각적인 의식 상태를 상징하는 용어로 쓰고 있다.

34 그리스신화에 나오는 반인반사半人半蛇의 괴물. 여기에서는 우로보로스 단계에서 신체와 외부 사물을 구분하는 신체자아의식을 갖는 영아로 넘어가는 의식 상태를 상징한다.

35 켄타우로스는 그리스신화에 등장하는, 하반신이 말이고 상반신이 사람인 괴물이며, 동물의 신체와 인간의 마음이 완전히 일체 상태에 있는 신화적 존재로, 윌버는 심신이 조화롭게 일체가 된 통합된 자기를 지칭하는 용어로 쓰고 있다.

습니다.

이러한 세계관들은 그것들 각각을 뒷받침하는 **사회적 구조**의 외적인 형태들과의 상관성을 지니고 있습니다. 예컨대 이는 원핵세포적인 가이아Gaia로부터 (신경세포적 유기체 내의) 노동분업적인 사회 집단, 다시 원시포유류군群/과科들로부터 나아가 훨씬 더 진화된 인간의 형태들에 이르기까지 망라합니다. 그리고 인간의 경우, **수렵채집** 부족에서 **원예농** 부락, **농경** 제국, **산업** 국가, 전 지구적 **정보화** 국가연합으로 이르는 것들을 모두 망라합니다. 이것은 현재까지 획득 가능한 증거로부터 재구성한 목록입니다. 이것들은 모두 '**우하 4분면**'에 열거되어 있습니다.

■ 그러면 이러한 네 개의 분면은 정확히 어떤 양식으로 각각 서로 관련되어 있는지요?

● 나는 이 점에 관한 한 아주 독특한 사상을 갖고 있지만, 지금 여기서는 이 독특한 점에 관한 나의 이론을 밀고 나가고 싶지는 않습니다. 대신 이러한 분면들은 심각한 왜곡이 없는 한은 서로 다른 한쪽으로 환원될 수 없다는 **정향적 일반화** 정도에 만족하도록 하지요. 통상 그렇듯이 환원주의는 정말 나쁜 아이디어인 것 같습니다. 그것들[4분면]은 서로 연관되거나 상호작용하거나 각각 다른 쪽들과 상관관계를 지니고 있다는 정도만 말하도록 하지요. 우리가 각 분면에서의 상이한 진리에 대해 언급할 때 내가 무엇을 말하려고 하는 것인지에 대해서는 곧 알게 될 것이라고 생각합니다.

하나의 실례

■ 단일한 생각, 즉 단일한 생각의 홀론의 예를 하나 들어보시지요.

그래서 어떻게 하여 그것이 **모든 네 개의 분면과 상관성**을 지니고 있는지 보여주시지요. 우리가 그 같은 예를 간략하게 살펴볼 수 있을는지 모르겠지만요.

◎ 좋습니다. 내가 식료품점에 가는 생각을 하고 있다고 합시다. 내가 그 생각을 할 때 현실적으로 내가 직접 경험하는 것은 생각 그 자체, 내면적 사고와 그 의미—상징, 이미지, 식료품점에 간다는 관념—입니다. 그것은 '좌상 4분면'입니다.

내가 이러한 생각을 하고 있을 때 물론 나의 뇌에서 일어나는—말하자면 **도파민**[36]이 증가하거나 **아세틸콜린**[37]이 세포연접부synapses를 뛰어넘어 흐르거나 베타(β)뇌파가 증가하거나 그렇지 않거나 하는—상관적인 변화들이 있습니다. 그러한 것들은 나의 뇌에서 관측 가능한 행위들입니다. 그러한 것들은 경험적으로 관측 가능하고 과학적으로 기록될 수 있습니다. 그래서 그러한 것은 '**우상 4분면**'입니다.

그런데 내면적 생각 자체는 오직 나의 문화적 배경에 의해서만 의미를 갖습니다. 만약 내가 다른 언어로 말한다면 나의 생각은 다른 상징들로 구성되어 있고 다른 의미를 지닐 수도 있을 것입니다. 만약 내가 100만 년 전의 어느 원시부족사회에 존재했더라면 나는 "식료품점에 간다"는 것을 결코 생각조차 하지 못했을 것입니다. 대신에 "곰을 죽일 시간이군"이라고 했을지도 모릅니다. 요컨대 나의 생각들 자체는 나의 개개의 생각들에 짜임새와 의미와 맥락을 주는 **문화적 배경** 안에서 생겨난다는 것입니다. 그리고 만약 내가 또한 나에게 말을 걸기도 하는 개인들의 공동체 안에 존재하지 않았더라면 사실 "나 자신에

36 뇌 속에서 만들어져서 쾌감을 불러일으키는 각성제인 부신호르몬이라는 뇌 내 호르몬의 일종.
37 척추동물의 부교감신경과 운동신경에서 자극을 전달하는 중요한 신경전달물질.

게 말하는" 것조차도 정말로 불가능했을 것입니다.

그러므로 문화적 공동체는 내가 지니고 있을 수도 있는 어떤 개인적 생각들에 대해 **본래 내재된 배경**으로서의 역할을 합니다. 나의 생각들이 단지 아무것도 없는 데서 내 머릿속으로 불쑥 튀어나오는 것이 아닙니다. 그것들은 문화적 배경으로부터 내 머릿속으로 튀어나오는 것입니다. 그래서 내가 아무리 이 배경을 뛰어넘어 나가려고 해도 나는 결코 그것을 단박에 쉽게 벗어날 수는 없고, 나는 애초부터 그런 배경이 없이는 결코 그런 생각들조차 만들어내지도 못했을 것입니다. 아주 간혹 있는 "늑대소년"—야생 상태에서 길러진 인간—에 대한 경우가 보여주듯이, 문화가 없이 내버려진 인간의 두뇌는 스스로의 언어적 생각들을 만들어내지 못합니다. 자신self은 계몽주의자들이 상상하듯이 자율적이고 자기생성적인 단자單子와는 너무나 거리가 먼 것입니다.

요약하자면 나의 개인적 생각들은 오직 문화적 관행과 언어와 의미의 방대한 배경하에서만 존재하고, 이것이 없이는 사실상 실제로 나는 아무런 개인적 생각도 전혀 형성할 수 없다는 것입니다. 그래서 이 방대한 배경이 나의 문화, 나의 문화적 세계관, 나의 세계공간이고 이는 바로 '**좌하 4분면**'입니다.

그러나 나의 문화 그 자체는 단순히 관념적으로 허공에 걸려 있으면서 현실과 유리되어 있는 게 아닙니다. 그것은 나 자신의 개인적인 생각들이 물질적 뇌의 구성요소를 갖고 있는 것과 마찬가지로 **물질적 구성요소**를 갖고 있습니다. 모든 **문화적** 사건들은 '**사회적**' 상관성을 갖고 있습니다. 이러한 구체적인 사회적 구성요소에는 기술의 종류, 생산력(원예농적, 농경적, 산업적 등), 구체적 제도, 성문법과 패턴들, 지정학적 위치(부락, 마을, 국가 등) 등과 같은 것들을 포함합니다. 그리고 이러한 물질적이고 사회적이고 경험적으로 관측 가능한 구성요소들은, 즉 현실적인 **사회제도**는 문화적 세계관의 유형들을 결정하도록 돕는 데 결정적으로 중요합니다.

그러므로 생각건대, 나의 "개인적 사고"는 최소한 이러한 네 가지 면들, 이러한 네 가지의 측면들—의도적·행동적·문화적·사회적 측면들—을 실질적으로 갖고 있습니다. 그래서 우리가 4분면의 둘레를 돌아가면서 본다면, 먼저 사회체제는 문화적 세계관에 강한 영향을 미치고, 이는 또 내가 가질 수 있는 개인적 사고에 제한을 가할 것이고, 이는 또 뇌 생리기능 속에 새겨질 것입니다. 그리고 당신이 원하는 어떤 방향으로든 그 4분면의 둘레를 돌아갈 수 있습니다. 네 개의 분면들은 모두 서로 엮어져 있습니다. 그것들은 모두 서로가 서로를 결정합니다. 그것들은 모두 다른 분면의 원인이 되고, 또한 다른 분면에 의해 야기되기도 합니다.

◘ 그 까닭은 모든 개체적 홀론들이 이러한 네 가지 면모를 지니고 있기 때문이군요.

○ 그렇지요. 모든 홀론은 이러한 네 가지 측면, 이러한 네 개의 분면을 갖고 있습니다. 하나의 개별적 홀론이 이러한 분면들 중 어느 하나 또는 다른 하나에 존재하는 것이 아니라는 것입니다. 모든 개별적 홀론은 자신의 존재를 위해 이러한 네 개의 분면, 이러한 네 가지 측면을 갖고 있는 것입니다. 그것은 마치 네 가지 면, 혹은 네 가지 면모를 가진 다이아몬드와 같습니다.

물론 이러한 네 가지 면은 매우 복잡하게 서로 얽히게 되지만 최소한 이러한 네 가지가 있는 것입니다. 이러한 네 가지는 우리가 어느 홀론을 제대로 이해하기 위해 반드시 요구되는 **최소한**의 것입니다. 그리고 우리가 곧 알게 될 것이라고 내가 예상하듯이, 이것은 특히 보다 상위적인 변용을 위하여, 보다 상위적인 의식 상태를 이해하기 위하여 꼭 필요한 것입니다.

미래에 올 것들의 모습

■ 우리는 변용 일반, 그리고 특히 앞으로 오게 될 어떤 가능한 변용에 대해 언급하면서 이 주제에 대한 논의를 시작했지요.

○ 이러한 변용은 이미 진행 중에 있습니다. 그래서 만약 우리가 우리 자신의 존재 안에서도 작동 중에 있는 이러한 진화적 조류를 의식적으로 발견하고 싶다면—만약 우리가 '**활동 중에 있는 영**'에 의식적으로 참여하고 싶다면—4분면이야말로 보다 효과적으로 우리 자신의 나아갈 방향을 정립시키도록 도와줄 수 있습니다. 그리고 그것은 우리 주위로, 우리를 통하여, 우리 안에서 이미 흐르고 있는 진화적 조류에 대해 보다 더 의식적이 되도록 우리를 도와줄 수 있을 것입니다.

우리는 '영'이 네 개의 분면 모두로 현현한다고 말할 수 있습니다. '영'은 단순히 더 상위적인 '**자기**'가 아니고, 단순히 **가이아**도 아니고, 단순히 자각도 아니고, 단순히 생명의 그물망도 아니고, 단순히 모든 객관적 현상의 총합도 아니고, 단순히 초월적 의식도 아닙니다. 오히려 '**영**'은, 말하자면 알려진 '**온우주**'의 모든 네 개의 분면, 네 개의 방위方位 속에 존재하고, 또 그러한 모습으로 존재하고 있습니다. 이 모든 것들은 '**영**'이 보다 정확하게 항해해나가기 위해 필요한 것들입니다.

그러므로 내가 보기에 우리가 꼭 언급하고 싶어 하는 바는 앞으로 올 이러한 변용—그리고 보다 상위적인 영적 단계들—이 어떻게 모든 네 개의 분면에서 나타나고 현현하는가에 대한 것입니다. 무엇이 보다 상위적인 '자기'일까요? 무엇이 보다 상위적인 뇌 기능의 작용일까요? 무엇이 마음의 변용뿐 아니라 몸의 변용일까요? 무엇이 보다 상위적이거나 보다 더 심층적인 문화일까요? 어떻게 그것이 더 광범위한 사회체계 내에 깊숙이 각인될까요? 무엇이 보다 더 심오하게 발달된 의식일까요? 어떻게 그것이 새로운 사회제도에 정착될까요? 그 숭고함은 과연 어디에 있는 것일까요?

이 모든 것은 도대체 무엇과 같아 보일까요? 어떻게 하면 우리는 그것을 이러한 분면들 모두에서 더불어 나아가도록 도울 수 있을까요? 더구나 단지 '**자기**'에만 혹은 단지 '**가이아**'에만 혹은 '**세계연합**'에만 초점을 맞추지 않고 말입니다. 왜냐하면 이 모든 것들은 함께 출현하거나 그렇지 않으면 전혀 출현하지 않거나 할 것이기 때문입니다.

■ 그것은 일괄적으로 취급되는 것이군요.

● 네, 그것은 일괄적으로 취급되어야 하는 것으로 보입니다. 의식 발달의 더 상위적이고 더 깊은 단계들은 자기에서, 개체의 행동에서, 문화에서, 사회에서, 즉 의도적 · 행동적 · 문화적 · 사회적 네 개의 분면 모두에서 더 깊고 더 광범위한 패턴을 보여줍니다.

만약 우리가 그러한 것들 모두를 제대로 다 고려하지 않는다면, 내 생각에는 그것들은 우리를 제외시킨 채 변용을 시작할 것이라고 봅니다. 어차피 변용은 일어날 것이고 일어나고 있지만, 그러나 우리 각자는 사람들에게 왜 우리가 새로운 패러다임을 갖고 있는지를 설명하면서도, 막상 우리 자신은 자기가 선호하는 분면에 주저앉아 있게 될 것이고, 그래서 변용은 우리를 제외시킨 채로 항해해나갈 것입니다. 그래서 우리는 이미 활동하고 있는 변용 세력들 내에서의 우리 자신의 전全 분면적 참여에 실패할 것입니다. 우리는 모두 당황스러워하고 쓴

웃음을 지으면서 절뚝절뚝 미래로 갈 것이고, 그래서 이러한 보다 광범위한 조류는 우리 자신의 존재 속에서는 활성화되지 않을 것입니다. 우리는 이 비범한 시대 조류의 기슭에 떠다니는 부유목에 불과할 것입니다. 우리는 해방을 위한 우리의 버팀목을 잘못 놓은 것이고, 우리는 우리의 상처만을 세계에 가져다줄 것이고, 우리는 모든 미소와 영광을 미래 속으로 피 흘리며 사라지게 할 것입니다.

나의 생각과 같은 접근 방식이 결코 문제를 해결할 것이라고는 보지 않습니다. 대신 우리는 4분면 모두를, 즉 '영'의 네 가지 모습 모두를 포함하게 될 **통합적** 접근 방식을 필요로 하는 것 같습니다. 아마 보다 더 상위적인 변용을 위한 비결은 보다 균형 있고 완전하고 통합적인 접근 방식을 수반할 것이 틀림없다고 봅니다. 당신은 그렇게 생각하지 않나요?

6

신의 두 가지 손

◘ 진리는 오히려 우리를 자유롭게 놓아줄 거라고 생각하는데요, 선생님은 각 분면이 서로 다른 유형의 진리를 갖고 있다고 방금 제안하신 것 같습니다! 이렇게 되면 우리는 통합적이거나 포괄적 관점을 향해 나아가고 있는 것 같아 보이지 않습니다. 우리는 오히려 부분과 단편과 엄청난 차이로 나아가고 있는 것 같아 보입니다.

○ 그렇지요. 하지만 그건 실제로 좋은 소식입니다. 이러한 서로 다른 진리들을 이해하고 인정함으로써 우리는 보다 더 호의적으로 그것들을 통합적인 포섭 속에 포함시킬 수 있습니다. 우리는 보다 확장적으로 우리 자신을 '**온우주**'에 조율시킬 수 있습니다. 최종적인 결과는 '**전체자**the All'와의 조율attunement일 수도 있고, 심지어 '**온우주**'의식 자체일 수도 있습니다. 당연하겠지요? 그러나 먼저 우리는 이런 다양한 [네 가지] 진리들을 이해할 필요가 있다고 생각합니다. 그래야만 그것들은 우리에게, 우리 안에서, 우리를 통하여 말하기 시작할 수 있을 테니까요. 그래서 우리는 그것들의 목소리를 듣고서 그것들을 존중하기 시작할 수 있고, 그리하여 그것들 모두를 다 함께 무지개 같은 연합, 통합적 포섭 속으로 초대할 수 있습니다.

이러한 네 가지 유형의 진리들은 대다수의 포스트모던적 대반란의 이면에 숨겨져 있습니다. 그것들은 곧 내면적이면서도 초월적인 차원으로 들어가게 하는 열쇠이고, 숨겨진 신과 천사들의 목소리로 설득력 있게 말합니다. 그것들은 일반적으로 홀론들의 심장부를 가리킨 다음, 곧바로 우리를 그 내면세계로 초대합니다. 그것들은 현재를 통과하여 지나가는 평탄하고 빛바랜 세계에 대한 해독제이기도 합니다. 진리의 이러한 네 가지 유형은 '**영**Spirit'이 그 현현하는 세계 내에 비칠 때의 '**영**'의 네 가지 모습이라고도 말할 수 있을지 모르지요.

◼ 설마 그것이 복잡한 것은 아니겠지요?

● 그것은 어느 한 인간에게 허용되어야 하는 그 무엇보다도 훨씬 더 재미있는 것이지요. 그러나 이 모든 것을 철저히 조사하고 요약하는 아주 간단한 방법이 있는데, 그렇게 함으로써 그것은 곧장 아주, 아주 단순해집니다.

한편으로 그림 6-1은 어떤 특정한 분면의 특정한 진리를 가지고 그 분면과 아주 밀접한 관계를 맺고 있는 각각의 여러 다른 이론가들에 대한 조그만 표본입니다. 우리가 만약 그것들 각각에 대한 몇 가지 예를 들어 설명한다면 이해에 도움이 될 것입니다.

마음과 뇌

◼ 좋습니다. 이렇게 시작하지요. 우리는 '**좌상 4분면**'에 열거되어 있는 마음—살아 있는 체험, 이미지, 상징, 감정, 상념—과 '**우상 4분면**'의 뇌를 갖고 있습니다. 그래서인지 선생님은 마음과 두뇌는 동일한 것이 아니라고 말씀하고 계십니다.

● 우리는 마음과 두뇌가 서로 밀접하게 연관되어 있다는 사실을 인

	좌측 경로 •해석적 •해석학적 •의식	우측 경로 •독백적 •경험적, 실증적 •형상
개체적	프로이트Sigmund Freud 융C.G. Jung 피아제Jean Piaget 오로빈도Sri Aurobindo 플로티노스Plotinus 석가모니 부처Gautama Buddha	스키너B.F. Skinner 왓슨John Watson 로크John Locke 경험주의 행동주의 물리학, 생물학, 신경생리학 등
집합적	쿤Thomas Kuhn 딜타이Wilhelm Dilthey 겝서Jean Gebser 베버Max Weber 가다머Hans-Georg Gadamer	시스템 이론 파슨스Talcott Parsons 콩트Auguste Comte 마르크스Karl Marx 렌스키Gerhard Lenski

그림 6-1 **각 분면의 일부 대표적 이론가들**

정할 수 있습니다. 그러나 여러 중요한 면에서 그것들이 서로 매우 다르다는 사실도 인정해야 합니다. 그리고 우리는 그러한 차이를 존중하고, 그 이유를 설명하도록 해야겠지요.

예컨대 뇌생리학자는 인간의 뇌를 연구할 때 그것의 모든 객관적인 구성요소, 즉 신경조직, 다양한 세포연접부, 세로토닌[38]과 도파민 같은 신경전달물질, 전기적 뇌파의 패턴 등을 연구합니다. 그러한 것들은 모두 다 인간 존재를 구성하는 **객관적**이거나 **외적**인 측면입니다. 비록 뇌는 인간 유기체의 "내측"에 있다고 해도 뇌생리학자는 그러한

38 강한 혈관수축 작용이 있고, 각성 · 쾌감을 제어 조절하는 작용을 하며, 뇌의 활동을 높이는 작용을 하는 신경전달물질.

뇌를 오직 객관적이고 외형적으로만 알고 있습니다.

그렇지만 당신 자신은 스스로 당신의 뇌를 절개하여 거울에 비추어 보지 않는 한 당신의 뇌를 하나의 대상물로서 살펴볼 수 없을 것입니다. 그 같은 방식이야말로 당신이 당신 자신의 뇌를 살펴볼 수 있는 유일한 방법입니다. 그렇지만 당신은 당신의 '마음'을 바로 이 순간에 직접적으로, 긴밀하고도 즉각적으로 알고 체험할 수 있습니다. 마음이란 당신의 자각이 **내부로부터** 보여지는 바로서의 그 무엇이고, 당신의 뇌는 그 자각이 **외부로부터**, 즉 외측으로부터 보여지는 바로서의 그 어떤 것입니다.

◘ 그래서인지 그것들은 조금도 같아 보이지 않는군요.

◉ 그렇지요. 당신의 뇌는 하나의 온통 쭈글쭈글한 커다란 자몽 같아 보입니다. 그러나 마음은 전혀 이와 같아 보이지 않습니다. 당신의 마음은 지금 이 순간의 당신의 직접적인 체험, 즉 이미지, 충동, 상념과 같아 보입니다. 아마도 우리는 마음과 뇌가 결국 사실상 동일한 것이거나 나란한 것이거나 이원적인 것이거나 혹은 그 무엇이거나라고 결정지을 것이지만, 우리는 그것들이 현상학적으로 매우 상이한 것이라는 부인할 수 없는 사실로부터 출발하지 않으면 안 됩니다.

◘ 그렇다면 마음과 뇌가 실제로는 똑같은 것이라는 생각은 어떻게 되는 것이지요? 우리가 방금 이러한 사실을 어떻게 보여줄지를 궁리하지 않았던가요?

◉ 뇌 자체에 대한 전문가, 즉 뇌생리학자의 시각으로 바라보지요. 뇌신경생리학자는 나의 뇌에 관한 모든 개개의 것을 하나도 빠짐없이 알 수 있습니다. 이를테면 그는 뇌전도EEG 장치에 나를 연결시킬 수 있고, 양전자 방사 단층촬영PET 스캐너를 사용할 수도 있고, 방사선

추적 장치를 사용할 수도 있고, 생리학적인 기능을 지도로 만들 수도 있고, 신경전달물질의 수준을 결정할 수도 있습니다. 그는 나의 뇌의 모든 원자가 무엇을 하고 있는지를 알 수 있지만, 그래도 그는 여전히 내 마음에 일어나는 단 하나의 생각도 알 수 없을 것입니다.

참으로 놀라운 일이지요. 그런데 만일 그가 '내 마음'속에 무엇이 일어나고 있는지를 알고 싶어 한다면, 그것을 알아낼 수 있는 오직 한 가지 방법이 있습니다. 그것은 곧 그가 **내게 말을 걸어야만 한다**는 것입니다. 그나 또는 어느 누구든 나에게 묻지 않고서, 내게 말을 걸지 않고서, 나하고 의사소통하지 않고서 나의 실제 생각들이 무엇인지를 알 수 있는 방법은 그 어떤 것도 절대로 있을 수 없습니다. 그래서 만약 내가 당신에게 말하고 싶지 않다면 당신은 나의 개인적인 생각이 실제로 어떤 내용의 것인지를 결코 알 수 없을 것입니다. 물론 당신은 나를 고문할 수 있고 강압적으로 내가 말을 하게 할 수 있습니다. 그렇지만 문제의 요점은 당신이 내게 강제로 **말하게** 했다는 것이지요.

이와 같이 당신은 나의 뇌에 관한 모든 것을 알 수 있을 것입니다만, 그것은 내 마음의 구체적인 내용에 대해서는 당신에게 아무것도 말해주지 않을 것입니다. 마음은 오직 당신이 나에게 말을 걸어옴으로써 알아낼 수 있는 것입니다. 바꾸어 말하면 당신은 독백이 아닌 **대화**에 참여해야, 즉 **상호주관적** 의사소통에 참여해야 하되, 성과가 없을 게 분명한 경험적 연구의 **대상**—경험적 관찰의 대상—으로만 단순하게 나를 연구해서는 안 됩니다.

앞으로 나아가면서 훨씬 더 상세하게 알게 되겠지만, **우측** 차원 모두는 정말로 이러한 경험적 관찰, 이러한 "독백적" 주시, 이러한 객관화하는 입장, 이러한 경험적 지도화에 의해서만 접근 가능합니다. 왜냐하면 당신은 오로지 외면적인 것들, 표면적인 것들, 경험적으로 **볼**

수 있게 되는 홀론의 측면들, 즉 뇌와 같은 **우측** 측면들을 연구하고 있기 때문입니다.

그러나 **좌측** 측면들, **내면적** 차원들은 오로지 의사소통과 해석에 의해서만, "대화"와 "대화적" 접근 방법에 의해서만 다가갈 수 있습니다. 이는 외면세계를 **주시하고** 있는 것이 아니라 내면세계를 **공유하는** 것입니다. 그것은 객관적이 아니라 상호주관적인 것이고, 표면이 아니라 깊이인 것입니다.

그래서 나는 당신의 뇌를 영구적으로 연구할 수는 있지만 그렇다고 해서 당신의 마음은 결코 알지 못할 겁니다. 나는 당신의 뇌를 객관적 연구에 의해 알 수 있지만 당신의 마음은 당신에게 말을 걸어봄으로써만 알 수 있습니다.

좌측 경로와 우측 경로

◘ 이것은 우리로 하여금 '**좌측**' 경로와 '**우측**' 경로 간의 차이를 직접 깨닫게 해주는군요.

◎ 네, 동서양 할 것 없이 모든 다양한 접근 방법들은 사실상 모든 주요한 지식 탐구의 거의 시작 단계에서부터, 내면적 접근 대 외면적 접근, '**좌측**' 경로 대 '**우측**' 경로라는 이 거대한 두 진영들 중 하나나 또는 다른 하나로 빠져들어갔습니다. 우리는 심리학에서(프로이트 대 왓슨), 사회학에서(베버 대 콩트), 철학에서(하이데거 대 로크), 인류학에서(테일러Charles Taylor 대 렌스키), 언어학에서(해석학 대 구조주의), 심지어 신학에서조차(아우구스티누스 대 아퀴나스Aquinas) 이러한 현상을 발견하게 되지요!

때때로 당신은 **좌우측** 차원 양쪽을 모두 강조하는 접근 방법도 발견할 것입니다. 물론 이것은 내가 적극 권장하는 바이지만, 대개의 경우 당신은 똑같이 중요하면서도 통합되는 경우가 거의 극히 드문 이 두 가지 접근 방법 사이의 격렬한 전쟁을 보게 됩니다. 그에 따라 나는, 이러한 양쪽 경로는 절대로 필수 불가결한 것이기 때문에, 이들 양쪽이 인간의 조건에 대한 우리의 이해에 기여한 공로를 헤아리는 것이야말로 결정적으로 중요하다고 생각합니다.

그리고 곧 알게 되겠지만 이러한 양쪽의 경로 모두를 고려하지 않고서 보다 상위적인 영적 발달을 이해하는 것은 사실상 거의 불가능한 일입니다.

독백적 주시: 우측 경로로 가는 열쇠

◘ 한 번에 하나씩 살펴보지요. '**우측**' 경로부터…….

◎ '**우측**'의 모든 것, 그림 5-2의 '**우측**' 절반에 있는 모든 양상들은 감각이나 그 감각을 확장시키는 도구들—예컨대 현미경, 망원경, 촬영장비와 그 밖의 것들—가운데 어느 한 가지 방식을 사용함으로써 경험적으로 보여질 수 있는 대상물들이나 외부적인 것들입니다. 그것들은 모두 **보여질 수 있는** 표면적인 것들입니다. 그것들 모두는 단순정위單純定位(단순한 위치)를 갖고 있습니다. 당신은 그것들 중 어느 것에도 **말을 걸** 필요가 없습니다. 당신은 단지 그것들의 **객관적 행동**을 관찰하면 그만입니다. 당신은 원자나 세포나 인구나 개인이나 사회나 생태계의 움직임을 관찰하면 됩니다.

◘ 선생님은 이것을 역시 "독백적"이라고도 일컬으시는군요.

◎ 그렇습니다. '우측'의 모든 양상들은 기본적으로 독백적인데, 그것들은 독백에서나 목격될 수 있다는 뜻이지요. 당신은 그것들의 내면

적 세계를, 그것들의 의식을 이해하려고 애쓸 필요가 없습니다. 당신은 오직 외부세계를 바라보고 있는 것이므로 **대화**, 즉 '깊이'의 상호교류 같은 것을 필요로 하지 않습니다.

말하자면 검사실의 전문 기사가 당신의 뇌의 단층촬영 사진 스캔을 하고 있을 때, 그는 불가피한 경우에만 당신에게 이렇게 말을 걸 것입니다. "죄송하지만 머리를 이쪽으로 움직여주시겠습니까?" 그는 당신의 내면적 깊이에 대해서는 관심이 있을 수 없습니다. 왜냐하면 설사 그러한 외면적인 것들이 당신 신체의 "안쪽"에 있다고 해도 그것들은 단지 또 하나의 대상들일 뿐이어서 그는 당신의 외적 표면만을 파악하고 싶어 할 것이기 때문입니다. 검사실의 전문 기사가 당신의 뇌에 대한 이러한 객관적인 사진을 찍을 때 진정한 당신의 모습을 보고 있을까요? 그가 조금이나마 당신을 쳐다보기라도 할까요?

아니지요, 당신은 **의사소통의 주체로서**가 아닌 **독백적 주시의 대상**으로 취급되고 있습니다. 이러한 태도 자체가 경험의학을 그처럼 비인간화되도록 만드는 요인이지요. 실험실 기사는 단지 당신의 '**우측**'을 알고자 하는 것이지, 당신의 '**좌측**', 즉 당신의 의식, 감정, 의미, 가치, 의지, 희망, 공포 따위를 알고자 하는 것이 아닙니다. 그가 원하는 것은 어디까지나 사실들뿐이지요. 단지 외적인 것들 말입니다. 그것만으로 족합니다. 그것은 완전하게 허용되는 것입니다. 그것이 바로 당신의 뇌이지요.

그렇지만 당신은 마음을 그러한 방식으로는 결코 볼 수 없고 보지 못할 것입니다.

◘ 페미니스트들은 남성들의 주시 대상이 되는 것에 대해 늘 불평하고 있습니다.

◎ 똑같은 문제입니다. 여자들은 남성들의 주시의 대상—이 경우

성적 대상—으로 취급되는 것에 대해 자주 불평합니다. 그러나 그것은 동일한 일반 현상, 동일한 독백적 응시입니다. 여자들은 의사소통하는 주체에서 관찰의 대상, 한 조각의 고깃덩어리, 깊이가 없는 대상으로 떨어지고 마는 것이지요. "그는 내게 한마디 말도 걸지 않지요"라고 말하며, 여자들이 남자들의 태도에 대해 거부반응을 보이는 것은 이해할 만한 일입니다. 그래서 그들이 어떻게 할지 대응 방향을 묻지 않을 수 없을 때마다 남자들은 수동적 대상으로 돌아가버리고, 그래서 물론 그들은 차라리 절망적 심정이 되고 말지요!

이러한 '**우측**'의 경험적이고 과학적인 경로들에 잘못된 것이라곤 아무것도 없습니다. 단지 그것들은 이야기의 전부가 아니라는 것이지요. 오직 '**우측**'에 따라서만 사는 삶은 마치 실험실 기사의 주시 아래 영구히 사는 삶과도 같습니다. 그러한 삶은 모두 경험주의, 독백적 주시, 행동주의, 반짝이는 표면과 흑백의 대상물일 뿐입니다. 즉 그 삶에는 내면적인 것도 없고 깊이도 없고 의식도 없는 것들뿐입니다.

이야기를 너무 많이 앞질러 나가고 싶지 않습니다만 우리가 지금 간략히 언급할 수 있는 것은, 계몽주의 패러다임의 내리막길은 경험적이 되고자 하는 성급함으로 인하여 그것이 무심코 '온우주'의 '**좌측**' 차원을 '**우측**' 차원으로 붕괴시킨 데서 비롯되었다는 사실입니다. 말하자면 계몽주의 패러다임은 내면적 깊이를 관측 가능한 표면으로 붕괴시켰고, 그러고는 이러한 경험적 외부세계의 **단순한 지도를 그리는 것**만이 오직 알아야 할 가치가 있는 지식의 전부라고 생각한 것입니다. 이것은 지도 작성자 자신을, 즉 의식, 내면세계, '좌측' 차원을 제외시킨 것입니다. 그래서 한두 세기가 지나자 그 사람은 가치도 없고 의미도 없고 의지도 없고 깊이도 없고 질質도 없는 세계에 살고 있는 자신을 발견하고 나서 공포에 질려 깨어난 것입니다. 말하자면 그는 독백적 주시에 의해 지배되고 있는, 질을 상실한 우주 속에 있는, 즉 실험실 기사의 무자비한 세계 속에 있는 자기자신을 발견한 것입니다.

그래서 물론 그러한 상황은 곧 포스트모던 반란이 시작되게 하였습니다.

해석: 좌측 경로로 가는 열쇠

◘ 이 주제는 다음 논의의 일부이지요(7장 참조). 우리는 '**좌측**'과 '**우측**' 경로의 차이에 대해 언급한 적이 있었지요.

◎ 네, 앞에서 언급한 바와 같이 만약 그림 5-2를 살펴보면, **우측**의 모든 홀론은 어떻게 해서든지 우리가 경험적으로 알 수 있는 것들입니다. 그것들 모두는 **단순정위**를 갖고 있는데, 왜냐하면 이것들은 모든 홀론의 물리적·물질적 상관자들이기 때문입니다. 그러므로 모든 **우측** 양상에 대하여 당신은 물리적 수단으로 곧바로 그것을 가리킬 수 있고 "바로 그것이야"라고 말할 수 있습니다. 말하자면 당신은 그것들 위에 바로 직접 손가락을 갖다 댈 수 있습니다. 여기에 뇌가 있네, 혹은 세포가 있네, 혹은 시가지가 있네, 혹은 생태계가 있네 등으로 말할 것입니다. 아원자입자조차도 주어진 시간에 주어진 위치에서 발견되어질 확률들을 갖고 존재합니다.

그렇지만 '**좌측**'에는 아무것도 그와 같이 단순한 양식으로 보여질 수는 없는데, 왜냐하면 **좌측 측면들 중 그 어느 것도 단순정위를 갖고 있지 않기** 때문입니다. 당신은 뇌를 가리키거나 바위를 가리키거나 시가지를 가리킬 수는 있지만 질투심이나 긍지나 의식이나 가치나 의지나 욕망을 단순하게 가리킬 수는 없습니다. 욕망이 어디에 있나요? 그것을 한번 가리켜보시지요. 그것은 대체로 **내면적**인 차원인 까닭에 바위를 가리키는 방식과는 달라서 도저히 가리킬 수 없는 것입니다. 그래서 그것은 **단순정위**를 갖고 있지 않습니다.

그렇다고 이 말이 그것은 실재가 아니라는 것을 의미하지는 않지요! 그것은 다만 단순정위를 갖고 있지 않다는 것을 의미합니다. 그러므로 당신은 현미경이나 망원경이나 어떤 감각경험적인 장치로 그것을 볼 수는 없습니다.

◘ 그럼 어떻게 하면 이러한 내면적 깊이가 접근 가능하게 되거나 "보여질 수" 있는 것입니까?

○ 이곳은 바로 **해석**이 비로소 그 모습을 드러내는 곳입니다. 모든 '우측' 경로는 지각을 수반하지만 모든 '좌측' 경로는 해석을 수반합니다.

그런데 이와 같이 되는 데는 단순한 이유가 있습니다. 한마디로, 표면은 보여질 수 있는 것이지만 깊이는 해석되어져야 한다는 것이지요. 당신과 내가 대화를 할 때 당신은 단지 어떤 겉모습, 어떤 웃는 얼굴, 어떤 경험적 대상을 바라보고 있는 것이 아닙니다. 당신은 내 안에서 무엇이 진행되고 있는가를 알고 싶어 합니다. 당신은 단지 내가 하고 있는 것을 주시하고 있는 것이 아니라 내 의식 안에서 내가 느끼는 것, 내가 생각하는 것, 내 안에서 진행 중에 있는 것을 알고 싶어 합니다.

그래서 당신은 내게 어떤 질문을 합니다. "무슨 일이 있습니까? 이것에 대해 어떻게 생각합니까? 이것에 대한 느낌이 어떻습니까?"라고 묻습니다. 그러면 나는 어떤 사실들을 당신에게 말해주고, 우리는 대화를 나누고, 그래서 당신은 내가 의미하는 바를 알아내야 하고 내가 의미하는 것을 '해석'해야 합니다. 내가 말하는 모든 문장 하나하나에 대해 당신은 그 의미를 해석해야 합니다. 그게 무슨 뜻입니까, 아 알겠습니다, 이런 의미로군요 등으로 말입니다.

게다가 해석에 의하지 않고서는 나의 내면에 도달하기 위한 아무런 다른 방도가 없습니다. 우리는 대화를 **해야 하고**, 당신은 해석을 **해야 합니다**. 이것은 절대로 회피할 수 없는 것입니다. 당신이 설사 위대한 심령가이고 내 마음을 완전히 읽을 수 있다고 해도, 여전히 나의 생각들이 의미하는 바를 알아내려고 해야 할 것입니다. 즉 당신은 여전히 당신이 읽어내는 것들을 해석해야 하는 것입니다.

◘ 독백적 관찰과는 아주 사뭇 다르군요.

◎ 네, 이것은 단순정위를 가진 어떤 표면을 단순히 주시하면서 당신이 보는 것들, 그 표면적인 것들이 바위인지 세포인지 생태계인지 뇌의 구성요소인지 아닌지를 알려주는 것과는 전적으로 다릅니다. 깊이는 보여지도록 기다리면서 표면에 그냥 앉아 있는 게 아니지요! 깊이는 의사소통되어야 하고 의사교환은 해석되어져야 합니다.

바로 그와 똑같이 그림 5-2의 '좌측'의 모든 것들은 모종의 해석을 요구합니다. 게다가 여기서 해석은 각각 서로 상대의 깊이에 도달할 수 있는 절대적으로 **유일한 길**입니다.

그러므로 '우측'과 '좌측' 사이에는 매우 단순한 구분이 가능하지요. 말하자면 **표면은 보여질 수 있지만 깊이는 해석되어져야 한다**는 것이지요.

◘ 그것은 정말로 명확한 구분이로군요!

◎ 그렇습니다. 그래서 곧 알게 되겠지만 이것이 바로 '우측' 경로는 언제나 "그것이 무엇을 하는 것인가?"라고 묻지만, 반면에 '좌측' 경로는 언제나 "그것이 무엇을 의미하는가?"라고 묻는 까닭인 것입니다.

이러한 사실은 믿기 어려울 정도로 매우 중요한 것인데, 왜냐하면 그것은 우리에게 의식에 대한, 그리고 우리가 어떻게 의식을 이해하는가에 대한 매우 상이한 두 가지 접근 방식을 제공하기 때문입니다. 이러한 양쪽 경로 모두에 의해 이룩되는 매우 중요한 공헌들이 분명 있지만, 그것들은 매우 신중하게 통합되거나 균형 잡혀져야 됩니다. 그리고 다른 한편으로 이것은, 우리가 개인적이고 집합적인 변용 모두에 의해, 어떻게 의식의 발달 그 자체의 보다 더 상위적인 단계에 접근하는가를 결정할 것입니다. 즉 그것은 우리의 영적 진화에 직접적으로 영향을 미칠 것이란 말입니다.

말하자면 우리는 '영'이 세계 안에 어떻게 실제로 현현하는가에 대한 '신'의 '오른손과 왼손'을 다루고 있고, 그리고 그러한 현현을 완전하게 파악하기 위해서 우리는 양손을 확고하게 다 필요로 하고 있습니다.

그 꿈은 무엇을 의미하는 것인가?

■ 혹시 이러한 두 가지 경로에 대한 몇 가지 예를 들어주실 수 있으실는지요. 우선 심리학으로부터 시작해보는 게 어떨까요.

● 정신분석은 기본적으로 해석적 또는 '좌측'의 접근 방법이고, 고전적 행동주의는 '우측'의 또는 경험적 접근 방법입니다.

정신분석에서는 프로이트의 최초의 위대한 명저의 제목, 즉 《꿈의 해석The Interpretation of Dreams》이 그것에 대한 모든 것을 말해줍니다. 꿈은 하나의 내면적 사건입니다. 그것들은 상징들로 구성되어 있습니다. 상징들은 오직 해석에 의해서만 이해될 수 있습니다. 꿈이란 무엇을 **의미**합니까? 그래서 프로이트의 위대한 발견 중 하나는 꿈이란 사리에 맞지 않는 황당한 것incoherent이 아니라 의미, 즉 해석되어 밖으로 드러낼 수 있는 숨겨진 의미를 지니고 있다는 것입니다.

그러므로 프로이트의 정신분석을 요약하는 가장 단순한 방식은, 이른바 "담화 치료talking cure", 즉 **대화 치료**, 다시 말해 독백적이 아닌 대화적인 치료란 곧 우리 자신의 심층을 보다 더 적절하게 해석하는 법을 배워야 한다는 사실을 의미한다는 것이지요. 우리는 불안이나 우울함같이 우리를 좌절 속에 빠져들게 하는 증상으로 고통을 받게 됩니다. '왜 내가 그렇게 우울해야만 하는가?', '이것의 의미는 도대체 무엇인가?'라는 등으로 말입니다. 따라서 정신분석 과정에서 나는 나의 꿈에 대해, 증상이나 우울함이나 불안에 대해 그것들을 의미 있는 방식으로 살펴보는 법을 배울 것입니다. 나는 나 자신의 내부에 빛을 비추는 방식으로 그것들을 해석하는 법에 대해 배울 것입니다.

혹시 나는 별거 중인 나의 아버지에 대해 숨겨진 분노를 갖고 있을지도 모르고, 이 분노가 우울의 증상으로 위장되어 있었다는 것을 발견할지도 모릅니다. 내가 이러한 분노를 우울로 무의식적으로 **잘못 해석했을** 수도 있습니다. 따라서 나는 정신요법에서 이러한 우울을 보다 정확하게 재해석하는 법을 배울 것입니다. 나는 "슬픔"이란 말을 "화가 나는"이란 말로 번역하는 법을 배울 것입니다. 나는 나 자신의 심층의 이러한 성내는 모습, 즉 내가 그것을 잘못 해석함으로써, 잘못 번역함으로써, 위장함으로써 나 자신을 숨기려고 애썼던 모습과 접촉하게 될 것입니다.

그래서 내가 나의 심층을 점점 더 적절하게 해석하면 할수록, 말하자면 "슬픈"이란 말이 실제로는 "화나는"이란 말임을 점점 더 알 수 있게 되면 될수록 나의 증상은 더욱더 완화되고 우울은 더욱더 많이 해소될 것입니다. 나는 보다 더 충실하게 내 안의 심층을 해석하게 되고, 그러면 심층은 고통스러운 증상의 형태로 나를 성가시게 방해하는 것을 멈추게 됩니다.

◘ 그것은 개인들을 위한 해석적 혹은 '좌측'의 접근 방법의 한 예이고, 그러한 것이 바로 "좌상 4분면"적 접근이로군요.

◎ 그렇습니다. 게다가 그것은 단지 정신분석에만 적용되는 것이 아닙니다. 모든 "대화 요법들"은, 이를테면 인지 요법으로부터 상호개인적 요법, 융의 요법, 게슈탈트Gestalt 요법, 교류분석 요법에 이르기까지의 모든 요법들은, 모두 다 근본적으로 이러한 단일 원리에, 즉 **한 개인 내면의 심층에 대한 보다 더 적절한 해석**을 찾는 시도에 바탕을 두고 있습니다. 말하자면 나의 꿈, 나의 증상, 나의 심층, 나의 삶, 나의 존재 등의 의미를 찾기 위한 보다 적적할 방법에 바탕을 두고 있습니다.

나의 삶은, 내가 표면을 보다 더 분명하게 볼 때까지 주시하도록 되어 있는, 단순히 놓여진 무수한 바위처럼 내 앞에 널려 있는 일련의 단조로운 객관적인 사건들이 아닙니다. 나의 삶은 나 자신을 이해하고 해석해야 하는, 깊숙하게 주관적인 요소를 내포합니다. 그것은 단지 표면뿐만 아니라 깊이도 갖고 있습니다. 그런데 표면은 보일 수 있지만 깊이는 해석되어져야 합니다. 내가 나 자신의 심층을 더욱더 적절히 해석할 수 있게 될수록 나의 삶은 내게 더욱더 투명해질 것입니다. 그리하여 내가 보다 더 분명하게 나의 삶을 알고 이해할 수 있게 될수록 불투명성을 벗어나 보다 덜 좌절하게 되고 보다 덜 당황하게 되고 보다 덜 고통 받게 됩니다.

◘ 그렇다면 '우상 4분면'에서 겨냥하고 있는 개인적 치료법들에는 도대체 어떤 것들이 있습니까? 개인에 대한 외적인 접근에는 도대체 어떤 것들이 있습니까?

◎ 행동주의나 생물학적 정신의학 같은 '우상 4분면' 접근 방법들은 극단으로 가면 해석, 심층, 내면, 의지 같은 것들과는 전혀 아무런 관계가 없게 되는 것을 원합니다. 어차피 그것들은 "블랙박스"의 "내측"

에는 무엇이 진행 중에 있는지에 대해서는 관심을 덜 둘 수밖에 없습니다. 그것들 중 대다수는 심지어 그러한 내면이 존재한다고조차도 생각하지 않습니다. 그것들은 오로지 관측 가능하고 경험적이고 외면적인 행동에만 관심을 두고 있습니다.

그렇다면 행동주의와 더불어 우리는 단순히 증가시키거나 감소시키고 싶은 관측 가능한 반응만을 단순히 찾아내고, 선택적으로 그것을 강화시키거나 소멸시킵니다. 행동주의에서 우리의 내면세계는 별로 대수롭지 않은 것이고, 우리의 의식은 필요한 것이 아닙니다. 행동주의와 더불어 치료자는 원하는 반응은 강화시키고 원하지 않는 반응은 소멸시키게 될 조작적 조건화를 유도할 것입니다.

이와 유사한, 순수하게 생물학적인 정신의학에 있어서 치료자는 행동 패턴의 안정화를 가져올 약물—예컨대 프로작Prozac[항울제抗鬱劑], 자낙스Xanax, 엘라빌Elavil 같은 것—을 투여할 것입니다. 수많은 정신과 의사들은 최초의 진료 처방전에 약물을 투여하도록 처치하고, 그런 다음에는 단지 정기적으로, 가령 한 달에 한 번 정도씩 환자를 진찰하여 원하는 효과가 나타났는지를 확인할 뿐입니다. 물론 일부 정신과 의사는 약간의 대화식 치료도 병행할 것이지만 대다수는 그마저도 하지 않습니다. 그래서 이로써 우리는 '우상 4분면'의 "순수한 실례"를 제시하고 있는 것입니다.

게다가 순수한 행동주의에서와 같이, 순수한 생물학적 정신의학에서는 환자의 존재라는 것은 불필요한 것입니다. 즉 증상의 의미를 이해하고자 하는 시도 같은 것은 없습니다. 당신의 특수한 상태에 대한 광범위한 해석이 없습니다. 당신 자신의 자기이해를 증진시키려는 시도 같은 것도 없습니다. 환자의 내면적 심층을 탐사하여 당신 자신의 존재에 대한 보다 명확한 이해에 도달하게 하는 시도 같은 것도 없습니다.

■ 그럼에도 불구하고 선생님은 그들의 이러한 외적인 접근 방법들 자체에 대해서는 비난하지 않으시는 것으로 생각되는군요.

● 맞습니다. 그렇게 할 경우에는 다른 접근 방향에서의 요점을 잃어버리게 될 것입니다. 모든 홀론은 이러한 네 가지 양상, 네 개의 분면을 가지고 있으니까요. 경험주의와 행동주의는 홀론의 외적인 면들에 대한 뛰어난 접근 방법입니다. 그것들 모두 적용 가능한 한도 내에서는 기본적으로 옳습니다. 나는 적용 가능한 한도 내에서는 그것들을 **전적으로** 인정합니다.

문제는 물론 그것들이 매우 그다지 효과적이지 못하다는 데 있습니다. 그러므로 똑같은 목청으로 우리는 자주 그것들을 비난하지 않을 수 없는데, 그 까닭은 통상 그것들이 다른 분면들의 중요성뿐만 아니라 바로 그 **존재**마저도 부정하기 때문입니다. 예컨대 당신이 침울한 것은 당신의 삶에서 가치나 의미나 미덕이 결여되어 있기 때문이 아니라 세로토닌이 결핍되어 있기 때문이라는 것입니다. 비록 당신의 뇌를 세로토닌으로 가득 채운다 할지라도 그것은 당신의 가치를 발달시키는 데는 아무런 소용이 없음에도 말입니다.

바꾸어 말하면 나의 우울증은 내면적으로는 부친의 결손이 그 원인이 될 수 있는 것이지만, 뇌 내의 세로토닌이 낮은 수치인 것이 그 외면적인 상관성일 수도 있으며, 그에 따라 프로작은 그러한 세로토닌 불균형을 어느 정도 보정할 수 있습니다. 이것은 좋은 일이고, 그래서 때로는 지극히 도움이 되는 일입니다. 그렇지만 프로작은 나의 내면의 고통을 이해하는 데에는, 즉 그 고통이 나에게 의미를 지니고 있는 것이고 나 자신에 대해 투명하게 되도록 도와준다는 식으로 **해석하는** 데에는 아무런 도움이 안 될 것입니다. 그래서 만약 당신이 그러한 것에 도무지 관심이 없다면, 만약 당신이 당신 자신의 심층을 이해하는

데 전혀 관심이 없다면 오직 프로작만으로도 당신의 목적에 합당할 것입니다.

그러나 만약 당신이 당신 자신의 심층을 들여다보고 그것들을 보다 적절히 해석하기를 원한다면, 당신은 그러한 심층을 전부터 익히 알아왔고 그것들을 보다 적절하게 해석하도록 다른 사람들을 도운 적이 있는 어떤 사람과 대화를 나누지 않으면 안 될 것입니다. 치료 요법적 조력자와의 이러한 상호주관적 대화를 통하여 당신은 보다 더 적절한 해석의 길로 손잡고 걸어 들어갈 것이고, 상호주관적인 심층적 권역 안으로 들어갈 것입니다. 그래서 당신이 이러한 심층을 보다 더 명확하게 해석하고 분명하게 말하면 말할수록 당신은 자신에게 보다 덜 당황하게 되고, 보다 더 명료하게 될 것이며, 더욱더 투명해질 것입니다.

그래서 앞으로 곧 알게 되겠지만 결국 당신은 자신의 무한한 심층 속에서 해방되어 심지어 '절대신성the Divine'에 대해서도 투명하게 알 수 있게 될지도 모릅니다. 그렇지만 만약 당신이 오직 표면에만 매달리기를 고집한다면 어떠한 경우에도 이중 그 어느 수준의 것도 당신에게 열리지 않을 것입니다.

사회과학 대 문화적 이해

◘ 집합적 분면이란 도대체 무슨 뜻인가요? '좌하' 및 '우하' 4분면적 접근이란 도대체 무슨 뜻인가요? **문화적**인 것 그리고 **사회적**인 것? 하나는 해석적이고 다른 하나는 경험적인가요?

◎ 네, 그렇습니다. 심리학과 마찬가지로 사회학도 그 시작 시기부터 양대 거대한 진영, 즉 해석적('좌측') 진영과 자연주의적이거나 경험주의적('우측') 진영으로 나누어져왔습니다. 한쪽은 문화나 문화적 의

미를 연구하고, 그래서 공감적 **이해** 속에서 **내부로부터** 그러한 의미를 파악하려고 시도합니다. 다른 쪽은 **외부로부터** 사회체계나 사회구조 및 기능을 매우 실증적이고 경험적인 양식으로 연구합니다. 그러므로 물론 전자는 '그것이 무엇을 의미하지?'라고 묻는 데 반해, 후자는 '그것이 무엇을 하는 것이지?'라고 묻습니다.

◘ 한 번에 하나씩 고찰해주시지요.

◎ **문화적인** 의미를 이해한다는 것은 **해석적인** 일입니다. 당신은 언어를 배워야 하고, 당신 자신을 문화 속에 폭 빠져들게 해야 하고 다양한 관행들이 의미하는 바를 알아내야 합니다. 그래서 이러한 것들은 해석학적 문화과학인데, 이 분야의 소수의 뛰어난 석학들의 이름만 열거하자면, 빌헬름 딜타이, 막스 베버, 마틴 하이데거, 한스 게오르그 가다머, 폴 리쾨르Paul Ricoeur, 클리포드 기어츠Clifford Geertz, 메리 더글러스Mary Douglas, 칼 오토 아펠Karl-Otto Apel, 찰스 테일러, 토마스 쿤Thomas Kuhn 등을 들 수 있습니다.

이러한 접근 방법들은 모두 다 공감적 동조, 공유, 대화를 수반합니다. 말하자면 그것들은 대화적이고 해석적입니다. 그것들은 내면적 의미를 파악하기를 바라는 것이지, 단지 외면적인 행동을 파악하기를 원하는 것이 아닙니다. 그것들은 내부의 블랙박스를 파악하기를 원합니다. 그것들은 '좌측' 차원을 파악하고 싶어 합니다. 그래서 우리가 심층에 도달할 수 있는 **유일한** 길은 해석을 통해서입니다.

그러나 **경험주의적** 사회과학은 대개의 경우 거리를 두는 방식으로 사회적인 **행동**을 연구하고 싶어 합니다. 이를테면 출산율, 생산 양식, 건축 양식, 자살률, 화폐통화량, 인구통계, 인구분포, 기술의 형식 등과 같은 것들—내면적 의지가 아닌 모든 외면적인 행동들—을 연구합니다. 그러한 통계의 대부분은 그 문화 속 원주민들 중 누구와도 한

마디 말을 나누지 않고도 수집될 수 있는 것입니다. 여기에는 너절한 블랙박스 같은 것은 아무것도 없습니다.

그러므로 이러한 접근 방식들은 대개는 독백적이고 경험적이고 행동적입니다. 그들은 "사회활동체계"의 **행동**을 살펴보고 있는 것이지, 문화의 내면적 의미나 깊이를 탐구하고 있는 것이 아닙니다. 게다가 의미나 가치를 연구하는 일조차도 그들은 거의 전적으로 사회제도에 종속되어지도록 만듭니다. 그래서 이러한 것들은 표준적인 실증주의적·자연주의적·경험주의적 사회과학입니다. 이 분야의 석학들로는 오귀스트 콩트, 칼 마르크스, 탤컷 파슨스Talcott Parsons, 니콜라스 루만Niklas Luhmann, 게르하르트 렌스키 등을 들 수 있습니다.

■ 선생님은 인디안 호피족의 기우제 춤의 예를 들고 있는데, 좌측과 우측의 접근 방식은 어떤 점에서 차이가 있습니까?

● 해석적 접근인 좌측의 접근 방식에서는 '기우제 춤의 의미는 무엇인가?', 원주민들이 그 춤에 참여할 때 '그것이 그들에게 무슨 의미가 있는가?', '왜 그들은 그것에 가치를 두는가?' 하는 것 등을 알고 싶어 합니다. 그래서 해석적 연구자는 "참여적 관찰자"가 됨으로써 비로소, '기우제' 춤이 주로 자연의 신성함을 찬양하기 위한 한 방편이고, 그래서 그러한 신성한 존재에게 대지에 비를 내려주는 은총을 기원하는 한 방편임을 이해하기 시작합니다. 당신이 상호이해에 도달하려는 노력을 계속함에 따라 기우제의 실제 참가자들이 스스로 당신에게 말해준 것이기 때문에 그것이 바로 그렇다는 사실을 알게 되는 것이지요.

우측 경로는 이런 식으로 하기를 거의 바라지 않습니다. 대신에 그들은 **사회체제**의 전반적 **행동** 안에서 그 춤이 어떠한 **기능**을 하고 있는지를 살펴봅니다. 그들은 원주민들이 춤의 의미가 무엇인지에 대해 말하는 것에는 그다지 관심이 없습니다. 오히려 그들은 전반적으로 관찰 가능한 체계 내에서 기우제 춤의 행동을 조사합니다. 그래서 그들은 원주민이 뭐라고 말하든 상관하지 않고, 그 춤은 현실적으로 사회활동 체제 내에서 사회적 응집력을 창출하기 위한 방편으로서의 기능을 하고 있는 것이라고 결론짓습니다. 다시 말하자면 기우제 춤은 사회적 통합을 제공한다는 것입니다.

◘ 제가 이해하기로는 선생님은 양쪽 다 옳다고 말씀하시는 것 같군요.

◎ 그렇습니다. 그것들은 동일한 공동체적 홀론에 대한 '좌측'과 '우측'의 접근 방식들입니다. '좌측'은 기우제 춤이 의미하는 바가 무엇인지를, 즉 그것의 의미와 가치를 이해하려고 모색합니다. 그것은 오로지 그 문화의 **안쪽에 서 있음**으로써만 이해될 수 있는 것입니다. 그리고 '우측'은 그 춤이 무엇을 **하는** 것인지를, 즉 사회체제의 관찰 가능한 **행동** 안에서 그것의 전반적인 **기능**을 이해하려고 모색합니다. 그것은 오로지 거리를 두고서 편향되지 않은 방식으로 시스템의 **바깥에 서 있음**으로써만 결정될 수 있는 것입니다. 한마디로 그것들은 각각 '좌측'과 '우측'의 경로인 것입니다.

해석학

◘ 해석이란 곧 "해석학hermeneutics"을 의미합니까?

◎ 네, 해석학이란 곧 해석의 기예art이며 과학입니다. 해석학은 해석 자체를 이해하기 위한 한 방편으로 시작되었는데, 왜냐하면 당신이 어떤 문헌을 해석할 때 해석을 진행해나가는 데는 좋은 방식과 나쁜 방식이 있기 때문입니다.

일반적으로 대륙계 철학자들, 특히 독일과 프랑스의 철학자들은 철학의 해석적 측면을 고수해나가고 있지만, 반면에 영국과 북미의 앵글로 색슨계 철학자들은 해석을 기피해오면서 대체로 실용주의적이고 경험 분석적인 연구에 치중해왔습니다. 이것은 곧 좌측과 우측 경로 사이의 해묵은 전쟁이지요!

이것이 바로 토마스 쿤이 그의 패러다임이라는 개념—"객관적인 과학적 이론들"은 실제로 그것들의 해석을 좌우하는 배경의 맥락 속으로 가라앉게 된다는 아이디어/관념—으로 그와 같은 엄청난 야단법석을 야기했던 까닭인 것입니다. 또한 이것이 바로 찰스 테일러가 해석의 배경 맥락은 문화운동을 이해하기 위해 반드시 필요하다는 것을 논증하여 새 지평을 열었던 독창적인 논문 〈해석과 인간과학 Interpretation and the Science of Man〉을 발표하면서 센세이션을 일으켰던 까닭인 것입니다. 이는 오직 앵글로 색슨계 철학자들에게만 충격적이었는데, 그들에게 있어서 지식의 패러다임이란 어디까지나 '내가 바위를 본다'는 것과 같은 독백적 응시일 뿐이었기 때문입니다.

그런데 설사 "해석학" 하면 얼핏 엉뚱한 말로 들릴는지는 모른다 해도 이것만은 꼭 기억해두어야 합니다. 그것은 좌측의 전체를 여는 열쇠라는 것입니다. '좌측'은 깊이로 구성되어 있고, 그래서 해석은 심층에 도달하는 **유일한 방도**인 것이지요. 하이데거가 말한 바 있듯이, 해석은 맨 아래로까지 깊숙이 내려갑니다. 그래서 이러한 점에서 보면 단순한 경험주의에 불과한 것은 실제로 거의 쓸모가 없습니다.

■ 그렇지만 경험주의자들은, 해석은 객관적이 아니므로 "정말로 실제적인" 것은 아니라고 말하고 있는데요.

● 그것은 마치 《햄릿》을 연구하는 경우와 같은 것입니다. 만약 당신이 《햄릿》의 대본을 갖고서 그것을 경험적으로 연구하고자 한다면, 당신은 그 책이, 지니고 있는 만큼의 잉크와 그만큼의 종이로 구성되어

있음을 알게 될 것입니다. 그것이《햄릿》에 대해 경험적으로 알 수 있는 모든 것입니다. 즉 그것은 7그램의 잉크로 구성되어 있고, 그만큼 많은 분자로 되어 있으며, 또 그만큼 수많은 원자를 갖고 있는 것입니다. 그것이 곧 당신이 우상 4분면에서 발견할 수 있는 것들의 전부입니다.

그러나 만약 당신이《햄릿》의 **의미**를 알고 싶다면 당신은 그것을 읽어야 합니다. 당신은 상호주관적인 이해에 관여해야 하고 그것이 의미하는 바를 **해석**해야 합니다.

그렇습니다. 이것은 단지 하나의 객관적인 사건에 불과한 것은 아니지요. 그렇다고 해서 그것이 주관적인 공상은 더더욱 아닙니다. 이는 매우 중요한 점을 시사하는데, 왜냐하면 경험과학적 방식들은 만약 어떤 것이 경험적으로 참이 아니라면 그것은 전혀 참이 아니라고 언제나 주장하고 있기 때문입니다. 그러나 해석은 결코 주관적인 공상이 아닙니다.《햄릿》에 대한 **훌륭한** 해석도 있고 **형편없는** 해석도 있습니다. 예컨대《햄릿》은 전쟁의 즐거움에 관한 희극이 아닙니다. 그것은 형편없는 해석이고 틀린 해석입니다.

■ 그렇다면 해석에는 타당성의 기준이 있군요.

● 그렇지요. '좌측' 차원이 이러한 강한 해석적 측면을 갖고 있다고 해서 그것들이 단지 자의적이거나 근거가 없는 것이거나, 혹은 어디까지나 주관적이고 특이한 공상에 지나지 않는다는 것을 의미하지는 않습니다. 다만 훌륭한 해석과 형편없는 해석, 절묘한 해석과 그릇되거나 왜곡된 해석, 보다 더 적절한 해석과 보다 덜 적절한 해석이 있을 뿐입니다.

그래서 이러한 기준은 동일한 심층을 조사해본 적이 있는 전문가들 집단에 의해 결정될 수 있습니다. 앞에서 언급한 바와 같이《햄릿》의 의미는 "좋은 하루가 되십시오" 같은 것이 아닙니다. 그러한 해석은 그 대본을 이미 읽고 연구한 전문가들 집단에 의해,《햄릿》의 내면세계로 들어가본 사람들 집단에 의해, 즉 그러한 심층을 공유한 사람들에 의해 쉽게 거부될 수 있습니다.

설사 당신이《햄릿》에 대한 당신 특유의 독특한 해석을 내놓는다고 해도 좋습니다. 그러한 해석은 당신의 실제적 삶의 세계 내의 사실들과 맥락들에 바탕을 두고 있으니까요. 어느 쪽이든 간에 요컨대, 해석은 황당할 정도로 자의적인 것이 아님을 뜻하는 것이지요!

이러한 해석적 지식은 경험적 지식과 마찬가지로 중요한 것입니다. 어떤 면에서는 보다 더 중요합니다. 그렇지만 물론 해석적 지식은 독백적 주시처럼 머리를 끄덕일 정도의 명백한 것이라기보다는 약간 더 기교적인 것이고 약간 더 세련됨을 필요로 하는 것이지요. 그러나 애석하게도 오직 단순한 위치를 가진 것만을 현실적으로 존재하는 것으로 믿는 일종의 단세포적 마음을 가진 사람이 있습니다. 비록 그러한 믿음 자체는 단순한 위치를 갖고 있지 않은데도 말입니다.

모든 해석은 맥락 지향적이다

■ 선생님은 해석에서 결정적으로 중요한 특징으로 그것은 언제나 **맥락 지향적**context-bound이라는 점을 지적했습니다.

● 그렇습니다. 해석의 일차적 규칙은 모든 의미가 맥락 지향적이라는 것입니다. 예컨대 영어의 "bark"라는 단어의 의미는, "the bark of a tree"(나무의 껍질)와 "the bark of a dog"(개가 짖는 소리)라는 어구에서 보듯이 서로 다릅니다. 중요한 점은 맥락[문맥]은 어느 해석이 옳고 그른지 여부를 결정하는 데 도움을 준다는 것입니다.

게다가 그러한 맥락 자체는 여전히 보다 더 큰 맥락들 속에 존재하고, 그래서 우리는 "해석학적 서클" 안에서 해석을 해냅니다. 물론 그 까닭은 오직 홀론들만 있고, 홀론들은 '홀론 내의 홀론', '맥락 안의 맥락'으로 끝없이 무한정 겹겹한 둥지로 깃들어져 있기 때문입니다.

그러므로 모든 의미는 맥락 의존적이고 맥락들은 경계가 없이 무한합니다. 우리는 이미 앞에서, 포스트모더니즘의 으뜸가는 목표 중 하나는 해석의 중요성을 강조하는 것이라고 언급한 바 있습니다. 조너선 컬러Jonathan Culler[39]는 해체주의(포스트모던 운동에서 자크 데리다에 의해 정초된 가장 영향력 있는 사상 중 하나)에 대한 모든 것을 다음과 같은 한마디로 요약한 바 있습니다. "그러므로 누구든지 '해체'를 **의미의 맥락적 결정**과 **맥락의 무한 연장성**infinite extendability이라는 쌍둥이 원리와 동일시할 수 있는 것입니다." 달리 말하면, 모든 의미는 맥락 의존적이고 맥락은 경계가 없다는 것입니다. 우리는 4분면과 홀론의 본성을 살펴봄으로써 이러한 진리에 도달하였고, 데리다는 언어를 연구함으로써 그렇게 했던 것이지요. 이것이야말로 무한히 계속되는 홀론 내의 홀론들에 대한 명백한 예입니다(물론 해체는 극단적인 구성주의 쪽으로 너무 지나치게 멀리 치닫게 될 수도 있지만 우리는 그러한 길을 취할 필요가 없는 것이지요). 그 핵심은 단순히, 실재의 끝이 없는 홀론적인 본성을 강조함으로써 우리는 포스트모던적 통찰의 최선의 것과 일반적으로 일치하고 있다는 것입니다.

겹겹의 둥지로 깃든 홀론들이, 즉 영속적인 맥락들이 단순히 의미하는 바는, 우리는 언제나 의미를 이해하는 데 있어 배경 맥락에 민감할

39 미국의 구조주의 이론가. 코넬대학교의 영문학과 및 비교문학과 교수로 재직 중이며, 대표 저서로《바르트》,《소쉬르》,《해체론에 관하여》 등이 있다.

필요가 있다는 것입니다. 그래서 만약 우리가 이러한 맥락들을 더 많이 고려하면 할수록 우리의 해석은 맨 위로, 그리고 맨 아래로 끝없이 뻗어나가면서 더욱더 풍성해질 것입니다.

인간 이외의 존재에 대한 해석

■ 그렇다면 이러한 해석적 요소는 인간 이외의 존재들에게도 마찬가지로 적용됩니까? 인간 이외의 홀론들에게도 그것이 적용됩니까?

● 만약 당신이 그것들의 **내면세계**를 알고 싶다면 절대적으로 그렇지요. 만약 당신이 어느 홀론의 내면에 도달하고 싶다면 도대체 그 외의 무슨 방도가 소용이 있을까요?

당신이 애견과 상대하고 있을 경우에도 당신은 단지 그것의 외면적인 행동에만 관심을 두지는 않습니다. 인간과 개는 유사한 변연계를 갖고 있으므로 그들과 우리는 역시 **공통의 정서적**("타이폰적typhonic") **세계공간**을 공유하고 있습니다. 당신은 당신의 애견이 슬퍼하거나 두려워하거나 즐거워하거나 배고파하는 경우를 감지할 수 있습니다. 그래서 대부분의 사람들은 그들의 그러한 내면적 감정을 응대해줍니다. 그들은 그러한 내면적인 감정들을 공유하고 싶어 합니다. 그들의 개가 즐거워할 때 그러한 즐거움을 공유하는 것은 쉽습니다. 그렇지만 그것은 당신의 개가 느끼는 감정이 무엇인지에 대한 예리한 **해석**을 필요로 합니다. 물론 그것은 말로 하거나 언어적 의사소통을 하는 것은 아니지요. 그렇지만 그것은 당신 개의 내면과 그것의 깊이, 그리고 의식의 정도와의 **감정이입적 동조**同調인데, 이는 당신의 것만큼 그렇게 대단한 것은 아닐지라도 그런 면이 전혀 없다는 것을 의미하지는 않습니다.

그러므로 당신은 감정이입적/공감적으로 해석합니다. 그리고 애견도 당신과 똑같이 합니다. 당신들은 각 상대의 내면에 동조합니다. 그러한 순간순간들 속에 당신은 공통의 세계공간을, 이 경우에는 공통의 정서적 세계공간을 공유합니다. 물론 당신은 그것을 개념적으로 상세하게 설명할 것이지만 개는 그렇게 할 수 없습니다. 그렇지만 기본적인 정서는 충분히 비슷하고 당신은 그것을 압니다. 당신은 애견의 내면적 감정을 해석하고, 그러한 감정에 관여하게 됩니다. 그러한 면이 바로 우리가 개를 기르고 싶어 하는 전체 요점이라고나 할까요. 아닌가요?

물론 홀론이 하위이면 하위일수록, 혹은 깊이가 얕으면 얕을수록 더욱더 하위적인 의식을 갖게 되고 더욱더 얕은 내면을 갖게 됩니다. 그래서 해석하고 공유하기가 더더욱 쉽지 않게 됩니다. 물론 어떤 사람들은 잘 알려져 있듯이 그들의 관상용 수석과도 교감하는데, 이것이 우리에게 시사하는 뭔가가 있다고 나는 생각합니다.

◼ 그렇다면 인간과 개는 양쪽 다 어떤 종류의 **공통의 배경**을, 즉 이 경우에는 정서적 세계공간을 공유하기 때문에 우리는 어느 정도까지는 서로 상대를 해석할 수 있다는 말이군요.

● 맞습니다. 공통의 세계공간은 해석, 즉 공유함을 허용하는 **공통 맥락**을 제공합니다. 앞에서 언급하였듯이 모든 해석은 맥락을 필요로 하고, 이 경우 그것은 정서적 세계공간의 맥락이고, 이것이 바로 우리가 개와 공유하는 공통의 문화인 것입니다.

물론 우리는 모두 역시 더 낮은—(중력 같은) 물리적, 식물적(생명), 파충류적(굶주림)—세계공간도 공유합니다. 인간의 뇌도 파충류적 뇌간을 포함하고 있으므로 우리는 도마뱀과도 그것을 공유할 수 있습니다만, 그러나 그것은 재미적은 일이 되겠지요. 그렇지 않은가요? 좀 더 아래로 관상용 수석까지 내려간다면 질량과 중력을 공유하게 되지요. 깊이가 더 얕아지면 공유하는 게 더 적어진다는 말입니다. 현실적으로는 당신과 당신의 관상용 수석이 함께 공유할 수 있는 것은 똑같은 속도로 낙하한다는 것이지요.

◘ 그렇다면 우리가 특히 인간적인 맥락에 이르게 된다면……

○ 네, 그것이 특히 인간에 관한 것이 되면 그 이전의—말하자면 세포적, 파충류-뇌간적, 포유류-변연계적—배경에 **추가하여** 우리는 복잡한 인지적·개념적·언어적 배경도 역시 갖게 됩니다. 그래서 우리는 이러한 **공통의 문화적 배경**('좌하 4분면')에 우리의 상호 간 해석의 바탕을 둡니다. 의사소통이 일어나게 할 수 있는 다른 어떤 방도는 없습니다.

◘ 그래서 이러한 배경은 진화를 한다는 말이군요.

○ 네, 모든 분면은 진화하고, 모두 다 20가지 원칙을 따릅니다. 문화적 배경, 즉 "좌하 4분면"과 관련하여 우리가 본 것은, 가능한 한 보다 더 상위적인 세계관으로 향해 나아가는 과정에 있는 인류에 와서는, 그것은 태곳적 수준에서 차례로 마법적·신화적·합리적·실존적 수준에 이르기까지 진화한다는 것입니다. 그래서 이러한 세계관들 각각은 우리가 '온우주'를 **해석할 수 있는** 가능한 **방식들**을 지배합니다.

그렇다면 당신과 내가 '온우주'를 과연 어떻게 해석해야 할까요? 마법적으로 해석해야 할까요? 신화적으로 해석해야 할까요? 합리적으로 해석해야 할까요? 아니면 다 함께 초합리적으로 해석해나가야 할까요?

그러나 무엇보다 당신은, 단지 독백적 주시에 의해 곧이곧대로 반영되기를 기다리며 여기저기 널려 있는, 단순하게 미리 주어진 세계란 왜 아무 데도 없는가를 비로소 알기 시작하게 될 것입니다.

■ 인간 과학이 어떻게 해서 언제나 이러한 두 개의 진영, 즉 '우측' 대 '좌측'으로 분할되어왔는가는—왜 표층은 보여질 수 있지만 심층은 해석되어져야 하는가는—조금도 이상한 일이 아니로군요.

영적 해석

■ 그런데 영적 변용이나 영적 체험에서 해석은 얼마나 중요한 것입니까?

○ 예를 들어보시지요.

■ 예컨대 저는 내면적 조명의 직접 체험—내적 광명에 눈이 멀 정도로 황홀한 환각적 체험—을 한 적이 있습니다.

○ 그 체험 자체는 정말로 직접적이고 즉각적입니다. 당신은 그 빛과 하나가 될 수도 있지요. 그렇지만 당신은 그러한 상태로부터 벗어나고 나서는 내게 그것에 대해 말하고 싶어 합니다. 당신은 내게 그것에 대해 말을 걸고 싶어 합니다. 당신은 그것에 대해 자기자신과도 대화하고 싶어 합니다. 그래서 여기쯤 이르게 되면 당신은 이러한 심층 체험이 무엇이었나를 **해석**해야만 합니다. 이 빛이 무엇이었나? 그것은 예수 그리스도였나? 그것은 '불심佛心'이었나? 그것은 원형archetype이었나? 천사였나? 그것은 외계인의 UFO였나? 그것은 단지 혼란된 뇌의 어떤 상태였나? 그것이 도대체 무엇이었나? '신'이었나? 아니면 소화가 되지 않은 고기 조각 때문이었나? '여신'이었나? 아니면 음식 알레르기 때문이었나?

여하튼 당신은 해석해야 하지요! 그래서 만약 당신이 그것은 어떤 종류의 순수한 영적 체험이었다고 판단 내린다면, 그것은 무슨 성향의 영적 체험이었는지 해석해야 합니다. 알라신Allah? 케테르Keter[40]? 쿤달리니Kundalini[41] 상승? 사비칼파 사마디Savikalpa-Samadhi[42]? 융의 원형? 플라톤의 형상? 이것은 그다지 별로 중요하지 않거나 부수적인 문제가 결코 아닙니다. 이것은 이론적으로만 시시콜콜 따지는 하찮은 문제가 아닙니다. 이것은 단지 학술적인 관심사가 아닙니다. 그와는 정반대이지요. 당신이 이 체험을 어떻게 해석하는가에 따라 이러한 (계시적) 조명으로써 어떻게 다른 것들에 접근하는지, 또 어떻게 세계와 함께 그것을 공유하는지, 또 어떻게 그것을 당신 자신의 체계 속으로 적응시키는지를 좌지우지하게 됩니다. 또한 당신이 그것에 대해 다른 사람에게 말할 수 있는 방식, 그리고 당신 스스로 그것에 대해 생각할 수 있는 방식까지도 좌지우지하게 될 것입니다. 게다가 그 빛과 당신 앞날의 관계도 결정짓겠지요!

그래서 모든 해석들의 경우와 같이, 그것이《햄릿》에 대한 것이거나 내적인 빛에 대한 것이거나 간에, 해석에는 **뛰어난** 것이 있고 **형편없는** 것이 있습니다. 그러면 이러한 해석에서 당신은 일을 훌륭하게 해낼 것인가요, 아니면 형편없이 해낼 것인가요?

바꾸어 말하면 설사 이러한 빛의 체험이 초이지적이거나 온통 말로

40 유대교 신비주의 카발라Kabbalah에서 온우주를 상징하는 생명수의 열 개의 위계로 된 세피로트Sephirot,樹를 통해 창조주 신이 현 세계에 나타나는데, 지고의 제1 세피로트가 케테르(왕관)이다. 이는 신의 최초의 현현의 형태이며, 최하위 제10 세피로트인 물질계 마르크트로로 향한 신의 유출과 케테르로의 귀환의 순환체계의 최상위이다.

41 탄트라 요가에서 척추의 부근 최하위 물라다라 차크라 내에서 뱀처럼 똬리를 튼 채 조용히 잠들어 있는 신비한 생명의 원동력으로 쿤달리니 요가 수행에 의해 차크라를 통해 차례로 상승하여 최상위 일곱 번째 사하스라라 차크라에 도달하고, 이 상승에 의한 결합은 수행자에게 무한한 지복감과 신성한 깨달음에 이르게 한다고 한다.

42 유상삼매有相三昧. 베단타와 불교에서 형상을 가지고 하는 수행, 이른바 유상관有相觀에 의한 선정삼매를 의미한다.

는 도저히 형언할 수 없는 [어불성설語不成說] 경지의 것이라 하더라도 여전히 당신은 복합적 개체입니다. 말하자면 여전히 당신은 이러한 영적 요소로만—어쩌면 그것이 바로 그 빛이었을지도 모르지만—구성되어 있지 않고, 역시 마음, 신체, 물질로도 구성되어 있습니다. 그래서 당신은 이지적으로 이러한 체험에 대해 자신을 바르게 적응시켜야 합니다. 당신은 그것을 해석해야 하고 설명해야 하고 그것에 의미를 부여해야 합니다. 그런데 만약 당신이 **그것을 적절하게 해석하지 못한다면** 어쩌면 그것은 당신을 실성한 상태로까지 몰고 갈 가능성이 아주 농후합니다. 당신은 그것을 적절하게 해석할 수 없기 때문에 당신 존재의 나머지 부분과 그것을 통합할 수 없을 것입니다. 당신은 그것이 무엇을 **의미하는지**를 잘 모르고 그것을 적절하게 해석하지 못하기 때문에, 당신 자신의 비범한 심층이 당신에게서 도망가고 당신을 혼란스럽고 모호하게 만듭니다.

◘ 그렇다면 해석은 영적이거나 초이지적 체험에서조차도 중요한 부분이군요.

◎ 네, 확실히 그렇지요. 오늘날 많은 사람들이 정확히 이러한 종류의 영적이거나 초이지적인 체험—의식의 진화에서의 보다 상위적이고 심층적인 단계로부터의 체험—을 하고 있습니다. 그러나 그들은 **그것들을 어떻게 해석하는지 모릅니다.** 그들은 이 같은 비상한 직관력을 지니고 있습니다만 그 직관들을 아주 부적절하거나 불완전한 양식으로 해독합니다. 그래서 이러한 부적절한 해석은 더 이상의 변용을 좌절시키고 탈선시키고 고의적으로 방해하기조차 합니다.

◘ 그렇다면 "형편없는" 해석의 예로는 무엇이 있을까요? 우리는 어떤 하나의 해석이 형편없는지 여부를 어떻게 말할 수 있을까요?

◎ 해석의 기본 규칙의 하나로, 모든 의미는 **맥락 지향적**이라는 점

을 기억해야 합니다. 그래서 이러한 유형의 영적 체험을 해석하려는 어떠한 시도에서도 우리는 체험을 해석하고자 하는 맥락이 가급적 충분하고 완전한 것이라는 점을 분명하게 하고 싶어 합니다. 달리 말하면 우리는 우리의 해석을 **모든 4분면에** 대해 검증했다는 점을 확실시하고 싶어 합니다. 우리는 "온분면all-quadrant"적 관점을 갖기를, 즉 '온우주'의 모든 차원에서의 맥락으로부터 해석하기를 원합니다.

현재 일어나고 있는 문제는, 많은 사람들이 이러한 체험을 단지 하나의 분면—심지어 때로는 어느 한 분면에서 단지 어느 한 수준—의 실재에 바탕을 두고 이러한 체험을 해석하려고 애쓰는 데 있습니다. 이것은 다른 분면을 황폐화시키고 해석의 충분성과 체험 자체의 충분성을 절름발이로 만들 뿐이지요!

◘ 예를 든다면요?

○ 많은 사람들이 이러한 영적 체험을 기본적으로 오직 '좌상 4분면'에 의거해서만 해석합니다. 그들은 더 상위적인 '자기Self'나 더 상위적인 의식, 원형적 형상, 에니어그램 패턴, 영혼의 보살핌, 내면의 음성, 초월적 자각 등에 의거하여 그 체험을 이해합니다. 그들은 문화적·사회적·행동적 요소들을 완전히 무시하는 경향이 있습니다. 그래서 그들의 통찰은 어떻게 이 상위적인 '자기'를 다른 분면과 관련짓는가에 있어서는 제한되어 있는데, 이것[다른 분면]들을 모두 그들 자신의 '자기'의 단순한 연장이라고 봄으로써 오히려 약간은 자아도취적으로 해석하기 때문입니다. 뉴에이지 운동은 이러한 유형의 '유아唯我' 독존적 해석으로 가득 차 있습니다.

또 다른 부류의 사람들은 이러한 체험을 기본적으로 뇌의 상태의 산물, 즉 '우상 4분면'으로만 보려 합니다. 그들은 이러한 체험이 유일하게 또는 현저하게 θ파 뇌파 상태나 대량의 엔도르핀 방출이나 대뇌 반구의 동조화 현상 등에서 오는 것으로 해석하려고 애씁니다. 이들은 또한 의식의 내면적인 상태 자체는 언급할 필요조차 없이 문화적이고 사회적인 요소마저도 완전히 황폐화시켜버립니다. 그렇게 하는 것은 과도하게 객관적이고 단지 기술적技術的인 일일 뿐입니다.

또 다른 부류의 사람들—특히 "신新패러다임" 생태 이론가들—은 대체로 '우하 4분면'에 의거하여 이러한 체험을 해석하려고 시도합니다. 그들에게 있어서 "궁극의 실재"는 경험적인 생명의 그물이나 '가이아'나 생물권이나 사회체제입니다. 그래서 모든 홀론은 거대한 [생명] 그물망 내의 단지 한 가닥에 지나지 않는 존재로 환원되고 맙니다. 이러한 접근 방식은, 의식발달의 내면적 단계들을 조잡하게 이해하고 나서는 모든 '좌측' 요소들을 경험적 [생명] 그물망 내의 '우측' 가닥으로 환원시킵니다. 거대한 폭을 거대한 깊이로 착각하고, 수직적 깊이를 수평적 확장 쪽으로 붕괴시켜버리는 것입니다. 이것은 수많은 비평가들이 에코파시즘ecofascism이라고 일컬어온 것의 다양한 형태로 나타납니다.

또 다른 부류의 사람들은 이러한 체험들을 순전히 집합적인 문화적 의식과 앞으로 올 세계관의 변용, 즉 '좌하' 4분면에 의거하여 해석하려고 시도합니다. 이렇게 되면 임의로 주어진 어느 시점에서 개인적 의식이 할 수 있는 것에 대해 간과하게 되고, 이러한 체험을 뒷받침하고 깊이 간직하도록 도와주는 사회구조와 제도의 중요성도 부정합니다.

◘ 이러한 모든 것들은 매우 부분적으로 되는 경향이 있군요.

◎ 이러한 "단일분면적" 해석 모두는 그들 나름대로 진리의 계기를 갖고 있고 거기에는 중요한 계기도 있습니다. 그렇지만 그들은 다른 분면을 적절하게 포함하지 않기 때문에 원래의 생생한 체험을 불구로 만들어버립니다. 그들은 이러한 영적 직관을 매우 단편적인 용어로 매

우 형편없이 해독합니다. 그래서 이러한 단편적인 해석은 더 이상 영적 직관의 촉진을 도와주지 않습니다. 단편화된 해석은 오히려 영적 과정 자체를 억제하는 경향이 있습니다.

◻ 그렇다면 요점은……

◎ '활동 중에 있는 영'은 4분면 모두에서 현현하기 때문에 영적 체험의 적절한 해석은 4분면을 모두 고려해야만 합니다. 우리가 꼭 상이한 수준—물질, 신체, 마음, 혼, 영—만을 갖고 있다는 것이 아니고, 오히려 이것들 각각은 네 가지—의도적, 행동적, 문화적, 사회적—모습으로 현현한다는 것입니다.

◻ 그렇다면 균형적이고 통합적인 관점은 그런 모든 것들을, 즉 수준들 모두와 분면들 모두를 포함하겠군요.

◎ 네, 그렇다고 생각합니다. 진실로 통합적인 관점은 "온수준all-level·온분면all-quadrant"적일 테니까요. 이러한 통합적 관점은 우리가 보다 더 상위적이거나 심층적인 인간 성장과 발달을, 즉 의식진화의 더 나아간 위 단계들을 주목할 때 특히 중요해집니다. 만약 우리의 미래에 변용이 마땅히 있다고 본다면, 그것은 분명 이러한 더 상위적인 혹은 보다 더 심층적인 단계들 속에 놓여 있습니다. 그리고 우리를 자유롭게 놓아주기 위해 전개하게 될 진리의 상이한 유형들을 우리가 존중하고 인정하기만 한다면 이러한 단계들은 오로지 그들의 풍성함과 완전함 속에 접근될 수 있는 것입니다.

◻ "온수준·온분면" 관점에 관한 한 많은 사람들이 "온수준" 부분은 이해하는 것 같아 보입니다. 그들은 물질로부터 신체, 마음, 혼, 영에 이르는 모종의 의식의 스펙트럼이 있다는 것을 실감합니다. 비록 그러한 용어들을 사용하지 않을지는 모르지만요. 그렇지만 제가 보기에 많은 사람들이 "온분면" 부분을 이해하는지는 확실치 않습니다. 선

생님이 사람들은 어떻게 단지 한 분면에 의거하여서만 영적 조명을 해석하려 드는 경향이 있는가에 대해 제시한 예가 그런 점을 확인시켜줍니다. 저는 의식의 진화 수준에 대해 논의하기 위해 되돌아오고 싶습니다(제2부 참조). 그러나 지금 당장은 우리가 어쩌면 온분면 부분에 초점을 둘 수 있겠지요. 왜냐하면 선생님이 강조하셨듯이 어쩌면 그것은 곧 모든 분면들을 균형적이고 통합적이고 포괄적인 양식으로 이해하지 않고서는 보다 상위적인 수준들이 충분히 완전하게 전개하지 않을 것이라는 경우에 해당할지도 모르기 때문입니다.

○ 이러한 수준들과 분면들은 단순히 온우주의 모습들, 바로 우리 자신의 모습들입니다. 그래서 내가 생각하기에 전체적인 요점은, 우리는 '온우주'의 모든 양상들과의 공감적 조율 속에서 우리 자신을 발견하고 싶어 한다는 것입니다. 우리는 온우주 내에서 우리 자신을 편안하게 찾고 싶어 합니다. 우리는 각각의 분면에서 진리를 접촉하고 싶어 합니다. 우리는 각각의 분면이 서로 다른 음성으로 우리에게 말한다는 것을 알아차리게 됨으로써 비로소 그렇게 하기 시작하는 것입니다. 우리가 매우 신중하게 듣는다면 그들이 진리를 온화하게 속삭이고 있는, 그리고 마침내 우리를 고향으로 돌아오라고 조용히 부르는 조화로운 합창에 참여하고 있는 각각의 목소리를 들을 수 있습니다. 우리가 만약 그와 같이 우리를 해방시켜주는 진리들을 알아보고 존중하는 방법을 알기만 한다면 그러한 진리들과 완전하게 동조할 수 있습니다.

조율attunement에서 화해atonement로, 다시 합일at-onement로 이르기까지 우리는 '온우주적' 의식 자체의 바로 맨 가장자리에서 온우주적 교감의 압도적인 포옹 속에서 우리 자신을 발견합니다…… 만약 우리가 매우 주의 깊게 경청한다면.

7

온우주에 조율되어

◘ 우리는 진리의 네 가지 형식 모두에 매우 주의 깊게 경청해야만 된다는 말씀이시군요.

○ 가장 넓은 의미에서 진리란 실재에 '조율'되어 있다는 것을 의미합니다. 진·선·미에 진정으로 접촉하기 위해서지요. 그렇지 않습니까?

그렇다면 그것은 또한 우리가 실재에서 벗어나 있을 수도 있다는 것을 의미합니다. 우리는 (진리에 대한) 우리의 판단에서 분별을 잃거나 모호해지거나 실수를 범하거나 잘못될 수도 있습니다. 우리는 진眞에서 벗어나거나 선善에서 벗어나거나 미美에서 벗어날 수도 있다는 말입니다.

그래서 인류의 집합적인 인간성은 진화 과정에서 고통스러운 시행착오를 거치며 우리 자신과 '온우주'와의 조율을 점검할 수 있는 다양한 방법들을 발견해왔습니다. 우리가 진리와 접촉하고 있는지, 아니면 허위 속에 빠져 길을 잃어버렸는지를 알게 하는 여러 방법들이 있지요. 우리가 선을 존중하고 있는지, 아니면 모호하게 하고 있는지를 알 수 있어요. 우리가 미에 의해 움직이는지, 아니면 타락을 촉진하고 있는지를 알 수 있습니다.

바꾸어 말하면 인류는 일련의 **타당성의 [검증] 기준들**validity claims을—말하자면 우리가 실재와 일치하고 있는지 어떤지를, 또 우리가 그 모든 풍성한 다양성 속에서 '온우주'에 적절하게 조율되어 있는지 어떤지를 결정하도록 우리를 도와줄 수 있는 검증 기준들—만들어내기 위해 값비싼 대가를 치르며 배워왔고 각고의 노력을 해왔다는 것입니다.

◘ 그러면 타당성 검증 기준 자체는……

◎ 타당성 검증 기준이란 '영Spirit' 자체에 우리를 연결하는 방식들, 즉 '온우주'에 우리 자신을 조율하는 방식들입니다. 그 기준들은 우리로 하여금 실재를 직면하기를 요구합니다. 그것들은 우리의 에고적 환상과 자기중심적 방식들을 제약합니다. 그것들은 나머지 온우주로부터 명확한 증거를 요구합니다. 그것들은 우리를 우리 자신 밖으로 빠져나오게 만듭니다! 그것들은 바로 '온우주적 헌법'의 견제와 균형입니다.

◘ 앞에서 언급한 바 있듯이 4분면, 그리고 그 진리 등과 친숙해진다는 것은 의식의 보다 상위적인 수준들이 보다 균형적이고 통합적인 형태로 창발하게 되는 것을 보다 손쉽게 만든다는 것이로군요. 또 우리가 "온수준"을 파악하기 위해서는 먼저 "온분면"을 파악해야 할 필요가 있다는 말씀이시군요.

◎ 그렇게 하는 게 정말 옳다고 믿습니다.

◘ 그렇다면 아마 우리는 4분면을 아주 간략하게 요약할 수 있겠군요. 네 가지 진리, 즉 그것들이 무엇인가를 알아보고 그것들의 타당성에 대한 검증을 하는 것 말입니다.

◎ 이러한 기준들은 그림 7-1에 수록되어 있습니다. 그래서 일단 이

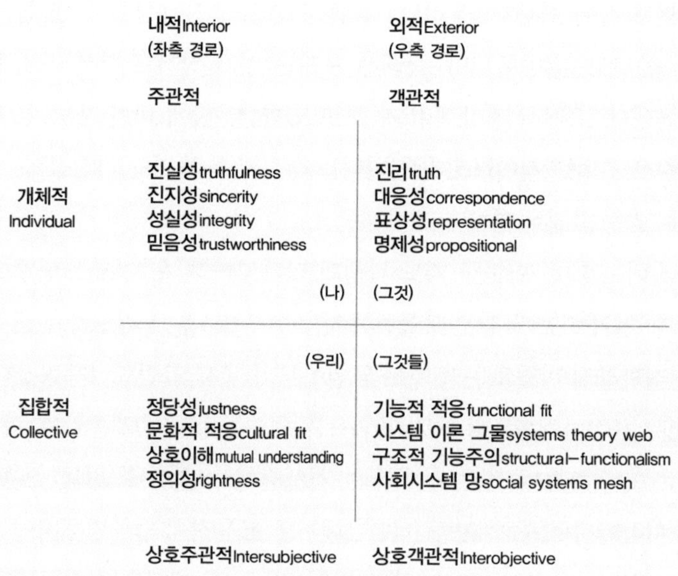

그림 7-1 **타당성 검증 기준**

것들을 간략하게 훑어보고 나서, 내가 그것들 모두를 요약하기 위한 정말로 아주 단순한 방법을 제시할 수 있다는 것을 약속하지요!

명제적 진리

◘ "진리"에 대한 쉬운 정의가 있는지요?

◎ 대부분의 사람들은 진리란 다름 아닌 표상적 진리를 뜻한다고 봅니다. 단순한 지도화 또는 단순한 대응성을 뜻하는 것으로 말입니다. 말하자면 나는 구체적인 현실세계 내의 어떤 것을 언급하거나 표상하는 진술이나 명제를 만들어냅니다. 예컨대 "밖에 비가 오고 있습니다"라고 말할 수 있겠지요. 그러면 우리는 그것이 사실인지 아닌지를 알

아보고 싶어 합니다. 우리는 그 같은 진술의 타당성이나 "진실된 상황"을 알고 싶어 합니다. 그래서 우리는 먼저 창가로 가서 바깥을 바라봅니다. 그래서 정말로 비가 오고 있다면 "밖에 비가 오고 있다"는 진술은 진실한 것이라고 말합니다.

■ 또는 진실한 명제라고 하겠군요.

● 네, 그것은 단순한 지도 작성의 절차입니다. 우리는 그 명제가 사실과 '**일치**'하는지 혹은 부합하는지의 여부를, 즉 그 지도가 실제 영토를 정확하게 반영하는지 여부를 알아보기 위해 확인합니다(통상적으로 그것은 보다 더 복잡한 현상이고, 그래서 우리는 그 지도가 그릇된 것임을 입증하려고 애쓸지도 모릅니다. 그리고 우리가 그것을 결코 반증할 수 없다면 그것이 충분히 정확한 것이라고 가정합니다). 그렇지만 표상적이거나 명제적인 진리와 더불어 나의 진술은 여하튼 **사건들**affairs**의 객관적 상태**를 언급하는 것이고, 그래서 그 지도는 그러한 객관적 대상이나 과정이나 사건들과 정확하게 일치한다는 것이 바로 그 핵심 아이디어입니다.

■ 그렇다면 명제적 진리는 기본적으로 반드시 외면적인 것이나 객관적인 것, 즉 '우측' 차원만을 취급하는 것이로군요.

● 네, 맞습니다. '우상' 4분면과 '우하' 4분면 양쪽 모두 홀론의 관측 가능하고 경험적이고 외면적인 측면들을 내포합니다. 우리는 곧 이것들을 '상위'와 '하위'의 해석으로 더 세분화할 것입니다. 그렇지만 요점은, '우측' 홀론들은 모두 **단순한 위치**를 지니고 있다는 것입니다. 이러한 측면들은 쉽게 보여질 수 있고, 따라서 명제적 진리와 더불어 우리의 진술을 이러한 대상이나 과정이나 관심사들에 연계시킵니다(이것은 또한 진리의 대응성 이론이라고도 일컬어집니다).

그 모든 것들은 충분히 공정하고 중요한 것이므로 나는 어떤 방법으로도 경험적 표상의 일반적인 중요성을 부인할 수 없습니다. 그것은 다만 전체 이야기가 아니고, 그렇다고 그것이 꼭 우리 이야기의 가장 흥미 있는 부분이 되는 것도 아닙니다.

진실성

■ 그렇다면 사태들의 객관적 상태—뇌, 행성, 유기체, 생태계—는 경험적 지도의 작성으로 표상화할 수 있겠군요. 이러한 경험적 지도들은 모두 "비가 옵니다"와 같은 것들이 다르게 나타난 모습들이겠고요. 객관적 명제들 말입니다.

● 맞습니다. 그렇지만 만약 우리가 이제 '좌상' 4분면—개체적 홀론의 실제 내면세계—를 들여다보면 우리는 전적으로 다른 형식의 타당성 검증 기준을 갖고 있다는 것이지요. 여기서의 질문은 "밖에 비가 오고 있습니까?"와 같은 것이 아닙니다. 반면 그 질문은 내가 '바깥에 비가 오고 있다'고 당신에게 말할 때 '내가 진실을 말하고 있는가 아니면 거짓말을 하고 있는가'의 문제입니다.

그러니까 말하자면 그것은 지도가 객관적 영토와 부합하는지 어떤지에 대한 질문이 아니라 지도 작성자가 신뢰할 만한가 어떤가에 대한 질문입니다.

게다가 그것은 단지 객관적 진리에 대한 문제가 아니라 특히 내면의 진실에 대한 문제입니다. 내 말은, 비가 오고 있는지 어떤지는 당신이 언제든지 확인하고 볼 수 있다는 것입니다. 당신은 그것을 당신 스스로 할 수 있습니다. 그러나 당신이 나의 내면, 나의 심층을 알 수 있는 **유일한** 길은 앞에서 보아왔듯이 내게 질문을 하고, 내게 **말을 걸어옴**으로써만 가능한 것입니다. 그리고 내가 나의 내면의 상태에 대해 털어놓을 때 내가 진실을 말할 수도 있지만, **내가 거짓말을 하고 있을 수**

도 있습니다. 당신은 말을 걸거나 대화를 하거나 해석을 하거나 하는 것을 제외하고는 다른 어떤 방도가 없습니다. 게다가 나는 근본적으로 왜곡하거나 숨기거나 오도할 수도 있습니다. 한마디로 나는 거짓말을 할 수도 있습니다.

그러므로 우리가 '우측'에서 항해해 나아가며 선호하는 방식은 명제적 진리—아니면 한마디로 "진리"—라는 척도를 사용하는 것입니다. 그러나 우리가 '좌상 4분면'에서 나아가는 방식은 **진실성**이나 진지성이나 정직성이나 신빙성이라는 척도를 사용하는 것입니다. 이것은 **객관적 진리**와는 별로 상관없으며, 반면에 주로 **주관적 진실성**에 상관되고 있습니다. 두 개의 매우 상이한 기준인 진리와 진실성이 있는 셈이지요.

◘ 그렇다면 그것들은 매우 상이한 타당성 기준이로군요.

◎ 네, 맞습니다. 그런데 이것은 대수롭지 않은 문제는 결코 아닙니다. 내면적 사건들은 사태들의 객관적 상태가 아닌 의식의 상태 내에 놓여 있습니다. 그러므로 당신은 그것들을 '단순한 위치'라고 경험적으로 못 박을 수 없습니다. 앞에서 본 바와 같이 그것들은 독백적 주시에 의해서가 아니라 의사소통과 해석에 의해 접근되는 것입니다.

그리고 이러한 의사소통에서 **나는 당신에게 의도적으로 거짓말을 할 수도 있습니다.** 여러 가지 다양한 이유로 인해 나는 나의 내면을 짐짓 틀리게 나타내려고 애쓰거나, 그것이 실제로 그런 것과는 어느 정도 다른 것처럼 보이게 만들려고 애쓰거나, 기만으로 가득 찬 막다른 벽 쪽으로 '좌측'의 전체 차원을 몰고 갈 수도 있습니다. 나는 당신에게 거짓말을 할 수도 있습니다.

더구나 게다가 바로 이것이 아주 중요한데, 내가 나 자신에게조차 거짓말할 수도 있다는 거지요. 나는 나 자신의 심층 양상을 나 자신으로부터 숨기려고 애쓸지도 모르지요. 나는 이러한 행동을 의도적으로 할 수도 있고, 아니면 "무의식적으로" 할 수도 있습니다. 그러나 어찌하든지 간에 나는 **나 자신의 심층을 잘못 해석**할 수 있을 것입니다. 나는 나의 내면에 대해 거짓말을 할 수도 있을 것입니다.

게다가 부분적으로는 그 "무의식"이란 것은 내가 나 자신에게 거짓말을 해온 모든 방식들의 심층의 저장소입니다. 나는 성장 환경이 남긴 극심한 트라우마 때문에 나 자신에게 거짓말을 하기 시작했을 수도 있지요. 그렇지 않으면 나는 그것을 나의 부모로부터 배웠을 수도 있습니다. 혹은 아니면 나는 심지어 보다 더 고통스러운 진실에 대한 방어기제로 그렇게 하지 않으면 안 되었을 수도 있습니다.

그러나 어떠한 경우에도 나의 무의식은 나의 비진지성의 내면의 저장소, 말하자면 나 자신에 대해 진실성이 보다 더 결여된, 즉 나의 주관적 심층, 나의 내면적 상황, 나의 심층 욕구와 의도에 대해 진실성이 보다 더 결여된 나의 심층의 저장소인 것입니다. 나의 무의식은 허위의 활동 중심지입니다.

■ 우리가 정신분석과 해석적 요법들에 대해 언급했을 때 선생님은 그것들의 목표는 보다 더 진실성 있는 해석을 제공하는 것이라고 말씀하셨지요.

● 네, 그것은 정확히 똑같은 것이지요. "심층심리학"과 심리 요법의 핵심은 사람들로 하여금 그들 자신을 보다 더 **진실성 있게 해석하도록** 도와주는 것입니다. 물론 '좌측'은 곧 해석을 의미합니다. 그래서 진실성이 있거나 보다 더 적절한 해석이 심리치료의 중심적인 기준이라는 것은 전혀 놀라운 일이 아니지요.

우리가 든 예는 아버지가 결손인 경우에 대해 "슬퍼하고" "미칠 듯해"하는 데 대한 것이었지요. 그것이 의미하는 바는, 어릴 적 내 삶의 어떤 시점에서 나는 분노를 우울함으로 해석하기 시작했다는 것이지요. 아마도 나는 내 곁에 있지 않은 아버지에 대해 분노에 차 있었어요. 그렇지만 이 분노는 어린아이에게는 매우 위험한 것이지요. 만약 이 분노가 나의 아버지를 실제로 죽일 수도 있다면 어떻게 될까요. 아마 어쩌면 결국 나는 나의 아버지를 사랑하는 까닭에 화를 내지 말았어야 했었겠지요. 그리하여 나는 대신 나 스스로에 대해 화를 냅니다. 나 자신을 학대하게 되는 것이지요. 나는 타락하고 착하지 않고 내면 깊숙이 비뚤어지게 됩니다. 이것은 몹시 우울한 일입니다. 애초에 나는 미칠 듯이 날뛰기 시작하였지만 이제는 그것을 슬픈 일이라고 일컫고 있습니다.

어느 쪽이든지 간에 나는 나의 내면을 잘못 해석해온 것입니다. 나는 나의 심층을 왜곡해왔습니다. 나는 성냄을 "슬픔"이라고 부르기 시작했습니다. 그래서 나는 이 거짓을 언제나 나와 함께 갖고 다니지요. 나는 그것이 그와 같이 큰 고통—내가 사랑하는 아버지를 죽이고 싶어 할 정도의 고통—을 수반하기 때문에 나 자신에 대해 진실성이 있을 수 없고, 그래서 나는 그 일 전체에 대해 오히려 거짓말을 하겠지요. 그래서 결국 나는 그런 짓을 하고 맙니다. 나의 "그림자", 나의 "무의식"은 이제 이러한 허위의 활동 중심지이고 나의 비진지성의 초점이고 내가 나 자신으로부터 숨는 내면의 장소인 것입니다.

게다가 내가 나 자신에게 거짓말하기 때문에, 그리고 그것이 거짓말임을 잊어버리기 때문에, 나는 그 사실을 알지도 못하는 채로 당신에게 거짓말을 할 것입니다. 나는 필경 그것에 대해 매우 진지해 보이기조차 할 것입니다. 실제로 만약 내가 나 자신에게 철저하게 거짓말을 해왔다면 나는 진실을 말하고 있다고 정직하게 생각할 것입니다. 그래서 만약 당신이 내게 거짓말 탐지기를 갖다 댄다면 그것은 내가 "진실"을 말하고 있다는 것을 보여줄 것입니다. 경험적인 방법에 의한 검사들이란 것이 다 그런 것이지요.

결국 내가 나 자신의 심층을 잘못 해석해왔기 때문에, 나는 자주 당신의 심층도 잘못 해석할 것입니다. 나는 나 자신의 심층 속에 있는 무엇인가를 잘라내고 있고—그것을 해리하고, 억압하고, 소외시키며—그래서 결국 **나는 나 자신의 내면과 타인의 내면 양쪽** 모두에서 그러한 심층에 대한 **해석을 왜곡**할 것입니다. 나의 해석은 거짓의 장식으로 꾸며져 있고 비진지성 속에 겹겹이 둥지를 틀고 있을 것입니다. 나는 나 자신을 잘못 해석할 것이고 또한 자주 당신을 잘못 해석할 것입니다.

그리고 아마 당신은 필경 이러한 점을 알아차리게 되고, 무엇인가 바탕에서 어긋나 있다는 것도 알아차리게 될 것입니다. 나는 매우 괴팍한 무엇인가를 말할 것이고, 당신은 "그것은 내가 뜻한 바가 아니오"라고 대답하지 않을 수 없게 될 것입니다. 그리고 "도대체 세상에 어떻게 그가 그 같은 말을 할 수 있단 말인가"라는 생각이 당신에게 들겠지요.

◘ 그렇다면 정신분석이나 게슈탈트 요법이나 융의 요법 같은 이러한 다양한 해석적 정신 요법들이 선생님의 심층을 접촉하여 보다 더 진실성 있게 해석하도록 선생님을 도와준다는 것이군요.

○ 네, 정확하게 그렇습니다. 그 기본 아이디어는 객관적 세계에 대한 모종의 보다 더 정확한 지도를 만드는 것이 아니라 오히려 당신의 거부감을 누그러뜨리고 당신의 내면의 심층으로 침잠해 들어가서 보다 더 진실성이 넘치도록 타인들에게, 그리고 당신 자신에게 그러한 심층세계를 알려주는 법을 배우는 것입니다.

그래서 이것은 곧 당신의 **심층**세계가 비로소 당신의 **행동**에 부합하기 시작하도록 허용하는 것입니다. 즉 당신의 말과 당신의 행위가 부합하게 될 것입니다. 말하자면 당신의 '좌측'이 당신의 '우측'과 부합할 것입니다. 당신은 "당신의 말을 쫓아갈 것입니다." 그리고 당신의 좌측 손은 당신의 우측 손이 하는 것을 알게 될 것입니다. 일반적으로 우리는 이러한 것을 정직이라고 말하지요. 그러한 사람들은 그들 자신에게 거짓말을 하지 않기 때문에 당신은 그 사람이 당신에게 거짓말을 하지 않을 것이라는 느낌을 갖게 되지요.

물론 만일 당신이 실험실 기술자들—경험주의자, 행동주의자, 시스템 이론가, 사이버네틱 지상주의자, 독백적 열광자들—의 세계에 살고 있다면 내면의 진실성에 대해 특별히 관심을 두지 않습니다. 왜냐하면 당신은 내면세계에 대해 철두철미하게, 아무튼 그것들 특유의 전문용어는 여하튼 관심 밖이지만, 전혀 특별한 관심을 두지 않기 때문입니다. 당신은 단지 독백적 진리, 객관적 표면, 경험적 행동, 시스템 회로망들만을 원할 뿐이지 내면의 깊이, 진지성, 진실성에 대해서는 전혀 관심이 없습니다. 사실 경험적 지도상에는 심지어 희미하게라도 진실성에 대응하는 것이라고는 아무것도 없습니다!

진실성은 알다시피 단순한 위치를 갖고 있지 않으며, 또 그것은 단지 사태들의 어떤 경험적인 상태가 아닙니다. 그러다 보니 그것은 경험적 지도의 아무 데도 나타나지 않습니다. 그것은 물리학자의 지도에도, 생물학자의 지도에도, 신경생리학자의 지도에도, 시스템 이론의 지도에도, 생태계의 지도에도, 그 어디에도 나타나지 않습니다. 그것은 '우측'이 아닌 '좌측'의 사태이지요!

그렇지만 여전히 그 '좌측'에 당신의 전체 삶의 세계, 당신의 현실적 인식, 당신 자신의 심층이 존재합니다. 그리고 만약 당신이 전적으로 심층적으로 깨어서 살고 있다면 진실성과 진지성과 신뢰성을 통해 당신 자신 속에 있는, 또 타인들 속에 있는 그러한 심층을 알게 될 것입니다.

본질적인 핵심은, 심층을 향하는 길이 속임수에 의해 가로막혀 있고 기만에 의해 가로막혀 있다는 것입니다. 그리고 당신의 **내면세계**를 인정하는 순간 당신은 그러한 내면세계에의 접근을 가로막는 일차적인 도로 장애물을 틀림없이 직면하게 됩니다. 즉 기만과 속임수를 틀림없이 직면하게 된다는 것입니다.

이상에서 언급한 것이 바로 왜 우리는 진실성에 의거하여 이 영역 안에서 항해하고 있는가 하는 이유인 것입니다. 그렇습니다, 그것은 바로 모든 '좌측'의 요법들이 작업을 하고 있는 것입니다. 당신 자신의 내면의 심층에 대한 보다 더 진실성 있는 해석 말입니다.

◘ 그렇지만 서로 다른 해석적 요법들은 서로 상이한 형식의 해석을 하고 있지요.

◎ 글쎄요. 그렇다고 볼 수도 있겠지요. 그런데 그것은 매우 긴 논의를 필요로 합니다. 아마도 여기서 단지 내가 할 수 있는 말이란, 서로 상이한 해석적 요법들은 그것들의 해석에서 **얼마나 깊이** 기꺼이 들어가려고 하는가에 따라 기본적으로 차이가 있다는 것이지요. 그렇지 않으면 그것들이 얼마나 높이 기꺼이 가보고자 하는가에 따라 차이가 있지요. 앞에서 언급하였듯이 '좌상 4분면'은 **의식의 스펙트럼**, 즉 발달적 자각인식 수준의 스펙트럼입니다. 그래서 상이한 요법들은 이 스펙트럼상의 상응하는 상이한 수준들에 연결시키려는 경향이 있습니다. 그리고 그것들의 해석을 제공하게 되는 기본적인 기준점으로 그것들이 선호하는 수준을 사용하려는 성향이 있습니다.

우리가 본 바와 같이 모든 해석은 **맥락 지향적**이고, 상이한 요법들은 그것들의 해석을 제공하는 그것들 특유의 선호하는 맥락을 갖고 있습니다. 그렇다고 해서 그것들이 틀렸다는 말이 아니라 다만 우리는 그것들의 맥락, 즉 그것들이 선호하는 수준을 밝혀내야 한다는 것을 의미합니다. 우리는 그것들의 해석을 올바르게 위치시켜야 합니다.

프로이트 학파는 감정적·성적 수준을 강조하고, 인지적 치료사들은 언어적인 면을 강조하고, 트랜스퍼스널[자아초월] 치료사들은 영적인 면을 강조합니다. 그렇지만 그것들 모두는 일차적으로 우리가 이러한 차원들의 진실성 있는 측면들을 우리 자신들로부터 숨기려고 하는 왜곡, 거짓말, 자기기만에 직면합니다. 이를테면 우리의 감정, 자기존중, 영적 본성을 흐리게 하는 허위와 왜곡에 직면합니다.

◘ 그렇다면 전全 스펙트럼 모형은 의식의 스펙트럼의 다양한 수준과 각 수준에 대해 가장 효과적인 요법들을 모두 포함하는 일종의 복합적인 이야기가 되겠군요.

◉ 그렇습니다, 그러한 점이 바로 전 스펙트럼 모형의 과업 중 하나입니다. 그리고 수많은 연구자들이 지금 그러한 모형에 대해(이것들에 대해서는 제2부에 논의되어 있지만) 열심히 연구하고 있습니다. 이 분야에 대한 탁월한 소개는 로저 월시Roger Walsh와 프랜시스 본Frances Vaughan[43]의 저서《에고를 넘어서 나가는 길Paths Beyond Ego》에서 찾아볼 수 있습니다.

그렇지만 이러한 '좌측'이나 해석적 요법들에 대한 나의 기본 관점은, 일단 우리가 그것들의 배타성이나 단일 수준의 부분성을 그것들로부터 벗겨내기만 한다면 그것들 모두는 우리에게 가르쳐줄 매우

43 자아초월심리학의 선구자인 로저 월시와 프랜시스 본은 부부다. 철학·정신의학·인류학을 섭렵하고, 기독교 신비주의·불교·수피즘·힌두교 등 세계의 영적 전통 및 사상을 연구하며 다수의 저명한 책들을 저술했다. 남편인 로저 월시가 세계 7대 종교를 탐험하며 25년간 직접 수행하여 정제한 깨달음의 정수를 담은《7가지 행복 명상법Essential Spirituality》이 국내에 출간된 바 있다.

중요한 무엇인가를 갖고 있다는 것입니다. 그것들은 자기the self—의식—의 다양한 층들에 대해, 그리고 이러한 다양한 차원들에 접근하도록 우리를 도와줄 수 있는 **진실성 있는 해석**에 대해 우리에게 말해줄 무엇인가를 갖고 있다는 것입니다.

왜냐하면 정말로 놀라운 사실은 오직 [객관적] 진리만이 당신을 자유롭게 놓아주는 것이 아니고, '진실성'도 당신을 자유롭게 놓아주기 때문입니다.

공정성

■ '좌하 4분면'은 무엇에 대한 것이지요?

● 아주 핵심적인 요점부터 말하자면, **주관적인** 세계는 **상호주관적**인 공간, 문화적 공간 안에 **놓여져** 있고, 주관적인 공간이 맨 처음에 생겨나도록 **허용하는** 것이 바로 이 상호주관적인 공간이라는 말입니다. 이러한 문화적 배경이 없이는 나 자신의 개인적인 생각은 전혀 아무런 의미를 갖지 못했을 것입니다. 내 특유의 생각을 스스로 해석할 도구조차도 갖지 못했을 것입니다. 사실상 나는 나의 생각조차도 발달시키지 못했을 것입니다. 나는 "늑대소년"에 불과했을 것입니다.

다시 말하자면 **주관적 공간은 상호주관적** 공간과 분리될 수 없고, 그래서 이것은 포스트모던 혹은 탈계몽 운동의 가장 위대한 발견 중 하나입니다.

그러므로 이러한 경우 좌하 4분면에서 타당성 기준은 그다지 매우 **객관적인** 명제적 진리는 아니며, 또한 그다지 매우 **주관적인** 진실성도 아니고, 다만 **상호주관적인 적응**입니다. 이 문화적 배경은 나 자신의 생각과 해석이 어떤 종류의 의미를 지니게 될 **공통맥락**을 제공합니다. 그렇게 함으로써 타당성의 기준은 이제 이러한 배경과 더불어 "문화적 적응"을 수반하게 됩니다.

◘ 그렇다면 이러한 타당성 기준의 목표는 정확히 무엇인가요? 우리는 객관적 진리를 갖고 있고, 우리는 주관적 진실성을 갖고 있고, 우리는 상호주관적인…… 무엇인가를 갖고 있다는 것인가요?

◎ 여기서의 목표는 **상호이해**입니다. 우리의 견해가 꼭 서로 **일치**해야 할 필요가 있는 것은 아니지만 최소한 서로 간에 **이해**는 할 수 있지 않습니까? 왜냐하면 만약 그렇게 될 수 없다면 우리는 결코 공통의 문화 속에 존재할 수 없을 것입니다. 당신과 나는 눈과 눈을 맞대고 마주볼 수 있도록 우리의 주관적 공간을 마련할 수 있지 않습니까? 우리는 맨 먼저 서로 간에 의사소통이 존재하도록 허용하는 공통의 문화적 배경을 찾을 수 있지 않습니까? 우리는 우리 사이의 문화적 적응, 공통의 의미를 찾을 수 있지 않습니까? 이것은 조금이라도 **어떤** 의사소통이 생겨나기 전에 어느 정도는 반드시 **일어나야만** 합니다.

◘ 그렇다면 여기서의 목표는 객관적 진리에 대한 지도 작성의 문제가 전혀 아니고, 또 단순히 진실성이 있는지의 문제도 아닌 다만 상호이해에 도달하는 것인가요?

◎ 네, 이것은 수없이 많은 여러 측면들을 지나고 있습니다. 당신과 내가 만약 동일한 공간 내에 살고자 한다면 우리는 어떤 종류의 도덕과 윤리 면에서 서로 일치하지 않으면 안 될 것입니다. 그리고 우리는 공통의 법칙을 발견하지 않으면 안 될 것입니다. 그래서 우리의 개인적 '자기'의 상당한 부분이 겹쳐지고 나아가 우리에게 공통이 되는 어떤 것, 어떤 종류의 집합적 정체성을 보여주는 어떤 종류의 정체성을 발견하지 않으면 안 될 것입니다. 그래야만 우리는 서로의 안에서 어느 정도는 우리 자신을 볼 수 있고, 서로 배려와 관심을 갖고 대할 수

있습니다.

그와 같은 모든 것이 이러한 **문화적 적응**, 즉 공통의 의미와 적절성과 정당성justness[공정성]이라는 배경 안에 다 내포되어 있습니다. 마치 사회적 계약과도 같이 당신과 내가 의식적으로 형성하는, 그리고 때로는 정말 그렇기도 한 어떤 종류의 계약이라도 되는 것처럼 나는 이러한 배경을 기술해오고 있습니다. 때때로 우리는 예컨대 선거권 연령이나 고속도로상의 속도 제한에 대해서는 단순하게 상호합의에 이르게 됩니다. 그러한 것은 우리 모두로 하여금 다 함께 적응하도록 허용하는 규칙과 공통의 의미들에 관해 우리가 어떻게 합의하는가에 대한 문화적 적응의 일부입니다.

그렇지만 문화적 적응의 대부분은 의식적인 계약이 아니고, 그것의 대다수는 너무나 깊숙한 배경이기 때문에 우리는 그것이 거기에 있는 것조차도 거의 알지 못합니다. 너무나 심층적으로 맥락적인 언어적 구조로 되어 있고, 또 문화적 관행으로 되어 있기 때문에 우리는 여전히 그것들을 파헤쳐내어 그것들을 이해하려고 애쓰고 있습니다(이것이 바로 하이데거의 주요 철학적 주제들 중 하나입니다). 그러나 그 요점은 한마디로, '그것들[언어적 구조와 문화적 관행]이 어디서 오든지 간에 맨 먼저 주관적인 공간이 우선 발달하도록 허용하는 상호주관적 회로망으로부터 벗어날 수 있는 것은 아무것도 없다!'는 것입니다.

상호이해에 관해 아주 놀랄 만한 점은, 내가 단순히 "개"와 같은 단순한 단어를 취하여 진짜 개를 가리키면서 "나는 이것으로 저것을 의미한다"고 말하는 데 있는 것이 아닙니다. 정말로 놀라운 점은, 당신이 이미 내가 그것에 대해 의미하고자 하는 바를 알고 있다는 사실입니다! 여기서는 단순한 경험적 지칭 같은 것은 잊어버리지요! 대신에 이 상호주관적인 이해를 주시해보시지요. 그것은 참으로 경이로운 일입니다. 그것은 당신과 내가 어느 정도는 서로의 내면 안에 존재할 수 있다는 것을 의미합니다. 당신과 나는 우리의 심층세계를 '**공유**'할 수 있습니다. 우리가 진리를 가리키고, 그리고 **진실성** 안에 놓여 있게 될 때 우리는 **상호이해**에 도달할 수 있습니다. 이것은 기적과도 같은 것입니다. 만약 '절대영Spirit'이 존재한다면 당신은 바로 여기서 그것을 찾기 시작할 수 있습니다.

◘ 그래서 이것이 문화적 적응 혹은 정당성이군요.

○ 그렇습니다. 정당성, 선성善性, 정직성인 셈이지요. 우리는 어떻게 하여 공통의 선善에 도달할까요? 우리 모두가 어떤 종류의 품위와 공정성을 가진 동일한 문화적 공간에 거주할 수 있으려면 무엇이 우리를 위하여 올바르고 적절한 것일까요? 우리는 우리 자신의 주관적 존재를 위하여 우리 모두가 의존해온 공통의 상호주관적 공간, 공통의 세계공간, 공통의 문화 안에 우리의 주관적 공간들이 그물망같이 조화를 이루도록 그것들을 과연 어떻게 마련할까요?

이것은 단순한 위치의 공간 내에 **대상들**을 나열하는 문제가 아닙니다! 그것은 문화의 집합적인 내면의 공간 내에 **주체**들을 마련하는 문제입니다.

이것은 단순히 진실성에 대한 것만이 아닌, 그리고 단순히 진리에 대한 것도 아닌 오히려 선에 대한 것입니다.

◘ 그렇다면 선생님이 말씀하시듯이 문화적 적응이나 정당성은, 윤리와 도덕과 법률을 비롯하여 집단적이거나 집합적인 정체성, 배경 문화적 맥락 등에 이르는 모든 종류의 사항들을 다 포함하겠군요.

○ 그렇습니다. 우리가 공통의 세계관이나 세계공간이라고 요약해 온 것, 그리고 우리가 또한 "문화적"이라고 일컬어온 것 모두는 바로 '좌하 4분면'입니다.

그래서 이 문화적 공간은 비록 더 단순하고 덜 복잡할는지는 모르나 그것은 모든 홀론들을 위하여 존재한다는 것을 명심해야 합니다. 그러므로 **모든 수준에는 온우주**the Kosmos**의 바로 그 직물[구조적 바탕] 속으로 엮어 짜여진 상호주관성이 있습니다.** 이것은 단지 "내me" 속에 있는 '영'이 아니고, 단지 "그것it" 속에 있는 '영'도 아니며, 단지 "그것들them" 속에 있는 '영'도 아닌, 그러나 "우리들us" 속의, **우리** 모두 속의 '영'입니다.

그리고 우리가 환경윤리 문제로 되돌아갈 때 알게 되겠지만 우리는 지각 능력이 있는 모든 [유정의] 존재를 위한 **정당성**, 즉 우리 모두를 위한 더 심오한 **선**에 도달하기를 바라는 것입니다.

기능적 적응성

◘ '우상 4분면'과 '우하 4분면' 사이의 차이는 무엇인가요? 선생님은 그것들이 상이한 타당성 기준을 갖고 있다고 말씀하신 적이 있는데요.

◎ '우상 4분면'은 바로 **개체**들의 외면적 세계에 관한 것이고, '우하 4분면'은 **'시스템들'**의 외면적 세계에 관한 것입니다. 그러다 보니 '우상 4분면'은 정말로 아주 가장 엄격한 의미에서의 명제적 진리에 관한 것이고, 하나의 명제는 하나의 단일한 사실을 언급합니다. 그러나 '우하 4분면'에서의 명제는 사회체계를 언급합니다. 그것의 주요 타당성 기준은 **기능적 적합성**functional fit입니다. 즉 어떻게 다양한 홀론들이 전반적인 객관적 시스템 내에서 함께 적응하게 되는가 하는 것입니다.

◘ 그렇지만 '좌하 4분면'도 역시 시스템을 수반하지 않습니까? 선생님은 그것을 문화적 적응이라고 말씀하셨지요. 그것은 한 개인이 전

체 문화적 배경에 어떻게 적응하는가에 대한 것이지요. 그런 것 역시 시스템 이론이 아닙니까?

⭘ 아닙니다. 그렇지 않습니다. 그렇지 않은 이유는 기본적으로 계몽주의적 근대성에 반기를 든 포스트모던적 저항의 전체 이야기에 그것이 해당하기 때문입니다. 어떤 의미에서 탈脫데카르트 학파 전체가 극적으로 적시하는 바는, 왜 **시스템 이론**이란 가장 최악의 양상에서 보면 단지 **보다 더 심한 데카르트적 이원론**에 지나지 않는 것일까 하는 점입니다. 왜 그러한가를 이해하는 것이 바로 포스트모던적 진보의 진정한 본질입니다.

◘ 그것에 대해 좀 더 깊이 있게 다루어보지요. 그것은 시스템 이론가들이 말하는 바와는 확실히 거리가 멀기 때문입니다. 오히려 그들은 근본주의적인 계몽주의 패러다임을 **극복했다**고 말하고 있는데요.

⭘ 사실은 그와 정반대입니다. 우리가 보아왔듯이 근본주의적 계몽주의 패러다임은 표상 패러다임, 즉 지도 모사 패러다임, 독백적 패러다임이었고, 시스템 이론가들은 단지 똑같은 짓을 좀 더 심하게 하고 있을 뿐입니다. 그들은 그것을 극복하는 것이 아니라 그대로 복제하고 있습니다.

'우하 4분면'과 '좌하 4분면'은 모두 넓은 의미에서의 "시스템"을 취급하고 있다는 것은 옳은 말입니다. 전체 하반부는 공동체적이거나 집합적인 것이기 때문입니다. 그러나 '좌하 4분면'은 **내측으로부터, 내면으로부터** 그 시스템을 기술합니다. 그것은 의식, 가치, 세계관, 윤리, 집합적 정체성 같은 것들을 기술합니다. 그러나 '우하 4분면'은 순수하게 객관적이고 외면적인 용어로 외측으로부터 시스템을 기술합니다. 그것은 어떻게 집합적 가치들이 상호이해 속에 상호주관적으로 공유되고 있는지를 알고 싶어 하지 않습니다. 오히려 그것은 그것들의 객관적 상관물들이 그것들 자신도 단순한 위치를 갖고 있는 전반적인 시스템 내에서 어떻게 **기능적으로 적합**하게 되는지에 대해 알고 싶어할 뿐입니다.

그러므로 시스템 이론에서 당신은 윤리적 표준, 상호주관적 가치, 도덕적 성향, 상호이해, 진실성, 진지성, 내면적 깊이, 정직성, 심미성, 해석, 해석학, 미美, 예술, 숭고성 같은 것에 대해서는 아무것도 찾을 수 없을 것입니다. 그 어떤 시스템 이론의 교재를 펼쳐보아도 우리는 그것에 대해 **아무것도** 언급조차 되어 있지 않다는 사실을 발견하게 될 것입니다. 우리가 그 교재에서 찾게 되는 것이라곤 모두 고작해야 그런 모든 것에 대한 객관적이고 **외적인 상관자들**뿐입니다. 시스템 이론에서 우리가 찾게 되는 것이라곤 고작해야 과정적인 채널들을 통해 질주하는 정보의 비트들, 인공지능적인 되먹임 회로들, 독백적 표상들의 역동적 네트워크의 과정들 속의 과정들, 그리고 끊임없는 과정들의 겹겹한 둥지들 속의 겹겹한 둥지들뿐이고, 그 모든 것들이 어느 한 개체 속이 아니고 객관적 과정들의 사회체계와 네트워크 내에 **단순한 위치**를 갖고 있다는 것입니다.

그 모든 것이 진실입니다! 그리고 그 모든 것은 그것들 특유의 용어를 사용하는 내면세계를, 즉 현실적인 생생한 체험과 가치와 생명세계를 모두 **내팽개쳐버립니다.** 그래서 그것은 집합체의 '우측'은 존중하지만 '좌측'은 완벽하게 황폐화시킵니다.

■ 그렇지만 선생님도, 시스템 이론가들이 말하듯이, 시스템 이론은 역시 주관적인 측면들도 단순히 부분들—거대한 '그물web'의 모든 부분들—로 삼고 있는 기본적인 실재라고 왜 그냥 단순히 말씀하실 수 없는 것입니까? 정의상 그러한 그물망은 모든 것을 다 포함하는 것 같은데요.

○ 외면적인 정의로는 분명 그렇지요! 그 거대한 그물은 언제나 단순한 위치를 갖고 있지요! 그래서 시스템적 접근에 의하면 주체와 객체 사이의 균열은 모두 주체들을 "전일적holistic" 시스템 내의 객체들로 **환원시킴으로써** 비로소 "치유"된다는 것입니다. 그것은 주관적이고 상호주관적인 모든 계기들을 모두 상호객관적 적응, 기능적 적응, 독백적 적응의 문제로 환원시킵니다.

그러니까 그것은 근본주의적인 계몽주의 패러다임인 셈이지요. 이것이 바로, 테일러에서 푸코, 하버마스에 이르는 이론가들이 시스템 이론이야말로 똑같은 환원주의의 악몽보다도 정말로 정도가 훨씬 더 심한 것일 뿐이라고 지적해온 까닭입니다. 말하자면 '좌측' 측면의 모든 것들은 거대한 시스템, 거대한 우주적 그물망 내에서 '우측'적 기술記述의 문제로 환원된 것입니다.

□ 이것이 곧 선생님이 **미묘한 환원주의**라고 일컬으시는 것이지요.

○ 네, 바로 미묘한 환원주의입니다. 우리 모두가 잘 아는 거친 환원주의에서는 모든 것이 '우상 4분면' 내의 원자로 환원됩니다. 이것은 매우 거친 것이지요. 미묘한 환원주의는 그렇게 하지 않지요! 사실상 그것은 아주 공격적으로 거친 환원주의와 **싸웁니다**! 그러나 그것은 곧장 미묘한 환원주의에 발목을 잡히고 맙니다. 그래서 모든 '좌측'의 측면들은 '우측' 내의 상관물들로 환원되고 맙니다. '우측'은 확장된 기능적 적응성과 시스템적 관점을 갖게 되고, 그리하여 그들은 마치 매우 전일적이고 모든 것을 포함하는 것처럼 보입니다. 그러나 그들은 단순히 전체 '온우주'의 내면세계를 송두리째 밖으로 빼내어버렸고, 그래서 그들은 모든 홀론들의 생명세계를 아주 완벽하게 황폐화시켜버린 것입니다.

'우하 4분면'은 시스템 내의 시스템 안에 있는 객관적 시스템들을 의미합니다. 즉 원자는 세포의 부분이고, 그 세포는 다시 유기체의 부분이고, 그 유기체는 다시 생태계의 부분이고, 그 생태계는 다시 생물권의 부분이고…… 등으로 계속되는 것이지요. 바꾸어 말하면 그것은 '**기능적 적합성**'을 의미합니다. '우하 4분면'의 진리는 어떻게 개체적 홀론들이 기능적으로 전일적 시스템에 잘 적합하게 되는가 하는 데서, 즉 어떻게 그 각각이 일차적 실재로서 서로 연관되어 있는 그물의 가닥이 되는가 하는 데서 발견됩니다. 그러므로 시스템 이론가들은 항상 집합적인 시스템—가이아Gaia, 생태계, 서로 연관되어 있는 상호작용 그물망, 생명의 그물, 객관적으로 지도화된 정보의 흐름도, 혹성 연맹, 글로벌 네트워크 등—에 대해 말하고 있습니다. 이 모든 것들이 객관적이고 독백적인 용어들로 기술됩니다.

그 모든 것이 옳지만, 그것은 '좌측' 차원을 총체적으로 배제하고 있습니다. 그렇게 하고 나서 시스템 이론가들은 조악한 환원주의와 존경스러울 정도로 싸웁니다. 그러나 그들은 미묘한 환원주의의 독백적 광기에 총체적으로 사로잡혀 있습니다. 이것이 바로 최근 학계에서 보다 더 분명하게 밝혀온 바와 같이 계몽주의적 악몽의 진정한 뿌리인 것입니다.

◘ 시스템 이론은 곧 독백적 과학이라고 확실하게 공언하는 셈이군요.

⊙ 그렇지요. 그래서 우리는 그들과 논쟁조차 하지 않습니다. 그들은 전적으로 옳습니다. 이 말 한마디가 그것에 대한 것을 모두 다 말해줍니다.

◘ 이것은 좌하 4분면/문화적 적응 대 우하 4분면/기능적 적응 사이의 차이입니까? 이것은 '기우제 춤'에 대한 두 가지의 접근 방식과 동일한 것이겠지요?

⊙ 네, 아주 꼭 맞는 말입니다. '좌하 4분면'적 접근은 참여적 관찰자

가 됨으로써 공동체를 연구하고, 그래서 **내부로부터 그것을 이해하고자** 도모합니다. '좌하 4분면'에서의 타당성 기준은 상호이해임을 기억해야 합니다. 그래서 당신은 참여적 관찰자가 됨으로써 이렇게 하고자 시도하는 것입니다. 당신은 공동체의 내면적 의미 속으로 들어갑니다. 그리고 오직 기우제가 어떻게 문화적이고 언어적인 의미와 실천의 방대한 배경에 알맞게 되는가에 바탕을 둔 채 그 기우제의 **문화적 적응**을 이해함으로써만—그 춤의 의미가 무엇인지를 이해함으로써만—이것의 내면적 의미를 이해합니다. 그래서 참여적 관찰자는, 즉 해석학적 해석자는 앞에서 언급한 바와 같이 기우제 춤은 자연에 대한 신성한 의식의 한 부분이라는 것을 발견할지도 모릅니다. 이제 **적절한 해석**을 할 수 있는 공통의 세계공간이나 **공통의 맥락**을 당신에게 제공하게 될 이 문화적 배경 안으로 당신 자신을 몰입시킴으로써 비로소 당신이 **이해하게** 되는 것이 바로 기우제 춤의 내면적 의미입니다.

하지만 오늘날 표준적인 시스템 과학자나 표준적인 시스템 이론가는 그러한 것들 중 어느 것에도, 즉 내면적 의미의 어느 것에도 일차적인 관심이 없습니다. 오히려 시스템 이론은 기우제 춤이 전반적인 **사회체제** 내에서 수행하는 **기능**에만 관심이 있습니다. 원주민들이 이 '춤'의 의미가 무엇인가에 대해 말하는 것은 그다지 중요하지 않습니다. 정말로 중요한 점은 바로 그 춤이 객관적 사회체제의 일부라는 것이고, 또한 이 객관적 체제는 수많은 방식으로 개인적 참가자들이 하고 있는 바가 무엇인가를 결정한다는 것입니다. 그 춤의 **진정한** 기능은 그 (사회)체제의 자기생산적인autopoietic 자기보존을 제공한다는 것입니다. 따라서 그 춤은 사회적 통합, 기능적 적응성을 유지하려는 사회체제의 시도의 일부입니다. 그것은 사회적 응집력이 조직화되는 공통의 의식儀式을 제공합니다. 그래서 이러한 것은 객관적 입장, "경험적"이거나 실증주의적—객관적이고 독백적인—입장으로 그 춤을 관찰함으로써 결정될 수 있는 것입니다. 우리는 그것에 대한 독백적 흐름도조차 만들 수 있습니다. 하지만 이것은 그 원주민들이 그 춤을 어떻게 체험하는가에 대한 것이 결코 아니라는 점만은 장담하지요!

◘ 그러나 한 번 더 확인하자면 선생님은 그러한 접근 방식들 중에 어느 하나는 옳고 다른 것은 틀렸다고 생각하지는 않는 것으로 보이는군요.

◎ 내 생각으로는 그것들은 둘 다 옳다고 봅니다. 하나는 사회·문화적 홀론을 내부로부터 접근하는 것이고, 다른 하나는 그것을 외부로부터 접근하는 것입니다. 하나는 **주체들이** 문화적 공간 내에서 어떻게 다 함께 적응하는가에 관한 것입니다. 즉 당신과 내가 어떻게 상호이해나 **상호주체성**에 도달하는가에 대한 것입니다. 다른 하나는 객체들이 물리적 공간 내에서, 총체적으로 객관적인 체계 속에서, **상호객관성** 속에서 어떻게 모두 함께 적응하는가에 대한 것입니다. 하나는 해석학, 혹은 내면적 **심층**에 대한 해석을 사용하고, 다른 하나는 경험적이고 분석적인 관찰, 혹은 관측 가능한 **행동**의 객관적인 분석을 사용합니다. "그것이 무엇을 의미하는가"와 "그것이 무엇 하는 것인가"의 차이입니다.

양쪽 모두 전적으로 타당합니다. 그것들은 각각 서로 상대방의 상관자들입니다. 사실상 그것들은 '영'이 집합적으로 현현할 때 그 '영'의 '좌측 및 우측'입니다. 그러나 아, 애석하게도 이들 두 학문 분야는 서로 너무나 사이가 좋지 않습니다. 그래서 견원지간처럼 으르렁대는 싸움은 이제 차라리 피하는 편이 서로를 위해 훨씬 더 좋을 것입니다.

◘ 잘 알겠습니다. 그리하여 우리는 각각 상이한 형식의 진리, 상이한 목소리를 가진 네 개의 다른 분면을 갖고 있군요. 그리고 그 각각은 진리에 대한 상이한 검증법—그림 7-1에서 보여주는 바와 같이 상이한 타당성 기준—을 갖고 있고요.

◘ 그렇습니다. 이것들 모두는 지식의 타당한 형태들인데, 그 까닭은 그것들이 모든 홀론의 네 가지 모습의 현실성에 **바탕**을 두고 있기 때문입니다. 그러므로 이러한 네 가지 진리 주장 모두는 정당화될 수 있습니다. 즉 적절한 전문가 공동체에 의해 확인되거나 거부될 수 있습니다. 그것들 각각은 우리의 지식 탐구에 있어서 견제와 균형을 통하여 신중하게 우리를 인도하는 상이한 타당성 검증 기준을 갖고 있습니다. 그것들은 모두 그 **자신의 영역**에서는 반증 가능한 것인데, 이는 곧 거짓 주장들이 그 영역으로부터 나온 보다 훨씬 더 명확한 증거에 의해 추방될 수 있다는 것을 의미합니다(그렇다면 어느 한 분면만이 단독으로 반증 가능한 유일한 검증 방법을 갖고 있다는, 그래서 그 분면만이 오직 유일하게 진리성이 있는 앎을 가지고 있다는 어느 한 분면의 주장은 점잖게 무시하도록 하지요!).

게다가 여러 세기와 수천 년에 걸쳐 인류는 매우 고통스러운 시행착오를 거치며 진리를 위한 이러한 기본적인 검증 절차들을 배워왔습니다.

◘ 이러한 사실은 왜 그 절차들이 그렇게도 중요한 것인가를 잘 말해주는군요.

◘ 당연하지요. 이러한 진리들은 거짓, 오류, 속임수, 기만에 직면하여 피와 땀과 눈물과 분투를 거치며 어렵게 획득한 집합적 인간성의 황금보고입니다. 인류는 100만 년의 역사에 걸쳐 서서히 점진적으로 겉모습으로부터 진眞[진리]을, 부패로부터 선善을, 퇴폐로부터 미美를,

기만으로부터 진실성을 분간해내도록 **배워왔습니다**.

그래서 결국 이러한 네 가지 진리는 현현하는 세계에 '영'이 비칠 때의, 단순히 그 '영'의 네 가지 얼굴입니다. 타당성 검증 기준은 우리를 '영' 자체에 연결하는 방법, 우리 자신을 '온우주'에 조율하는 방법입니다. 우리가 이 논의를 시작할 때 말했듯이 타당성의 기준들은 우리로 하여금 실재를 직면하도록 강요합니다. 그것들은 우리의 에고적 환상과 자기중심적 방식들을 억제합니다. 그것들은 '온우주'의 여타 부분으로부터 명확한 증거를 요구합니다. 그것들은 우리로 하여금 우리 자신의 밖으로 나오도록 강요합니다! 그것들은 '온우주적 헌법'에서의 견제와 균형입니다.

그러므로 진리를 향한 이러한 길들을 따라가면서 우리는 '온우주'의 흐름에 적응합니다. 말하자면 우리가 언제나 한결같이 더 깊고 더 넓은 진리의 권역 속으로 우리를 적응시켜나갈 때, 그것은 우리 자신의 밖으로, 너머로 우리를 데려가서 우리로 하여금 자아중심적 봉사 방식을 억제하도록 강요하는 조류 속으로 인도합니다. 조율에서 화해로, 합일로 이르기까지, 말하자면 돌연하고 급격한 충격으로 우리가 우리 자신의 '본래면목本來面目', 즉 각각의 모든 진리의 주장 속에서 우리를 향해 미소 짓고 있는 '얼굴', 즉 언제나 한결같이 아주 품위 있게, 그러나 항상 아주 집요하게 "부디 진[진리]을 잊지 마시오, 그리고 부디 선을 잊지 마시오, 부디 미를 잊지 마시오"라고 한결같이 속삭이고 있는 '얼굴'을 인식할 때까지 우리는 인도되어집니다.

그리하여 온우주의 모든 코너는 속삭이는 목소리로 말합니다. '진과 진실성과 선과 미가 결코 우리를 포기하지도 않고 포기할 수도 없는 찬란한 공空의 문장紋章으로 빛나게 합시다'라고.

8

진·선·미

◘ 이제는 좀 더 높은, 자아초월적transpersonal 단계로 대화를 옮겨 가고 싶은데요. 그렇지만 그렇게 하기 전에 선생님은 4분면을, 즉 그 진리와 타당성 기준들을 요약하는 매우 단순한 방법—그것에 대한 전부를 요약하는 하나의 단순한 방법—이 있다고 말씀하셨는데, 그 점에 대해 좀 설명해주시지요.

● 네, 그러지요. 먼저 그 기본적인 구분은 이렇습니다. '우측'에 있는 모든 것은 "그것it" 언어로 기술될 수 있고, '좌상 4분면'에 있는 모든 것은 "나I" 언어로 기술되며, '좌하 4분면'에 있는 모든 것은 "우리we" 언어로 기술됩니다.

◘ '나', '우리', '그것'이라, 그것 참 아주 간단하군요.

3대 가치

◘ 이러한 세 가지 언어는 그림 7-1의 내측 코너에, 그리고 그림 5-2에 수록되어 있군요.

● 네, 그렇습니다. '그것' 언어는 객관적이고 중립적이며 가치와는

무관한 표면에 대한 것입니다. 이것은 물리학에서 차례로 생물학, 생태학, 사이버네틱스, 실증주의 사회학, 행동주의, 시스템 이론에 이르는 모든 경험적인 과학, 분석 과학, 그리고 시스템 과학의 표준 언어입니다.

달리 말하자면 그것은 독백적입니다. 그것은 표면들과의, 즉 "그것들its"과의 독백입니다. '그것' 언어는 객관적 외면세계와 그 상호관계, 그리고 감각이나 그 도구적 확장에 의해 보여질 수 있는 관찰 가능한 표면과 패턴들을 기술합니다. 그러한 경험적 표면들은 우리의 뇌나 허파같이 "내측"에 있거나 생태계와 같이 우리의 "외측"에 있는 것과는 무관한 것입니다. 채널들을 통해 신속하게 질주하는 정보조차도 '그것' 언어로 기술될 수 있습니다. 사실 정보는 부負의 엔트로피로 정의되고, 이는 당신이 획득할 수 있는 만큼 다 '그것다움it-ish에 대한' 것입니다. 그것은 당신의 존재를 필요로 하지 않습니다.

반면에 '나' 언어는 당신의 존재, 당신의 의식, 당신의 주관적 자각에 대한 것입니다. '좌상 4분면'의 모든 것은 '나' 언어로, 내면적 주체성의 언어로 기술됩니다. 어느 홀론의 주관적 요소는 바로 '나' 요소I-Component입니다.

물론 이러한 "나"나 자기나 주체성은 깊이가 더 깊어질수록 더욱 깊어지게 되는데, 말하자면 벌레보다는 유인원에게 주체성이 더 있다는 것입니다. 그러나 요점은 '나' 요소가 어떠한 경우에도 '그것' 어법으로는 도저히 기술될 수 없다는 것입니다. 이는 주체를 단지 하나의 객체적 대상으로 전환하는 것일 뿐입니다. 그래서 우리 모두는 본능적으로 이러한 행위에 저항하고, 공격적으로 그것에 저항합니다. 주체는 이해되는 것이지만 객체는 다루어지는 것입니다.

■ 실험실의 기술자…… 말씀이시군요.

◎ 네, 그것은 하나의 예에 불과합니다. 당신의 "나"는 하나의 "그것"으로 취급됩니다. 이러한 대상들이 단일한 것이거나 아니면 거대한 경이로운 그물망 내의 집합적 가닥들이거나 간에 사람들은 본능적으로 이 같은 환원이 위험한 짓이라는 것을 압니다.

◻ 그러면 세 번째 언어는 무엇인가요?

◎ 세 번째 언어, '우리' 언어는 '좌하 4분면'의 문화적 혹은 상호주관적 차원입니다. '좌상 4분면'은 어떻게 "내"가 세계를 보는가에 대한 것이고, '좌하 4분면'은 "우리"가 어떻게 그것(세계)을 보는가에 대한 것입니다. 그것은 특정한 시간과 장소와 문화에서 우리가 지니고 살고 있는 집합적 세계관입니다. 물론 이러한 세계관들은 진화하고, 그리하여 우리는 이미 우리가 개략적으로 언급했던 태곳적·마법적·신화적·합리적 세계관들을 발견하게 됩니다.

그러므로 아주 최소한으로 축약하더라도, 우리는 이러한 세 가지 기본적인 언어를 지니고 있습니다. 그래서 그것들은 이같이 서로 다른 영역들을 나타내면서 매우 상이합니다. 그런데 이러한 언어들을 구별하는 데 실패함으로써 엄청난 대혼란을 야기해왔습니다.

◻ 선생님은 이것들을 "3대 가치the Big Three"라고 일컬으시는군요.

◎ 그렇습니다. '우측'은 둘 다 객관적인 외면적 세계("그것" 또는 "그것들")이므로 '3대 가치'란 단지 4분면의 보다 단순화된 해석입니다. 그래서 단순화의 방편으로 4분면은 일반적으로 세 가지 가치권으로, 즉 '3대 가치'—나, 우리, 그것—로 취급됩니다.

그러므로 우리가 모든 개체적 홀론은 4분면—혹은 보다 더 단순한 형태로 '3대 가치'—을 갖고 있다고 말할 때, 우리는 역시 모든 홀론은 오직 이같이 상이한 언어에 의해서만 기술될 수 있는 측면이나 면모들을 지니고 있다는 것을 의미합니다. 그리고 우리가 이 언어들 중 그 어느 것도 다른 것으로 환원시킬 수 없는 까닭은 우리가 4분면 중 그 어느 것을 다른 것으로 환원시킬 수 없는 것과 똑같은 이유입니다. 그러므로 네 개의 분면 모두를 기술하기 위하여 세 가지 언어를 모두 사용하고, 단지 어느 하나의 분면이나 하나의 언어에만 특권을 부여하지 않는 경우에 한하여 우리는 어느 한 홀론을 적절하고 충분하게 기술할 수 있습니다. 하지만 물론 이 같은 현상은 통상적으로 일어나고 있는 일입니다.

■ 그래서 '3대 가치'로군요. 선생님은 이 세 가지 가치권—이를테면 과학·도덕·예술, 또는 플라톤의 진·선·미—사이의 엄청나게 많은 상관성을 지적하시는데요.

○ 네, 여기서 3대 가치의 다양한 형태 중 단지 몇 가지만 예로 들어 보겠습니다.

- '나'('좌상 4분면') : 의식, 주체성, 자기, (예술과 미학을 포함하는) 자기표현, 진실성, 진정성.
- '우리'('좌하 4분면') : 윤리와 도덕, 세계관, 공통맥락, 문화, 상호주관적 의미, 상호이해, 적절성, 공정성.
- '그것'('우측') : 과학과 기술, 객관적 자연, (뇌와 사회체제를 포함하는) 경험적 형태, (단일한, 그리고 기능적으로 적합한) 명제적 진리.

과학, 즉 경험과학은 대상들을, "그것들"을, 경험적 패턴들을 취급합니다. 도덕과 윤리는 "우리"와 우리의 상호주관적 세계에 관심을 갖습니다. 예술은 응시자, 즉 "나"의 눈에 비치는 미美에 관심을 갖습니다. 그렇습니다. 이것은 본질적으로 플라톤의 진(명제적 진리, 객관적 진리, "그것들"), 선(도덕, "우리"), 미(각각의 "나"에 의해 감지되는 것들의 심미적 차원)입니다.

'3대 가치'는 또한 칼 포퍼Karl Popper[44]가 말하는 세 종류의 세계—객관적(그것)·주관적(나)·문화적(우리) 세계—이기도 합니다. 그리고 '3대 가치'는 하버마스의 3대 타당성 검증 기준인 객관적 진실truth, 주관적 성실성sincerity, 상호주관적 정당성justness이기도 합니다.

그리고 역사적으로 엄청난 중요성을 갖는 '3대 가치'는 칸트의 아주 지대한 영향력이 있는 3부작—《순수이성 비판》(객관적 과학), 《실천이성 비판》(도덕), 《판단력 비판》(심미적 판단과 예술)—에서도 잘 보여줍니다.

수십 가지의 예를 들 수가 있습니다만 이상에 언급한 것이 '3대 가치'의 일반적인 그림입니다.

◘ 알겠습니다. 이쯤에서 아주 간략하게나마 근본주의적인 계몽주의 패러다임—"근대성" 자체의 전반적 추이—에 대해 되짚어보고 싶은데요. 그리고 그것을 '3대 가치'의 관점에서 설명해주시기 바랍니다.

제가 생각하기에는 이것은 매우 중요하다고 보는데, 왜냐하면 "신패러다임" 접근 방식들은 모두 계몽주의 패러다임을 극복하고 있다고 주장하고 있는데, 선생님은 그것들 모두가 여전히 철저하게 그 안에 사로잡혀 있다고 거듭 말씀하십니다. 예컨대 선생님은 시스템 이론이 여전히 계몽주의 패러다임을 좇고 있다고 거듭 말씀하시는데요, 그렇다면 '3대 가치'의 관점에서 보면 과연 무엇이 근본주의적인 계몽주의의 패러다임인 것입니까?

◉ 아, 그것은 꽤 쉬운 부분입니다. 근본주의적인 계몽주의 패러다

44 오스트리아 태생의 영국의 철학자. 과학(지식)은 합리적인 가설의 제기와 그 반증(비판)을 통하여 시행착오적으로 성장한다는 '비판적 합리주의'의 인식론을 주장하였다.

임에서는 모든 '나'들과 모든 '우리'들을 단순히 '그것들'로 환원시켰습니다. 계몽주의 사상의 주류는 생각하기를, 모든 실재는 '그것' 언어로 포착될 수 있다는 것이었고, 그래서 그것만이 오로지 "참으로 실제적인" 것으로 간주되었습니다. 그렇게 하여 그것은 '3대 가치'를 '그것' 언어의 거대한 평원적인 것으로 환원시켰던 것입니다. 바꾸어 말하면 그것은 '좌측'의 차원 모두를 '우측'의 상관물들로 환원시켰던 것입니다. 이것이 바로 미묘한 환원주의입니다. 이 정도면 분명한가요?

■ 과학을 빙자하여 예술과 도덕을 거부한 것이지요?

● 어떤 의미에서 보면 그렇습니다. 그러나 근대성과 계몽주의의 부정적인 측면들을 옴짝달싹못하게 붙잡는 최선의 방법은 먼저 그들의 긍정적인 공헌을 이해하는 것입니다. 발달의 각 단계는 "진보의 변증법"을 지니고 있다는 것을 기억해야 합니다. 즉 보통의 언어로 말하자면 모든 새로운 발달에는 좋은 소식과 나쁜 소식의 양면이 있습니다. 그런데 우리는 일부 나쁜 소식 쪽만을 강조해왔습니다. 하지만 이것은 먼저 이에 상응하는 좋은 소식 쪽을 이해하지 않고서는 정말 이렇다 할 큰 의미를 갖지 못합니다. 그러므로 나는 먼저 근대성의 좋은 소식에 대해 간략하게 언급하고 싶습니다. 그렇지 않으면 우리는 단지 아무런 쓸모 없는 반근대주의자의 미사여구에 빠지고 마는데, 이렇게 되면 전혀 도움이 되지 않습니다.

좋은 소식 : 3대 가치의 분화

■ 좋습니다. 호기심에서 하는 말이지만 근대성의 이 "좋은 소식"도 역시 '3대 가치'의 관점에서 진술할 수 있습니까?

● 네, 그렇습니다. 베버에서 하버마스에 이르는 이론가들에 따르면,

근대성의 좋은 소식으로는 그것이 인류 역사상 처음으로 용케도 '3대 가치'를 완전하게 **분화**시키는 데 성공했다는 것입니다. 말하자면 예술·도덕·과학, 혹은 자기·문화·자연을 분화시켰다는 것입니다. 이러한 영역들은 더 이상 서로 간에 융합되어 있지 않고, 더 이상 혼합주의적으로 융합되고 혼동되지 않게 되었다는 것입니다.

우리 현대인들은 이러한 분화를 너무나 당연한 일로 생각하기 때문에 우리는 이전의 신화적 세계관에서 수반되었던 것을, 거기서는 예술과 과학과 종교적 도덕이 모두 무차별적으로 융합되어 있었다는 사실을 잊어버리는 경향이 있습니다. '통합된 것이 아니라 단지 융합되어 있다!'는 것은 엄청난 차이지요.

여기서 좋은 예를 하나 들어보지요. 다음의 글은 갈릴레오가 목성의 위성을 발견한 데 대한, 당시 매우 높이 존중되고 널리 공인되어 있던 "혹평"입니다. "동물에게는 머리에 소재하고 있는 일곱 개의 창이 있는데, 이것들을 통해 신체라는 성소聖所에 빛을 비추고 따뜻하게 하고 자양분을 주기 위하여 공기의 출입이 허용된다. 무엇이 이 **소우주**의 이러한 부분들에 해당하는가? 두 개의 콧구멍, 두 개의 눈, 두 개의 귀, 한 개의 입이 그것이다. 고로 **대우주**로서의 하늘에는 두 개의 좋은 길성吉星, 두 개의 불길한 흉성凶星, 두 개의 빛나는 별(태양과 달), 그리고 길흉이 결정되지 않아서 무관한 수성水星이 있다. 이로부터, 그리고 일곱 가지 금속 등과 같이 일일이 열거하기조차 지겨울 정도의 자연에서의 다른 수많은 유사성으로 미루어보건대, 행성의 수는 필연적으로 일곱 개로 추정된다"라는 것입니다.

◘ 신체상에 일곱 개의 구멍(혈穴)이 있으니 일곱 개의 행성이 **있어야 한다**는 의미로군요.

○ 그렇지요. 바꾸어 말하면 주관적인 공간과 객관적인 공간의 차별

화가 너무나 빈약하여 어느 한쪽에서 일어난 일은 다른 쪽에서 일어나는 일을 반드시 지배하지 않으면 안 된다는 것입니다. 마찬가지로 주관적인 공간과 문화적인 공간의 차별화도 여전히 빈약해서, 만약 당신이 교회의 종교적 교리나 그 문화적 배경에 반대한다면 당신은 단지 **이단자**일 뿐만 아니라 역시 정치적 **범법자**도 됩니다. 그래서 당신은 교회에 의해 **이단죄** 혐의로 종교재판에, 그리고 국가에 의해 **반역죄** 혐의로 재판에 회부될 수도 있었는데, 그 까닭은 이것들이 아직 차별화[분화]되지 않았기 때문이지요.

바꾸어 말하면 이러한 모든 경우에 있어서 '나'와 '우리'와 '그것'의 영역은 아주 분명하게 분화되지 않았던 것입니다. 그것들은 **통합되어 있던** 것이 아니라, 단지 **아직 분화되지 않았던** 것이지요! 이것은 엄청난 차이입니다.

오늘날 어떤 부류의 "신패러다임" 이론가들 중에는 이러한 신화적 미분리를 어떤 종류의 전일적holistic 천국으로 보고 싶어 하는 사람들까지 있다는 사실을 나는 잘 알고 있습니다. 그러나 내가 생각하기에 그들 중 어느 누구도 현실적으로 그 같은 환경에서 사는 삶을 즐길 수 있을 것이라고는 보지 않습니다. 그들의 "신패러다임"이라는 개념의 대부분은 이단죄와 반역죄 양쪽 모두로 즉각 탄핵받게 될 것입니다. 이에 대처하기 위해 세계 도처의 신화적 제국주의 문화에서는 심지어 수없이 많은 불유쾌한 교정 수단들을 고안해내었을 정도의 상황이었습니다. 달리 말하면, 내 생각에는 그들이 이전의 신화적 세계관을 이와 같이 모두 찬미하는 데 있어서 아주 무지했거나 매우 진실하지 못했다는 것입니다.

◘ 그렇다면 계몽주의나 근대성이 처음으로 '3대 가치'를 분화시켰다는 말씀이시군요.

○ 그렇습니다. 그 어떤 종류의 대규모 스케일에 비추어본다고 해도 칸트의 **3대 비판은** 이러한 점에서 완벽한 실례였다고 말할 수 있습니다.

이것은 진실로 인간 능력에 있어서의 양자 도약입니다. 그리고 이것이야말로 '3대 가치'의 이러한 경이적인 분화—예술, 도덕, 과학의 차별화—가 베버와 하버마스에 의해 근대성의 **존엄**이라고 일컬어져온 진정한 이유이고, 그리고 또한 내가 이러한 지적에 대해 전적으로 동의하는 이유입니다. 말하자면 '나'와 '우리'와 '그것'의 영역들은 다른 영역들로부터의 폭력적인 침범이나 혹은 처벌 같은 것 따위가 없이 그들 특유의 지식을 추구할 수 있는 까닭에 우리는 이것을 "존엄"이라고 말하는 것입니다. 당신은 화형에 처해지지 않고서도 갈릴레오Galileo Galilei의 망원경을 통해 관찰할 수 있습니다. 그래서 그러한 것 모두가 정말로 좋은 소식이었습니다.

'3대 가치'의 이러한 분화는 엄청나게 많은 여러 가지 유익한 이점들을 지니고 있는데, 여기에 그중 몇 가지만을 예로 들어보지요.

- 자기('나')와 문화('우리')의 분화는 민주주의의 발흥에 직접적으로 공헌하였습니다. 이 제도하에서 각자는 투표권을 갖게 되었고, 교회나 국가의 지배자적인 신화적 위계질서에 의해 단순하게 규제받지 않아도 되었던 것입니다. 자유민주주의의 광범위한 발흥이 뒤따랐습니다.
- 마음('나')과 자연('그것')의 분화는 여성과 노예의 해방을 포함하는 해방운동에 공헌하였습니다. 생물학적 조건이 더 이상은 정신권의 권리를 정당화할 수 없었기 때문입니다. 광범위하고도 효과적인 문화운동으로서의 진보적 페미니즘[여성해방론]과 노예제 폐지의 발흥이 뒤따랐습니다.
- 문화('우리')와 자연('그것')의 분화는 경험과학, 의학, 물리학, 생물학의

발흥에 공헌했습니다. 진리는 더 이상 국가나 교회의 신화에 봉사하지 않아도 되었기 때문입니다. 생태과학의 발흥이 있었고, 그 외에도 계속하여 수많은 새로운 과학 분야들의 출현이 뒤따랐습니다.

◘ 그렇다면 자유민주주의, 페미니즘, 생태과학, 노예제 폐지 등은 모두 근대성의 좋은 소식이며, 그리고 모두가 '3대 가치'의 분화에 직접적으로 관계되는 것이로군요. 그러면 나쁜 소식에는 무엇이 있는지요?

나쁜 소식 : 3대 가치의 분열

● 앞에서 우리는 20가지 원칙 중 하나로 진화는 **분화와 통합**에 의해 진행된다는 것을 보았습니다. 근대성의 좋은 소식은 그것이 '3대 가치'를 **분화**하는 법을 배웠다는 것이고, 나쁜 소식은 아직은 그것이 그것들을 어떻게 **통합**하는가에 대해서는 배우지 못했다는 것입니다.

그리하여 근대성의 **존엄**은 근대성의 **재앙** 쪽으로 미끄러져 내려가기 시작했습니다. '3대 가치'는 단지 그냥 분화되는 것이 아니라 **분열**되는 경향이 있었던 것이지요!

이는 정말로 매우 나쁜 소식이었습니다. 왜냐하면 그것들은 분열되었기 때문에—다시 말해 '3대 가치'는 조화롭게 균형을 이루고 통합되지 않았기 때문에—'그것' 영역의 보다 더 공격적인 접근 방식에 의한 약탈의 희생물이 되기에 안성맞춤이었습니다.

따라서 당신이 원하기만 하면 당장 언급할 수 있는 다양한 여러 가지 이유들로 인하여 **그것 영역에서의 급속하고 폭발적인 진보**—경험 및 기술과학의 극적으로 화려한 진보—는 '나'와 '우리' 영역에서의 진보를 무색하게 만들고 전도해버리기 시작했습니다. 과학은 의식과 도덕을 한꺼번에 쓸어내기 시작했습니다.

'르네상스'로부터 '계몽운동'에 이르는 경험과학의 위대하고 부인할 수 없는 진보는, 모든 실재가 '그것' 언어로, 즉 객관적이고 과학적인 용어로 접근되고 기술될 수 있는 것으로 보이도록 만들었던 것입니다. 그리고 역으로 만약 어떤 것이 객관적이고 경험적인 양식으로 연구되거나 기술될 수 없다면 그것은 "진정한 실재"가 아니라고 여겼던 것입니다. '3대 가치'는 과학적 유물론, 즉 과학적인 외면세계와 객체와 시스템의 "유일한 1대 가치Big One"로 환원되었던 것입니다.

그리하여 마침내 '그것' 접근 방식은 '나'와 '우리'의 영역들을 예속화하기 시작했습니다. 모든 지식은 객관적인 '그것' 지식으로 되지 않으면 안 되었고, 그래서 모든 실재는 주체도 없고 의식도 없고 '자기'도 없고 도덕도 없고 미덕도 없고 가치도 없고 내면도 없고 깊이도 없는 '그것들'의 패거리들 같아 보이기 시작했던 것입니다. '나'와 '우리'의 '좌측' 차원은 '거대한 그것Big It'의 '우측'으로 붕괴되어버렸던 것입니다.

◘ '3대 가치'가 평원적 세계의 '1대 가치'로 붕괴되었다는 말씀이시군요.

◉ 네, 정확히 그렇습니다. 그리고 이러한 프로젝트는 처음에는 얼핏 대단한 의미를 만들어내는 것으로 보일 수도 있는데, 그 까닭은 다름 아니라 모든 홀론은 정말로 객관적이거나 '우측'의 측면을 지니고 있기 때문이지요! '좌측'의 모든 구성요소는 (그림 5-2에서 쉽게 알 수 있듯이) 그것의 경험적이고 객관적인 '우측'의 상관자들을 지니고 있습니다. 심지어 내가 '유체이탈' 체험을 한다고 해도 그것은 경험적 두뇌 안에 모종의 변화가 나타나는 현상만을 기록하고 말지요!

게다가 경험적이고 독백적인 연구는, 그와 같은 너저분해 보이는 해석이나 상호주관적인 해석학이나 공감적인 상호이해 같은 쪽보다는 **비교가 안 될 정도로 무한히 더 쉽기** 때문에, 그것은 애초부터 **세계 내의 모든 감각적인 것들로 하여금** 모든 지식을 경험적 영역으로, 즉 '우측' 차원으로 제한하도록 **만들었던 것**입니다. 이것은 완벽할 정도로 이해가 가능할 뿐 아니라 심지어 그 특유의 방식으로 고상해 보이기조차 했던 것입니다.

그리고 이것이 바로 근본주의적 '계몽주의' 패러다임이 자행하였던 것입니다. 기본지식의 탐구는 합리적 '자아'로 하여금 '그것' 언어에 의해 전체 세계를 단순히 지도로 만들거나 거울같이 반사하도록 하는 것이었습니다. 로티Richard Rorty[45]가 아주 적절한 표현으로 "자연의 거울"이라고 일컬었던 바로 그것입니다.

◘ 지도 모사 패러다임, 표상 패러다임이군요.

● 그렇지요. 그렇게 함으로써 지도 작성자와 내면세계를 모두 다 함께 완전히 제외시키는 일이 생겨난 셈이지요. 그들에게 해석은 필요하지 않습니다. 세계는 단순히 명백하고 "미리 주어진" 것일 뿐이라는 것이지요. 그리고 당신은 이같이 미리 주어진 세계를, 즉 단순한 위치로서의 세계를 그저 지도화하면 된다는 것입니다.

이와 같이 모든 것을 일소一掃해버리는 **계몽주의** 어젠다agenda 하에서는 자연은 완벽하게 하나의 **조화롭고 상호 연관된 시스템**, 즉 하나의 거대한 '그것' 시스템으로 간주됩니다. 그래서 지식은 이러한 '그것' 시스템을 '그것' 언어로 인내심을 발휘하며 경험적으로 지도화하

45 철학은 자연이나 실재를 있는 그대로 비추는 거울이라는 표상주의를 부정한 미국의 심리철학자. 대표 저서로《철학과 자연의 거울Philosophy and the Mirror of Nature》이 있다.

는 가운데 존재했던 것입니다.

그래서 이와 같이 거대한 조화로운 '그것' 시스템, 이러한 완벽하게 "전일적"인 시스템은 근본주의적 '계몽주의'의 격자grid, 즉 급진적인 '계몽주의'의 절대적인 기반이었습니다.

◘ 그러나 "신패러다임" 이론가들은 '계몽주의' 패러다임에 근본바탕이 되는 것은 바로 그 **원자론**이었다고 강력하게 주장하고 있고, 그래서 그들은 그것을 **전일론**holism 혹은 시스템 이론으로 대치함으로써 그러한 문제를 극복하려는 것이라고 주장하고 있지요.

◉ 네, 그들은 그렇게 말하고 있고, 그래서 아주 철저하게 깊숙이 혼동하고 있습니다. 누가 그러한 난센스를 시작했는지 모르겠습니다만 그것은 정말로 난센스임이 분명합니다.

◘ 이 주제가 소개된 《성, 생태, 영성》 중에서 해당되는 한 절節을 표시해놓았습니다. 참석자들을 위하여 여기서 그 일부를 읽어보고 싶습니다.

예컨대, 이러한 이론가들은 계몽주의의 거대한 "부정적 유산"이 원자론적이고 분활적인 존재론에 기인한다고 주장한다. 그러나 원자론은 계몽주의의 지배적인 주제가 '아니'었다. 우리가 곧 상세하게 알게 되겠지만—그리고 실제로 그 시대의 거의 모든 역사가들이 의심할 여지 없이 충분히 분명하게 밝혀놓았듯이—계몽주의의 지배적인 주제는 "존재의 상호 맞물린 질서의 조화", 즉 아담 스미스Adam Smith의 위대한 "보이지 않는 손"으로부터 존 로크의 "위대한 상호 맞물린 질서", '종교개혁가'와 '이신론자理神論者'들의 상호"상관적相關的인 존재의 방대한 조화로운 전체"에 이르기까지 만물의 배후에 있는 시스템의 조화였다.

여기서 당장 단지 한두 가지 예만 든다면, 찰스 테일러의 다음과 같은 말은 거의 논쟁의 여지 없이 학자들의 결론을 대표한다. "계몽주의의 주류에게 객관적 실재의 상호 맞물린 전체 시스템으로서의 자연—인간을 포함하는 모든 존재자가 그 안에서 다른 모든 것들의 존재 양태와 긴밀하게 잘 연계되어 있는 실존의 자연스러운 양태를 지닌 자연—은 모든 존재의 행복과 그에 따른 선善에 대한 기본모형, 즉 청사진을 제공하였다. 계몽주의는 그 '**부분들이 완벽하게 그물같이 직조된 조화로운 전체**'로서 인간본성을 포함하는 자연의 모형을 발달시켰다." 그리고 그 "질서의 통일성은 조화로운 전체를 형성시키는 작용력들을 필요로 하는 하나의 상호 맞물린 장치로 비추어졌다." 알렉산더 포프Alexander Pope가 시대 전체를 통틀어 대변하듯 말하면서 그렇게 했듯이, "만물의 신성한 '질서', '합일', 완전한 '일치'에서 솟아나는 그러한 것이 '세계'의 위대한 조화이다. 사소한 것이든 위대한 것이든 간에, 나약한 것이든 강대한 것이든 간에 [서로 간에] 봉사하되 고통을 주지 않도록, 그리고 강화시키되 침범하지 않도록 만들어진 것이다. '부분'은 '전체'에 관계되고, 모든 것들은 봉사를 받는 한편 모든 것들에게 봉사한다. 말하자면 아무것도 홀로 서 있는 것은 없다"는 것이다.
이미 계몽주의 사상의 보루인 '백과사전Encyclopédie'에서도, "자연 안의 만물은 모두 함께 연결되어 있다"고 선언했고, 러브조이Arthur Lovejoy는 "그들은 전체로서의 '보편적 시스템'의 완벽성에 대해 능변能辯으로 말하곤 하였다"고 지적하고 있다. [《성, 생태, 영성》, pp. 131~132]

○ 그렇습니다. 계몽주의의 지배적인 주제는 이 거대한 "생명의 그물"이라는, 즉 모든 각각의 다른 것들이 서로 짜여져 있는, 존재의 상호 맞물린 거대한 질서라는 착상이었습니다. 그런데 데모크리토스Democritus 이래로 줄곧 내려오고 있듯이 소수의 괴짜 원자론자들이 정

말로 있었습니다. 그러나 앞에서 언급했던 이 분야의 학자들이 이미 충분히 분명하게 밝혔듯이 그들은 주류적 계몽주의의 지배적이고 중심적인 주제를 대표하지는 않았습니다.

◘ 그렇다면 '계몽주의'의 진정한 "부정적 유산"은 무엇이었습니까?

◎ 글쎄요. 앞에서 말했듯이 '계몽주의'의 이 '생명의 그물'이라는 착상은 정말로 전일적이고 상호직조된 것이었지만, 아쉽게도 그것은 다만 '우측' 차원 내에서의 홀라키만을 인정했던 것입니다. 그것은 좌측 내의 홀라키들을 **그것들 고유의 용어**로서는 인정하지 않았던 것입니다. 그것은 '3대 가치'를 '1대 가치'로 붕괴시킨 것입니다. 서로 짜여진 '나'와 '우리'와 '그것'을 단지 서로 짜여진 '그것들'의 평원적 시스템으로 붕괴시킨 것이지요.

그리하여 의식·문화·자연의 '3대 가치 영역' 중에 이제는 오직 감각적 자연만이 실재인 것이고, 그러므로 모든 진정한 지식은 **오직** 그러한 실재의 단순한 **반사**여야 한다는 것입니다. 그것은 반사 패러다임, 자연의 거울, '온우주'의 붕괴를 의미하지요.

시스템 이론은 계몽주의의 이 같은 부정적 유산에 대한 치유가 아니고, 그러한 악몽의 내재된 일부일 뿐입니다.

◘ 평원적 세계의 일부라는 말씀이시군요.

◎ 그렇습니다. 멈포드Lewis Mumford[46]가 질이 결여된disqualified 우주라고 일컬었던 바로 그것입니다. '그것' 언어는 본질적으로 가치와는 무관한 중립적인 것입니다. 그것은 **양量**은 있지만 어떻든 질質은 없습니

46 뉴욕 태생의 문명 평론가이자 건축가. 기술, 문명사, 예술, 건축, 도시 등 다양한 주제를 연구했고, 대표 저서 《기술과 문명Technics and Civilization》을 통해 미디어 생태학적 연구의 전형을 보여주었다.

다. 그래서 만약 당신이 양과 객관적·외면적 세계와 네트워크 과정과 시스템 변수에 의해 만물을 기술한다면, 당신은 그것이 무엇이든 간에 질적인 구별이 없는 것을 얻게 됩니다. 즉 **질이 결여된** 우주를 얻는다는 말입니다.

'우측'의 모든 것은 단순한 위치를 점유하고 있으므로 이는 **더 크거나 더 작다고** 할 수는 있지만 **더 좋거나 더 나쁘다고** 할 수는 없다는 점을 기억해야 합니다. 열린 마음은 좁은 마음의 편협성보다 더 좋다고 할 수 있습니다만, 바위가 행성보다 더 좋다고 할 수 없습니다. 우측은 모종의 물리적 확장 수단을 지니고 있기 때문에 그것은 꽤 쉽게, 즉 1, 2, 3, 4, 5…… 하면서 정량화하여 셀 수 있습니다. 하지만 당신은 수량을 얻는 것이지 도덕을 얻는 것이 아닙니다. 그리고 일곱은 셋보다는 **더 크지만 더 좋은** 것은 아닙니다. 그러므로 만약 당신이 전체 세계를—전일적이든 그렇지 않든 간에—대상으로만 취급한다면 틀림없이 그것의 모든 가치를 벗겨내고 있다는 것만은 장담하지요. 당신은 '온우주'의 질을 상실하게 만든 것입니다.

그래서 당신이 그 같은 작업을 마치고 나서 주위를 둘러보기 위해 잠깐 멈추어 설 경우 당신은 아무런 의미도, 깊이도, 해석도, 미美도, 선善도, 미덕도, 숭고함도 없이 평원적이고 흐릿한 우주 속에 극도의 두려움에 떨면서 서 있는 자신을 발견합니다. 단지 온통 기능적으로만 적합할 뿐인 한 무리의 전일적인 '그것들'의 세계에 대한 두려움 말입니다.

◘ "소리도 없고 향기도 없고 색깔도 없는 지리하고 따분한 사건, 즉 단지 물질의 끝없고 의미 없는 분주함뿐이다"라는 화이트헤드의 유명한 말이 생각나는군요.

◉ 그렇습니다. 거기에다 그는 덧붙이기를, "그리하여 근대철학은 붕괴되었다"라고 했지요. 게다가 보다 중요한 점은, 근대의 생명세계

가 붕괴되어버린 것입니다. 일단 당신이 내면에서 외면으로, 마음에서 두뇌로, 자비에서 세로토닌 쪽으로 가게 되면 당신은 가치에서 무가치로, 미덕에서 무미덕virtueless으로, 가치에서 무가치 쪽으로 나아가게 됩니다.

그래서 만약 당신이 위대한 '그것' 영역만이 **유일한** 실재라고 생각한다면 당신은 모든 가치와 미덕이 "단순히 주관적"인 것일 뿐이라고 고집할 것입니다. 말하자면 그것들은 어떠한 종류의 실체적 실재에도 정착되지 못한 개인적 선택일 뿐이라는 것이지요. 당신은 존재적 수준의 깊이가 '온우주'에 본래 내재되어 있는 것이라는 사실을 결코 알게 되지 못할 것입니다. 당신은 가치가 '온우주'에 본래 내재되어 있는 것이라는 사실을 결코 알게 되지 못할 것입니다. 당신은 의식이 '온우주'에 본래 내재되어 있는 것이라는 사실을 결코 알게 되지 못할 것입니다.

그 모든 것들이 지금 당신이 의기양양하게 살고 있는 번들거리는 단색조의 세계로부터 사라지고 거부되고 지워져버렸습니다. 그리고 일단 당신이 용의주도하게 의식과 미덕과 가치를 온우주적으로 말끔히 청소하여 박박 문질러 없애고 나면, 그때부터는 설사 당신 자신의 생명세계가 완전히 공허하고 텅 빈 것으로 보이기 시작한다 해도 결코 놀라서는 안 될 것입니다. 벌어진 사태의 이러한 상태에 대해 **불평한다**는 것은 당신이 자신의 부모를 죽이고 나서는 자신이 고아라고 불평하는 것과도 같습니다.

탈근대성의 과업 : 3대 가치의 통합

■ 그렇다면 계몽주의의 부정적 유산을 극복한다는 것은 정확히 무엇을 의미합니까!

◎ 글쎄요. 우선 무엇보다도 계몽주의의 부정적 측면들을 극복하는 길은 독백적 원자론을 독백적 전일론holism으로, 평원적 시스템 이론으로 대체하는 데 있는 것이 아니란 사실을 의미합니다. 원자론과 시스템적 전일론은 양쪽 모두, 한편으로는 거칠고 다른 한편으로는 정묘하지만 그럼에도 엄연한 '우측'의 환원주의이기 때문입니다.

우리는 '3대 가치'의 신화적이거나 마법적인 단계의 미분열적인 상태로 퇴행함으로써 문제 해결을 추구해서는 안 됩니다. 그러한 단계들에서는 자기와 문화와 자연이 **아직** 분화되어 있지 **않았습니다.** 우리가 비록 근대성의 재앙을 극복하고자 시도한다고 해도 근대성의 존엄성은 보존되지 않으면 안 됩니다. 존엄성이란 다름 아닌 분화였지만 재앙은 바로 분열이었습니다.

그러므로 만약 근대성이 광범위한 규모로 '3대 가치'를 분화시키는 데 성공했다면, 그것들을 통합하는 것은 탈근대성의 몫입니다. 진화의 진정한 조류, 즉 20가지 원칙은 이러한 분화와 통합을 요구하는 것이고, 그래서 오늘날 우리는 그와 같은 요구의 선단에 서 있습니다.

▣ 탈근대성에 대한 요구, **통합적 관점**에 대한 요구란 말씀이시군요.

◎ 그렇습니다. 그렇다고 이것이 "포스트모던"이라 일컬어지는 모든 것은 결국 다 이와 같은 통합을 향한 시도라는 것을 의미하지는 않습니다. 포스트모던 사상은 많은 경우에 극단주의적이고 허무주의적이고 자기도취주의적입니다. 그렇지만 탈근대성의 보다 더 신뢰할 만한 사조들은, 내가 그 용어를 사용하는 의미와 마찬가지로—헤겔에서 하이데거, 하버마스, 푸코, 테일러에 이르기까지 모두 다—대체로 과학·도덕·미학을 대등하게 존중하려고 노력함으로써, 그리고 이론적 폭력의 난무 속에 어느 하나를 다른 것으로 단순하게 환원시키지 않으려고 애씀으로써 포스트모던 정경 속에 어떤 균형을 회복하려고 노

력하고 있습니다.

그렇다면 그러한 것이 곧 우리가 앞으로 정확히 주시하고 싶은 것이 될 것이고, 또한 포스트모던 세계에서의 마음과 문화와 자연을 통합하는 방법입니다. 말하자면 이는 4분면 모두에서 '영'을 드높이는 방법이고, 또 나아가 '영'의 네 가지 모습 혹은 단순히 '3대 가치'를 알아차리고, 우리 자신을 진·선·미에 조율하여 그 안에 위치시키고, 그에 대한 축복을 베푸는 방법입니다.

영적인 3보

■ 이제는 우리가 영적인 주제를 다루기 시작할 시기가 된 것 같습니다. 선생님은 '3대 가치'[3보三寶]를, 즉 '불佛, Buddha·법法, Dharma·승僧, Sangha'이란 개념과 연계시켜왔습니다. '불'은 위대한 영적 깨달음을 성취한 자이고, '법'은 그가 깨달은 진리이고, '승'은 이 깨달음의 성취를 도모하고자 모인 수행자들의 공동체이지요.

○ 그렇습니다. 그것들은 의식의 진화가 더 상위적인 혹은 초의식의 혹은 자아초월적인 영역으로 계속될 때의 '3대 가치'입니다. 물론 이것은 불교 용어를 사용하고 있는 것이지만, 다른 종교에도 마찬가지로 있는 것입니다.

■ 한 번에 하나씩 그것들을 간략하게 훑어보지요

○ 그림 5-2에는 다만 현재까지의('좌상 4분면'에 "형식적 조작formop", "비전논리vision-logic"라고 표시한 바와 같이), 즉 근대의 합리성까지의 평균적이거나 집합적인 의식 진화에 대한 이정표의 일부를 싣고 있습니다.

그러나 그러한 단계들 너머에 초합리적인 혹은 자아초월적인 혹은 보다 적절하게는 영적인 발달이 놓여 있습니다. 이에 대해서는 곧 우리가 충분히 논의할 것으로 봅니다. 그리고 이러한 보다 상위적인 발달 역시 **4분면 모두에서** 진행된다는 것이 나의 기본 관점입니다. 아니면 보다 단순한 형태로는 3대 가치에서 그렇다는 것이지요. 이 같은 더 상위적인 진화는 '나', '우리', '그것' 영역에서 일어납니다.

그래서 궁극의 '나'는 '불'이고, 궁극의 '우리'는 '승'이고, 궁극의 '그것'은 '법'입니다.

■ 예를 들어보신다면…….

● 우리는 이것을 여러 가지 상이한 방식으로 말할 수 있습니다. 당신이 궁극적으로 자기자신의 **진실성**이 충만할 때 당신은 필연적으로 "나는 부처다", 나는 '영Spirit'이다, 라는 것을 깨닫고 고백하게 될 것입니다. 그것에 미치지 못하는 것은 어느 것이든 거짓, 즉 자아(에고)의 거짓, 분리된 자기감의 거짓, 한마디로 무한성에 직면한 자기의 '위축'일 뿐입니다. 당신 의식의 가장 깊숙한 안식처에서 비로소 지고의 정체성을 지닌 '영' 자체와 직접 조우합니다. "내가 아닌 그리스도가 내 안에 거주한다", 이는 말하자면 궁극의 '나'는 '그리스도'다, 라는 것입니다. 이것은 당신이 처음으로 존재하도록 만들고 있는 어떤 상태가 아니고, 오히려 단순히 당신이 인식하고 고백하고 있는 어떤 무시간의 상태입니다. 당신이 "나는 부처다", 즉 '궁극의 미美다'라고 말할 때 비로소 당신은 궁극적으로 **진실성**이 있는 존재로 되는 것입니다.

그리고 궁극의 문화적 적응이나 공정성이란 "우리는 모두 '영'의 '공동체'의 일원이다"라는 것입니다. **지각 능력이 있는 [유정의] 모든 존재는**, 사실상 모든 홀론들은 불성을 내포하고 있다—切衆生悉有佛性, 즉 존재적 수준의 깊이, 의식, 본래적 가치, '영'을 포함하고 있다는 것입니다. 따라서 우리는 모두 다 모든 존재의 집회, 신비의 교회, 궁극의 '우리We'의 일원입니다. 이것은 궁극의 윤리, 궁극의 '선'이지요.

그리고 궁극의 객관적 진리란 곧 모든 존재는 '영'이나 '공空'의 완벽한 현현이라는 것입니다. 즉 우리는 모두 궁극의 '그것'이나 '법'의 현현이라는 것입니다. 이것이 바로 궁극의 '진리'입니다.

궁극의 '나', 궁극의 '그것', 궁극의 '우리', 즉 불·법·승입니다.

◻ 이것이 바로 왜 4분면 혹은 '3대 가치'를 이해하는 것이 더 상위적인 발달 혹은 영적 발달을 이해하는 데 있어서 매우 중요한가 하는 이유군요. 또 이것이 바로 왜 우리가 "온수준·온분면"의 접근 방식을 필요로 하는가를 말해주는 거로군요.

○ 네, 그렇다고 생각합니다. '영'은 모든 4분면에서 대등하게 현현하고, 그래서 영의 실현이 충분하고 완전하며 단절되지 않도록 하기 위해서는 모든 4분면(혹은 단순히 '3대 가치')은 필히 고려되어야 한다는 것입니다.

◻ 부처란 무엇을 말합니까?

○ 글쎄요. 우리는 '좌상 4분면'의 이러한 더 상위적인 단계들에 대해서는 아직 언급하지 않고 있지요. 그렇지만 본질적 요점을 말하자면, 당신이 아무리 자신의 선험적 정체성을 상상하고 싶어 한다고 해도, 의식의 상위적인 단계들은 개체적 "나"가 스스로 '영'과의 선험적 정체성을 발견하는 곳까지만 의식의 보다 심층적인 혹은 보다 상위적인 단계들을 드러낸다는 것이지요. 불교도들은 다음과 같이 말하는지도 모릅니다. 개체적 "나"는 '공空'으로서의 "나"의 선험적 본성을 발견하게 되고, 그리하여 비로소 고립되고 소외된 "나"는 모든 현현하는 존재의 본디 근본적으로 열려 있고 공空하며 투명한 바탕 속으로 들어가 편히 쉬게 된다고요. 이슬람 신비주의자[수피들]는 그것을 '지고의 정체성Supreme Identity'[신과의 일치], 즉 영혼과 절대 '신성Godhead'과의 일치라고 일컫습니다. '선禪'에서 우리가 무아無我, 또는 전적으로 무개

아無個我인 '진아眞我, True Self'를 갖고 있다고, 즉 모든 '형상'[색色]의 투명성인 원초적인 '공'이라고 말합니다. 기독교에서는 "이 의식을 바로 예수 '그리스도'였던 당신 안에 있도록 하라"고 말합니다.

개체적 자기는 원초적이고 속성을 부여할 수 없는 '기저基底, Ground'를 발견하게 되고, 그리하여 그 특유의 자기는 '온우주' 일반의 '근본기저'와 조우하게 된다는 것이 단순히 그 증거일 뿐입니다. 무아이기도 한 궁극의 '진아'란, 곧 개개의 모든 홀론 내에 있는 개개의 모든 유정의 존재(중생) 안에 있는 '불성' 혹은 '불심' 혹은 그리스도 의식입니다. 그래서 궁극의 자기, 궁극의 '나'는 부처이고, 그것은 '좌상 4분면'에 해당합니다.

■ '법'이란 무엇을 말합니까?

● '법'이란 **객관적 사실**로서의, 즉 객관적인 '사건들Affairs의 궁극적 상태'로서의 '영'을 언급하는 것입니다. '온우주'의 궁극의 '그것'은 법Dharma, '진리', 혹은 모든 홀론들의 객관적인 존재성isness이나 여여함suchness이나 그러함thusness인 것입니다. 모든 조건들의 '진정한 조건the very Condition', 모든 본성들의 '진정한 본성the very Nature', 모든 홀론들의 '진정한 그것 속성the very Itness', 즉 이것이 바로 '법성the Dharma', 객관적 '진리the Truth'입니다. 이는, 너무나 당연한 말이지만, 모든 홀론들은 그것들의 '그것 속성' 안에서 '공'의, 즉 '영'의 완벽한 현현이라는 것입니다. 그래서 그것이 곧 궁극의 '진리'이지요!

■ 그러면 '승'이란 무엇을 말합니까?

● 승이란 집회 혹은 공동체를 의미합니다. 그것은 '영'의 "우리"입니다. 기독교 신비주의자의 용어로 그것은 '교회', 즉 '그리스도'와의 신비한 영적 교류입니다. 그것은 깨달음realization의 상호주관적 영역, 즉 '신성'의 문화입니다. 이는 곧 좌하 4분면에 해당합니다.

요컨대 '영'은 4분면 모두에서 동등하게, 혹은 '3대 가치'에서 동등하게 현현하기 때문에 우리는 '영'을 자신의 '불심'으로, 즉 '영'의 "나", 궁극의 '미'로 **주관적으로** 기술할 수 있는 것입니다. 그리고 우리는 '영'을 '법'으로, 즉 '영'의 "그것", 궁극의 '진'으로 **객관적으로** 기술할 수 있는 것입니다. 그리고 우리는 '영'을 '승'으로, 즉 '영'의 "우리", 궁극의 '선'으로 **문화적으로** 기술할 수 있는 것입니다.

이러한 4분면이나 '3대 가치'는 '영'의 모든 면면들, 즉 '공'의 면면들입니다. '공'이 현현할 때 그것은 주체와 객체로 현현하고 그 각각은 단수적이거나 복수적일 수 있습니다. 그래서 그것은 우리에게 4분면, 혹은 보다 단순하게는 '3대 가치'를 제공합니다. 그렇다면 '영'은 '나'와 '우리'와 '그것'이라는 세 가지 언어 모두로 기술될 수 있다는, 그리고 반드시 기술되어야 한다는 것입니다.

그래서 그러한 영역들 각각은 진화합니다. 이는 말하자면 각각은 그것의 영적 본성을 점점 더 많이 전개시키게 되고, 따라서 그것의 영적 본성을 점점 더 많이 깨닫게 된다는 의미입니다. 그래서 그러한 진화의 최상단에 도달하면서 '나'와 '우리'와 '그것'은 점진적으로 그것들 특유의 참본성을 투명하게 드러내게 됩니다. 그것들 각각은 바로 그것들의 본성이기도 한 '궁극의 기저the Ground'의 영광을 찬란히 빛나게 합니다.

그리고 그와 같이 찬란하게 빛나는 자각 속에서, 모든 '나'는 '신God'이 되고, 모든 '우리'는 '신'의 가장 진실한 찬미자가 되고, 모든 '그것'은 '신'의 가장 자비로운 신전이 됩니다.

2 부

활동 중에 있는 영의 더 상위 영역

9

의식의 진화

■ 통합적 접근은 온수준적이고 온분면적이지요. 지금까지 온분면에 대해 알아봤는데, 이제는 온수준에 대해 알아보고 싶군요. 최하위적 단계로부터 최상위적 단계로, 즉 물질로부터 신체로 마음으로 혼으로 영으로 이르는 의식의 진화 자체에 대해 논의하고 싶습니다.

● 이러한 전반적 진화에 대한 단순화된 지도 중 하나는 그림 9-1 같은 것이지요. 그림에서 전통적인 "물질, 신체, 마음, 혼, 영"은 오른쪽에 열거되어 있고, 우리가 사용하게 될 약간 조금 더 확장된 해석은 왼쪽에 주어져 있습니다.

그렇지만 지금 우리는 단지 '좌상 4분면', 즉 의식 진화의 내면적 단계들에 대해 논의하고 있다는 점을 먼저 강조해야겠군요. 그러므로 우리는 예컨대 우상 4분면에서의 대응하는 상관적 변화에 대해서는 논의하지 않고 있습니다. 여기서 우리는 뇌간·변연계·신피질에서의 변화, 뇌파 패턴(α, β, θ, δ파 상태)의 변화에 대해서는 다루지 않고, 뇌반구의 동조화나 신경전달물질의 병리적 불균형 상태 등에 대해서도 다루지 않고 있습니다.

마찬가지로 여기서 우리는 개인적 의식의 발달과 분리할 수 없는 더

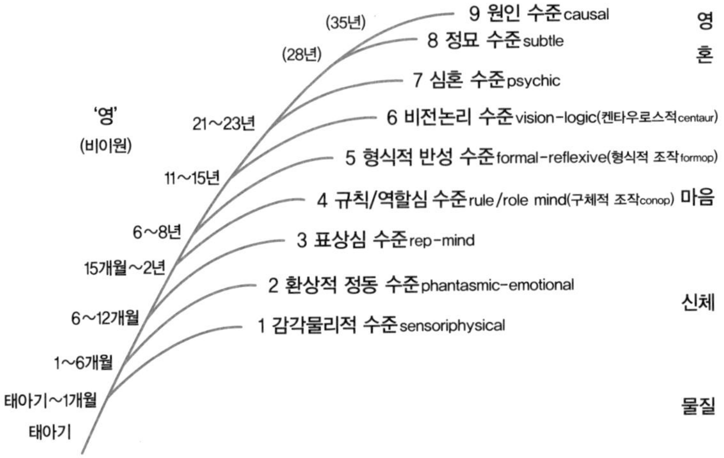

그림 9-1 **의식의 기본수준 및 구환球環**

큰 문화적 조류('좌하 4분면')나 사회적 구조('우하 4분면')에 대해서는, 비록 이러한 다른 분면들이 결정적으로 중요하다고는 하지만, 구체적으로 살펴보지는 않고 있습니다. 자체가 병들어 있는 문화 속에서 자기를 적응하고 통합하는 것이 도대체 무슨 소용 있을까요? 잘 적응된 나치 당원이라는 것이 무엇을 의미하나요? 그러한 것이 정신적으로 건강한 것입니까? 그렇지 않으면 나치사회에서 잘못 적응된 개인이야말로 정신이 올바른 유일한 사람인가요?

그러한 모든 것들은 결정적으로 중요한 고려 요소들입니다. 모든 홀론이 이러한 네 가지 면면들을 그 존재성으로 지니고 있기 때문에 어느 분면에서의 기형 상태는, 즉 병리나 "질병"은 4분면 모두를 통해 반향을 일으킬 것입니다. 그래서 생산의 소외(불화)적 양상을 가진 사회('우하 4분면')—이를테면 비인간적 노동에 대한 노예적 임금제 같은 것을 가진 사회—는 노동자들의 비천한 자존감('좌상 4분면') 속에, 그래서 예컨대 알코올 남용을 자기치료의 수단으로 수용할지도 모르는 일탈된 뇌 내 화학 반응('우상 4분면') 속에 반영될 것입니다. 이와 유사하게 여성들을 평가절하하는 문화적 세계관은 개별적인 여성의 잠재 능력을 무력하게 만드는 경향을, 그리고 분명 일부 프로작Prozac 같은 것을 사용할 수도 있는 뇌 내 화학반응을 초래할 것입니다.

그래서 그와 같이 4분면의 원둘레로 계속하여 순환하는 것입니다. 한 분면을 무력하게 하면 4분면 모두가 뇌출혈로 쓰러지는 경향이 있습니다. 그렇지만 이 (의식의 진화에 대한) 논의에서는 우리는 잠시 동안 그 모든 것들을 무시하게 될 것입니다. 이를테면 가족테라피를 무시하고, 뇌 내 화학반응과 뇌의 상태를 무시하고, 문화적·사회적인 분석을 무시하게 될 것입니다. 그리하여 우리는 '좌상 4분면' 자체에 집중할 수 있고, 그래서 의식의 수준들이 어느 한 개인 안에 나타날 때의 그 수준들에 대해 논의할 수 있습니다.

그러나 결코 그와 같은 다른 분면들이 중요하지 않다고 상상해서는 안 됩니다! 사실 우리는 개별적 "병리 현상들"을 오히려 세계관, 사회구조, 심층에 대한 문화적 접근을 포함하는 엄청나게 방대한 빙산의 일각으로 보는 이해를 향해 급속하게 접근하고 있습니다. 개별적인 치료 요법이 중요하지 않다는 것이 아니라, 수많은 경우에 있어서 그것은 거의 부차적인 것입니다. 하지만 지금 당장은 확실하게 '좌상 4분면'에만 집중할 수 있습니다.[47]

47 이 장에서는 의식의 진화를 추상적인 용어로 논의하지만, 다음 두 개 장에서는 구체적인 많은 예들을 제시하고 있다. 그래서 이 장의 내용이 추상적으로 보인다면 계속 더 읽어나가기 바란다.

◘ '좌상 4분면'의 간략한 요약이 그림 9-1에 주어져 있군요.

○ 그렇습니다. 만약 당신이 이것을 그림 5-2와 비교한다면 그림 5-2에는 "비전논리"까지 제시되어 있고, 이는 그림 9-1에서의 단계 6에 해당합니다. 그 이유는 그림 5-2에는 집합적인 인류사에서 오직 현시점까지의 평균적인 의식의 단계들만을 수록하고 있기 때문입니다. 그것은 그림 9-1에서 보여주는 더 상위적이거나 더 심층적인 단계들의 어느 것도 수록하지 않고 있습니다.

◘ 그렇다면 즉각 일어나는 의문은, 과거에 예컨대 신화적 농경시대에 살았던 어떤 사람은 이러한 상위적인 발달 단계들에 접근해본 적이 없다는 것을 의미합니까?

○ 아니지요, 전혀 그렇지 않습니다. 어느 주어진 시대에서든지 어떤 사람은 평균 이상이고 어떤 사람은 그 이하입니다. 좌상 4분면은 단순히 그 시점에서의 평균 수준일 뿐입니다.

모든 사회는 어떤 **중심**重心을 가지고 있는데, 말하자면 그 주위로 문화의 윤리, 규범, 규칙, 기본적인 제도가 조직화되고, 그래서 이 중심은 기본적으로 그 사회를 위해 문화적인 정합성과 사회적인 통합을 제공한다는 것입니다.

이러한 문화적 중심은 개인적 발달에 대해 마치 자석과 같이 작용합니다. 만약 당신이 평균 수준 이하면 그것은 당신을 위로 잡아당기려는 경향이 있습니다. 만약 당신이 그 위로 나아가려고 애쓴다면 그것은 당신을 아래로 끌어내리려는 경향이 있습니다. 문화적 중심은 발달의 속도 조정자로서, 즉 자석으로서, 의식발달의 평균 기대 수준으로 당신을 끌어당깁니다. 그 이상 너머로는 당신 혼자 힘으로 나아가야 하고 운이 좋아야 하는데, 그 이유는 이제부터 자석은 당신을 끌어내리려고 애쓸 것이기 때문입니다. 양쪽의 경우에 모두 당신은 "법률의 보호 밖에 처해" 있게 됩니다.

■ 그렇다면 어느 문화에서도 평균적 양태와 가장 전향적 양태 사이에는 차이가 있게 마련이군요.

● 네, 맞습니다. 예컨대 가령 지금으로부터 500년 뒤에 한 인류학자가 미국을 연구하고 있다고 해보지요. 그래서 그가 크리슈나무르티 Krishnamurti의 저술들을 우연히 발견하고는 미국 내 모든 사람이 크리슈나무르티 같았다고 결론 내렸다고 합시다. 물론 이것은 바보 같은 소리지만 사실 그것이 바로 오늘날 수많은 신시대 이론가들이 과거의 획기적인 시대에 대해 하고 있는 짓이기도 합니다. 그들은 그 시대 의식의 가장 전향적 양태의 대표자, 가령 주술사(제사장)를 취하고 나서 단순히 평균적 양태도 역시 주술적이었고 10만 년 전에 모든 사람이 주술사였다는 결론을 내리고 있습니다. 하지만 글쎄요, 10만 년 전에는 거의 아무도 주술사가 아니었습니다. 주술사는—아마도 부족 내 한 사람 정도였겠지만—매우 희귀하고 축복받은 영혼이었고, 그래서 대부분의 사람들은 이러한 주술적 각성의식을 공유하지 않았습니다. 사실상 되레 대부분의 사람들은 주술사의 초능력을 두려워하였습니다. 그래서 그들은 주술사가 접근했던 각성의식의 상위적인 양태에 관해서는 아무런 단서도 갖지 못했습니다.

그렇습니다. 내가 이러한 과거의 획기적인 시대를 주목하는 가운데 하고자 애써온 것들 중 하나는, 첫째로는 평균적—이를테면 태곳적·마법적·신화적·합리적·실존적—중심을 정의하는 일입니다. 그리고 두 번째로는 이러한 평균적 양태 이상으로 상승했던—흔히 그들 자신에 비싼 대가를 치르고서—그래서 각성의식의 더 상위적이거나 더 심층적인 양태를 드러냈던 가장 진화했던 개인들(주술사, 요가 수행자, 성인聖人, 현인賢人 같은)을 면밀하게 관찰하는 일입니다. 각성의식의 이러한 더 상위적이거나 더 심층적인 양태들은 곧 그림 9-1에서 우리가 초의식적 발달의 **심혼적·정묘적·원인적·비이원적** 수준이라고 일컫고 있는 것입니다.

사다리, 오르는 자, 관점

■ 여기서 논의하고 싶은 점은 바로 발달의 그러한 상위적인 4단계입니다. 그렇지만 이러한 단계들 모두가 정말로 그림 9-1에서 제시되어 있는 바대로 "사다리 모양"으로 되어 있습니까? 그것들은 정말로 그와 같이 불연속적입니까?

● 그림 9-1이 사다리 같아 보이는 것은 사실입니다. 이러한 점이 많은 사람들을 혼동하게 했고, 그래서 그러한 사람들은 발달의 모형을 고지식하리만치 "선형적"이라고 생각합니다. 그러나 이것은 그 발달 모형이 제시하려고 의도하는 바를 완전히 오해한 것입니다.

그림 9-1을 이해하는 최선의 방법은 각 상위적인 수준은 그 선행하는 수준을 초월하고 내포하는 것으로서 일련의 동심원적 원환이나 겹겹의 둥지로 된 구환球環, sphere으로 생각하는 것입니다. 그것은 하나의 **실현**actualization **홀라키**로, 각 단계는 겹겹한 둥지형 양상으로 선행하는 단계들을 **전개하고** 나서는 **감싸서 품어 넣습니다.** 그림 9-1은 단순히 그 동심원 파이의 하나의 조각을 나타내고 있습니다. 전체 그림을 동심원적 원환으로 그릴 수도 있는데, 이는 그림 2-2에 나타낸 것과 정확히 똑같은 것입니다. 사실 그림 9-1은 단순히 그림 2-2에 대해 약간 더 확대된 해석으로, **물질**(감각운동), **신체**(감정과 생명력), **마음**

(표상심에서 비전논리까지), **혼**(심혼과 정묘), **영**(원인과 비이원)을 나타낸 것입니다. 그리고 곧 알게 되겠지만 의식의 이 거대한 홀라키는 보편적으로, 또 문화를 가로질러서 발견된 세계의 위대한 전통지혜의 대들보입니다.

그러나 보다 더 중요한 점으로는, 이러한 아홉 수준이나 구환들은 실제적으로 의식의 발달과 함께 나아가고 있는 것의 일부만을 다루고 있다는 사실입니다. 비록 우리가 그림 9-1을 "사다리"라고 일컫지만, 여전히 사다리에는 **오르는 자**가 있고, 각 발판으로부터의 **상이한 관점들**이 있습니다. 그들 중에 어느 것도 단순히 한 단계 한 단계씩의 선형적인 과정은 아니지요!

■ 그렇다면 사다리, 오르는 자, 관점이로군요. 사다리, 즉 겹겹의 둥지나 구환으로부터 시작하기로 하지요.

기본수준 : 사다리

● 이것들은 그림 9-1에 묘사되어 있습니다. 이러한 아홉 수준 혹은 구환이 바로 의식의 **기본수준**입니다.

이러한 단계들 중 어느 것도 반드시 꼭 기억해야 할 필요는 없습니다. 그렇지만 다만 참고로 그림 9-1은 감각과 지각(감각물리적), 충동과 이미지(환상적 정동), 상징 및 개념(표상심), 구체적 규칙(규칙/역할심 혹은 "구체적 조작"), 형식적 반성("형식적 조작), 비전논리(통합적 비전)를 포함하고 있습니다. 그러고 나서 심령·정묘·원인의 상위적인 혹은 초개인transpersonal[자아초월]적인 단계로 올라갑니다(도표가 만들어진 종이는 "최상의" 단계인데, 이는 실제로 어느 한 단계가 전혀 아니고 다만 전체 시현示現하는 것들의 비이원적 '근본바탕the Ground'입니다. '영'은 최상의 수준, 즉 "원인적"

수준 그리고 모든 수준의 '근본바탕', 즉 "비이원" 양쪽 다입니다).

우리는 조만간 그러한 것들 모두에 대해 논할 것입니다. 그것들은 단지 의식의 발달에서 물질로부터 몸, 마음, 혼, 영으로 뻗어나가는 몇 가지 주요한 이정표일 뿐입니다. 고로 이 목록은 결코 모든 것을 망라하는 것이 아니고 단지 대표적인 표본에 불과합니다.

■ 이것들이 실제적으로 겹겹의 둥지로 된 구환들이라면 왜 선생님은 그것들을 구태여 사다리같이 묘사하려고 하시는지요?

● 의식의 기본 구성요소가 어느 정도는 불연속적 단계들로 출현하기 때문에 사다리 은유는 유용합니다. 그래서 만약 우리가 하위적인 발판을 파괴해버리면 상위적인 발판들은 그것과 함께 모두 사라집니다. 하지만 사다리 은유는 완전히 실패하게 되어 있습니다. 그 까닭은 바로 각 상위적인 단계가 실제로는 하위 단계를 타고 앉아 있는 것이 아니라 오히려 마치 세포가 원자를 품어 넣은 분자를 품어 넣는 것과 똑같이 하위적인 단계를 자신의 존재 안에 감싸 품어 넣기 때문입니다. 앞에서 말한 바와 같이 그것은 겹겹의 둥지로 된 홀라키입니다. 그렇지만 나는 자주 사다리 은유를 사용하는데, 그 이유는 수반되는 성장의 수준들을 특별히 강조하고 싶기 때문입니다.

예컨대 (그림 5-2, 5-3, 9-1에서 보는 바와 같이) 발달 과정에서 이미지는 상징 이전에 나타나고, 이것은 또한 개념 이전에 나타나고, 이것은 또한 규칙 이전에 나타나고 하는 등과 같습니다. 이 순서는 비가역적입니다. 사회적인 조건화의 정도가 아무리 엄청나다고 해도 그 순차적 순서를 바꿀 수는 없고, 순서가 바뀐 사회가 있다는 소리는 전혀 들어보지 못했습니다. 그것은 홀라키적이고 문화횡단적이며, 그래서 우리가 말할 수 있는 건 예외란 있을 수 없다는 것입니다. 문장이 있기 전에 단어들이 있어야 하고, 문단이 있기 전에 문장들이 있어야 하는 것과 마찬가지로, 그래서 이러한 기본 홀론들은 언제나 그것들의 선행하는 것들 위에 세워지고 그것들을 내포하게 되는데, 이것이 바로 왜 순서가 결코 뒤집혀질 수 없는가 하는 이유인 것입니다. 상위적인 발판은 하위적인 발판 위에 놓이게 되고, 그것이 바로 사다리 은유의 유용성의 일부인 것입니다.

자기 : 사다리를 오르는 자

■ 그래서 그러한 것들이 자각의 사다리의 기본발판, 혹은 자각인식의 홀라키로군요.

○ 그렇습니다. 그러나 굳이 말하자면 그러한 것은 실제 활동이 이루어지는 곳이 아닙니다. 오히려 우리가 비록 기본수준의 이러한 발달을 "사다리"로 대충 그린다고 해도 실제 활동은 사다리를 **오르는 자**를 내포합니다. 이 오르는 자는 바로 '자기the self'입니다. 때로는 **자기체계**라고도 일컫습니다(객관적으로 혹은 '그것' 언어로 그것은 자기체계이고, 주관적으로 그것은 개인, 자기, 자기감인데, 나는 양쪽 모두를 사용합니다).

■ 그렇다면 이 '자기' 혹은 '자기체계'는 그것 특유의 특징들을 갖추고 있습니까?

○ 네, 그렇습니다. '자기', 즉 오르는 자는 **사다리 자체에서는 발견되지 않는** 구체적인 특징들과 능력들을 갖추고 있습니다.

그 까닭은 사다리에는 기본적으로 자기가 없기 때문입니다. 즉 그 발판들의 어느 곳에도 본래적인 '자기감'은 없다는 것입니다. 그러나 '자기'는 이러한 발판들을 전유화專有化하거나 그들과 동일시합니다. 그래서 이 '자기'는 자기정체성의 다양한 유형과 자기성장의 다양한 단계를 생성해냅니다. 종국에 가서 자기는 근원적 '공空' 속에서 모두

다 근원적 사다리로부터 떨어져 나갑니다. 이것은 이야기가 조금 앞서 나가는 것이긴 합니다. 그렇지만 그 요점은, 사다리와 사다리를 오르는 자는 아주 다른 사건들이라는 것이지요!

'자기'의 구체적인 특징들에 대해서, 나는《의식의 변용Transformation of Consciousness》에서 동일시, 조직화, 의지意志나 주의집중, 방어, 대사代謝, 항해 등으로 열거하였습니다.

그러한 내용들에 대해 깊이 들어갈 필요는 없지만, 예컨대 "항해"란 자기홀론을 포함하는 모든 홀론들이 소유하는 **네 가지 추동**, 즉 작인과 공존적 교섭, 자기초월과 자기해체self-dissolution(퇴행)를 수반한다는 점을 언급해야 할 것 같습니다. '자기'의 성장과 발달의 각 발판에서 그것[자기]은 그 발달에서 어느 길로 나아갈 것인가에 대한 이러한 네 가지 기본 선택을 지니고 있는 것입니다. 그러한 네 가지 추동 중 어느 하나가 너무 강하거나 너무 약하게 되면 자기는 병리적인 장애에 봉착하게 되고, 병증의 **형태들**은 아홉 개의 기본발판들 중 어느 것에서 그 장애가 일어나는가에 달려 있습니다.

◻ 그렇다면 '자기'가 이러한 기본발판들과 타협하거나 그것들을 올라가게 되면서 어느 발판이나 단계에서 무슨 일이든 잘못될 수도 있겠군요.

○ 그렇습니다. '자기'는 확장하는 의식의 사다리를 오르고 있을지 모르나, 결정적으로 중요한 점은 그것이 어느 발판에서 팔이나 다리를 상실할 수도 있다는 것입니다!

만약 이 발달적인 전개 과정의 어느 단계에서 어떤 일이 잘못되어버리면, '자기'의 국면들은 손상을 받게 되거나 "뒤로 처져"버릴 수도 있습니다. 이 "뒤로 처지는 것"은 퇴행이나 분리[해리]나 소외화라고 일컬어집니다. 자기는 어느 단계에서도 팔이나 다리를 잃어버릴 가능성이 있습니다. 그리고 이와 같은 상실은 그것이 일어난 단계 특유의 특징적인 병리를 초래하게 됩니다.

그리하여 우리는 "사고事故"가 어디[어느 단계]에서 일어났는가에 따라 병리현상이 정신병으로부터 경계선 징후, 신경증, 실존적 병리, 영적 병리에 이르기까지 차례로 생긴다는 것을 압니다.

잠시 뒤에 이에 대한 몇 가지 구체적인 예를 들어 보일 것입니다. 현 단계에서의 요점은, 이러한 기본수준들은 계속 성장하고 전개하고 있을 뿐 아니라 '자기'는 현실적으로 그것들과 타협 조정해야 하고, 확장하는 [자각] 인식의 발달의 발판을 현실적으로 올라가야 하고, 그리고 '자기'는 그 어느 발판에서도 발을 잘못 헛디딜 수 있다는, 그래서 몹시 심하게 다칠 수도 있다는 것입니다.

분기점

◘ 선생님은 이러한 각 단계들을 **분기점**fulcrum이라고 일컬으시지요.

◎ 그렇습니다. 개성화individuation 과정에 관한 융의 선구적 업적은 언급할 필요조차 없지만, 이 용어는 마가렛 말러Margaret Mahler, 오토 케른버그Otto Kernberg, 하인즈 코헛Heinz Kohut, 게르트루데 블랭크Gertrude Blanck와 루빈 블랭크Rubin Blanck와 같은 이론가와 임상전문가들에 의한 연구의 매우 중요한 노선에 바탕을 두고 나온 것입니다. '분기점'이란 단순히 인간의 성장과 발달 과정에서 분화와 통합이 일어나는 순간적 과정을 기술하고 있는 것입니다.

요기 베라Yogi Berra의 우스갯소리 중 하나로, "길을 가다 포크(분기로分技路)를 만나면 당장 집어라"라는 말이 있습니다. 그러면 분기점이란 단순히 발달의 도로상에서의 결정적으로 중요한 분기로이고, '자기'

사다리	오르는 자	관점
자각인식의 기본발판	기본발판을 오르는 자	각 단계에서 자기와 타자의 변화하는 관점
일단 출현하고 나면, 그것들은 의식의 기본 축조블록이나 홀론으로 존재하며 남아 있음.	오르는 과정에서 각 한 걸음은 분기점이고, 1-2-3 과정은 다음으로 이루어진다 : (1) 융합/동일시 (2) 분화/초월 (3) 통합/포함	이는 다음과 같은 상이한 요소 포함 : •자기정체성 •자기욕구 •도덕적 감각

그림 9-2 **사다리, 오르는 자, 관점**

는 바로 그 분기로에 잘 대처해야 합니다. 그 자기가 각 경우에 어떻게 대응하는가에 따라 후속적인 운명에 영향을 미칩니다.

◘ 그렇다면 아홉 개의 기본수준은 타협해야 할 '자기'를 위한 아홉 개의 상응하는 분기점이나 단계가 있다는 것을 의미하는군요.

● 네, 맞습니다. 그렇지만 그것[발달]은 정말로 매우 유동적이고 유체流体와도 같은 사건입니다. 이정표들은 단지 그 [성장발달의] 도상에서의 일반 표지판일 뿐이지요. '자기'는 기본 사다리에서 각 발판을 딛고 한 걸음씩 위로 올라가야 하며, 그 한 걸음이 그 단계에서의 '분기점'입니다.

그래서 모든 분기점은 1-2-3 구조를 갖고 있습니다. 즉 첫째 소단계(1)로, 자기는 자각인식의 새로운 수준으로 진화하거나 발달하거나 한 걸음 위로 올라가야 하고, 그래서 그것은 자신을 그 수준과 **동일시**하고 그 수준과 "하나가 됩니다". 둘째 소단계(2)로, 그러고 나서 그것은 그 수준을 넘어서 이동하기 시작하거나 그것으로부터 분화하거나 그것과 탈동일시하거나 그것을 초월합니다. 그리고 셋째 소단계(3)

로, 그것은 새롭고 더 상위적인 수준과 자신을 동일시하고서 그 자신의 중심을 그곳에 위치시킵니다. 새로운 발판은 이제 현실적으로 이전의 발판 위에 놓여 있고, 그리하여 그것들은 전반적인 확장 안에 포함되고 통합되어야 합니다. 그리고 그러한 '통합'이나 포함은 특정한 분기점의 셋째이면서 최종적인 소단계입니다(이러한 것들은 그림 9-2에 요약되어 있습니다).

그래서 우리는 하나의 분기점을 쉽게 기억할 수 있는데, 그 이유는 그 분기점들 모두가 한결같이 이러한 동일한 1-2-3 구조를 갖기 때문입니다. 즉 그것은 동일시하고 탈동일시하고 통합하거나, 혹은 융합하고 분화하고 통합하거나, 혹은 품에 넣고 초월하고 포함하는 구조를 갖기 때문입니다.

그런데 만약 **어느 발판에서** 이러한 1-2-3 과정의 어느 것이 잘못되어간다면 당신은 부러진 다리나 이런저런 장애를 갖게 됩니다. 그리고 그러한 재앙으로 인한 상흔 조직의 정도는 당신이 자신의 다리를 분질렀을 때 세상이 어떻게 보였는가에 달라질 것입니다. 그리고 일반적으로 더 아래의 발판에 문제가 있을수록 병리 현상은 더욱더 심각해집니다.

새로운 세계의 출현 : 변화하는 관점들

◘ 그러면 우리는 사다리와 그 기본 발판들을 갖고 있고, 그래서 '자기' 혹은 오르는 자와 그 분기점들을 갖고 있다는 말이군요. 말하자면 그래서 그러한 것은 상이한 관점들을 남기는군요.

● 그렇습니다. 발달적 전개 과정에서 각 발판에는 세계에 대한 서로 다른 관점—자기에 대한, 그리고 그 외의 것들에 대한 서로 다른

관점—즉 **서로 다른 세계관**이 있습니다. 세계는 발달적 전개 과정에서 각 발판마다 서로 다르게 보입니다. 사실 서로 다릅니다! 우리가 지속적으로 보아왔듯이, 의식이 진화하면서 상이한 세계공간, 상이한 세계가 탄생하게 됩니다. 단순히 독백적으로 반사된, 미리 주어진 세계가 있는 것이 아닙니다!

그리고 여기서 특히 내가 강조하는 바는, 각 발판에서 우리는 상이한 형식의 **자기정체성**, 상이한 형식의 **자기욕구**, 상이한 형식의 **도덕적 입장**(그림 9-3 도표 참조)을 갖게 된다는 것입니다. 이러한 것을 모두는 자각인식의 각 발판이나 수준이나 권역에서 전개하는 상이한 세계의 모습들입니다.

그런데 그것은 아주 간결한 스케치일 뿐입니다. 자각인식이란 기본 발판들을 가진 사다리, 그 분기점들을 가지고 오르는 자, 각 발판으로부터 바라본 세계에 대한 상이한 관점, 즉 사다리, 오르는 자, 관점이지요.

◘ 그러면 이제 몇 가지 구체적인 예를 들어주시지요.

● 의식발달의 이러한 모형은 아마도 60~70명이나 되는 동서양 이론가들의 연구에 바탕을 두고 있습니다(이 모형에 대한 충분한 논의는 《통합심리학Integral Psychology》 참조). 그림 9-3의 도표에는 그것들 중 아브라함 매슬로, 제인 뢰빙거, 로렌스 콜버그 세 사람의 모형을 보여주고 있습니다. 단지 나는 그들이 너무나 잘 알려져 있으므로 그들의 모형을 예로 사용하려는 것뿐입니다.

◘ 그러시다면 저에게 이 도표에 대한 기초 개념을 설명해주시지요. 규칙/역할심을 예로 들어서 도표의 각 열을 가로질러 설명해주시지요.

● 규칙/역할심은 일곱 살 안팎의 아동들에서 발달하기 시작하는 인지능력입니다. 그것은 복잡한 심적mental '규칙'을 만들고 사회적 역할을 취하는 인지능력입니다. 아동은 자신이 단지 충동과 욕망을 가

사다리	오르는 자	관점			
기본수준		매슬로 (자기욕구)	뢰빙거(자기감)	콜버그(도덕감각)	
감각물리적	F-1	(생리적)	공생적 백일몽적	(전도덕적)	
환상적 정동	F-2		초기 충동적		0. 마법적 소원
표상심	F-3	안전성	충동적 자기보호적	I 전인습적	1. 처벌/복종 2. 순진한 쾌락주의
규칙/역할심	F-4	소속감	순응자 양심적 순응자	II 인습적	3. 타인 용인 4. 법과 질서
형식적 반성	F-5	자기존중	양심적 개인주의적	III 후인습적	5. 개인적 권리 6. 양심의 개인적 원리
비전논리	F-6	자기실현	자율적 통합적		콜버그는 더 상위적인 일곱 번째 단계를 제시
심혼적	F-7	자기초월			7. 보편적 – 영적
정묘적	F-8	자기초월			
원인적	F-9	자기초월			

그림 9-3 **사다리, 오르는 자, 관점의 몇 가지 예**

진 신체만이 아니라 다른 사회적 '자기들' 가운데서 하나의 사회적 자기라는 사실을 이해하기 시작합니다. 그래서 아동은 이런 사회 문화적 역할에 자신을 적응시키지 않으면 안 됩니다. 이것은 어렵고도 시련에 찬 시기입니다.

그러므로 이러한 예의 경우 다음과 같은 설명이 가능합니다. 먼저 규칙/역할심의 **기본수준**이 출현하면서 아동의 자기는 자각인식의 그러한 새로운 발판을 직면할 것입니다. 그리하여 그것[자기]은 그 수준의 **분기점**, 즉 인식의 새로운 수준으로 한 걸음 올라가는 1-2-3 과정을 헤치고 나가야 합니다. 그래서 그것은 그 발판으로 첫 번째 걸음을 내딛을 것입니다. 그것은 자신을 그 발판과 **동일시**할 것입니다. 즉 규칙과 역할을 따르는 능력과 자신을 동일시할 것입니다. 달리 말하면 그것은 자신을 규칙/역할심과 동일시할 것입니다(그런 면은 그 분기점의 소단계1입니다).

그러므로 이 시기의 자기는 규칙/역할적 자기입니다. 그러한 것이 바로 그것의 중심적 정체성이고 그것의 기본적 **자기감**입니다. 그것은 이러한 규칙과 역할에 순응하는 감을 갖고 있습니다. 따라서 그림 9-3의 뢰빙거의 난에서 알 수 있는 바와 같이 이 단계의 자기감은 **순응자**conformist적입니다. 그리고 똑같은 이유로 인해 이 단계에서 자기의 기본욕구는 도표의 매슬로의 난에서 알 수 있는 바와 같이 **소속감**을 추구하는 것입니다. 그래서 이 단계에서 자기의 **도덕적 자세**는 타인들의 인습적 승인을 중심으로 하고 있는데, 이는 도표의 콜버그의 난에서 알 수 있습니다.

■ 그래서 그것은 곧 도표를 가로지르는 자기의 사다리, 오르는 자, 관점이로군요.

● 기본적으로 그렇습니다. 이것은 모두 너무 지나칠 정도로 단순화된 것입니다. 나는 당신이 제대로 이해하기를 바라지만 어쨌든 이것이 일반적인 아이디어입니다.

■ 그래서 만약 발달이 계속되는 경우에는 어떻게 됩니까?

● 발달이 계속된다면 '자기'는 필연적으로 이러한 관점을 넘어서 성장할 것이며 다시 한 번 **그 자각인식을 확장시킬** 것입니다. 그렇게 하기 위해 자기는 자신의 현재의 발판을 떠나야 하거나 그것과 탈동일시하거나 그것을 초월해야 하며—이 차별화와 초월은 분기점의 소단계2이며—그러고 나서는 그다음 상위 수준의 발판과 **동일시**하고—그것은 소단계3이고—그렇게 되면 새로운 분기점이 시작되고 그래서 또다시 앞으로 나아갑니다. 물론 이것은 발달의 정지가 일어날 때까지 계속됩니다.

◘ 이제 이러한 변화하는 관점들에 대해 설명해주시겠습니까? 그것들은 일반적으로 그 자체가 단계형으로 보이는데 맞습니까? 로에빙거, 콜버그, 매슬로 모두 단계 모형을 제시하고 있지요.

○ 네, 아주 일반적인 의미로는 그렇습니다만, 그러나 이는 또다시 많은 비판자들을 혼란스럽게 한 것이기도 합니다. 모든 발달론자들은 실제로 거의 예외 없이 단계형의 목록, 혹은 심지어 사다리형의 목록, 즉 성장과 발달의 홀라키를 갖고 있습니다. 예컨대 이는 콜버그, 캐럴 길리건, 하인즈 베르너Heinz Werner, 장 피아제, 하버마스, 로버트 셀만Robert Selman, 에릭 에릭슨Erik Erikson, 볼드윈J. M. Baldwin, 실바노 아리에티Silvano Arieti, 제니 웨이드Jenny Wade, 클레어 그레이브스Clare W. Graves, 로버트 키건Robert Kegan, 주자네 쿡 그로이터Susanne Cook-Greuter, 존 브로턴John Broughton, 데이드레 크래머Deidre Kramer, 체릴 아몬Cheryl Armon, 나아가 심지어 플로티노스Plotinus[48]에서 파드마삼바바Padmasambhava[49], 천태지의天台智顗, Chih-i[50]와 화엄현수華嚴賢首, Fa-tsang[51]에 이르는 정관(명상)적 전통에서도 다 마찬가지입니다. 그리고 그들은 모두 이러한 사다리형 홀라키를 가지고 있는데, 이는 그것이 그들의 자료에 부합하는 것이기 때문입니다. 이러한 단계들은 경험적·현상학적·해석적인 증거와 방대한 양의 조사 연구 데이터를 집적한 결과 얻어진 것입니

48 203~270, 헬레니즘시대의 신플라톤주의 대표적 철학자. 그의 사상은 플라톤 철학을 발전시켜 만물이 일자에서 유출한다는 동태적인 일원론의 체계를 바탕으로 하고 있고, 그의 사후에 제자 포르피리오스Porphyrios에 의해 편찬된 주저서《에네아데스Enneades》는 아우구스티누스를 통해서 기독교의 플라톤주의 신학과 결부하여 유럽 정신사에 막대한 영향을 미쳤다.

49 탄트라 불교(밀교)를 처음으로 티베트에 소개한 전설적인 인도의 고승. 티베트 불교의 개조開祖이자(8세기경) 최고의 영적 스승으로 구루, 림포체rimpoche라고 불린다.

50 538~597, 중국 천태종天台宗의 개조.

51 643~712, 화엄종의 제3조로 이름은 법장法藏. 화엄의 교리를 크게 밝히고 화엄종의 조직적 체계를 세웠다.

다. 이 사람들이 단지 사다리를 좋아하기 때문에 이러한 것들을 만들어내고 있는 것이 아닙니다.

그러나 이러한 홀라키들에 관한 중요한 점이 하나 있습니다. 콜버그의 경우와 같이 그것들의 더 강한 발달적 해석들에서조차도 그 발달과정에서 어느 주어진 시점의 '자기'는, 상응하는 한 수준으로부터 그 반응의 대략 50퍼센트 정도, 그 이상의 수준으로부터 25퍼센트 정도, 그 이하의 수준으로부터 25퍼센트 정도를 나타내는 경향이 있으니까요. 그 어떤 '자기'도 결코 단순히 어느 한 단계"에만 속해 있지" 않다는 것입니다. 그리고 더구나 온갖 모든 종류의 퇴행, 소용돌이, 일시적인 전향적 도약, 절정 체험 등이 그 안에 있습니다.

◘ 그렇다면 그것은 보다 평균적인 것이로군요.

◎ 네, 그렇습니다. 그것은 문화에 대해 우리가 언급했던 것과 약간은 비슷합니다. 즉 그런 자기들은 평균적 중심重心의 위로, 그리고 일부는 아래로 떨어지는 일부 구성요소들을 가진 중심을 갖고 있습니다.

이와 마찬가지 모양으로 자기체계도 특유의 중심을 갖고 있습니다. 말하자면 이것은 그 자신 내면의 어떤 구성요소는 특유의 평균적 자각인식보다 위이거나 일부는 아래일 수 있다는 것을 의미합니다. 바꾸어 말하면, 사다리를 오르는 자는 분리된 개별적인 실체라기보다는 흐릿하게 번진 물방울 같아 보인다는 것입니다. 즉 그것은 확장하는 의식의 기본영역에 따라 번진, 일종의 엎질러진 물 같은 것입니다. 앞에서 언급하였듯이 발달은 정말로 매우 유체적이고 유동적인 사건입니다.

병리 현상

◘ 선생님은 자기는 어느 발판에서도 다칠 수 있다고—이를테면 팔

이나 다리를 잃어버릴 수 있다고—말씀하셨지요.

◎ 네, 그랬지요. 오르는 자, 즉 물방울의 어떤 양상들은 하위적인 발판에 고착될 수 있습니다. 그래서 이러한 작은 물방울들은 주 물방울로부터 분리되어 떨어져 나와서 보다 하위적인 단계들에 고착되어 남아 있게 됩니다.

◘ 그것이 퇴행이군요.

◎ 가장 일반적인 의미로는 그렇지요. 우리는 도덕적 단계들을 예로 사용하여 설명할 수 있습니다.

그림 9-3에서 알 수 있는 바와 같이 도덕성 발달의 더 하위적이고 더 초기의 단계들은 자아[에고]중심적이고 자기애적이며 오직 '나' 지향적입니다. 그것들은 매우 충동적이며 매우 쾌락 추구적입니다. 이러한 것들이 콜버그의 **전前인습적** 단계입니다. 중간 수준의 단계들은 **인습적**이라 일컫는데, 그 이유는 방금 본 바와 같이 그것들은 매우 순응자적으로—이를테면 '옳거나 그릇되거나 간에 나의 나라'라는 식으로—되는 경향이 있기 때문입니다. 더 상위적인 단계들은 탈인습적이라고 일컬어지는데, 왜냐하면 그것들은 인습적이거나 순응자적 양태를 초월하고 나서 대신에 보편적 다원주의와 개인적 권리에 중심을 두기 시작하기 때문입니다. 이보다도 더 상위적인 단계들은 "포스트 탈인습적post-postconventional" 혹은 영적 단계들인데, 이에 대해서는 곧 다루게 될 것입니다.

이제 만약 여러 가지 이유로 인하여 초기의 단계를 거치며—말하자면 생애의 처음 3~4년 동안의 전인습적 단계에서—어떤 종류의 반복되는 가혹한 정신적 외상外傷이 있다면 이런 경우 생겨날 것이 무엇인가부터 알아보지요.

자기의 중심이 이러한 전인습적 충동적 단계에 있으므로 **충동적 자**

기의 모습들이 분리되거나 **분열/해리**될 수 있습니다. 만약 이러한 분열이 극도로 심각해지면 자기발달은 급정거에 봉착하게 될 것입니다. 그러나 종종 자기는 분열된 모두를 이끌고 그냥 길을 따라 절뚝거리며 나갈 것입니다. 그것은 발달을 계속할 것이고, 제아무리 급정거를 해야 할 정도이거나 제아무리 부상이 크다고 해도 확장하는 의식 속에 (의식의) 기본발판들을 타고 오르기를 계속할 것입니다. 그것은 도처에 피를 흘릴지 모르나 그래도 오르기를 계속할 것입니다.

그러나 그러면서도 **충동적 자기**의 면모는 분리되고 분열되어버립니다. 그러한 '분리'의 특성은 계속하여 위로 오르지도 **않습니다**. 즉 계속하여 성장하고 발달하지 않습니다. 대신 그것은 오히려 지하실에다 점포를 설치합니다. 그리고 이 경우에 그러한 [상황이 일어난] 것은 바로 분열이 생긴 곳이므로 '자기'는 단계1의 도덕적 세계관을 갖게 됩니다. 설사 나머지 자기가 계속하여 성장하고 발달하게 된다고 해도 그것(충동적 자기)은 도덕적 단계1에 머물러 있게 됩니다. 그러므로 이러한 분리[갈라져 나감] 면은 완벽하게 자기도취적이고 자아중심적이고 자기몰입적이고 게다가 모두 다 충동적입니다. 그것은 계속하여 그러한 원시적이거나 태곳적 단계에서, 그것에게 주어진 이용 가능한 범주 안에서 세계를 '해석'하게 됩니다.

'자기'라는 주요 물방울이 사다리 위로 올라가면서 물방울 자국들을 만들어갈 때 이 작은 물방울은 신경증적이거나 심지어 정신분열적 증상과 함께 주요 '자기'의 활동에 훼방 행위를 하면서 뒤로 처지게 됩니다. 주요 물방울은 세계에 대한 더 상위적이고 더 광범위한 관점을 획득해가고 있지만 작은 물방울은 그 자기뿐인, 자기애적인 태곳적 세계관, 즉 전인습적인 충동과 욕구에 빠져들게 됩니다.

그래서 이제는 도덕적 단계 3이나 4나 5 등에 있을 수도 있는 주요 물방울에서의 **내면적 갈등**, 즉 주요 물방울과 단계1의 작은 물방울 간의 내면적 갈등은 파괴적일 수 있습니다. 이것은 외면적 갈등이 아니고 내란입니다. 그래서 일명 그것은 병리입니다.

그리고 곧 알게 되겠지만 자기의 발달에서 우리가 하고 싶은 일들 중 하나는 이런 내란을 종식시키도록 돕는 것입니다.

상태와 단계

■ 그렇지만 이것은 한 개인이 누구든지 더 상위적이거나 영적인 단계들을 전개할 수 있게 되기 전에 하위적인 모든 수준들을—그러니까 수준1에서 수준6까지—반드시 타개해야 한다는 것을 의미합니까?

○ 천만에요. 개인들은 영적 체험, 즉 **절정 체험** 혹은 **변성의식의 상태**를 그들 성장의 거의 어느 단계에서도 가질 수 있습니다. 최하위수준에서 최상위수준에 이르는 기본수준은 바로 모든 개인의 존재 안에 있는 [구조적인] 잠재능력입니다. 그러므로 우리는 다양한 조건들하에—이를테면 고양된 절정의 순간, 성적인 격정의 순간, 스트레스의 순간, 백일몽적 환상의 순간, 약물로 유도된 변성의식의 순간, 심지어 정신분열적 발작을 하는 동안에도—더 상위적인 차원으로 두드리고 들어갈 수 있습니다.

그렇지만 무엇이 일어나는가 보십시오. 예를 들어 어느 한 사람이 콜버그의 도덕적 단계3에 있다고 합시다. 그리고 그가 확실히 어떤 정묘수준 현상의 한 체험, 한 [영적] 에너지의 유입—아마 어쩌면 어떤 강렬한 내면적 조명—을 경험한다고 합시다. 이것은 한 개인의 삶을 심오하게 변화시킬 수 있고, 그들을 자각[깨우침]의 새로운 세계, 새로운 차원, 새로운 양태를 향해 열어놓을 수 있습니다.

그리고 아마 어쩌면 그것은 그들 의식의 실제적인 변용이나 진화나 발달로 인도할 수도 있습니다. 그래서 만약 우리가 이러한 사람에게 도덕의 단계 시험을 치르게 한다면 그들은 필경 도덕적 단계3에서…… 도덕적 단계4로 변용했다는 사실을 발견할지도 모릅니다. 그들이 나아갈 곳은 그 외에는 아무 데도 없습니다! 그간의 [의식발달] 연구는, 마치 원자에서 분자를 뛰어넘어 곧장 세포로 갈 수는 없듯이 이러한 단계들은 도저히 그냥 뛰어넘어 갈 수는 없다는 것을 일관되게 보여주고 있습니다. 그러므로 심오한 영적 체험을 가진 도덕적 단계3에 있는 어떤 사람이 그다음 단계로—이 경우에는 단계4로—이동하기 위한 동기가 부여될 수는 있습니다. 어떠한 경우에도 그들은 단계3에서 단계7로 직접 갈 수는 없습니다.

[도덕의] 발달에서 순수하게 영적인 혹은 초개인적인 단계들은(콜버그의 단계7과 그 이상의 단계는) 그들의 발달을 단계6, 5, 4, 3 등 이전의 발달 모두에 의존하고 있습니다. 그러한 각 단계는 단계7의 현현을 위해 절대적으로 필요한 본질적인 어떤 것을 기여합니다. 그리고 설사 어느 한 개인이 상위적인 차원의 절정 체험을 할 수 있었다고 해도 그 개인의 자기는 여전히 그러한 더 상위적이고 더 심층적인 차원을 항구적으로 수용하기 위하여, 즉 "변성의식 상태"를 "항구적인 특성"으로 전환하기 위하여 성장하고 발달하고 진화해야만 합니다.

◘ 선생님이 오로빈도를 인용하며 말씀하시기를, "영적인 진화는 축차적인 전개의 논리에 순응한다. 그것은 오로지 선행하는 주요 단계가 충분히 정복되었을 경우에만 새롭고 결정적인 주요 스텝을 취할 수 있다. 설사 어떤 사소한 단계들은 급속하고 저돌적인 상승에 의해 삼켜버리고 껑충 뛰어넘어버릴 수는 있다고 해도, 의식은 거쳐온 바탕 의식이 새로운 [단계의] 조건에 확실하게 합병되어 있다는 것을 스스로

확인하기 위해 되돌아보지 않으면 안 된다. [발달의] 더 빠르거나 더 집중적인 속도가 (이는 정말로 가능한 것이지만) 단계들 자체나 그것들의 축차적인 극복의 필요성마저 없애버리지는 못한다"고 했지요.

○ 네, 그랬습니다. 초개인[트랜스퍼스널]심리학 분야에서 가장 큰 문제 중 하나는, 학문적 초창기에 그것이 **절정 체험**에 중점을 두는 경향이 있었다는 것입니다. 우리가 자아[에고]를 가지고 있다면 매우 나쁘고, 우리가 에고가 아닌 것을 갖고 있다면 매우 좋다는 식이었습니다. 사실 그런 관점은 흔히 자아가 아닌 어떤 것은 바로 '신God'이라는 식이었습니다. 그래서 우리가 자아를 가지고 있다면 피이이이…… 자아가 아닌 것을 가지고 있다면 우와와와…… 하는 식이었습니다.

그러므로 만약 우리가 이러한 형식의 일보적one-step 변용 모형을 취하게 되면, 우리는 분할적이고 분석적이고 합리적이고 오염된 자아로부터 곧바로 확장적이고 해방되고 우주적인 '신'의 의식으로 나아가게 된다는 것입니다. 자아를 제거하면 곧 우리는 '신'을 획득하게 된다는 것이지요.

'일보적' 변용의 이러한 판에 박힌 고지식한 관념은 오늘날 순전히 평원적인 세계관의 갈고리에 걸려 있고, 그리하여 "우주의식"이란 단순히 우리가 너절한 뉴턴적 자아로부터 벗어나 신물리학적 생명그물인 '가이아와 하나'인 자기로 나아간다는 것을 의미하게 되었습니다. 그래서 우리는 평원적 세계와 하나가 되면서 비로소 깨어나게 되었고, 그렇게 하는 게 곧 이 지구라는 행성을 구원한다는 것이지요.

그런데 애석하게도 엇비슷하게나마 그와 같이 간단한 것은 아무 데도 없습니다. 우리는 양자 도약에 의해 도토리로부터 숲으로 되지는 않습니다. 인간을 포함한 모든 성장에는 단계들이 있습니다. 이러한 기본단계들은—나는 그들 중에 아홉 단계만 수록했지만 그것은 단지 요약일 뿐이고—방대하게 많은 양의 경험적·현상학적·해석적·정관/명상적·문화횡단적 증거들에 바탕을 두고 있습니다. 우리는 아직도 여전히 이러한 단계들을 세밀하게 손질해나가고 있고 해답을 구해야 할 필요가 있는 많은 의문들이 남아 있습니다. 그러나 이러한 "일보적" 변용 모형은 이제 구제 불능일 정도로 한심한 것입니다.

그러므로 사람들이 영적 체험과 절정 체험, 그리고 모든 종류의 변성의식 상태를 가질 수는 있지만, 그들은 그들 자신의 (의식의) 구조 안에 그러한 체험들을 여전히 계속 지니고 있어야 합니다. 그들은 절정 체험에 의해 제공되는 심층을 현실적으로 수용할 수 있는 시점까지 더욱 계속 성장하고 발달해야 합니다. "상태"는 여전히 "특성"으로 전환되어야 합니다. 당신이 만약 숲과 하나가 되고자 한다면 여전히 도토리에서 상수리나무로 성장해가야 합니다. 그러므로 "상태"도 중요하지만 "단계"는 더더욱 중요한 것이지요.

평원적 세계의 종교

◘ 그렇다면 절정 체험이란 일종의 "살짝 엿보는" 정도의 체험이로군요. 우리가 계속 붙잡아둘 수 없을지도 모르는 차원들에 대해 일별하는 것 말입니다.

● 그렇습니다. 그리고 이와 관련되는 문제가 하나 있는데, 이것은 현실적으로 훨씬 더 성가신 문제입니다. 다름 아니라 [의식의 기본구조의] **사다리는 그것을 올라가려는 자기의 자발적 의지에 앞서서 발달할 수 있다**는 문제입니다. 보다 전문적으로 말하면 인지적 발달은 필요하지만, 그것이 도덕적 발달을 가져올 정도로 충분하지는 않다는 것입니다.

이것이 의미하는 바는 예컨대—우리 모두는 이와 같은 경우들을 이미 알고 있지만—한 개인은 누구든지 수준5의 합리성에 접근할 수 있다는 것입니다. 그들은 지적으로는 믿을 수 없을 만큼 진보할 수 있지만 여전히 도덕적 단계1에 있을 수 있다는 것입니다. 이를테면 기본적으로 매우 영리한 나치주의자란 말입니다. [인지]의식의 사다리는, 더 하위의 발판에 꼼짝 못하게 잡혀서 남아 있는 그 오르는 자보다 훨씬 더 높다는 것입니다. 더 상위적인 구조 속을 두드리는 것과 현실적으로 거기서 산다는 것은 전혀 별개의 문제라는 것이지요!

그래서 이와 똑같은 일이 영적 체험에서도 일어날 수 있습니다. 사람들은 일시적이나마 각성인식의 사다리나 그 권역 안에 있는 어떤 매우 높은 발판에 접근할 수 있지만 그들은 **현실적으로** 그러한 수준들과 더불어 **살기를** 거부합니다. 그들은 현실적으로 거기까지 올라가지는 않을 것입니다. 그들의 의식의 중심重心은 심지어 타락된 채로 매우 낮게 남아 있기도 합니다.

그래서 만약 그들이 자신의 영적 체험을 한 만큼 살고자 한다면, 그들은 성장하고 발달해야 합니다. 그들은 발달적 전개를, 홀라키적 확장을, 나아가 확장하는 의식 영역에서의 현실적 상주를 시작해야 할 것입니다. 그들의 [자기의] 중심은 더 심층적이거나 더 상위적인 의식의 영역들로 이동을 해야, 즉 변용을 해야 하는 것입니다. 종교에 대해 이론적인 공론이나 일삼으며 말만 하는 가운데 그것들을 단순히 "관념화"하는 것은 아무런 소용이 없습니다.

그래서 당신은 매우 강력한 절정 체험이나 견성見性을 할 수도 있습니다. 그러나 몇 날, 몇 주, 몇 달이 지난 뒤에 당신은 그것을 어디에다 지니고 다닙니까? 이러한 체험에 무슨 일이 일어난 것일까요? 도대체 어디에 그것이 머무르고 있나요? 당신의 현실적 자기, 즉 당신의 중심은 이 체험을 오직 그것 특유의 구조, 그것 특유의 능력, 그것 특유의 성장 단계에 따라 수용할 수 있을 뿐입니다. 영적 체험이 당신으로 하여금 지속적인 영적 실현 자체를 좌우하는 성장과 발달을 단순히 건너뛰도록 허용하지는 않습니다. 오로빈도가 말했듯이 진화는 가속화될 수는 있지만 근본적으로 건너뛸 수는 없습니다.

■ "신패러다임" 추종 서클에서는 이러한 단계 개념에 대해 상당한 저항이 있는 것 같은데요.

● 그렇습니다. 그것은 위계나 홀라키에 대한 저항과 동일한 것입니다. 이러한 반대자들 중에 일부는 진지하고 선의善意도 있어서 우리는 이들만큼은 별도로 고려하고 싶습니다. 그러나 만약 당신이 단계와 홀라키를 부정한다면 홀라키적 발달을 적시하는 엄청나게 방대한 양의 증거에 대해 논박할 수 있어야 하고, 또한 그같이 부정하려면 왜 연구자들이 문화횡단적으로 이러한 홀라키들을 계속 발견하고 있는지에 대해서도 설명할 수 있는 공세적인 이데올로기가 요구됩니다. 하지만 나는 지금껏 이렇게 하기 위한 그 어떤 성공적인 시도도 결코 본 적이 없습니다.

그러나 오히려 저항의 일부는 보다 덜 진지한 이유에서 기인합니다. 미국에 있는 우리는 [의식의] 깊이의 정도라는 개념 같은 것을 좋아하지 않기 때문에 수많은 미국인들은 그 어느 것이든지 간에 단계라는 아이디어를 싫어합니다. 우리가 곧 평원적 세계의 살아 있는 [평등한 존재의] 구현 그 자체라는 것입니다. 어디엔가 있는 누군가는 나보다 더 상위적이거나 더 심층적일지도 모른다는 생각은 단순히 견딜 수 없는 것입니다.

그래서 우리는 어떠한 수준에 우리가 처해 있어도 마다 않고 다 받아주며, 마치 전자레인지와 같이 즉석에서 우리를 곧바로 '신God'에게 데려다줄 "일보적" 과정을 제공하는 "영성"을 선호합니다. 우리는 '단계'를 몽땅 다 부정하고 나서는 정말로 평원적인 관념으로 끝나버리고 맙니다.

그러다 보면 다양한 평원적 패러다임들을 포용하게 됩니다. 그 까닭은 그것들이 실제적인 변용을 요구하는 것이 아니라 단지 신패러다임의 이러한 "일보" 학습, 즉 일종의 '한곳에서 몽땅 구입하기one-stop shopping'만을 원하기 때문입니다. 당신은 당신이란 존재가 거대한 생명그물의 한 가닥이라고 앵무새처럼 반복할 뿐이고, 그러면 모든 것이 일거에 구원된다는 것입니다. 그래서 당신은 어떤 단계가 존재한다는 것조차 공격적으로 부인합니다!

◼ 저는 언제나 이러한 반홀라키적 편견에 부딪치게 됩니다. 그것은 매우 호전적입니다.

● 요컨대 이러한 "신패러다임" 이론가들의 대다수는 똑같은 일반 목표를 갖고 있습니다. 즉 고립되고 소외된 개인으로부터 일종의 글로벌 온우주의식에 이르는 의식의 팽창이라는 목표 말입니다. 이것은 물질권, 생물권, 정신권 모두를 하나 속에 포함시킵니다. 그리하여 우리는 그러한 전반적인 목표와 매우 동조적이 될 수 있습니다. 그렇지만 이러한 이론가들은 흔히 고립된 신체적 자기로부터 전 포괄적인 온우주의식으로까지 나아가는 데 필요한 수많은 **내면적 변용**에는 생소합니다. 그들은 멋진 목표를 갖고 있지만 경로 같은 것은 별로 없습니다. 그렇다면 우리는 그들의 목표에는 찬동할 수 있고, 그래서 그들에게 실제적인 경로와 수많은 중요한 단계들을 제공하는 도움을 줄 수 있습니다.

프로이트와 부처

◼ 이러한 의식의 거대한 스펙트럼을 통과하는 '자기'의 여행으로

돌아가기 위해 먼저 우리는 상위적인 단계들이 하위적인 단계들에서의 억압에 의해 방해받을 수 있다는, 즉 내면의 내란이 있을 수 있다는 사실에 대해 언급하신 거로군요.

○ 네, 그렇다고 생각합니다. 만약 '자기'가 그 자신의 [내면적] 양상들을 억압하거나 분열시킨다면 그것은 더 이상의 진화와 발달을 위해서는 훨씬 더 적은 잠재능력만을 남겨둘 것입니다. 그리고 조만간에 이것은 발달마저도 정지하는 쪽으로 끌고 갈 것입니다.

사실 나는 이것을 이와 같이 매우 단순한 방식으로 수량화할 뜻은 전혀 없지만, 조잡하나마 하나의 예로 '자기'는 출생 시에 100단위의 잠재능력을 가졌다고 말해봅시다. 그리고 초기의 성장 단계를 거치며 그것이 도덕적 단계1에서 조그만 물방울을 분리시켰다고 해봅시다—이를테면 그 자기의 10단위 정도는 갈라져 나갔다고 합시다. 그러면 그것은 그 잠재력의 90단위로 도덕적 단계2에 도달합니다.

말하자면 '자기'는 90퍼센트로만 거기에 있고 그 자각인식의 10퍼센트는 도덕적 단계1에 고착되어 있는 것입니다. 즉 지하실에 거주하면서 전체 유기체를 그 태곳적 소망과 충동과 해석에 따라 작용하도록 하기 위해 애쓰는 데 인식의 10퍼센트를 사용하고 있는, 작은 무의식의 물방울 속에 고착되어 있는 것입니다.

그리고 성장과 발달이 계속됨에 따라 이와 마찬가지인 것입니다. 요컨대 '자기'가 성인기에 도달할 즈음이 되면, 분리되어 나가거나 분열된 작은 '자기들', 작은 물방울들, **작은 숨겨진 주체들**, 이러한 작은 주체들은 그것들이 갈라져 나왔을 때 가졌던 발달의 수준에 그대로 남아 있는 경향이 있으므로, 그것은 자신의 잠재능력의 40퍼센트 정도를 잃어버릴지도 모릅니다.

그렇다면 당신은, 먹이를 주기를, 비위를 맞추어주기를, 우주의 중심이 되기를 충동적으로 요구하면서 지하실에서 활개치고 다니는 이러한 작은 "야만인들"을 갖게 되고, 그리고 그들은 먹을 것이 주어지지 않으면 매우 추잡할 정도로 난동을 부립니다. 그들은 비명을 지르고 고함을 지르고 물어뜯고 할퀴고 합니다. 그런데 당신은 의식적으로는 그들이 거기에 있는 것조차 모르고 있으므로 이러한 내면적 소동을 우울감이나 강박관념이나 불안이나 혹은 완전히 좌절에 빠져 시달리고 있는 수많은 신경증적 증상으로 **해석합니다.**

◘ 그렇다면 이것은 더 상위적인 성장에 대해서도 마찬가지로 훼방을 하겠군요.

◎ 그렇습니다. 요컨대 이러한 분열된 '자기들'은, 즉 하위적인 세계관에 달라붙어 있는 이러한 작은 숨어 있는 주체들은 당신의 [의식]에너지의 상당한 분량을 차지할 것입니다. 그것들 자신이 에너지를 사용할 뿐만 아니라 그것들에 대한 당신의 방어도 에너지를 소모합니다. 그리고 곧 얼마 안 가서 당신은 에너지가 고갈되어버립니다.

그래서 이것은 십중팔구 상위적인 혹은 트랜스퍼스널[초개인적] 발달을 훼방하는 활동을 할 가능성이 높습니다. 예를 들어 심혼적이거나 정묘적인 수준에 진입하는 데 65단위가 소요된다고 합시다. 만약 당신에게 겨우 60단위만 남아 있다면 당신은 그것을 달성할 수 없게 될 것입니다. 이것이 바로 넓은 의미에서 우리가 프로이트와 부처를 통합하고 싶어 하고, 하위적인 "심층심리학depth psychology"을 "고도심리학height psychology"과 통합하고 싶어 하는 까닭인 것입니다.

그리고 사실 지금 우리는 인간진화에서 지극히 상서로운 계기에 처해 있습니다. 인류역사상 처음으로 우리는 프로이트와 부처 양쪽 모두에 접근하고 있기 때문입니다. 근대 서양의 심오한 발견들—이를테면 그 외의 어느 곳에서도 정말로 발견된 적이 없는 정신역동적 무의식에 대한 전체 개념들—에서 보듯이 이러한 발견들은 보다 더 "전全 스펙트럼적" 접근을 위하여 동서양 모두의 신비적이거나 정관/명상적인 전통과 통합될 수 있습니다.

■ 프로이트와 부처를 통합하는 데 있어서 요점은, 일반적인 원칙으로 말하자면, 만약 우리가 무의식의 40단위를 지하실에 갇혀 있게 만든다면 우리는 그것을 더 상위적인 수준으로의 발달에 활용할 수 없게 된다는 말이로군요.

● 일반적인 원칙으로는 그렇지요. 만일 당신이 프로이트의 친구가 되지 않는다면 부처가 되기는 더욱 어려울 것입니다.

그렇다면 우리는 "심층"심리학으로—글쎄요, 그것은 실로 잘못 명명된 것이지만—무엇을 하는 것인가요. 그것은 실제로는 천층淺層, shallow심리학이지요. 그것은 정말로 홀라키의 최하위적인, 그리고 가장 천층인 [얄팍한] 수준들을 취급하고 있습니다. 그렇지만 **바로 그러한 이유로 인하여** 그것들의 편협하고 자기애自己愛적인 조망은 아주 **불구적**이 될 수도 있는 것입니다.

그러나 요점은 "심층"심리학과 더불어 당신은 이러한 하위적인 홀론들을 재접촉한 다음 그것들을 의식 위로 노출시키고, 그것들이 고착과 해리로부터 해방되고 나서 의식 진화의 지속적인 행진에 다시 참가할 수 있다는 것입니다. 말하자면 그것들은 그러한 프로그램과 친숙해지고, 당신의 자각인식의 지하실로부터의 이러한 역방향의, 반동적인, 반진화적인 인력引力을 멈춥니다. 그것들은 당신의 주요 '자기'와 재통합될 수 있게 되고, 그렇게 하여 당신의 중심적 '자기'는 이제 자신에게 가용한 잠재능력의 70~80단위 정도는 가질 수 있을 것이고, 그래서 그러한 에너지로 그것은 초개인적[자아초월적] 영역으로의 성장을 계속할 수 있는 것입니다.

게다가 만약 그러한 현상이 일어나게 되면, 그리고 초개인적 성장이 매우 큰 강도와 결부하게 되면, 어떤 시점에서 당신이 사다리를 단지 올라가기만 할 뿐 아니라 그것으로부터 벗어날 수도 있을 것입니다. 선禪에서 말하고 있듯이 당신이 백척간두百尺竿頭에 서 있고 아직도 한 걸음 더 내딛어야만 한다는 것입니다.[52] 말하자면, **'당신은 백척간두에서 어떻게 내려올 것인가? 당신이 그 일보를 내딛는다고 하자, 그러면 당신은 어디에 있는가?'**이지요.

당신이 사다리에서 한꺼번에 내려서는 순간 당신은 '공空' 안에서 자유로운 낙하 속에 있게 됩니다. 내측이든 외측이든, 주체든 개체든 간에 모두가 궁극의 의미를 잃어버립니다. 당신은 세상 "저 밖을" 내다보면서 더 이상 "여기에" 있지 않습니다. 당신은 '온우주the Kosmos'를 바라보고 있는 게 아니고 당신이 곧 온우주입니다. '일미一味'의 우주는, 아무런 바깥쪽도 없고 안쪽도 없이, 스스로 자발적으로 성취한 위대한 완전성의 끊임없는 몸짓으로 밝게 빛나며 명확한, 즉 찬란하게 빛나며 투명한 자신을 알려줍니다. 바로 그 '절대신성the Divine'은 모든 모습과 모든 소리 속에서 번득입니다. 그래서 당신이 곧 단순히 그것입니다. 태양은 당신 위에서가 아니라 당신 내면에서 밝게 빛나고, 은하 성단들은 모두 당신의 가슴 안에서 생겨나고 사라집니다. 시공간은 찬란하게 빛나는 공空의 면목 위에 희미하게 빛나는 이미지로 춤을 추고, 전체우주는 그 무게를 잃어버립니다. 당신은 단숨에 은하수를 삼키고 가이아Gaia를 당신의 손바닥 안에 놓고서 축복해줍니다. 그리고 그것은 세상에 있는 가장 평범한 것 모두이며, 그래서 당신은 그것에 대해 아무런 생각도 하지 않습니다.

52 "백척간두百尺竿頭 수진보須進步하면 시방세계十方世界 현전신現全身하리라."(《무문관無門關》 제46칙)

10

글로벌로 가는 길 1

◘ 우리는 "글로벌 조망"이나 "글로벌 자각"에 대해, 즉 전 지구적으로 사고하고 국지적으로 행동하라는 말에 대해 자주 듣습니다. 대개의 "신패러다임"적 접근들은, 우리가 지구촌, 행성 네트워크 안에 살고 있고 그래서 우리는 그러한 글로벌 영토를 반영하기 위한 글로벌 시스템 지도가 필요하다고 강조하고 있습니다.

● 글로벌 지도가 한편으로 의미 있는 것은 사실입니다. 하지만 지도 작성자가 그것에 맞게 살아가는 능력을 가진다는 것은 전혀 다른 이야기입니다.

글로벌 조망은 천부적인 것이 아닙니다. 영아는 그것을 갖고 태어나지 않고, 유인원들도 그것을 지니고 있지 않았습니다. 글로벌 조망은 거대한 심층에 대한 희귀하고 엘리트적이고 비범한 조망능력입니다. 그래서 현실적으로 그러한 심층(더 큰 깊이, 더 작은 폭)까지 도달하는 개인들은 비교적 소수입니다. 그러므로 만약 "신패러다임"이 진정으로 요망되는 것이라면 우리가 실제로 그것을 구현하기 시작할 수 있는 것은 다름 아닌 글로벌의식의 진화와 창발을 제대로 이해하는 데 있습니다.

■ 선생님은 신패러다임 사상가들이 흔히 '온우주'의식에 대한 목표는 갖고 있지만 그것에 이르는 경로에 대해서는 별로 아는 게 없다고 말씀하셨지요.

○ 네, 그랬지요. 지도 작성자 안에서 이러한 **내면적인 발달**이 어떻게 일어나는지에 대해서는 글로벌 시스템 지도에서는 거의 아무것도 알 수가 없습니다. 그리고 지금까지는 그러한 것이 단연코 가장 중요한 쟁점입니다. 그러므로 글로벌 혹은 시스템 지도는 오히려 그것은 현실적으로 용도가 아주 제한되어 있고—그것은 단지 '우측' 지도일 뿐이고—그래서 여전히 결정적인 현안 문제는 '좌측'의 발달인 것입니다. 말하자면 개인들이 처음부터 글로벌 자각인식을 현실적으로 수용할 수 있는 분기점까지 발달하도록 도대체 어떻게 그들을 이끌고 갈 수 있는가 하는 문제입니다.

그렇다면 '영Spirit'이 그 스스로의 글로벌 차원을 인식하기 시작하게 되면서 순수하게 영적이거나 자아초월적인 상태가 창발하는 것은 이러한 글로벌 조망 안에서, 그리고 그 너머로부터인 것이 분명합니다.

■ 그것이 바로 제가 말하고 싶은 바입니다. 우리는 이것을 추상적 용어를 사용하여—이를테면 사다리, 오르는 자, 관점이라는 말로—논의했습니다. 그러나 저는 글로벌로 나아가는 길에서의 이러한 발달, 즉 글로벌한 '나'를 향한 진화의 구체적인 실례를 보고 싶습니다. 전체 사다리를 하나씩 올라가보지요! 출발점에서부터 시작해보시지요.

일차적 모체

○ 앞으로 얼마 동안은 탄생 시점을 출발점으로 일컫기로 하지요. 태어나는 순간의 유아는 기본적으로 감각운동적 유기체, 그 안에 세

포들, 분자들, 원자들을 포함하는, 즉 그러한 아홀론들을 초월하고 내포하는 홀론입니다.

그러나 유아는 언어나 논리나 담화를 할 능력을 소유하지 못하고 있습니다. 그는 역사적 시간을 파악할 수 없거나 혹은 내면적 심리 공간에 자신을 적응시킬 수도 없습니다. 그는 기본적으로 감각물리적 차원 또는 그림 9-1의 단계1과 동일시됩니다. 피아제가 말하듯이, "'자기'는 말하자면 이 단계에서 물질적이다"라는 것입니다.

물론 '자기'는 실제적으로나 단순하게 보아도 단지 물리적인 것은 아닙니다. 그렇지만 그것은 여전히 압도적으로 물질과 감각운동 모두의 가장 최하위적이고 가장 기본적인 차원에 정향定向되어 있습니다. 사실상 자기는 감각운동적 세계와 대체로 **동일시되어 있고**, 그러다 보니 그것은 내부와 외부조차도 분간할 수 없습니다. 물리적 '자기'와 물리적 세계가 **융합**되어 있습니다. 즉 그들은 **아직 분화되지 않고** 있습니다. 영아는 내부와 외부 사이의 차이를 말할 수 없습니다. 예컨대 의자와 엄지손가락이 다 같은 것입니다.

이 초기의 융합 상태는 흔히 "일차적 모체primary matrix"라고 일컬어지는데, 그 까닭은 그것이 그 후에 이어지는 발달에서 분화되어질 것의 근본적인 모체가 되기 때문입니다. 그것은 역시 일차적 자폐증autism, 일차적 자기애narcissism, 대양적, 원형질적, 비이원적, 비분열적 등으로 언급되기도 합니다.

우리는 앞에서 모든 분기점이 1-2-3 과정을 거친다는 것을 보았습니다. '자기'는 제일 먼저 그러한 (일차적 모체) 발판과 **동일시**하거나 아니면 그러한 발판과의 융합 속에 있습니다. 그러고 나서 그것은 그러한 발판과 **차별화**하거나 그것을 초월합니다. 그리고 그것을 **통합**하고 포함합니다.

그래서 이 일차적 모체는 단순히 분기점-1의 소단계1입니다. '자기'는 내면과 외면, 감각운동적 세계 모두와의 '**융합**' 속에 있습니다.

■ 이러한 일차적 융합은 주체와 객체의 이원성을 넘어서는 것입니까?

● 아니지요. 그것은 그보다 아래의 것입니다. 다수의 낭만주의자들은 이 일차적 융합 상태를 우주의식, 신비적 통일의식, 비이원성 등 어떤 종류의 예지적 원형으로 보고 싶어 합니다. 그러나 이 일차적 융합은 주체와 객체를 초월하는 것이 아니고, 단순히 애초부터 그 둘 사이의 차이를 말할 수 없는 상태입니다. 그것은 일차적 자기애이고, 그곳에서 물리적 세계는 자폐적 자기에 의해 삼켜집니다. 즉 영아의 몸 전부가 입이고, 세계는 음식입니다. 그것은 물리적 상황입니다.

이 상태에는 특별히 영적인 것이라고 할 만한 것은 아무것도 없습니다. 그것은 다른 사람의 역할을 할 수도 없고, 그 자신의 자아중심적 궤도에 유폐되어 있고, 상호주관적인 사랑과 자비가 결여되어 있습니다. 그것은 물리적 내부와 물리적 외부 사이의 차이를 말할 수 없는 까닭에 이 융합 상태는 어느 정도 꽤 "광범위"하지만 극단적으로 **얄팍한 층**으로 되어 있습니다. 수평적으로는 그것을 방해할 것이 아무것도 없지만 수직적으로는 그것은 지하층에 달라붙어 있는 것입니다. 그래서 평원적 이론가들은 이러한 수평적 확장—주체와 객체는 하나이다—에 초점을 두고 있습니다. 따라서 그들은 결정적으로 중요한 요소를—말하자면 수직적 확장이라고는 전혀 없고, 따라서 이 상태는 그 이후로 이어지는 발달들보다 더 자유로운 것이 아니고 오히려 덜 자유롭다는 점을—완전히 놓쳐버리고 있습니다. 이것은 가장 얄팍한 층이고 당신이 상상할 수 있는 가장 답답한 의식입니다!

그리고 결국 이러한 초기의 융합 상태는 타인의 역할을 취할 수 없는 것입니다. 말하자면 그것은 자신을 타인들의 입장에서 생각할, 그래서 그들의 눈을 통해 세계를 볼 인지적 능력을 갖지 못하고 있습니다. 그것은 아주 심하게 자기애에 빠진 채 감각운동적 차원의 즉각적 인상에만 달라붙어 있는 것입니다. 고로 그것은 실제적인 사랑을 빼어 닮은 것이라곤 그 어느 것도 표현할 수 없습니다. 말하자면 당신이 타인들의 관점을 이해할 수 있게 되고 아마도 심지어 그것을 당신 자신의 것보다 위에 놓도록 배려할 수 있게 되기 전까지는 진실로 어떤 사람을 사랑할 수 없습니다. 그러므로 여기에는 자비도 없고 순수한 사랑도 없고 인내와 관용과 이타심도 없습니다.

그러므로 수많은 여러 면에서 이러한 융합 상태는 순수하고 영적인 자각인식과 자비와 사랑과는 완전히 정반대입니다. 물론 우리는 영아가 어떤 종류의 영적인 상태에 접근할 수 있다는 사실을 배제할 수 없습니다. 이미 앞에서 말했듯이 변성의식 상태와 절정 체험은 발달의 거의 어느 단계에서나 일어날 수 있습니다. 설사 영아가 어떤 종류의 영적인 상태로 유동적으로 접근할 수 있다고 하더라도, 그럼에도 불구하고 만약 영성이 성숙하고 안정되고 항상성 있는 자각의식으로 되고자 한다면, 그러한 상태들은 여전히 타인의 역할을 감당하고 순수한 사랑과 배려 안에 반영되는 능력이 있는 항구적인 특성으로 전환되어야만 합니다. 그래서 다시 한 번 말하지만 "상태"도 중요할지 모르나 "단계"는 더더욱 중요한 것입니다.

출생외상

■ 출생 이전의 자궁 내 상태는 어떤 것입니까? 선생님의 모형 안에도 그런 것을 포함합니까?

○ 자궁 내 상태와 출생외상出生外傷을 중심으로 하는 증거 자료는 대단히 역설적입니다. 그러나 나는 그중 일부는 타당하다고 보며, 그래서 나는 이러한 더 초기의 발달을 심지어 '분기점-0'이라고 언급하기도 합니다.

모든 분기점들과 같이 그것도 본질적으로 그러한 1-2-3 구조를 갖고 있습니다. 즉 자궁과의 초기 융합, 그러고 나서 분화(현실적인 출생외상)의 고통스러운 과정, 그러고 나서 (후자궁적) 분화된 유기체로서의 공고화와 통합의 시기가 그것입니다. 그러고 나면 그러한 시점에서 유아의 '자기'는 분기점-1을 시작한 것입니다. 그는 이제 그의 내부의, 그리고 그를 둘러싼 물리적 세계와 **융합**됩니다.

스탠 그로프Stan Grof는 그가 '분만 전후 기본모체BPM, Basic Perinatal Matrix'[53]라고 일컫는, 출생 과정의 소단계들에 관한 심층적이고 광범위한 저술을 해왔습니다. 그로프의 연구가 제시하는 바에 의하면, 이러한 소단계들 중 어느 단계에서의 외상도 병리적 콤플렉스를 야기하는 원인이 될 수 있다는 것입니다. 그리고 역으로 강도 높은 스트레스나 어떤 형식의 명상이나 어떤 종류의 약물에 의해 '자기'는 이러한 분기점으로 퇴행할 수 있고, 그 다양한 소단계들과 외상을 재생할 수 있고, 이렇게 하는 것이 병증을 완화하는 경향이 있다는 것입니다. 그로프의 증거는 엄청나게 시사적이고, 만약 당신이 이 분야에 관심이 있다면 나는 당신에게 거기서부터 출발하기를 권고하고 싶습니다.

53 스탠 그로프는 태아가 출생 시 산도를 통과하여 태어날 때 자궁-산도-분만의 진통 과정에서 겪는 태아의 조여듦 · 분만 · 고통의 심리적 외상을 기본적인 분만 전후의 매트릭스로 보아 이를 4단계 BPM으로 구분하였다.

■ 그렇다면 출생 과정에서의 외상은 계속 이어지는 발달에 영향을 미치는 병리적 콤플렉스를 형성할 수 있다는 말씀이시군요.

○ 네, 그렇지요. 그러나 그것은 훨씬 더 많은 일반적인 현상들 가운데 단지 하나의 예일 따름입니다. 즉 어느 분기점에서의 외상도 계속 이어지는 모든 발달을 "오염"시키는 병리적 콤플렉스를 형성할 수 있다는 것입니다. 앞에서 논의했듯이 '자기'는 아홉 단계나 되는 그러한 분기점들의 어느 곳에서도 발을 잘못 내딛을 수 있고, 그래서 그 결과 야기되는 병증의 형태는 그 사고가 일어난 발판이 어디냐에 좌우됩니다.

■ 어떻게 하여 그렇게 된다는 말씀이신지요?

○ '자기'가 확대되는 자각인식 안에서 각각의 새로운 발판으로 올라가면, 그것은 각 발판에서 바로 그 1-2-3 과정들을 직면합니다. 그래서 그러한 소단계들 중 어느 것에서도, 즉 융합이나 분화나 통합 소단계들의 어디에서도 어떤 일이 잘못되어갈 수 있습니다. '자기'는 **융합** 속에 남아 있거나 혹은 그 단계에 달라붙어 남아 있게 됩니다. 우리는 **고착**, 즉 소단계1의 문제를 갖게 됩니다. 또는 말하자면 '자기'는 분기점의 **분화**나 소단계2로 가는 데 실패할 수도 있습니다. 그것은 명료하고 확실하게 차별화/분화하는 데 실패할 수도 있고, 그리하여 그 수준에서 책임 있는 경계를 확립하는 데 실패하게 됩니다. 또는 말하자면 자기는 그 분기점의 **통합**, 즉 소단계3으로 가는 데 실패할 수도 있습니다. 그것은 이전 수준을 통합하고 내포하는 것이 아니라 그것을 소외시키고 분열시키고 억압하게 됩니다. 그것은 초월하고 내포하는 것이 아니라 분열하고 억압하는 것입니다.

일단 이런 사고가 생기고 나면—일단 어느 수준에서건 "소단계의 기형"을 갖게 되면—이러한 병증은 그 뒤에 이어지는 모든 발달을 오염시키고 왜곡시키는 경향이 있는 **의식의 장애를 형성**합니다. 생성 과정에 있는 진주 속에 박힌 모래알 하나처럼 그 기형은 뒤에 이어지는 모든 층들을 주름이 가게 만들고, 그래서 그것들을 기울어지게 하고 비틀리게 하고 일그러지게 만듭니다.

■ 상승자가 팔이나 다리를 잃어버리게 된 셈이로군요.

● 그렇습니다. 이제는 '자기'가 소유하거나 용인하거나 인정하지 않는 그 자신의 존재적 양상들이 있게 됩니다. 그것은 자신을 은폐하는 일에 착수합니다. 다시 말하면 '자기'는 자신에게 거짓말하기 시작합니다. 하나의 **거짓 자기 시스템이 현실적 자기**를 넘어서, 즉 어느 주어진 순간에 정말로 거기에 있지만 이제는 부인되거나 왜곡되거나 억압되는 '자기'를 넘어서 자라나기 시작합니다. 억압이란 기본적으로 당신의 **심혼**psyche 속에서 현실적으로 날뛰며 돌아다니는 것에 대해 정직하지 못한 상태에 있는 것입니다.

그리하여 **개인적 무의식**이 그 생애를 시작합니다. 그리고 이 무의식은 곧 부분적으로는 거짓 자기의 허위의 저장소입니다. 일찍이 앞에서 언급했듯이 자각인식의 국면들이 갈라져 나가게 된 것입니다. 그래서 "작은 물방울들", 작은 자기들, 작은 주체들은 지하의 어둠 속으로 사라지도록 강요받습니다. 이러한 작은 물방울들은 그것들이 갈라져 나오고 부인되었을 때 자신들이 처해 있던 발달 수준에 그대로 남아 있습니다. 그것들은 성장을 멈춥니다. 그것들은 자신들이 억압당했던 그 수준과 함께 융합된 채로 남아 있습니다. 그것들은 지하실로 숨어버리고 그 지하실로 가는 입구는 거짓 자기가 지키고 있습니다.

그렇게 되면 분열에 의해 봉쇄되어버린 당신의 잠재능력의 여러 양상들은 당신의 [발달의] 에너지와 당신의 자각인식을 잠식해나가기 시작합니다. 그것들은 일종의 유출구입니다. 그것들은 더 이상의 성장과 발달을 고의로 훼방 놓고 있습니다. 그것들은 자기무게, 즉 벗어났어야만 하는 과거 나이의 무게입니다. 그렇지만 그것들은 반면에 거짓자기에 의해 방호되고 피난처가 주어진 채 오직 난동을 부리는 것만을 주업으로 하며 살아갑니다.

▣ 그렇다면 치료법은 그런 거짓이나 부정직함을 다루겠군요.

◎ 그렇습니다. 해석적 요법—예컨대 프로이트 학파로부터 융 학파, 게슈탈트 요법, 인지적 요법에 이르는 것—들 모두는 분명 거짓 자기를 공격합니다. 우리가 이미 논의한 모든 방법들에서도 모두 다 그렇게 하지요.(7장 참조)

▣ 그렇다면 확장되는 자각의식의 단계들을 통하여 나아갈 때 우리는 잘못되어질 수 있는 어느 것에 관련된 이러한 분기점들을 주시하고 싶어 합니다. 왜냐하면 그것이 곧 글로벌인식의 출현을 현실적으로 방해하는 것이기 때문이지요. 아닌가요?

◎ 그렇습니다. 그것이 바로 핵심 요점입니다.

분기점-1 : 신체적 자기의 부화

▣ 그런데 우리는 분기점-1과 관련되는 발달에 관한 이야기를 하는 도중에 그만두었습니다.

◎ 네, 그랬지요. '자기'는 감각운동적 세계와의 '융합'—일차적 융합 상태나 일차적 자기애—속에 있습니다. 자기의 정체성은 신체중심적이고, 물질 차원과 물리권과 융합되어 있습니다.

그러나 생후 4개월 전후 정도가 되면 영아는 자신의 신체 내의 물리적 감각과 주위 환경 속의 것들 사이에 차별화를 시작하게 될 것입니다. 영아는 담요를 물면 아프지 않고 자신의 엄지손가락을 물면 아프다는 것을 압니다. 담요와 엄지손가락 사이에 차이가 있다는 것을 그는 배웁니다. 그리하여 그것은 분기점-1의 차별화/분화 단계의 시작인데, 이 분야 연구의 선구자인 마가렛 말러에 따르면 때로는 이는 최초의 1년, 보통은 5~9개월 사이에 완료된다고 합니다.

그녀는 이것을 "부화하는" 신체적 자기가 이 일차적 융합모체로부터 "부화"하는 단계라고 일컫습니다(다시 말해 이러한 부화는 분기점-1의 소단계2에 해당됩니다). 이 부화는 말하자면 진정한 신체적 자기의 "탄생"입니다.

마가렛 말러는 물론이고 이디스 제이콥슨Edith Jacobson[54]과 르네 스피츠René Spitz[55]가 그랬던 것과 마찬가지로, 멜라니 클라인Melanie Klein[56]은 분화의 가장 초기 단계에 특히 관심이 많았습니다. 여성 학자들이 이러한 초기 발달에 대해 특히 예민한 느낌을 가진 듯해 보이는 것이 흥미롭지요. 그렇지 않습니까?

여하튼 간에 이러한 부화는 신체적 '자기'의 탄생입니다. 만약 '자기'가 이러한 분화에 실패한다면—만약 '자기'가 일차적 모체에 고착되거나 융합되어 있는 채로 남아 있다면—그 자기는 어디서 자신의 몸이 끝나고 어디서 의자가 시작되는지를 구별할 수 없습니다. 그것은

54 마가렛 말러와 쌍벽을 이루는 미국의 여성 분석가로, 정신의 구조를 심적 표상의 배합으로 설명했다.

55 오스트리아 출신의 정신과 의사로, 신체적 접촉의 결핍으로 죽어가는 유아들의 질병을 발견하고 이를 '마라스무스'로 명명한 것으로 유명하다.

56 영국의 정신분석학자. 대상관계이론의 창시자로 어린이의 정신 치료에 놀이치료를 처음으로 도입하였다.

그림 10-1 **분기점, 병리, 치료와 상관되는 의식의 구조**

무이원성adualism이라고 일컫는 것을 면하기 어렵고, 이는 **정신병**의 주요 특징 중 하나입니다. 그리고 그런 것이 바로 정말로 위중한 수많은 병리현상들—정신병, 정신분열증, 중증정서장애들—이 이러한 초기의 분기점, 즉 분기점-1과 관련되는 문제에 부분적으로 그들의 병인病因을 갖고 있다는 점을 그간의 연구들이 일관성 있게 보여주는 까닭인 것입니다. 그리하여 우리는 이제 어느 한 **종류**의 병증은 그 분열이 일어난 **수준**과 연관되어 있다는 사실을 곧 알아낼 수 있습니다.

■ 이들 중 몇 가지가 그림 10-1에 열거되어 있군요.

● 그렇습니다. **정신병**[정신이상]에 걸리면 특히 무이원성이라고 특징짓기도 하는 심각한 현실 왜곡이 있거나, '자기'의 신체적 경계를 확

정지을 능력의 결핍마저도 나타나고 있습니다(분기점-1). 이에 따라 종종 일차 과정적인 환각적 이미지와 상념들, 자기애적인 관계망상, 물질적 신체 내의 의식의 안주 실패, 자기와 타인의 사고 사이의 혼동 등이 있습니다. 또한 정묘적 혹은 자아초월적[초개인적] 자각의식의 유입도 역시 있을 수도 있지만, 이러한 현상은 꽤 드문 편이고 그보다는 오히려 흔히 심하게 왜곡되어 나타나는 편입니다.

분기점-2 : 정동적 자기의 탄생

■ 그러나 만약 모든 것이 분기점-1과 더불어 잘되어가면 어떻게 됩니까?

○ 만일 이 분기점을 비교적 잘 넘겨서 나아간다면 영아는 분기점-2, 즉 정동[감정/정서]적·환상적 분기점을 시작할 것입니다. 영아는 분기점-1을 완료했기 때문에 자신의 신체적 자기의 현실적 경계를 확립했지만, 그는 여전히 자신의 정동적 자기의 경계는 확립하지 못했습니다. 그리하여 영아는 물리적 환경으로부터 자신의 신체적 '자기'는 차별화시켰지만 아직 정동적 환경으로부터 자신의 정동적 '자기'를 분화시킬 수는 없습니다. 그래서 이것이 의미하는 바는, 영아의 정동적 자기는 자신의 주변에 있는 것들과, 특히 자신의 엄마와 융합되거나 동일시된다는 것입니다(이것은 분기점-2의 초기 융합 단계입니다).

그리고 이전의 물리적 융합 상태에서는 아무런 "깊이"나 "심원함"이 없었던 것과 꼭 마찬가지로 이 정동적 융합 상태에서도, 비록 그것 역시 아주 멋지게 "세계와의 전일적 일체성"이 있는 것같이 들리지만, 아무런 깊이나 심원함이 없는 것입니다. 그러나 사실 이 상태도 여전히 주로 자아(에고)중심적이거나 자기애적이라는 점을 지적하는 데 있어서는 연구자들이 거의 모두 다 한결같이 일치하고 있는 것이 사실입니다. 말러가 말하듯이 이 단계에서의 자기는 “세계를 마치 자신의 마음대로 할 수 있는 것처럼 취급한다”는 것입니다. 정확히 말해 영아는 그를 둘러싸는 정동적이고 활력이 넘치는 세계로부터 그 자신을 분화시킬 수 없는 까닭에, 그 영아적 자기는 세계를 자기자신의 연장으로—이는 곧 “자기애”의 전문적인 의미를 담고 있는 것으로서 그렇게—취급하는 것입니다.

그러므로 이러한 종류의 극심한 자기애는—이것은 이 단계에서는 정상이고 병증이 아니지만—영아가 자신에 대해서만 이기적으로 생각한다는 의미가 아니라, 정반대로 자신에 대해 생각할 능력이 결여되어 있다는 것을 의미합니다. 그는 자기자신을 세계, 즉 정동적 세계로부터 차별화할 능력이 없고, 그래서 그는 자신이 느끼는 것이 곧 세계가 느끼는 것이고 그가 원하는 것이 곧 세계가 원하는 것이고 그가 보는 것이 곧 세계가 보는 것이라고 생각합니다. 그는 천진난만하게 바라보면서 숨바꼭질 놀이를 하는 것입니다. 그는 자신이 당신을 보지 못하면 당신도 그를 보지 못한다고 생각합니다. 그 자신의 조망이 존재하는 유일한 조망입니다.

바꾸어 말하면, 여기서 ‘자기’란 순수하게 생태적 ‘자기’, 생물권적 ‘자기’, 리비도적 ‘자기’, 자연적·충동적 ‘자기’입니다. 그 ‘자기’는, 내면적이고 외면적인 존재 양쪽 모두의 동태적·정동적인 전체 차원과 하나이면서 융합 속에 있습니다. 그것은 자신의 동태적 삶의 조류에 의해 밀리고 당겨집니다. 그래서 그것은 자신을 실존하는 생태적 조류와 차별화시키지 않습니다. 그것의 정체성은 안팎의 생물권과 융합된 채로 생체중심적biocentric이거나 생태중심적ecocentric입니다.

그래서 바로 그 ‘자기’는 자연 속에, 생물 속에, 충동 속에, 역동적·정동적 영역 속에 깊숙이 매몰되어 있기 때문에, 그것은 그러한 매몰성에서 벗어날 수 없고, 그래서 자신의 조망만이 유일하게 존재하는 조망이 아니라는 사실을 도저히 알 수 없습니다. 앞으로 우리가 줄곧 보겠지만 생체중심적이란 곧 극도의 자아(에고)중심적이란 뜻입니다. [이 단계에서] 그것은 어떤 수평적 확장을 가질 수는 있지만 수직적인 깊이를 갖는 경우란 드뭅니다. 그 이유는 그것이 모두 다 한결같이 얄팍하고 자기애적이기 때문입니다(수많은 낭만주의자들이 어떤 종류의 "합일"을 탐색하는 데 있어 이러한 정서적 융합을 애써 애용했음에도 불구하고 그렇다는 거지요. 나는 그들의 탐색에는 공감하지만 그들이 그 융합을 여기서 찾으려 한 것이 실수였다고 믿습니다).(16장 참조)

◘ 그렇다면 이 단계에서의 '자기'는 확고한 정동적 경계선들이 없겠군요.

○ 맞습니다. 전문적으로는 '자기'와 객체적 표상이 여전히 융합되어 있다고 말합니다. 이러한 상태는 이 단계에서 아주 보편적으로 퍼져 있는, 일반적으로 "마법적"이고 자기애적인 분위기에 크게 기여합니다.

그러나 15~24개월 전후의 어느 시점에 오면 감정/정동적 자기는 감정/정서적 환경과 자기자신을 차별화[분화]하기 시작합니다. 말러는 실제로 이것을 "영아의 심리적 탄생"이라고 일컫고 있습니다. 영아는 이 단계에서 정서적이고 감정적이며 분리된 자기로 현실적으로 "태어납니다"('자기'는 분기점-2의 최초의 융합 단계로부터 중간 또는 분화 단계로 이동해온 것입니다). 영아는 그가 분리된 세계 내에 존재하는 '자기'라는 사실을 자각하고 깨어나기 시작합니다. 그는 드디어 "무시무시한 두 가지의 것"과 마주치게 된 것입니다.

◘ 그것은 "부화"와는 전혀 다른 것이지요.

◎ 네, 분기점-1은 부화이거나 신체적 자기의 탄생입니다만, 분기점-2는 정동적 자기의 탄생입니다. 분기점-2와 함께 진실로 분리된 자기감이 이에 수반하는 모든 기쁨과 공포와 더불어 깨어납니다.

■ 대다수의 이론가들은 이것을 소외의 시작, 진실로 심원한 소외의 시작으로 간주하지요. 그들은 그것을 기본적 결함, 기본적 태만, 기본적 이원성, 주체와 객체 사이의 균열, 단편화된 자각인식의 시작 등으로 일컬어왔습니다.

◎ 네, 잘 알고 있습니다. 엄청나게 많은 연구가 그것[정동적 자기의 탄생]을 이러한 차별화로, 그리고 이전 단계의 감정/정서적 융합의 "상실"로 해석해오고 있습니다. 그것은 원시의 낙원으로부터의 추방, 방대한 소외의 시작, 인간의 비극의 출발점, 실낙원의 시작으로 생각하는 것이지요. 내 생각으로는 그것은 또한 충치의 원인으로도 보이는데, 확실하지는 않습니다.

기본적인 문제는 대부분의 이러한 이론가들이 분화를 분열과 단순히 혼동하는 데 있습니다. 분화는, 마치 도토리가 상수리나무가 되기 위해 분화하고 통합하는 때와 같이, 모든 진화적 성장과 발달에서 절대적으로 필요하고 피할 수 없는 부분이고, 더 상위적인 통합에 도달하는 데 꼭 필요한 상대역입니다. 그러나 마치 상수리나무가 어쩌면 도토리에 대한 가공할 만한 위반이라도 된다는 듯이, 그들은 어떤 분화든지 더 상위적인 통합을 위한 서곡으로 바라보지 않고 오히려 이전의 아름다운 조화에 대한 잔혹한 붕괴로 바라보는 것이지요.

그러면서 그들은 분화 이전의 아름다운 도토리였던 시절에 대한 향수를 갖고서 회상하며 손을 비비 꼬면서 괴로워하고 이를 갈면서 낙원의 상실을 애통해합니다. 그들은 이러한 원시적인 분화의 결여 상태를 극적으로 과도하게 이상화시키는 것입니다. 단지 '자기'가 고통을 자각하지 못한다고 해서 그것이 곧 영적인 축복의 긍정적 현존을 누리고 있다는 것을 의미하지는 않습니다. 자각인식의 **결여**가 곧 천국의 **현존**을 의미하지는 않지요!

□ 그렇지만 낭만주의자들은 이러한 초기 분화의 결여를 다른 방식으로 가정하고 있지요. 그들은 여러 가지 긍정적인 미덕으로 그것을 해석하고, 그래서 그들은 이러한 융합의 상실을 아주 개탄할 만한 일이라고 보는 것이 틀림없지요.

○ 그렇습니다. 그들은 융합을 자유와 혼동하고 있지요. 그러나 융합은 감금당하는 것과 같습니다. 그렇게 되면 우리는 자신이 초월하지 못한 모든 것들에 의해 지배됩니다. 그렇지만 물론 그러한 초월적 성장은 어렵고 모험적이고 고통스러운 것입니다.

현현하는 세계는 냉혹한 곳이고 인간들은 이러한 사실을 깨닫게 되면서 고통을 받습니다. 현현하는 세계, 윤회의 사바세계는 소외당하고 소외시키는 곳입니다. 그래서 영아가 그러한 사실을 희미하게나마 깨닫게 되면서 그는 무서울 정도로 고통을 받습니다. 그렇습니다. 이것은 고통스러운 일이지만 깨어나는 것이라고도 일컬어집니다.

그것은 마치 동상凍傷에 걸린 것과도 같습니다. 첫째로 감각이 전혀 없습니다. 만사가 양호해 보입니다. 당신은 무통無痛의 천국에 있습니다. 하지만 당신은 병에 걸려 있습니다. 단지 당신은 그것을 알지 못하고 있습니다. 그런 다음 그것이 녹게 되면서 감정과 정서가 새롭게 출현하게 되고, 그것은 지옥과도 같이 끔찍한 고통을 줍니다. 이러한 유의 [낭만주의적] 이론가들은 "지옥과 같이 끔찍한 고통을 준다"는 것을 질병 자체와 혼동하고 있습니다.

그건 분명 아니지요. 분기점-2는 단순히 윤회의 질병으로부터 깨어나기 위하여 출발하고 있는 것입니다. 분리되고 예민한 감정/정서적인 존재로서 당신은 난폭한 불운의 돌팔매와 화살에 노출됩니다. 당신은 고통과 괴로움과 악몽 같은 지옥의 세계로 밀어 넣어지게 되고, 당신은 두 가지의, 오직 두 가지 선택만을 갖게 되는데, 이러한 소외화에 대한 자각의식이 없었던 이전의 융합, 즉 그 이전의 동상 상태로 퇴각하든지 아니면 당신이 영적인 깨어남[깨우침] 속에 이러한 소외를 초월할 수 있을 때까지 성장과 초월을 계속하든지의 선택만 있는 것입니다.

그러나 복고적 낭만주의 이론가들은 단순히 이전의 동상 상태를 찬미합니다. 그리고 그 같은 것을 '신성한' 깨어남의 예지적 원형으로, 즉 그 자체가 무의식적 천국의 한 형태인 것으로 봅니다. 그러나 그 융합 상태는 무의식의 '천국'이 아니라 무의식의 '지옥'입니다. 분기점-2와 더불어 그러한 지옥은 의식적이 되고 그것이 전부입니다. 그것은 대단한 진보입니다.

■ 비록 분기점-2는 오히려 "불행한" 발달임에도 불구하고 그렇군요.

● 네, 달콤씁쓸한 맛과 같은 것이지요. 그러나 그 이전의 상태는 비이원이 아닌 무감각적 마비의 상태, 즉 축복이 아닌 무지의 상태입니다. 나의 개는 고뇌로 몸부림치지는 않습니다. 그러나 해방은 결코 개의 의식이나 혹은 개의 의식의 "성숙한 형태"로 다시 깨어나는 데 있지는 않습니다.

당연히 그렇지 않지요. 수반하는 모든 기쁨과 공포를 가진 채로 분리된 감정/정서적 자기로 우리가 깨어날 때 우리는 현실적으로 이전의 융합 상태를 초월한 것입니다. 우리는 어느 정도는 깨어난 것입니다. 우리는 더 많은 깊이와 더 많은 의식을 획득한 것이고, 그렇게 하는 것은 특유의 내재된 가치, 즉 본질적 값어치를 지니고 있습니다. 그러나 성장의 모든 단계들과 마찬가지로 의식의 매번의 증가에 대해 반드시 치러야 할 대가가 있는 법입니다. 진보의 변증법이라고나 할까요.

◘ 그렇다면 만약 이 분기점-2에서 만사가 비교적 순조롭게 잘되어 간다면 어떻게 되는지요?

○ 글쎄요. 내가 먼저 말하고 싶은 바는, 만약 이 분기점에서 일이 잘못되어간다면, 말하자면 이 분기점이 여하튼 정상적 수준의 혼란보다 더 나빠진다면, '자기'는 이러한 감정/정서적인 자기애[나르시스적] 단계(이른바 자기애성 인격장애)에 융합된 채로 남아 있거나 분화 과정이 시작되지만, 그렇다고 그 문제가 해결되는 것은 아니고 어떤 종류의 분열(이른바 경계선 징후 장애)이 있게 됩니다. 단지 몇 사람만 언급한다고 해도 코헛, 마스터슨James F. Masterson, 케른버그, 말러, 스톤Michael H. Stone, 게도John E. Gedo 등에서 이에 대한 일반적 분류와 병인론을 정확하게 발견할 수 있습니다.

하지만 어느 경우에도 '자기'에 대한 실재적인 감정/정서적 경계선들이란 없습니다. 따라서 자기애적 경계선 징후에서 개인은 정합적 자기감이 결여됩니다. 그래서 아마 이것이 바로 이러한 병증들의 중심이 되는 정의적 특성입니다. 자기는 세계를 자신의 연장(자기애적)으로 취급하거나, 아니면 세상에 의해 지속적으로 침해당하거나 괴롭힘을 당하게(경계선 징후로) 됩니다. 이 수준의 병리는 정신병과 신경증 사이의 경계선이기 때문에 경계선 징후라고 일컬어지는 것입니다. 그것은 때로는 "안정 속의 불안정" 상태로 일컬어지는 것입니다. 성장 중에 있는 자기는 성장의 도로상의 두 번째 큰 분기로fork에 고통스러운 내던져짐을 당한 것입니다.

◘ 그러나 만약 분기점-2에서 만사가 순조롭게 잘되어간다면 어떻게 됩니까?

◉ 만일 만사가 비교적 순조롭게 잘되어가면 '자기'는 감정/정서적 수준과 더 이상 전적으로 동일시되지 않습니다. '자기'는 그러한 수준을 초월하기 시작하고 심적이거나 개념적 '자기'와 동일시하기 시작합니다. 이는 바로 분기점-3과 표상심[표상적 마음]의 시작을 의미합니다.

표상심은 피아제가 전前조작적 인지라고 일컬었던 것과 유사합니다. 내가 사용하듯이 표상심은 이미지, 상징, 개념으로 구성되어 있습니다. 예컨대 이것들 모두가 그림 5-3에 수록되어 있음을 알 수 있습니다.

이미지는 생후 7개월 전후하여 생겨납니다. 심상적인mental 이미지는 어느 정도는 다소 그것이 표상하는 대상과 같아 보입니다. 만일 우리가 눈을 감고 개의 그림을 그린다면 그것은 실제 개와 꽤 흡사하게 보입니다. 그것이 이미지입니다. 다른 한편, 상징이란 대상을 표상하지만 전혀 그 대상 같아 보이지 않으며 이는 훨씬 더 어려운 인지적 과업입니다. "휘도"라는 상징이 나의 개를 표상한다고 하면 그것은 전혀 나의 개와 같아 보이지 않습니다. 상징은 생후 2년 동안에 통상 "엄마(마)" 혹은 "아빠(다다)"와 같은 단어와 함께 새롭게 생겨나고 매우 급속하게 발달합니다. 상징은 대체로 2세에서 4세 사이의 인식을 지배합니다.

이 시점에서 개념이 출현하기 시작합니다. 하나의 단순한 상징은 하나의 단일한 대상을 표상하지만 하나의 개념은 대상들의 전체 부류를 표상합니다. "개"라는 단어는 단지 휘도만이 아닌 모든 개들을 표상합니다. 보다 더 어렵게 마련인 과업이지요. 개념은 4세에서 7세까지의 인식을 지배합니다. 물론 이러한 것들은 모두 의식의 기본단위나 홀론 등이고, 그러므로 일단 그것들이 자각인식 안에 새로이 출현하게 되면 의식에서 이용 가능한 기본능력으로 남아 있게 됩니다.

그러나 특히 심적mental 자기, 개념적 자기가 새로이 생겨나기 시작하는 것은 바로 개념이 창발할 시기입니다. 자기가 이러한 개념적 마음과 동일시하기 시작할 때 우리는 분기점-3을 갖게 됩니다. 자기는 이제 단지 지각과 충동과 감정의 어떤 덩어리가 아니고, 또한 그것은 상징과 개념의 집합이기도 합니다. 그것은 언어적 세계, 정신권의 세계로 들어가기 시작하고, 그래서 온건하게 표현하자면 이것은 모든 것을 변화시킵니다. 그것은 분기점-1의 물리권으로부터 분기점-2의 생물권으로, 그리고 이제 그것은 특히 분기점-3과 더불어 정신권으로 들어가기 시작한 것입니다.

모든 신경증은 생태적 위기

◘ 선생님은 이 새로운 언어적 '자기'에 관해 가장 중요한 것 한 가지를 꼽는다면 무엇이라고 하시겠습니까?

○ 이 새로운 '자기'는 정신권에 존재하고, 그 정신권은 생물권을 억압할 수 있다는 것입니다. 이것은 개별적으로는 신경증, 집합적으로는 생태적 위기를 야기합니다.

달리 말하면 언어적 세계는 참으로 새로운 세계, 새로운 세계공간입니다. 이곳에서 자기는 과거를 생각할 수 있고 미래에 대한 계획을 세울 수 있습니다(그것은 시간적이고 역사적입니다). '자기'는 자신의 신체적 기능들을 제어할 수도 있고, 그것은 현실적으로 자신의 감각 속에는 존재하지 않으나 자신의 마음속에 있는 것들을 상상으로 그리기 시작할 수도 있습니다. 그것은 미래를 예측할 수 있기 때문에 근심하고 걱정으로 고통 받을 수 있습니다. 그리고 그것은 과거에 대해 생각할 수 있기 때문에 후회와 죄의식과 회한을 느낄 수도 있습니다. 이러한 모든 것들이 그것의 새로운 세계공간, 언어적 세계, 정신권의 일부입니다.

그리고 그것은 새롭고 보다 더 넓은 세계에 존재하다는 바로 그런 까닭으로 인해 개념적 마음은 자신의 하위적인 충동을 억압하고 분열시킬 수 있는 것입니다. 즉 정신권은 생물권을 초월한다는 바로 그런 까닭으로 인해 그것은 초월하고 내포할 뿐만 아니라 억압하고 왜곡하고 거부할 수도 있는 것입니다. 단지 분화하는 것만이 아니라 분열하는 것입니다. 개인적으로나 또 전체적으로나 모두 그렇다는 것이지요. 개인적으로는 신경증, 전체적으로는 생태적 위기를 초래합니다.

◘ 얼마 동안은 개인의 문제에 전념하시지요. 그러지 않으면 우리는 논거의 발판에서 벗어날 테니까요.

○ 개인적 수준에서 생물권을 억압하여 정신권에 초래되는 결과는 정신신경증 혹은 단순히 신경증이라고 일컬어집니다. 마음은 자연, 즉 외적인 자연(생태 위기)과 내적인 자연(리비도) 양쪽 모두를 억압할 수 있습니다.

정신신경증은, 혹은 단순히 신경증은 전문적 의미에서 꽤 안정되고 정합적이고 심적(정신적)인 자기가 창발했음을 뜻하고, 이 심적·개념적 자기(자아, 에고)는 자신의 육체적인 추동이나 충동의 여러 측면들을 억압하거나 분열시킬 수 있습니다. 그래서 이러한 억압되거나 일그러진 충동들은—통상 성적이거나 공격적인 것이어서—신경증적 징후라고 알려진, 위장되고 고통스러운 형태로 나타납니다.

바꾸어 말하면 모든 신경증적 징후는 축소된 생태적 위기입니다.

◘ 엄격한 의미에서의 억압과 고전적 신경증이 분기점-3과 더불어 함께 존재한다는 것은 흥미롭습니다.

○ 일반적인 의미로는 그렇습니다. 아시다시피 그 이전의 경계선 상태에서는 엄격한 의미에서의 억압이란 그다지 많이 눈에 확 뜨이지 않습니다. 말하자면 [그 이전에] '자기'는 어느 것을 억압할 만큼 충분히 강하지 않다는 것이죠! '자기'는 자신의 정서를 억압할 수 없고, 오히려 '자기'는 그것들에 의해 완전히 압도당하고 그것들 속에서 상실되고 그것들에 의해 쇄도당합니다. 애초부터 광범위한 억압이 존재하지 않기 때문에 밝혀내야 할 "억압된 무의식"이란 없습니다. 이것이 바로 이러한 징후들이 흔히 **전前신경증적**이라고 일컬어지고 있는 까닭인 것입니다.

그런고로 경계선 징후(분기점-2)를 겨냥하는 정신 요법들은 실제로 구조축조 요법structure building therapies으로 알려져 있습니다. 그 요법들은, 억압 장벽을 이완시키고 더 강한 신경증적 자기가 억압해온 충동과 정동과 느껴진 감각을 재접촉하게 하는 것을 목표로 하는 신경증적 수준(분기점-3)의 폭로 요법uncovering therapies과는 정반대로, 자칫 깨어지기 쉬운 자기로 하여금 차별화하고 안정화시키며 심리적 구조를 구축하는 것을 도와줍니다. 사실상 구조축조 요법의 목표 중 하나는 경계선을 억압할 능력이 있는 데"까지 끌어올리게" 만드는 일이지요!

◘ 그렇다면 신경증은 하나의 진보인 셈이군요!

○ 네. 그러고 나서 당신은 '그것'을 잘 처리해야 합니다. 요컨대 베일런트George E. Vailant[57]가 명확하게 보여주었듯이, 방어기제 자체는 발

57 미국의 정신과 전문의. 42년간 하버드대학교 성인발달연구소의 총책임자였고, 심리적 방어기제에 관한 경험적 연구에 몰두했다.

달의 위계 내에 존재합니다. 분기점-1의 전형적인 방어기제는 투사적 동일시인데, 여기서 자기와 타자는 대체로 분화되어 있지 않습니다. 분기점-2의 전형적인 방어기제는 분열과 융합(자기와 객체적 표상 사이의 융합, 그리고 아주 좋고 아주 나쁜 대상들 사이의 분열)을 포함합니다. 엄밀한 의미에서의 억압은 분기점-3의 방어기제의 전형입니다. 그리고 결국에 가서 이것은 모든 것 중 "가장 건강한" 방어, 즉 승화昇華에—이는 곧 초월을 대신하는, 정화淨化되어짐을 뜻하는 정신분석학적인 용어이므로—길을 양보하게 된다고 말합니다.

◘ 그렇다면 방어기제도 홀라키적으로 정렬되어 있다는 말이군요.

○ 여러 방면에서 그렇지요. 게다가 방어기제는 자연적으로, 정상적으로 조작될 경우에는 심리적 면역체계와도 같은 것입니다. 그것들은 자기경계의 보전과 안정을 유지하는 것을 도와주고, 자기체계를 위협하는 침입자는 누구든지 쫓아내버립니다.

그러나 언제나 그렇듯이 아무리 좋은 것도 정도가 지나칠 수 있는 법입니다. 방어기제는 자동면역기능 장애—'자기'가 그 자신을 공격하거나 먹어치우기 시작하는 상태—로 될 수 있습니다. 방위군이 억압적 주경찰로 전환된 셈입니다. '자기'는 자신의 시민을 투옥함으로써 고통과 공포에 대해 방어하기 시작합니다. 그것은 자신의 잠재능력을 밀봉해버립니다. 그것은 자신의 눈을 감습니다. 그것은 기만하기 시작합니다. 이러한 기만이 설사 제아무리 그 어떤 "수준"에 이른다고 할지라도—분열과 융합과 투사로부터 억압과 반동 형성과 전위轉位에 이르기까지—'자기'는 자신을 은폐하고 자신을 기만하고 자신에게 불투명해지게 됩니다.

실제적인 '자기' 대신에 허위적인 '자기'가 성장합니다. 분기점-1 정도만큼이나(혹자는 분기점-0이라고도 말하겠지만) 일찍부터 시작함으로써 깃털이 자라면서 성장하는 '자기'는 스스로 그 특유의 존재의 여러 국면들로부터, 즉 너무나 위협적이고 너무나 고통스럽고 너무나 파괴적인 국면들로부터 거리를 두기 시작할 수 있습니다. 그것은 특유의 발달 수준에서 자신에게 이용 가능한 방어기제를 사용함으로써 그와 같이 합니다. 정신병적 거짓말, 경계선 징후적 거짓말, 신경증적 거짓말이 바로 그것입니다. 그리고 가장 일반적인 의미에서 "무의식"은 단순히 계속 질주하는 거짓말의 저장소입니다. 무의식은 실제적 '자기'와 그것의 진정한 잠재능력들을 감추는 기만의 층들, 불성실의 층들입니다.

◘ 그렇게 되면 이 허위적인 '자기'에게 무슨 일이 일어납니까?

◉ 허위적인 '자기'는 어떤 수준에서거나 간에 개인이 내면적으로 불성실한 삶을 거치며 절뚝거리며 나아갈 때 일생 동안 붙잡힌 채로 그냥 그대로 남아 있을 수도 있습니다. 하지만 종종 허위적인 '자기'는 자신 특유의 질식할 정도의 과도한 무게로 인해 어떤 시점에서 붕괴하고 말 것입니다. 즉 '자기'의 "파탄"이 있게 됩니다. 그렇게 되면 개인은 몇 가지 선택의 기로에 봉착하게 됩니다. 말하자면 휴식하고 회복한 다음 동일한 허위적 자기 궤적으로 되돌아가든가, 혹은 자각인식의 딜레마를 마취시키는 약을 복용하든가, 혹은 문제를 회피하는 행위를 강화시키든가, 아니면 통상적으로 당신이 자신의 내면의 의지를 보다 더 진실성 있게 해석하도록 도와줄 치료전문가와 더불어 거짓된 삶 속으로 파고들어가 진실을 규명하든가 하는 등 여러 선택의 기로에 직면하게 된다는 겁니다.

◘ 해석적이거나 '좌측' 분면에 해당하는 정신 요법들이군요.

◉ 그렇지요. 공감, 일치, 수용의 분위기에 둘러싸인 안전한 환경에서 개인은 응징에 대한 두려움 없이 자신의 내면에 대해 진실을 말하기 시작할 수 있습니다. 따라서 허위적 '자기'는 어떤 수준에서거나 간

에 존재 이유를 상실하는 경향이 있습니다. 거짓말은, 즉 진실성에 대한 저항은 해석되어지고, 은폐되어 있는 고통과 공포와 고뇌는 스스로 모습을 드러내게 되고, 그래서 허위적 '자기'는 진실성이 넘치는 자각인식의 불 속에서 서서히 타버립니다. 진실성이 넘치는 내면세계들은 배려와 자비의 상호주관적 영역 안에서 공유되어지고, 이것은 그것들의 기만에 찬 감옥 상태로부터 그것들을 해방시키고 그것들로 하여금 지속적인 의식 성장에 참여하는 것을 허용합니다. 말하자면 실제적 자기의 미美가 (이 의식의 성장을 통해) 찬란히 비추게 되고, 그래서 새로운 심층(의식)의 본래적 환희가 곧 자기자신에게 주어지는 보상이 됩니다.

지금까지 우리는 처음 세 분기점과 그러한 시점들까지 발달하는 병증들—정신병, 경계선 징후, 신경증—에 대하여 살펴보았습니다. 그러나 똑같은 일반 현상이 심지어 더 상위적이고 초개인적인 영역에 이르기까지도 발달의 전반에 걸쳐서 작용하게 됩니다. 발달의 어떤 수준에 있든지 간에 우리는 실제적 자기로 성실하게 존재하거나 허위적 자기로 기만 속에 존재할 수도 있습니다. 그리고 거짓 자기의 상이한 수준들은 곧 병리의 상이한 수준들인 것입니다.

초기의 세계관 : 태곳적, 마법적, 신화적

■ 지금까지 우리는 분기점-3, 즉 각각 상이한 세계관을 가진, 의식 성장의 처음 세 가지 주요 영역이나 수준까지 취급한 것이로군요.

● 그렇지요. 앞에서 말한 적이 있듯이, 세계관이란 의식의 특정한 발판에서 바라볼 때 '온우주'가 어떻게 보이는가 하는 것입니다. 우리가 오직 감각과 충동만을 갖고 있을 때 '온우주'는 우리에게 어떻게 보

이겠습니까? 우리는 그것을 태곳적이라고 일컫지요. 여기에다 이미지와 상징들을 추가한다면 그때 '온우주'는 어떻게 보일까요? 마법적[주술적]으로 보이지요. 여기에다 규칙과 역할을 추가하면 '온우주'는 무엇으로 보일까요? 신화적 세계로 보이지요. 여기에 형식적 조작심이 창발하게 되면 우리는 무엇을 보게 될까요? 합리적 세계를 보는 게 좋지 않을까요? 이런 등등입니다.

■ 초기의 세계관을 간략하게 요약해주시지요. 그러고 나서 더 상위적인 발달로 이동해 갈 수 있다고 봅니다.

● "태곳적"이란 일종의 싸잡아 표현하는 말입니다. 그것은 원인原人 단계까지의 모든 이전 단계들을 느슨하게 나타내는 것입니다. 태곳적 세계관이란 분기점-1의 일반적 세계관입니다. 그것은 기본적으로 감각운동적 세계관입니다.

■ 그러면 마법적 세계관은 어떤 것인가요?

● 이미지와 상징은 분기점-2의 시기에 즈음하여 출현하기 시작합니다. 이러한 초기의 이미지와 상징은 그것들이 표상하는 대상들로부터 아직 분명하게 분화되어 있지 않습니다. 따라서 이미지를 조작하는 것이 곧 현실적으로 대상을 변화시키는 것이라고 봅니다. 만약 내가 당신의 이미지를 만든 다음 그 이미지에 핀을 꽂으면 정말로 당신에게 어떤 나쁜 일이 현실적으로 생겨난다는 것입니다. 어린이는 마법적 전위轉位와 응축의 세계에 살고 있습니다. 그것은 아주 심한 "일차적 과정"이고, 아주 대단히 마법적입니다.

마찬가지로 자기와 타자가 제대로 잘 분화되어 있지 않기 때문에 어린이는 정신적 특성을 지닌 대상들과 함께 자신의 세계를 살고 있습니다. 즉 마법적 세계관은 물활론적입니다. 그렇다고 지금 나는 어떤 종류의 미묘한 범심론적汎心論的 철학에 대해 말하고 있는 것이 아닙니다. 그것은 매우 엉성하고 매우 자아중심적입니다. 이를테면 구름들이 당신을 따라오면서 당신을 보고 싶어 하기 때문에 그것들은 움직인다는 식입니다. 하늘이 당신을 씻어주고 싶어 하기 때문에 비가 온다는 식입니다. 하늘이 당신에게 개인적으로 노하고 있기 때문에 천둥이 친다는 식입니다. 즉 마음과 세계가 확실하게 분화되지 않고 있고, 그래서 그것들의 특성은 "마법적으로" 융합되고 혼동되려고 하는 경향이 있습니다. 내측과 외측이 모두 자아중심적이고 자기애적입니다.

■ 신화적 세계관이란 어떤 것인가요?

● 발달이 분기점-3으로 이동해 오면서 어린이는 자기자신이 주위 세계를 마법적으로 명령할 수 없다는 것을 이해하기 시작합니다. 어린이는 베개 밑으로 계속 숨으려고 하지만 사람들은 그를 계속 찾아내지요! 무언가 여기에서는 먹혀들지 않고 있는 것입니다. 마법이 실제로 먹혀들지 않는 거지요. '자기'는 주위 세계를 마법적이고 전능하게 현실적으로 명령을 내릴 수 없는 것입니다. 그러나 어린이는 아마 '다른 어떤 사람은 할 수 있을 것'이라고 생각하는데, 그래서 그 장면으로 짠 하고 뛰어들면 신과 여신과 악마와 요정과 특별한 신통력의 주인공들의 신전이 등장하고 그들 모두는 다양하지만 흔히 시시하고 사소한 이유들로서도 기적적으로 자연의 법칙들을 일시 정지시킬 수 있는 것입니다. 어린이는 자신의 부모에게 지겹게 싫은 시금치를 사탕으로 변하게 해주도록 요구할 것입니다. 어린이는 물질세계가 그와 같이 작용하지 않는다는 사실을 이해하지 못합니다.

그러나 그러는 사이 어린이는 주위 세계에 명령을 내리는 것으로 상상되어지는 모든 종류의 자아중심적인 초자연적 힘들로 꽉 차 있는 매우 복잡한 신화적 세계관을 발달시킵니다. 그리고 그런 것들 모두는 어린이의 자아에 집중되어 있습니다. 반면에 그 이전의 마법적 단계에서 영아는 자신 스스로 적절한 언어적 마법에 의해 세계를 변경시킬 수 있다고 생각했는데, 이제 와서 그는 세상을 흔히 더 나쁜 쪽으로 변경시킬 수 있는 신과 악마와 초자연적 힘들을 달래려고 애쓰는 데 자신의 시간을 소비하지 않으면 안 됩니다. 이제 자아중심적 위력은 자아중심적 기원祈願과 의식儀式에 양보합니다. 이러한 초자연적 힘들과의 끊임없는 약속 이행의 "타협"이 있습니다. 이를테면 내가 나의 저녁식사를 모두 다 먹으면 그 멋진 힘이 나의 치통을 사라지게 만들 것이라고 믿는 것과 같은 것입니다.

이러한 신화적 세계관은 표상심과 더불어 시작하고, 그다음의 주요 단계인 규칙/역할심으로 계속됩니다. 그러고는 합리적 세계관의 출현과 더불어 소멸되어버립니다. 이 세계관은, 만약 당신이 현실을 변화시키기를 바란다면 당신 스스로 그렇게 되도록 노력해야 한다는 것, 즉 상응하는 성장이 없이는 아무도 마법적으로나 신화적으로 당신을 구해주지 않는다는 사실을 깨닫게 합니다.

당신은 이러한 일반적인 상관성을 그림 5-2에서 볼 수 있습니다. 세계관들은 '좌하 4분면'에 수록되어 있는데, 그 이유는 그것들이 그것들의 지평 내에서 개인적 지각능력을 집합적으로 지배하기 때문입니다(마법적이거나 신화적 세계관이 어떤 순수한 영적인 측면들을 지니고 있는지 어떤지에 대해서는 뒤에 논의하게 될 것입니다). (11장 참조)

분기점-4 : 역할적 자기의 탄생

◘ 잘 알겠습니다. 그렇게 우리를 그다음에 이어지는 분기점-4로 데려오는군요. 선생님이 "규칙/역할"심으로 열거하고 있는 기본수준이지요.

◎ 그렇습니다. 이것은 대체로 피아제가 구체적 조작("Conop") 인지라고 일컬었던 것으로, 이것은 평균 6~7세경에 출현하고 대략 11~14세까지의 인식을 지배합니다. "구체적 조작"이라고 하면 매우 무미건조하게 들리지만 현실적으로 그것은 의미가 매우 풍부하고 아주 위력적입니다. 그것은 이지적 규칙을 형성하고 이지적 역할을 담당할 수 있는 능력을 수반합니다. 이 점은 결정적으로 중요한 것인데, 아동이 드디어 타인의 역할을 담당하는 [타인의 입장에 서는] 법을 배우게 되는 것입니다.

처음으로 이 점을 매우 명확하게 발견해낸 피아제와 인헬더Inhelder가 수행한 유명한 실험이 하나 있습니다. 이에 대한 간략한 버전을 알려드리지요. 만약 당신이 한쪽은 빨간색으로 칠하고 다른 쪽은 초록색으로 칠한 공을 하나 갖고서 그것을 당신과 아동 사이에 놓고 아동에게 두 가지 질문을 하면—"너는 무슨 색을 보고 있니?" 그리고 "나는 지금 무슨 색을 보고 있니?"라고 물으면—전前조작적 단계의 어린이들은 두 질문에 똑같이 답할 것입니다. 말하자면 만일 어린이가 초록 쪽을 바라보고 있다면 그는 초록색을 보고 있다고 올바르게 말할 것이지만 그는 당신도 역시 초록색을 보고 있다고 말할 것입니다. 그는 당신이 빨간색을 보고 있다는 것을 알지 못합니다. 그는 당신의 입장에서 보지 못하거나 당신의 눈을 통해 세상을 보지 못합니다. 어린이는 여전히 자신의 조망에 갇혀 있으며, 이는 아직도 그가 매우 자아중심적이고 매우 전前관습적이고 매우 자기중심적이라는 것입니다.

그러나 구체적 조작기의 어린이는 "나는 초록색을 보고 너는 빨간색을 본다"라고 올바르게 말할 것입니다. 이 단계의 어린이는 타인의 역할을 담당할 수 있습니다. 그래서 이것은 **글로벌로 나아가는 도중에**, 즉 세계중심적 조망을 취할 수 있는 길로 나아가는 도중에 내디딘 아주 큰 한 걸음입니다. 어린이는 아직은 완전히 거기에 도달하지 못하고 있지만 그는 올바른 방향으로 계속하여 나아가고 있는 것입니다. 그는 자신의 견해가 세상에서 유일한 견해가 아니라는 것을 알기 시작하고 있기 때문이지요!

그리하여 어린이의 전체적인 **도덕적 자세**가 상당히 자아중심적이거나 **전관습적** 자세로부터 **관습적**이며 흔히 고도의 **순응자적** 자세로—이를테면 "옳거나 옳지 않거나 간에 나의 나라"라는 의식, 그리고 "법과 질서"의 단계로—전환됩니다. 그림 9-3에서 이것을 볼 수 있습니다.

패러다임 전이

◘ 관점이 변해가는 거로군요.

◉ 그것은 세계관의 완전한 변화—굳이 말하자면 패러다임 전이—와 이전의 세 가지 발판들, 또는 이전의 세 번의 패러다임 전이와 더불어 단지 몇 가지만 열거한다 해도 자기정체성 면에서, 도덕적 의미에서, 자기욕구 면에서 엄청난 변화를 수반합니다. 이같이 변화하는 관점들이 그림 9-3에 모두 수록되어 있습니다.

◘ 그렇다면 의식진화의 9단계 각각은 실제로는 패러다임 전이로군요.

◉ 넓은 의미로는 그렇습니다. 결과적으로 오늘날 우리 인류 문화에서의 표준적인 성인成人은 이미 대여섯 가지 정도의 주요 패러다임 전이, 세계관의 전이를—말하자면 태곳적 단계에서 마법적 단계로, 신화적 단계로, 합리적 단계로, 실존적 단계로 이르는 단계들을, 혹은 대략 그 정도에 상당하는 단계들을—겪어왔습니다. 당신과 나는 의식에

있어서의 이러한 혁명들을 이미 겪어왔고, 비록 우리가 어떤 특정한 구체적인 것들을 기억하지는 못한다 해도 이 방면의 연구자들은 [발달 과정의] 심리적 지진을 보고하고 있습니다.

우리는 자각인식으로부터 가급적 이러한 [심리적] 지진들을 봉인하려는 성향이 있습니다. 이에 대해 장난 같은 우스갯소리들이 상당히 많이 있습니다. 당신이 전前조작적 단계의 어린아이들을 데리고—그들의 바로 눈앞에서—짧은 유리잔에서 긴 유리잔으로 물을 붓습니다. 그러고는 그들에게 어느 유리잔이 더 많은 물을 가지고 있느냐고 물으면, 그들이 비록 당신이 한 유리잔에서 다른 유리잔으로 똑같은 양의 물을 붓는 것을 보았더라도, 그들은 항상 긴 유리잔이 더 많이 갖고 있다고 말할 것입니다. 그들은 "체적[양]을 보존"할 수 없습니다. 우리가 보는 어떤 "명백한" 것들을 그들은 보거나 '볼 수 없습니다'. 그들은 다른 세계공간에 살고 있습니다. 아무리 여러 번 당신이 똑같은 양의 물을 두 유리잔 사이에서 양쪽으로 왔다 갔다 하면서 붓는다 하더라도 그들은 긴 유리잔이 더 많이 갖고 있다고 주장할 것입니다. 그것은 그만큼 어린이들의 "순수하고", "왜곡되지 않은" 지각을 보여줍니다.

만약 수년 뒤에 구체적 조작의 인식이 그 어린이들에게 새로이 생겨난 후에 당신이 이 실험을 반복한다면 그들은 똑같은 양의 물을 양쪽 유리잔이 갖고 있다고 항상 말할 것입니다. 이제 그들은 마음속에 체적을 지닐 수 있게 되었고, 그래서 그것의 변위들displacements로 인해 혼동하지 않을 수 있게 된 것입니다. 그들은 자동적으로 이와 같이 하는 내면의 '규칙'(구체적 조작의 규칙)을 갖고 있습니다. 그리고 만일 당신이 그들이 긴 유리잔이 더 많은 물을 갖고 있다고 말한 적이 있는 이전 시기에 촬영한 비디오테이프를 그들에게 보여준다면 그들은 그것이 자신들이란 사실을 부인할 것입니다! 그들은 당신이 고의로 비디오테이프를 조작 편집했을 것이라고 생각합니다. 그들은 어느 누구라도 긴 유리잔이 더 많은 물을 갖는다고 생각할 정도로 그렇게 바보일 것이라고는 도저히 상상할 수 없습니다.

그러므로 그들은 이같이 엄청나게 거대한 패러다임의 전이를 겪었지만 그것에 대해서는 터럭만큼도 인식 속에 남아 있지 않는 것입니다. 이제 '자기'는 자신의 이전 삶의 역사에서 하나하나의 사건들을 새로운 세계관의 조망에 따라 재해석할 것입니다. 그것은 새롭고 더 상위적인 패러다임 내에서 자신의 역사를 완전히 다시 쓰는 것입니다.

그리하여 그들은—그래서 우리 모두는—예전의 사건들을 이 새로운 조망에 따라 소급해서 다시 읽을 것이고, 그래서 우리는 마치 그것이 우리가 애초 출발 시부터 가졌던 조망인 것처럼 착각하며 상상하는 경향이 있습니다. 우리가 4~5세 때의 우리 자신들에 대해 생각할 때 우리는 당시의 우리 주위 사람들—예컨대 부모, 형제자매, 친구들—을 생각하면서 곧장 그들이 우리의 무엇에 대해 생각한 적이 있다거나 그들이 확실히 어떤 일에 대해 어떻게 느꼈다거나 그들의 마음에 무엇이 떠오른 적이 있다는 따위를 묘사합니다. 하지만 사실 당시에는 우리가 그것들 중 아무것도 현실적으로 할 수 없었던 때인 것입니다. 그런 나이에 우리는 타인의 역할을 담당할 수 없었던 것입니다. 그러므로 우리는 자동적으로(그리고 잠재의식적으로) 우리의 전체 삶을 최근에 출현한 세계관의 조망에 따라 "소급하여 읽고" 있고, 또한 이러한 사실들 모두를 애초 출발 시부터 존재했던 것으로 상상하는 것입니다!

두말할 나위 없이 이러한 일은 더 앞선 시기에 현실적으로 일어난 적이 있었던 일들을 총체적으로 왜곡합니다. 기억이란 당신이 자신의 유소년기를 "알리기" 위해 의존할 만한 것은 결코 되지 못합니다. 그래서 이것은 온갖 다양한 종류의 문제로 우리를 인도합니다. 낭만주의자들은, 유소년기란 우리가 지금 보는 것과 똑같이 오직 경탄스러우리만치 "자발적"이고 "자유로운" 양상으로 세계를 보는, 멋지고 근사한 시절이었다고 상상합니다. 태곳적 시기는 비이원적인 낙원이었고, 마법적 시기는 전일적인 권능이 부여된 경이로움으로 가득 차 있었고, 신화적 시기는 영적 권능이 생생하게 살아 있었으므로, 정말이지 모두가 너무나 경탄스럽고 자유가 넘치는 시기였다는 것입니다. 그렇지만 알고 보면, 낭만주의자들은 성찰적 자각인식의 더 상위적인 세계관에 접근하게 되면서 예전의 모든 다양한 종류의 경이로운 난센스들에 대해, 만약 그들이 실제적으로 그것을 (예컨대 비디오테이프로) 볼 수 있게 된다면 그것에 대한 어떠한 현실성도 전적으로 부인하게 될 바로 그러한 시기로, 단순히 현재로부터 소급하여 해석하고 있는 것입니다.

악마적 학대와 UFO

■ 그렇다면 선생님은 어떤 의미로든 유아기의 기억은 되살려낼 수 있다는 말씀이십니까?

● 아동기의 다양한 사건들에 대한 인상은 정신 내의 일종의 상흔같이 확실히 존재합니다. 그리고 이러한 인상들은 그것들이 남겨지게 되었을 때 존재했던 수준의 세계관, 통상 태곳적이거나 마법적인 수준의 세계관을 보유하고 있습니다.

그러나 이러한 인상들이 성인들에 의해 회상될 경우, 그 인상들 자체는 흔히 현존하는 더 상위적인 세계관에 의거하여 해석되어집니다. 그러고 나서는 온갖 종류의 현재의 관심사들이 이러한 원초의 인상들 속으로 소급되어 주입될 수 있습니다. 그래서 마치 이러한 관심사들이 애초부터 있었던 것으로 선명하게 보입니다. 그렇다고 당신이 이러한 초기 인상들을 [의식적으로] 재해석하고 있는 것 같아 보이지 않습니다. 왜냐하면 그것은 잠재의식적으로나 전前의식적으로 행해지는 것이고, 그리하여 당신은 오직 이 철두철미하게 재가공된 것이 의식되고 있는 결과만을 보기 때문입니다.

퇴행의 어떤 강렬한 상태에서—이를테면 어떤 정신 요법이나 명상적 수행, 약물 복용, 강도 높은 스트레스 등과 더불어—이러한 원초의 인상들은 (더 상위적인 패러다임이 일시적으로 역할을 해제당하기 때문에) 제대로 접근될 수 있습니다. 그러나 그렇게 되는 경우에도 수초나 수분 뒤에는 더 상위적인 세계관은 다시 돌아오고, 그래서 사람들은 이러한 인상들에 대해 철저하게 소급적 독해를 시작합니다. 그래서 우리는 그러한 점에 대해 매우 조심하지 않으면 안 됩니다.

◘ 의례적인 악마적 아동학대는 무슨 까닭에 나온 건가요?

◎ 글쎄요, 그것은 하나의 사례에 불과합니다. 수천의 사람들이 그러한 의례적 아동 살해에 대해 주장하고 있음에도 불구하고 FBI가 그에 대한 단서의 단 하나의 부스러기조차도 찾아내지 못했지요. 또 이 나라 도처에 있는 집들의 뒷마당에는 시체들이 분명 묻혀 있어야겠지요. 그럼에도 이것을 믿는 사람들은 이러한 일이 그들에게 일어났다는 것을 곧이곧대로 깊이 확신하고 있습니다. 그들은 전혀 자신들이 이것을 날조하고 있다고 느끼지 않습니다. 이러한 인상들에 대해 그들 자신은 생생한 확신을 갖고서 제시합니다. 그들은 거짓말 탐지기 검사도 쉽게 통과할 것입니다. 그 같은 재구성 작업은 잠재의식적으로 일어난 것입니다.

윤회의 세계는 잔혹한 곳입니다. 은유적으로 말하자면 윤회는 의례적 학대의 영역입니다. 그것은 본래부터 내재된 공포의 기제입니다. 그래서 사람들은 이 악몽에 대처해나갈 필요가 있습니다. 가장 단순한 방법 중 하나는 이 의례적 학대가 우리 자신의 개인사에 구체적인 원인이 있다고 상상하는 것입니다. 그래서 우리는 자신의 유아기의 "기억들"을 탐색하고, 결국에 가서는 친절한 심리치료사의 약간의 도움을 받아서, 고기 자르는 식칼을 가진 엄마가 있다는 기억을 확실히 찾아냅니다. 최초의 인상은 아마 틀림없이 확실한 사실입니다. 엄마가 정육용 식칼을 가졌고, 그것으로 그녀는 추수감사절 칠면조 고기를 자르고 있었고, 그래서 그 인상은 현실적인 것입니다. 그러나 그것은 당신의 잠재의식 속에서 재가공되고 이제는 당신이 바로 칠면조가 됩니다.

■ 외계인에 의한 유괴란 무엇인가요? UFO에 의한 유괴란 또 무엇인가요? 이러한 이야기들은 모두 매우 유사한 구조를 지니고 있고 동일한 사건들이 계속하여 일어나고 있습니다. 유괴가 있고 의학적 실험이 있고 항문의 탐침 검사가 있고 정액의 채집이 있고 흔히 인류에 대한 메시지와 함께 지구로의 송환이 있습니다. 그리고 그것은 이러한 사람들의 삶을 정말로 바꾸고 있습니다.

○ 내 생각으로는 최초의 인상은 분기점-2나 분기점-1 혹은 분기점-0까지로도 거슬러 올라갈지도 모릅니다. 그렇지만 다시 한 번 그들은 극적으로 재가공되는 작업 과정을 거칩니다. 이를 위해 아마 어떤 원형적 혹은 융적인 [무의식의] 질료까지도 동원되었을 수 있습니다. 사실 융은 UFO란 현실적으로 투사된 원형이라고 생각했습니다. UFO에 의한 항문 탐침, 그곳에서 프로이트와 융이 만납니다.

많은 사람들이 그것에 대한 그들의 신념에 진지합니다. 아마도 더 상위적인 [의식의] 어떤 질료 혹은 영적 질료가 그 인상 속으로 주입되기까지 했는지도 모릅니다. 그러나 그 인상들은 그 자체가 매우 자기애적인 세계관을 보유합니다. 한번 상상해보십시오. 인류가 이제 엄청난 규모의 새로운 외계인의 지능에 인도되어 새로운 단계로 진입하려고 한다고 말입니다. 그리고 전 세계의 모든 사람들 중 바로 당신이 이 메시지를 전하도록 선택된 것입니다. 사실 외계인들은 새로운 인종의 씨를 뿌리고 있고 새로운 인종을 시작하고 있기 때문에 당신으로부터 정자나 난자를 채집하고 있다는 것입니다. 그래서 당신은 이 새로운 인종의 아버지가 되고 어머니가 됩니다. 새로운 구세주가 오고 있고 새로운 동정녀에 의한 탄생을 필요로 합니다.

당신은 그보다 더 이상으로 자기애적이고 이기적이 될 수는 없습니다. 내 생각으로는 어떤 매우 심층적인 분기점-2의 (혹은 더 초기의) 질료가 다시 동원되고 있는 것이고, 그러고 나서는 가이아를 구제하고 지구 행성을 치유하는 데 대한 현재의 어른으로서의 "메시지"가 주입된 것입니다. 이것은 모두 아주 근사한 것이지만 이러한 모든 판타지들 속에 원초적 장면들만은 숨길 수 없습니다. 즉 당신이 신세계의 중심이고 새롭고 더 상위적인 인종의 부모라는 것입니다.

그러므로 그것은 성인적 질료의 내용으로 재가공되어 주입된 원초적이고 현실감이 넘치는 인상들이고, 그리하여 그것은 순수하고 놀라울 정도의 선명함을 갖고서 스스로를 제시합니다. 그래서 그것은 분기점-2의 (혹은 더 초기의) 본질적인 세계관을, 즉 강력한 자기애를 보지하지만, 그러고 나서는 고맙게도 흔히 친절하고 도움이 되는 치료사의 조력에 의해 세계 구원의 강력한 패러다임으로 재가공되어집니다.

◘ 영적인 요소는 전혀 없습니까?

◎ 우리는 아직 더 상위적인 단계에 대해서는 어느 것도 충분히 이야기하지 않았지만, 순수하게 초개인적[자아초월적]이거나 영적인 차원들을 일시적이나마 "살짝 엿보는 체험"을 하게 되고, 그러고 나서는 분기점-2에의 고착을 충족하게 되고, 또 흔히 치료사와의 공모 속에서 상

담자에 의해 조작된 "세계 구원" 클라이언트에 적합하게 되는 양 조건을 향해 초개인적 차원들을 아래쪽으로 이동하는 것은 언제나 가능합니다. 이 모든 것들은 선명하게 현실적이고 부정할 수 없는 것으로 자신을 제시합니다. 이미 언급한 바와 같이 이러한 사람들은 거짓말 탐지기를 통과할 것이고 사실 자주 통과하는데, 그 이유는 그들이 자신들의 신념에 진지하고 그들의 치료사들도 똑같이 진지하고 어느 누구도 그것이 거짓말임을, 즉 그것이 (각인된) 인상들을 현실적인 것들로 전환하는 심층에서 재가공된 것임을, 적시해본 적이 결코 없기 때문입니다.

이러한 현상을 조사 연구하는 심리치료사들은 환난의 우리 시대의 징후로서 새롭게 나타나는 히스테리 증후군의 새로운 형태에 관한 선구적인 관찰을 하게 되는 진정한 기회를 가졌었지만, 그러나 대체로 그들은 그 인상들의 선명함이 마치 자신들이 존재론적 현실을 다루고 있기라고 한 것처럼 자신들을 설득하도록 허용함으로써 그러한 기회를 놓쳐버렸습니다. 그들은 현상학을 존재론으로 전환시켰던 것입니다. 아주 최악의 경우에는 그들은 그들 자신의 심층적 자기애에 의해 고무되기도 했습니다. 이를테면 '나는 새로운 인종의 치료사이다'와 같은 것 말입니다. 아주 경미한 경우에는 그들은 집단 히스테리를 쉽게 촉구하는 자들이 되었고, 이것이 그들의 심리치료 직업 전체를 혼란과 고통스러운 자기비난 속으로 내팽개쳐지게 했던 점은 이해할 만한 것입니다.

나는 의례적인 악마적 아동학대와 UFO 유괴는 양쪽 모두 영적인 실재를 부정하는 문화 속에서 영적인 실재에 일어나는 것들의 아주 강력한 사례들이라는, 즉 글로벌로 가는 도상의 조난자들, 문화적으로 불성실한 섬의 해안에 표류한 영혼들이라는 사실을 믿어 의심치 않습니다.

11

글로벌로 가는 길 2

◘ 우리는 "글로벌로 가는 길 도중에" 일어나는 내면의 변용과 이 글로벌 각성인식의 창발을 방해할 수 있는 문제들 모두에 대해 논의해왔지요.

○ 그렇습니다. 그래서 우리는 인식의 전前 인습적 양태에서 인습적 양태—특히 타인의 역할을 취하는 능력이 입증되는 분기점-3에서 분기점-4—로의 패러다임 이동이 있는 시점까지 도달했지요. 그리고 이러한 이동을 통하여 우리는 **자아중심주의**egocentrism**의 지속적인 감소**를 보게 됩니다. 사실상 인류의 발달의 전반적인 방향—인간발달의 목적인目的因—은 점차로 자아중심적 상태가 점점 더 적은 쪽을 향해 나아가는 것입니다.

그러나 이것은 일반적인 성향으로 그렇다는 말입니다. 삼라만상의 우주에서 투쟁은 언제나 진화 대 자아중심주의입니다. 더 깊은 심층을 만들어내기 위한 진화적 추동[동인]은 자아중심주의를 극복하기 위한, 더 넓고 더 깊은 전체를 발견하기 위한, 더 크고 더욱더 큰 합일을 전개하기 위한 동인과 동의어입니다. 분자는 원자의 자아중심주의를 극복합니다. 세포는 분자의 자아중심주의를 극복합니다. 그리고 이러한 성향이 인간발달 자체에서보다 더 분명한 곳은 어디에도 없습니다.

진화 대 자아중심주의

■ 그렇다면 진화는 이기주의의 지속적인 쇠퇴로군요.

● 그렇습니다. 지속적으로 **탈중심화**하는 것이지요. 하워드 가드너 Howard Gardner[58]는 이 분야의 연구에서 완벽한 요약을 제시하고 있습니다. 그의 글은 그것에 대해 상당히 많은 것을 말해주기 때문에 그의 글에서 취한 짤막한 인용문을 읽어드리고 싶군요.

그는 발달 일반이 "자아중심주의의 쇠퇴"에 의해 특징짓는다는 점을 적시하면서 시작하고 나서 다음과 같이 말하고 있습니다. "어린아이는 전적으로 자아중심적이다. 즉 이것은 그가 자신에 대해서 오직 자아중심적으로만 생각한다는 것이 아니라, 반대로 그가 자신에 대해 생각할 능력이 결여되어 있다는 것을 의미한다. 자아중심적인 아이는 자신을 그 외의 나머지 세계와 차별화시키지 못한다. 즉 그는 타인이나 대상들로부터 자신을 분리시키지 못하는 것이다. 따라서 그는 다른 사람들도 그의 고통이나 그의 즐거움을 공유한다고, 그의 칭얼거림마저도 어쩔 수 없이 이해하게 될 것이라고, 또 그의 조망이 모든 사람들에 의해 공유된다고, 심지어 동물과 식물조차도 그의 의식에 함께 참여한다고 느끼는 것이다. 숨바꼭질 놀이에서 그는 다른 사람들의 광범위한 전망으로부터 '숨을' 것이다. 바로 그의 자아중심주의가 타인들

58 하버드대학교 교육심리학과 교수이자 보스턴 의과대학 신경학과 교수로, 다중지능론의 창시자이며, 세계 여러 나라에서 그의 이론에 근거를 둔 연구소와 단체가 운영되고 있다.

이 그의 위치를 알아차리고 있다는 것을 식별하는 능력을 막고 있기 때문이다. 인간발달의 전체 과정은 **자아중심주의의 지속적인 쇠퇴**로 간주될 수 있다."

◘ 그렇다면 [자아도취적] 자기애나 자아중심주의는 분기점-1에서 가장 크고 그 뒤로는 꾸준히 쇠퇴하는 건가요?

◎ 네, 정확히 그렇습니다. 분화가 바로 최소의 상태에 있기 때문에 자기애는 최악의 상태에 있는 것입니다!

이러한 자기중심주의는 영아의 정체성이 [물리적] 신체중심적에서 생체중심적으로, 즉 분기점-1에서 분기점-2로 전환될 때 어느 정도 완화됩니다. 어린아이는 물리적 세계를 더 이상 자신의 연장으로 취급하지 않습니다. 그 이유는 신체적 자기와 물리적 세계가 이제는 분화되었기 때문입니다. 그렇지만 정동[감정/정서]적 '자기'와 정동적 세계는 아직 분화되지 않았고, 그리하여 전체 정동적 세계는 자기의 연장이고, 정동적 자기애가 첨예화된 상태에 있는 것입니다. 따라서 분기점-2의 생체중심적이거나 생태중심적인 자기는 여전히 아주 심원하게 자아중심적입니다. 그가 느끼고 있는 것이 곧 세계가 느끼고 있는 것입니다.

이러한 [자기도취적] 자기애는 개념적 자기(분기점-3)의 출현과 함께 다시 한 번 더 완화되거나 쇠퇴합니다. 자기는 이제 개념적 자아[에고]이지만 그러한 자아는 여전히 아직 타인의 역할을 취할 수 없고, 그리하여 초기의 자아는 여전히 대체로 자기애적이고 전前인습적이고 자아중심적입니다.

그래서 이따금씩 나는, 이 쇠퇴하는 자기애를 신체중심적에서 생체중심적으로, 자아중심적으로 되어가는 것으로 요약하기도 합니다. 비록 이 세 가지 모두는 일반적인 의미에서 자아중심적이긴 하지만 점점 덜 그렇게 된다는 이해와 더불어 그렇다는 것입니다. 그리고 전체의 자아중심적 조망은 타인의 역할을 취할 수 있는 능력의 창발과 더불어 여전히 또 하나의 급진적 이동을 겪게 됩니다. 그 시점에서 자아중심적인 자기는 사회중심적 자기로 이동합니다.

분기점-4(계속) : 삶의 사회적 각본

■ 달리 말하자면 분기점-4로군요.

● 그렇습니다. 이 단계에서 나에게 결정적으로 중요해지는 것은 "내가 **나의 충동**에 어떻게 **적응하는가**" 하는 것이 아니고, 내가 어떻게 **나의 사회적 역할**, 나의 집단, 나의 감시집단과 잘 어울리고, 아니면—좀 더 넓게는—내가 어떻게 나의 나라와, 나의 주州와, 나의 주민들과 어울리는가 하는 것입니다. 이제 나는 타인의 역할을 취하고 있고 내가 어떻게 타인과 어울리는가 하는 것이 결정적으로 중요합니다. 나는 다시 한 번 **탈중심화**되고 다시 한 번 분화되고 다시 한 번 초월하게 된 것입니다. 말하자면 나의 자아는 세계 내의 유일 자아가 아닌 것입니다.

그래서 이러한 사회중심적 자세는 그 이전으로부터의, 그리고 특히 최초의 세 가지 분기점의 자아중심적 자세로부터의 주요 변용變容, 혹은 패러다임 이동입니다. 그러나 분기점-4에서부터는 배려와 관심이 나로부터 집단으로—그렇지만 그 이상은 아니고!—확대되었음을 알아야 합니다. 만약 당신이 집단—예컨대 나의 종족, 나의 신화, 나의 이데올로기—의 일원이면 당신은 이제 "구원"도 된 것입니다. 그러나 만약 당신이 다른 문화, 다른 집단, 다른 신화, 다른 신에 속한다면 당신은 저주를 받게 됩니다.

그러므로 이러한 사회중심적이거나 인습적인 자세는 매우 **민족중심적**으로 되기 쉬운 경향이 있습니다. 배려와 관심은 나로부터 나의 집단으로 확장되었고 거기서 그것은 멈춥니다.

그래서 나는 또한 이러한 인습적이거나 사회중심적인 자세를 **신화적 소속감**이라는 용어로 일컫기도 합니다. 분기점-4의 세계관은 여전히 신화적이고 고로 배려와 관심은 동일한 신화, 동일한 이데올로기, 동일한 종족, 동일한 신조, 동일한 문화—그러나 그 이상은 아닌—속에 있는 신봉자들에게로 연장된 것입니다. 만약 당신이 그 신화의 일원이면 당신은 모두 나의 형제자매입니다. 만약 그렇지 않으면 당신은 비난받으며 축출당합니다.

바꾸어 말하면 나는 나의 자아로부터 나의 집단으로 탈중심화할 수 있지만 나는 아직도 나의 집단을 탈중심화할 수 없습니다. 나의 집단은 우주 내에 있는 유일한 집단입니다. 나는 아직도 사회중심적이고 민족중심적인 자세에서 진실로 **세계중심적**이거나 보편적이거나 글로벌한—탈중심화된 보편적인 다원주의적—자세로 이동할 수 없습니다. 그러나 나는 하여간에 거기로 천천히 옮겨 가고 있지요! 나는 심원한 탈중심화, 자아중심주의의 완화, 자기도취적 자기애의 완화, 보다 천층적 의식의 초월과 보다 심층적 인식의 표출로 특징지어지는 이 여행의 각 단계와 함께 글로벌로 향해 나아가는 도상에 있습니다. 즉 탈중심화, 초월, 감소하는 자아중심주의입니다. 말하자면 똑같은 것, 진화의 동일한 목적인에 대한 수많은 용어들인 것입니다.

그래서 사실 탈인습적이거나 글로벌하거나 세계중심적 자세가 다음 분기점, 즉 분기점-5입니다.

◘ 알겠습니다. 그러면 먼저 분기점-4를 마치도록 하지요. 그러니까 정체성이 자아중심적에서 사회중심적으로 전환한다는 말씀이시지요?

○ 그렇습니다. '자기'는 더 이상 오직 혹은 주로 신체와의 즉각적인 충동에 연관시키고 있지는 않지만, 또한 역시 **역할과 규칙**의 세계로 인도됩니다. '자기'는 실행해나가야 할 모든 종류의 **대본**들이나 학습된 역할과 규칙들을 갖게 될 것입니다.

대부분의 이러한 대본들은 유용하고 절대적으로 필요합니다. 말하자면 그것들은, 당신이 당신 자신을 자기자신으로부터 끌어내서 상호주관적 문화권, 즉 배려와 관심과 연관성과 책임의 영역으로 끌어당기는 수단입니다. 비로소 당신은 당신 자신의 확대된 자기를 타인들 속에서 보고, 그래서 배려를 개개인에게로 연장하기 시작하는 것입니다. 당신은 세상을 타인의 눈을 통해 보게 되고, 그럼으로써 나와 나의 것이라는 속박을 넘어서 비추고 있는 더 광대한 의식을 발견하게 됩니다.

그러나 이러한 대본들의 일부는 왜곡되거나 잔인하거나 잘못 적응하게 되어 있고, 그래서 만약 어떤 부분이 이 대본들과 더불어 잘못되어가게 되면 우리는 이것을 "대본병리suipt pathology"라고 일컫습니다. 보통 인간은 이러한 허위적이며 왜곡된 사회적 가면과 신화들—이를테면 "나는 타락한 인간이다, 나는 선량하지 않다, 나는 어느 것도 결코 올바르게 하지 못한다" 등—모두를, 즉 자기패배적이고 상처를 입히는 잔인한 대본들 모두를 갖고 있습니다.

그것은 한마디로 거짓말투성이입니다. 이런 가짜 대본들은 이 수준에서의 거짓말의 형태이고, 그리고 그 가짜 '자기'는 이런 사회적 거짓말들로 살아갑니다. 그것은 단지 자신의 감정/정서로부터 벗어나 있을 뿐만 아니라, 문화적 세계 속에 존재할 수 있는 '자기'로부터도 벗어나 있는 것입니다. 즉 만약 그것이 자신은 모든 긍정적인 역할들을 맡을 수 없다고 스스로에게 계속 말하지만 않았더라면 맡았을 수도 있는 그런 모든 것들로부터 벗어나 있는 것입니다.

◘ 그것은 주로 인지치료 전문가들의 치료 작업에 도움이 되는 것이겠군요.

◎ 그렇습니다. 그리고 이에 대한 몇 가지 예만 언급하자면, 가족테라피, 교류 분석, 해설적 심리치료법들이 있지요. 그것은 과거로, 초기의 분기점들로 굳이 되돌아가서 작업하려고 하지 않고, 또 설사 그러한 것이 분명 일어날 수 있다고 해도 묻혀진 감정이나 충동을 굳이 파헤쳐내고 들추어내려고 그다지 애쓰지는 않습니다. 그것은 오히려 이러한 허위적이고 왜곡된 규칙과 대본과 게임들을 직접적으로 공격하는 쪽에 훨씬 더 가까운 케이스입니다. 이러한 대본들은 단순히 진실된 것이 아닙니다. 그것들은 현재의 증거에 바탕을 두고 있지 않다는 것입니다. 즉 그것들은 거짓말이고 신화일 뿐이라는 말입니다. 그것들은 신화적 기질에 정착되어 있습니다. 그래서 그것들은 결코 자신을 합리적 증거 쪽으로 드러내지 않을 것입니다.

예컨대 인지적 심리치료법 분야의 선구자인 아론 벡Aron Beck은, 억압이 있는 대개의 경우에 사람들은 일련의 가짜 대본들이나 신념들을 지니고 있고, 그들은 이러한 신화들을 그것들이 마치 진실인 양 계속 반복하고 있다는 사실을 찾아냈습니다. 우리가 우울한 기분에 있을 때 우리는 우리 자신에게 **진실하지 못한** 방식으로 이렇게 **말합니다.** "만일 어느 한 사람이 나를 좋아하지 않는다면 그것은 아무도 나를 좋아하지 않는다는 것을 의미한다. 만일 내가 이 특별한 과업을 성취하지 못한다면 그것은 내가 모든 것에서 실패할 것이라는 것을 의미한다. 만일 내가 일자리를 얻지 못한다면 나의 인생은 끝장나고 말 것이다. 만일 그녀가 나를 사랑하지 않는다면 그 밖의 아무도 나를 사랑하지 않을 것이다" 등과 같은 것들입니다.

그러고 보면 아마도 이러한 거짓 대본들은 더 초기의 분기점에서 아마 분기점-3이나 분기점-2, 아니면 그보다 더 일찍 시작되었을지도 모릅니다. 그리고 보다 더 정신분석 지향의 치료사(혹은 "폭로 기법을 사용하는 치료사")는 이러한 초기의 상흔들을 소급하여 파고들어가서는, 왜 그 사람이 이러한 신화들을(그리고 심지어 마법적 신념이나 태곳적 충동들을) 생성시키고 있는지를 찾아내려고 노력할는지도 모릅니다.

그러나 인지적 심리치료사들은 단순히 그 신화들을 정면으로 공격하는 경향이 있습니다. 내담자들은 그것들 내면의 대화를 감시하면서 이러한 신화들을 찾아내고 나서는 그것들을 이성과 증거에 노출시키도록 요구받을 것입니다. "이제 알겠습니다. 설사 내가 이 일자리를 얻지 못한다고 해서 그것이 곧 내 인생이 끝났다는 것을 반드시 의미하지는 않는다고 생각되는군요"라는 식으로 그는 말할 것입니다.

◘ 대개의 전형적인 치료법들이 이 수준에서 이루어지는 것 같아 보입니다.

⭘ 어느 정도 꽤 그런 편이지요. 대개의 전형적인 치료법—당신의 일반 해석적 심리/정신치료사들—은 분기점-3과 분기점-4의 혼합 기법을 사용할 것입니다. 대개의 치료법은 단순히 당신의 문제에 대해 말하고 있고, 치료사들은 당신이 나는 타락된 사람이다라거나, 쓸모없는 사람이다라거나, 실패자다라는 식으로 당신 자신에게 말하는 어떤 왜곡된 대본들을 찾아내려고 할 것입니다. 신화와 기만 위에 구축된 거짓 자기가 당신의 삶을 떠맡아온 것입니다. 그리고 치료사들은 당신으로 하여금 이러한 거짓 대본들을 뽑아내어 버리고 나서 그것들을 당신 자신에 대한 보다 더 현실적인 해석, 즉 당신의 내면에 대한 보다 더 **진실성 있는 해석**으로 대치하도록 도와줍니다. 그렇게 함으로써 거짓 자기는 실제 자기에게 길을 양보할 것입니다.

치료사들은 "대본", "신화", "해설적 분석" 등과 같은 용어들을 사용하지 않을지도 모릅니다. 그러나 그런 것은 일반적으로 분기점-4, 즉 대본병리 쪽에 수반되는 것입니다. 신화는 병적 징후의 원인이므로 신화를 증거에 표출시키면 징후는 곧 사라집니다. **생각**을 바꾸라, 그러면 당신은 다르게 **느끼기** 시작할 것이다, 라는 것이 그 기본 아이디어입니다.

그러나 만약 그 사람이 처리할 수 없거나 인정**할 수 없는** 어떤 강한 감정이나 정서나 충동이 있는 것 같아 보이면, 치료사는 흔히 "폭로하는 양태"로 전환하려는 경향이 있습니다. 이것에 대한 당신의 **감정**은 무엇입니까? 당신에게 **느껴지는 감각**은 무엇입니까? 라고 할 것입니다. 그리고 치료사는 당신이 편안하지 못한 어떤 감정이나 충동이 있다는 것—당신이 어떤 "묻혀 있는 감정/정서"를 갖고 있다는 것—을 알아차릴지도 모릅니다. 그러고 나서 치료사는 그 명칭이 무엇이든간에 이러한 억압된 감정을 노출시키는 작업을 하려 드는 경향이 있습니다.

그래서 비록 서로 다른 치료사들이 다양한 도구와 기법들을 치료 과정에서 광범위하게 적용하려 들 것이지만, 통상 전형적인 치료법은 분기점-4의 대본 분석과 분기점-3의 폭로 분석의 혼합 형태일 것입니다.

(분기점-1의 병리는 너무나 심각하기 때문에 그것들은 통상 의약 처방을 하는 의료적 정신의학자에 의해 취급됩니다. 그리고 분기점-2는 통상적으로 구조축조 기법에 전문성을 가지고 있는 치료사들의 영역입니다. 이러한 기법들은 케른버그, 코헛, 마스터슨, 블랭크G. Blank와 블랭크R. Blank에 의해—흔히 앞에서 간략하게 기술한 바 있는, 마가렛 말러의 최초의 선도적 연구에 대한 언급과 더불어—선구적으로 시작되었던 것입니다. 확실히 어떤 강도 높은 퇴행적 치료법—예컨대 그로프

의 홀로트로픽holotropic[59] 호흡 훈련과 야노프Arthur Janov[60]의 원초적 치료법primal therapy—은 분기점-0을 취급한다고 주장하고 있습니다. 비록 이러한 주장들은 대단히 역설적이긴 하지만 말입니다.)

분기점-5 : 세계중심적 혹은 성숙한 자아

■ 이것은 우리를 분기점-5로 데려오는 것이지요.

● 우리 인간의 문화에서는 11~15세기경에 형식적 조작의 인식능력이 출현합니다(이것은 그림 5-2의 "형식적 조작"에 해당합니다). 구체적 조작의 인식은 구체적인 세계에 대해서 조작할 수 있는 반면, 형식적 조작의 인식은 사고 자체에 대해 조작할 수 있습니다. 그것은 단지 세계에 대해 생각하는 것이 아니라 사고하는 것에 대해 사고하는 것입니다. 이것은 그 말이 의미하듯 꼭 그렇게까지 무미건조하고 추상적인 것만은 아닙니다!

또한 이와 같이 지극히 중요한 의식의 창발 혹은 패러다임의 이동 혹은 세계관의 이동을 적시하기 위하여 피아제가 사용한 고전적 실험도 있습니다. 단순화된 버전으로 말하자면, 한 사람에게 투명 액체가

59 그리스어의 홀로스holos=whole(전체)와 트레페인trepein=moving in the direction of(~향해 나가다)을 합성하여 스탠 그로프가 만든 용어로, '향전체성적向全体性的'이라는 의미를 갖는다. 그로프의 홀로트로픽 테라피란 과호흡hyperventilation에 의한 호흡법과 감정, 기억 따위를 환기시키는 음악 및 바디워크를 결합시킨 향전체성적 치료법으로, 그의 (수천 회의 임상과 치료 경험을 기초로 하여 제창하고 있는) 인간 정신의 신작도법new cartography of the Human Psyche 이론에서 말하는 의식의 전全 영역, 전체성을 실감하면서 우주심과 자신의 인격의 통합을 실현시켜가는 것을 목표로 한다.

60 유년기의 체험을 이용하여 치료하는 정신 요법을 고안한 미국의 심리학자. 어린아이의 원초적 욕구가 얼마 동안 충족되지 못하고 계속 거부를 당하면 원초적 고통이 축적되어 신경증이 발생할 위험이 있다고 주장했다. 원초적 치료란 과거의 고통스러운 사건을 의식 밖으로 끌어내어 다시 경험케 하는 것을 말한다.

든 세 개의 유리컵이 주어지고 노란색을 만들어낼 수 있는 방식으로 그것들이 혼합될 수 있다고 말해줍니다. 그러고는 그 사람에게 노란색을 만들어내도록 요구합니다.

구체적 조작 단계의 아동들은 그냥 단순히 액체들을 아무렇게나 혼합하기 시작할 것입니다. 그들은 올바른 조합에 부딪치거나 포기할 때까지 이러한 행위를 계속할 것입니다. 바꾸어 말하면 그 명칭이 의미하는 바와 같이 그들은 **구체적 조작**을 수행합니다. 즉 그들은 그것을 구체적인 방법으로 실제로 해보아야 합니다.

형식적 조작 단계의 사춘기 젊은이들은 처음에 유리컵 A와 유리컵 B, 그러고 나서 A와 C, 그러고 나서 B와 C 등을 조합 시행해야 한다는 사실에 대한 일반적인 구상을 머릿속에 그리려고 할 것입니다. 만약 당신이 그들에게 그것에 대해 실행하도록 요구한다면 그들은 아마 어쩌면 "글쎄요, 한 번에 하나씩 여러 다양한 조합을 모두 시행해볼 필요가 있겠는데요"라고 말할 것입니다. 다시 말하면 그들은 그들 마음속에 형식적 조작, 즉 그들에게 모든 가능한 조합을 시행해야 한다는 것을 알게 해주는 어떤 방책을 지니고 있는 것입니다.

◘ 그래도 여전히 꽤 딱딱하고 추상적으로 들리는데요.

◎ 사실은 정말이지 아주 정반대입니다. 그것은 개인이 다른 가능한 세계들을 상상하기 시작할 수 있다는 것을 의미합니다. "만일 ~하면 어떤가"와 "마치 ~인 것처럼"이 처음으로 파악될 수 있고, 이것은 개인을 참으로 꿈꾸는 자의 황량한 세계 속으로 인도합니다. 온갖 종류의 이상주의자적 가능성이 열리고, 개인의 자각인식은 아직 있지 않은 것들에 대한 꿈을 꿀 수 있고, 이상적 가능성에 찬 미래의 세계를 그릴 수 있고, 그러한 꿈에 따라 세계를 변화시키기 위해 일할 수 있습니다. 당신은 아직은 무엇이 좀 더 있어야 하는가를 상상할 수 있는 거

지요! 사춘기는 단지 성적인 개화 때문이 아니라 **가능한 세계**들이 마음의 눈에 열려 있기 때문에, 즉 "이성과 혁명의 시기"이기 때문에 그만큼 거친 시기입니다.

마찬가지로 생각에 대하여 생각하는 것은 진정한 내성內省이 가능하게 된다는 것을 의미합니다. 내면의 세계가 처음으로 마음의 눈[심안] 앞에 열리게 되고, 심리적 공간이 새롭고 자극적인 지형이 됩니다. 내향적 비전이 머릿속에서 난무하고 처음으로 그것들은 외부적인 자연으로부터 오는 것도 아니고 신화적 신으로부터 오는 것도 아니고 익숙한 다른 것으로부터 오는 것도 아닙니다. 그러나 그것들은 어떤 불가사의하고 기적적인 방식으로 내부의 어떤 목소리로부터 오는 것입니다.

그래서 이것은 하나의 또 다른 매우 중요한 것을 의미합니다. 당신은 생각하는 것에 대하여 생각할 수 있기 때문에 선행하는 단계에서 당신이 단순히 비성찰적으로 곧이곧대로 받아들였던 규칙과 역할을 **판단**하는 데 착수할 수 있습니다. 당신의 도덕적 자세는 인습적 단계로부터 **탈인습적** 단계로 이동합니다.(그림 9-3 참조) 당신은 당신 자신의 인습적 사회를 비판할 수 있습니다. 당신은 "생각에 대해 생각"할 수 있기 때문에 "규범을 규범화"할 수 있습니다. 당신은 최종적으로 규범들에 동의할 수도 있고, 아니면 동의하지 않을 수도 있습니다. 그러나 요점은 당신이 그것들 중 대다수를 면밀하게 조사할 수 있다는 것입니다. 당신은 이제 더 이상 단순히 그것들과 **동일시**되지 않고, 그리하여 그것들로부터 어떤 일정한 거리를 두게 되고, 어느 정도까지는 그것들을 초월해버린 것입니다.

이것은 물론 분기점-4에서 분기점-5로 이행해올 경우의 1-2-3 과정입니다. 당신은 분기점-4에서 인습적인 규칙 및 역할과의 **융합** 속에 시작합니다. 그래서 당신은 그것들과 **동일시**되고 그것들과 병합됩니다(그리하여 무조건 그것들의 처분에 따르는 진정한 체제 순응자가 됩니다). 그러고 나서 당신은 그것들과 **차별화하거나 그것들을 초월하기** 시작하고, 그것들로부터 어느 정도 자유로워지게 되고, 그다음의 상위적인 단계(분기점-5)로 이동해 가고, 거기서도 당신은 여전히 이러한 사회적 역할들을 **통합해야** 할 것입니다. 당신은 아버지라는 역할 속에 자기를 상실해버리는 일 없이 여전히 아버지일 수 있습니다. 하지만 일반적으로 당신은 당신의 사회중심적 역할의 전유적專有的 정체성에서 벗어나거나 그것으로부터 분화해온 것입니다. 그래서 당신은 특히 자신의 사회중심적이고 민족중심적인 조망의 정당성이나 적절성을 면밀하게 조사하기 시작하는데, 이는 이전에는 당신이 의문조차 품지도 않았던— 품을 수도 없었던—것입니다.

요컨대 한마디로, 당신은 **사회중심적**으로부터 **세계중심적**으로 옮겨 간 것입니다. 이는 또 하나의 자기애의 쇠퇴입니다. 이는 또 하나의 탈중심화, 또 하나의 초월인 것입니다. 당신은 단지 당신과 당신의 나라 사람들을 위해서뿐만 아니라 모든 사람들을 위하여 무엇이 옳고 공정한가를 알고 싶어 합니다. 당신은 탈인습적이거나 글로벌하거나 세계중심적인 자세를 갖습니다(그리고 당신은 정말 이와 똑같이 중요한 것으로서 순수하게 영적이거나 자아초월적/트랜스퍼스널 영역의 입구로 매우 가까이 다가가고 있는 것입니다).

그리하여 사회중심적에서 세계중심적으로의 변용에서 '자기'는 다시 한 번 탈중심화합니다. 그래서 나의 집단이 우주에서 유일한 집단이 아니고, 나의 종족이 유일한 종족이 아니며, 나의 신이 유일한 신이 아니고, 나의 이데올로기가 유일한 이데올로기가 아니라는 것을 깨닫습니다. 나는 나의 자아를 집단 쪽으로 탈중심화함으로써 자아중심적에서 민족중심적으로 나아갔고, 이제는 나의 집단을 세계 쪽으로 탈중심화함으로써 민족중심적에서 세계중심적으로 나아가는 것입니다.

이것은 매우 어려운 변용입니다! 그러나 그것이 성공할 경우(이는 꽤 드문 일이긴 하지만, 더 큰 깊이에 더 좁은 폭을 가진 수준으로 되어) 우리는 처음으로 진실로 보편적이거나 글로벌하거나 세계중심적인 자세를 갖게 됩니다.

의식의 발달과 진화의 모든 단계에서 진정 처음으로 우리는 세계중심적이고 글로벌한 조망을 지니게 된 것입니다. 글로벌로 향해 나가는 이 값진 귀중한 길이란 정말로 얼마나 긴 여정인가요! 이 얼마나 험준한 도로인가요!

그래서 정말 이와 똑같이 중요한 것으로서 더 위로의 더 상위적인 발달 모두는 이러한 세계중심적 토대를 발판으로 가질 것입니다. 그것은 비가역적인 이동입니다. 일단 당신이 글로벌한 조망 속에서 세계를 보고 나면 당신은 그렇게 하는 것으로부터 당신 자신을 막지 못합니다. 당신은 결코 되돌아갈 수 없습니다.

그러므로 '영Spirit'은 진화 과정에서 처음으로 글로벌한 세계, 바로 그 '나'와 '나의 것'으로부터 탈중심화된 세계, 즉 배려와 관심과 자비와 확신을 요구하는 세계를 당신의 눈을 통해 바라보고 또 알게 된 것입니다. 말하자면 스스로의 본래 가치와 값어치를 전개하고 있는 '영'이지만, 이제는 세계중심적 공간 내에 서서 더 편협하고 더 천박한 [집단중심적, 민족중심적] 참여에 대항하여 오로지 그[세계중심적인]것을 옹호할 용기를 가진 사람들의 목소리를 통하여 스스로를 알리는 바로 그런 '영'인 것입니다.

◘ 이것은 도덕적 자세에 직접 연관되는 거지요. 저의 말은, 그러한 점이 바로 그것이 **탈**인습적이라고 일컬어지고 있는 이유라는 거지요. 맞습니까? 인습적인 도덕성은 사회중심적이지만 탈인습적인 것은 보편적 다원주의의 원리나 또는 글로벌 관용과 공정성에 바탕을 두고 세계중심적이라는 거지요.

○ 네, 옳은 말입니다.

◘ 이것은 다문화주의와 동일한 것인가요?

○ 글쎄요. 그 점에 관해서는 매우 신중해야 할 필요가 있습니다. 다문화주의는 정말로 문화적 다양성과 보편적 반응을 강조합니다. 그러나 이 분기점-5의 자세는 매우 희귀하고 매우 엘리트적이고 매우 어려운 성취입니다. 이러한 세계중심적 자세에 도달하기 위하여 우리가 거쳐온 기저 단계 모두를 한번 살펴보지요!

지금 당신 자신은 자아중심적 조망에서 민족중심적 조망으로, 다시 세계중심적 조망으로 진화해왔습니다. 그러므로 당신은, 모든 개인은 인종이나 성별이나 신조와 상관없이 동등하게 취급되고 동등한 기회가 부여되어야 한다는 것을 쉽게 이해할 것입니다. 보편적 다원주의의 이러한 자세로부터 당신은 순수하게 다문화적이고 탈인습적이 됩니다. 하지만 문제는 당신이 보편적인 취급 상대로 대우하는 대개의 개인들은 당신이 지닌 보편주의를 공유하지 않는다는 것입니다. 그들은 핵심으로 가면 여전히 자아중심적이거나 민족중심적입니다. 그래도 당신은 당신에게 똑같은 호의를 절대로 베풀지 않을 개인들에게까지도 보편적인 고려 대상을 연장하고 있는 것입니다.

그래서 전형적인 다문화주의자들은 일련의 매우 이상야릇한 모순에 빠져들게 됩니다. 우선 무엇보다 먼저 첫째로, 그들은 자신들이 비엘리트주의자이거나 반엘리트주의자라고 주장합니다. 그러나 탈인습적이고 세계중심적인 다원주의를 실행하는 잠재능력은 매우 희귀하고 매우 엘리트적인 달성입니다. 한 조사에 의하면 미국 인구의 10퍼센트만이 실질적으로 이같이 고도로 발달된 단계에 도달하고 있다는 것을 알아냈습니다. 그렇다면 다문화주의는 엘리트주의자가 아니라고 주장하는 매우 엘리트적인 자세인 것입니다. 바꾸어 말하면 다문화주의자는 자신의 정체성에 대해 거짓말을 하기 시작하는 것이고, 그리고 이렇게 하는 것은 그로 하여금 몹시 안개 자욱한 어떤 길로 내려가도록 인도하는 것입니다.

◘ 이를테면요?

◎ 다문화주의는 탈중심화되고 세계중심적 조망에 따라 개인들을 동등하고 공정하게 취급하는—모든 사람이 그러한 의미에서 동등하다는—매우 고상한 동인을 포용합니다. 그렇지만 그것은 **그러한 고상한 자세에 도달하는 것**이 매우 희귀한 성취라는 사실과 그러한 고상한 자세를 혼동합니다. 말하자면 그것은 **거기에 도달하도록 만든 것**, 즉 무엇보다도 그것이 보편적 다원주의를 포용하도록 허용한 발달의 과정을 **무시합니다**. 그러고 나서 그것은, 자신들은 아직 그 같은 자세에 도달하지 **못한** 개인들에게까지, 그래서 당신의 멋진 보편적 다원주의적 자세를 완벽하게 기꺼이 취하고 나서는 그 위에다가 자신들의 구두를 몽땅 다 닦고 싶어 하는 개인들에게까지 그 같은 발달의 **결과들**을 연장합니다.

따라서 다문화주의자들은 천연덕스럽게, 그러나 혼동 속에 말하기를, 우리는 그 어떤 자세도 또 다른 어떤 것보다 더 나을 것이 없으므로 모든 개인들과 모든 문화운동들은 완전히 동등한 것으로 취급해야 한다는 것입니다. 그렇게 되면 그들은 왜 우리가 나치와 KKK Ku Klux Klan 단은 멀리해야 하는지를 설명할 수 없습니다. 만약 우리가 진정으로 다문화적이고 다양성에 대해 모두 찬성한다면, 우리는 어떻게 나치를 배제할 수 있겠습니까? 모든 사람은 동등하지 않나요?

물론 그 대답은 '아니다'이지요. 모든 자세가 평등하지 않다는 것입니다. 세계중심적인 것이 민족중심적인 것보다 **더 좋고**, 이것은 또 자아중심적인 것보다 **더 좋은데**, 그 까닭은 각각이 더 깊은 깊이를 갖고 있기 때문입니다. 나치와 KKK단은 특정한 인종지상주의 신화에 바탕을 둔 민족중심 운동이고, 세계중심적 조망에서 볼 때 우리는 그들을 **열등한** 자세를 가진 것으로 판정합니다.

그러나 전형적인 다문화주의자들은 이러한 **판정**을 용인할 수 없습니다. 그들은 혼동에 빠져서 도덕적 자세들 사이의 구분 자체를 몽땅 부정하기 때문입니다. 다시 말해 모든 자세는 평등하므로 어떠한 판정도 허용되지 않는다! 라고 보기 때문입니다(이것은 극단적인 탈근대주의자들의 전형적인 "반위계적" 자세입니다).

그래서 물론 무슨 일이 일어나는가 하면, 그들은 단순히 자신들과 의견이 일치하지 않는 사람들에 대해 아주 철저하게 참을성이 없게 되는 경향이 있다는 것입니다. 그들은 자신들이 고상한 자세를 지니고 있다고 알고 있습니다. 하지만 부분적으로는 확실히 그렇지만, 그들은 자신들이 어떻게 거기에 도달했는지를 이해하지 못하기 때문에 그들은 단순히 그들의 관점으로 모든 사람의 목을 억누르려고 애쓰는 것입니다. 모든 사람이 평등하다! 그 어느 도덕적 자세도 다른 어느 것보다 더 좋을 것이 없다! 여기에 위계란 없다! 라고 말입니다. 그래서 우리는 관용이란 미명하의 음흉한 편협성을, 자비란 미명하의 검열의식을, '우리가 제일 잘 안다'식의 사고를 가진 경찰과 얼빠진 정치적 교정矯正을, 즉 다른 모든 사람의 엘리트주의를 불법화하려고 애쓰는 일단의 엘리트주의자들을 모두 축출해버려야 합니다. 만약 그것이 그렇게까지 근본적으로 한심한 기분이 들 정도만 아니었더라면 그건 그런대로 의미가 있었을 것입니다.

◘ 그러면 이것은 이 단계의 병리에 관계되는 것인가요?

◎ 네, 이 단계와 다음 단계에 관계되지요. 일단 당신이 세계중심적으로 나아가기 시작하면, 일단 당신이 당신의 문화를 면밀하게 조사하고 나서 혹시 그것의 사회중심적이거나 민족중심적 편견으로부터 스스로 거리를 두기 시작한다면, 그리고 당신이 자신만의 새로운 길을 힘차게 개척해나간다면—일단 당신이 그렇게 한다면—과연 **당신은 정확히 누구입니까?** 예전의 편안했던 모든 역할들을 벗어 던진 **당신은 누구입니까?** 당신은 어떻게 당신 자신의 정체성을 형성할 수 있습니까? 당신은 인생에서 무엇을 원하고 있습니까? 당신은 무엇이 되고 싶은 건가요? 도대체 당신은 누구입니까? 에릭슨은 이것을 "정체성 위기"라고 일컬었고, 그래서 아마도 그것은 이 분기점의 중심적인 "불편함un-ease"이나 "질병dis-ease"일는지도 모릅니다.

그래서 다문화주의자들은 엄청나게 심각한 정체성 위기 속에 빠져 있습니다. 그들의 공식적 입장은 엘리트주의는 어떤 종류든지 간에 나쁘다는 것입니다. 그렇지만 그들의 실질적인 '자기'는 사실상 엘리트적인 '자기'이므로 그들은 자신들의 실질적인 '자기'에 대해 거짓말을 해야 합니다. 그들은 '자기'를 은닉하고 왜곡하고 기만해야 합니다.

그러다 보니 그들은 만인은 민족중심적이 아닌 방식으로 공정하게 심판받아야 한다고 말하는 것으로부터, 만인은 **절대로 심판받아서는 안 된다고**, 즉 모든 도덕적 자세들은 대등하다고 말하는 것으로 말투를 옮겨 갑니다. 물론 이것은 아무것도 절대로 더 우월하지 않은 것으로 되어 있는 세계 내에서 우월한 **그들의** 자세는 제외하고서 하는 주장입니다(아이쿠, 이러다 정말 큰일이 나겠네요!). 그렇다면 그들은 자신의 엘리트주의를 부정하는 엘리트적 자세를 지니고 있는 것입니다. 그들은 자신들의 실제적인 정체성에 대해 **거짓말하고** 있는 것입니다. 그들은 거짓 자기 체계를 가지고 있습니다. 그래서 그것이 바로 정체성의 위기입니다.

◘ 그것은 아주 무시무시한 것이군요. 오웰George Orwell의 신어新語, newspeak[61] 같고 사상경찰 같은 것 말입니다. 그렇지만 그것은 이미 꽤 널리 만연되어 있는 것 같아 보입니다. 대학들은 모두 기껏해야 그것에 의해 공중 납치된 것에 불과하고요.

◎ 그렇습니다. 미국의 대학들은 오늘날 그 안에서 전문화하는 것 같아 보입니다. 이런 것이 실질적으로 자행하고 있는 짓이란 모두, 자아중심적이고 민족중심적으로 단편화되고 탐욕스런 정치, 자기도취적 자기애의 정치를 선동함으로써, 미국의 재부족화[부족국가 상태로의 복귀]에 기여하고 있을 뿐입니다. 모든 입장들은 동등하다는 말이 의미하는 바는, 모든 전前인습적이고 민족중심적인 천박성이 조장되고 있다는 것입니다. 국가 자체가 특유의 정체성 위기에 직면하고 있다고 말할 수도 있지만 그것에 대해서는 별도의 논의가 필요하다고 생각합니다.

61 조지 오웰의 소설《1984년》에서 구어Oldspeak를 대체하기 위해 개발된 언어를 표현하는 단어. 작품 속에서 신어는 위정자들이 글의 체계를 단순화시키고 어휘를 줄임으로써 사람들의 사고의 폭을 좁혀 사상범죄를 없애기 위한 용도로 사용된다.

■ 이것은 드디어 최후의 주요 "정통적" 발달 단계 혹은 달리 말해 대부분의 전통[심리학]적인 연구자들이 인정하는 경향이 있는 최상의 단계로 우리를 데려오는군요.

● 네, 바로 분기점-6입니다. 이 단계의 기본수준은 비전논리vision-logic이고, 이것은 그림 5-2와 그림 10-1을 포함하는 여러 도표에서 볼 수 있습니다. 비전논리나 회로망논리는 종합적이고 통합적인 자각인식의 한 형식입니다. 형식적 조작의 인식도 중요하면서 인상적인 수많은 방식으로 종합적이고 통합적이긴 합니다. 그렇지만 그것은 여전히 일종의 이분법적 논리, 즉 어느 면에서는 아리스토텔레스적 논리와도 같은 이자택일either/or의 논리를 지니고 있는 경향이 있습니다.

그러나 비전논리는 부분들을 모두 합하고 나서 상호작용의 회로망들을 봅니다. 단순히 그냥 객관화하거나 '우측' 양식으로 채택될 경우 그것은 시스템 이론 일반을 만들어냅니다. 그러나 그것이 실제적인 내면적 변용의 기초가 될 경우—이는 시스템 이론에서는 취급되지 않는 것이고, 또 매우 희귀한 일이지만!—그것은 통합된 개인성personality을 뒷받침합니다. 자기의 중심重心이 비전논리와 동일시될 경우, 즉 개인이 그러한 수준으로 살아갈 경우 우리는 매우 고도로 통합된 개인성, 즉 글로벌한 조망이 현실적으로 상주할 수 있고 그것을 단지 구두선口頭禪으로만 말하지 않는 '자기'를 실현하는 경향이 있습니다.

그러므로 비전논리의 고도로 통합적인 능력은 똑같이 통합된 '자기'를 뒷받침합니다. 이것이 바로 내가 이 단계의 '자기'를 비교적 자율적인 자기 속에서 마음과 몸의 통합(심신통합心身統合), 즉 정신권과 생물권의 통합을 표상하는 **켄타우로스**라고 일컬을 수 있는 이유인 것입니다.

말하자면 이것은 고립된 '자기'나 원자론적 '자기'나 자아중심적 자기를 의미하는 것이 아니라 오히려 자신의 책임과 봉사의 회로망 내에서 통합된 자기를 의미하는 것입니다.

◘ 선생님은 이 독특한 단계에 대한 존 브로턴의 연구를, 비록 그가 별로 널리 잘 알려져 있지는 않지만 자주 언급하곤 했지요.

○ 글쎄요, 여러 명의 연구자들—예컨대 뢰빙거, 셀만, 하버마스, 에릭슨, 매슬로 등—이 이 단계에 대해 매우 신중하게 연구해왔습니다. 그렇지만 나는 이 단계에서는 언제나, "심신心身이 모두 통합된 자기의 체험"이라는 브로턴의 연구의 요약을 좋아했습니다.

그런 표현은 매우 간결한 양식으로 그것에 대한 모든 것을 말해줍니다. 무엇보다 첫째로, 이 단계에서의 '자기'는 마음과 신체 양쪽을 다 **체험으로 인식하고** 있습니다. 말하자면 **주시하고 있는 자기**는 마음과 신체 양쪽을 다 **초월하기** 시작하고 있고, 그리하여 그것들을 자각인식의 대상으로, 즉 체험으로 인식할 수 있는 것입니다. 그것은 단지 세계를 바라보는 마음이 아닙니다. 그것은 마음과 세계 양쪽을 다 바라보고 주시하고 있는 자기입니다. 이것은 매우 강력한 초월이고, 우리는 이것이 더 상위적인 단계들에서 보다 더 강렬하게 심화되는 것을 보게 될 것입니다.

그리고 둘째로, 주시하고 있는 '자기'가 마음과 신체를 초월하기 시작하고 있다는 바로 그 사실 때문에 그것은 단지 그러한 이유만으로도 마음과 신체를 **통합하기** 시작할 수 있는 것입니다. 그래서 이것을 "켄타우로스"라고 일컫는 것입니다.

그래서 이 분기점에서도 모든 다른 분기점에서 보아온 똑같은 1-2-3 과정, 즉 초기의 융합과 분화와 통합을 갖고 있습니다. 이 경우 (분기점-5의) 형식적 마음과의 초기 동일시가 있습니다. 그렇게 되면 주시하고 있는 '자기'는 마음으로부터 차별화하고 나서 그것을 하나의 대상으로 보기 시작합니다. 이제 '자기'는 더 이상 마음과 전적으로 동일시되지 않게 되므로 그것은 마음을 인식에서의 다른 요소들과, 즉 신체 및 그 충동과 통합할 수 있는 것입니다. 그러므로 켄타우로스입니다. 즉 마음과 신체는 양쪽 다 통합된 '자기'의 체험인 것입니다.

무조망적 광기

◘ 또한 선생님은 켄타우로스를 실존적 수준이라고도 일컬으시지요.

◉ 그렇습니요. 말하자면 이 단계에서, 즉 진화의 과정에서 최소한 이 시점에 오면 당신은 정말로 독자적으로 나아갑니다. 당신은 더 이상 사회의 인습적 역할과 규칙을 맹신하지 않습니다. 더 이상 당신은 민족중심적이고 사회중심적이 아닙니다. 당신은 세계중심적 공간으로 깊숙하게 진입해왔습니다. 거기서는……

◘ 이 단계 역시 세계중심적입니까?

◉ 형식적 조작 단계(분기점-5)나 그 너머의 모든 단계들은 세계중심적이거나 글로벌합니다. 그것들 모두는 탈인습적이고 보편적 조망주의의 기반을 지니고 있습니다. 더 상위적인 심층적 단계들은, 이 세계중심적 자유가 더 심층적이고 순수하게 영적인 영역으로 이동해 가게 되면서, 더욱더 많이 이런 면을 단순하게 드러내 보여줍니다.

이것은 이야기를 조금 앞서 나가게 합니다만, 켄타우로스 수준, 즉 실존적 수준에서 당신은 더 이상 자아중심적이거나 민족중심적이지 않습니다. 당신은 세계중심적 공간으로 깊숙이 진입해왔습니다. 거기서는 다문화주의자들이 보여주고 있듯이 당신은 이 새로운 자유 속에서 미끄러져 넘어져서 아주 나쁜 약을 먹고 취해버릴 수도 있습니다.

■ 선생님은 이 새로운 자유를 "무조망주의aperspectival"라고도 일컬으시지요.

● 네, 장 겝서의 용어로는 그렇습니다. 비전논리는 서로 다른 모든 조망들을 망라하여 합하는데, 그러므로 어느 한 조망을 다른 것에 비해 무조건 자동으로 특별나게 취급하지는 않습니다. 즉 그것은 무조망적이 됩니다. 그러나 당신이 일단 다른 모든 상이한 조망을 고려하기 시작하면, 그것은 몹시 현기증 나고 매우 무조망적이고 심하게 방향을 잃게 만든다는 것입니다.

그래서 비전논리의 이 새로운 무조망적 자각인식 안에서 당신은 아주 완전히 길을 잃어버릴 수도 있습니다. 왜냐하면 모든 조망들은 상대적이고 상호의존적이 되기 시작하고, 아무것도 절대적으로 바탕이 되는 것이 없고, 당신의 머리를 쉬게 할, 그리고 '나는 드디어 알아냈다!'라고 말할 최종적인 장소가 없기 때문입니다.

그러나 모든 조망들이 **상대적**이라는 사실이 곧 모든 조망들이 동등하다는 것을 의미하지 **않는다**는 것입니다. 모든 조망들이 상대적이라고 해서 어떤 것이 다른 것들보다 언제나 상대적으로 더 좋은 것이라는 사실을 결코 막지는 못하지요! 세계중심적인 것은 분명 자아중심적인 것보다 더 좋고, 민족중심적인 것보다 더 좋은 것입니다. 각각은 그보다 더 얕은 선행하는 단계들보다 더 깊은 깊이를 갖고 있기 때문입니다.

그러나 그러한 사실을 잊어버리고 단지 조망들의 상대성에만 초점을 맞춤으로써 당신을 무조망적 광기, 즉 의지와 판단력을 현기증 나게 하는 마비 상태로 몰아넣습니다. "그것은 모두 상대적이다, 고로 더 좋거나 더 나쁜 것은 없고 어느 입장도 다른 것보다 더 나을 게 없다"라는 식입니다. 그 같은 자세 자체가 다른 대안들보다 **더 좋다**고 주장하는 것—표준적인 수행상의 역설—이라는 사실을 간과하고 있는 것입니다. 다문화주의자들은 매우 고상한 의도를 갖고서 흔히 비전논리의 이 수준까지 상승하고 나서는 통상 무조망적 광기에 즉각 굴복하고 맙니다. 그들은 이러한 점을 착실하고 의심 없이 말 잘 듣는 학생들에게 그럴듯하게 떠벌리며 약을 팔고 있는 것입니다.

비전논리의 무조망적 공간이 단순히 의미하는 바는, '영'은 무한히 불가사의한 조망들을 통하여 세계를 바라보고 있다는 것입니다. 하지만 그것이 곧 그 과정에서 완전히 맹목적인 상태로 되어버린다는 것을 의미하지는 않습니다. 이것은 단순히 보다 한층 더 위로의 탈중심화이고, 보다 한층 더 위로의 초월이고, 자아중심주의[이기주의]에 반대하는 진화 과정에서의 또 하나의 선회입니다.

트랜스퍼스널 영역의 가장자리에서

◘ 그렇다면 그것은 이 실존적·켄타우로스적 단계의 좋은 소식의 일부로군요.

◎ 그렇습니다. 이 단계(켄타우로스 수준)의 **실질적 자기**의 특징 중 하나는 바로 인습적이고 마음을 마비시키는 위안들 모두를 더 이상은 높이 사지 않는다는 것입니다. 다시 말해 키에르케고르Kierkegaard가 말하듯이 '자기'는 더 이상 자신을 그같이 하찮은 것으로는 진정시킬 수 없다는 것입니다. 이와 같은 보다 더 진정한 혹은 실존적인 자기의 창발이 분기점-6의 일차적인 과제입니다.

유한한 '자기'는 죽게 되어 있고—이를테면 마법이 그것을 구제하지 못할 것이고, 신화적 신들이 그것을 구제하지 못할 것이고, 합리적 과학이 그것을 구제하지 못할 것이고—그래서 그 같은 예리한 사실을 직면하는 것이 진정한 자기로 되는 것의 일부입니다. 이것이 하이데거의 일관된 관점들 중 하나입니다. 죽어 사라질 자기의 운명과 자기의 유한성이란 말을 그대로 받아들이는 것, 바로 이것이야말로 자기자신의 진정한 '세계 내 존재'(진정한 공존의 섭리agency-in-communion)를 발견하는 것의 일부입니다.

실존주의자들은 이러한 진정한 '자기', 실질적인 켄타우로스적 '자기'—그것의 특징, 존재 양태, 세계 내 자세—를 이름답게 분석하였고, 게다가 가장 중요한 것은 그들이 이러한 진정성을 의도적으로 훼방 놓는 공통의 거짓말, 나쁜 신념도 분석해냈다는 것입니다. 우리는 불멸의 상징들—말하자면 우리가 죽음을 직면할 때 우리의 무력함을 투사하는 어떤 신화적 천국, 어떤 합리적 투사, 어떤 위대한 예술 활동 속에서 시간을 이기고서 영원히 존재하려는 공허한 시도들—을 구성함으로써 우리의 피할 수 없는 죽을 운명과 우리의 유한성에 대하여 속임수를 쓴다는 거지요. 우리는 우리 자신을 외부의 어떤 힘에 의한 무저항적 희생자로 보기를 선호하면서도 우리 자신의 선택의 책임에 대해 거짓말을 한다는 거지요. 우리는 죄책감 속에 지나간 과거로, 그리고 불안감 속에 다가올 미래로 자신들을 투사함으로써 현재의 풍성함에 대해 거짓말을 한다는 거지요. 우리는 '타자'적 존재the Other 속에서 길을 잃고 헤매면서 군중심리 속에 숨음으로써 우리의 근본적인 책임에 대해 거짓말을 한다는 거지요. 진정한 혹은 실제적인 '자기' 대신에 우리는 자기자신에게 실존의 충격적인 진실을 은폐하기 위한 기만의 투사들을 형성하면서 진지하지 못한 '자기', 거짓 '자기'로 살고 있다는 거지요.

나는 그와 같은 분석 모두에 대해 그것이 타당한 범위 내에서는 전적으로 동의합니다. 왜냐하면 나 자신의 관점에서 보면 이러한 형태의 실존적 진정성은 오직 그 자체만을 위해 중요한 것이 아니라, 신화나 마법적인 기대감이나 자아중심적이고 민족중심적인 예찬에 대해 아무런 부담을 갖지 않고서 자아초월[트랜스퍼스널] 영역으로 들어가기 위한 선행 조건이기 때문입니다.

■ 그렇지만 이러한 실존적 저술가들에게는 그만큼 으스스할 정도의 냉혹한 분위기가 있습니다.

● 네, 그렇지요. 이것은 고전적으로 실존적 두려움, 절망, 고뇌, 공포와 전율, 죽음에 이르는 병의 발상지인 것입니다. 이것은 다름 아니라 우리가 삶의 원기를 북돋아주는 위안들을 모두 상실했기 때문에 생기는 것이지요!

이 모든 것은 충분히 옳지만 실존주의자들은 이보다 더 상위적인 의식의 영역을 인정하지 않기 때문에 그들은 실존적 세계관에 고착되어 있게 되고, 이는 그들의 감지능력을 그 세계관이 주는 지평 이내로 제한시킵니다.

그러다 보니 그들은 음울한 실존적 악몽을 무시무시한 심각성으로 포용하는 것을 나름대로의 존중할 만한 하나의 관점을 지닌 어떤 것으로 만들어냅니다. 그래서 만약 당신이 실존적 고뇌를 넘어서 나아가는 자각의 어떤 양태들이 있다고 주장한다면, 당신은 죽음의 부정, 불멸성의 투사, 비진실성, 나쁜 신념 같은 것에 빠져들고 있는 게 **틀림없다**는 것입니다. 더 상위적인 [의식의] 지평에 대한 어떠한 주장도 냉소적 눈초리와 만나게 되고, "진실성이 없는 가짜야!"라는 가증스러운 비난이 당신 머리 위에 암울하게 내리꽂히게 됩니다. 만약 당신이 **미소를 지으면**, 당신은 필경 진지하지 못한 사람이 되고 마는데, 그 까닭은 당신이 끝없이 (음산한 실존적 세계관의) 성역을 침범해버렸기 때문입니다.

◘ 켄타우로스와 그 실존적 세계관이 동일시되면서 켄타우로스 단계에 고착되어 있는 것, 그것이 바로 분기점-6의 융합 단계에 해당하지요.

◉ 그렇습니다. 그래서 그러한 실존적 몰입은 모든 실재에 대한 당신의 언급 기준점이 됩니다. 당신이 고뇌를 드러내 보이면 보일수록 더욱더 당신은 우주적 광기의 한 실례로 이를 갈 수 있고, 그렇게 되면 당신은 더욱더 진지해집니다. 그것은 또한 뇌리를 스치는 일종의 암시같이 당신의 이마에 몇 개의 대못을 박도록 도와줄지도 모릅니다. 그러나 어떠한 경우에도 그들로 하여금 당신이 미소 짓는 것을 보게 해서는 결코, 결코, 결단코 안 되는데, 그렇지 않으면 그런 짓은 당신의 비진실성을 폭로하는 것입니다.

실존적 수준의 전체 핵심은, 말하자면 당신은 아직 트랜스퍼스널 수준에 있지 않다는 것이고, 그렇지만 개인적 수준에도 더 이상은 총체적으로 정착되어 있지 않다는 것입니다. 즉 전체 개인적 영역도 매력을 상실하기 시작한 것이고, 아주 심원하게 깊숙이 무의미해지기 시작한 것입니다. 그래서 물론 미소 지어야 할 이유가 그다지 많지 않은 것입니다. 여하튼 좋은 것은 개인적인 것입니다. 하지만 그것은 곧 죽어 사라지게 되어 있습니다. 도대체 왜 그 안에서 살아야 한단 말입니까?

[실존의] **의미**에 대한, 그리고 널리 만연되어 있는 그 [의미의] 결핍성에 대한 이러한 관심은, 아마도 분기점-6의 병리의 중심적 특색이고 실존적 요법과 함께하고 있는 것입니다.

그러나 흥미 있는 점은 [성장발달의] 모든 정통적 표준에 따르자면 켄타우로스 수준은 행복하고 충만하고 즐거움에 넘쳐야 한다는 것입니다. 그림 9-3에서 볼 수 있듯이 결국에 가서 그것은 통합되어 있고 자율적인 '자기'인 것입니다. 그래서 [발달의] 모든 표준에 따르자면 왜 이 '자기'는 언제나 미소 짓고 있어야 하는가를 알 수 있습니다. 그렇지만 대개의 경우 그것은 미소 짓지 않고 있고, 뼛속 깊숙이 불행한 것입니다. 그것은 통합되어 있고 자율적이면서도 비참한 것입니다.

그것[실존의식]은 '개인적' 영역이 제공할 수 있는 모든 것을 맛보아왔고, 그래서 그것만으로는 충분하지 못한 것입니다. 세계는 그것의 애원 속에서도 무미건조해지기 시작해왔습니다. 그 어떤 체험도 이제 더 이상 좋은 맛이 되지 못합니다. 아무것도 이제 더는 만족을 주지 못합니다. 아무것도 이제 더는 추구할 값어치가 없습니다. [실존주의자] 한 개인이 이러한 보상들을 획득하는 데 실패했기 때문이 아니라 정확히 말하자면 한 개인이 그것들을 아주 훌륭하게 성취해냈고, 그것 모두를 맛보았고, 그래서 그것 모두가 결핍되어 있음을 알아냈기 때문입니다.

그러므로 자연스레 이 영혼은 그다지 마음껏 미소 짓지 않습니다. 이는 모든 위안이 소용없게 되어버린 한 영혼인 것입니다. 세계는 최대의 승리를 쟁취하는 바로 그 순간에 곧바로 무미건조해져버린 것입니다. 성대한 향연은 열리자마자 사라졌고, 인텔리는 전체 사태를 바라보며 조용히 쓰디쓴 웃음을 짓습니다. 향연은 으리으리하게 화려한 영광 속에서도 덧없이 순식간에 끝날 뿐입니다. 한때 내가 그렇게도 엄청나게 많은 의미와 그렇게도 무척이나 간절한 소망과 그렇게도 아주 강렬하게 희망을 갖고 매달렸던 것들 모두가 녹아서 공중으로 날아가버렸고, 기나긴 외로운 밤이 지나는 동안 어느 이상한 시점에서 증발해버린 것입니다. 어느 누구에게 내가 환희와 찬미의 노래를 부를 수 있을까요? 누가 저 어둡고 지옥 같은 밤 속으로 조용히 흘려보낸, 도움을 바라는 나의 요구를 들을 수 있을까요? 어디서 나는 나의 열구리를 매일 찌르는 칼과 창을 견디어낼 수 있는 불굴의 정신을 찾아낼 수 있을까요? 그리고 도대체 왜 내가 그런 노력을 해야 하나요? 그 모든 것은 먼지가 되고 말 텐데. 그렇지 않은가요? 그렇게 되면 나는 어디에 있는 것인가요? 싸워야 하는가, 굴복해야 하는가. 그것은 결코 하찮은 문제가 아니지 않은가. 왜냐하면 여전히 나의 인생 목표는 절망의 뇌출혈 속에 조용히 피 흘리며 죽어가고 있기 때문입니다.

이것이야말로 곧 모든 욕구가 희박해지고 창백해지고 빈혈 상태가 되어버린 영혼입니다. 이것이 바로 실존을 정면으로 맞서는 가운데 철저하게 그것에 넌덜머리가 난 영혼입니다. 이것이 곧 개인성이 총체적으로 무미건조해져버린 영혼입니다. 다시 말하면 이것이 바로 초개인적transpersonal[자아초월] 영역의 가장자리에 와 있는 영혼입니다.

12

초의식의 영역 1

■ 이제 우리는 초개인적[자아초월] 단계들, 즉 초의식의 영역들로 진입할 수 있겠군요. 우리는 켄타우로스 단계의 발달을 막 지나왔습니다. 선생님은, 마음과 신체 양쪽을 다 알아차리게 되고 그것들을 초월하기 시작하는, 주목[주시, 관찰]하고 있는observing '자기'로 이것을 기술했습니다.

○ 네, 그렇지요. 정통적인 발달 연구에서조차도 이것을 확인하고 있고, 그래서 우리는 브로턴에서 뢰빙거에 이르는 여러 학자들의 예를 들어 보여주었습니다. 켄타우로스 단계에 이르는 시점이 되면 주목하고 있는 자기는 일반적인 의미에서의 마음과 신체 양쪽을 다 주시witness[목격]하거나 체험할 수 있습니다. 이 말이 의미하는 바는, 과연 그것은 어떤 중요한 방식으로 그것들을 초월하기 시작하고 있다는 것입니다. 의식의 진화가 계속되면서 그것은 이러한 주목하고 있는 자기에게 더욱더 깊은 심층 혹은 높이를 드러내 보입니다. 이 주목하고 있는 자기는 무엇입니까? 그것은 현실적으로 얼마나 깊이 혹은 얼마나 높이 나아갈 수 있습니까?

그래서 세계의 위대한 신비가와 현인들에 의해 주어진 해답은 바로,

이 주시하고 있는 자기가 '신God'[하느님]에게, '영Spirit'에게, 진정한 '절대신성the Divine'에게 곧바로 다가간다는 것입니다. 당신 자신의 알아차림awareness[자각, 각성] 인식의 궁극의 심층에서 당신은 무한성과 교차합니다.

이 주목하고 있는 '자기'는 통상 영어의 대문자 S로 시작하는 '참자기the Self'(진아, 참나), 혹은 '주시자the Witness', 혹은 순수한 '현존Presence' 혹은 순수한 알아차림 혹은 여여如如한 의식[진여자성]이라고 일컬어집니다. 그리고 투명한 '주시자Witness'로서의 이 '진아'는 살아있는 '절대신성'의 직접적인 한줄기의 광명입니다. 궁극의 '나'는 '그리스도'이고 '부처'이고 '공空' 그 자체입니다. 그러하다는 것은 세계의 위대한 신비가와 현자들의 놀랄 만큼 경이로운 증언입니다.

마음이 떨어져 나가는 곳

■ 그렇다면 이 '주시자'는 창발적인 것입니까?

◎ 엄밀히 말해 그렇지 않습니다. 왜냐하면 순수의식은 창발적인 것이 전혀 아니기 때문입니다. 이 '진아'나 '주시자'는 어느 홀론이 성장의 무슨 단계에 있게 되든지 간에 알아차림 인식의 기본형태로 애초부터 존재한 것입니다. 이를테면 그것은 원초적 포착prehension으로, 감각으로, 충동으로, 정동으로, 상징으로, 이성으로 존재한 것입니다. 그러나 그것은 성장과 초월이 성숙해지면서 점차적으로 점점 더 명백해지게 됩니다. 다시 말하면 이 '주시자'는, 즉 이 여여한 의식은 단순히 어느 홀론의 깊이, 어느 홀론의 내면입니다. 앞에서 언급한 바와 같이 '깊이'가 바로 의식이고 '깊이'는 아래를 향해 무한정 내려갑니다. 그러나 '깊이'가 증가되면서 의식은 더욱더 눈에 띄게 정면으로 비추어

지게 됩니다.

인간의 경우 켄타우로스 단계에 이르는 시점이 되면 이 주시하고 있는 '주시자'는 신체와 마음 양쪽 모두에 대한 자신의 더 낮은 수준의 동일시를 벗어나버립니다. 즉 그것은 그것들을 초월하고 내포합니다. 그리하여 이제 그는 그것들을 단순히 주시할 수 있고, 이것이 바로 "마음과 신체는 양쪽 다 하나의 통합된 자기의 체험들이다"라고 말하는 까닭인 것입니다.

◘ 그것은 곧 그들을[심신心身 양쪽을 다] 초월하기 시작한다는 것이로군요.

◎ 그렇습니다. 이중 어느 것도 신비한 마법이나 으스스한 유령 같은 것하곤 전혀 관계가 없습니다. 우리는 이미 사물에서 몸으로 마음으로의 정체성 이동을 보아왔으며, 그 각각은 보다 더 낮은 차원과의 탈중심화나 탈동일시를 수반하였습니다. 그래서 켄타우로스 단계에 이르는 시점이 되면 의식은 단순히 이러한 과정을 계속하면서 **마음 자체와도 탈동일시하기 시작**하는 것입니다. 이것이 바로 그런 의식이 마음을 주시할 수 있고 마음을 볼 수 있고 마음을 체험할 수 있는 까닭인 것입니다. 마음은 더 이상 그저 하나의 주체가 아니고, 이제 그것은 하나의 객체가 되기 시작하는 것입니다. 주시하고 있는 '자기'[진아], '주시자'의 대상 말입니다.

그러므로 신비적·정관/명상적·요가적 전통에서는 마음이 떨어져 나가는 곳을 포착합니다. 그들은 주시하고 있는 '자기'에 의해 그것이 마음을 초월하기 시작할 때를, 즉 '자기'가 초이지적transmental이거나 초심적超心的, supramental이거나 상위심적上位心的, overmental으로, 혹은 초합리적·초자아적[초에고적]·초개인적[자아초월적]으로 되어가기 시작할 때를 포착합니다.

정관/명상적 전통은 알아차림을 하는 데 있어 일련의 실험에 바탕을 두고 있습니다. 만약 당신이 이 '주시자'를 그 근원까지 추적해간다면 어떻게 될까요? 만약 당신이 알아차림[각성의식] 자체의 근원으로 더욱더 깊이 밀고 들어가서 내면을 탐구한다면 어떻게 될까요? 만약 당신이 마음을 넘어서 혹은 그 이면으로, 즉 자아[에고]나 개인적 자기에 속박되지 않는 의식의 심층 속으로 밀고 들어간다면 어떻게 될까요? 당신은 무엇을 찾아낼까요? 각성[알아차림] 속에서 수행한, 반복 가능하고 재현 가능한 실험을 통해 당신은 무엇을 찾아낼까요?

"모든 실재를 관통하는 현묘한 본질이 있다"라는 말이 그 같은 질문에 대한 가장 유명한 답변 중 하나를 시작하는 셈이지요. "그것은 존재하는 모든 것의 실재이고, 존재하는 모든 것의 바탕이다. 그러한 것의 본질은 곧 모든 것이다. 그러한 것의 본질은 곧 실재이다. 그리고 **당신이, 바로 당신이 그러한 것**이다thou art that"라는 것입니다.

바꾸어 말하면 결국에 가서 이 주시하고 있는 '자기'는 자신의 근원인 '[절대]영' 자체, '공' 자체를 드러냅니다. 그래서 그러한 것이 바로 신비가들이 이 주시하고 있는 '자기'야말로 전체 현현하는 '온우주'가 의존하고 있는 찬란한 '심연the Abyss'이고 궁극의 '기저the Ground'인 '태양'의 한줄기 빛이라고 주장하고 있는 까닭인 것입니다. 바로 당신의 진정한 '자기'는 '온우주' 일반the Kosmos at large의 궁극의 '자기'—전체 현현하는 세계보다 더 빛나는 지고의 정체성, 즉 분리된 자기의 매듭을 풀어서 그것을 찬란한 광휘 속에 묻히게 하는 지고의 정체성—와 교차하는 것입니다.

그리하여 그것('자기')은 사물에서 몸으로 마음으로 '영'으로 전개해 나가는 것입니다. 그 각 경우에 의식하거나 주시하고 있는 '자기'는, 보다 낮고 보다 얕은 차원과의 배타적 동일시를 벗어버리고 나서 그 자신이 '영' 자체 안에서 특유의 궁극의 기저를 드러나게 할 때까지, 보다 깊고 보다 높고 보다 넓은 계기들을 드러나게 합니다.

그래서 자아초월적[트랜스퍼스널] 성장과 발달의 단계들은, 기본적으로 순수한 '영'이거나 순수한 '공', 기저, 도道, 전체 현시의 결실인 궁극의 상주처에 이를 때까지 이 주시하고 있는 '자기'를 뒤따르는 단계들입니다.

트랜스퍼스널 단계들

◘ 그렇다면 이러한 단계들…… 이러한 자아초월적 성장에는 필경 상당히 여러 개의 단계들이 있겠지요?

◎ 네, 맞습니다. 그렇지만 다시 한 번 말하면 매우 유체적이고 유동적인 방식으로 그렇다는 거지요. 이러한 더 상위적인 단계나 파동들을 주목해보면, 우리는 체제에 저항해온, 평균적이고 정상적인 것과 투쟁해온, 또 자각인식의 더 새롭고 더 높은 영역을 향해 돌진해온 용감무쌍한 남녀 인간들이—고금古今을 모두 합해야—오히려 소규모의 풀pool만을 갖고 있음을 알게 됩니다. 이러한 탐구 과정에서 그들은 동일한 정신을 가진 영혼들의 작은 집단이나 승단/교단에 참여하였고, 그리고 이러한 보다 상위적인 세계공간이 드러나게 하는 **수행이나 교시나 패러다임들**—그들이 터득한 결과들을 타인들이 재현하도록 허용하고서 그에 따라 그들이 발견한 것들을 검사하고 타당성을 확인하는(혹은 거부하는) 교시나 패러다임이나 내면적 **실험들**—을 개발하였습니다. 그리고 그들은, 그 지도를 단순히 암기하기만 한다면, 그것은 마치 바하마군도의 지도를 연구하는 것이 곧 실제로 그곳에 가는 것을 대치할 것이라고 보는 것은 착각에 지나지 않는다는 결정적인 조건을

전제로 하여, 이러한 내면으로의 여행에 대한 그들이 만든 안내 지도를 우리에게 남겼습니다.

그러므로 우리는 동서남북의 위대한 정관/명상적 전통이 남긴 모든 다양한 지도와 길들을 취하고 나서 그것들을 비교하고 대조합니다(이것은 우리가 그것들의 대다수를 골고루 다 **실행하는** 것까지도 요구합니다! 이것은 단지 학문적 공론을 위한 '우측'의 표상이 아니라 **참여하는** 관찰자를 위한 '좌측'의 노력입니다). 어느 길은 다른 것들보다 더 완전하고, 또 어느 것은 특정한 수준만을 전문화하고, 또 어느 것은 어떤 수준을 배제시키고, 또 어느 것은 특정한 수준들을 문자 그대로 수십 가지의 세부 수준으로 분할하기도 합니다.

실행[실천적 수행]에 기반을 두고 있는 이러한 문화횡단적 비교를 통하여 우리는, 보통의 선남선녀들이 이용 가능한, 의식의 여러 다양한 상위적 수준들의 상당히 포괄적이고 복합적인 지도를 제공하는 "마스터 주형master template"을 만들어내기 위해 노력하고 있습니다. 이러한 것들은 우리 모두 안에 **잠재능력**으로 존재하는 상위적 [의식의] **기본수준**이지만 실제적인 현현과 성장과 발달을 기다리고 있는 것입니다.

■ 그렇다면 이러한 상위적인 지도들은 얼마나 더 복잡해집니까?

● 글쎄요. 어떤 전통은 너무나 복잡해서 의식발달의 수백 가지로 세분화된 여러 다양한 단계와 요소들을 정말로 갖고 있습니다. 그러나 현재까지의 연구 현황에 기초한다면 초개인적[자아초월적, 트랜스퍼스널] 발달이나 진화에는 **최소한 네 개의 주요 단계들**이 있다고 말하는 것이 어느 정도는 무난하다고 봅니다.

이러한 네 가지 단계들을 나는 **심혼적·정묘적·원인적·비이원적** 단계라고 일컫습니다(그림 9-1과 그림 10-1에서 이러한 것들을 볼 수 있고, 비이원적 단계는 도표가 그려진 바탕종이 자체이고, 이에 대해서는 내가 곧 설명할 것입니다). 이것들은 **의식의 기본수준**이나 영역들spheres, 그래서 물론 그것들 각각은 **상이한 세계관**을 지니고 있는데, 나는 이것들을 각각 **자연 신비주의, 신성[유신론적] 신비주의, 무형상**formless**[무신론적] 신비주의, 비이원**nondual **신비주의**라고 일컫습니다.

◘ 그럼 무슨 의미에서 실질적으로 이것들이 단계라는 말입니까?

◎ 기본수준 자체는 어느 정도 불연속적으로 확인 가능한 (의식의) 구조들입니다. 그것들 각 수준의 세계관들은 매우 구체적으로 독특하고 중요하면서도 또 쉽게 식별할 수 있다는 면에서 각각 서로 다릅니다. 즉 각 단계는 상이한 자기감, 도덕적 입장, 자기욕구 등을 뒷받침하는 서로 다른 인지능력과 구성양식을 지니고 있습니다.

그러나 언제나 그러하듯이 "사다리"는 실제 활동의 장場이 아닙니다. 실제 활동은 사다리를 오르는 자, 즉 자기체계와 이 오르는 자와 더불어 생성된 분기점들의 몫입니다. 그리고 이미 언급한 바와 같이 '자기'는 이러한 분기점들 도처에 모두 있을 수 있습니다. 그것은 더 상위적인 수준의 절정 체험을 가질 수 있지만, 결국 실질적인 현재의 자기 단계로 주춤하며 뒤로 물러나고 맙니다. 뒤집어 말하면, 더 상위적인 수준들을 체험한 맛은 '자기'를 너무나 혼란시키는 탓에 그것은 더 초기의 분기점들, 즉 여전히 어떤 종류의 고착이나 억압이나 마무리되지 않은 볼일들이 있는 분기점들로 '퇴행'하고 마는 것입니다. 자아중심적 변환translation이 느슨해지기 시작하면서 이러한 초기의 "고착점들"이 튀어나오게 됩니다.

◘ 그렇다면 초개인적 단계들에서 자기의 실제적인 성장은 어떠한 엄격한 의미로 보아도 결코 단선적이지 않다는 것이군요.

◎ 네, 그렇지 않고말고요. 더 상위적인 영역들이 사다리 같다는—동심구나 겹겹의 둥지로 된 홀라키를 의미한다는—사실은 그것들을 통

한 성장이 반드시 사다리 같다는 것을 의미하지 않습니다. 온갖 종류의 상승과 하강과 나선적 성장이 있다는 것입니다.

■ 변성의식 상태는 언급할 필요조차 없군요.

● 네, 앞에서 언급했듯이 사실 발달 과정의 거의 어느 단계에서의 자기도 자아초월[트랜스퍼스널] 영역의 절정 체험을 포함하는 다양한 형태의 절정 체험이나 변성의식 상태를 겪을 수 있습니다. 예컨대 마법적이거나 신화적이거나 합리적이거나 실용적인 수준에서의 자기는, 심령적이거나 정묘적이거나 원인적이거나 비이원적인 영역의 절정 체험을 가질 수 있습니다. 그래서 각 경우에 당신은 상이한 종류의 "영적 체험"을 획득할 수 있습니다[《통합심리학》 참조]. 그렇지만 우리가 역시 말한 적이 있듯이, 만약 이러한 영역으로의 발달이 항구적인 것으로 되려면, 여전히 이러한 일시적인 상태는 지속 가능한 특성으로 전환되어야 할 필요가 있습니다. 그러므로 변성의식 상태와 비일상적 상태는 대부분의 주의를 끌고 있는—뭐니 뭐니 해도 그것들은 꽤 신나는—것이지만 여전히 그것은 현실적인 발달과 진화의 수준으로 되돌아옵니다.

■ 보다 상위적인 수준을 거쳐서 현실적인 발달로 되돌아오는 거지요. 그것들을 "살짝 엿보는" 체험에 그냥 머무는 게 아니군요.

● 그렇습니다. 자기가 물방울이 번지고 문질러지면서 나선적으로 위로 계속 전개해나갈 때, '그 중심은 압도적으로 우세한 상위적인 기본수준 주위로 자신을 조직하는 경향을 보여줄 것이고, 자기는 그 중심을 이 수준과 동일시하는 경향을 보여줄 것입니다. 이러한 것은 곧 그것의 "안주 기반", 즉 주요 분기점이 될 것이며, 그 주위에서 그것은 자신의 대부분의 지각, 도덕적 반응, 동기, 동인動因 등을 조직할 것입니다. 따라서 그 중심은 평균적으로 확인 가능한 순차적 순서와 더불

어 의식의 이러한 상위적인 기본권역들을 거치며 이동하는 경향이 있습니다.

◘ [지혜의] 전통들 자체도 통상 다양한 단계들을 제시하고 있지요.

◎ 네, 그러한 전통[지혜의 성현]들 스스로 이러한 사실을 잘 알고 있습니다. 그들은 모두 다 성장과 발달에 관한 특유의 단계를 갖고 있습니다. 그들은 각 단계의 특성을 잘 알고 있습니다. 그들은 진보를 적시할 수 있고 퇴행을 적시할 수도 있습니다. 그래서 오로빈도와 플로티노스와 다 아바바사Da Avabhasa[62]가 지적하고 있듯이, 설사 누구든 이러한 단계들을 거치며 발달을 정말 가속시킬 수는 있다고 하더라도 그것들을 근본적으로 우회할 수는 없습니다. 당신은 남보다 앞서서 절정체험을 할 수도 있고 앞서서 도약할 수도 있지만 당신은 나중에 그 바탕을 보충해야 하고, 나중에 그것을 통합하고 공고하게 통합해야 합니다. 만약 그렇지 않을 경우, 말하자면 지나치게 "상부가 무거워지게" 됩니다. 다시 말해 당신은 더 하위적인 구조와의, 즉 마음과 몸과 세상과 오감과의 아무런 뿌리내리기 없이 아무런 연결 없이 멋대로 오르락내리락하면서 부유하고 있게 됩니다.

분기점-7 : 심령적 단계

◘ 그러면 이러한 자아초월 단계들 중 최초의 단계는 심령적[심혼적] 단계로군요.

◎ 내가 쓰고 있는 의미로는, 심령적 단계란 단순히 보통의 조대粗大

62 '아바타 아디 다Avatar Adi Da', '바바 프리 존Babba Free John' 등으로 불리는 미국의 유명한 신비가 구루이자 존 타운Jorn Town 사교 교주.

지향적 실재—감각운동적이고 합리적이고 실존적인 실재—로부터 적절한 초개인적[자아초월] 영역으로의 현격한 전환 단계를 의미합니다. 초자연현상적 사건들이 때로는 심령적 수준에서 빈도가 증가하지만, 그렇다고 그것이 반드시 이 수준을 규정짓는 것은 아닙니다. 이 심령적 수준의 정의적 특성, 즉 심층구조는 더 이상은 전적으로 개인적인 자아나 켄타우로스에 한정되지 않는다는 알아차림/자각입니다.

■ 혹시 약간의 예를 들어주신다면?

● 심령적 수준에서 한 개인은 일시적으로 분리된 자기감각(자아나 켄타우로스)을 해체하고서 전체 조대세계나 감각운동적 세계와의 정체성—이른바 **자연 신비주의**—을 발견할 수도 있습니다. 당신은 당신의 알아차림/각성의식 속에, 이완되고 확장된 채로 멋지게 자연과의 소요 속에 있으면서 아름다운 산을 바라보고 있는데, 느닷없이 어느 순간! 갑작스레 바라보는 자는 없고 오직 산만 있고, 그래서 당신이 곧 산입니다. 당신이 여기서 저기 밖에 있는 산을 바라보고 있는 것이 아닙니다. 단지 산만 있고 그것이 그 스스로를 보고 있는 것 같아 보이거나 아니면 당신이 내부로부터 그것을 보고 있는 것 같아 보입니다. 산은 당신 자신의 피부보다 당신에게 더 가까이 있는 것입니다.

어떠한 표현을 빌려 말한다 해도 주체와 객체 사이에, 즉 당신과 "저기 밖에 있는" 전체 자연의 세계 사이에 분리가 없습니다. 내측과 외측, 그것들은 더 이상 아무런 의미를 지니지 못합니다. 당신은 여전히 자신의 몸이 멈추고 주변 환경이 시작하는 곳을 여전히 완벽하게 잘 말할 수 있습니다. 말하자면 이것은 정신병적인 무이원성이거나 그러한 무이원성의 "성숙한 형태의 부활"이 아닙니다. 그것은 이 단계에서의 당신 자신의 '생태지성적 자기the Eco-Noetic Self'라고 일컬어질 수 있는 상위적인 '참자기', 즉 분기점-7입니다. 혹자는 이것을 '대혼the

Over-Soul' 혹은 '세계혼the World Soul'이라고도 일컫습니다. 이것은 분기점-7의 융합 단계입니다. 당신은 한 사람의 "자연신비가"입니다.

■ 그렇지만 이것은, 말하자면 개체적 켄타우로스로부터 모든 자연과의 동일시로 너무나 급격하게 전환된 것 같아 보입니다. 여기서는 원활한 진화적 진보 같은 것을 보지 못하겠는데요.

○ 실제적으로 그것은 전혀 그렇게 대단한 도약이 아닙니다. 내 생각에는 정체성이 "개체적" 신체마음으로부터 "전체 세계"로 이동한다고 말하기 때문에 사람들이 혼란을 겪는다고 봅니다. 그러고 보면 이것은 정말로 어느 정도 급격한 전환으로 보입니다.

그러나 그와 같은 것이 정말 일어나는 것이 아닙니다. 실제로 무엇이 수반되는가를 잘 살펴보십시오. 세계중심적 켄타우로스 단계에서 어느 한 사람의 자각인식은 이미 물질적 차원의 정체성(분기점-1)으로부터 생물학적 차원의 정체성(분기점-2)으로, 정신적mental [심적] 자기의 정체성(분기점-3)으로 차례차례 이동해왔습니다. 그와 같은 초기의 심적 자기는 선행하는 두 분기점들과 마찬가지로 매우 자아중심적이고 자기애적입니다.

그러나 분기점-4와 더불어 '정체성'은 자아중심적에서 사회중심적으로 전환합니다. 여기서 당신의 자각인식은 단순히 **개체적**이기만 한 측면들을 이미 초월하고 있습니다. 당신의 진정한 자각인식은, 즉 당신의 진정한 정체성은 문화적 역할과 집합적 정체성, 그리고 공유되는 가치에 바탕을 두고 있습니다. 그것은 더 이상 **신체**의 정체성이 아니고 **역할**의 정체성입니다.

그러므로 당신이 '나는 아버지이다', '나는 어머니이다', '나는 남편이다', '나는 아내이다', '나는 이 직장에서 일한다', '나는 이 목표에 가치를 둔다'라고 말할 때, 그러한 것들은 이미 초신체적 정체성입니다. 그런 것들은 이미 개체적 신체와 지각을 넘어서 상호주관적인 역할과 가치와 목표의 어느 한 권역circle 속으로 이동해온 것입니다. 당신이 당신의 "자기"라고 일컫는 대부분의 사항들은 전혀 자아중심적이 아니라 오히려 문화적이고 사회중심적입니다. 당신이 당신의 "자기"라고 느낄 때 당신은 현실적으로 상호주관적 사건들의 권역을 느끼고 있고, 그래서 당신은 그러한 문화권 안에 존재하는 것이지 단순히 자신의 피부 안쪽에만 존재하는 것은 아닙니다. 당신은 단순히 신체 지향적인 정체성으로부터 탈중심화해오고 초월해온 것입니다. 당신은 이러한 문화권 안에 존재하지 않는 자신을 생각조차 할 수 없고 그 같은 권역은 이미 당신의 피부 경계를 뛰어넘어 멀리 나가버린 것이지요!

합리성 및 분기점-5와 더불어, 이번에는 어떤 단순한 민족중심적이거나 사회중심적인 정체성을 초월함으로써, 그래서 탈인습적이거나 세계중심적인 정체성을 대신 발견함으로써, 당신의 정체성은 다시 한 번 탈중심화되고 확장됩니다. 당신은 실제로는 글로벌 조망에 따라 당신 자신을 동일시합니다. 당신은 이제 더 이상 민족중심적 존재로 존재하거나 당신 자신을 동일시하지 못합니다. 단순히 민족중심적으로 되는 것은 당신에게 **고통**을 줄 뿐입니다. 당신은 민족중심적 대화에 **당혹감**을 갖게 됩니다. 당신은 다시 한 번 자신을 탈중심화하고 초월해왔습니다. 당신의 **실제적인 정체성은** 세계중심적이거나 글로벌 인식을 통하여, 즉 **전** 인류라는 존재의 서클[존재권] 내에서의 정체성을 통하여 떠오르고, 또 그 덕분에 존재합니다.

전 인류만이 아니라 일체 중생과 더불어 당신의 중심적인 정체성을 실제적으로 체험하는 것은 다만 작은 한 걸음만을 더 내딛는 일일 뿐입니다. 글로벌하거나 세계중심적 자각인식은 단순히 또 한 단段만을 더 올라가서 그 인간중심적 편견을 벗어나고서는 스스로를 곧 모든 유정有情의 존재[일체중생一切衆生]라고 선언하는 것입니다. 즉 당신은 '세계혼the World Soul'을 체험하는 것입니다.

따라서 세계중심적에서 '세계혼'으로 되는 것은, 의식적 정체성의 확장 속에서 이미 생겨난 것임을 고려한다면 꽤 온건한 일보 전진입니다. 그것은 초월하고 내포하는, 즉 전개하고 감싸 넣는 진화 과정의 단순하면서도 자연스런 연속입니다. 그 각각의 창발은, "외부적 세계"의 보다 많은 것들이 실제로는 "내부적"인 것이라는 사실 혹은 바로 그 존재의 일부라는 사실을 발견하는 하나의 탈중심화이고 하나의 초월입니다.

어느 날 아침 분자들이 깨어나 보니 원자들이 바로 그들의 존재 내에 감싸 넣어진 채로 그들 안쪽에 있는 것을 발견하게 됩니다. 그리고 세포들도 어느 날 아침 깨어나 보니 분자들이 바로 그들 존재의 일부로 실제로 그들의 안쪽에 있는 것을 발견하게 됩니다. 그리고 당신도 어느 날 아침 깨어나 보니 '자연'이 정말 문자 그대로 당신의 존재의 내부로서 당신의 일부임을 발견하게 될는지도 모릅니다. 당신이 자연의 일부가 아니라 자연이 당신의 일부인 것입니다. 그래서 정확히 그러한 이유로 인하여 당신은 마치 당신의 폐나 신장을 취급하듯이 자연을 취급합니다. 자발적인 환경윤리가 당신의 가슴속으로부터 파동이 일듯 솟아오르고, 이제 당신은 다시는 강, 나뭇잎, 사슴, 앵무새를 결코 이전과 똑같은 방식으로 바라보지 않을 것입니다.

당신이 그러한 체험을 할 때까지 이것은 매우 불가사의하고, 현실적으로 도저히 납득하기 어렵게 들립니다. 아폴로Apollo 우주비행사에게 그것에 대해 한번 물어보는 것도 괜찮을지 모르겠군요.

■ 그렇다면 그것은 실제로 오히려 자연스러운 진보로군요.

○ 그럼요, 그렇고말고요. 내가 언급한 바와 같이 이것은 마치 켄타우로스로부터 세계로의 급격한 단절 같아 보입니다. 왜냐하면 우리는 개체적인 켄타우로스 단계를 단일 **신체 지향적** 자각인식 수준으로 생각하는 경향이 있기 때문입니다. 그러나 자각인식이 실제적으로 단순히 신체 지향적이 되는 유일한 단계는 분기점-2뿐입니다. 그러한 것을 지나온 모든 단계는 **이미** 단순히 신체적인 정체성을 훨씬 넘어서고 있는 것이지요!

대개는 "피부로 싸서 보호되어 있는 자아"로부터 아주 멋진 '세계혼'으로의 "일보적[단일 단계]" 변용으로 이러한 자아초월적[트랜스퍼스널] 자각인식을 정의하려고 애쓴 결과 혼란만 초래해왔던 것입니다. 그러한 것은 결코 일보적 변용의 과정이 아니지요. 그것은 최소한 칠보七步적[일곱 단계] 과정이지요! 당신으로 하여금 이 '세계혼'을 실현하는 경지에 도달하게 하는 데 수반되는 최소한 일곱 개의 분기점이, 말하자면 일곱 가지 거대한 패러다임 이동이 있다는 것이지요!

심층생태학과 에코페미니즘

■ 심층생태학, 생태심리학, 심층생태주의자들은 흔히 이러한 보다 더 심층적인 '자기', 즉 생태지성적 자기를 강조하지요.

○ 네, 그래서 그러한 특정한 면에 관한 한 나는 그들이 이룩한 업적에 대한 열렬한 팬입니다. 그들은 근대 세계를 위한 중요한 메시지를 갖고 있습니다. 이것은 다름 아닌, 자연의 모든 것을 껴안는 심층적인 '자기'를 발견한다는 것이고, 그러므로 당신이 자기자신의 존재로 연장할 정도로 동등한 경외감을 갖고서 자연을 취급한다는 것입니다.

그러나 내가 믿기로는 바로 여기에 그들이 매우 엄청난 곤란 속으로 빠져들게 된 측면이 있습니다. 그들은 '생태지성적 자기', '세계혼'의 이러한 체험을 겪고 나서는 그것을 '우하 4분면'으로 환원시키고 있습니다. 말하자면 내면적 차원을 실질적으로 밖으로 다 뽑아내버리는—"우리는 모두 거대한 생명그물의 가닥들이다"라는—경험주의적 전일주의, '우측'적 전일주의, 기능적 적합성의 [시스템적] 의미로 그것을 환원시키고 있는 것입니다. 이러한 이론가들은 '온우주'를—그들이 통상 가이아라고 일컫는—생태·사회시스템의 **독백적 지도**로, 즉 애당초 글로벌 시스템마저도 받아들일 수 있는 관점으로까지 그들을 도달하게 한 여섯, 일곱 단계의 심원한 **내면적 변용**을 무시하는 평원적 지도로 환원시키는 것입니다.

결과적으로 그러한 점만 빼고는 이같이 진실하고 우아한, '생태지성적 자기'의 직관은, "우리는 모두 거대한 생명그물의 가닥들이다" [평원적·외적 시스템]로 붕괴되어버린 것입니다. 그러나 그런 것은 정확히 말하면 '생태지성적 자기'의 체험은 **아닌** 것입니다. 자연신비적 체험에서 보아도 당신은 단지 생명그물의 한 가닥만은 아닙니다. 당신이 곧 전체 생명그물입니다. 당신은 단지 일개 가닥이 한 번도 한 적이 없는 어떤 것을 하고 있는 것입니다. 말하자면 당신은 자신의 "가닥성"을 벗어나고 있고, 그것을 **초월하고** 있고, 그리고 현시하는 전체 세계와 하나가 되고 있습니다. 전체 시스템을 알아차린다는 것은 곧 당신이 단지 하나의 가닥일 뿐이 **아니라는** 사실을 정확히 보여주는 것이고, 이것이 곧 당신의 공식적인 자세가 되어야겠지요.

그러므로 시스템이나 "생명그물"이란 용어 따위로 이러한 체험을 "설명하는 것"은 그것을 **해석하는** 아주 형편없는 방법입니다. 생태남성주의자들은 흔히 시스템 이론의 용어 쪽을 선호하고, 생태여성주의자들은 일반적으로 시스템 이론을 남성적이고 추상적인 것이라고 믿고, 대신에 생태감상주의와 관계성 용어를 선호합니다. 양쪽 모두 단순한 위치[단순정위]의 단색單色의 세계, 즉 경험적 또는 '우측' 세계에 똑같이 기반을 두고 있습니다.

그러나 일단 당신이 그러한 평원적 환원주의에 물들게 되면, 당신은 세계를 변용하는 길이 단순히 모든 사람을 당신의 독백적 지도에 동의하도록 만드는 것뿐이라고 생각하기 시작합니다. 이러한 생각은 애당초 **동의할 수밖에** 없는 이러한 관점에 **도달하도록** 만들기 위하여 지도 작성자가 실제로 통과하지 않을 수 없었던 여섯, 일곱 개나 되는 내면적 단계들을 당신이 잊어버리기 때문에 생깁니다.

■ 다문화주의자들과 비슷하군요.

● 네. 다문화주의자들같이 당신은 자신을 이 고상한 관점까지 도달하게 한 초월의 모든 단계들을 잊어버리고는, 초월 그 자체를 (그것이 곧 실제 경로이건만!) 해괴하게도 오히려 비난할 뿐만 아니라 그러한 모든 단계들을 믿기 어려울 정도로 단순화된 "일보적一步的(일단계)" 변용으로 아주 쉽게 붕괴시켜버립니다. 그리하여 당신은 나의 전일적 가이아 지도에도 동의하게 되고 [그 1단계 영성으로] 구원받게 될 것입니다. 그래서 수많은 다문화주의자들과 마찬가지로 이러한 부류의 사람들은 생명그물 내의 모든 가닥들을 대등하게 중요하다고 주장하면서도, 그들에 동의하지 않는 가닥들을 경멸하면서 흔히 오히려 호전적이고 참을성이 없게 됩니다.

그러므로 대신에 우리는 **내면적** 차원을 고려할 필요가 있습니다. 즉 우리는 단지 '우측'만이 아니라 '좌측'도 고려해야 하는 것입니다. 우리는 언어적이고 문화적인 배경, 해석의 방법들, 의식진화의 수많은 단계들, 도덕발달과 탈중심화의 복잡 미묘한 단계들, 진실성·성실성·정당성에 대한 타당성 기준, 홀라키의 심도深度, 확대하는 자기

정체성의 위계, 그리고 초월의 방법들 등을 고려해야 합니다. 그러한 것들은 모두 '좌측' 차원이고, 그래서 그러한 항목들 중 어떤 것도 독백적이고 '우측'적인 가이아 지도에서는 찾아지지 않는 거지요!

그리고 바로 그러한 이유 때문에 당신은 심층생태학이나 에코페미니즘이나 생태철학에 관한 어떠한 책에서도 발달의 내면적 단계들에 대한 품격 있는 논의를 발견하지 못할 것입니다. 그렇지만 그러한 요소들이 없이는 당신은, 어떻게 사람들을 보트에 타게 만들고 그들이 길을 헤쳐 나가게 할지에 대해서 모를 것이기 때문에, '신세계'로 가는 여행을 결코 성공할 수 없습니다. 앞에서 말했듯이 당신은 현실적 경로는 없이 근사한 목표만을 갖고 있는 셈입니다.

◘ 그렇다면 '생태지성적 자기'에 대한 체험 자체는 매우 순수할 수 있지만 그것이 부적절한 양상으로 해독되거나 해석되어진다는 것이군요.

◎ 그렇다고 생각합니다. 더구나 우리는, 현현하는 모든 4분면에 바탕을 두고, 그래서 모든 분면들을 '우하 4분면'이나 "가이아"로 환원하는 것에 근거하지 않고서, 가능하면 보다 더 적절한 해석을 '생태지성적 자기'에게 부여함으로써, 모든 존재들의 그런 '자기'와 그 '공동체'의 이런 심오한 직관을 건져내고 싶은 것입니다. 그러한 환원주의적 "새 패러다임" 지도를 변용의 중심적인 양상으로 밀어붙이게 되면, 이는 진정한 변용이 일어나고 있는 곳인 '좌측' 차원으로부터 주의를 단순히 다른 곳으로 돌리게 만듭니다. 그러다 보니 꽤 자주 이러한 접근 방식은 실제적인 초월과 변용을 아주 철저하게 훼방 놓고 탈선하게 만들고, 그래서 다양한 단편적인 것[새 패러다임 지도]들을 설사 아무리 천박한 수준이라고 해도 단순히 그것들 특유의 적응 수준에 맞는 부족 상태[의 의식 수준]로 복귀하도록 조장합니다. 그 어떤 자아중심적

개인도 가이아 중심적 지도를 판매할 수가 있는 것입니다.

■ 그렇다면 요점은 '좌측' 경로를 명심하라! 겠군요.

● 네, 그렇고말고요. 우리는 평원적 세계의 전일적인 지도 속에 사로잡히기를 원하지 않습니다. 우리가 본 바와 같이 그 같은 전일적인 평원적 세계의 지도는 근본적 계몽주의 패러다임입니다. 그런 것은 곧 미묘한 환원주의입니다. 그 같은 것은 '좌측'을 '우측'으로 붕괴시킵니다. 그런 것은 모든 '나I'들과 '우리we'들을 상호직조된 '그것들its'로 환원시킵니다. 즉 모든 내면적 깊이를 외면적 폭span으로 붕괴시키고, 모든 가치를 기능적 적합성 차원으로 붕괴시키고, 모든 초논리적이고 대화적인 것들을 독백적인 것으로 환원시킵니다. 그 같은 것은 상호직조된 '그것들'의 거대한 전일적 그물망입니다.

어쩌면 아마도 이러한 이론가들은 '생태지성적 자기'에 대한 순수한 직관을 갖고 있을지도 모릅니다—나는 그들 중 일부는 그렇다고 믿습니다. 그러나 그들은 그것을 평원적이고 독백적인 '우측' 용어 쪽으로 붕괴시키는 경향이 있고, 이는 글로벌 변용을 촉진시키는 것이 아니라 오히려 의식에 있어서 재부족화 상태로의 복귀와 퇴행적인 단편화만을 조장합니다. 그러므로 이러한 것들은 흔히 은밀하게 **자아중심적** 의식을 조장하는 **전前인습적** 접근 방식들로 판명되고 있습니다. 그래서 그들의 지도는 이러한 것[글로벌 변용]에 대해 아무것도 포함하지 않고 있는 까닭에, 그것은 그들로 하여금 그런 점을 제대로 분간해내지도 못하게 하는 것입니다.

에니어그램과 기본골격

■ 우리가 평원적 세계와 '가이아'의 종교를 논하게 될 때(제3부 참조)

그러한 주제들 모두에 대해 되짚어보고 싶습니다. 하지만 지금껏 우리는 '생태지성적 자기'에 대해 언급해왔는데, 선생님은 그것이 의식의 발달에서 바로 이 심령적 수준의 형태들 중 하나라고 말씀하셨습니다. 그 밖의 몇몇 다른 점들에는 무엇이 있습니까?

◎ 심령적 수준의 모든 발달이 공통으로 갖고 있는 점은, 한 발은 조대粗大의 평범한 개인적 영역에 담고 있으면서 다른 한 발은 초개인적 영역에 담고 있다는 것입니다. 그런고로 아무리 이러한 다양한 심령적 현상이 서로 달라 보인다 해도 그것들은 독특한 심층구조를 공유합니다. 그래서 이것은 조대 정향적 실재의 시작 단계의 초월, 즉 보통의 몸·마음·문화의 초월을 수반합니다.

이러한 초월적 현상 중 일부로는, 예비 단계의 선부른 명상적 상태를 포함합니다. 이중에는 무속적巫俗的 환상과 여행[아스트랄 여행, 유체이탈 등], 쿤달리니 에너지의 상승(그리고 정묘한 영계통신, 신기神氣, 심령적 존재들에 대한 심령적 해부의 노출), 신령에 사로잡힌 [접신接神] 감정, 자발적 영적 각성, 과거의 심층적 정신외상과 심지어 출생외상의 재체험, 더 나아가서는 자연의 여러 모습들과의 동일시—이를테면 식물과의 동일시, 동물과의 동일시—부터 모든 자연과의 동일시(우주의식, 자연 신비주의, '세계혼the World Soul')까지 다 포함됩니다.

◻ 선생님은 그러한 현상들이 실질적으로 존재한다는 것을 어떻게 아십니까?

◎ 주시하고 있는 '자기'가 켄타우로스 단계를 초월하기 시작할 때 의식의 보다 더 깊은 혹은 보다 더 상위적인 차원이 나타나게 되고, 새로운 세계관이나 세계공간에 초점이 맞추어지게 됩니다. 앞에서 열거한 리스트상의 항목들 모두는 이 새로운 **심령적 세계공간** 내에서 [초감각적으로] 직접 감지될 수 있는 대상들입니다. 바위가 감각운동적 세

계공간 내에서 현실적인 만큼, 또 개념이 이지적 세계공간 내에서 현실적인 만큼 그러한 항목들은 심령적 세계공간 내에서 현실적입니다.

만일 인지認知능력이 이러한 심령적 수준까지 깨어나거나 발달하게 되면 당신은 감각운동적 세계 내에서 바위를 감지하거나 이지적[심적] 세계 내에서 이미지를 감지하는 것만큼 단순하게 이러한 새로운 대상들을 용이하게 지각합니다. 그것들은 알아차리도록 단순히 주어지는 것이고, 그것들은 그것들 자체를 단순히 드러냅니다. 그래서 당신은 그것들이 현실적인지 아닌지를 알아내려고 애쓰기 위해 많은 시간을 허비할 필요가 없습니다.

물론 만약 당신이 아직 심령적 인지능력으로 깨어나지 못하고 있다면 당신은 바위가 이지적 이미지를 볼 수 없는 것과 꼭 마찬가지로 이러한 것 중 아무것도 보지 못하게 될 것입니다. 그래서 당신은 필경 그것들을 보는 사람들에 대해 험구하고픈 불유쾌한 무슨 꺼리들을 갖게 될 것입니다.

■ 그렇다면 심령적 수준은 방대하게 널려 있는 수많은 상이한 현상들이 일어날 수 있는 단순히 어떤 광범위한 공간, 세계공간이군요.

● 네, 그것은 어느 세계공간에 대해서도 똑같이 옳은 말입니다. 내가 최하위에서 최상위에 이르기까지 개략적으로 기술하고 있는 이러한 의식의 기본권역들은 매우 풍성하고 복잡한 실재에 대한, 정말로 단지 골격에 지나지 않는 것입니다. 그리고 이 골격에다, 상위뿐만 아니라 하위에서도, 살을 붙여나가는 데 있어서 해내야 할 엄청나게 중요한 작업이 남아 있습니다.

예컨대 다중지능—말하자면 발달은 하나의 지적 능력만이 아니라 여러 가지 많은 수의 비교적 독립적인 능력(음악적·예술적·수리적·운동적 능력 등)을 수반한다는 아이디어—에 관한 하워드 가드너의 업적을 들어보지요. 나는 그의 생각이 매우 옳다고 생각합니다. 우리는 그러한 발달적 잠재능력들의 깊이까지도 도식화해낼 수 있습니다. 그러한 능력들은 의식발달의 동일한 기본수준 안에 들어오게 될 것이지만, 그럼에도 그것들은 말하자면 그것들 특유의 논리로 전개하는 비교적 별개의 재능인 것입니다. 그중 어느 것도 부정되는 것은 없고, 사실 나는 그러한 접근법들을 전폭적으로 지지하고 있습니다.

내가 보기에는 (신체에서 마음으로 혼으로 영으로의) 기본수준이나 파동을 통해 비교적 독립적으로 이동하는, 그리하여 우리에게 의식 전개에 있어서의 파동과 조류의 매우 풍성하고 다차원적인 현란한 무늬로 짠 벽걸이 융단을 제공하는 수많은 상이한 발달의 계통과 조류(예컨대 인지적·도덕적·심미적·상호개인적 욕구 등)가 있습니다.

◘ 또한 기본수준과 파동들 자체는 계속하여 발달하는 게 맞지요?

○ 네, 맞습니다. 그림 9-1을 살펴보면 각각의 기본수준은 진행 중인 발달의 곡선에서 바깥쪽으로 향해 계속되고 있음을 볼 수 있습니다. 그래서 예컨대 감각운동적 인지가 단지 수준1로 열거되어 있다고 해서 그것의 발달이 수준2와 함께 그냥 멈춘다는 것을 의미하지는 않습니다. 반면에 감각운동적 차원은 더 상위적인 발달에서도 계속 필요하고 감싸 넣어지므로 어떤 극도로 진보된 감각운동 기능이 창발할 가능성이 있습니다. 예컨대 "스포츠의 정신적(심혼적)인 측면"이 있다는 것은 오늘날 널리 인정되고 있습니다. 마이클 머피가 문헌화하여 전거典據하고 있듯이, 수많은 위대한 운동선수들과 무용가들은 어떤 매우 심오한 정신적 공간으로 들어가고, 그래서 이것은 그들의 재능을 거의 믿기 어려울 정도의 기량 쪽으로 변환시킵니다.

◘ 어떻게 서로 다른 성격의 유형들이 의식의 스펙트럼 내에 들어맞는 것입니까?

○ 대개의 유형론들은 (통상 [의식의 스펙트럼] 단부의 한계 수준을 제외한) 모든 수준들에서 생겨날 수 있고 또 생겨나는 성격character 형성의 유형들을 다룹니다. 가장 단순하고 가장 잘 알려진 것은 분명 내향성과 외향성일 겁니다. 이것들은 의식의 **수준**이 아니고, 의식의 **매 수준**에서 일어나는 [성격의] **유형들**일 뿐입니다. 고로 예컨대 우리는 수준4에 있을 수 있으면서도 동시에 내향성이거나 외향성일 수 있습니다.

□ 에니어그램에 대해서는 어떻게 생각하십니까?

○ 똑같습니다. 에니어그램은 성격을 아홉 가지 기본유형으로 구분합니다. 이러한 아홉 가지 유형은 의식의 수준이 **아닙니다**. 그것들은 의식의 모든 수준들에 존재하는 성격의 유형들입니다. 고로 당신이 가지고 있는 것은 의식 안팎의 아홉 가지 주요 수준들 각각에 있는 아홉 가지 유형들입니다. 그래서 당신은 진실로 다차원적이고 전全 스펙트럼적인 모형이 과연 어떤 것인가를 이제는 어느 정도 알아낼 수 있습니다.

성격이 최초 세 개의 분기점을 거쳐 성장하고 발달하기 시작할 때, 그것은 자기의 주요 선천적인 기질뿐 아니라 그것의 주요 방어기제에 대체로 좌우되면서, 이러한 아홉 가지 에니어그램의 유형 중 하나로 귀착되는 경향이 있습니다. 이러한 유형들은 대략 분기점-7이나 초개인[트랜스퍼스널] 영역의 시작 단계까지 의식을 완강하게 지탱하고 지배하는데, 그곳에 이르러서야 비로소 그것들은 연관성을 지닌 지혜나 영적 실체로 변용하기 시작합니다.

□ 그런 건 정확히 무엇을 의미하는 것인지요?

○ 그 아이디어는 수피즘Sufism으로부터 불교에 걸쳐 널리 나타나고 있는 탄트라 불교의 중심적인 이념에 바탕을 두고 있습니다. 즉 그 전통에 의하면 만약 당신이 투명한 깨어 있는 의식으로 하위적인 상태

나 심지어 오염된 상태 속으로 들어간다면 그런 상태는 그것에 상응하는 지혜로 변용한다는 것입니다. 그러므로 만약 당신이 깨어 있는 의식을 가진 채로 격정 속으로 들어간다면 당신은 자비를 발견할 것입니다. 만약 당신이 깨어 있는 의식을 가진 채로 분노 속으로 들어간다면 당신은 명료성을 발견할 것입니다. 기타 등등 다 그렇습니다. 그 전통들은 이와 같은 변용들에 대해 다양한 설명들을 하고 있지만 당신은 일반적인 요점을 파악할 수 있고, 내 생각으로는 그것은 매우 타당하다고 봅니다. 그리고 더 상위적인 발달과 더불어 에니어그램 유형들은 마찬가지로 그들의 [그 단계에서의] 상응하는 본질이나 지혜를 전개하기 시작합니다.

에니어그램은 정묘 차원은 썩 잘 다루지 못하고 원인 차원은 전혀 다루지 못합니다. 그렇지만 그것은 이러한 시작 단계의 자아초월 지혜들을 내포하고 있고, 그래서 올바르게만 사용한다면 매우 강력한 도구가 될 수 있습니다. 에니어그램 자체는 대부분은 오스카 이카조Oscar Ichazo에 의해 창시되었습니다. 헬렌 팔머Helen Palmer는 그것에 대한 많은 연구 업적을 이룩하였고, 돈 리소Don Richard Riso는 최근에 의식의 스펙트럼과 연관시켜서 상이한 에니어그램 유형들을 사용하기 시작했는데, 이것은 내가 확실히 옹호하는 것이기도 합니다. 하미드 알리A. Harmeed Ali[63]의 "다이아몬드 접근법Diamond Approach"은 그 근원을 에니어그램과 수피즘에 두고 있지만 그것 특유의 독특하고 유용한 도구와 조망들을 더 추가하고 있습니다.

63 'A. H. 알마스Almaas'라는 필명으로 더욱 잘 알려진 쿠웨이트 태생의 세계적인 영적 교사. 자기 실현을 위한 '다이아몬드 접근법'의 창시자이자 영성 발달을 위한 '리드완 스쿨'의 설립자이며, 국내에 번역 출간된 저서로 《늘 펼쳐지는 지금The unfolding now》이 있다.

현재 에니어그램은 미국에서 인기가 높아지고 있고 새로운 심리학적 실내 사교 게임—예컨대 "당신의 '자기'를 찾고 싶은가요? 숫자 하나를 취하시지요!"—으로 사용되고 있는데, 이는 아주 재미있는 일이지요. 그렇지만 에니어그램은 더 상위적인 용도도 갖고 있습니다.

◘ 그렇다면 아주 잘하면 [성격] 유형과 [의식] 수준들은 수평적이고 수직적인 것을—양쪽 다 중요한 것으로—다 포괄한다는 말이군요.

● 네, 그렇지요. 상위적인 수준들 자체에 관해서 나는 무속신앙[샤머니즘]에 대해 로저 월시가 취급한 예를 보여줄 수도 있습니다. 월시는 심령적/정묘적·원인적·비이원적 기본수준들을 받아들이고, 그것을 의식의 수직적 스케일의 한 형식으로 사용합니다. 그러고 나서 그는 억제의 완화로부터 각성에, 정서적 영향에, 집중력에 이르기까지 그러한 수준들 각각에 대한 수십 가지 변수를 분석하는 매우 정교한 수평적 스케일을 추가하고 있습니다. 그리하여 그는 트랜스퍼스널 상태의 분석을 위한 다차원적 격자망grid에 도달하였고, 그래서 이 격자망은 그 분야에 대한 우리의 지식을 엄청나게 진보시켜왔습니다.

그러므로 그러한 것들은 모두 내가 제시하고 있는 이런 기본골격에다 어떻게 살을 붙이는가에 대한 실례들입니다. 그리고 우리가 바로 이러한 [의식의] 골격 진화에 대해서만 집중하고 있다는 사실이 곧 다른 국면들은 이와 대등하게 중요한 것이 아니라는 사실을 의미하지는 않습니다.

분기점-8 : 정묘 영역

◘ 그렇다면 이러한 일반적인 진화는 심령 수준에서 정묘 수준으로 계속되는 건가요?

◎ "정묘"란 단순히 조대적粗大的인 보통의 깨어 있는 의식보다 더 정묘한 과정이라는 것을 의미합니다. 이러한 것들에는 내면적 빛과 소리, 원형적 형상形相과 패턴들, 지극히 정묘한 지복의식의 조류潮流와 내면의 인지능력(내면의 소리shabd, 신비의 소리/우주의 소리nada), 사랑과 자비가 확대되는 감성적 상태, 뿐만 아니라 다만 '온우주적' 테러, '온우주적' 악마, '온우주적' 공포라고 일컬어질 수밖에 없는 더 정묘한 병리적 상태까지도 포함합니다. 항상 그러하듯이 진보의 변증법으로 인해 이러한 정묘적 발달은 아주 단적으로 말해 단지 그저 하루 동안 해변에서 노니는 그런 것이 결코 아닙니다.

그렇지만 이러한 포괄적인 유형의 신비주의를 우리는 **유신론적**deity[신성] **신비주의**라고 일컫는데, 그 까닭은 그것이 우리 자신의 '원형적 형상Archetypal Form', '신' 또는 '여신'과의 합일, 사구나saguna 브라만Brahman[64]과의 합일, 사비칼파 사마디savikalpa-samadhi[유상有相 삼매]의 상태 등을 수반하기 때문입니다. 신성한 '예배신Deity'과의 합일 혹은 융합—그 이름이 무엇이든 간에 '신God'과의 합일—은 분기점-8의 시작 혹은 융합 단계인 것입니다.

이것은 단지 자연 신비주의가 아니라, 즉 단지 조대의 혹은 자연적인 세계와의—불교도들이 화신化身, Nirmanakaya이라고 일컫는 것과의—합일이 아니라 보신報身, Sambhogakaya, 즉 내면의 지복체至福体나 변용체의 더 정묘한 차원과의 보다 더 심층적인 합일입니다. 이것은 조대 혹은 자연의 영역을 초월하면서 내포하는, 그러나 그것에 한정되

64 궁극의 실재, 순수의식으로서의 브라만이 사구나Saguna/with qualities, 즉 어떤 상징이나 속성을 지닌 하위적인 모습으로 나타나면 통상 예배 대상의 신이 된다. 무규정적이고 속성이 없는 상위적인 모습은 궁극의 순수의식인 니르구나nirguna/without qualities 브라만이라고 한다.

지 않는 것입니다. 자연 신비주의는 유신론적 신비주의에 길을 양보합니다.

■ 이러한 상위적인 수준들은 그것들이 창발하기 이전에 이미 인간 존재 내에 완전하게 존재하고 있는 것인가요? 그것들은 창발하기를 기다리며 드러누워 있는 것인가요?

● 완전하게 형성되어 있다니요, 아니지요. 이러한 상위적인 수준들의 **심층구조**는 굳이 말하자면 모든 인간들에게 **잠재능력**으로 존재하고 있습니다. 그러나 이러한 심층 잠재능력이 전개되어가면서 그것들의 실질적인 **표층구조는 4분면 모두**에 의해 만들어지고 주형됩니다. 말하자면 표층구조는 의도적·행동적·문화적·사회적 패턴에 의해 만들어지고 형성되어집니다.

고전적인 예로, 한 개인이 강도 높은 내면적 조명[빛, 계시], 즉 (간혹 임사 체험에서와 같이) 정묘 수준의 조명에 대한 체험을 하게 되는 경우가 있습니다. 기독교도는 그것을 그리스도나 천사나 성인으로 볼지도 모르고, 불교도는 그것을 보신불이나 부처의 지복체로 볼지도 모르고, 융 심리학자들은 그것을 '참자기the Self'의 원형적 체험으로 볼지도 모른다는 등입니다. 이미 언급한 바와 같이 **모든 깊이는 해석되어져야 하고**, 그리고 해석이 계속 행하여지도록 수많은 도구들을 제공하는 **배경 맥락**의 전체 세트가 없이는 이러한 해석은 불가능한 것입니다. 자기자신의 개인적 배경, 문화적 배경, 사회적 제도 모두가 이러한 심층 체험을 해석하는 데 관계할 것입니다. 이는 **피할 수 없는** 것입니다.

그러므로 이러한 상위적인 구조들은 표면으로 튀어나오기 위해 기다리며 당신의 정신Psyche 속에 묻혀 있는, 완전하게 형성되어 있는 작은 보물 상자들 같은 것이 아닙니다. 심층구조들은 주어져 있지만 표면구조들은 주어져 있지 않고 게다가 체험 자체도 해석적 요소를 수반하며, 이는 다양한 배경들이 없이는 계속 행하여질 수 없는 것입니다. 그래서 그러한 배경들은 당신의 정신[심혼] 속에 단순히 그냥 존재하고 있는 것이 **아닙니다**!

그렇지만 설사 우리가 그러한, 미리 [잠재능력으로] 주어져 있는 극단[심층구조들]을 부정한다고 해서 그것이 곧 우리는 극단적 구성주의라는 정반대 오류로 빠져들 수밖에 없다는 것을 의미하지는 않습니다. 내면적 조명에 대한 이러한 정묘한 체험의 기본적인 실재성은 문화에 의해 단순히 혹은 자의적으로 구성된 것이 아니라는 말입니다. 왜냐하면 이러한 체험들은 문화횡단적으로 일어나고 있고, 또 더 나아가서는 많은 경우에 문화적 배경은 이러한 체험들을 공식적으로 부정하거나 금지하고 있지만, 그럼에도 여하튼 그 체험들은 여전히 한결같이 계속하여 생겨나고 있기 때문입니다.

고로 이러한 체험들이 해석적 요소를 지니고 있다는 바로 그 이유만으로 그것들은 단지 그저 문화적 창조물일 뿐이라는 것을 의미하지는 않습니다. 석양이 지는 것을 보고 있을 때도 마찬가지로 당신은 그러한 체험에 대한 해석을—어쩌면 낭만적인 혹은 어쩌면 합리적인 해석을 각각 문화적 색깔을 입힌 채로—해내게 될 것입니다. 그렇지만 그렇다고 그러한 것이 설혹 당신의 문화가 사라진다고 해서 태양마저도 존재하기를 멈춘다는 것을 의미하지는 않는다는 말입니다!

분명 아니지요, 이러한 것들은 존재론적으로 실재하는 사건들입니다. 그것들은 실제로 엄연히 존재합니다. 그것들은 현실적인 언급 대상을 지니고 있습니다. 그러나 이러한 언급 대상들은 감각운동적 세계공간 내에 존재하지 않고 합리적 세계공간 내에도 존재하지 않고 실존적 세계공간 내에도 존재하지 않습니다. 그런 까닭에 당신은 그것들에 대한 증거를 그러한 세계공간들의 그 어느 곳에서도 찾을 수 없습니다. 오히려 그것들은 틀림없이 정묘적 세계공간 내에 **존재하고** 그것들에 대한 증거는 바로 **거기에서** 풍성하게 찾아질 수 있는 것입니다.

■ 지금까지 선생님은 이러한 정묘 수준을 원형적 수준이라고 언급해왔는데, 그렇지만 제가 알기로는 "원형archetype"이라고 할 때, 반드시 융적인 원형을 의미하지는 않는 것 같군요.

● 맞습니다. 이것은 매우 복잡한 토픽입니다. 그래서 내 생각에는 여기서 우리가 그것에 대해 공정하게 제대로 해석할 여유는 없다고 봅니다. 그러나 내가 말하고 싶은 바는, 대개의 경우 융적 원형은 인간 인식의 마법적이고 신화적인 차원에 놓여 있으며 집합적으로 유전되어진 기본적인 이미지나 형상들입니다. 그리고 일반적으로 말하자면 이런 것들은 심령(심혼) 영역과 정묘 영역에서의 발달과 혼동해서는 안 됩니다.

■ 그렇다면 융적인 원형은……?

● 전형적인 융적 원형은 인간정신 내에 유전되어진 기본적인 이미지나 형상입니다. 이러한 기본적이거나 원초적 이미지들은 모든 곳에 있는 인간들이 접하게 되어 있는 매우 공통적이고 전형적인 체험을 나타냅니다. 이러한 것들에는 출생 체험, 그리고 어머니, 아버지, [자아심리학에서의] 그림자, 노현자老賢者, 요술쟁이, 에고, 아니무스animus와 아니마anima[여성 속의 남성 기질과 남성 속의 여성 기질] 등의 체험이 포함됩니다.

말하자면 이러한 **전형적인 상황**들과의 수없이 많고 많은 무수한 과

거의 조우들이 이러한 기본이미지들을 인류의 집합적 심혼 속으로 스며들게 해온 것입니다. 당신은 이러한 기본적이고 원초적인 이미지들을 세계 도처의 사람들에게서 발견하고, 또한 세계의 위대한 신화들 속에 그것들이 특히 풍부하게 축적되어 있음을 발견하게 됩니다.

이러한 신화적 이미지의 초보적 형태는 개개인의 심혼 속에 깊숙이 박혀 있으므로, 예컨대 당신이 당신 자신의 어머니와 조우하게 되는 경우 당신은 단지 당신 자신의 특정한 어머니와 조우하고 있는 것이 아닙니다. 당신은 당신의 심혼 속에 각인된 수백만 년에 걸친 어머니 역할이라는 것에 대한 이러한 원형적이거나 기본적인 이미지도 역시 갖고 있는 것입니다. 그렇다면 당신은 단지 자신의 어머니하고만 상관하고 있는 것이 아니라 세상의 '어머니'와도, '태모太母'와도 상관하고 있는 것입니다. 따라서 이러한 원형적 이미지는 당신의 현실적 어머니가 당신에게 그렇게 하거나 하지 않을 수도 있는 어떤 것에 대한 비례와는 아주 거리가 먼 어떤 충격을 당신에게 안겨줄 수도 있습니다.

그러므로 고전적인 융 심리학적 정신분석에서는 당신은 단지 당신 자신의 개인적인 무의식—이를테면 당신 자신의 인생에서 당신 자신의 '부모', 당신 자신의 그림자 등과 더불어 당신에게 일어났던 구체적인 사건들—을 분석하고 **해석**해야 할 뿐 아니라 원형적 [무의식의] 질료의 이러한 집합적 수준도 역시 분석하고 해석할 필요가 있습니다.

예를 들면 어쩌면 아마 당신은, '모든 것을 집어삼키는 어머니the Devouring Mother'의 원형을 뇌리에 활성화시켜왔을지도 모릅니다. 그것은 당신의 현실의 어머니와는 아무런 관계가 없고, 아마도 오히려 그녀는 대개의 경우 사랑을 주고 상냥하게 대해주겠지요. 그래도 여전히 당신은 관계 속으로 빨려든다는, 감정적으로 숨 막히는 접근에 의해 삼켜진다는, 개인적 친밀감에 의해 시달리게 된다는 공포에 떨게 됩니다. 아마도 당신은 당신의 현실적인 어머니가 아니라 어떤 원형에 사로잡혀 있는 것이 틀림없습니다. 그리고 이러한 것은 특히 꿈속에 나타날지도 모릅니다. 아마 거대한 검은 거미 한 마리가 당신을 잡아먹으려고 덤벼들지도 모릅니다.

그러므로 당신이 이러한 집합적인 원형적 수준을 분석하려고 할 때 하고 싶어 할 수도 있는 것들 중 하나는 세계의 위대한 신화들에 대한 연구입니다. 그것들은 어머니라는 이미지에 대한 원형 일반을 포함하는 더 초기의 전형적인(따라서 원형적인) 조우들의 보고寶庫들이기 때문입니다. 바꾸어 말하면 이것은 이러한 원초적 이미지들을 **해석**하기 위한 **배경**을 당신에게 제공할 것이고, 그리하여 당신은 이러한 이미지들에 보다 더 성실하게, 그리고 진실성 있게 접근하여 자신감을 갖고 보다 더 분명하게 그것들을 해석할 수 있을 것입니다. 당신은 자신의 인식을 옥죄고 있는 그것들의 질식할 정도의 지배로부터 **차별화**에 의해 벗어날 수 있고, 그러고 나서 당신의 삶 속에서 그것들을 보다 더 신중하게 **통합**할 수 있게 될 것입니다. 그래서 나는 그러한 것들 모두에 많은 진리가 담겨 있다고 생각합니다.

◘ 그렇다면 융적인 원형은 일반적으로 인류의 기본적이고 집합적이며 전형적인 조우들의 보고가 될 성향이 농후하군요.

○ 대부분은 그렇다고 봅니다. 그리고 타당한 한도 내에서 나는 그 같은 융적인 원형에 근본적으로 찬동하고 있습니다. 내 생각은 대부분의 그러한 융적인 조망과 거의 완전히 일치하고 있고, 그 같은 특정한 점에 관해서 나는 나 자신을 융주의자라고 간주합니다.

그러나 무엇보다 중요한 점은, **집합적**이라고 해서 반드시 **초개인**(자아초월)적은 아니라는 것입니다. 이미 앞에서 언급했듯이 대개의 융 심리학적 원형들은 단순히 **마법적**이고 **신화적**인 구조 내에 놓여 있는 태곳적 이미지들입니다. 그것들은 분기점 2, 3, 4의 수준들로부터 나온 인식에 대해 어떤 인력引力을 발휘합니다. 그것들에게 초합리적이거나 초개인적인 것이라곤 아무것도 없습니다. 이러한 "원형들"을 차별화하고 통합하기(초월하고 내포하기) 위하여 이것들을 익히 아는 것은 중요하지만, 그러나 그것들은 그 자체로는 전혀 초개인적이거나 순수하게 영적인 인식의 근원이 아니라는 것입니다. 사실상 그것들은 대개의 경우 자각인식에서의 퇴행적인 인력, 즉 더 상위적인 발달을 역균형시키는 납덩이 추와 같은 것입니다. 정확히 말해 단순히 포용할 대상이 아니라 반드시 극복되어야 할 대상이라는 말입니다.

요컨대 단지 어떤 것이 집합적이라는 이유 하나만으로는 그것이 곧 초개인적이라는 것을 의미하지 않는다는 것입니다. 집합적인 전前개인적(마법적·신화적) 구조, 집합적인 개인적(합리적·실존적) 구조, 집합적인 초개인적(심령적·정묘적) 구조가 있습니다. '집합적'이라는 말은 단순히 감각, 지각, 충동, 감정 등의 능력과 마찬가지로 그 구조가 [인간 내면에] 보편적으로 존재한다는 것을 의미합니다. 이것은 반드시 **초개인적**이라는 것이 아니고, 단순히 **집합적**이거나 공통적이라는 것입니다. 우리 모두는 집합적으로 열 개의 발가락을 선천적으로 물려받고 있지만 설혹 내가 나의 발가락에 대해 무슨 체험을 한다고 해서 그것이 곧 초개인적 체험을 하고 있는 것은 아니라는 말이지요.

◘ 그렇지만 진 볼렌Jean Shinoda Bolen[65]의 《모든 여자 안의 여신들과 모든 남자 안의 남신들Goddesses in Everywoman and Gods in Everyman》과 같은 굉장히 인기 있는 책은 어떻게 보십니까? 그것들은 틀림없이 신화적 동기나 원형에 기초하고 있고, 그러한 것들은 영적이지요. 그렇지

65 미국의 정신과 의사. 융 전문가이자 작가이며 여권 운동가.

않은가요?

◎ 당신이 "영적"이라고 할 때 그것은 무엇을 의미하는가에 따라 달라집니다. 만약 "자아초월적[초개인적]"을 의미한다면, 아니지요. 나는 그러한 책들이 특별히 자아초월적 내용을 다루고 있다고는 생각하지 않습니다. 공교롭게도 나는 그러한 책들을 좋아하는데, 그러나 그 책들 안에는 실로 자아초월적이거나 순수하게 영적인 것은 아주 적습니다. 그러한 책들에는 헤스티아Hestia[66]의 끈기와 인내심부터 아프로디테Aphrodite[67]의 성충동과 관능, 아르테미스Artemis[68]의 강인함과 독립성에 이르기까지 남녀 인간들에 의해 집합적으로 유전되어진 모든 "원형적" 남신과 여신들에 대한 아주 근사한 이야기들이 들어 있습니다. 그러나 그러한 남신과 여신들은 자각인식의 초개인적 양태나 순수하게 신비적인 광명은 아니고, 다만 단순히 남녀 인간들에게 언제나 있게 마련인 전형적이고 일상적인 자기이미지와 자기역할의 집합일 뿐입니다. 그것들은 단순히 어디에서나 보통의 선남선녀들에게 어느 정도는 상당히 있게 마련인 공통의, 그리고 전형적인 잠

66 그리스신화에 나오는 처녀 신으로, 가정에 있는 화로의 수호 여신. 크로노스와 레아의 장녀이자 제우스의 누이이며 헤라와는 자매 간이다. 제우스는 그녀에게 이례적인 영예를 부여하여, 올림포스를 한 번도 떠나지 않고 모든 인간들의 가정과 모든 신들의 신전에서 숭배받도록 했다. 화로가 한 집안의 종교적 중심이듯이 그녀는 신들의 거주지에서 종교적 중심이었다.

67 그리스신화에 나오는 아름다움과 사랑의 여신으로, 여신들 중 교태와 관능미가 넘치는 가장 아름다운 여신. 제우스와 디오네 사이에서 태어난 딸이다. 제우스는 올림포스 신들 중에 가장 추하게 생기고 절름발이 아들인 대장장이 헤파이스토스가 천둥과 번개를 잘 다루는 보답으로 가장 아름다운 여신인 그녀를 주어 아내로 살게 하였다. 모아라의 여신들이 그녀에게 아름다움과 사랑의 직분과 항해하는 배와 선원들을 수호하는 여신의 직분을 맡겼다.

68 그리스신화에 나오는 달의 여신이자 사냥·수렵의 여신으로, 제우스와 레토 사이에서 태어났으며 아폴론의 쌍둥이 누이동생이다. 수렵과 궁술을 맡아보고, 야생동물, 어린이, 약한 자들을 수호하는 여신이다. 그리스 고전문학에서는 청결의 상징이며 처녀성과 순결을 지키는 여신으로 묘사된다.

재능력들을 표상하는 자기개념(분기점-3)과 자기역할(분기점-4)인 것입니다.

그래서 그러한 **신화적 역할**들은 이와 같은 의미에서 매우 유용합니다. 어쩌면 한 여성으로서 당신은 강인함과 독립성에 대한 당신 자신의 능력을 제대로 인식하지 못하기 쉽습니다. 아마도 당신은 당신 안에 있는 아르테미스 신과 좀 더 많이 접촉해야 할 필요가 있습니다. 다양한 아르테미스 신화와 이야기들을 읽음으로써 당신 자신의 심혼 안에 있는 이러한 원형적 수준에 보다 더 쉽게 다가갈 수 있고, 그리하여 당신 자신의 삶에서 그러한 잠재능력이 생겨나게 하는 것입니다. 이것은 아주 멋진 일이지요.

그러나 이런 것은 초개인적인 것이 아닙니다. 이것은 단지 신화적·구성원적 역할, 페르소나, 자아[에고] 관계의 한 유형입니다. 이것은 자아초월적trans-egoic이 아닙니다. 전형적으로 집합적인 것이 곧 초개인적인 것은 아닙니다. 이 나라[미국]에서의 영적인 빈혈증의 일부는, 당신 내부의 강한 아르테미스적 자아와 접촉하는 것만큼이나 평범한 어떤 것이 초개인적이거나 영적인 것으로 일컬어지고 있는 데 기인하는 것입니다. 이것은 현실적으로 상당히 서글픈 일입니다.

◘ 그렇다면 융 심리학적 원형 중 어느 것이 초개인적 혹은 초합리적입니까?

● 대부분의 융적 원형, 신화적 원형들은 전前개인적이거나 최소한 전前합리적(마법적이고 신화적)입니다. 약간의 융적 원형들은 개인적(자아, 페르소나)이고, 약간은 막연하게나마 초개인적(노현자, '진아the Self', 만다라)입니다. 그러나 그러한 "초개인적" 원형들은 우리가 실제로 초개인(트랜스퍼스널) 영역에 대하여 알고 있는 것에 비하면 상당히 빈약한 것입니다.

단지 하나의 예로 티베트 불교의 마하무드라Mahamudra[69] 전통 속에 요약되어 있는 실제적인 초개인적 성장의 18단계를 들어보기로 하지요. 이러한 단계들에는 상위적인 초개인적 인식의 진화 단계들이 아주 엄청나게 상세하게 기술되어 있습니다. 그리고 그러한 단계들 중 **그 어느 것도** 세계의 고전적 신화들 어디에도 나타나지 않습니다. 당신은 제우스Zeus나 헥토르Hector[70]나 '빨간 모자Little Red Riding Hood'[71] 속에서도 그러한 단계들을 찾을 수는 없을 것입니다.

그 까닭은, 정관/명상적 전개의 그러한 18단계들은 심령·정묘·원인 영역들을 통한 매우 희귀하고 비전형적이고 비범한 초개인적 성장을 기술하기 때문입니다. 말하자면 그것들은 전형적이고 공통적이고 일상적인 체험들을 기술하지는 **않고**, 그러한 것들로부터 솟아 나오지도 않고, 그래서 그것들은 태곳적·마법적·신화적 구조에서는 찾아지지 않고, 따라서 그것들은 세계의 전형적인 신화들 중 아무 데도 나타나지 않습니다. 헤라Hera[72], 데메테르Demeter[73], 골디록스Goldilocks[74] 아

69 티베트 금강승 불교의 대표적 경전. 대인大印이라는 의미로, 인印은 바꾸거나 변하게 할 수 없는 것을 말한다. 마하무드라 명상/선禪은 모든 언어와 상징을 넘어선 공의 실현, 윤회로부터의 자유로운 경지를 노래한다.

70 트로이의 용사인 그는 프리아모스와 헤카베의 장남이었을 것이나 전승에 의하면 아폴론의 아들이라고도 한다. 트로이의 수호자로 백성들에게 많은 사랑을 받았고 신과 같은 존재로 여겨졌다.

71 프랑스 민담 중 하나. 어느 시골 마을의 할머니가 만들어준 작은 빨간 모자를 두르고 다녀서 '빨간 모자'라 불리는 한 시골 소녀가 할머니에게 심부름을 가다가 교활한 늑대의 꼬임에 빠져 잡아먹힌다는 우화다.

72 그리스신화에서 올림포스의 12여신 중 가장 높은 여신으로 보호자라는 뜻. 그녀는 크로노스와 레이아의 딸이므로 제우스와 남매 간이지만 제우스의 정실이자 누이로서 여성의 보호신이며 결혼과 출산을 관장했고, 질투가 심하여 제우스의 연인들은 물론이고 자식들까지 박해하였다.

73 그리스신화에 나오는 대지의 모성적인 여신으로, 이름이 곡식의 어머니라는 뜻을 담고 있다. 크로노스와 레이아의 딸로 제우스의 부인이자 누이로서 두 번째 세대의 신들, 즉 올림포스 신들에 속한다.

74 미국 동화《골디록스와 세 마리 아기곰Goldilocks and the Three Bears》의 여주인공으로, 골디록스는 아기곰의 죽을 몽땅 먹어버리고는 잠이 들게 된다.

르테미스, 페르세포네Persephone[75], 헨젤과 그레텔Hansel and Gretel[76] 등의 신화에서도 결코 이러한 단계들을 시도한 적이 없지요! 따라서 우리는 로버트 블라이Robert Bly, 제임스 힐만James Hillman, 에드워드 에딩거Edward Edinger, 마리 루이제 폰 프란츠Marie-Louise von Franz, 월터 오다즈니크Walter Odajnyk, 그 외에 융 학파의 대이론가들 중 어느 누구에게서도 이러한 상위적인 단계들을 결코 발견할 수 없습니다.

◘ 이러한 것은 종교 연구에서도 엄청난 혼란을 야기시켜왔지요. 왜냐하면 오랫동안 융은 [심리학이라는] 마을에서의 유일한 오락거리였기 때문이지요. 만약 누가 심리학과 영성 양쪽 모두에 관심이 있다면 그 사람은 융 학파의 한 사람이 되고 마는 거지요.

○ 그렇고말고요. 융 학파의 신화적 원형들은 내가 이미 언급한 바와 같이 충분히 실제적이고, 또 매우 중요합니다. 그러나 융은 원형들을 전개인적·개인적·초개인적 구성요소로 신중하게 차별화하는 데 한결같이 실패했습니다. 그러다 보니 그러한 세 가지 구성요소는 모두 집합적으로 유전되므로 **집합적**인 (그래서 "원형적"인) 것을 **초개인적**·영적·신비적인 것과 혼동하고 있습니다.

그러므로 [융에 의하면] 의식은 단순히 두 개의 큰 영역, 즉 **개인적**인 것과 **집합적**인 것으로 구별되어집니다. 그래서 그 주된 경향은 **어느 것**이든 집합적인 것을 보게 되면 무조건 그것을 영적·신비적·초개인적이라 일컫고 있지만, 사실 대부분은 단순히 전개인적·전합리적·전

75 그리스신화에 나오는 하계의 여신으로 하데스의 아내이다. 그녀는 제우스와 데메테르의 딸이라는 것이 일반적인 설이다. 아름다운 아도니스를 사랑했고 지상계와 하계에서 살았으며, 데메테르와 함께 엘레우시스 신비의식에 등장한다.

76 동명의 동화 주인공으로, 먹을 것이 없게 된 부모가 헨젤과 그레텔을 숲에 버리나 아이들이 나름대로의 지혜로 집을 찾아온다는 내용이다.

인습적·퇴행적인 것에 불과합니다.

그리하여 탈인습적이고 세계중심적인 합리적 조망주의가 주는 부담에 피곤해져서 자아중심적, 약동충동적vital-impulsive, 다형적多形的, polymorphous[77], 환상정동적phantasmic-emotional 의식의 부활로의 퇴행적 활강을 권장하는, 다시 말해 분기점-2의 '자기'를 권장하는, 매우 인기 있는 몇 명의 이론가들을 우리는 알고 있습니다. 그들은 이 분기점-2의 자기를 "혼"이라고 일컫습니다. 그들은 우리로 하여금 이 수준에서 살아가기를 바라겠지요. 그러나 내 의견으로는 그러한 것이, 자아(에고)를 초월하지 않고 오히려 애초부터 자아의 창발을 단지 방해만 하는 접근 방식들 속에서 '영'을 찾고 있는 것과 같다고 봅니다.

◘ 그렇다면 "진정한" 원형은 도대체 무엇인가요?

◎ 서양의 신플라톤주의적 전통으로부터 동양의 베단타·대승불교·삼신三身사상 전통에 이르기까지 진정한 원형은 현현하는 모든 것들이 의존하고 있는 정묘한 종자 형상seed-forms[색계色界의 순수 형상]인 것입니다. 정관/명상적[깨어 있는] 알아차림 의식의 깊숙한 상태에서, 전체 '온우주'는 '공空'으로부터, 원초적 '순수Purity'로부터, 무속성無屬性, nirguna[지고]의 브라만으로부터, 법신法身으로부터, 한정할 수 없는 '절대신성Godhead'으로부터, 찬란한 유일자Ein Sof로부터, 곧바로 창발하는 것입니다. 그래서 이 '공'으로부터 창발하는 첫 번째 **형상**Forms은 더 하위적인 모든 형상들이 그것들의 존재를 위해 의지하는 기본'형상'

77 다형의, 즉 '다양한 형태를 취하는'이란 뜻을 윌버가 감정적 자아의 다형적 상태를 지칭하고자 사용한 것으로, 이를테면 다형도착多形倒錯, Polymorphous perversity이란 최초의 정신적 성장 단계의 특징을 '일차적 나르시시즘'이라고 설명한 지그문트 프로이트의 후기 저작에서 유래한 것으로, 이는 유아 발달 단계에서 성적 감정은 어느 특정 기관에 집중되어 있지 않으며, 오히려 유아의 세계 전체에 침투해 있다는 의미를 갖는다.

이라는 것을 비로소 우리는 이해하기 시작하는 것입니다.

그러한 '형상'은, "원초의 패턴" 혹은 "일차적인 주형鑄型"을 의미하는 용어인 실제적인 원형입니다. 하위적인 모든 빛들에는 그것의 희미한 그림자에 지나지 않는 참'광명Light'이 있고, 하위적인 모든 환희에는 그것의 빈혈기 있는 모방에 지나지 않는 '지복至福'이 있고, 하위적인 모든 인지에는 단지 그것의 반사에 지나지 않는 궁극의 '의식Consciousness'이 있고, 더 하위적인 모든 소리에는 그것의 얄팍한 메아리에 지나지 않는 원초적 '소리Sound'가 있습니다. 그러한 것들이 진정한 원형입니다.

우리가, 플로티노스나 아상가Asanga[78]나 가랍 도르제Garab Dorje[79]나 아비나비굽타Abhinavigupta나 샹카라Shankra[80]에게서 그러한 유형의 언급들을 발견하게 될 경우, 그러한 것들은 결코 단순히 이론적 추측이거나 형이상학적 가정이 아니라는 말입니다. 그와 같은 것들은, 그러한 개개인들의 **배경**에 따라 다르게 **해석**되지만 실재의 정묘한 차원으로부터 직접 솟아 나오는, 그러나 이 심원한 존재론적 실재, 즉 이 정묘한 세계공간으로부터 솟아 나오는 직접 체험이 드러난 것입니다.

그래서 만약 당신이 이러한 사람들이 실제로 무엇을 말하고 있는지에 대해 알고 싶다면 정관/명상적 수행이나 교의나 패러다임을 받아

78 395~470. 무착無着 보살. 4세기경 인도 대승불교 유식 학파의 대학자. 미륵보살에게 가르침을 받고 그의 가르침인 '유가사지론' 100권을 비롯한 수많은 저술과 논소를 지었고, 그의 아우 세친世親과 유가종을 창시했다.

79 티베트 불교에서 족첸Dzogchen 수련—순수한 마음이 언제나 상존하고 구족하다는 것을 단지 깨닫기만 할 필요가 있다는 위대한 완전한 수련—의 최초 스승.

80 788~820. 인도의 가장 위대한 성자이자 철학자로, 그의 이름은 '축복을 가져오는 자'라는 뜻을 담고 있다. 현대의 인도 사상 주류의 시원이라 할 수 있는 비이원 유일사상의 아드바이타 베단타Advaita Vedanta 학파의 가장 권위 있는 대표 학자.

들인 다음 당신 스스로 그 실험을 실행해야만 합니다. 이러한 원형들, 진실한 원형들은 명상적 체험에서 나오고, 그래서 당신은 [정관/명상적] 실험을 실행하지 않고서는 이러한 원형들을 이해할 수 없습니다. 그것들은 신화적 세계공간 내에 존재하는 이미지들이 **아니고**, 합리적 세계공간 내에 존재하는 철학적 개념이 아니라 정묘한 세계공간 내에 존재하는 명상적 현상입니다.

그러므로 이 실험은 이러한 원형적 자료들을 노출시킬 것이고, 그렇게 되면 당신은 그것들이 무엇을 의미하는지 해석하는 데 도움을 줄 수 있습니다. 그리고 현재까지 가장 일반적으로 받아들여지고 있는 해석에 의하면, 당신은 현현하는 전 세계의 기본형상과 바탕을 들여다보고 있는 것입니다. 당신은 '조물주(절대신성)의 본래면목the Face of Divine' 속을 직접 들여다보고 있습니다. 에머슨이 말했듯이, 난입자들은 그들의 신발을 벗으라는 명령을 받는데 여기는 바로 내면의 '신성한 신the God'이 거주하는 성소이기 때문입니다.

A BRIEF HISTORY
OF
EVERYTHING

13

초의식의 영역 2

■ 선생님은 원형原型을 통해 우리는 '절대신성의 본래면목', 절대신성의 첫 번째 '형상the Forms'을 들여다보고 있는 것이라고 말씀하셨습니다. 오늘날 대부분의 연구자들은 그 모든 것들을 기껏해야 "단순한 형이상학"에 지나지 않는 것, 즉 그중 아무것도 확인되어질 수 없는 것이라고 해서 거부합니다.

● 글쎄요, 무엇보다 먼저 당신이 스스로 이 실험[명상, 참선]을 실행하고 나서 그 데이터를 살펴보아야 합니다. 그러고 나면 당신은 누군가 그것을 해석하는 데 도움을 줄 수 있습니다. 당신이 만약 그 실험—명상적 교의, 전범the exemplar, 패러다임—을 실행하지 않는다면 당신은 좋은 해석을 할 데이터를 갖고 있지 못한 것입니다.

만약 당신이 마법적이거나 신화적인 세계관 수준에 있는 어떤 사람들을 데리고 직각삼각형의 직각변들의 제곱의 합은 빗변의 제곱과 같다고 그들에게 설명하려고 애쓴다면 별 신통한 진전이 없을 것입니다. 당신이 하고 있는 것은 그러한 세계들에서는 보여질 수 없는 것이고, 하지만 그래도 당신은 옳습니다. 당신은 합리적인 세계공간에서 **실험**을 행하고 있고, 그래서 당신의 수리적 계산 결과는 똑같은 실험을 행한 모든 사람들에 의해 **검사**될 수 있습니다. 그것은 정말로 세상이 다

아는, 정말로 재현 가능한, 정말로 의심할 여지가 없는, **합리적인 세계공간 내에서** 정말로 공유 가능한 지식입니다. 그 결과는 존재하고, 합리적인 세계공간에 들어가서 실험을 행해본 모든 사람들에 의해 쉽게 검사될 수 있습니다.

그래서 여전히 보다 더 상위의 영역을 드러내는 자각인식 내에서의 어떠한 다른 내면적 실험에서도 그와 꼭 마찬가지입니다. 그중에 명상은 가장 오래되고 가장 많이 검증받고 가장 많이 재현된 것입니다. 그런고로 만약 당신이 회의적이라면 그것은 건강한 자세인 것이고, 그래서 우리는 당신 스스로 찾아내도록, 그래서 우리와 함께 이 내면의 실험을 행하도록, 그래서 그 데이터를 획득하도록, 그래서 그것을 해석하는 데 우리를 도와주도록 당신을 초대하고자 합니다. 하지만 만약 당신이 그 실험을 행하지 않으려 한다면 제발 그것을 하는 사람들을 비웃지는 말아주시기 바랍니다.

그래서 지금까지 이러한 데이터를 보아온 사람들의 가장 공통적인 해석에 의하면, 당신은 '절대신성'과 직접 맞대면하고 있다는 것입니다.

분기점-9 : 원인적 영역

■ 선생님은 이러한 정묘적 또는 원형적 '형상'은 '공空'으로부터, 원인 영역으로부터 직접 솟아나는 것이고, 이것이 바로 그다음[상위적] 단계인 분기점-9라고 언급하신 바 있지요.

● 어느 한 특정한 종류의 명상에 의해 당신이 순수한 '공' 속에서 주시하고 있는 '자기', 즉 '주시자the Witness'를 바로 그 **근원**으로 밀고 들어갈 때 전혀 아무런 대상도 의식 속에 생겨나지 않습니다. 이

것은 자각인식의 찰나적 [알아차림의] 확인이 가능한 상태인 것입니다. 이를테면 니르비칼파 사마디nirvikalpa samadhi[81], 즈나나 사마디jnana-samadhi[82], 아인ayin[83], 베르게젠vergezzen, 니로다nirodh[84], 고전적인 니르바나nirvana[열반], 미지의 구름 등으로 다양하게 알려진 **비현현의 몰입**이거나 **지멸**止滅인 것입니다.

이것은 원인적 상태, 어떤 자재적discrete 의식 상태입니다. 이런 상태는, 단순한 백지 상태가 아니라 오히려 완전한 충만함이 있다는 점을 제외하고는, 흔히 꿈이 없는 깊은 수면 상태와 같은 것으로 간주되고 있습니다. 그래서 그것은 여여如如한—말하자면 너무나 충만하여 그 어떤 현현도 그것을 포함하려고 엄두조차 낼 수 없을 정도로 궁극의 '존재'의 충만함 속에 무한정 흠뻑 젖어 있는—것으로 체험되어지는 경지입니다. 그것은 결코 하나의 대상으로 보여질 수 없기 때문에 이러한 순수한 '자기'는 바로 순수한 '공'입니다.

◘ 그러한 것은 모두 다 매우 추상적이군요. 이에 대해 좀 더 구체적으로 말씀해주실 수 있습니까?

◉ 당신은 이 순간에 자기자신을 알아차리고 있지요. 그렇지요?

◘ 그렇다고 생각합니다.

◉ 그렇다면 만약 내가 '당신은 누구입니까?'라고 말한다면, 당신은

81 무상삼매無相三昧. 베단타와 불교에서 차별의 상相을 여읜 수행, 이른바 무상관無相觀에 의한 선정삼매를 의미한다.

82 지혜삼매智慧三昧. 베단타와 불교에서 현현하는 허상의 현상계에 대한 지적인 통찰과 실재에 대한 참지식을 통해, 불교에서는 부처님의 가르침에 대한 올바른 깨우침을 통해, 궁극의 실재인 브라만, 공空을 깨닫는 삼매 경지.

83 유대교 신비주의 카발라와 하시디즘의 비교秘敎적 가르침의 정수. 바스 아인Bas Ayin은 눈의 중심을 의미하고 눈의 백·적·청·흑의 네 가지 색으로 네 가지 영적 세계에 대응한다고 한다.

84 열반과 유사한 의미. 주체와 객체의 경계가 소멸되는 적정심寂靜心·적멸상寂滅相의 경지.

자신에 대하여 진술하기 시작할 것입니다. 당신은 한 아버지, 한 어머니, 한 남편, 한 아내, 한 친구이기도 하고, 또한 당신은 변호사, 사무원, 교사, 관리자이기도 합니다. 당신은 이러저러한 좋아하는 것과 싫어하는 것을 갖고 있고, 이러저러한 종류의 음식을 선호하고, 또 이러저러한 충동과 욕망을 가지는 성향이 있다는 등등으로 말입니다.

◘ 네, 나는 나 자신에 관해 아는 모든 것들을 열거하겠지요.

● 당신은 "자신에 관해 아는 것들"을 다 열거할 겁니다.

◘ 그렇겠지요.

● 당신 자신에 관해 당신이 알고 있는 그러한 것들 모두는 당신의 인식 속에 있는 대상들입니다. 그것들은 당신의 알아차림/자각인식 앞에서 주마등같이 행진하듯 지나가는 이미지나 관념이나 개념이나 욕망이나 감정들이 맞지요? 그것들은 모두 당신의 인식 속에 있는 대상들입니다.

◘ 그렇지요.

● 당신의 인식 속에 있는 그러한 대상들 모두는 정확히 말해서 주시하고 있는 '자기'는 아닙니다. 당신 자신에 관해 당신이 알고 있는 그러한 모든 것들은 정확히 말해 참'자기the Self'는 아닙니다. 그러한 것들은 '보는 자the Seer'는 아니고 단순히 **보여질 수** 있는 것일 뿐입니다. 당신이 "당신 자신에 대해 진술할" 때 당신이 진술하는 그러한 대상들 모두는 실질적으로 당신의 참'자기'는 전혀 아니지요! 그것들은 내면적이든 외면적이든 간에 단지 더 많은 대상들일 뿐이고, 그것들은 그러한 대상들에 대한 참 "보는 자"가 아니며, 또한 그것들은 참'자기'도 아닙니다. 그렇다면 당신이 그러한 대상들 모두를 열거함으로써 당신 자신에 대해 진술할 때, 궁극적으로 당신은 잘못된 자기정체성의 목록, 거짓된 것들의 목록, 엄밀하게 말해 궁극적으로 당신이 **아닌**

것들의 목록을 보여줄 뿐입니다.

그렇다면 이 참 '보는 자'는 누구입니까? 주시하고 있는 '자기'는 누구이고 무엇입니까?

라마나 마하리시Ramana Maharishi[85]는 이 '주시자'를 '나의 나the I-I'라고 일컬었는데, 이는 개인적 나 혹은 자기를 알아차리고 있지만 그 자신은 보여질 수 없기 때문입니다. 그렇다면 이 '나의 나', 이 원인적 '주시자', 이 주시하고 있는 순수한 '자기'는 무엇입니까?

이 깊숙한 내면 속의 '자기'는 외부에 있는 세계를 주시하고 있고, 또한 그것은 당신의 내면적 상념도 주시하고 있습니다. 이 '보는 자'는 자아[에고]도 보고 신체도 보고 자연계도 봅니다. 그러한 모든 것들이 이 '보는 자'의 "앞에서" 행진하며 지나갑니다. 그러나 '보는 자' 자체는 보여질 수 없습니다. 만약 당신이 어느 것을 본다면 그러한 것들은 단지 더 추가되는 대상들일 뿐입니다. 그러한 대상들은 엄밀하게는 '보는 자'가 아닌 것이고, '주시자the Witness'가 아닌 것입니다.

그리하여 당신은, 나는 누구인가? 스스로 보여질 수 없는 이 '보는 자'는 누구이고 무엇인가? 같은 의문을 계속 추구해나갑니다. 당신은 단순히 당신의 자각인식 속으로 "되밀고 들어가서", 당신이 보거나 볼 수 있는 어떠한 것이라도 개개의 모든 대상을 다 **탈동일시**합니다.

'자기'나 '보는 자'나 '주시자'는 어떤 독특한 상념이 아닙니다. 나는 그러한 상념을 하나의 대상으로 볼 수 있습니다. '보는 자'는 어느 특정한 지각이 아닙니다. 나는 그 지각을 하나의 대상으로 인식합니다. 주시하고 있는 '자기'는 신체도 아니고 마음도 아니고 자아도 아닙니다. 즉 나는 그러한 모든 것들을 대상으로 볼 수 있습니다. 무엇이 그

85 1879~1950, 아루나찰라Arunachala의 성자로도 불리는 현대 인도의 가장 위대한 영적 지도자.

러한 모든 대상들을 바라보고 있습니까? 당신 속에 있는 무엇이 지금 이 순간 이러한 모든 대상들을 바라보고 있습니까? 이를테면 무엇이 자연과 그 광경을 바라보고 있고, 신체와 그 지각을 바라보고 있고, 마음과 그 상념을 바라보고 있습니까? 도대체 무엇이 그 모든 것을 바라보고 있습니까?

당신 자신이 지금 당장 느끼도록 시도해보십시오. 당신 자신이 되는 좋은 느낌을 가지시지요. 그러고 나서 그 같은 자기는 단지 알아차림/자각 속에 드러나는 또 다른 대상일 뿐이라는 것을 알아차리십시오. 그것은 참주체, 참자기 같은 것은 더더욱 아니고, 그것은 단지 인식 내의 또 다른 대상일 뿐입니다. 이 작은 자기와 그 상념들은 하늘 위에 떠다니는 구름과 꼭 마찬가지로 당신 앞에서 행진하듯 지나갑니다. 그러면 그와 같은 모든 것을 주시하고 있는 참당신은 무엇입니까? 당신의 작은 객체적 자기를 주시하고 있는 자 말입니다. 그 같은 것은 도대체 누구이고 무엇입니까?

당신이 이 순수한 '주체성', 이 순수한 '보는 자' 속으로 계속 되밀고 들어갈 때 그것을 하나의 대상으로 보지는 않을 것입니다. 그것은 하나의 대상이 아니기 때문에 당신은 그것을 하나의 대상으로 볼 수 없는 거지요! 그것은 당신이 볼 수 있는 어떤 것이 아닙니다. 오히려 당신이 이 주시하고 있는 자각인식 속에서 조용히 안식을 취하고 있을 때, 이리저리 떠다니는 마음과 몸과 자연을 지켜보고 있을 때, 당신이 실제로 느끼고 있는 것은 단순히 자유감, 해방감이고, 당신이 조용히 주시하고 있는 어느 대상들에 대한 무속박감이라는 것을 당신은 알아차리기 시작할 수도 있습니다. 당신은 특별히 아무것도 보지 않고, 단순히 이 광대한 자유 속에 안식을 취하고 있는 것뿐입니다.

당신 앞에는 구름들이 행진하듯 지나가고, 당신의 상념들도 행진하듯 지나가고, 신체적 감각들도 행진하듯 지나가고, 그래서 당신은 그들 중 어느 하나가 아닙니다. 이러한 모든 대상들이 오고가는 자유의 광대한 팽창입니다. 당신은 이러한 모든 대상들이 오가는 열린 통로, 출구, '공', 광대한 광활함입니다. 구름들이 오가고, 감각을 오가고, 상념들이 오갑니다—그래서 당신은 그들 중 어느 하나가 아닙니다. 당신은 광대한 자유감, 그같이 광대한 '공', 바로 그같이 광대한 열린 통로이고, 이를 통하여 현현이 일어나서 잠깐 머물다가 가는 것입니다.

그리하여 당신은, 이제 이 모든 대상들을 주시하고 있는 당신 안의 "보는 자" 그 자체가 곧 아주 광대한 '공'이라는 사실을 알아차리기 시작합니다. 그것은 사물도 아니고 대상도 아니고 당신이 볼 수 있거나 움켜잡을 수 있는 어떤 것도 아닙니다. 그것은 오히려 광대한 '자유감'인데, 그것 자체는 시간과 대상물과 스트레스와 긴장 속에 있는 객관적 세계에 속하는 어떤 것이 아니기 때문입니다. 이 순수한 '주시자'는 모든 이러한 개체적 주체와 객체들이 일어나서 잠깐 머물다가 사라지는 순수한 '공'입니다.

그렇다면 이 순수한 '주시자'는 결코 보여질 수 있는 어떤 것이 아니란 말이지요! '주시자'를 보려고 하거나 대상으로서 그것을 알고자 하는 시도 같은 것은 단지 시간 속에서 좀 더 움켜잡고 추구하고 달라붙는 것에 지나지 않습니다. '주시자'는 [의식의] 흐름 속에 밖으로 나와 있는 것이 아닙니다. 오히려 그것은 그 흐름이 일어나는 '자유'의 방대한 팽창입니다. 고로 당신은 그것을 붙잡을 수 없고, 그래서 '아하, 나는 이제 그것을 보았네!'라고 말할 수 없습니다. 오히려 그것은 보여질 수 있는 **어떤 것**이 아닌 '보는 자'입니다. 당신이 이 '주시하고 있는 것' 안에서 안식할 때 지각하는 모든 것은 정말로 광대한 '공', 광대한

'자유', 광대한 '팽창'입니다. 그것은 이 모든 작은 주체와 객체들이 일어나는 투명한 열린 통로나 출구인 것입니다. 그러한 주체와 객체들은 확실하게 보여질 수 있지만 그것들의 '주시자'는 보여질 수 없습니다. 그것들의 '주시자'는 곧 그것들로부터의 완전한 **해방**, 그리고 그것들의 소란·욕망·공포·희망에 사로잡히지 않은 완전한 '자유'입니다.

물론 우리는 이러한 작은 개별적인 주체 및 객체들과 우리 자신들을 **동일시**하려는 경향이 있습니다. 그래서 정확히 바로 그런 것이 문제입니다! 우리는 '보는 자'를 보여질 수 있는 하잘 것 없이 작은 것들과 동일시합니다. 그리고 그렇게 하는 것은 곧 속박과 부자유의 시작입니다. 우리는 실로 이러한 '자유'의 광대한 팽창이지만 부자유하고 한정된 객체와 주체들, 즉 보여질 수 있는 모든 것들, 고통을 받는 모든 것들, 그중 아무것도 진정한 우리인 것은 없는 것들과 우리 자신을 동일시합니다.

파탄잘리는 '보는 자'와 보고 있는 도구들—작은 주체와 객체들 모두가 생겨나는 열린 통로나 출구나 '공' 대신 그 작은 것들—과의 동일시로서의 속박에 대한 고전적인 진술을 제시한 바 있습니다.

그러므로 우리가 이 순수한 '주시자' 안에서 안식하고 있을 때는 우리는 이 '주시자'를 더 이상 하나의 대상으로 보지 않습니다. 당신이 볼 수 있는 것은 결코 주시자가 **아닙니다**. 오히려 그것은 어떠한 주체나 객체도 모두 다 함께 부재이고, 그것은 그러한 모든 것으로부터의 **해방**입니다. 순수한 '주시자' 안에서 안식하게 되면 배경이 되는 부재나 '공'이 있습니다. 그래서 이것은, 하나의 대상으로서가 **아니라** 시간의 조류 속으로 들어가서 괴로운 급류에 휘말려지는 하잘 것 없는 사소한 주체와 객체들과 동일시하는 속박감으로부터의 순수한 '자유'와 '해방'의 광대한 팽창에 의해 "체험되어"지는 것입니다.

그러므로 당신이 순수한 '보는 자' 안에서, 즉 순수한 '주시자' 안에서 안식하고 있을 때 당신은 보여지지 않습니다. 당신은 대상이 아니기 때문에 당신의 어느 한 부분도 보여질 수 없습니다. 당신의 신체는 보여질 수 있고 당신의 마음도 보여질 수 있고 자연도 보여질 수 있지만 당신은 그러한 대상들 중 어느 것도 아닙니다. 당신은 알아차림/자각인식의 순수한 근원이고, 그래서 당신은 그러한 인식 속에서 생겨나는 어떤 것이 아닙니다. 그런고로 당신은 자각인식을 하는 존재로 살고 있는 것입니다.

사물은 자각인식 속에서 생겨나고, 그것들은 잠깐 머물다가 떠나가고, 오고 갑니다. 그것들은 **공간** 속에서 생겨나고, **시간** 속에서 움직입니다. 그러나 순수한 '주시자'는 오가지 않습니다. 그것은 공간 속에서 생겨나지도 않고, 시간 속에서 움직이지도 않습니다. 그것은 있는 그대로 여여如如합니다. 그것은 항존恒存하고 불변합니다. 그것은 저 밖에 있는 어떤 대상이 아닙니다. 그러므로 그것은 **'시간의**, 공간의, 출생의, 죽음의 **조류' 속으로 결코 들어가지 않습니다.** 그러한 것들은 모두 체험들이고 모두 대상들입니다. 그것들은 모두 오고 갑니다. 그러나 당신은 오가지 않고, 그러한 흐름 속으로 들어가지 않습니다. 당신은 그 모든 것을 알아차리고 있고, 그래서 당신은 그러한 모든 것 속에 사로잡히지 않습니다. '주시자'는 공간을 알아차리며 주시하고 있고, 시간도 알아차리며 주시하고 있고, 따라서 스스로 공간에 자유롭고 시간에 자유롭습니다. 그것은 곧 무시간이고 무공간이고, '시공時空'이 행진하며 지나가게 하는 가장 순수한 '공'입니다.

그러므로 이 순수한 '보는 자'는 삶과 죽음을 앞서고, 시간과 소란을 앞서고, 공간과 이동을 앞서고, 현현을 앞서는—심지어 빅뱅Big Bang 자체마저도 앞서는—것입니다. 이는 그렇다고 순수한 '자기'가 빅뱅

이 있기 전의 어떤 시간 속에 존재했었다는 의미는 아니고, 시간과 시대를 앞서서 존재한다는 것을 의미합니다. 그것은 다만 결코 그러한 흐름 속으로 들어가지 않는다는 것입니다. 그것은 시간을 알아차리며 주시하고 있고, 그러므로 시간에 자유롭습니다. 즉 그것은 절대적으로 무시간성입니다. 그리고 무시간성이기 때문에 영원합니다. 이는 항구적으로 존재하는 시간을 의미하는 것이 아니라 한꺼번에 모든 시간에 다 자유롭다는 것을 의미합니다.

이 순수한 '보는 자'는 결코 생겨난 적이 없고, 그래서 결코 죽지 않는 것입니다. 그것은 결코 그러한 시간의 흐름 속으로 들어가지 않습니다. 이 광대한 '자유'는 위대한 '무생無生, Unborn'이고, 이에 대하여 부처는 말씀하셨지요. "태어나지도 만들어지지도 창조되지도 않는 것이 있느니라. 만약 이같이 태어나지도 만들어지지도 창조되지도 않는 것이라면, 태어나는 것과 만들어지는 것과 창조되는 것으로부터 해방되는 것도 없느니라." '자유'의 이 광대한 팽창 속에 안식한다는 것은 곧 이 위대한 '무생', 이 광대한 '공' 속에 안식한다는 것입니다.

그래서 그것은 '무생'이므로 '무사無死, Undying'인 것입니다. 그것은 당신의 몸과 함께 창조되어진 것이 아니고, 당신의 몸이 소멸될 때 소멸되지도 않는 것입니다. 그렇다고 그것은 당신의 신체의 죽음을 넘어서 생生을 계속한다는 것이 아니라, 오히려 애초부터 결코 시간의 흐름 속으로 들어가지 않는다는 것입니다. 그것은 당신의 신체가 있은 후에도 계속 생生한다는 것이 아니라, 그것은 당신의 신체에 앞서서 항상 생生하고 있는 것입니다. 그것은 시간 속에서 영구히 나아가는 것이 아니라, 그것은 단순히 시간의 흐름 그 자체를 앞서는 것입니다.

공간·시간·대상들, 그런 것들 모두는 그저 행진하듯 지나가는 것에 불과합니다. 그렇지만 당신은 '주시자', 그 자체가 순수한 '공', 순수한 '자유', 순수한 '개방성Openess'인 순수한 '보는 자', 말하자면 결코 당신을 손대지도 유혹하지도 해하지도 위로하지도 않으며, 전체 행렬이 통과해 지나가게 하는 위대한 '공'입니다.

그리고 이러한 광대한 '공', 위대한 '무생無生'이 있기 때문에, 당신은 태어남과 창조됨으로부터, 공간과 시간과 대상들이 주는 고통으로부터, 그러한 단편 조각들 속에 내재된 공포의 기제機制로부터, 윤회라고 일컬어지는 비통한 세속으로부터 진정한 해방을 얻을 수 있습니다.

◘ 선생님이 그것에 대해 말씀하시니까 그런 것에 대해 개략적이나마 맛볼 수 있는 것 같습니다.

◉ 대개의 사람들이 '주시자'와 어느 정도는 꽤 신속하게 연결될 수 있다고 봅니다. 하지만 그러한 '자유' 속에서 살아가려면 일종의 아주 격조 높은 훈련이 필요하지요. 그런데 이러한 삶에는 명상이 큰 도움을 줍니다.

◘ 구체적으로 권고할 만한 것들이 있습니까?

◉ 글쎄요. 여러 다양한 형식의 명상은 흔히 상이한 트랜스퍼스널[자아초월, 초개인] 영역을 목표로 합니다. 말하자면 어떤 것은 심령적 체험을 목표로 하고, 어떤 것은 정묘 영역의 유신론적[신성] 신비주의를 목표로 하고, 어떤 것은 원인적 '주시자'의 무형상성과 '대자유'를 목표로 하고, 어떤 것은 비이원적 '통일' 혹은 '일미一味, One Taste'를 목표로 하고 있습니다. 이것들에 대해서는 곧 논하게 될 것입니다.

내가 권고하는 바는, 위대한 정관/명상적 전통의 어느 분야에서 인정받은 스승과 함께 단순히 시작해보라는 것입니다. 예컨대 토마스 키팅Thomas Keating 신부, 잘만 샤흐터 샬로미Zalman Schachter-Shalomi 랍비, 달라이라마the Dalai Lama, 라마나 마하리시 존자Sri Ramana Maharishi, 바와 무하이야딘Bawa Muhaiyadeen, 혹은 어느 위대한 종교적 법통/선통禪通

에서 널리 인정받은 수많은 스승들 중 어느 한 분의 가르침을 지도받으며 시작하는 것도 좋겠지요.

아마 나중에 우리는 "온수준all-level, 온분면all-quadrant"의 변용적 수련에 도달하기 위한 이러한 위대한 전통들의 최상의 것을 취하여 그것들을 심리치료법의 최상과 통합하는 통합 수련의 중요성에 대해 언급할 기회가 있을 것입니다.

■ 확실히 그래야겠지요. 어느 사이에 우리는 분기점-9와 '주시자'에 와 있군요. 그와 같은 '주시자'는 원인적 비현현非顯現과 어떻게 연관되는 것입니까?

● '주시자' 자체가 원인적 비현현입니다. 그것 자체가 순수한 '공'입니다. 그래서 만약 요가 수련을 통해 당신이 실질적으로 그 근원 속으로, 즉 이 '보는 자'의 순수한 '주체성' 속으로 계속 강도 높게 탐구해 들어간다면, 모든 객체와 주체들은 생겨나는 것을 전적으로 단순히 멈추게 될 것입니다. 그래서 그러한 것은 **니르비칼파 사마디**nirvikalpa-samadhi 혹은 **지멸선정**止滅禪定일 수 있습니다. 즉 하나의 실질적인 요가 상태, 하나의 독특한 자재적 상태(사실 그것은 분기점-9의 융합단계)일 수 있습니다. 이것은 순수한 **무형상** 신비주의입니다. 말하자면 모든 대상들, 지각되는 상태로서의 '신'마저도 지멸 속으로 사라지고, 그리하여 신성deity[유신론적 형상] 신비주의는 무형상[무신론적] 신비주의에 길을 양보합니다.

모든 가능한 대상들이 **아직 생겨나지 않고** 있기 때문에 이것은 순수한 '공'의 완전하게 **비현현**적인 상태입니다. 이 상태에서 당신이 실제로 "보는" 것은 무한한 무無이고, 그래서 이는 단순히 어느 객체나 어느 주체나 어느 시야나 어느 소리 속에 담기에는 그것이 너무나 '충만'하다는 것을 의미합니다. 그것은 전적으로 어떠한 현현에도 앞서는, 말하자면 주체나 객체에 앞서는, 현상에 앞서는, 홀론에 앞서는, 사물에 앞서는 그 어느 것에도 앞서는 순수한 의식, 즉 순수한 알아차림입니다. 그것은 절대적으로 무시간적, 무공간적, 무대상적입니다. 따라서 그것은 공간과 시간과 대상들의 한계와 제약으로부터 근본적으로 무한정 자유롭습니다. 그래서 그러한 단편적인 조각들에 내재된 고통으로부터 근본적으로 자유로운 것입니다.

꼭 그와 같이 독특한 요가적 방식으로 굳이 '주시자'를 추구할 필요는 없지만 그렇게 하면 성취될 수 있고, 그래서 그것은 '보는 자' 자체의 비현현의 근원을 적시하게 되는 것입니다. 이것이 바로 유식唯識 불교와 같은 수많은 전통에서는 '공空'과 '식識'[순수의식]을 단순히 똑같은 것으로 보고 있는 까닭인 것입니다. 우리는 그런 것에 관한 모든 전문적인 상세한 내용과 논지에 관여할 필요는 없지만 그 일반 요점—말하자면 '주시자' 자체, 순수의식 자체는 사물이 아니고 과정도 아니고 질質[속성]도 아니고 실체적 존재도 아니라는 것—은 곧 알 수 있습니다. 그것은 궁극적으로 무한정적인[속성을 부여할 수 없는] 것입니다. 그것은 궁극적으로 순수한 '공'입니다.

◘ 왜 그것은 굳이 "원인적"이라고 일컬어집니까?

◉ 왜냐하면 그것은 모든 하위적인 차원에 대한 토대이거나 원인이거나 창조적 기반이기 때문입니다. 우리는, 화이트헤드가 말했듯이, "궁극의 형이상학적 원리는 새로움을 향한 창조적 진보다"라는 사실을 알고 있음을 명심해야 합니다. 창조성은 우주의 기본 바탕의 일부입니다. 어떻게 해서든지 어떤 방식으로든지 기적적으로 새로운 홀론들이 창발합니다. 나는 '공'으로부터 나온다고 말합니다만 당신은 무엇이든 간에 얼마든지 당신이 원하는 바에 따라 그러한 창조적 바탕을 일컬을 수 있습니다. 혹자는 그것을 '신' 혹은 '여신', 혹은 도道, 혹

은 브라만, 혹은 케테르, 혹은 리그파Rigpa[86] 혹은 '법신法身' 혹은 마아트Maat[87], 혹은 '리理'라고 일컬을지도 모르지요. 보다 과학적으로 정향된 사람은, 얀치가 말하듯이, 단순히 우주의 "자기초월하는" 능력이라고 말하기를 선호하는 경향이 있습니다. 그래도 좋습니다. 아무런 문제가 없습니다. 요는 무엇인가 창발한다는 것이지요. 아주 놀랍지요!

공·창조성·홀론, 그리고 그러한 것이 바로 이 책의 1장에서 다룬 우리의 논의의 출발점이었습니다. 이러한 홀론들은 단수와 복수의 형태를 갖고서—4분면에서—주체와 객체로 생겨나게 되고, 또한 그것들은 20가지 원칙을 따르게 됩니다. 이는 단순히, 현현이 일어날 때 **그것이 드러내는 패턴**, 즉 '공'의 잠재력, 법신法身의 잠재력, '절대신성'의 잠재력의 한 패턴입니다. 그래서 20가지 원칙이라고 말하는 (홀론의) 패턴과 더불어 우리는 그 근원으로 회귀하는 홀론들의 진화적 추동에 의해 나아가는 것입니다.

그러한 패턴이 보다 깊숙한 깊이, 보다 큰 의식, 보다 큰 전개의 창조적 동인을 구현하게 하고, 그래서 그러한 전개는 궁극에 가서는 순수한 '공' 안에서 특유의 무한한 바탕 속으로 전개해가는 것입니다. 그러나 그러한 '공'은 그 자체가 어떤 창발물[창발적 피조물]이 아니며, 오히려 그것은 시간에 앞서 언제나 죽 상존常存해온 창조적 바탕이지만, 최종적으로는 그러한 '공'으로, 그러한 '영'으로, 즉 그러한 바탕이 없는 '바탕Ground'으로 깨어나게 하는 어떤 홀론들 안에서 스스로에 대해 투명해지게 됩니다.

86 마음의 가장 내밀한 본성을 가리키는 티베트어로, 불교의 진여자성眞如自性에 해당한다.

87 이집트신화에 나오는 정의와 진리의 여신. 태양신 라의 딸로, 머리에 새의 깃털을 꽂고 있는데 이 깃털은 저승에서 사자를 심판할 때 그의 혼의 무게를 다는 데 썼다.

순수한 '의식'으로서의 동일한 '공'은 모든 홀론의 내면적 심층으로서, 즉 형상들을 전부 다 벗어버리게 될 때까지 자신의 더 작은 형상들을 점차적으로 점점 더 벗어버리는 심층으로서, 항시 상존해왔습니다. 다시 말해 그 깊이는 무한으로 뻗쳐나가고, 그 시간은 영원으로 뻗쳐나가고, 그 내면의 공간은 전全 공간이고, 또한 그 작인作因은 '신성' 바로 그 자체입니다. 즉 '공'의 바탕, 경로, 결실입니다.

비이원적 영역

□ 그렇다면 이 원인적 비현현은 절대적인 종착점입니까? 이것은 시간의 끝, 진화의 끝, 역사의 끝입니까? 이른바 궁극의 오메가 포인트입니까?

○ 글쎄요. 수많은 전통에서 이 지멸의 상태를 궁극의 상태, 모든 발달과 진화의 최종점으로 간주하고 있지요. 그렇습니다. 그래서 이 최종 상태는 확철'대오'廓撤大悟, 궁극의 해탈[해방], 순수한 열반으로 동일시되고 있습니다.

그러나 그러한 것은 '비이원적' 전통에 따르자면 "최후의 이야기"가 아닙니다. 왜냐하면 당신이 '주시자'를 향해 탐구해 들어가서, 그리고 '주시자' 안에서 안식할 때 어느 시점에 오면 "여기에" 한 '주시자'가 존재한다는 느낌 그 자체마저 사라지고, '주시자'는 결국 곧 주시되어지고 있는 모든 것으로 판명되고 말기 때문입니다. 원인적인 것은 **비이원적**인 것the Nondual에 길을 양보하고, 무형상 신비주의는 비이원 신비주의에 길을 양보합니다. 바로 "색즉시공色卽是空, 공즉시색空卽是色"의 경지입니다.

보다 전문적으로 말하면 당신은 '주시자'와도 탈동일시하게 되고,

그러고 나서는 그것을 모든 현현하는 것과 통합한 것입니다. 다시 말해서 그것은 분기점-10으로 이르게 되는 분기점-9의 제2, 제3 소단계이지만, 이것은 정말로 별개의 분기점이나 수준이 아니라 모든 수준, 모든 상태, 모든 조건의 실재이거나 '진여眞如, Suchness'인 것입니다.

그래서 이것은 '공'에 대한 제2의, 그리고 가장 심오한 의미입니다. 다시 말해 그것은 '별개의 자재적' 상태가 아니라 오히려 **모든** 상태들의 실재, 모든 상태들의 '진여(자성)'입니다. 이제 당신은 원인적 영역에서 '비이원적' 영역으로 이동해온 것입니다.

■ '공'에는 두 가지 의미가 있다는 말씀이십니까?

● 네, 이는 매우 혼란스럽게 느껴질 수도 있습니다. 한편으로 우리가 보았듯이 그것은 인식의 별개의 자재적인 동일시가 가능한 상태입니다. 즉 비현현의 몰입이나 지멸止滅(니르비칼파 사마디, 아인, 즈나나 사마디, 니로다, 고전적 의미의 열반)입니다. 이것은 원인적 상태, 자재적 상태입니다.

두 번째 의미로는, '공'이란 단지 다른 상태들 가운데 어느 한 특정한 상태가 아니라, 오히려 모든 상태들의 실재나 여여如如나 조건이라는 것입니다. 그것은 다른 상태와 **동떨어진** 어떤 특정한 상태가 아니라 높거나 낮거나, 신성하거나 신성 모독적이거나, 평범하거나 특별하거나 한 모든 상태들의 실재나 조건입니다. 그림 9-1에서 우리는 '영'을 최고의 수준("원인적" 수준)과 모든 수준의 상존하는 '근본바탕Ground'("비이원")이라고 했음을 기억해야 합니다.

■ '공'의 자재적 상태에 대해서는 이미 논의했는데, 이제는 '비이원적' 상태에 대해 말씀해주시지요.

● 네, 이 비이원적 '진여'의 "체험"은 앞에서 논한 자연과의 일체성 체험과 유사하지만, 이제는 다만 이 일체성/통일성unity이 단지 저 밖

에 있는 조대적 '형상'과 체험되는 것일 뿐만 아니라 이 안에 있는 정묘적 '형상' 모두와 체험되는 것입니다. 불교적 용어로는 이것은 단지 화신化身—조대적 혹은 자연 신비주의—만이 아니고, 또 단지 보신報身—원인적 혹은 유신론적 신비주의—만이 아니고, 또한 단지 법신法身—원인적 혹은 무형상 신비주의—만이 아닙니다. 그것은 자성신自性身, 즉 그 세 가지 삼신三身 모두의 통합입니다. 그것은 자연 신비주의를 넘어서고, 신성[형상] 신비주의를 넘어서고, 무형상 신비주의를 넘어서는 것입니다. 말하자면 그것은 각각의 실재나 '진여'이고, 그리하여 그것의 포섭 속에 각각을 통합합니다. 그것은 의식의 전 스펙트럼을 포섭합니다. 즉 모두를 초월하면서 모두를 포함합니다.

◘ 한 번 더, 약간은 더 전문적이긴 하지만, 혹시 '비이원적' 신비주의에 대해 언급하는 보다 더 직접적인 방법이 있는 것은 아닌지요?

○ 전반적으로 통틀어서 어느 종류의 '보는 자'라거나 '주시자'라거나 '진아'라거나 하는 느낌이 모두 함께 사라집니다. 당신은 창공을 바라보지 않습니다. 당신이 바로 창공입니다. 당신은 창공을 맛볼 수 있습니다. 하지만 그것은 저 밖에 있는 것이 아닙니다. 선禪에서 말하고 있듯이 당신은 태평양을 단숨에 들이켜 마실 수도 있고, 온우주 전체를 삼킬 수도 있습니다. 정확하게 말하자면 알아차림/자각인식은 이 안에서 보고 있는 주체와 저 밖에서 보여지는 객체/대상으로 더 이상 분열되지 않기 때문입니다. 오직 순수하게 보는 것만이 있습니다. 의식과 그것의 표출은 불이不二입니다.

모든 것은 순간순간 계속 생겨나지만, 즉 전체 온우주Kosmos는 순간순간 계속 생겨나지만 아무도 그 현시顯示를 주시하고 있지 않습니다. 오직 현시, 즉 위대한 완성을 위한 자발적이고 찬란한 몸짓만 있을 뿐입니다. '주시자'의 순수한 '**공**'은 곧 주시되어지고 있는 모든 '**형상**'과 하나임이 드러나고, 그래서 그러한 것은 "비이원성"의 기본적인 의미 중 하나인 것입니다.

■ 다시 한 번 좀 더 구체적으로 설명해주실 수는 없겠습니까?

● 글쎄요. 당신이 '주시자'의 상태로 직접 들어가봄으로써만 알 수 있겠지요. 즉 순수하게 주시하고 있는 인식 속에 그냥 조용히 안식하는 것이지요. 당신은 보여질 수 있는 어떤 대상이 아니고, 즉 자연도 아니고 신체도 아니고 상념도 아니고, 오직 그와 같이 주시하며 깨어 있는 순수한 알아차림 속에 조용히 안식하고 있습니다. 그러면 당신은 그러한 주시하며 깨어 있는 인식에 대한 어떤 "감感"—자유감, 해방감, 거대한 팽창감—을 획득할 수 있습니다.

당신이 그러한 상태 속에 안식하고 있으면서 이 '주시자'를 거대한 팽창감으로 "감지하고" 있는 동안, 만약 그때 예컨대 당신이 산을 바라본다면 당신은 '주시자'에 대한 감과 산에 대한 감이 동일한 감이라는 사실을 알아차리기 시작할지도 모릅니다. 당신이 자신의 순수한 '자기'를 "느끼고" 당신이 산을 "느낄 때" 그 둘은 절대로 동일한 느낌인 것입니다.

다시 말하자면 현실세계는 당신에게—하나는 저 밖에, 하나는 이 안에—**이중**으로 주어져 있는 것이 아닙니다. 그러한 "이중성"은 정확하게 "이원성"이라는 의미입니다. 오히려 현실세계는 당신에게 즉각적으로 **한 번** 주어져 있는 것입니다. 말하자면 그것은 하나의 느낌이고, 그것은 일미一味를 지니고 있고, 그것은 그러한 일미 속에 지극히 충만하고, 그것은 보는 자와 보여지는 자, 주체와 객체, 단편 조각과 단편 조각으로 갈라져 있는 것이 아닙니다. 그것은 단수형이고 그것의 복수형은 알려져 있지 않습니다. 당신은 산을 맛볼 수 있고 그것은 당신 자신의 '자기'와 똑같은 맛이고 그것은 이 안에 반사되어 있는 저

밖에 있는 어떤 것이 아닙니다. 그러한 이원성은 현실적 체험의 즉각성 속에 있는 것이 아닙니다. 즉 현실적 체험은 당신이 그것을 분할하기 전에는 그러한 이원성을 포함하지 않습니다. 현실적 체험, 실재 자체는 "비이원적"입니다. 당신은 여전히 당신이고 산은 여전히 산입니다. 그러나 당신과 산은 하나의 양면이고, 동일한 체험이고, 이것은 그 순간에 하나이며 유일한 실재입니다.

그러한 양상으로 당신이 현재의 체험 속으로 녹아든다면 분리된 자기감은 느슨하게 풀릴 것이고, 당신은 삶에서 뒤로 주춤 물러서는 것을 멈출 것입니다. 당신이 체험을 하게 되는 게 아니고 갑작스레 당신이 곧 모든 체험이 될 것입니다. 당신은 그저 "저 밖을" 바라보며 "이 안에" 있게 되지만은 않을 것입니다. 한마디로 이 안과 저 밖은 하나이고, 그래서 당신은 더 이상 "이 안에" 갇혀 있는 게 아닙니다.

그리하여 돌연히, 당신은 심신心身 속에 있지 않습니다. 돌연히 심신이 탈락되어버립니다. 돌연히 바람이 당신에게 불어오지 않고, 그것은 당신을 통하여 당신 안에서 붑니다. 당신이 산을 바라보고 있는 게 아니라 당신이 곧 산입니다. 즉 산은 당신 자신의 피부보다도 당신에게 더 근접해 있습니다. 당신이 곧 **그것이고** 그래서 당신이란 존재는 **없습니다.** 그것은 오직 순간순간 자발적으로 생겨나는 이러한 전체의 찬란한 현시全顯示일 뿐입니다. 분리된 자기는 아무 곳에도 찾아볼 수 없습니다.

당신이 '온우주' 속에 있는 게 아니고 '온우주'가 당신 속에 있고 당신이 곧 순수한 '공'이기 때문에 온우주 전체의 "중량감"은 모두 함께 떨어져 나갑니다. 전체 우주는 '절대신성'의, 즉 원초적 '순수성'의 투명한, 희미하게 비치는 빛입니다. 그렇지만 '절대신성'은 어떤 다른 곳에 있는 것이 아니라, 바로 이 희미하게 비치는 빛의 모든 것입니다.

그것은 스스로 보여지고, 또 그것은 '일미'를 지니고 있습니다. 그것은 그 밖의 다른 아무 데도 없습니다.

■ 주체와 객체는 비이원적입니까?

● "한 손으로 손뼉 치는 소리가 무엇인가?"라는 선禪의 공안公案을 알고 있겠지요? 물론 언제나 우리는 손뼉을 치기 위해 두 손을 필요로 하지요. 그리고 그러한 것이 전형적인 체험의 구조입니다. 우리는 이 안의 주체로서의 우리 자신의 자기감을 갖고 있고, 저 밖의 대상/객체로서의 세계를 갖고 있습니다. 우리는 이러한 체험의 "두 손", '주체와 객체'를 갖고 있습니다. 그래서 전형적인 체험이란 곧 하나의 요동, 하나의 소리를 만들어내기 위한 이러한 두 손 모두의 충돌입니다. 저 밖의 객체는 주체로서의 나에게 충돌하고 그래서 나는 하나의 체험을 합니다. 두 손이 함께 손뼉 치고 나서 체험이 새로 생겨납니다.

그러므로 체험의 전형적 구조는 안면에 한 방의 주먹을 날리는 것과 같습니다. 보통의 자기는 난타당한 자기입니다. 그것은 "저 밖의" 우주에 의해 완전히 난타당합니다. 보통의 자기는 일련의 타박상, 일련의 상흔, 즉 함께 충돌하는 이러한 두 손의 체험의 산물입니다. 이 타박상은 "두카duhkha" 즉 고苦[번뇌]라고 일컬어집니다. 크리슈나무르티가 곧잘 말하곤 했듯이, 주체와 객체 사이의 간격 속에 인류의 전체 고통이 놓여 있는 것입니다.

그러나 비이원 상태와 함께, 갑작스레 두 손이 없어집니다. 돌연히 주체와 객체는 곧 한 손입니다. 돌연히 당신 외부로부터 당신에게 충돌하려는, 당신에게 타박상을 입히려는, 당신에게 고통을 주려는 것은 아무것도 없습니다. 돌연히 당신은 어떤 체험도 **하지** 않습니다. 당신이 곧 생겨나는 모든 체험이고, 그래서 당신은 모든 공간 속으로 순간적으로 해방됩니다. 당신과 전체 온우주는 위대한 완성을 가져온 하나의 손, 하나의 체험, 하나의 현시, 하나의 동작입니다. 당신 밖에는 당신이 원하거나 요구하거나 추구하거나 붙잡을 수 있는 것은 아무것도 없습니다. 말하자면 당신의 영혼은 우주의 모든 코너로 확장하고 무한한 희열로 모든 것을 포섭합니다. 당신은 아주 완전하게 '충만'하고 아주 완전하게 '포화'되는데, 너무나 충만하고 너무나 포화되어서 '온우주'의 경계는 완전히 폭발하여 날짜나 기간, 시간이나 위치가 없이 무한한 보살핌의 대양 속에 씻기어지도록 당신을 내버려둡니다. 당신은 '전체자the All'로서 '전체자' 속으로 해방되어집니다. 당신은 스스로 보여지는 찬란하게 빛나는 '온우주'이고, 당신은 '일미一味'의 우주이고 그 맛은 아주 절대적으로 무한합니다.

그렇다면 한 손으로 손뼉 치는 소리란 무엇입니까? '일미'의 맛은 무엇입니까? **당신 밖에는** 당신을 때릴 수 있는, 당신을 상하게 할 수 있는, 당신을 밀 수 있는, 당신을 당길 수 있는 것이 **아무것도 없을** 때, 한 손으로 치는 손뼉 소리는 도대체 무엇입니까?

산 위에서 비추는 햇빛이 보입니까? 시원한 미풍이 느껴집니까? 완전하게 명백하지 않은 것은 무엇이지요? 이미 깨달음을 성취하지 않은 자는 누구지요? 한 선사禪師가 말했듯이, "내가 종이 울리는 소리를 들었을 때, 거기에는 나도 없고 종도 없고 다만 종소리만 있었다"는 거지요. 즉각적 체험에는 두 번이란 것도 없고 두 개란 것도 없지요! 안쪽도 없고 바깥쪽도 없고, 주체도 없고 객체도 없습니다. 다만 오직 즉각적 알아차림 그 자체, 한 손으로 손뼉 치는 소리뿐이지요.

그렇다면 당신은 투명한 창의 이쪽에서 저 밖에 있는 '온우주'를 바라보면서 이 안에 있는 것이 아닙니다. 투명 유리창은 산산이 부서졌고, 당신의 심신은 탈락되고, 당신은 그 같은 속박에서 영원히 자유롭고, 당신은 더 이상 "당신의 얼굴 뒤에서" '온우주'를 바라보고 있는 것이 아닙니다. 단순하게 말해 당신이 곧 온우주입니다. 당신은 그러한 모든 것입니다. 정확히 말하자면, 이것이 바로 당신이 '온우주'를 삼킬 수 있고 수세기를 가로지를 수 있어도 아무것도 전혀 움직이지 않는 까닭인 것입니다. 이와 같이 한 손으로 치는 손뼉 소리는 '빅뱅'이 만들어내는 소리입니다. 그것은 우주 공간에서 폭발하는 초신성超新星의 소리입니다. 그것은 앵무새가 노래하는 소리입니다. 그것은 수정같이 맑은 날의 폭포 소리입니다. 그것은 현현하는 전체 우주의 소리입니다. 그래서 당신이 바로 그 소리입니다.

이것이 바로, 당신의 '본래면목本來面目'이란 '이 안에' 있는 어떤 것이 아닌 까닭인 것입니다. 그것은 가장 순수한 '공'이나 이 희미하게 빛나는 현시顯示의 투명성입니다. '온우주'가 생겨나고 있다면 당신이 바로 그것입니다. 아무것도 생겨나지 않아도 당신이 바로 그것입니다. 어느 경우든지 당신이 바로 그것입니다. 어느 경우든지 당신은 이 안에 있는 것이 아닙니다. 창문은 산산조각 부서져버렸습니다. 주체와 객체 사이의 간극은 사라져버렸습니다. 어느 곳에서나 찾아질 수 있는 두 번이란 것도 없고 두 개란 것도 없습니다. 세계는 결코 당신에게 **두 번** 주어지지 **않고** 다만 언제나 오직 **한 번**만 주어집니다. 그래서 당신이 바로 그것입니다. 당신이 바로 그 '일미一味'입니다.

이러한 상태는 당신이 **초래시킬 수** 있는 어떤 것이 아닙니다. 이 비이원 상태, '일미'의 이 상태는 당신이 그것을 분할하기 **전의** 모든 체험의 진정한 본성입니다. 이 '일미'는 노력을 통해 당신이 초래시킬 수 있는 어떤 체험이 아니고, 오히려 당신이 그것에 어떤 것을 하기 **전의** 모든 체험의 실질적인 조건입니다. 획책되어 이루어진 것이 아닌 이런 상태는 노력을 앞서고, 파악을 앞서고, 회피를 앞서는 것입니다. "그것을 비이원적으로 보기" 위한 노력을 포함하여 당신이 그것에 어떤 것을 하기 **전의** 그것이 바로 실재의 세계입니다.

그러므로 당신은 알아차림/자각인식에 대해서나 체험에 대해서 그것을 비이원적으로 만들기 위해 특별히 어떤 것을 해야 할 필요가 없습니다. 그것은 비이원으로 출발하며 그것의 진정한 본성은—어떠한 파악도 노력도 획책도 앞서는—비이원입니다. 만약 노력이 생겨도 좋고, 노력이 생기지 않아도 좋습니다. 어느 경우든 노력과 무노력을 다 같이 앞서는 오직 '일미'의 즉각성만 있습니다.

그렇다면 이것은 분명 들어가기가 어려운 어떤 상태가 아니고, 오히려 피하기가 불가능한 상태인 것입니다. 그것은 언제나 그래왔습니다. 당신이 '일미'를 체험하지 않았던 순간은 결코 있은 적이 없습니다. 말하자면 그것은 전체 '온우주' 내에서 유일하게 불변하는 것이고, 그것은 모든 실재 속의 유일한 실재입니다. 1000조 년 동안 단 1초도 당신이 이 '일미'를 알아차리지 않은 적이 결코 없었고, 극지極地의 대기 중의 일진 돌풍과도 같이 당신의 '본래면목' 속에 '일미'가 직접 있지 않았던 적은 단 1초도 결코 없었다는 것입니다.

물론 우리는 이것에 대해 자주 우리 자신을 속여왔고, 우리는 이것에 대해, 즉 '일미'의 우주, 한 손으로 치는 원초적 손뼉 소리, 우리 자신의 '본래면목'에 대해 흔히 진실성이 없이 지내왔습니다. 그리고 비이원적 전통은 이런 상태를 야기하지 않도록 하는 데 목표를 두지만 그러한 것은 불가능하므로, 대신 당신이 더 이상 그것을 무시하지 않고 당신이 정말로 누구라는 것에 대해 더 이상 당신 자신에게 거짓말하지 않도록 단순히 **그것을 당신에게 적시하는 데** 목표를 두는 것입니다.

◘ 그렇다면 이것은, 즉 이 비이원적 상태는 심신의 이원성, 좌측과 우측의 이원성을 포함하는 것입니까?

○ 네, 그렇습니다. 원초적 상태는 이원적 '형상'의 전체 세계를 앞서지만 그렇다고 그것과 다른 어떤 것이 아닙니다. 그러므로 그러한 원초적 상태에서는 주체와 객체도 없고, 내면과 외면도 없고, 좌측과 우측도 없습니다. 그러한 모든 이원성들은 **계속하여 생겨나지만** 그것들은 상대적 진리이지 절대적이거나 원초적 진리 자체는 아닙니다. 원초적 진리는 종소리가 울리는 것이고 상대적 진리는 "나"와 "종", 마음과 육체, 주체와 객체입니다. 그것들은 확실히 어떤 상대적 실재성을 지니고 있지만 에크하르트Johannes Eckhart[88]가 말하듯이, 그것들은 최종적인 언어가 아닙니다.

따라서 그러한 상대적 이원론 내에 내재된 딜레마는 상대계相對界 자체에서는 해결될 수 없습니다. 당신이 "나" 혹은 "종"에 할 수 있는 그 어떤 것으로도 그것들을 하나로 만들 수는 없습니다. 당신은 오로지 종소리가 울리기 전으로, 체험 자체의 직접성 속으로 들어가서만 편히 쉴 수 있고 그 경지에서는 딜레마가 생기지 않습니다. 그것은 해결된 것이 아니라 녹아내린 것입니다. 그래서 주체를 객체로 혹은 객체를 주체로 환원시킴으로써가 아니라 각각은 단지 부분적인 반사에 지나지 않는 그 원초적 바탕을 깨닫게 됨으로써 그렇게 되는 것입니다.

이것이 바로 그러한 이원론들에 **내재된**—이를테면 마음과 신체, 마음과 두뇌, 의식과 형상, 마음과 자연, 주체와 객체, '좌측'과 '우측' 사이의—딜레마들은 상대계에서는 **해결될 수 없는 까닭**인 것입니다. 그래서 이것이 곧 그러한 문제는 종래의 철학에 의해서는 결코 해결된 적이 없는 까닭인 것입니다. 문제는 해결되어지는 것이 아니라 오히려

88 1260~1328, 중세 독일의 도미니크 교회의 위대한 신비주의 신학자. 동양의 힌두와 불교의 신비사상과 유사한 범신론적 경향으로 인하여 사후에 이단 선고를 받았다.

원초적 상태 속에서 녹아버립니다. 그렇지 않으면 이것은 그것들 특유의 영역에서는 충분히 실재이지만 절대적이지는 않는 분명 어떤 관습적이거나 상대적인 실재성을 소유하면서, **그들이 지니고 있는 바 그대로의 이원론들을 남겨둡니다.**

순수한 현존의 즉각성

◘ 비이원성을 인정하는 정통 혹은 주류 서양 철학자들이 혹시 있습니까?

◉ 나는 언제나 윌리엄 제임스William James와 버트런드 러셀Bertrand Russell 두 석학 모두 이 결정적으로 중대한 논제, 즉 즉각적 알아차림 인식의 원초성에 있어서 주체와 객체의 비이원성에 동의했다는 사실이 아주 흥미진진하다는 것을 발견하곤 했습니다. 내 생각으로는 이것은 매우 재미있는 일이라고 보는데, 이러한 [아주 상이한 철학적 성향의] 두 석학이 일치하고 있는 어떤 점을 발견할 수 있다면 그것은 분명 '신'으로부터 직접 오는 것이 틀림없고, 그렇다면 나는 우리가 어떤 확신을 갖고서 비이원성을 포섭할 수 있다고 보기 때문입니다.

러셀은 그의 위대한 저서 《서양철학사A History of Western Philosophy》의 마지막 장章들에서 이것에 대해 언급하고 있는데, 거기서 그는 윌리엄 제임스의 "근원적 경험주의radical empiricism"의 개념에 대해 논하고 있습니다. 지금 우리는 이러한 용어의 사용에 매우 조심해야 하는데, "경험주의"란 단지 감각적 체험만을 의미하는 것이 아니고 어느 영역에서건 체험 그 자체를 의미하기 때문입니다. 그것은 즉각적인 파악, 즉각적인 체험, 즉각적인 알아차림을 의미합니다. 그래서 윌리엄 제임스는 이 순수한 비이원적 '즉각성'은 말하자면 실재의 "기본적인 질료stuff"라는 것을, 그래서 주체와 객체, 마음과 신체, 내측과 외측 양쪽 모두 다 유도된 것이거나 부차적인 것이라는 사실을 논증하는 데 착수했던 것입니다. 그것들은 말하자면 궁극적 실재인 직접성의 일차적 속성 뒤에 생겨나고 또 그 뒤에 나타난다는 것입니다.

그래서 러셀이 제임스를 이러한 비이원적 입장을 개진한 최초의 "주류인" 혹은 "공인된" 철학자로 인정한 것은 매우 옳습니다. 물론 신비적이거나 정관/명상적 전통의 현자들이 사실 거의 모두 다 이것에 대하여 수천 년간 말해왔었습니다. 그러나 제임스의 불후의 공로는 그가 주류 속으로 그것을 끌어들여 논란을 초래하도록 하였고…… 그리고 그 과정에서 그것의 진리성에 대하여 러셀을 확신시켰던 것입니다.

제임스는 〈**'의식'은 존재하는가?**Does 'Consciousness' Exist?〉라는 한 글에서 이 비이원적 개념을 소개한 바 있습니다. 그리고 그는 의식은 존재하지 않는다고 답하였는데, 이는 많은 사람들을 혼란스럽게 했습니다. 그러나 그의 관점은 단순히, 만약 당신이 의식을 매우 신중하게 바라본다면, 그것은 어느 한 사물도 아니고, 어느 한 객체도 아니고, 어느 한 실체도 아니라는 것입니다. 당신이 아주 신중하게 바라본다면 당신은 의식이란 단순히 그것이 무엇이건 간에 즉각적으로 생겨나고 있는 것과—예컨대 산(과의 비이원성)에 대한 논의에서 본 바와 같이—하나라는 사실을 알 수 있을 것입니다. 주체로서의 당신이 객체로서의 산을 보는 것이 아니라 오히려 당신과 산은 현실적 체험의 즉각성 속에 하나라는 것입니다. 그렇다면 그러한 의미에서 주관적 실체로서의 의식은 존재하지 않습니다. 그것은 분리된 어떤 다른 것에 대한 체험을 지니고 있는 분리된 어떤 것이 아닙니다. 오직 체험의 즉각적 속성 속에 '일미一味'만 있습니다.

그러므로 순수한 체험은 내부와 외부로 분열되어 있지 않습니다. 그것에 관한 한 두 번이란 것도 없고, 두 개란 것도 없습니다! 제임스가 특징적으로 언급하듯이, "내가 믿기로는 '체험'은 그와 같은 내면적 이중성二重性을 갖고 있지 않다"는 것입니다.

그래서 **이중성**이란 "두 개라는 것"과 "거짓"이라는 양쪽 의미를 모두 갖고 있음을 주목해야 합니다. **체험의 두 개라는 것은 곧 근본적인 거짓말**, 원초적으로 진실하지 않은 것, 무지와 기만의 시작, 난타된 자기의 시작, 윤회의 시작, 무한성의 심장부에 기식하는 거짓말의 시작을 의미합니다. 개개의 모든 체험은 바로 있는 그대로의 '일미'로 일어납니다. 말하자면 그것은 주체와 객체로 파단破斷되고 분열되어 일어나지 않습니다. 그러한 분열, 그러한 이중성은 거짓말, 근본적인 거짓말, 원래의 비진실성인 것입니다. 그래서 "왜소한 자기", 난타당한 '자기', 그 자신의 고통 받는 형태로 '본래면목'을 숨기는 '자기'입니다.

선禪의 대학자인 스즈키 다이에쓰D. T. Suzuki가, 제임스의 근원적 경험주의(혹은 비이원 경험주의)는 서양이 도달한 '무심'이나 '공'의 경지에 가장 근접한 것이었다고 말한 것은 별로 이상한 일이 아닙니다. 그것은 아마 너무 대담한 표현일는지 모르지만, 당신은 그 요점을 파악할 수는 있습니다.

러셀은 어쩌면 위대한 정관/명상적 철인현자들—예컨대 플로티노스에서 아구스티누스, 에크하르트, 셸링, 쇼펜하우어, 에머슨에 이르는 철인들—이 이미 이러한 주체/객체의 이원성을 해결하거나 해소했다는 사실에 되레 과문했던 것입니다. 그러나 그 같은 오해만을 제쳐둔다면, 러셀은 제임스의 위대한 성취를 매우 분명한 어조로 소개하고 있습니다.

이 논문 [<'의식'은 존재하는가?>]의 주요 목적은 주체-객체의 관계가 근본적이라는 것을 부인하는 데 있었다. 그 당시까지는, 아는 자 혹은 주체인 하나의 실체는, 알려진 것 혹은 객체인 또 다른 실체[체험의 "두 손"]를 인식하게 되는 "앎"이라고 부르는 일종의 '생겨남'이 있다는 것이 철학자들에 의해 당연한 것으로 받아들여졌다. 아는 자는 마음이나 영혼으로 간주되었고, 알려진 객체는 물질적 대상, 영원한 본질, 아는 자와 똑같은 또 다른 마음이거나 혹은 자기-의식 속에 있을 수 있다는 것이다. 공인된 철학에서 다루는 거의 모든 것은 주체와 객체의 이원론에 얽매어져 있다. 마음과 사물의 구별, "진리"에 대한 전통적 관념 모두는 만약 주체와 객체의 구별이 근본적인 것으로 받아들여지지 않는다면 철저하게 재고되어야 한다.

이렇게 온건하게 기술하고 나서, 러셀은 덧붙이기를 "나로서 말할 것 같으면 제임스는 이 문제에 있어서 옳았고, 철학자들 가운데 높은 위치를 부여할 가치가 있을 정도로 그는 홀로 이러한 바탕 위에 서 있음을 확신하고 있다"라고 부언하고 있습니다.

◘ 그렇다면 그들 둘 다 비이원성을 일별한 셈이로군요.

◉ 네, 그렇다고 생각합니다. 최소한 비이원성을 가볍게 일별하는 것은 꽤 쉬운 일입니다. 대개의 사람들은 우리가 조금 전에 그랬듯이 "그것에 관해 이야기"할 수 있고 최소한 그것에 대해 약간은 맛볼 수 있습니다. 그리고 내 생각에는 이것이 바로 윌리엄 제임스가 버트런드 러셀과 함께 개인적으로 그렇게 했던 것이고, 이것은 러셀 자신이 발표한 것이기도 합니다. 그런 직후에 그는, "나는 제임스가 그 문제에 관한 한 옳았다는 것을 확신한다"라고 말하고 있습니다. 계속해서 러셀은 "그가 자신의 학설의 진리에 대해 나를 설득하기 전까지는 그

렇게 생각하지 않았었다"라고 덧붙이고 있습니다. 내 생각으로는 제임스는 그것에 대해 곧장 그에게 단도직입적으로 적시했다고 봅니다! 산이 보이지요! 어디에 당신의 마음이 있나요? 마음과 산…… 비이원이지요! 라고 말입니다.

◘ 그렇다면 그들은 '선禪'의 경지를 맛보게 되었다는 것인가요? '비이원'의 맛 말입니다!

○ 글쎄요. 비이원에 대한 어렴풋한 기미氣味, 맛봄, 힌트 정도겠지요. 이러한 정도는 포착하기가 아주 쉽지요. 그렇지만 '비이원' 전통에서는 **이것은 단지 시작에 불과합니다.** 당신이 순수하게 즉각적인 것이나 순수한 자유의 꾸밈없는 자연스러운 상태 속에 안식하게 되면서 불가사의한 일이 생기기 시작합니다. 당신이 그 이전까지 **동일시해온** 주관적인 성향의 모든 것들, 보는 자와 보이는 것 사이의 간격이 벌어져 있도록 붙잡아온 그러한 모든 하찮은 자기들과 주체들, 그런 것들 모두는 비이원성의 자유 속에서 불살라지기 시작합니다. 그런 것들 모두는 비명을 지르며 표면으로 올라와서는 죽어 없어지고, 그래서 이것은 매우 흥미 있는 기간일 수 있습니다.

당신이 '일미'의 이 원초적 자유 속에 안식하게 되면서 당신은 더 이상 이러한 주관적인 성향들에 따라 행동하지 않고, 그래서 기본적으로 그것들은 권태로 인해 사라져버리지만 그래도 그것은 엄연히 한 죽음인지라, 그래서 이러한 해방으로 인한 죽음의 가르랑대는 소리는 매우 강렬해집니다. 당신은 붙잡고 있거나 혹은 가버리게 하거나 하는 것을 제외하고는 실제로 아무것도 할 필요가 없는데 그런 것들 양쪽 다 부질없는 짓입니다. 그것은 모두 원초적 자유의 광대한 확장에 의해 자발적으로 달성됩니다. 그러나 당신은 여전히 살아 있는 채로 불살라지고 있고, 정말 이것은 미소가 없이도 당신이 가질 수 있는 분명 가장 큰 희열인 것입니다.

근본적으로 무슨 종류의 체험을 겪게 되든지 간에 아무 상관이 없습니다. 말하자면 단순하고 자연스럽고 비이원적이고 꾸밈없는 상태는 체험을 앞서고 이원성을 앞서므로, 그래서 그것은 무엇이 일어나든지 간에 모두 다 아주 기꺼이 포용합니다. 그렇지만 이상한 일들이 일어나게 되면서, 당신은 상당히 얼마 동안은 "무수고적 수고"의 상태로 머물러야 하는데, 그래서 이러한 사소한 죽음들을 끊임없이 소멸시켜야 하고, 그리고 이것은 바로 진정한 [일미] 수행이 매우 중요하게 되는 경지인 것입니다.

깨달음

■ 선생님은 비이원성이 이원론을 그것 특유의 수준에서는 거부하지 않는다고 말씀하셨지요.

○ 아니지요. 그렇게 보면 핵심을 완전히 놓치는 겁니다. 이러한 이원론들—주체와 객체, 내부와 외부, '좌측'과 '우측' 사이의 이원론—은 여전히 생겨날 것이고, 또 생겨나게 **되어 있습니다**. 그러한 이원성들은 현현顯現의 참다운 기제입니다. '영'은, 즉 실재의 순수한 즉각적 '진여眞如, Suchness'는, 주체와 객체로, 그리고 단수와 복수의 형태 양쪽 모두로 현현합니다. 다시 말해 '영'은 4분면 모두로 현현합니다. 그래서 우리는 그러한 분면들을 단순히 증발시켜 없애버리게끔 되어 있는 것이 아닙니다. 그것들은 '영'이 현현하는 찬란한 장관입니다.

그러나 우리는 그것들을 통하여 그것들의 '원천Source', '진여'를 들여다보게 되어 있습니다. 이 '일미'는 모든 수준, 모든 분면, 모든 현현들로 스며들어가야 합니다. 그리고 바로 이것이야말로 세상에서 가장 간단한 일이므로 그것은 곧 가장 어려운 일이기도 합니다. 이 무수고의 수고는 대단한 불굴의 인내력, 대단한 수행, 대단한 성실성, 대단한 진실성을 필요로 합니다. 그것은 깨어 있는 상태, 또 꿈꾸는 상태, 또 한 꿈이 없는 깊은 수면 상태를 통하여 추구되어야 합니다. 그리고 이것이야말로 우리가 '비이원' 학파들의 수행의 정수를 받아들이는 경지인 것입니다.

■ "깨달음"은 이러한 학파들에서 어떤 별다른 의미를 지니고 있습니까?

● 네, 어느 의미에서는 그렇습니다. 이 "깨달음[견성오도見性悟道, 확철대오]"의 상태에 대해서는, 우리가 논의한 "공"에 대한 두 가지 다소 상이한 의미에 상응하는 다소 상이한 두 학파가 있습니다.

첫 번째 전통에서는 원인적 혹은 비현현의 몰입 상태(니르비칼파, 니로다, 아인)를 패러다임으로 삼습니다. 그런 상태는 매우 현저하고 매우 자재적이고 매우 식별이 용이한 상태입니다. 그래서 만약 당신이 깨달음을 지멸의 상태와 동일시한다면, 당신은 어떤 사람이 "확철대오"했는지 아닌지에 대해 매우 분명하게 말할 수 있습니다.

일반적으로 상좌부Theravadin 불교 전통과 상카야Samkhya 요가 학파에서와 같이 당신이 이러한 비현현의 몰입 상태에 들어갈 때마다 어떤 끈질긴 번뇌와 무지의 근원이 소멸되어버립니다. 당신이 이 상태로 완전하게 들어갈 때마다 매번 이러한 번뇌가 더 많이 소멸되어버립니다. 그래서 이러한 입정入定의 어떤 회수와 형식을—흔히 4회 정도—거친 후에는 당신은 태워버려야 할 것이 있는 모든 것을 태워 없애버렸고, 그래서 당신은 이 상태 속으로 마음만 먹으면 들어갈 수 있고 거기에 영구히 남아 있을 수 있습니다. 당신은 영구히 열반에 들 수 있고, 당신의 경우에 있어 윤회는 더 이상 일어나는 것을 그칩니다.

[당신에게는] '형상'의 전 세계[색계色界 전체]가 생겨나기를 그칩니다.

그러나 '비이원' 전통들에서는 그리한 것을 그들의 목표로 삼지 않습니다. 그들은 흔히 그러한 상태를 사용하고 종종 그것에 통달할 것입니다. 그러나 보다 중요한 점은 이러한 종파 학파들—이를테면 베단타 힌두교와 대승불교와 금강승불교[탄트라밀교]—에서는 '진여'의 '비이원' 상태를 적시하는 데 보다 더 많은 관심을 두고 있습니다. 이것은 자각인식의 어떤 자재적인 상태가 아니라 **모든 [의식의] 상태들**의 바탕이나 공의 조건인 것입니다. 고로 그들은 '형상'(혹은 윤회)의 세계[색계]와 동떨어진 '공'을 찾는 데는 그다지 별로 관심이 없지만, 반면에 오히려 '형상'이 계속하여 생겨난다 할지라도 모든 '형상'을 포섭하는 '공'을 찾는 데 보다 큰 관심이 있습니다. 그들에게는 열반과 윤회, '공'과 '색'이 불이不二인 것입니다.

그래서 이것은 만사를 변화시킵니다. 원인적 전통에서 당신은 한 개인이 그러한 자재적 상태 속에 들어 있는 때를 매우 명확하게 말할 수 있습니다. 그것은 명백하고 결코 실수할 수 없는 것입니다. 그러므로 말하자면 당신은 당신의 깨달음에 대한 척도가 분명하게 새겨진 막대자를 갖고 있는 셈입니다.

그러나 '비이원적' 전통에서는 흔히 당신은 수련의 아주 초기에 '비이원적' 상태로의 신속한 입문을 위한 지도를 받게 됩니다. 스승은 당신의 알아차림/자각인식 중에 **이미** 비이원적인 바로 그 부분을 단순하게 지적할 것입니다.

■ 얼마나 정확히 그렇게 할 수 있습니까?

● 우리가 '주시자'에 대해 언급하고 있던 때와, 그리고 내가 "당신에게" 그것에 대한 일별에 대해 얼마간 "언급했던" 때와 아주 비슷하지요. 혹은 더 나아가 당신과 산의 비이원적 '일미'와도 아주 흡사하지

요. '비이원적' 전통들은 엄청나게 방대한 양의 "적시하는 교시教示"들을 갖고 있는데, 여기서 그들은 당신의 자각인식 속에서 **이미** 일어나고 있는 것을 여하튼 그냥 단순히 지적할 뿐입니다. 당신이 겪은 모든 체험은 당신이 그것을 깨닫든 그렇지 못하든 간에 **이미** 비이원적입니다. 그러므로 당신은 이러한 비이원성을 발견하기 위하여 **당신의 의식 상태를 변화시킬** 필요가 없습니다. 비이원성은 모든 상태에 완전하게 존재하기 때문에 당신이 지닌 어떠한 의식의 상태도 그대로 괜찮다는 말입니다.

그래서 **상태의 변화**는 '비이원적' 전통에서의 요점이 아닙니다. 인정하는 것이 곧 핵심입니다. 언제나 이미 그러한 것에 대해 인정하는 문제입니다. 상태의 변화는 아무 쓸모 없고 정신을 산만하게 할 뿐입니다.

그렇게 되면 당신은 언제나 이미 그러한 이 비이원적 상태에 대한 입문의 맛을, 그것에 대해 적시하는 것을 종종 맛볼 수 있을 것입니다. 앞에서 언급했듯이 내가 생각하기에는 이것은 정말 윌리엄 제임스가 미미한 방식이나마 버트런드 러셀과 맛보았던 정확히 바로 그것입니다. 즉각적인 자각인식을 밀착하여 바라보게 되면, 주체와 객체는 실로 하나이고, 사실 이미 하나이고, 그래서 당신은 단순히 그것을 그렇다고 인정할 필요만 있습니다. 당신이 굳이 이러한 것을 보게 하는 어떤 특별한 상태를 기술적으로 만들어낼 필요는 없습니다. '일미'는 이미 어떠한 상태이건 그 본성이므로, 그러니만치 어떠한 의식 상태라도 괜찮다는 말이지요.

◘ 그것은 단순히 지적해내는 거로군요.

◉ 그렇지요. 당신은 필경, "이 바다 그림 속에는 15명의 미국 대통령이 숨겨져 있습니다. 당신은 15명 모두를 집어낼 수 있습니까?"와 같은 어떤 신문 퍼즐 게임을 본 적이 있지요? 바로 그런 것입니다.

■ 코미디언 구이도 사두치Guido Sarducci 신부가 말한 우스갯소리 중에는 "피자 속에 있는 교황을 찾으시지요"와 같은 것들도 있습니다만…….

● 이러다 큰일 나겠군요! 그만하고, 완전히 드러내놓고 늘 모욕을 당하곤 하는 대통령들 얘기에만 국한하는 게 좋겠군요.

이러한 게임들에서의 요점은, 당신이 모든 얼굴들을 똑바로 바라보고 있다는 것입니다. 당신은 의식 안에 필요로 하는 모든 것을 이미 다 갖고 있습니다. 당신은 해답을 똑바로—대통령의 얼굴들을 똑바로—바라보고 있지만 당신은 그들을 식별해내지 못합니다. 어떤 다른 사람이 다가와서 그들을 지적해내고, 그러면 당신은 자신의 이마를 치며 말할 것입니다. 맞아요, 물론 나도 그것을 똑바로 바라보고 있었지요.

'일미'의 비이원적 상태와 똑같은 것이지요. 당신은 지금 이 순간 그것을 똑바로 바라보고 있습니다. '비이원적' 상태의 단 하나의 사소한 모든 것까지도 지금 이 순간 완전하게 당신의 자각인식 속에 있습니다. 그것에 대한 모든 것이지요. 그 대부분이 아니라 절대적으로 그 모든 것이 지금 이 순간 당신의 자각인식 속에 있습니다. 당신은 단지 그것을 분간해내지 못할 뿐입니다. 그리하여 어떤 다른 사람이 다가와서 그것을 단순히 지적해내고, 그래서 당신은 이마를 치면서 말하겠지요. 맞아요, 물론 나도 그것을 지금껏 똑바로 바라보고 있었지요.

■ 그러면 이런 것이 수련 중에 일어납니까?

● 네, 때로는 시작하자마자 곧바로, 때로는 약간은 진도가 나가다가 일어나지요. 그러나 이러한 깨우침의 전달은 매우 중요하지요.

그렇지만 우리가 논의하고자 했던 중점은 다름 아니라, 이러한 '비이원적' 상태는 곧 어느 [의식] 상태이든지, 그리고 모든 상태의 본성이거나 여여이기 때문에—이러한 '공'은 무슨 '형상[색]'이 생겨나든지 간에 그것과 하나이기 때문에—'색계'[형상의 세계]는 계속하여 생겨나게 되고, 그래서 당신은 계속하여 '형상'에 연관될 것이란 말이지요. 당신은 그것으로부터 벗어나려고 애쓰지도, 떠나려고 애쓰지도, 혹은 그것을 정지시키려고 애쓰지도 않을 것입니다. 당신은 그 속으로 완전히 들어가게 될 것입니다.

그래서 '형상'은 계속하여 생겨날 것이므로 당신은, "자, 나는 완전하게 깨달았다[확철대오했다]"라고 말할 수 있는 경지인 **종착점에는 결코 있을 수 없습니다.** 이러한 전통들에서 '깨달음'[견성오도見性悟道]이란 생겨나고 있는 새로운 '형상'들의 계속 진행 중에 있는 과정 자체이고, 그래서 당신은 '공'에서 나온 '색'[형상]으로서 그것들과 연관됩니다. 당신은 이러한 모든 '형상들'이 생겨날 적에 그것들과 하나인 것입니다. 그래서 그러한 의미에서 당신은 깨달았습니다만, 또 다른 의미에서는 새로운 형상이 언제나 계속 생겨나고 있기 때문에 이러한 깨달음은 **진행 중에** 있는 것입니다. 당신은 결코 더 이상의 발달을 하지 않는 **자재적** 상태에 머물러 있지 않습니다. 당신은 언제나 '색계'에 대한 새로운 것을 배우고 있고, 따라서 당신의 전반적인 상태는 언제나 저절로 진화하고 있는 것입니다.

그렇다면 당신은 어떤 굉장한 도약적 깨달음의 체험들—예컨대 견성見性—을 성취할 수는 있지만, 그러나 '형상'의 새로운 파도는 끊임없이 생겨나게 되므로 이러한 체험들은 단지 그 파도를 타는 **끝없는** 과정의 **시작**일 뿐입니다. 그러므로 이러한 의미에서, 즉 '비이원적' 의미에서, 당신은 "충분히 교육받았다"라고 말할 수 있는 것보다 더 이상의 의미로 결코 "충분히" '확철대오'할 수는 없습니다. 그런 것은 아무런 의미가 없습니다.

◘ 이러한 '비이원적' 전통 중 일부는, 특히 탄트라 불교는 꽤 황당하게 나오는 것 같습니다만.

○ 그렇습니다. 그들 중 일부는 꽤 황당하게 나오지요. 그들은 윤회를 두려워하지 않고 그것을 변함없이 계속 올라탑니다. 그들은 타락된 삶의 상태들을 버리지 않고, 열정적으로 그 속으로 들어가서는 그것들과 놀며 즐기고, 그것들을 과장합니다. 그래서 그들은 오직 '신God' 만이 존재하기 때문에 그것들이 더 상위적인지 더 하위적인지에 대해서는 조금이라도 관심을 둘 수 없다는 것입니다.

바꾸어 말하면 모든 체험은 똑같은 '일미'를 지니고 있다는 것입니다. 어떤 단 하나의 체험도 '일미'에 더 가깝거나 더 멀리 떨어져 있지 않다는 것이지요. 오로지 '신'만이 존재하기 때문에 당신은 '신'에게 더 가까이 다가가기 위한 어떤 방법을 기술적으로 조작할 수 없다는 것입니다. 이것이 '비이원적' 종파의 근본 밀지입니다.

하지만 그와 동시에 이러한 모든 것들은 어떤 매우 강력한 윤리적 기틀 내에서 일어나게 되고, 그래서 당신이 함부로 '법농法弄' 놀이나 하면서 그러한 것을 비이원적인 것이라고 일컫는 것은 무조건 허용되지 않습니다. 사실 대부분의 전통들에 의하면 심지어 당신이 제4의 또는 '비이원' 의식 상태에 대해 말하는 것이 허용되기 전에, 당신이 초개인적 발달의 처음 세 단계(심령적·정묘적·원인적 단계)를 통달해야 합니다. "광적인 지혜Crazy Wisdom"는 매우 엄격한 윤리적인 분위기 안에서만 일어납니다.

그러나 중요한 점은 '비이원적' 전통에서 당신은 당신의 수련에서의 모든 것의 기초가 되는 서원誓願, 매우 신성한 서원을 받아들이게 되고, 그리고 그 서원이란 바로 당신은 **지멸止滅 속으로 사라지지 않을 것이다**, 라는 거지요. 말하자면 당신은 열반 속으로 숨어버리지 않겠다는 것이고, 멸진정nirodha 속에서 증발해버리지 않겠다는 것입니다. 당신은 니르비칼파 속으로 자신을 감춤으로써 세계를 방치하지 않겠다는 것입니다.

오히려 당신은 저 윤회의 파도에 사로잡힌 모든 존재가, 그 파도가 곧 '공'의 현현이라는 것을 알 수 있을 때까지 파도타기를 할 것을 서약하는 것입니다. 당신의 서원은 가능한 한 신속하게 지멸을 관통하여 '비이원성' 속으로 들어가는 것이고, 그리하여 당신은 모든 중생들이 그들 출생의 실존의 바로 한가운데에 있는 '무생無生, the Unborn'을 알아차리도록 도와줄 수 있는 것입니다.

그러므로 이러한 '비이원적' 전통들에서는 우리가 감성이나 상념이나 욕망이나 성벽들을 꼭 버려야 할 필요가 없다는 것입니다. 그 과업은 단순히 모든 '형상'(색) 중의 '공'을 보는 것이지, 모든 '형상'을 실질적으로 제거해버리는 것이 아닙니다. 그리하여 '형상'은 계속하여 생겨나고 그래서 당신은 파도타기를 배웁니다. '깨달음'은 정말로 원초적이지만 이러한 '깨달음'은 영원히 계속되는 것이고, 그리고 새로운 '형상'은 항상 생겨나기 마련이므로 깨달음은 그 '형상'을 영원히 변화시키고, 그래서 당신은 그것들과 하나인 것입니다.

그리하여 '비이원적' 전통에서 요구하는 바는, '공'으로 '상주常住' 하라, 모든 '형상'을 포용하라는 것입니다. 해방[해탈]은 '공' 속에 있지 결코 '색' 속에 있지는 않지만, '공'은 모든 대상들의 거울로서 모든 색을 포섭합니다. 그리하여 '형상'은 계속하여 생겨나고, 한 손으로 치는 손뼉 소리로서 당신은 곧 모든 '형상'들입니다. 당신이 바로 현시顯示이고, 당신과 우주는 곧 '일미'입니다. 당신의 '본래면목'은 순수한 '공'이고, 따라서 당신이 그 ['공'의] 거울 속을 들여다볼 때마다 당신은 오직 전체 '온우주'만을 보게 됩니다.

3부

평원적 세계를 넘어서

14

상승과 하강

□ 논의의 이 최종 시리즈에서 이러한 모든 조각들을 진실로 통합적인 관점으로 모두 끌어안고 싶습니다. 이제 의식, 치료법, 영성, 변용적 수련 등에 대한 "온수준·온분면" 접근 방법을 알아보고 싶습니다. 그래서 이러한 통합적 관점에서 수많은 장애물들, 평원적 세계와 같은 장애물들에 대해 말하고 싶습니다.

그렇게 하기 전에, 지금까지의 전반적인 논의에 대한 아주 간결한 요약—이 시점까지의 "거대한 구도"에 대한 간결한 요약—을 해주실 수 있을지 모르겠습니다.

○ 네, 좋습니다. (하지만 만약 누구든 이러한 개요를 싫어한다면 이 절 내용 모두를 통째로 건너뛸 수 있습니다! 우리의 이야기는 다음 절에서 곧 다시 계속될 테니까요.)

간결한 요약

○ 우리는 '공', 창조성, 홀론에 대해 말하면서 시작했었지요. 아니면 '영', 창조성, 홀론이었던가요. 다시 말하면, '공'으로부터 홀론은 창조

적으로 창발합니다.

그것들은 창발하면서 진화합니다. 이 진화, 혹은 '활동 중에 있는 영'이 나타나는 곳에는 어디서나 일정한 특징이 있습니다. 나는 이러한 공통의 특징들을 20가지 원칙이라고 요약하였고, 그것들 중 일부를 여기서 논의했습니다. 이러한 것들은 곧 현현의 패턴들입니다.

예컨대 모든 홀론들은 네 가지 능력—작인과 공존적 교섭, 자기초월과 자기소멸능력—을 지니고 있음을 보았습니다. 자기초월하는 동인 때문에 새로운 홀론들이 창발합니다. 그것들이 창발할 때는 홀라키적으로 창발합니다. 그것들은 초월하고 내포합니다. 세포는 분자를 초월하면서 내포하고, 분자는 원자를 초월하면서 내포한다는 등등입니다.

마찬가지로, '온우주'의 자기초월 동인은 보다 더 깊고 더욱더 깊은 깊이의 홀론들을 생산합니다. 그리고 홀론의 깊이가 보다 깊어지면 깊어질수록 다른 무엇보다도 의식의 심도深度가 더욱더 커짐을 보았습니다.

그렇지만 보다 더 깊숙한 깊이는 또한 보다 많은 것들이 잘못되어갈 수 있음을 의미하기도 합니다. 개는 암이 걸리지만 원자는 그렇지 않습니다. 모든 전환기마다 진보의 변증법이 있습니다. '달콤하고 신나는' 사건이란 거의 찾아보기 힘들지요!

홀론들은 내부와 외부만 갖고 있는 것이 아니라 역시 개체적으로도, 또 집합적으로도 존재합니다. 이것이 의미하는 바는, 모든 홀론은 우리가 4분면이라고도 일컫는, 의지적·행동적·문화적·사회적이라고 하는 네 가지 면모를 갖고 있다는 말입니다. 이에 대해서는 그림 5-2에 표시되어 있습니다.

그리하여 우리는 그러한 분면들이 인간의 형태에 이르기까지의 4분면의 진화를 따라왔고, 그 시점에 이르러서야 비로소 인간들은 스스로 이러한 분면들에 관해 성찰하고 그것들에 대해 사고하고 그들 자신이 그것들 속에 깊이 각인되어 있음을 이제 막 알아차리기 시작하고 있습니다. 그래서 그들 자신의 [실존적] 상황에 대한 지식을 획득하려고 하는 이런 시도 속에서 다양한 지식의 탐구와 진리의 탐구를 창출해내고 있습니다.

이러한 4분면들 각각은 홀론의 상이한 국면들을 취급하므로 그것들 각각은 상이한 유형의 진리, 상이한 타당성 기준을 갖습니다. 그리고 인류는 장구하고 고통스러운 실험 과정들을 통하여 서서히 이러한 타당성의 검증법들—지식을 각 분면의 실재성에 바탕을 두는 방식들—을 배웠습니다. 우리는 진리, 진실성, 공정성, 기능적 적합성으로서 이러한 것들을 보았습니다.

객관적이며 외면적인 두 개의 차원은, 즉 우측은 객관적인 '그것' 언어로 둘 다 기술될 수 있으므로 우리는 4분면을 3대 가치[3보], 즉 나, 우리, 그것으로 단순화하였습니다. 예컨대 자기, 도덕, 과학으로, 혹은 예술(자기와 자기표현), 윤리, 객관성으로 연구되기도 하지요. 이는 곧 '미', '선', '진'입니다. 영적 영역에서는 '불', '승', '법'입니다. 즉 궁극의 '나', 궁극의 '우리', 궁극의 '그것'입니다.

그리고 우리는 '3대 가치'를 그보다 더욱더 단순화할 수도 있습니다. 좌측 차원('나'와 '우리'의 차원)은 오직 내관內觀과 해석에 의해서만 접근될 수 있고, 반면에 우측은 스스로 지각과 경험주의 쪽으로 인도합니다. 그래서 그러한 것들이 바로 '좌측'과 '우측' 경로인 것입니다. 즉 '우측' 측면들은 홀론의 외면적인 것들이고, 그래서 그것들은 경험적으로만 보여질 수 있습니다. 그러나 의지적이고 문화적인 분면들, 즉 '좌측'은 오직 해석에 의해서만 접근될 수 있는 내면적 깊이를 수반합니다. 가장 넓은 의미에서 '해석'이란 외부로부터의 객관적 주시와는 반대로 내부로부터의 감정 이입적 동조同調를 의미합니다. **표면은 보여질 수 있지만 깊이는 해석되어져야 합니다.** 그리고 그러한 것들이 바로 '우측'과 '좌측'의 경로들입니다.

그러나 그러한 것들은 모두 다 단지 어느 홀론의 이러한 네 가지 면모에 대해 말하는 방식들일 뿐입니다. 그래서 중점은 이러한 4분면들을 혼동하지 말라는 것입니다. 그럼요, 그것들을 단순화할 수는 있지만 그냥 똑같이 취급해서는 안 됩니다. 그것들의 네 가지 다른 진리의 유형들과 함께 이러한 4분면은 어떤 홀론의 기본적인 면모이므로, 그래서 어떤 한 분면을 다른 것으로 환원하게 되면 그 분면에 대한 설명을 하지 못하게 하는 것만이 아니라 그것을 단순히 파괴해버리는 꼴이 되기 때문입니다.

따라서 우리가 홀론들의 진화를 뒤따라갔을 때 우리는 그러한 홀론들의 외면적인 것들—예컨대 원자, 분자, 세포, 유기체, 가이아 등—만을 따라가지 않도록 매우 신중했었고, 또한 우리는 그것들과 상관성이 있는 내면적인 것들—이를테면 감각, 이미지, 개념, 규칙, 더 나아가 바로 정묘적이고 인과적인 경우들까지—도 따라갔던 것입니다. 요약하자면, 우리는 이러한 내면적 진화가 전前개인적에서 개인적으로 초개인적으로 이동해 가는 것을 보았습니다.

그리고 우리는 이러한 내면적 진화는 **사다리, 오르는 자, 전망**을 수반한다는 것을 보았습니다. 말하자면 이것은 의식의 사다리나 기본수준이나 겹겹의 둥지로 된 홀라키이고, 매 단계에서 분기점(융합/차별화/통합의 1-2-3 과정)을 가진 오르는 자나 '자기'이고, 나아가 그 각각은 상이한 자기정체성, 욕구, 도덕감을 만들어내는 변화하는 세계관(태곳적·마법적·신화적·합리적 세계관)인 것입니다.

그러므로 우리는 자기정체성, 욕구, 도덕적 반응이 신체중심적에서 생명중심적, 자아중심적, 민족[종족]중심적, 세계중심적으로 순차적으로 나아감을 보았습니다. 그래서 우리는 어느 단계에서의 하나의 "사고事故"는 그 사고가 생겨난 단계의 특징적인 병증(정신병, 경계선징후, 신경증, 대본병리 등등)을 야기했음을 보았습니다.

그리고 나서 최종적으로 우리는 구체적으로 네 개의 상위 단계와 분기점들, 즉 네 개의 자아초월[트랜스퍼스널] 단계들, 이를테면 심령적·정묘적·원인적·비이원적 단계들을 살펴보았습니다. 우리는 이러한 각 단계들 역시 각각 그 특유의 세계관, 따라서 그 특유의 신비주의, 즉 자연 신비주의, 유신론적[신성, 형상적] 신비주의, 무신론적[무형상적] 신비주의, 비이원 신비주의를 갖고 있음을 보았습니다.

이러한 상위적인 단계들은 그 성취가 매우 드물고 매우 엘리트적이고 매우 어렵습니다. 예전에는 그것들은 오직 몇 안 되는 소수의 사람들—고고한 주술사, 동굴 속의 요가수행자, 지혜의 진실한 탐구자들 중 소수의 승려와 수도승들—에 의해서만 도달될 수 있었던 경지입니다. 이러한 보다 더 심오하고 보다 더 높은 상태들은 평균적이거나 집합적인 인식의 양태 가까이에 있는 어떤 것이었던 적은 결코 없습니다. 만약 우리가 평균적인 양태의 진화를 바라본다면 우리는 그림 5-2와 같은 어떤 것을 발견하게 되고, 이것은 켄타우로스와 비전논리와 글로벌하거나 세계중심적 도덕성을 가진 혹성연맹planetary federation에서 멈추게 됩니다. 이것도 여전히 대개는 실현되지 않은 이상理想으로 남아 있는 것입니다.

만약 이러한 상위적인 혹은 초개인적[자아초월] 단계들이 우리 인류의 미래의 집합적인 진화에서 창발한다면 그것들은 4분면—즉 의지적·행동적·문화적·사회적 분면—모두로 현현할 것입니다. 그리고 비록 개인적으로는 설사 우리가 이러한 상위적인 상태들을 우리 자신이 처한 입장에서 추구한다고 해도, 우리는 이런 미래의 진화에시의 가능한 형태들의 출현을 고대하고 있는 것입니다.

그러나 본질적인 요점은, 이러한 상위적인 혹은 초개인적 단계들에서 진화의 전 과정을 통해 존재해온 '영'은 점차적으로 스스로 처한 조건에 대해 점점 더 의식적이 된다는 것입니다. '영'은 매 단계에서 스스로 더 많이 전개하고 더 많이 감싸 넣으며 잠재의식적에서 자기의식적으로, 초의식적으로 이동해왔습니다. '영'은 자연 속에서 잠들어 있고, 마음속에서 깨어나기 시작하고, 드디어 초개인적[트랜스퍼스널] 영역 안에서 스스로를 '영'으로 인식합니다. 그러나 그것은 전체 순차적 과정을 통해 현존해온 동일한 '영'입니다. 말하자면 그것은 전체 현시의 바탕이고 길이고 결실인 것입니다.

'영'의 충격적인 '자기인식'과 함께, '색色'('형상')은 계속하여 생겨나고 진화하지만 이제 비밀은 밝혀진 것입니다. 그것들은 끝없이 투명하고 지극히 '신성한' '일미一味'의 우주 내 '공'의 모든 '형상들'입니다. 가장자리 한계도 없고 밑바탕도 없고 최후의 안식처도 없고, 오직 '공'과 끝없는 '은총Grace'만이 있습니다. 그리하여 그 빛나는 우주적 '유희Play'는, 거침없는 해방 속에 찬란하게 빛나며, 또 그 완전한 방하착放下着[놓아버림] 속에, 끝없는 충만함을 넘어서는 끝없는 충만함 속에, 이 기적적으로 자기해방[해탈]하는 우주적 '춤Dance' 속에, 시간을 초월한 영원한 몸짓에서 영원한 몸짓으로 열광적으로 기쁨이 넘치는 관심과 함께 황홀해하며 지속되고 있고, 그래서 그것을 주목하거나 그것을 찬미하는 노래를 하는 자조차 어디에도 없는 것입니다.

■ 선생님이 방금 요약한 것은 통합적 관점의 한 형태인데, 이것은 (나, 우리, 그것의) 모든 분면들이 (물질에서 신체로 마음으로 혼으로 영으로 이르는) 모든 수준들을 거치며 진화할 때의 분면들 모두를 포함하는 것이지요. 그러나 그 수준들의 일부나 분면들 중 일부가 제외되기 때문에 그러한 형태의 통합적 관점은 서양에서는 부정되는 경향이 있고, 또한 동양에서도 흔히 마찬가지라고 봅니다.

● 네, 맞습니다. 특히 근대 서양에서는 의식의 더 상위적인, 자아초월적인, 영적인 수준들 모두는 심상치 않게 의심스런 눈초리로, 그리고 노골적인 적대의식으로 바라보고 있다는 점을 알아차릴 수밖에 없습니다. 사실 과학적 유물론의 세계관은, 이는 근대 서양의 "공식적인" 세계관이기도 하지만, 의식 발달의 상위적인 단계뿐 아니라 의식의 존재 자체마저도 공격적으로 부정합니다. 궁극적으로 실재라고 보는 유일한 것은 활기차게 날아다니는 먼지들뿐입니다.

■ 평원적 세계 말씀이시군요.

● 네, 평원적 세계이지요. 이를테면 모든 내면적이거나 '좌측'인 사건을 그의 외적이거나 '우측'인 상관물로 환원시키는 미묘한 환원주의이거나, 혹은 모든 '우측' 체계를 '우측' 원자로 환원시키는 보다 더 나쁜 조악한 환원주의입니다. 어느 경우든지, 전체 좌측 영역은 비환원적인 실재임이 부정됩니다. 자격 상실한disqualified[질質을 박탈당한], 우주 내 어디에서든 아무리 찾아보았자 의식도 없고, 마음도 없고, 혼도 없고, 영도 없고, 가치도 없고, 깊이도 없고, 신성도 없이, 오로지 상호직조된 "그것들its"의 거대한 그물망이나 심지어 더 나쁘게는 원자적 "그것들"만 있을 뿐입니다. 정말로 정신 나간 세계관인데요, 당

신은 그렇게 말하고 싶지 않나요?

◘ 우리는 이러한 평원적 세계의 역사적인 발흥을 할 수 있는 한 매우 조심스럽게 추적하고 싶습니다. 그렇게 하지 않으면 우리는 정말로 순수하게 통합적인 관점으로부터 벗어나버릴 테니까요. 그래서 선생님이 우리를 위해 이 논제를 좀 정리해주시지요.

◎ 단지 당분간만 '좌상' 4분면에, 즉 개개인의 **의식의 스펙트럼**—아홉 개 남짓한 이러한 의식의 기본수준들—에 천착해보도록 하지요. 그림 14-1을 살펴보면, 플로티노스와 오로빈도 양대 철인 모두에서 나타나고 있는 것처럼 우리는 무엇이 본질적으로 동일한 의식의 기본 스펙트럼인지, 즉 의식의 '대홀라키'인지 하는 것을 알게 될 것입니다. 그리고 물론 이 양대 철인의 경우 이 홀라키는 실제로 계단식 사다리가 아니고 일련의 겹겹의 둥지로 된 감싸 넣은 차원들이라는 것이지요. 그림 14-1은 단지 그림 2-2의 정교한 버전일 뿐입니다.

이제 보면 정말로 흥미진진한 점은, 이 '대홀라키'는, 러브조이가 말했듯이, 그것이 존속되어온 인류 역사 중 가장 큰 부분에 걸쳐 동서양에서 대부분의 인류를 위한 지배적인 공인 철학이었다는 것입니다. 우리는 비록 단순화된 형태이긴 하지만 가장 초기의 수렵채집 문화에서도 지地, 인人, 천天의 홀라키를 발견합니다. 예컨대 초걈 트룽파Chögyam Trungpa는 그의 훌륭한 저서 《샴발라: 전사의 신성한 길Shambhala: The Sacred Path of the Warrior》에서 이 점을 매우 설득력 있게 표현하고 있습니다. 이 기본 홀라키는 후에 와서 사물, 신체, 마음, 혼, 영으로 다듬어지게 되었을 것입니다(그리고 많은 경우에 그것은 심지어 보다 더 세분화되는 쪽으로 다듬어지게 되었을 것입니다). 그러나 요점은 이 '대홀라키'와 같은 어떤 것이 대부분의 우리 인류 역사를 거치는 동안 대개의 인간들의 문화적 배경의 일부가 되어왔다는 사실입니다.

플로티노스	오로빈도
절대유일자(절대신성)	초심(절대신성)
정신('직관심')[정묘]	직관심/상위심
혼/세계혼(심혼)	조명적 세계심
창조적 이성[비전논리]	상위심/회로심
논리적 능력[형식적 조작]	논리적 마음
개념과 의견	구체적 마음(구체적 조작)
이미지	하위심(전조작심)
'희열'/'고통'('감정')	약동적 정동; 충동
지각	지각
감각	감각
식물적 생명기능	식물적
사물[물질]	사물(신체적)

그림 14-1 **플로티노스와 오로빈도에 따르는 대홀라키**

즉 그것은 서양에서는 바로 계몽운동 시대 직전까지 그래왔습니다. 근본주의적 계몽운동 패러다임과 더불어 모든 실재는—'대홀라키'를 포함하여—경험적이고 독백적인 용어로 지도화되었습니다. [서양의 계몽주의자들은] 의식, 도덕, 가치, 의미를 이해하기 위해 그것들을 독백적 주시의 현미경 아래 놓았는데, 이것은 좋은 의도였지만 깊숙이 혼동된 시도에 지나지 않았던 것입니다.

그러고 나서 어떻게 되었는지 아십니까? 내면적 깊이들은 시야에서 완전히 사라져버렸습니다. 그것들은 독백적 주시로는 찾아질 수 없는 것이고, 그러므로 그것들은 존재하지 않거나 망상적이거나 파생적이거나 부수현상적이라고 곧바로 선언되어졌던 것입니다. "사실 그것들은 정말로 실재가 아니야"라는 것이 기껏해야 고작 예의를 갖춘 말들의 전부였습니다. 모든 '나'와 모든 '우리'는 단지 '그것들'—우리의 편견에 따라 좌우되는 원자적이거나 전일적인 것들—로 환원되었는데, 하지만 그러한 것들 모두는 [그들에게] 기껏해야 오로지 기능적 적합성만을 가진 것들에 지나지 않았던 것입니다.

이와 같이 상호직조된 '그것들' 중 어느 것도 더 좋거나 깊거나 높거나 가치 있는 것이라고 말할 수는 없습니다. 그것들은 객관적 시스템 내에서 분주하게 질주하는, 단지 똑같이 평탄하고 끊임없이 시들어 있는 표면일 뿐이고, 그 어느 것도 가치나 깊이나 질이나 선이나 미나 값어치에 관한 아주 사소한 단서조차도 갖지 못하고 있습니다.

◻ 우리는 평원적 세계를 갖고 있는 거로군요.

○ 네, 우리는 평원적 세계를 갖고 있습니다. 우리는 이것을 근대성의 좋은 소식과 나쁜 소식으로 구분하여 살펴보았습니다. 근대성의 좋은 소식은 '3대 가치'—예술, 과학, 도덕—의 분화였습니다. 나쁜 소식은 그것들이 아직도 통합되지 못하고 있고, 또 이것은 폭발적 위력을 지닌 과학으로 하여금 '나'와 '우리'의 영역들을 예속화하고 지배하도록 허용했다는 것입니다.

그러므로 계몽주의의 내리막길은 그것이 모든 '좌측' 차원들을 그것들의 '우측' 상관물들로 환원시켰다는 데 있고, 게다가 이러한 경험적인 외면적 세계의 **단순한 지도화**야말로 알아야 할 가치가 있는 모든 지식—자연의 거울 패러다임, 표상 패러다임—이라고 생각했다는 데 있는 것입니다. 이것은 지도작성자 자신—의식, 내면세계, '좌측' 차원들—을 제외시켜버렸고, 그래서 무자비하게도 단색조로 된 세계의 평탄하고 시든 표면 외에는 아무것도 없는 결과를 초래하였습니다.

그리하여 "계몽주의의 교사"인 존 로크에 따라서 근대의 위대한 지도 제작 게임이 시작되었던 것입니다. 즉 전체 '온우주'를 경험적 용어로 지도화하는 게임 말이지요. 그래서 전체 '온우주'를 객관적인 '그것들'로 전환시키는 이러한 게임 속으로 들어간 지 1세기 남짓하게 되면서, 계몽주의 어젠다agenda는 어느 날 아침에 깨어나보니 자신이 철저하게 자격 상실한—가치, 의미, 의식, 질, 값어치를 철저하게 박탈당한—우주 속에 살고 있다는 극도의 공포에 휩싸여 있음을 발견하게 됩니다. 그것은 외적인 상관물들을 지도화하면서 모든 내면적 깊이를 밖으로 끄집어내어 내면세계의 내장을 제거해버리고 나서는 그것들을 독백적 응시의 작열하는 태양 아래 말리기 위해 늘어놓았던 것입니다.

그리하여 아주 천천히 곤혹스러운 혼란의 분위기 속에서 계몽주의 어젠다의 피 없는 시체는 사체보관소로 운반되었습니다. 그래서 포스트모던 반란이 시작되었던 것입니다. 포스트모던[탈근대], 포스트경험주의[탈경험주의], 포스트 무엇이든 간에 무언가가 엄청나게 심각하게, **아주 심각하게** 잘못되어갔던 것입니다.

◘ '온우주'의 붕괴로군요.

● 그렇지요. 독백적 어젠다는 한 번에 싹쓸이하듯이 존재, 의식, 깊이의 내면적 차원들을 완전히 붕괴시킨 것입니다. 다시 말해 그것은 의식의 '대홀라키'를 완전히 붕괴시켰던 것입니다. 전개인적이거나 개인적이거나 초개인적이거나 간에, 당신은 독백적 응시와 함께하는 의식 같은 것을 찾을 수가 없습니다. 당신은 현미경, 망원경, 사진건판 같은 것으로는 그것을 볼 수 없습니다. 그러므로 그것은 존재하지 않아야 하고, "진정한 실재"가 되어서는 안 된다는 것입니다.

그래서 그러한 것이 곧 기본적으로 '오직' 근대 서양에서만 유독 우리가 "대홀라키"에 접근하지 못하고 있는 기본적인 까닭인 것입니다.

■ 이러한 붕괴의 역사는 정말로 흥미진진하군요. 그리고 선생님의 역사 연구는 플라톤에서 시작하여 유구하게 지속해온 서양 전통에 관한 여러 가지 신화들에 도전하는 것으로 보입니다만.

● 그림 14-1을 살펴보면 알 수 있듯이, 말하자면 이러한 '대홀라키' 안에는 당신이 이동할 수 있는 두 가지 주요 방향이 있다는 사실이 어쩌면 명백할는지도 모릅니다. 즉 당신은 물질에서 영까지 상승할 수 있거나 영에서 물질로 하강할 수 있거나 하는 것입니다. 상향은 매우 **초월적**이고, 하향은 매우 **내재적**입니다. 상승은 매우 **내세적**이고, 하강은 매우 **현세적**입니다.

■ 여기에 바로 선생님이 "상승적"이고 "하강적"인 영성을 도입하시는 이유가 있군요.

● 그렇습니다. 그리고 대부분의 사람들은 플라톤이야말로 이 현현하는 세계를, 즉 이 지상과 그 위의 만물을, 저 내세적 참된 세계의 영원한 '형상'의 창백한 그림자이거나 모사模寫로 보는 '상승적' 혹은 "내세 지향적" 철학자라고 생각하고 있습니다.

■ 생태철학자들은 이 세상에 대한 서양의 "증오"가 유래된 연유의 대부분을 플라톤 탓으로 돌리고 있지요.

● 그렇기는 합니다만 그러한 가정은 매우 부정확한 것입니다. 아서 러브조이가 지적하듯이 플라톤은 실제적으로 두 가지 운동—우리가 '상승'과 '하강'이라고 부르고 있는 것—을 기술하고 있고, 이러한 두 가지 운동 다 플라톤에게는 똑같이 중요한 것입니다.

첫 번째 운동, 즉 '상승' 운동은 '다자多者'로부터 '일자一者'로의 운동입니다. 말하자면 이는 덧없이 지나가고 그림자 같은 현현하는 형상의 이면에는 단일한 '근원Source', 바탕이 없는 '기저基底, Ground', '절대자 the Absolute'가 있다는 것을 알고서 우리가 이 절대의 '선善, Good'에 대한 이해를 향해 일어나 나아가는 경지의 운동인 것입니다.

◘ 그와 같은 의미에서 "상승"한다는 거로군요.

◎ 네, 그러나 다른 쪽으로의 운동도 플라톤에게 있어서는 똑같이 중요한데, 말하자면 '일자'가 자신을 비워서 모든 피조물에게 흘러들어가게 하는 운동은 자신을 모든 형상에게 주는 것이고, 그래서 모든 피조물 자체는 곧 '영'의 완전한 현현이라는 것입니다. 그러므로 이 **세계**, 바로 이 '세상'을 플라톤은 "눈에 보이는 감각적인 '신'"이라고 일컬었던 것입니다.

◘ '일자'의 '다자'로의 "하강"이군요.

◎ 네, 정확히 그렇지요. 사실 플라톤이 서양에 내세 지향적 철학의 대부분을 제공했다는 것은 정말로 옳은 말입니다. 그러나 러브조이가 각고의 노력 끝에 논증하고 있듯이 플라톤 **역시** 현세 지향적인 풍요와 찬미를 위한, 즉 눈에 보이는 감각적인 '신'의 찬미를 위한 실제로 거의 모든 용어들을 서양에 가져다주었습니다. 현현하는 전체 세계는 '지선至善'의, '절대자'의 현현이나 체현体現으로 보여졌고, 또 그렇게 찬미되어야 했지요! 세계 내의 **다양성이 커지면 커질수록** 영적 '영광'과 '미덕'도 더욱더 커지게 된다는 것이지요.

그래서 사실 서양의 현세 지향적 철학의 대부분은 정말로 그 기원을 플라톤에 두고 있습니다. 러브조이의 말에 귀를 기울여보기로 하지요. "플라톤의 역사적 영향에 관한 가장 주목할 만한—그래서 덜 주목받은—사실은, 그가 단지 유럽적 내세 지향성에 그 특징적 형태와 어법과 변증법을 가져다준 것만이 아니라 그가 또한 정확히 정반대의 경향—특히 **풍부한 종류의 현세 지향성**—에도 그 특징적 형태와 어법과 변증법을 가져다주었다"는 것입니다.

그래서 러브조이가 결론 내리고 있듯이, 이러한 양쪽의—'상승적'·'하강적' 혹은 내세 지향적·현세 지향적 혹은 초월적·내재적—조류는 플라톤 안에서 통일되고 통합되었던 것입니다. 러브조이의 말에 의하면, "플라톤 사상에서의 두 가닥은 여기에 이르러 융합되었다"는 것입니다. 즉 '상승'과 '하강'이 통일되고 통합되었던 것입니다. 그리고 말하자면 그런 것이 곧 플라톤의 최후의 입장인 셈이지요.

그런데 그 후로 이어지는 역사에서 일어난 사실은 이러한 두 가닥이 무자비하게 찢겨 갈라져 나가게 되었다는 것입니다. 일방적 '상승'의 옹호론자들과 일방적 '하강'의 옹호론자들 사이에 과격한 단절이 있었습니다. 사실상 통일되고 통합되어야만 하는 이러한 두 조류는 '상승론자' 대 '하강론자'로 파국적으로 절단 나고 말았습니다.

◘ 요점은, 상승과 하강 양쪽을 모두 통합하는 데 있는 것 같고, 그러한 것이 곧 통합적 관점의 일부겠지요.

● 네, 확실히 그렇지요. 화이트헤드의 그 유명한 말—서양 전통은 기본적으로 플라톤에 대한 일련의 각주脚註에 지나지 않는다는 말—은 옳겠지만 그 각주는 절단 나버렸습니다. 사람들은 그들이 선호하는 플라톤의 "반쪽"—내세 지향적이나 현세 지향적인 쪽—을 선호하여 취하는 경향이 있지만 그 전부를 취하는 경우는 매우 드물지요.

우리는 플라톤 사상에 대한 절단 난 각주에 그대로 안주해야 할 필요는 없습니다. '상승'과 '하강'의 조류는 플라톤에서 통일되었고, 또한 그것들이 플로티노스에 와서도 마찬가지로 통일되어 있었습니다.

◘ 그러나 플로티노스 이후에 그것들은 "갈라져 나가기" 시작하는군요.

● 어떤 의미로는 그렇습니다. 플로티노스가 보다 더 포괄적인 양식

으로 플라톤 사상의 본질적 요소들을 살을 붙여 충실하게 했다는 말에는 일반적으로 동의합니다. 그래서 플로티노스에 와서 그림 14-1에 제시되어 있는 바와 같이 우리는 '존재의 대홀라키'를 갖게 된 것입니다. 그리고 이러한 겹겹의 둥지로 된 홀라키 내에는 두 개의 기본 운동, 즉 '상승'과 '하강', 또는 플로티노스가 '환류Reflux'와 '유출Efflux'이라고 일컫는 것을 가지고 있습니다. '영'은 언제나 변함없이 자신을 이 세계 속으로 유출하거나 흘러 들어오게 하고, 그래서 전체 세계와 그 안의 모든 서식자들은 '영'의 완벽한 현현이라는 것입니다. 그리고 마찬가지로 세계는 언제나 변함없이 '영'에게로 회귀하거나 환류하고, 그래서 이 전체 세계는 그 자체가 철두철미하게 영적이라는 것입니다. 즉 육안으로 보이는 감각적인 '신God'이라는 말입니다.

플로티노스에 의하면 '대홀라키'에서 각 상위적인 차원은 그보다 하위적인 차원을 초월하면서 내포하고, 그리하여 각각의 모든 만물과 만사는 예외 없이 '영' 속에, '일자' 속에 완벽하게 겹겹의 둥지로 깃들어져 있습니다. 따라서 이것은 '상승'과 '하강', '환류'와 '유출', 초월과 내재의 이음매 없는 통합이며 합일인 것입니다.

◘ 선생님은 영지주의자들에 대한 플로티노스의 공격에서 이런 점이 매우 분명하게 드러나게 된다고 지적하신 바 있지요.

○ 네, 맞습니다. 대개의 영지주의자들은 고지식한 상승론자들입니다. 어떠한 형태의 '하강'일지라도 사실상 악마와 동등시했습니다. 그리하여 현현하는 전체 세계는, 즉 이 세상은 환상에 불과하고 그림자 같고 타락하고 죄악에 가득 차 있는 것으로 생각되었습니다. 오로지 '일자'에게로 상승하여 '다자'를 멀리하여 피함으로써 구원이 찾아질 수 있다는 것입니다.

만약 플라톤적인 지식의 등불을 들고 다니는 플로티노스가 정말로 내세 지향적이었다면, 그가 영지주의자들에 가담하여 그들의 일방적으로 '상승'적인 어젠다들을 찬미하면서 모든 현세 지향적 노력들을 신랄하게 공격하는 것을 기대할 수도 있을 것입니다. 반면에 플로티노스는 영지주의자들에 대해, 이러한 고지식한 상승론자들에 대해 철저하게 초토화시키는 공격을 개시했는데, 그 까닭은 바로 그들이 '상승'적인 조류와 이와 대등하게 중요한 '하강'적인 조류 사이의 균형을 제대로 잡지 못했기 때문입니다.

바꾸어 말하면 영지주의자들은 원인적 '일자'를 발견했지만, 그들은 '일자'와 '다자'가 불이不二라는, 즉 '공'과 '색'이 비이원적[공불이색空不異色]이라는, 현세적인 것과 내세적인 것이 '일미'라는, 또 '상승'적인 조류와 '하강'적인 조류가 비이원의 '심장부'에서 통합되어야 할 필요가 있다는 '비이원적' 깨달음까지는 밀고 나가지 못했던 것입니다.

그리하여 플로티노스는 비범하고도 온통 확신에 찬 공격으로 영지주의자들에게 세차게 덤벼들었고, 그래서 여태껏 쓰여진 것 중 가장 아름다운 영적 산문시의 어느 한 구절에서 그는, 이 눈에 보이는 전체 세계는 곧 '영'의 현현이고 또 '영'으로서 사랑받아야 하는 것임을 영지주의자들에게 환기시키고 있습니다. 그래서 만약 영지주의자들이 자신들이 선언하는 대로 진실로 '영'을 사랑한다면 그들은 '영'의 어린이들마저 사랑해야 할 것인데, 오히려 단지 그 어린이들을 경멸하고 있을 뿐이라는 것입니다. 실제로 플로티노스는 영적 아동학대라고 하면서 영지주의자들을 비난했던 것입니다.

◘ 선생님은 그러한 공격에 대해 《성, 생태, 영성》에서 인용하신 바 있지요. 그 부분을 우리를 위해 좀 읽어주실 수 있을는지요.

◎ 플로티노스는 이렇게 말하고 있습니다.

인간은 세상과 그 속에 있는 모든 아름다운 것들을 경멸함으로써 선善해진다고 생각하지 말아야 한다. 그들[영지주의자들]은 저 위 세상의 신들에 대한 경의敬意만을 명언明言할 권리를 갖고 있지 않다. 우리가 어느 한 개인을 사랑할 때 우리는 그에게 속하는 것 모두를 사랑한다. 우리는 부모에 대해 느끼는 친밀한 감정을 어린이들에게도 확장한다. 알다시피 모든 '영혼'은 '영'의 여식女息과도 같다. 어떻게 이 세계(이승)가 영적 세계(영계)와 분리될 수가 있겠는가? 영계와 거의 너무나도 유사한 것을 무조건 경멸하는 자들은 이름으로만 아는 것 빼고는 영계에 대해 아무것도 모른다는 것을 입증하는 것이다. (……)

('어느 개체 영혼') 그 스스로 하여금 고요한 정적 속의 회상을 통하여 기만['불성실']하는 것을, 또 천박한 영혼을 현혹하는 모든 것들을 스스로 없앰으로써 대혼大魂, the Great Soul을 정관/관상하는 것을 값지게 하도록 해야 한다. 왜냐하면 그것은 모든 것으로 하여금 고요에 들게 하고, 주변 환경 모두를 평화롭게 하기 때문이다. 대지로 하여금 고요에 들게 하고, 바다와 창공도 그렇게 하고 하늘마저도 조용히 기다리게 하자꾸나. 어떻게 하여 '대혼'이 모든 사방에서 안식을 취하고 있는 세계 속으로 흘러 들어와서 그 자신을 그것 속에 쏟아붓고 그것을 관통하고 그것을 찬란히 빛나게 하는지를 주시하게 해야 한다. 마치 태양의 밝은 햇살이 어두운 구름을 밝게 비추고 그것에게 황금색 가장자리를 주듯이, 그와 같이 '대혼'도 천국의 몸속으로 들어갈 적에 그것에게 생명과 시간을 초월한 미美를 주고 그것을 잠에서 깨어나게 하는 것이다. 그리하여 자신을 예지로 가득 차게 하는 '대혼'에 의한 시간을 초월한 운동 속에 바탕을 두고 있는 세계는 생동감이 넘치고 축복받는 존재가 된다. (……)

그것['혼'/'영']은 자신을 이 광대한 몸속의 모든 곳에 주고, 그리고 비록 이러한 부분들이 배치된 공간과 방식이 분할되어 있다고 해도, 또한 비록 일부는 각기 상호 간에 적대적이고, 다른 일부는 각기 상호 의존한다고 해도, 자신의 존재에게 크고 작은 모든 부분을 베풀어준다. 그러나 '대혼'은 분할되어 있지 않고, 각 개체에게 생명을 주기 위해 분열되어 있지도 않다. 만물은 그 전체성 안에서 '대혼'에 의해 살고[즉 궁극적으로는 아무런 등급도 아무런 수준도 없고 다만 순수한 '현존'만이 있을 뿐이고], 그것은 온누리에 상존常存한다. 실제로 광대하고 다양한 하늘은 사실 '대혼'의 힘에 의해 존재하는 것이고 또한 우리의 '신성한' 이 우주도 그것에 의해 있는 것이다. 태양도 역시 '신성'하고, 별도 그러하고, 우리 자신도 우리가 존귀한 어떤 존재라면 '대혼' 때문에 그러한 것이다. 그러한 것에 설복된다면 그것에 의해 당신은 '신'에 이를 수 있다. 그래서 당신은 샛길로 벗어나서 멀리 헤매고 다닐 필요가 없다는 것을 알아야 한다. (……)

지혜와 자비

◘ 그러므로 그와 같은 것은 오히려 플로티노스의 비이원적 정향성定向性을 보다 분명하게 보여주는 것이로군요. 그런데 선생님은 '상승'과 '하강'의 이러한 통합을 지혜와 자비의 합일에 연관시키고 있는 것 같습니다.

⭘ 맞습니다. 우리는 동양과 서양 양쪽 모두에서 이러한 것을 봅니다. '다자'로부터 '일자'로의 '상승의 길'은 곧 **지혜의 길**입니다. '지혜'는 모든 다양한 형상과 현상의 배후에는 '일자', '지선至善', 한정[속성을 부여]할 수 없는 '공'이 놓여 있다는 것을 알고, 그것에 비하면 모든 형상들은 미혹이고 찰나에 지나가고 덧없이 일시적인 것으로 보여집니다. '지혜'는 '다자'의 '일자'로의 귀환입니다. 동양에서는 '반야般若', 즉 지혜란 곧 색즉시공色卽是空임을 압니다.

다른 한편으로 '하강의 길'은 곧 **자비의 길**입니다. 그것은 실제로 '일자'가 '다자'로 현현하고, 그리하여 모든 형상(색)은 다정多情, 자비, 연민을 갖고서 대등하게 취급되어야 한다는 것을 압니다. 사실 '자비'나 '지선至善'은 현현 자체의 바로 그 기제機制입니다. '일자'는 자비와 자선의 무한 행위를 통하여 '다자'로 현현하고, 그래서 우리는 '다자'를 똑같은 자비와 배려로 포섭합니다. '자비'는 모든 현현하는 존재들을 관심과 우아한 경이로움으로 어루만집니다. 동양에서는 카루나 Karuna, 즉 자비란 곧 '공즉시색空卽是色'임을 압니다.

그러므로 '지혜'란 '다자'는 곧 '하나'임을 알고, '자비'란 '일자'는 곧 '다자'임을 안다는 것입니다. 또는 동양에서는 '반야Prajna'[지혜]란 곧 '색즉시공'임을 안다는 것이고, '카루나'[자비]란 곧 '공즉시색'임을 안다는 것입니다.

■ '지혜'와 '자비', 이것은 '에로스Eros'와 '아가페Agape'라고도 하지요.

● 맞습니다. 상승적인 '에로스'와 하강적인 '아가페', 초월과 내재, 위로 이르는 사랑과 아래로 이르는 사랑인 것입니다.

이러한 모든 것에 있어서 중심이 되는 역사적 관점은 바로 '서양'의 플로티노스로부터 '동양'의 나가르주나Nagarjuna[89]에 이르기까지 [모든 현자들의] 위대한 '비이원적' 사상 체계들은 모두 다 **이러한 두 가지 사조를 균형 짓게 하고 통합하는 면에 대해** 강조하고 있음을 우리가 알고 있다는 것입니다. 지혜나 '에로스'나 반야의 **상승적인** 또는 **초월적인** 조류는 자비나 '아가페'나 카루나의 **하강적인** 또는 **내재적인** 조류

89 용수龍樹보살. 2~3세기경의 인도의 위대한 불교철학자로, 대승불교의 중도공관中道空觀의 핵심 사상서인 《중론中論》의 저자이자 중관학파의 창시자이며 대승불교를 발흥시킨 8종宗의 조사祖師.

와 균형이 맞아야 한다는 것입니다. 말하자면 이러한 두 가지 길의 합일, 즉 '일자'와 '다자'의 합일, '공'과 '색'의 합일, '지혜'와 '자비'의 합일인 것입니다. 나아가, '일미'의 비이원적 '심장부'에서의 그 둘의 합일은 순수한 영성의 근원이며 목표이고 바탕인 것입니다.

신과 여신

■ 이것도 역시 '신'과 '여신'—'에로스'와 '아가페', '지혜'와 '자비', '상승'과 '하강—의 문제군요.

● 네, 넓은 의미로는 그렇습니다. 만약 우리가 농경의 여수호자로서의 원예농 문화적 '태모太母'에 대한 보다 지역적이며 [발달] 단계 특유의 관념을, 그리고 하늘에 계신 '태부太父'로서의 '아버지 하느님'[절대신]에 대한 농경문화적 이미지를 잠시 무시한다면—이러한 신화적 이미지는 전체적인 구도 면에서는 그다지 쓸모가 없기에—그리고 그 대신에 만약 우리가 '신'과 '여신'을 넓은 의미로 이해하는 데 주목한다면, 이에 따라 출현하는 균형 잡힌 구도는 어쩌면 다음과 같은 것일 겁니다.

만약 우리가 굳이 그와 같은 용어들로 사고하기를 바란다면 '영의 남성적 얼굴' 혹은 '신'은, 더 큰 전체성과 더 폭넓은 합일을 찾기 위해, 한계를 타파하고 창공에 도달하기 위해, 더 위대한 '선善'과 '영광'의 끊임없는 계시를 향해 상승하기 위해 항상 분투노력하는, 나아가 보다 더 깊은 것을 찾아서 보다 얕은 것을 항상 부정하는, 보다 더 높은 것을 찾아서 보다 더 낮은 것을 거부하는 '에로스', 즉 '온우주'의 '상승'적이고 **초월적**인 조류입니다.

그리고 '영'의 여성적 얼굴, 즉 '여신'은 각각의 모든 존재를 완벽함과 한결같은 우아함으로 어루만지는, 또한 아무것도 거부하지 않고 모두를 포섭하는 '아가페' 혹은 '자비', 즉 '온우주'의 '하강적이고' **내재적이고** 현현하는 조류, 육화肉化의 원리, 육신의 환생[화신化身], [온우주적] 관계, 그리고 관계적이고 현현하는 포섭입니다. '에로스'가 초월적 지혜 속 '일자'의 '지선至善'을 갈망하는 반면에 '아가페'는 '자애로움'과 내재적 보살핌으로 '다자'를 포옹합니다.

■ 선생님은 이것을 '탄트라' 불교[밀교]와 결부시키시는군요.

● 일반적인 의미에서 탄트라는 궁극의 '비이원적' 실재를 '신'과 '여신'의, '시바Shiva'[90]와 '샥티Shakti'[91]의, '공'과 '색'의 성적 포옹으로 표현합니다. '상승'이나 '하강' 중 어느 것도 최종적이거나 궁극적이거나 특권적이지 않고 오히려 원초적 음양과 같이 그것들은 상호생성시키고, 상호의존하고, 상대방 없이는 존재할 수 없고, 상대방 속으로 사라짐으로써 그것들 자신의 진실한 존재성을 찾게 됩니다. 그리하여 그것들은 영원성이 곧 시간의 산물과 격렬한 사랑에 빠져 있다는 것을 발견함으로써 전체 '온우주'로서 축복 속에 참여하여 오로지 다 함께 깨어나게 하기 위한 것입니다. 이것들은 곧 모든 피조물로서 찬란하게 비치는, 또 모든 피조물을 축복하는, 또 모든 영원성을 위해 이러한 포옹—우리 모두가 순간에서 순간으로 항구적으로 기적적으로 '일미'의 즉각적 현존으로서 우리 자신이 깨어 있는 가운데 계속 반복해서 하도록 요구받고 있는 포옹—을 찬양하는 비이원적 '심장부the Heart'인

90 힌두교 최고의 3신神 중 하나로 파괴의 신이며, 생식과 죽음을 지배하는 공포의 대상이다. 힌두는 그에게 사람이나 짐승의 희생제를 바치며 노여움을 진정시키고 재액을 막으려 한다.

91 힌두교의 신으로, 애욕의 힘의 여성적인 인격화, 두르카·칼리·파르바티와 같이 종종 인도 전통에서 여신으로 나타나는 신성의 활동적 측면이다. 탄트라(밀교)에서는 푸루샤Purusa라는 남성 원리나 프라크리티Prakriti 혹은 샥티Stakti라는 여성 원리로 이루어진 이원론에 기본을 두고 시바와 샥티는 불처럼 합일하여 비이원성, 즉 해탈로써 하나 된다는 원리가 내재되어 있다.

것입니다. 이것은 정확히 '비이원적' 비전, 즉 '환류'와 '유출', '신'과 '여신', '공'과 '색', '지혜'와 '자비', '에로스'와 '아가페', '상승'과 '하강'의 합일인 것입니다. 그래서 '일미' 속에, 즉 한 손으로 손뼉 치는 근원적인 소리 속에 완벽하게, 그리고 축복이 넘치게 통일되어 있는 것입니다.

서로 다른 두 신들

◘ 그래서 이것은 마치 플로티노스의 비이원적인 통합 비전과 같은 것이군요.

◎ 그렇습니다. 그러나 '상승'과 '하강'의 이러한 합일은, 그 후에 서구의 역사에서 끊임없이, 또 때로는 폭력적인 갈등 속에 있는 내세적인 상승론자와 현세적인 하강론자들로 인해 자주 파탄 나버렸습니다. 그 후로 계속 이어지는 이러한 전쟁은 서양인의 마음속에 **중심적이며** [그 원인을] **규정짓는** 갈등 중 하나가 되어온 것입니다.

◘ 상승론자와 하강론자 사이의 전쟁이군요.

◎ 네, 그것은 매우 주목할 만한 것입니다. 아우구스티누스에서 시작하여 오늘날까지 줄곧 계속하여 내려오고 있는 것이지만 '상승론자'와 '하강론자'들은 서로 집요하고도 흔히 잔인한 갈등 속에 있었고, 그래서 말하자면 이것은 서양으로 하여금 두 개의 **완전히 양립할 수 없는** '신'을 짊어지게 했던 것입니다.

'상승론자들'의 '신'은 아주 철저하게 내세 지향적입니다. 말하자면 나의 천국은 이 세계가 아니라는 것입니다. 그것은 청교도적이고 통상 은둔적이며 고행적이라서 신체, 육욕, 특히 섹스를 원죄로 보았습니다. 그것은 언제나 '다자'로부터 도피하여 '일자'를 찾으려고 추구했습니다. 그것은 순수하게 **초월적**이라서 이 세상에서 행복을 찾는 것에 대해서는 언제나 비관적이었습니다. 그것은 영원성을 쫓아서 시간성을 피하려고 했고, 이 세상의 어두운 그림자들로부터 수치심을 느끼며 자신의 얼굴을 숨기려 했던 것입니다.

'하강론자들'의 '신'은 **정확하게 반대로** 나가도록 권했습니다. 그것은 '일자'로부터 '다자'를 포옹하는 쪽으로 도피해 갔습니다. 그것은 육안으로 보이는 감각적인 '신' 그리고 때로는 '여신'과 사랑에 빠졌습니다. 그것은 순수한 육화肉化의 '신', 순수한 **내재**의 '신'이었습니다. 그것은 다양성에 매료되고 이러한 다양성을 찬양하는 가운데 그 영광을 찾았습니다. 더 위대한 유일성이 아니라 더 위대한 다양성이 이러한 '신'의 목표였습니다. 그것은 감각과 육신과 성적인 것과 세속적인 것을 찬미했습니다. 그리고 그것은 하나하나의 일출日出과 하나하나의 월출月出을 '절대신성the Divine'의 눈에 보이는 축복으로 여겼던, 피조물 중심적 영성에 환희를 느꼈던 것입니다.

■ 선생님은《성, 생태, 영성》에서 그 두 '신'들 사이의 그러한 전쟁의 역사를 밝혀내시려는 거군요.

● 네, 맞습니다. 서양에서 우리는, 아우구스티누스에서 코페르니쿠스에 이르는 천 년 동안 거의 전적으로 **상승론적** 이상만을 봅니다. 사실 이 [천 년의] 시대는 **농경사회** 구조였으므로 남성 편향적 영성을 선호하였고, 이는 결과적으로 '아가페'보다는 '에로스'에, '하강'보다는 '상승'에, '다자'를 배제하고 심지어 증오하기까지 하는 '일자'에 집중되었던 것입니다.

그러므로 진정한 구원, 진정한 해방은 이 신체 안에서는, 이 세상에서는, 이 생애 동안에는 찾아질 수 없다는 것입니다. 그것은 아주 철저하게 **내세 지향적**이었습니다. 피조물 자체에 대해 제아무리 그 어떤 호의적인 말로 호도한다고 해도 몸뚱이는 죄고, 섹스도 죄고, 세속사도 죄고, 몸도 죄라는 것입니다. 그런고로 물론 죄의 뿌리는 '이브Eve' 일반—여자, 신체, 몸뚱이, 자연, 육욕—이었고, 그 모두가 가장 깊숙한 의미에서 금기시되었습니다. 언제나 일방적인 '상승론자들'에게는 '하강'은 곧 '악마'입니다.

■ 동양과 서양 양쪽에서 모두 다 그런가요?

● 확실히 그렇습니다. 농경사회에서는 그들이 **어디에서** 출현하든지 간에 '상승적인' 조류로 하여금 이 세상은 사악하거나 미혹한 것이라고 선언하게 했습니다. 그래서 세속사, 육신, 감각, 성욕(과 여자)을 비난하는 변함없는 성향이 있습니다. 물론 예외는 있었지만 이것은 모든 농경사회적 구조 안에서의 변함없는 성향인 것입니다. 이를테면 이 세상이 아닌 나의 왕국[에 대한 믿음]과 더불어, 그리고 윤회의 세계로부터 벗어나 열반을 찾기 위한 강렬한 서원과 더불어 철두철미하게 내세 지향적이라는 것입니다. 우리는 초기 유대교로부터 사실상 거의 모든 형태의 영지주의에 이르는, 그리고 초기 불교와 대부분의 형태의 그리스도교와 이슬람교에 이르는 종교들에서 이것을 발견하게 됩니다.

그래서 서양에서는, 특히 내가 말한 바와 같이, 아우구스티누스의 시대로부터 코페르니쿠스 시대에 이르기까지가 정말로 여기에 해당하는 경우였던 것입니다. 거의 전적으로 '상승론적' 이상이 천 년 동안 유럽적 의식을 지배해왔습니다. '위로 향하는 길the Way Up'은 '교회'가 자신의 완전무결성과 미덕을 기리기 위해 베푼 권고였고, 이 세상에 당신의 보물을 놓아두지 않는 것만이 유일하게 확실한 구원의 길이었습니다. 이것이 의미하는 바는 이 세상 속이나 지상에는 값진 보물로 여겨야 할 것이 아무것도 없음을 발견한다는 것입니다.

아, 정말, '신'의 피조물의 '선성善性, the Goodness'(=아가페, 자비, 하강)에 대한 번지르르한 예찬은 무수하게 많이 있었지만, 결론적으로 당신은 이 세상 위의 이 생에서는 해방이나 구원을 결코 획득할 수 없다는 것입니다. 바로 거기에 전체 이야기의 속임수가 깔려 있습니다. 삶은 그런 대로 괜찮은 거지만 일단 당신이 죽고 나면 만사가 정말로 흥미진진해진다는 것입니다. 즉 일단 당신이 이 세상을 떠나기만 하면 그렇게 된다는 것입니다. 이 세상은 [해방이나 구원의] 실현이 찾아질 수 있는 곳이 아니라는 것입니다. 이 세상은 단순히 진정한 도약을 위한 활주로에 지나지 않는다는 것입니다.

■ 이 모든 것은 곧 변화하게 되어 있었지요.

● 그렇습니다. 이 모든 것들은 '르네상스'와 근대성의 발흥과 더불어 변했고, 더구나 극적으로 변했고, '계몽운동'과 '이성의 시대'에 이르러 절정을 이루었습니다. 그래서 이 전 기간을 기술하는 가장 단순한 방식은, 이 시점에 이르러서 **상승론자들은 퇴장하고 하강론자들이 등장했다**는 것입니다.

그래서 일방적 '하강론자들'에게는 '상승'의 어떠한 형태도 항상 경멸의 대상이 될 뿐입니다. 사실 '상승'은 새로운 악이 되고 맙니다. '하강적인 신the Descended God'의 눈에 비친 '상승'은 영원히 '악마'와도 같은 존재인 것입니다.

그리하여 이어지는 근대성에 따르면 사실 어떠한 종류의 '상승'도 거의 새로운 죄악이 되었다는 것은 전혀 놀라운 일이 아닙니다. 근대성의 발흥, '상승'의 거부, 그리고 순수하게 하강적인 세계와의 포옹, 바로 이러한 것들이 모두 함께 존재하게 되었습니다.

그리고 바로 이러한 점에서 우리는 초개인적[트랜스퍼스널] 차원에 대해 근대 서양이 부정하게 된 실마리를 찾아내고자 하는 것입니다.

바로 이러한 점에서 우리는 순수하게 영적이고 자아초월적인 것의 추방이나 거부나 외면의 기미를 정확하게 보기 시작하는 것입니다. 바로 이러한 점에서 지금 우리는 평원적 세계의 영광, '하강적인 격자grid'와의 포옹을 보기 시작하는 것입니다. 그래서 어떠한 종류의 초월적 지혜의 쇠퇴—어떠한 종류의 '상승'의 쇠퇴—도 근대성의 얼굴 전체를 덮는 그림자, 우리 시대의 서명signature인 그림자를 드리우게 됩니다.

하강적인 격자

◘ 이러한 평원적 세계, 이러한 하강적인 격자가 곧 근대와 탈근대의 전체 상황을 특징지어온 거로군요.

○ 여러 면에서 그렇습니다. 일반적인 서술로는 그렇다는 거지요. 근대 세계에서의 구원은—그것이 정치이거나 과학이거나 세속적 종교의 부활이거나 마르크시즘Maxism이거나 산업화이거나 소비자주의이거나 부족 상태로의 복귀주의이거나 성 문제이거나 원예농의 부활이거나 과학적 유물론이거나 지구 여신과의 포옹이거나 생태철학이거나 간에—오직 이 세상에서만, 오직 현상 속에서만, 오직 현현 속에서만, 오직 형상의 세계[색계] 속에서만, 오직 순수한 **내재** 속에서만, 오직 '하강적'인 격자 속에서만 찾아질 수 있다는 것입니다. 더 상위적인 진리도 없고 '상승적인' 조류도 없고, 그것이 무엇이든 간에 **초월적인** 것은 없다는 것입니다. 사실 "상위적인" 혹은 "초월적인" 것은 어느 것이든지 이제는 '악마'와 같은 것이고, 거대한 적이고, 세속 지향적이고 감각적인 것에 흠뻑 젖어 있는 '신'과 '여신'의 파괴자라는 것입니다. 그래서 근대성과 탈근대성 모두는 근본적으로 또 거의 전

적으로 이러한 하강적인 격자, 평원적 세계의 격자 안에서 움직이고 있습니다.

◘ 그렇다면 이것은 '상승'과 '하강'을 통합하고 있는 것이 아니로군요.

● 아니지요. 이것은 단순히 '하강론자들'의 지배입니다. 게다가 단지 "공식적인" 실재만이 아니라 사실상 거의 모든 형태의 "반문화" 혹은 "반실재"에서도 그렇게 되어 있는 실정입니다. '하강적인' 격자는 너무나 보루를 굳건히 하고, 너무나 무의식적이고, 너무나 광범위한 배경이 되고, 너무나 뿌리 깊게 배어들어서 심지어 "신패러다임"의 반동 세력들조차도 흔히 그 수중에 완전히 꽉 잡혀서 움직이고 있는 지경입니다. 그것은 정통파나 전위파, 인습주의자나 대체주의자, 산업주의자나 생태주의자를 막론하고 똑같이 전염시켰던 것입니다.

◘ 그 점이 바로 정확히 제가 다음에 이어서 초점을 두고 알아보고 싶은 것입니다.

15

온우주의 붕괴

■ 근대와 탈근대(포스트모던) 세계는 '하강'적인 격자 내에서만 움직인다는 말씀이시지요. 그렇다면 뻔한 질문이 되겠습니다만 왜 그런 것인가요?

● 진보의 변증법은 첫 번째로 근대라는 피를 흘리게 되었던 것입니다. 진화라는 차는 도로상에 튀어나온 장애물을 충돌하고 나서 차 전체가 옆으로 기울어져 도로 아래로 미끄러져 내려가기 시작했던 것입니다. '3대 가치'의 분화—의식, 문화, 자연—는 '3보'의 분열 쪽으로, 그래서 평원적 세계의 '1대 가치' 쪽으로의 잇따르는 붕괴로 인해 흔들거리며 질주하기 시작했던 것입니다.

물론 진화는 자기수정적인 어젠다이고, 그래서 그것은 서서히 스스로 바로잡아가는 과정에 있습니다. 마치 주식시장의 경우에서와 같이 전체적으로는 실수가 있을 수 없는 상향의 추세가 있지만, 그렇다고 해서 이것이 위아래 양쪽으로의 단기간의 격심한 요동—성장의 기간과 공황의 기간—까지 막을 수는 없습니다. 그래서 18세기를 시작으로 하여 문화적 주식시장의 국면들은 대공황에 부딪치게 되었고, 그와 같은 양상은 우리가 이전에는 본 적이 극히 드문 데다가 이제야 막

극복하기 시작하고 있습니다.

■ 그렇다면 이러한 붕괴는 선생님이 이전의 문화들에서 찾아낸 환원주의는 아니로군요.

● 기본적으로 맞는 말입니다. 전근대 문화들에서는 이러한 분화의 좋은 소식과 나쁜 소식 양쪽 모두가 다 결여되어 있는데, 이런 점이 때로는 문화비평가들을 혼동시키고 있습니다. 이전의 문화들은 애초부터 '3대 가치'를 분화시키지 않았기 때문에 그들은 그것을 붕괴시킬 수도 환원시킬 수도 없었던 것입니다. 3대 가치를 분화시키는 데 있어서의 아주 비범한 **진보**가 바로 이러한 엄청난 비극의 초래를 허용한 것입니다. 근대성의 **존엄**은 근대성의 **재앙** 속으로 빠져들어가기 시작하였고, 그곳이 바로 근대와 탈근대 세계가 여전히 안주하고 있는 곳이 거의 틀림없습니다. 말하자면 그것은 통합이 아니라 각각 서로를 지배하려고 투쟁하면서, 또 각각 다른 분면들의 실재성을 부정함으로써 단편화를 치유하려고 애쓰면서, 서로의 목을 조르려고 하는 자기·도덕·과학과 더불어 조각난 생명세계에 안주하고 있는 것입니다.

그리하여 이 위대한 전향적인 진화적 도약은, 한 번도 사용 안 한 새 카펫 위의 도처에 온통 피를 흘리게 하는 첫 번째 대파국, 즉 첫 번째 근대적 형태의 진보의 변증법을 초래한 것입니다.

근대성의 존엄

■ 그러면 우리가 이러한 나쁜 소식 쪽을 논의하기 전에 근대성의 좋은 소식 쪽을 먼저 아주 신속하게 살펴보는 것이 좋겠는데요. 왜냐하면 이러한 점이야말로 많은 비평가들이 놓치고 있는 점 같아 보이니까요.

○ 그렇습니다. 반근대주의자들은 나쁜 소식 쪽에만 초점을 맞추고 좋은 소식 쪽은 몽땅 잊어버리는 경향이 있기 때문에 이를 먼저 강조하는 것은 매우 중요한 일입니다.

마법적 단계나 신화적 단계 어느 쪽도 탈인습적이 아닙니다. 그러나 진화가 이성과 세계중심적 도덕성 쪽으로 이행하게 되면서 우리는 근대의 해방운동들, 이를테면 노예해방, 여성해방, 불촉천민不觸賤民 해방운동 등의 발흥을 보게 됩니다. 그것은 곧 나 또는 나의 부족이나 나의 종족이나 나의 신화를 위해 옳은 것이 아니라 인종, 성별, 계급, 신조에 무관하게 모든 인간을 위해 공정하고 올바르고 정당한 것이기 때문입니다.

그리하여 대략 1788년에서 1888년 사이에 걸친 고작 100년 정도의 기간 내에 노예제는 지구상의 모든 합리적인 산업적 사회로부터 불법화되고 철폐되었습니다. 전前인습적/자아중심적, 그리고 인습적/민족중심적 도덕의 견지에서 보면 양쪽 다 노예제는 완전히 용인될 수 있는 것입니다. 왜냐하면 평등한 존엄성과 가치성은 모든 인간에게 확대적용되지 **않고**, 단지 당신의 부족이나 당신의 종족이나 당신이 선택한 신에게만 적용되기 때문입니다. 그러나 탈인습적 견지에서 보면 노예제는 무조건 잘못된 것이고 그것은 단순히 참을 수 없는 것입니다.

일반적인 [근대]사회 형태는 노예제를 없애버렸는데 이는 역사상 처음 있는 일이지요! 보다 초기의 일부 사회들에서도 우연히 노예제를 갖지 않은 적이 있지만, 게르하르트 렌스키가 수집한 방대한 증거 자료가 보여주듯이, 합리적 산업화 시대가 도래하기 전까지는 일반적인 사회 형태는 그 제도로부터 한 번도 벗어난 적이 없었습니다.

이것은 '동양'과 '서양', '남방'과 '북방' 모두에서 사실이었습니다. 이를테면 백인, 흑인, 황색인, 적색인들 모두 다 그들의 남녀 동포를 노예로 삼았고, 그것에 대해 아무런 생각도 없었습니다. 초기 수렵채집사회와 같은 일부 사회들에서는 비교적 적은 규모의 노예제를 가졌었지만 수렵채집 종족들조차도 모두 다 그로부터 벗어나지는 못하였습니다. 사실 알고 보면 그들이 바로 그 제도를 고안해냈던 것입니다.

이러한 점과 관련하여 미국이 가진 사회적 악몽 중 하나는, 이 나라는 농업적 노예제에서 산업적 비노예제로의 대전환기 동안에 형성되었다는 것입니다. 사실 미합중국 헌법은 여전히 대체로 농경사회 단계의 법률 문서에 지나지 않습니다. 그래서 노예제는 당연한 것으로 여겨져서 언급조차 되어 있지 않고 여성은 시민으로 포함조차 되지 않고 있습니다(그래서 그러한 것 중 어느 것에 대해서도 법률 문서 자체에서는 설명해야 할 필요조차 없다는 것이지요!). 그러나 문화적 중심重心이 신화적·농업적 단계에서 합리적·산업적 단계로 전환되어가자 노예제는 비록 그 상흔은 여전히 우리와 함께하고 있지만 전면적으로 폐지되어버렸습니다.

◻ 말하자면 여성도 역시 "자유의 몸으로 해방된" 셈이로군요.

○ 네, 그렇지요. 거의 똑같은 이유로 이미 언급한 바와 같이, 무수한 해방운동이 정확하게 전면적으로 시작되는 시기로 일반적으로 그 시작 날짜를 잡고 있는 1792년의 울스턴크래프트 사건 때부터 범문화적 규모의 페미니즘과 여성운동의 발흥을 우리는 알고 있으니까요.

이것은 또한 총체적으로 거의 합리적 산업화의 산물이었고, 근대성의 매우 뛰어난 수많은 업적들 중 하나로 포함되어야 하는 것입니다. 이전에 '3대 가치'가 분화되지 않았던 시기에는 (정신권과 생물권이 여전히 비분리되어 있던 시기에는) 남성의 체력과 같은 **생물학적** 결정인決定因은 흔히 지배적인 **문화적** 결정인이기도 했는데, 그 까닭은 그 둘이 아직 분화되지 않아서 남성 체력이 곧 남성문화적인 힘을 의미했기 때문입니다. 만약 생산의 양식이, 원예농적 문화에서와 같이, 체력의 행사를 많이 요구하지 않았더라면 여자들은 운이 좋았던 거고, 그래서 비록 어떤 밀기가 힘으로 밀어제치기가 될 경우 여자들은 언제나 밀리는 쪽이 되긴 해도 사회는 비교적 "평등주의적"이 되었을 것입니다.

그러나 자기, 문화, 자연의 분화('3대 가치'의 분화)와 더불어 생물학적 결정인은 점점 더 부적절한 것으로 되어갔습니다. 생물학적 조건이 더 이상 숙명이 아닌 것입니다. 큰 물고기가 작은 물고기를 잡아먹는 생물권에서는 평등한 권리란 **결코** 달성될 수 없지만, 정신권에서는 그것이 달성될 수 있습니다—아니면 확실히 목표는 될 수 있습니다. 그래서 진보적 페미니즘이 역사상 이 시대에 와서야 발흥하게 되었고, 이 시대 이전에는 전혀 그러하지 못하였으며, 그 결과 이 새롭고 창발적인—정신권에서는 여성도 평등권을 지닐 자격이 있다는—진리를, 즉 탈인습적 깊이와 세계중심적 합리성에 중심을 두고 있는 진리를 선언하게 되었던 것입니다.

■ 민주주의 자체의 전반적인 운동도 있었던 거지요.

● 네, 그렇지요. 이는 본질적으로 동일한 현상입니다. 신화적 세계관은, 수많은 낭만주의자들에 의해 그려지는 그림과는 아주 정반대로, 사실 거의 모든 경우에 지배자형 위계구조로 가득 차 있었습니다. 신화적 신은 특정한 소수의 사람들만의 신입니다. 말하자면 그것은 사회중심적이며 민족중심적이지, 탈인습적이며 세계중심적이 아닌 것입니다. 그것은 오직 모든 사람들이 그러한 특정한 신 앞에 머리를 조아릴 때에만 그 모든 사람들의 신입니다. 따라서 아즈텍제국Aztecs, 잉카제국Incas, 로마제국Romans, 칸제국Khans, 람세스제국Ramses 등과 같은 신화적 · 제국주의적 대大군사 제국들이 아주 명백하게 보여주듯이, 그것은 다만 오직 **강압적 전향**, 그리고 필요하다면 **무력적 정복**에 의한

"세계중심적"인 것입니다. 이러한 지배자형 위계구조들은 일반적으로 단일한 우두머리를 갖고 있습니다. 즉 교황이나 제왕이나 클레오파트라Cleopatra나 칸Khan을 정점으로 하고 있고, 그 아래로는 다양한 정도의 예속적 신분만이 죽 늘어서 있는 것입니다. 그리고 그들 모두는 모든 존재들이 머리를 조아려야 하는 그들의 신화적 신이나 여신의 이름으로 정복했던 것입니다.

따라서 '이성의 시대'는 신화적 지배자 위계구조에 저항하는 '혁명의 시대'이기도 합니다. 이것은 단지 이론만이 아닌 실천하는 혁명, 정치적인 혁명이었습니다. 계몽운동의 위대한 테마 중 하나는 "신화는 이제 그만!"이었는데, 그 까닭은 신화는 엄격하게 보면 사람들의 사이를 갈라놓고 서로 반목하게 하는 것이고, 또한 사람들을 민족중심적인 방식으로 서로 간에 적대시하도록 고착시키고, 게다가 선택된 신의 이름으로 이교도들에 대해 잔학 행위를 가하게 했기 때문입니다.

그러므로 "그 잔혹 행위들을 잊지 말라!"라는 볼테르Voltaire의 강렬한 규탄의 함성은 전 대륙을 가로질러 울려 퍼졌던 것입니다. 신화적 신의 이름으로 사람들에게 자행한 잔혹 행위들을 잊지 말라. 다시 말해 수십만의 사람들이 그들의 영혼을 지키기 위해 화형에 처해졌음을 잊지 말라는 것이고, 고문에 의한 희생자들의 살갗 위에 종교의 독선적 교리를 괴기하게 새기는 바로 그 종교재판소를 잊지 말라는 것이고, 신화적 위계구조에 내재되어 있는 바로 그 정치적 불평등을 잊지 말라는 것이고, 자비의 이름으로 위장한 그 종교의 난폭한 행진 아래 수많은 영혼들을 짓밟고 박해한 바로 그 잔학성을 잊지 말라는 것입니다.

반면에 탈인습적인 도덕적 자세는 인종, 성, 신조, 신념, 신화나 신을 불문하고 모든 사람들에게 동등한 기회를 베풉니다. 그리고 게다가 비록 모든 사람이 이러한 탈인습적이거나 세계중심적 이상에 따라 살지는 않지만, 이는 근대성과 함께 시작하여 그 의도를 옹호하는 광범위한 사회적 제도 안에 정말 견고하게 깊숙이 각인되어 있는 것입니다. 수천수만의 남녀 인간들이, "나는 비록 당신이 말하는 것에 동의하지 않을지는 모르나 나는 그것을 말하는 당신의 권리를 기필코 수호할 것이다"라는 구호 아래, 세계중심적 관용과 보편적 다원주의의 민주주의적 비전을 위해 싸우다 죽었던 것입니다.

이것은 또한 어떠한 종류든 간에 대규모라는 점에 있어서도 근본적으로 새로운 것이었습니다. 초기 그리스의 민주주의는 이러한 보편주의의 어떤 면도 전혀 갖추지 못했습니다. 그리스 "민주주의"에서는 세 사람 중 한 명이 노예였고, 여자와 어린아이들도 실제로 거의 그러한 상태에 있었습니다. 사실 농업적 기반하에서는 노예의 해방을 지지**할 수 없다**는 사실을 명심해야 합니다. 모든 도시국가들에서와 마찬가지로 아테네 시에서는 특유의 독특한 신화적 신이나 여신을 갖고 있었습니다. 그래서 아테네 시에 의해 넘겨진 기소장을 보면 "소크라테스는 국가의 신을 인정하기를 거부하는 죄를 범했다"라며 시작했고, 그리고 그에 대한 "벌로는 사형을 구형한다"로 끝났던 것입니다.

관례대로 소크라테스가 대신 다른 처벌을 신청할 수도 있었기에 요구만 했더라면 그는 종신 무료 음식을 신청할 수도 있었던 것입니다.

그러나 소크라테스는 신화보다는 이성을 선택했고, 그래서 독배를 마셨습니다. 1500년이 지나 세계는 그를 이해하게 되었는데, 다만 이번에는 그 도시국가가 신들에게 독배를 마시도록 강요했고, 그래서 그러한 신들의 죽음으로부터 근대 민주주의가 발생했던 것입니다.

◘ 그리고 또 제가 추측컨대 좋은 소식 쪽으로는 과학 자체의 발달을 이룩했다는 것이 있겠지요.

○ 그렇습니다. '3대 가치'의 분화는 속셈이 뻔한 신화적 교조주의에 아무런 방해를 받지 않고서 출현하는 합리적 경험과학을 허용했습니다. 경험과학—가설연역적 절차를 통해 **경험적**으로 관측 가능한 것에 연계된 **합리성**을 의미하는 과학—이 어느 모로 보나 최초로 범문화적 규모로 개화했던 것입니다.

경험과학과의 다툼은 거의 있을 수 없겠지요. 하지만 과학주의와는…… 글쎄요, 과학주의란 좀 다른 괴물이지요. 그래서 여기서는 차라리 **3대 가치를 통합하는 데 실패한 것**과 관련되는 나쁜 소식 쪽을 먼저 살펴보며 시작하는 것도 괜찮겠지요. 의식, 도덕, 과학은 정말로 그것들의 마법적·신화적 비분리非分離 상태로부터 자유로워졌고, 각 영역은 '온우주'에 대한 특유의 힘, 특유의 진리, 특유의 접근 방식과 더불어 자유롭게 풀어놓아졌고, 그 각각은 무엇이든 **대등하게** 중요한 할 말이 있게 되었습니다.

그러나 18세기 말경에 과학의 급격하고 정말로 아주 눈부신 발달은 전체 시스템의 균형을 깨뜨리기 시작했습니다. '그것' 영역에서의 진보는 '나'와 '우리' 영역의 가치와 진리를 잠식하고 나서는 현실적으로 그것들을 **부정**하기 시작했던 것입니다. '3대 가치'[3보三寶]는 '1대 가치'[1보一寶]로 붕괴하기 시작했고, 경험과학 그리고 오직 과학만이 궁극의 실재 여부를 선언할 수 있었습니다. 말하자면 과학은 과학주의가 되었고, 이것이 의미하는 바는, 그것이 단지 특유의 진리만을 추구한 것이 아니라 전적으로 다른 어떤 진리가 있다는 사실마저도 공격적으로 부정했다는 것이지요!

그리하여 이미 언급한 바와 같이 특히 18세기부터 시작하여 '좌측'과 내면적 차원은 점차 그것들의 '우측'의 경험적 상관물로 환원되었습니다. 오로지 단순정위[단순한 위치]를 가진 객관적 '그것들'만이 "유일한 실재다!"라는 것이었습니다. 전체 내면적 차원들은—모든 홀론들에서, 심지어 인간과 다른 존재들에서조차!—내부를 완전히 박탈당하였고, 그래서 그 기계 속 유령은 슬프고 고독한 근대의 신음 소리를 내기 시작했던 것입니다. 즉 관심을 끌 만한 힘조차 변변히 갖지 못했다는 점에서 보기에 더욱더 애처롭게 만드는 처절한 절규를 하기 시작했던 것입니다.

오직 단순한 위치를 가진 객관적 '그것들'만이 참으로 실재하는 것일 경우, 마음 자체는 존재하는 유일한 실재인 객관적이고 감각적인 자연의 영상이나 표상으로 채워질 때까지 철저하게 비어 있는, **전적으로 텅 빈 석판과도 같은 백지 상태**라는 것입니다. 실재하는 **영**이란 것은 없고 실재하는 **마음**이란 것도 없고 오직 경험적 **자연**만 있다는 것입니다. 초의식도 없고 자기의식도 없고 상호직조된 '그것들'의 방대한 시스템 속에서 오직 끊임없이 무의미하고 분주하게 질주하는 잠재의식적 과정만 있을 뿐입니다. '대홀라키'는 어느 날 하루 오후의 일진광풍 속에 카드로 만든 집같이 완전히 붕괴되었고, 그래서 그곳에는 오로지 **단순한 위치를 가진 자연의 그물**만이 발견될 뿐입니다.

그리하여 근대의 순수하게 '하강적인' 세계로 온 것을 환영받는 꼴이 된 것입니다. 알아두기에 적합한 모든 진리는 '그것들'의 진리, 단일자연의 진리, 즉 객관적·경험적 과정의 진리일 뿐입니다. 그래서 어떠한 종류의 '상승'도 필요로 하지 않습니다. 그것은 평원적 세계의 '하강적인' 격자, 말하자면 아주 철저하게 속이 비어 있는, 모든 게 다 적당해 보이는 혈거인들의 세계인 것입니다.

도구적 합리성 : '그것들'의 세계

◘ 이것이야말로 핵심 난제로 보입니다만 어떻게 하여 왜 과학이 다른 영역들을 압도하게 된 것인가요?

◎ 경험과학에서의 놀랄 만큼 뛰어난 소득은—갈릴레오, 케플러Kepler, 뉴턴Newton, 하베이William Harvey, 켈빈Lord Kelvin, 클라우지우스Rudolf J. E. Clausius, 카르노Nicolas L. S. Carnot 등의 위대한 과학자들 덕택으로—산업화에 의해 초래된 대규모의 변화에 잘 어울리고 있었던 것입니다. **이** [과학과 산업] **양쪽 모두 그것 영역의 노력 덕**이었고, 그리하여 그것들은 다른 모든 관심사들을 모두 갓길로 밀쳐버리고서 악순환적으로 상호 간에 서로를 육성했던 것입니다. 바꾸어 말하면 '그것' 영역은 자신들의 옆에 매우 강력한 두 세력—경험과학의 성취와 산업화의 위력—을 두고 있었던 것입니다.

한 사회의 기술경제적 기반('우하 4분면')은 문화가 유동하고, **유동할 수 있는 구체적 형식들**을 설정합니다. 그 기반은 어떤 종류의 강력한 마르크시스트적인 의미에서 문화적 상부구조를 결정하는 것이 아니고, 그것은 다양한 한계와 가능성을 함께 설정합니다(예컨대 농업사회의 기반에서 노예제를 불법화하는 것은 사실상 거의 불가능하고 여성의 권리를 옹호하는 것도 똑같이 불가능한 일입니다).

오늘날 산업적 기반이란 곧 **도구적 생산성**의 기반을 의미합니다. 물론 활과 화살도 그랬고, 곡괭이도 그랬고, 쟁기도 그랬습니다. 그런데 증기기관도 그런가요? 또 내연기관도 그런가요? 여러 면에서 엔진, 기계 같은 것도, 곤봉으로 사용한 최초의 돌이나 창으로 사용한 최초의 막대기에 이르도록 아주 멀리 끝까지 거슬러 올라가보면, 그 자체가 곧 생산능력의 단순한 진화인 것입니다. 그런 의미에서 보면 산업화에 관한 한 사실 과거와의 급격한 단절이라고는 아무것도 없습니다. 언제 어디서나 남녀 인간들은 도구로, 연장으로 그들의 기본적 욕구를 충족하기 위한 방법들을 어설프게나마 계속 추구해왔던 것입니다. 그러나 이 [우측] 발달이 점점 더 복잡하게 되면서 기계의, 그리고 산업적 기반의 무지막지한 위력은 도구적 생산성으로 하여금 금속성 괴성을 지르며 전면으로 등장하도록 만들었습니다.

기술경제적 기반의 범위 내에서만 문화는 그 가능성을 전개합니다. 그리고 그것은 산업적 기반의 범위 내에서만 총체적인 생산적·**기술적·도구적** 사고방식을 전개한 것입니다. 이는 거의 필연적으로 **그것 영역에만 프리미엄을 부여하는** 사고방식입니다.

오늘날 수많은 비평가들—사실 현실적으로 대부분의 비평가들—은 산업화에 따른 수없이 많은 문제들을 알아가는 추세에 있습니다. 그것을 다름 아닌, 기계적 세계관의 원인으로, 유기체적 문화의 해체로, 분석적이고 단편화된 세계의 원인으로, 사회적 응집력의 전이轉移로, 생태적 파국의 원인으로, 종교적 감수성의 황폐화로 받아들이고 있습니다.

그러한 것들도 중요하지요. 하지만 나는 그런 것들 중 어느 것도 중심적인 문제라고는 생각하지 않고, 오히려 그런 것들은 모두 파생적인 것이라고 생각합니다. 사실 중심적인 것은 바로 이러한 생산적 기반이 '그것' 영역을 선택하도록 의식에 부과하는 압력입니다. 말하자면 산업화의 위력은 **그것들**its**만이 오로지 실재인** 세계를 선택하도록 하기 위해 경험과학이 달성해낸 업적과 결탁했던 것입니다. 그 외의 모든 것은 그러한 선택에서 파생되어 나옵니다. 그것들 외의 다른 모든 문제들은 그러한 문제로부터 갈라져 나옵니다.

'그것' 영역은 '나'와 '우리'의 영역들을 침략하고 예속화하고 지배하는 암처럼, 즉 병리적 위계구조처럼 자라나고 있었습니다. 문화의 **도덕성** 결정은 과학과 **기술적** 해결 쪽으로 급속하게 넘겨지고 있었습니다. 과학이 **만사**를 해결한다는 식입니다. '나'와 '우리' 영역에서의 모든 문제들은 '그것' 영역에서의 기술적 문제로 전환되었습니다. 그러므로 (이론적이고 기술적인) 과학은 모든 문제를 해결할 뿐만 아니라 애초에 무엇이 문제였는지도 결정한다는 것입니다. 나아가 그것은 무엇이 실재이고 무엇이 아닌지를 결정한다는 말입니다.

◘ 그렇다면 문제는 새로운 과학이 전일론적holistic이고 시스템 지향적인 대신에 분석적이고 분할적이라는 데 있는 것이 아니군요.

◎ 절대로 아니지요. 문제는 원자론적 과학과 전일론적 과학 양쪽 모두 '그것'주의it-ism였다는 데 있습니다. 양쪽 다 일차적으로 붕괴에 기여했던 것입니다. 원자론적 '그것들', 전일론적 '그것들'은 모두 다 똑같은 기본악몽이었습니다.

◘ 그렇지만 우리는 "신패러다임"주의 신봉자들로부터, "낡은 뉴톤주의적" 과학은 기계론적이고 분할론적이고 원자론적이었는데, 이러한 분할론적 개념이 근대사회를 공략하였고, 또한 그 단편화를 야기했기 때문에 우리는 부러져 조각난 세계 안에 살고 있다는 것이지요. 그래서 지금 우리가 필요로 하는 것은 사회로 하여금 양자물리학에서 시스템 이론에 이르는 새로운 전일론적 과학을 따라잡도록 하는 일이고, 또한 이것이 곧 그 분할을 치유하게 될 것이라는 말을 끊임없이 계속 들어오고 있습니다. 그런데 선생님은 원자론적이고 전일론적인 것 양쪽 다 피의자라는 말씀을 하고 계시군요.

◎ 네, 맞습니다. 과학이 자신의 사명만이 오로지 진정한 사명이라

고 선언했을 때 이는 '그것' 영역만이 오직 유일한 실재의 영역이라고 선언한 것과 같습니다. 독백적 자연의 경험적 세계만이 오직 유일한 실재의 영역이었습니다. 인간은 자연의 이러한 그물망의 분리할 수 없는 일부이므로, 인간도 역시 경험적이고 객관적인 양식으로만 알려질 수 있다는 말입니다. 당신이 의식을 알기를 원합니까? 그러면 내게 **말하지** 말고 그냥 곧장 뇌 속을 절개해서 **들여다보시지요!** 이것이 바로 독백적 주시입니다.

그 기본 아이디어는 바로 뇌는 자연의 일부이고 자연만이 유일하게 실재라는 것이고, 그러므로 의식은 뇌의 경험적인 연구에 의해서 찾아질 수 있다는 것입니다. 이것은 바로 독백적인 표층으로의 가공할 만한 환원입니다.

◘ 그렇지만 뇌는 자연의 일부가 틀림없지요!

● 네, 뇌는 자연의 일부입니다. 그러나 마음은 뇌의 일부가 아닙니다. 마음이나 의식은 내면적 차원이고, 그것의 외적 상관물이 곧 객관적인 뇌입니다. 마음은 '나'이고, 뇌는 '그것'입니다. 그러므로 앞에서 논의한 바와 같이 경험적인 자연 내의 그 외 다른 것들과 마찬가지로 뇌는 독백적 주시에 의해, 즉 경험 분석적 조사에 의해 알려질 수 있지만, 그러나 마음은 오로지 내성內省[내관內觀], 의사소통, 해석에 의해서만 알려질 수 있는 것입니다. 우리는 뇌를 바라볼 수 있지만 마음에게는 말을 걸어야 하고, 이는 단지 관찰뿐만 아니라 해석을 필요로 합니다.

그래서 홀론의 모든 양상들이 경험적 그것들its의 거대한 독백적 그물망으로 환원될 경우 그것들의 내면적 차원들은 완전히 파괴되어버립니다. 식물, 고래, 여우, 침팬지들의 내면적 세계는 독백적 응시의 작열하는 화염 속에 증발해버립니다. 그것들은 모두 단지 개관적인 그물망 속의 가닥들일 뿐입니다. 즉 그것들은 생명세계를 갖지 못하고 문화도 갖지 못합니다. 그러므로 만약 당신이 '온우주'를 경험적 자연의 거대한 그물망으로 환원시킨다면, 당신은 자연의 내면세계의 본질마저도 박탈해버리는 것이 됩니다. 당신은 오로지 경험적인 자연, 독백적인 자연, 본질을 빼앗긴 자연, 붕괴된 온우주의 속이 텅 빈 껍질만을 갖게 됩니다. 모든 '나'와 모든 '우리'들은 상호 잘 짜여진 '그것들'로 환원되었고 단순정위의[단순한 위치를 가진] 거대한 그물망으로 환원된 것입니다.

물론 의식은 단순정위를 갖고 있지 않습니다. 가치, 욕망, 의식의 상태, 의미, 깊이, 절정 체험, 영적 조명, 이러한 것들 중 어느 것도 '그것들'의 외적인 세계 내에 물리적인 위치를 갖고 있지 않습니다. 의식은 내부로부터 알려지는 해석에 의해 접근되고 성실성에 의해 안내되어진 상호이해 속에 공유되는, 그 특유의 내면적 공간의 수준들에 존재하는 것입니다. 그리고 그것들 중 아무것도 단순정위를 갖고 있지 않으므로 만약 우리가 단순히 그것의 경험적·객관적인 발자취만을 지도화함으로써 그 내면의 야수를 이해하려고 시도한다면 야수 자체의 참본질을 잃어버리게 될 것입니다.

그러고 나서 당신은 일차적으로 물리적 연장물延長物—**양적 크기의 순위가 유의성**有意性**의 순위**를 대체하는 것—에 바탕을 둔 당신의 존재론적 홀라키를 단순히 정렬시키게 되고, 그래서 그러고 나면 당신이 갖게 되는 유일한 "겹겹의 둥지들"은 이제는 대체로 **크기**에만 바탕을 두게 됩니다. 그래서 원자는 더 큰 분자의 일부이고, 이것은 더 큰 세포의 일부이고, 이것은 더 큰 유기체의 일부이고, 이것은 더 큰 생물권의 일부가 되는 것입니다. 그래서 바로 거기에 우리의 전일적 시스템의 지도가 있는 것입니다.

그러한 관점에서 보면 당신은 화이트헤드가 **단순정위의 오류**라고 일컬었던 것 속으로 총체적으로 빠져들어가버린 것입니다. 말하자면 만약 어떤 것이 물리적 공간에서 단순한 위치를 정하지 못한다면 그것은 "진정한 실재"가 아니라는 말입니다. 당신은 '가이아'의 위치를 정할 수 있고, 그래서 그것은 존재합니다. 당신은 세포의 위치를 정할 수 있고, 그래서 그것은 존재합니다. 당신은 뇌의 위치를 정할 수 있고, 그래서 그것은 존재합니다. 당신은 생물권의 위치를 정할 수 있고, 그래서 그것은 존재합니다.

그러나 당신은 똑같은 방식으로 의식, 가치, 의미, 도덕의 위치를 **단순하게** 정할 수는 없습니다. 당신은 손가락으로 그것들을 가리킬 수 없습니다. 당신은 감각적 자연의 거대한 그물망 안의 어디에서도 그것들을 보거나 찾아낼 수 없습니다. 그것들은 기계 속의 빈둥대며 조롱당하는 유령, 유기체 속의 감상적인 환영幻影으로 되고 맙니다. 그것들은 단지 개인적 취향, 주관적 환상에 지나지 않게 됩니다. 내면세계는 질質을 박탈당한 우주 안의, 즉 당신이 정확하게 손가락으로 지적할 수 있는 우주 안의 고려 대상으로는 **포함되지 않습니다.**

물론 당신이 정확하게 손가락으로 지적할 수 있는 우주가 바로 의미 없는 우주라는 것은 아주 아이러니한 일입니다. 그래서 비록 의식, 가치, 의미가 '온우주'의 **심층**에 본질적으로 **내재된** 것이긴 하지만, 그것들은 물질우주cosmos에서는 찾아질 수 없습니다. 즉 그것들은 '온우주'의 '좌측' 차원 내에 갖추어져 있는 고유의 속성이지, '우측' 표면에 갖추어져 있는 속성이 아니라는 말입니다. 그러므로 만약 당신이 오직 감각적인 표면만을 허용하는 데에만 급급해한다면 당신은 온우주를 북북 문질러서 가치, 의식, 의미, 깊이를 말끔히 닦아내고 있는 게 틀림없다고 내가 장담하지요.

그리하여 드디어 '대홀라키'는 당신이 정확하게 그것을 지적할 수 없다는 이유 때문에, 역사상 처음으로 근본적으로 폐기되고 마는 사태가 생겨났던 것입니다. 기계 속 유령이 필경 자살한 것이 틀림없기 때문에 그것은 이제 정말로 유령이 된 셈입니다.

근본적 계몽주의 패러다임

◘ 그렇다면 푸코와 같은 이론가들이 18세기에 생겨난 "인간과학sciences of man"을 그와 같이 아주 신랄하게 공격했던 이유가 바로 이러한 데 있는 것입니까?

◎ 네, 아주 정확히 그렇습니다. 푸코는 완벽한 표현을 구사하여 이러한 독백적 광기를 멋지게 요약했습니다. 그는 말하기를, 남녀 인간들은 "결코 의사소통하는 주체가 아니라 정보의 대상"이 되었다는 것입니다. 푸코는 근대성의 전체 악몽을 한 문장으로 완벽하게 요약해낸 것입니다. 말하자면 인간들은 모든 홀론들과 마찬가지로 오직 그들의 경험적이고 객관적인 차원에서만 연구되었다는 것이고, 그러다 보니 그들은 언급하기에 충분한 정도의 깊이도 없고 의지성도 없고 개인성도 없이 단지 거대한 상호 엮어진 그물망 속에 있는 '그것들'로 단순히 환원되어버린 것입니다. 실험실 기술자들의 냉혹한 세계에서 그들은 각각 모두 다 고깃덩어리에 불과한 것입니다.

그리하여 과학주의의 발흥과 상관하여, 우리는 "인간과학", 즉 인간 존재를 오로지 정보의 객체로 환원시킨 과학의 발흥을 보게 되었습니다. 이것은 또한 "비인간화된 인본주의"라고도 일컬어지기도 합니다.

◘ 왜 푸코는 그런 것을 "인간의 시대Age of Man"라고 일컬었습니까?

◎ 왜냐하면 과학적 연구의 **대상**으로서의 "인간"이 "발명"되었기

때문입니다. 인간 존재는 독백적 합리성의 대상으로, 즉 ('3대 가치'는 결코 한 번도 분화된 적이 없고 그래서 붕괴된 적도 없었기에) 전에는 **결코 존재한 적이 없었던** 어떤 것으로 되어버린 것입니다. 푸코는 특유의 재치 있는 어투로, 그와 같은 인간은 전에는 결코 존재한 적이 없다고 말했던 것입니다. '인간'이란 것이 발명되었다는 것이지요. 그래서 푸코는 "인간의 종언"을 희구했습니다. 그리하여 그는 그의 저서 《사물의 질서The Order of Things》에서 "바닷가 모래 위에 그려진 얼굴같이 인간은 지워질 것이라는 것에 대해 누구와도 확실하게 내기를 걸 수 있다"라는, 아주 인상적인 은유로 결론짓고 있습니다.

그러한 것은 곧 객체화의 종언을 위한 포스트모던 풍조입니다. 말하자면 이는 비인간화하는 인본주의의 종언, "인간"의 종언, 즉 독백적 '그것들its'로의, 인간 개인의 일방적인 객체화의 종언을 위한 것입니다. 상호결속된 거대한 그물망 속에서 모든 주체를 객체로 환원시키는 것, 이것이야말로 실로 지식으로서의 위력을 과시하며 행진하고 있는 것이고, 또 이것은 독백적 주시의 폭정이고, 또 이것은 평원적 합리성의 아이러니이고, 그래서 이것은 **푸코**의 주요 표적 중 하나였습니다.

그러므로 만약 당신이 근대성의 발흥에 대한 주요 이론가와 비평가들의 비판—예컨대 헤겔, 베버, 하버마스, 테일러, 푸코와 같은 석학들의 비판—을 살펴보면 당신에게 깜짝 놀랄 만큼 일관성 있는 구도가 떠오르게 됩니다. 그들 모두는 근대성의 어떤 기본적인 특징에는 대체로 동의하는 경향이 있습니다. 다름 아니라 단순히 이 전일적 세계의 경험적·객관적 표상이거나 지도화라고 하는 지식(표상 패러다임, 자연의 거울)을 갖고서 전일적 '그것' 세계를 조사하는, 유리되어 있는 주체라는 데에 동의하고 있는 것입니다. 그리하여 주관적이고 상호주관적인 영역들은 경험적인 연구—'나'와 '우리'는 상호 엮어 짜여진

'그것들'—로 **환원되었던** 것입니다. 그 결과 인간은 의사소통하는 주체가 아닌 "정보의 대상"이 된 것입니다. '3대'의 '1대'로의 이러한 환원은 과학적 유물론, 비인간화된 인본주의, 그리고 나아가 여전히 근대와 탈근대 세계를 지배하는 경향이 있는 '질質을 박탈당한' 우주를 만들어낸 것입니다.

영도 없고 마음도 없고 오직 자연만

■ 그렇다면 그것은 곧 선생님이 하나의 부러진 '신'이 다른 신의 자리를 차지한 것이라고 말씀하셨을 때의 바로 그 의미로군요.

● 그렇습니다. 최소한 1000년 동안 서양의 의식을 지배해왔던 거의 전적全的으로 '상승적인' 이상理想으로부터 벗어나, 우리는 오늘날에 이르러 근대성과 탈근대성을 지배하고 있는 거의 전적으로 '하강적인' 세계를 획득한 것입니다. 초논리적 '영'도 없고 대화적 마음도 없고 단지 독백적 자연만 있습니다. 표면적 자연, 단독적 자연, 감각적·물질적 형태의 세계, 이것이 곧 근대와 탈근대 세계의 "신"이고, 이것이 곧 "여신"입니다.

이러한 것을 설명하는 데 도움을 줄 수도 있는 여러 가지 도식들이 내게 있습니다. 만약 그림 2-2로 돌아가보면 우리는, 선행하는 것들을 초월하며 포함하는 각 수준을 가진, 물질로부터 마음으로 혼으로 영으로 이르는, 전통적인 존재의 '대홀라키'를 상기하게 될 것입니다. [그림의] 중심(물질, 즉 가장 기초적인 것)으로부터 위로 향해 이동하는 것은 진화('에로스'에 의해 추동되는 '환류Reflex' 또는 '상승Ascent')의 과정이고, 영(가장 의미심장한 것)으로부터 아래로 향해 이동하는 것은 역진화involution('아가페'에 의해 추동되는 '유출' 혹은 '하강')입니다. 각 상위적인 수준은 선행하는 수준에서는 발견되지 않는 속성에 의해 식별되는 창발적인 것입니다. '영'은 (모든 것을 초월하고 모든 것을 포함하는) 최상위의 수준이며, 또한 (마치 수준이 지면紙面에 의해 나타내어지듯이 동일하게 존재하는) 각 수준의 '근본바탕Ground'이기도 합니다.

그렇지만 전통적인 대둥지Great Nest가 어떤 종류든 의미 있는 스케일을 갖고서도 실패하고 만 것은 4분면을 분명하게 차별화시켰습니다. 예를 들면 물질적 두뇌는 의식의 내면적 상태의 외면적 상관물이라는 (그리하여 두뇌는 단순히 모든 수준의 최하위의 일부분일 뿐 아니라 오히려 아주 상위적인 수준들의 외면적 상관물이라는) 사실을 보지 못하고, 단순히 그것을 모든 사물과 함께 존재의 밑바닥의 발판 위에 놓아두었던 것이지요. 의식은 물질적 뇌와 긴밀하게 연관되어 있다는 사실을 보지 못하고, 그것은 선험적이고 형이상학적이고 완전히 내세적인 것으로 모든 물질 위를 떠도는 것같이 보였던 것입니다(의식의 상태는 뇌의 상태와의 상관성—모든 '좌측' 사건들은 '우측' 상관성—을 지니고 있다는 발견은 전통적으로 당연시해온 '대사슬Great Chain'과 모든 형이상학에 통렬한 일격을 가한 것이었고, 그것이 비록 너무 멀리 나아가버려서 과학적 유물론 외에는 아무것도 남기지 않는 쪽으로 '온우주'의 붕괴에 기여했지만, 그렇게 된 것은 당연한 귀결이었습니다).

이와 마찬가지로 전통적인 '대둥지'는 ('좌하 4분면'의) 문화적 맥락들이 모든 지각능력을 형성시키는 심오한 방식에 대한 이해를, 또한 ('우하 4분면'의) 기술경제적 기반이 개인의 의식에 강력하게 영향을 미치는 방식에 대한 이해를 거의 구현하지 못했던 것입니다. 나아가 세계관, 개인의 의식, 생산의 양식 등의 진화에 대한 구체적인 이해도 거의 없었습니다. 이러한 모든 방식과 그 이상에 있어서 '대사슬'은 아주 심하게 제한되어 있었습니다(하지만 이러한 점이 '좌상 4분면'에서의 개인의 영

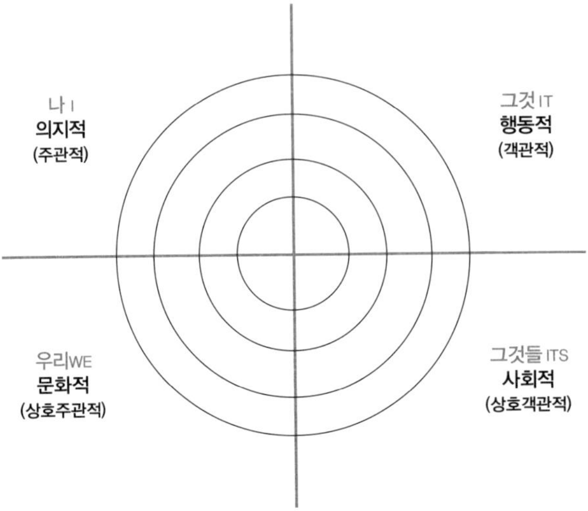

그림 15-1 **4분면의 대등지**

적 발달에 대한 마치 완벽하게 적당한 지도같이 개인들이 '대사슬'을 사용하는 것을 막지는 못하였고, 이는 플로티노스와 같은 철인들을 포함하는 많은 현자들이 그렇게 한 것입니다. 그렇지만 그것은 우리가 4분면이라고 일컫고 있는 실재의 차별화된 양상들에 대한 '대둥지'의 감수성을 극도로 제한시켰던 것입니다).

■ 그렇지만 근대성은 4분면을 분화시켰지요.

● 네, 이 모든 것은 근대성과 '3대 가치'의 광범위한 분화에 따라 변화하게 되어 있었지요. 이것은 그림 15-1처럼 나타낼 수 있습니다(그리고 그림 15-2와 같이 단순화될 수도 있습니다). 이것이 바로 4분면(혹은 3대 가치)으로 분화된 '대둥지'인 것입니다. 이러한 통합적 비전은 새롭게 생겨났을 법한 것이고, 또한 여전히 생겨나고 있을지도 모르는 것이지만, 그러나 사실은 어떤 지속 가능한 방식으로 창발하지는 않았던 것이지요. 대신 다양한 수준들과 분면들은 모두 그것들의 물질적(혹은

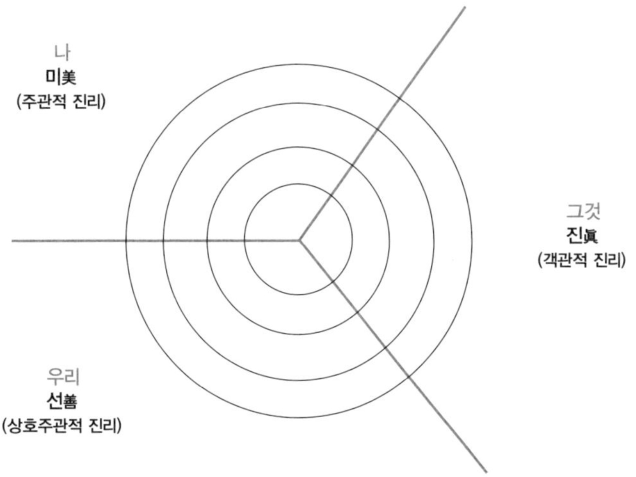

그림 15-2 **3대 가치**

경험적 혹은 객관적) 상관물로 붕괴되었고, 그 결과 얼마 안 가서 평원적 세계로, 과학적 유물론으로, 감각적 단일자연으로 귀착되고 말았던 것입니다. 이러한 온우주의 붕괴를 추적하는 것이 이 시점에서의 우리의 논의의 요체입니다.

◘ 선생님은 모든 '좌측' 사건이 '우측' 상관 기능correlate, 즉 "그것it"의 상관 기능을 갖고 있다는 사실과 관계가 있다고 말씀하셨지요. 산업화와 객관적 과학이 결탁함으로써 "그것들its"이 세계를 점령해버린 셈이지요!

◎ 정확히 그렇습니다. 모든 '좌측' 사건은 물질적(혹은 객관적) 세계 내에 '우측' 또는 경험적 상관 기능을 갖고 있지요. 그리하여 그것은 언제나 전자(끈기 있는 해석을 필요로 하는 깊이)를 후자(쉽게 보여질 수 있는 표면)로 환원시키려고 획책하고 있는 것이지요. 이것이 곧 우리가 미

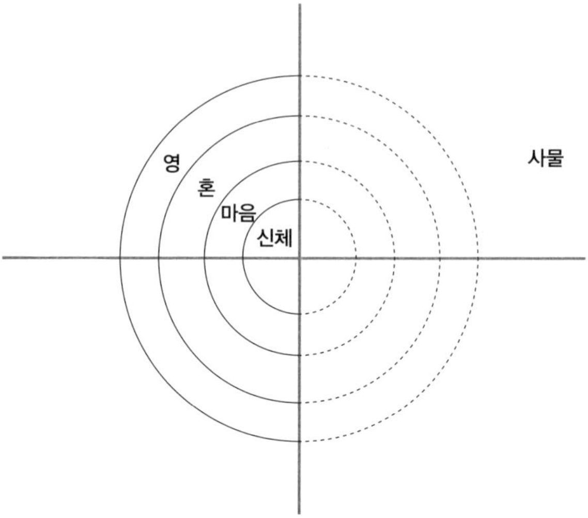

그림 15-3 **내면적(의식) 상태와 외면적(물질) 상태와의 상관성**

묘한 환원주의라고 일컫는 것입니다.

이것은 그림 15-3을 참고하면 이해될 수 있습니다. 각 수준은 선행하는 것들을 초월하며 내포한다는 것을 다시 한 번 유의해야 합니다. 내면적인 영역에서 우리는 신의 영역theosphere(혼/영)이 정신권noosphere(마음)을 초월하며 내포하고, 이 정신권은 생물권biosphere(신체)을 초월하며 내포하는 것을 봅니다. 이러한 것들은 내면적 의식발달의 아홉 개 남짓한 수준들과 분기점들을 축약한 것입니다.

그렇지만 이와 똑같이 중요한 것으로 (신체적 의식으로부터 심적/이지적 의식과 영적 의식에 이르는) 의식의 각 내면적 상태는 **물질적/객체적 뇌와 유기체('우상 4분면') 내에 어떤 종류의 상관 기능을 갖고 있는 것입니다.** 그러므로 예컨대 영적 체험('좌상 4분면')을 하고 있는 어떤 사람까지도 EEG 뇌전도 장치('우상 4분면') 위에 기록되어질 수 있는 객관적 뇌파의 변화를 보여줄 것입니다.

그렇다고 의식 상태, 가치, 깊이, 의지는 물질로 환원될 수 없는데, 그 까닭은 비록 어느 하나의 가치는 다른 것보다 더 좋다고 할지라도 어느 하나의 뇌파는 그렇지 않기 때문이지요. 당신은 자비를 체험하고서 그것이 살인보다 더 좋다는 것을 압니다. 그러면서 한편으로 당신은 자신의 뇌가 EEG 장치에 기록되어질 수 있는 [이러한 체험들의] 뇌파를 생산해낼 것이라고 생각하고 있습니다. 그러나 비록 자비가 살인보다 더 좋다는 것을 안다고 할지라도 EEG 장치에 "이 뇌파는 보다 더 가치 있는 것이고, 이 뇌파는 보다 더 도덕적이고, 이 뇌파는 보다 더 아름다운 것이다"라고 말하는 것이 기록될 리 없습니다. EEG 장치는 **오로지** 어느 한 뇌의 상태가 다른 것과 **다르다는** 것만을 보여줄 수 있을 뿐이지요. 그것은 어느 하나의 상태가 다른 것보다 **더 좋다는 것**을 말할 수는 없습니다. 그러한 판단을 내리기 위해서는 당신은 내면적 의식, 깊이, 가치인식에, 즉 **질**의 홀라키에 의존해야 하지만 반면에 EEG 장치는 오직 양의 홀라키만을 기록할 수 있을 뿐이지요. '좌측'을 '우측'으로 환원한다는 것은 모든 '질'을 '양'으로 환원하는 것이고, 그리하여 우리가 보아왔듯이 평원적 세계로도 알려진 '질을 상실한 우주'에 곧바로 착륙하는 것입니다.

◘ 그것은 곧 정확히 무엇이 일어났는지를 말해주는군요.

○ 네, 그것은 바로 정확히 무엇이 일어났는가를 말해주지요. 앞에서 보았듯이, 모든 '좌측'과 내면적 사건들은 '우측' 과정과 객체들과 '그것들its'로 환원되었습니다. 합리적인 '자아'[에고]는 허공중에 덩그러니 매달린 채 있고, 그 자신의 신체 내 뿌리로부터 잘려 나오고, 정신(영혼)과 그 자신의 내면적 발달의 상위적 단계들로부터 잘려 나와서는 오직 자연의 실재성("자연의 거울")만을 반사하고 있을 뿐입니다.

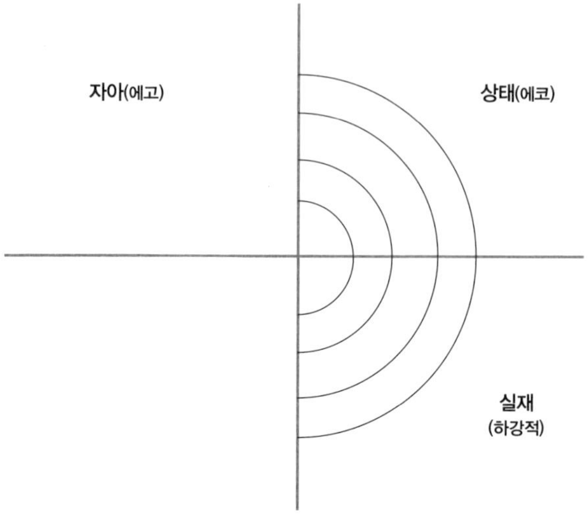

그림 15-4 **평원적 세계**

사라진 것은 다름 아닌 정신이며, 사라진 것은 곧 본래 진정한 실재로서의 마음이고, 그래서 남아 있는 것이라곤 모두 감각적인 자연, 즉 전일적 '그것들'의 경험적 그물망뿐인 것입니다.

◻ 달리 말하면 평원적 세계로군요.

○ 네, 바로 평원적 세계지요. 이것은 그림 15-4와 같이 나타낼 수 있습니다. 합리적인 '에고'만이 내면적 영역에 남아 있는 모든 것이며, 그리고 그것의 존재성 여부마저도 도전받고 있습니다. '에코the Eco'—혹은 '자연Nature' 혹은 '우측'—만이 궁극적인 실재인 것으로 믿어지는 모든 것입니다. 평원적 세계의 순수하게 하강적인 세계만이 이제는 궁극의 실재입니다.

◻ 그렇다면 우리는 어떻게 하여 근대성의 그러한 분화가 분열과 평원적 세계로의 붕괴를 허용했는지 알 수 있다고 봅니다. 그것은 좋은

소식과 나쁜 소식 둘 다겠군요.

◎ 네, 맞습니다. 그러므로 일단 우리가 평원적 세계의 역사적 발흥에 대한 해명을 끝낸다면 아마 우리는 다음과 같은 핵심 관점으로 돌아갈 수 있을 것입니다. 진실로 **통합적인** 관점을 갖기 위하여 우리는 고대 지혜의 진정한 최선(즉 신체로부터 마음으로 혼으로 영으로 뻗어나가는 "온수준")을 취한 다음, 그러한 면을 근대성의 진정한 최선(즉 그것은 '3대 가치'를 분화시키는 "온분면")과 결합하고, 그리하여 **온수준-온분면**의 비전에 도달하는 것입니다.

◘ 이것들은 그림 15-1, 15-2, 15-3과 같은 어떤 것이 되겠군요.

◎ 네, 맞습니다. 하지만 앞으로 얼마 동안은 우리는 근대성이 그림 15-4와 같이 "실재성"을 포옹하는 관점에 머물 것입니다. 근대성은 평원적 세계, '하강적 격자', '그것들'의 세계의 산업적 존재론과 사랑에 빠져 있습니다.

산업적 격자의 목소리

◘ 지금 선생님은 근대의 생태적 위기는 일차적으로 '하강적인' 격자가 초래한 결과라고 말씀하시는 것 같군요.

◎ 어느 누구든지 자신은 "글로벌하게" 사고하고 있다고 말할 수는 있겠지요. 그러나 극히 소수의 사람들만이 실제로 세계중심적이거나 탈인습적 조망을 취할 수 있습니다. 앞에서 우리가 보았듯이 세계중심적이거나 보편적 조망에 따라 실질적으로 살기 위해서는 변용과 초월의 대여섯 개나 되는 주요 내면적 단계들을 필요로 합니다.

그러나 만약 '좌측' 전체가 무시되고 평가 절하된다면—만약 우리가 내면세계를 무시하고 단지 '가이아'나 시스템적 자연의 '우측' "글로벌" 지도에만 눈을 고정시켜놓는다면—우리는 사람들로 하여금 그러한 글로벌한 또는 세계중심적인 자세에 도달하게 해주는 실제 경로를 무시하게 될 것입니다. 우리는 경로 없는 목표를 갖게 될 것입니다. 그리고 우리는 '좌측' 초월을 부정하고 비난하는 지도를 갖게 될 것인데, 이것이 바로 실제 경로 자체인 셈입니다!

그래서 그와 같이 무시하는 모든 것, 그러한 "무지ignorance"의 소치인 모든 것은 곧장 근본적 계몽주의 패러다임의 미묘한 환원주의로 돌아갑니다. 우리는, **합리성**이 '3대 가치'를 분화시키는 데 성공했지만 반면에 **산업화**가 그것들을 단일자연의, 즉 단순정위를 가진 경험적 자연의 '1대 가치'로, 그림 15-4의 세계로 붕괴시킨 것을 보았습니다.

바꾸어 말하면, 단일자연의 세계는 사실 순수하게 **산업적 존재론**의 세계입니다. "경험적 자연만이 유일한 실재다"라는 관념, 바로 이것이 곧 근대의 '하강적인' 격자이고, 이 격자가 곧 다른 모든 것을 우선하는 산업적 존재론의 격자입니다. **평원적 세계를 제자리에 붙잡아두는 것**, 단순정위의 객관적 세계를 일차적인 실재로 붙잡아두는 것, 내면 세계들을 예속화하고 지배하면서 그것들을 감각적 '그것들'의 거대한 그물망 속의 도구화된 가닥들로 환원시키는 것이 곧 산업화인 것입니다. "자연만이 유일한 실재다"라는 바로 이 말이야말로 산업적 격자의 목소리인 것입니다.

◘ 이것이 바로 선생님이 [예전의] 다른 문화에서는 이러한 붕괴를 찾아내지 못하신 이유군요.

○ 그렇습니다. 자연은 마법적 사회에서처럼 전분화前分化되거나 자아중심적이었고, 아니면 자연은 신화시대에서처럼 신화적 다른 세계를 선호하여 평가 절하되었던 것입니다. 혹은 그렇지 않으면 플로티노

스나 파드마삼바바 같은 성현들의 경우에 자연은 '영'의 표현, '영'의 화신化身입니다. 즉 '영'은 자연을 초월하고 포함합니다.

그렇지만 역사상 분화된 자연이 궁극의 실재와 단순히 그냥 동일시된 적은 **결코 단 한 번도** 없었습니다! 단 한 번도 초논리적 '영'과의 대화적 마음이 그렇게 무지막지하게 독백적 자연으로 환원된 적은 결코 없었던 것입니다. 그러나 근대의 산업적 존재론에서는 자연은 궁극의 실재이고, 오직 자연만이 유일한 실재인 것입니다.

◘ 그렇다면 **자연**은 어쩌면 그런 의미에서 보면 산업화의 **산물**이군요.

◉ 네, 그렇게 보입니다. 앞에서 말한 적이 있듯이 "자연만이 유일한 실재다"라는 바로 이 말이야말로 산업적 격자를 유령같이 끈질기게 따라 다니는 목소리입니다.

그러고 나서 '영'에 대해 언급하면서 당신은 두 가지 것 중 하나를 주장할 것입니다. 즉 당신은 '영'을 깡그리 부정하든가 아니면 자연이 '영'이라고 주장할 것입니다. 계몽주의 철학자는 전자를 주장했고, 낭만주의적 반동과 '자연으로 돌아가자'는 운동은 후자를 주장했습니다. **양쪽** 모두 다 철두철미하게 단일자연의 이러한 '하강적인' 격자의 범위 내에, 즉 이러한 만연된 산업적 존재론의 범위 내에 있는 것입니다.

◘ 플로티노스가 그의 무덤에서 돌아눕겠지요?

◉ 그렇게 상상할 수밖에 없지요. 반복해서 말하면, 플라톤이나 플로티노스—혹은 에머슨이나 에크하르트나 초갈Tsogyal[92] 보살—에게 자연은 '영'의 **표현**인 것입니다. 사실 플로티노스에게는 마음과 자연

92 8세기경, 파드마삼바바의 수제자 중 한 사람으로서 티베트인들에게 니르마나카야nirmanakaya, 즉 인간을 깨달음으로 인도하기 위해 인간으로 환생한 화신불로 존경받으며 완전한 깨달음에 도달한 첫 여성 보살.

모두 '영'의 표현이고 '영'은 '일미'의 통합적 포섭에 의해 마음과 자연 양쪽을 모두 **초월하면서 내포**합니다. 혹은 마찬가지로 불교에서도, '영'의 '법신Dharmakaya'은 마음의 '보신報身, Sambhogakaya'으로 나타나고, 이것은 다시 육신, 형상, 자연의 '응신応身, Nirmnakaya'[화신化身]으로 나타납니다.

그런데 **오로지** 화신만 인정한다는 말이지요. 오로지 자연만요. 이것이 바로 '온우주'의 경험적인 평원적 세계로의 붕괴입니다. 이것은 다른 영역들을 침략하고 예속화하고 지배하기 시작한 산업적 존재론의 명약관화한 영향 탓입니다. 그 결과 **유일한** 실재는 자연인 것입니다.

그러므로 '하강적인' 근대성을 뒤쫓아 가면 당신은 오직 마르크스, 포이어바흐Feuerbach, 콩트와 같은 부류의 사람들만을 대면할 수 있습니다. 그렇지만 마찬가지로 근대성을 쫓아가도 당신은 오직 발달할 대로 충분히 발달한 자연낭만주의자와 생태철학자들만을 대면할 수 있을 뿐입니다. 그들은 길거리의 똑같은 쪽, 똑같은 평원에서 일하고 있고, 감각적 자연의 '하강적인' 세계 내에서 산업적 격자에 의해 은밀하게 제자리에 꽉 붙잡혀 있는 그대로 그들의 신을 찾고 있습니다. 그들은 그림 15-4에 묘사된 세계를 포옹하고 있는 것입니다.

◘ 그렇다면 이것이 의미하는 바는, 생태낭만주의 운동은 산업화에 저항하는 반동이 아니라 산업화의 산물이라는 거군요.

○ 네, 여러 면에서 그렇지요. 경험적 자연이 곧 궁극의 실재라는 신념, 그것이 바로 산업적 존재론입니다. 생태낭만주의자들은 산업은 거부했지만 그 존재론만은 유지하였고, 그래서 가장 충직한 자세로 그렇게 했습니다. 다시 말하면 그들은 피상적인 문제는 거부했지만 더 심층적인 재앙은 오히려 아주 적극적으로 포옹했습니다. 그들은 피학대 유괴 희생자의 경우와 같이 자신들의 유괴자와 사랑에 빠져버린

것입니다.

'가이아'의 종교, 자연의 숭배는 단순히 산업적 종교의, 즉 산업적 영성의 주요 형태 중 하나이고, 그래서 그것은 그러한 산업적 패러다임을 영속시키는 것입니다.

◘ 그렇지만 예컨대 마법적 수렵채집사회의 구조도 자연을 숭배했었지요.

◎ 아닙니다. 전혀 그렇지 않습니다. 그것은 단순히 자연으로부터 분화되지 않았던 것입니다. 그 같은 것은 전적으로 다른 구조입니다. 그러한 마법적 자연은 자아중심적 충동, 그리고 분화되지 않은 감정과 더불어 정령 숭배적으로 생생하게 살아 있었던 것입니다. 근대의 '생태낭만주의자들'이 숭배하는 자연은 필연적으로 분화된 자연입니다. 근대 낭만주의자들은 구름이 자신들을 따라오기 때문에 구름이 움직이는 것이라고 실제적으로 생각하지는 않고, 화산이 폭발한 것은 그 산이 그들에 대해 개인적으로 성을 내기 때문이라고 (그들이 경계선 징후 병증으로 심하게 퇴행되어 있지 않는 한 그렇게) 생각하지는 않습니다.

분명 아니지요. '생태낭만주의자들'에 의해 숭배되는 근대의 자연은 완전히 분화된 자연입니다. 게다가 그러한 자연은 그들에게 지고의 실재인 것입니다. 바꾸어 말하면 그들은 '3대 가치'의 분화에 의해 모습을 드러낸 자연을 숭배하는 것입니다. 그리고 그들은 이러한 자연이야말로 유일한 실재라고 생각합니다. 말하자면 그들은 '3대'의 '1대'로의 근대적 붕괴로부터 신을 만들어낸 것이고, 그들은 독백적 자연의 신을 만들어낸 것입니다. 단일자연, 또한 오직 그 단일자연만이 실재란 것입니다. 그것이 그들의 '신'이고 그들의 '여신'입니다.

그리고 우리가 앞에서 언급했듯이 '3대'의 '1대'로의 **붕괴**는 대체로 산업화가 초래한 결과였습니다. **붕괴**는 산업화의 **위력**에 의해 **계속 유**

지되고 있었습니다.

바꾸어 말하면 '생태낭만주의자들'에 의해 숭배되는 자연은 산업화가 초래한 평원적 자연입니다. 그것은 **똑같은** 단일자연입니다. **가이아**의 숭배는 산업화의 산물이고 행위입니다. 그리고 가이아에 대한 이러한 숭배는 경험적·산업적 패러다임을 영속화시킵니다. 그것은 감각운동적 세계의 일차적인 실재를 영속시킵니다. 그것은 '온우주'의 붕괴를 냉속시킵니다.

게다가 이 근대의 '하강적인' 격자는 '가이아'를 파괴하고 있는데, 그 까닭은 그것이 상호일치하며 상호주관적인 지혜가 실제로 찾아낼 수 있는 내면적 차원의 내장을 모두 다 빼내어버리기 때문입니다. '가이아'의 종교는 근대의 '하강적인' 격자가 단순히 스스로 자기번식하는 방법 중 하나일 뿐입니다. 우리는 아마 이것을 '하강적인' 격자의 교활함이라고 말할 수 있겠지요. 근대의 '하강적인' 격자는 '가이아'를 파괴하고 있고, 그래서 '가이아'의 종교는 단순히 그 기본적인 책략 중 하나라고 봅니다.

◘ 그러고 보니 거기엔 아이러니가 있군요.

○ 글쎄요. 알다시피 근대성이 바로 아이러니지요. 요컨대 본질적으로, '하강적인' 격자는 '3대 가치'의 각각—마음, 문화, 자연—을 파괴시키고 있는데, 그 까닭은 그것이 그것들의 분열을, 그것들의 통합성의 결여를 영속화시키고, 그리하여 찢겨져 나간 파편들은 계속하여 피 흘리며 죽어나가기 때문입니다. 단지 '가이아'나 자연만이 아닌 의식과 문화도 그것들의 단편화와 환원화에 의해 모두 황폐화되어버린 것입니다.

당연한 귀결이지만, 생태 위기는 크게 보아 '3대 가치'의 계속되는 분열의 결과로 생겨난 것입니다. 그렇지 않은가요? 우리는 자연과 문화와 의식을 제휴시킬 수 없고, 또 우리는 자연과 도덕과 마음을 제휴시킬 수 없습니다. 우리는 약간은 미쳐버린 이러한 근대성 속에서 다 함께 조각조각 단편화되어 있습니다.

우리의 구원이라는 것은, 만약 그러한 것이 정말로 존재한다면, 아직은 '3대 가치'의 통합에 있지 어느 한 영역에 특권을 부여하는 데 있지 않습니다. 그렇지만 우리가 평원적 세계의 '하강적인' 격자 안에 계속하여 살고 있는 한 이러한 통합은 빈틈없이 철저하게 방지되어 있습니다. '생태낭만주의적' 해결—자연으로 돌아가자!는 것—은 고로 전혀 해결책이 아니고 다만 오히려 순전히 '하강적인' 격자, 산업적 격자의 영속화를 초래할 뿐입니다.

◘ 그것들은 분명 반초월反超越적이군요!

○ 그렇습니다. '하강론자들'은 어떠한 형태의 초월이나 '상승'도 악惡이라고 일반적으로 믿고 있으므로 그들은 초월이 가이아를 파괴한다고 생각합니다. 내가 믿기로는, 이러한 주장을 하는 사람들은 (정말로 세상을 부정하는) 분열적 "초월"의 신화적 형태를 초월 일반과 혼동하고 있는 것입니다. 이것[초월 일반]은 단순히 내면적 발달과 의식 진화의 형태인 것입니다. 이는 세상을 구원하는 실질적인 길입니다! 그렇지만 일단 그 같은 혼동이 생기고 나면 이러한 비평가들은, 당신이 말하듯이, 이러한 점에 관해 아주 목청을 높여 큰소리치는 경향이 있습니다. 초월이 가이아를 파괴한다고! 초월이 곧 모든 악의 시작이라고!

이것이 곧 그들의 입을 통해 말하고 있는 근대의 산업적 격자입니다. 그들은 최선의 의도를 갖고 있음에도 불구하고, 근대와 탈근대의 평원적 세계의 온누리에 만연된 산업적 존재론에 붙잡혀 있는 것입니다. 그들은 초월이 '가이아'를 파괴하고 있다고 생각하지만 그와는 반대로 초월이야말로 단편들이 결합되고 통합되고, 그리하여 구원될 수 있는 유일한 길입니다. 그들은 초월과 억압을 혼동하고 있고, 분화와 분열을 혼동하고 있고, 실현형 위계구조를 지배자형 위계구조와 혼동하고 있습니다. 초월은 없다는 거지요. 단지 자연에 더 가까이 다가가는—'하강적인' 격자에 더 가까이 다가가는—것인데 엄밀하게 말해 문제의 원인이 될 뿐이지 치유는 아닌 것입니다.

근대와 탈근대 세계가 지금 움직이고—혹은 허우적거리고—있는 곳은 바로 그러한 '하강적인' 격자 속인 것입니다. 이 같은 '하강적인' 격자가 우리의 목표, 우리의 소망, 우리의 소비, 우리의 구원을 결정합니다. 그 격자는 대체로 주류 문화뿐 아니라 반체제 문화도 지배합니다. 체제 순응파와 전위파들도 똑같이 그 격자를 예찬하는 노래를 부르고 있습니다. 그 격자는 근대성의 옹호자들을 떠받들고, 또한 똑같이 근대성의 혐오자들마저도 자신의 확신에 찬 울타리 속으로 끌어들입니다. 그것은 '에고주의자'의 공격 배후에 완전히 숨어 있으면서 에코주의(생태주의) 운동까지도 똑같이 포옹합니다. 그것은 어떠한 '상승'도 남김없이 전부 타도하려고 돌진하면서도 각각 모두의 귀에다 대고서는, '나는 당신을 위해 여기에 있노라'고 속삭입니다.

근대성은 이러한 '하강적인' 격자의 철창에다가 자신의 머리를 부딪치고 나서 그 흘린 피를 알아주기를 호소합니다. 근대성은 그러한 자해 행위의 상처가 주는 고통으로 울부짖고 나서는 고통의 솔직성에 대해 호소합니다. 그것은 이러한 평탄화된 격자의 숨 막혀 죽을 정도의 포옹에 자신을 위탁하고 나서는 그같이 죽을 지경으로 꽉 붙잡는 견디기 힘든 격정에 대해 호소합니다. 그리고 그것은 다른 모든 것을 우선하여 가차없이 무자비한 '하강'에 대한 자신의 헌신을 입증하고 싶어 하고, 그러한 노예 상태로부터의 구원을 호소합니다. '하강적인' 격자는 움직이는 모든 것 속으로 자신의 무자비할 정도로 날카로운 발톱을 파고들게 했습니다.

그래서—오늘날 세계에서 가장 큰 아이러니는—날카로운 발톱이 가장 깊게 파고들어간 바로 그런 자들이 가장 큰 소리로 그것[근대성]을 예찬하는 노래를 부르도록 되어 있다는 것입니다.

16

에고주의와 에코주의

■ 우리는 보다 통합적인 비전, 즉 "온수준·온분면"의 비전을 찾고 있는 것이군요. 이러한 것이 고대 지혜의 최선(온수준)과 근대성의 최선(온분면)을 통합할 수 있을 거라는 것이지요. 이러한 통합적 비전으로 가는 길 위의 일차적인 도로 장애물 중 하나는 순수하게 '하강적인 세계', 즉 평원적 세계에 대한 포옹이라는 것이지요.

○ 네, 나는 그렇다고 믿습니다. 물론 개개인들은 언제든지 그들 자신을 위한 통합적 관점을 채택할 수 있습니다. 그러나 내가 희망하는 바는, 어느 누구든지 문화 일반으로부터 이러한 전일적이고 통합적인 비전에 대해 최소한 일종의 성원하는 마음 정도는 가질 수 있을 거라는 것입니다.

■ 널리 알려져 있는 일종의 "탈평원적" 관점 말씀이시군요.

○ 네, 맞습니다. 그래서 다양한 종류의 "탈평원적" 반동이 실질적으로 계몽주의가 일어난 이후에 얼마 안 가서 곧 생겨났습니다. 계몽주의의 평원적 관점에 대항하는 반동이지요. 탈평원적 관점에서의 이러한 시도들을 이해하게 되면 우리를 곧바로 현재로 데려오게 하고, 그래서 진정한 통합적 세계관의 가능성 쪽으로 데려오는 것입니다.

■ 탈계몽주의나 탈근대의 반동, 이러한 것들은 18세기와 19세기 사이의 어느 시점엔가 시작되었지요.

○ 그렇습니다. 근본적 계몽주의 패러다임의 방대한 모순들은 곧 세계를 뒤흔들 정도의 일련의 발달이 생겨나게 만들었고, 그래서 그 모순들은 근대성의 긍정적 소득들로 하여금 근대성의 추악한 약점들과 맞붙어서 끝없는 싸움을 벌이게 하였던 것입니다. 근대성의 **위엄에 해당하는 것들**이 근대성의 **재앙에 해당하는 것들**과 격돌하였고, 우리 모두는 여전히 그러한 유별난 전쟁터의 연기만 피어오르는 폐허 속에서 살고 있습니다. 이것은 '에고[자아중심]주의' 대 '에코[생태]주의' 사이의 전투라고 일컬을 수 있는 것이지요.

에고 대 에코

■ 합리적 '계몽주의'—선생님이 단순히 "에고[주의] 진영the Ego camps"이라고 언급하시는 것—와 자연낭만주의—선생님이 "에코[주의] 진영the Eco camps"이라고 일컬으시는 것—사이의 전투에서 그들의 여러 차이점들에도 불구하고, 선생님은 그들 양쪽 다 철두철미하게 근대의 '하강적인' 격자 속에 사로잡혀 있다는 주장을 하고 계십니다.

○ 네, 특히 산업화의 무자비한 맹공으로 인해 순수하게 '하강론적'인 세계관은 앙갚음이라도 당하듯이 와르르 무너져 내리고 있습니다. 상호 엮어 짜여진 '그것들its'의 거대한 그물망은 근대와 탈근대의 마음 전반에 걸쳐 마치 젖은 담요와도 같이 무겁게 내려앉게 되었던 것입니다.

그러고 나서 합리적 계몽주의와 자연낭만주의 양쪽이 다 공유했던 것은 궁극적 언급의 기준점으로서 바로 이러한 순수하게 산업적인 존재론이었다는 것은 별로 이상한 일이 아닙니다. 그들 양쪽 다 근본적으로 평원적 세계로, 즉 경험적 · 감각적 · 객관적 자연의 '우측' 세계로 방향이 정해져 있었고, 이것이 곧 "진정으로 실재의" 세계였던 것입니다. 다시 말해 그들 양쪽 다 세계를 철저하게 그림 15-4에 묘사된 것과 같은 것으로 받아들였습니다. 그러나 차이를 갖고서 받아들였는데, '에고' 진영은 자연으로부터 물러서서는 무관심하고 합리적이고 계산적이고 과학적인 양식으로 그것을 지도화하고 싶어 했지만, 반면에 '에코' 진영은 감정과 동조적인 공존적 교섭으로 자연에 더 가까이 다가가고 싶어 했던 것입니다.

그래서 그 차이는 곧, 계몽주의는 합리적이고 빈틈없는 철저한 계산으로 평원적이고 '하강적인' 세계에 접근했지만 반면에 낭만주의자는 감정, 감상, 감성을 통해 그것에 접근했다는 데서 찾을 수 있습니다. 감정적인 면에 있어서 우리는 평원적 세계와 하나가 되고 자연과 하나가 되고 형상의 세계와 하나가 되는 것이 가능하고, 그래서 현상적 세계와의, 즉 '하강적인' 세계와의 이러한 "일체성oneness"이 곧 구원이라고 생각했던 것입니다. 자연낭만주의자들은 평원적 세계를 통제하기를 원하지 않았고, 오히려 그들은 그것과 하나가 되기를 원했던 것입니다.

평원적 세계의 쌍둥이

■ '에고'와 '에코' 양쪽 다 평원적 세계에 사로잡혀 있는데, 그들의 시시한 언쟁에 대해서까지 신경 쓸 필요가 있습니까?

● 그 까닭은 그들 양쪽 다 '3대 가치'의 분열에 내재되어 있는 여러 문제를 극복하고 있다고 주장했지만 반대로 사실은 그들 양쪽 다 실

질적으로는 [근대성의] 재앙을 초래하는 데 기여한 책임이 있기 때문입니다.

■ 그렇다면 그 둘 사이의 상위점은 무엇입니까? 왜냐하면 그들은 수많은 쟁점에서 서로 첨예하게 대립하고 있기 때문입니다.

○ 네, 순수하게 '하강적인' 격자 내부에서 그들은 아주 정반대의 두 방향으로 움직여왔습니다.

합리적 '에고' 진영—이를 테면 데카르트에서 로크 및 피히테Fichte에 이르는 기본적 계몽주의 진영—은 일반적으로 자연의 세계를 통제하고 계산하고 심지어 정복하고자 하는 욕망까지도 가졌습니다. 자연 속에서 삶은 고독하고 굶주리고 더럽고 야만적이고 아주 짧은—그리고 여하튼 도덕성이 형편없이 부재한—것이므로, 그들은 합리적 '에고주의자'의 임무란 이러한 야만적이고 도덕성 부재의 [생명의] 그물망으로부터 자신을 탈출하게 하는 것이라고, 즉 '에고주의자'의 임무는 자연의 그물망으로부터 벗어나는 것이라고 어느 정도 수긍이 갈 만큼 느꼈던 것입니다. 그러다 보니 이러한 합리적 '에고'는 흔히 해방된 자아self, 방해받지 않는 자아, 자율적 자아 등으로 언급되곤 합니다(그림 15-4에서 이 "자율적인" '에고'는 허공중에 매달려 있다는 사실을 알 수 있습니다).

에코낭만주의적 반동 세력은 이것을 정말로 참고 견딜 수 없는 것으로 받아들이게 되었는데, 그 까닭은 그것이 에고와 자연계 사이에 아주 대규모의 이원론 혹은 갈라진 간극을 초래했기 때문이었습니다. 광범위한 에코낭만주의 반동 세력의 창시자들은—루소Rousseau, 헤르더Herder, 슐레겔 학파the Schlegels, 실러Schiller, 노발리스Novalis, 콜리지Coleridge, 워즈워스Wordsworth, 휘트먼Whitman 등은 다양한 방면에서—무엇보다도 우선 자신들이 자기와 세계 사이의 전체성, 조화, 합일의 어떤 척도라고 느꼈던 무엇인가를 도입하기를 원했습니다. 게다가 특히 그들은 광범위한 우주적 '생명' 조류 속에서 통일된 자기와 자연을 보기를 원했습니다. 거리를 두고 있는 표상이 아니라 자연의 이 거대한 그물망 속으로의, 즉 모든 행위와 모든 지식이 맞물려 연결되어야 하는 궁극의 실재 속으로의 교감적 몰입을 원했던 것입니다. 한마디로 그들은 [궁극의 실재와] 자연과의 어떤 일체성을 발견함으로써 그들 자신과의 일체성을 찾아내기를 원했던 것입니다.

그러나 유의해야 할 점은, 그것[그들이 언급하는 자연]도 똑같은 자연이란 사실입니다. 그것은 '에고' 진영에서와 똑같은 독백적 자연인데, 다만 이제는 전적으로 다른 의도—말하자면 그것을 통제하거나 계산하거나 지배하려는 것이 아니라 오히려 그것과 하나가 되고 나아가 그 속에서 그들 자신 속의 "전체성" 또한 찾고자 했던 의도—로 접근했던 것입니다.

◘ 그들 양쪽 다 감각적 자연의 목소리에 매료당한 것이군요.

◎ 그렇습니다. 이것이 바로 찰스 테일러가 자연의 계몽주의적·낭만주의적 버전들은 **양쪽 다** 자연에 대한, 즉 그 자체가 궁극적 혹은 근본바탕적 실재인 경험적 과정의 거대한 상호 맞물린 질서나 체계로서의 자연에 대한, 똑같은 근대적 착상에 바탕을 두고 있다는 것을 (그의 방대한 규모의 저서 《자아의 기원Sources of the Self》에서) 밝힐 수 있었던 까닭인 것입니다. '에고주의'는 모든 것을 이러한 실재(자연의 거울)에 비추어볼 것이며, 그리고 '에코주의'는 그것[자연]과 하나가 되고자 할 것입니다. 그렇지만 그것은 양쪽의 경우 다 동일한 '그것It'일 뿐입니다.

◘ 그렇다면 우리는 한편으로는 '에고계몽주의'를 갖게 되고, 다른 한편으로는 '에코낭만주의' 반동을 갖게 된 셈이군요.

◎ 가장 일반적인 의미에서 보자면 그렇습니다. '온우주'의 붕괴와

더불어 산산조각이 난 파편들로부터 이러한 불구가 된 두 생존자가 새로 출현하였던 것입니다. 그렇게 되고 나자 양쪽 다 각각 서로를 철저하게 경멸하는 이 두 진영 사이의 아주 유별난 전쟁이 시작되었고, 그리고 양쪽 모두 근대성의 분열에 대한 해결책을 자신들이 갖고 있다고 확신하였지만, 아직 여전히 양쪽 다 사실은 알고 보면 바로 문제의 원인이었던 똑같은 '하강적인'—그리고 결코 한 번도 심각하게 의문이 제기된 적이 없는—격자의 내부에 철저하게 갇혀 있었던 것입니다.

에고주의의 진리

◘ 그렇다면 이 전쟁은……

◉ 문제는 바로 '에고'와 '에코' 양 진영 모두 그들이 움켜쥐고서 놓지 않고 있는 부정할 수 없는 진리들—온우주의 붕괴로부터 어쩌다 살아남게 된 진리의 부스러기들—을 갖고 있고, 그래서 그들이 가진 각각의 진리들은 그들에겐 너무나 중요하고 너무나 결정적이므로 그 어느 쪽도 당연히 그것들을 선뜻 놓아버리지 못할 것이라는 데 있습니다.

◘ 에고 진영의 중요한 진리부터 시작하시지요.

◉ '에고' 진영이—특히 그들이 경험주의로부터 떠나서 칸트와 피히테 쪽으로 향해 발달해나가기 시작했을 때—자연으로부터 "벗어나고" 싶어 했던 이유는 주로, 감각적 자연에는 아무런 의식적인 도덕적 가치가 없다는 사실 때문입니다. '그것들its'의 '우측' 세계에는 '좌측'의 도덕 같은 것은 없다는 거지요!

내면적 또는 '좌측' 영역에서 인간도 처음에는 자신의 충동[본능]에 빠져 있어서 타인의 역할을 감당할 능력이 전혀 없는 생물중심적이고 자아중심적인 존재라는 것을 우리는 보았습니다. 자아중심성이 사회중심성에 길을 양보하면서 인간은 자신을 대하는 것과 똑같은 호의로 자신의 집단 내의 구성원들을 대하기 시작합니다. 그러고 나서 세계중심적 도덕성과 더불어 인간은 동등한 존엄성 혹은 최소한 동등한 기회를 부여하며 모든 인간들을 대하려고 애쓰게 됩니다(그리고 '세계혼' 쪽으로 더 이상의 발달을 하게 되면 일체의 유정의 존재[중생]들은 설사 그들이 아무런 반응을 할 수 없는 존재라고 해도 이러한 호의를 받게 됩니다).

합리적 '에고' 진영은 최상의 수준에서는 탈인습적이고 세계중심적인 도덕성, 보편적 다원주의를 대표하였고, 또한 이것은 앞에서 본 바와 같이 계몽주의에 의한 민주화운동의 존엄성의 일부였습니다. 그리고 그들이, 세계중심적 도덕성은 **감각적 자연의 세계 내 어디에도 존재하지 않는다**고 지적한 것은 매우 옳았습니다.

물론 자연에도 이타주의가 충분히 많이 있지만, 다만 오직 기능적 적합성과 유전자적으로 내포된 것의 무의식적 현시로서만 있습니다. 의식적으로 세계중심적인 도덕적 자세는 오로지 인간에게서만 발견되고, 게다가 사실 알고 보면 이러한 세계중심적 자세도 (보다 더 큰 깊이, 보다 더 작은 폭의) 비교적 아주 고도로 발달된 소수의 인간들에 의해서만 도달됩니다.

이와 같이 보편적 보살핌의 보다 더 상위적인, 비교적 희귀한 자세에 도달하기 위하여, 나는 나의 자연적인 **생체중심적**(성적, 생존적) 충동, 나의 **자아중심적** 소망, 나의 **민족중심적** 성향을 초탈해야 합니다. 그러고 나서는 대신 보편적 자비를 강조하는 도덕적 자각의식의 비교적 **세계중심적**인 위치에 서 있어야 합니다. 게다가 보다 더 천박한 세간사로부터 벗어나는 그러한 자유는 매우 유쾌한 일인데, 그것이 나를 보다 더 상위적이고 보다 더 심층적인 또는 보다 더 진실한 '자기'에 접속시켜주기 때문입니다.

나는 물론 임마누엘 칸트를 요약하고 있고, 또한 이것은 칸트의 비범하고 실로 유쾌한 호소의 일부였습니다. 오로지 나의 자아중심적 충동, 그리고 나의 자연스런 욕망, 그리고 나의 순응자적이거나 민족중심적인 조망—칸트가 "타율성"이라고 일컬었던 그 모든 것—으로부터 초탈함으로써만, 그리고 오로지 이러한 보다 천박한 자세로부터 초탈함으로써만, 또 오로지 보다 더 심층적이거나 보다 더 상위적인 조망, 세계중심적 조망을 취함으로써만, 나는 나 자신의 최상의 서원誓願과 나 자신의 가장 진솔한 자기를 발견하게 되는 것입니다(우리는 내가 최소한 분기점-5나 분기점-6까지 진화해왔다고 말할 것입니다).

그것은 오직 내가 이러한 보다 저급한 세간사의 천박성으로부터 자유로워지는 보편적인 배려와 보편적인 자비를 베풀 능력이 있게 되는 **그때에 가서나** 가능한 것입니다. 내가 이러한 보다 저급한 본능들을 초탈하고서 보다 더 보편적이고 관용적인 자세를 발견하게 되는 것은 오로지 '상승적인 것'에 의해서만, 또 오로지 이러한 보다 하위적인 [의식의 분기점] 순위들을 **초월함으로써만** 가능한 것입니다. 내가 실재를 단일자연의 '우측' 세계로 환원시킨다면 나는 그러한 모든 것들을 잃어버리고 맙니다!

한 시대 전체에 걸쳐 칸트는 바로 순전히 '하강적인' 세계, 즉 오직 '그것들its'과 표면적인 것들과 무가치한 객체들만이 지배하는 평원적 세계를 초월하기 시작함으로써, 세계중심적 자각 안에서 도덕적 자유의 편에 서 있었던 것입니다. 그래서 이것은 '상승적'이고 선험적인 각성의 **근대** 주요 조류의 시작이었는데, 이는 의식적 도덕 같은 것은 찾아질 수 없는 경험적 자연의 '하강적인' 격자로부터 탈출하기 위한 시도였습니다.

칸트는 흄Hume의 마음이 완전히 부재하는 경험주의에 대해 크게 분노하였고—아니면 여하튼 그의 독단적 [경험주의 사상에 빠진] 몽롱한 수면 상태에서 격렬하게 깨어나게 되었고—그래서 서양이 여태껏 만들어낸 것 중 가장 훌륭하고 가장 세련된 철학이라고 많은 사람들이 간주하는 사상을 갖고서 이에 대응하였습니다. 우리가 그의 그러한 철학에 대해 어떻게 평가하든지 간에 칸트의 선험적 관념론은 그 어떤 기준으로 보아도 확실히 아주 인상적이었습니다. 그리고 거의 모든 근대의 선험적[초월적] 조류들은 그들이 알려질 수 있는 한도 내에서는 전적으로 그들의 지적 유산의 대부분을 칸트로까지—또 피히테, 셸링, 횔덜린Hölderlin, 헤겔, 쇼펜하우어, 니체, 브래들리Bradley, 후설Husserl, 하이데거로까지—거슬러 올라가게 할 것입니다. 칸트는 트롤trolls[93] 혈거인들과의 고상하고 영웅적인 전투를 한 최초의 중요한 근대인이었다고 말할 수 있을 것입니다.

그러므로 '에고주의'에는 불후의 진리가 있었습니다. 오직 '온우주'의 '좌측'적 조류 안에서만 우리는 보편적 관용과 자비의 개화가 가능하도록 허용하는 보다 더 높고 보다 더 폭넓은 자세를 찾을 수 있습니다. 오로지 '좌측' 경로와 더불어 비로소 자비가 '우측' 세계에 도입될 수 있는 것입니다.

에고주의의 문제

■ 그렇지만 선생님은 칸트를 포함하여 '에고' 진영은 몇 가지 심각

93 북유럽신화에 나오는 지하나 동굴에 사는 초자연적 난쟁이 괴물.

한 한계를 지니고 있다고 말씀하셨지요.

◎ 그럼요. 이러한 것들 모두에는 매우 큰 문제가 도사리고 있습니다. 이를테면, 설사 칸트가 말한 모든 것이 충분히 옳다고 인정한다고 해도, 또한 이러한 세계중심적인 도덕적 자세는 감각적 자연의 틀을 짜 맞추는 범주 내에서는 어디에서도 찾아질 수 없고 다만 오직 실천적이거나 윤리적인 마음속에서만 찾아진다는 것을 인정한다고 해도, 또한 그러한 의미에서 자연은 반드시 초월되어야 할 어떤 것이라는 것을 인정한다고 해도 그렇다는 말입니다. 그러나 그렇다면 당신은 어떻게 마음과 자연을 **통합**한다는 말입니까? 어떻게 자연을 **초월**할 뿐만 아니라 **포함**까지 한다는 말입니까? 마음과 자연 사이의 이러한 균열은 어떻게 한다는 말인가요? 좌측과 우측 사이의 균열은요? 에고와 에코 사이의 균열은요? 단지 그것들의 분화뿐만 아니라 그것들의 분열은요? 이러한 균열은 역시 **나 자신의 존재 내부에서의** 균열이기 때문에 나의 마음과 신체도 마찬가지로 균열됩니다. 마음이 외부의 자연으로부터, 그리고 내부의 자연으로부터 균열됩니다. 그래서 그러한 문제에 대해 어떻게 한다는 말인가요? 도덕성의 대가가 곧 분열이란 말입니까?

그래서 비록 칸트는 미학을 통해 도덕의 지식과 자연의 지식 사이의 균열을 치유하려고 시도했지만 그는 이에 대한 최종적인 해답을 갖지 못했습니다. 그는 여태껏 산산이 흩어져 있는 **3대 가치**—미학, 도덕, 과학—를 **통합하려고 시도하고 있고**, 그러한 노력에도 불구하고 그는 그들을 함께 잡아당겨 모으지 못하고 있음을 주목해야 합니다.

우리는 근대성의 위대한 **진보**는 '3대 가치'의 분화에 있음을 보았고, 칸트는 이것을 경탄스러울 정도로 해내고 있습니다. 다시 말해 그의 위대한 비판 3부작은 과학, 윤리, 예술을 다룹니다. 그러나 우리가 또한 보았듯이, 근대성의 대**실패**는 바로 '3대 가치'를 통합하는 데 있어서의 무력함에 있습니다. 이러한 실패에 있어서 (헤겔과 같은) 비평가들이 곧 공격적으로 지적하였듯이 칸트도 예외일 수 없었습니다.

그리하여 칸트에, 즉 근대성에 뒤따라서 우리는 방대한 규모의 난제에 직면하게 되었습니다. 그것은 바로 마음, 도덕, 자연의 문제이고, 그리고 어떻게 하면 그것들이 언젠가는 통일될 수 있는가의 문제이지요. 그건 재통일이 아니지요! 그것들은 애초부터 통일되거나 통합된 적이 **결코** 없었기 때문에(애초부터 분화된 적이 결코 없었기 때문에) 이러한 분화는 아주 전적으로 새로운 것이었고, 그러므로 분열 또한 그랬습니다. 그래서 **그러한 것**은 마치 한 번도 사용한 적 없는 새 카펫 위의 여기저기에 뿌려놓은 피와도 같았습니다.

여기에 바로 산업적 황무지의 악몽, 인류가 일찍이 한 번도 본 적 없는 악몽, 칸트가 적시하고 아주 명석하게 연구했던 악몽, 그렇지만 그가 우리를 그것으로부터 깨어나게 할 수 없었던 악몽이 있는 것입니다.

에고주의와 억압

■ 그렇다면 '에고'주의의 진리와는 별개로 마음과 자연 사이에는 여전히 이러한 엄청나게 큰 간극이 있었던 거군요.

● 네, 그래서 바로 여기서 우리는 '에고' 진영에 대한, 내가 생각하기에는 매우 정확한 주요 비판을 발견하게 됩니다. 설사 그들이 초월의 어떤 척도를 도입했다는 점을 인정한다 해도, 그러나 **언제나 그렇듯이** 초월은 단순히 너무 멀리 가 있을 수 있고, 그래서 곧 '억압'이 될 수 있는 것입니다.

합리적 '에고'주의자는, 자연에서는 아무 데서도 찾을 수 없는 보다 더 보편적인 자비를 성취할 수 있도록 자연과 자신의 육체적 충동으로부터 초탈하기를 원했지만, 그렇게 하기보다는 오히려 흔히 이러한 자연적인 충동들을 단순히 억압하였고, 자신의 생물권을 억압하였고, 자신의 생명력을 억압하였고, 자신의 활력의 근원을 억압하였던 것입니다. '에고'주의는 외적인 자연과 내적인 자연(이드id) 양쪽 모두를 억압하려는 경향이 있었습니다. 그래서 이러한 억압은 의심할 여지 없이 (결코 이 시기 이전이 아닌) 정확히 바로 이 시기에 근대성의 분열을 치료하기 위해 보내진 지그문트 프로이트의 새로운 출현으로 무엇인가를 하도록 되어 있었습니다(이 분열은 그림 15-4에 잘 나타나 있는데, 이 그림에서 보면 '에고'는 자신의 신체로부터, 그리고 외적인 세계로부터 떨어져 나와서 허공중에 덩그러니 매달려 있습니다).

이 모든 이원론들의 주장은 당연하게도 낭만주의자들을 끊임없이 성가시게 괴롭혔습니다. 에고주의는 어느 한 곳도 빠짐없이 모든 곳에 균열과 이원론과 분열을 조장하고 있는 것으로 보였고, 그래서 낭만주의자들은 대신에 만사 제쳐놓고 **전체성**과 **조화**와 **합일**을 찾아내기를 원했습니다.

'에고'주의는 객관적이고 독백적인 양상으로 세계를 지속적으로 지도화하는 일에 몰두하면서 이를 매우 다행스러워했는데, 이는 물론 그 과정에서 [마법에서 풀리듯이] 세계의 황홀함이 사라지게 했습니다. 고립되고 유리되어 있는 '에고'주의는 경험적 자연의 이 세계를 표상적 지식으로 단순히 지도화하고자 했던 것입니다. 만약 '에고'주의자가 그 과정에서 자연의 황홀함이 사라지게 했다면 그들에게 그건 그만큼 더욱더 신나는 일이지요! 바로 자연의 황홀함이 사라지게 함으로써 에고주의는 스스로를 자유롭게 할 수 있게 된 것이지요! 세계의 황홀함이 사라지는 것을 보고 '에고'주의자는 난 좋아 난 정말 좋아라고 기뻐하며 소리쳤던 것입니다.

그렇지만 '에코[생태]주의' 진영은 이에 대해 정말로 극도로 경악하였고, 이같이 황홀함이 사라진다는 것은 신속하게 내장을 빼내어 버리게 되는 것과 같다고 지적했습니다. 이는 곧 억압하고, 분열시키고, 건조시킨다는 말입니다. 합리적인 '에고'주의가 우리에게 가져온 것이 하나 있지요! 그것은 바로 황홀함이 사라진 세계입니다. 그래서 '에코주의' 진영은 이같이 가증스러울 정도로 황홀함이 사라지게 하는 데 대항하여 직접 봉기하였고, 그래서 그들은 세계를 다시 황홀하게 하기 위해 스스로 그 일을 떠맡았습니다.

세계를 다시 황홀하게 하는 황당하고 터무니없고 놀랄 만큼 비상한 시도가 마침내 시작되었던 것입니다.

다시 황홀해진 세계

■ 그렇게 하여 '에코주의' 진영은 합리적인 '에고주의'를 비판하기 시작했군요.

● 네, 기본적으로는 그렇지요. 낭만주의적 비판의 대부분은 '에고'주의의 **억압적** 성향에 대한 극단적으로 불편한 관계의 표출로 요약될 수 있습니다. 합리적 '에고'주의자—말하자면 그 자신의 우주의 저 위대한 자율적인 주인—는 사실상 자신의 전前개인적 뿌리와 초개인적[트랜스퍼스널] 조명마저도 간단하게 봉인해버리고 무시해버렸던 것입니다. 그는 자신의 초의식적 영감뿐 아니라 잠재의식적 생명력마저도 잘라내버렸거나 잘라내버린 것처럼 가장했던 것입니다. 그러므로 자신의 그 모든 놀랄 만한 성취에도 불구하고 자율적인 '에고주의자'는

합리적인 천국으로 가는 고속도로의 모든 곳에다 방대한 규모의 도로 장애물을 놓아두었던 것입니다.

그래서 낭만주의 반동 세력이 특히 [비판의] 초점을 두게 되었던 점이 바로 에고의 이러한 **억압**이었던 것입니다.

◘ 그 같은 비판은 마땅히 옳다고 봅니다.

◉ 그렇지요, 그러한 비판에는 많은 진리가 담겨 있습니다. 그리고 이것이 바로 낭만주의 진영이 집요하게 공격했던 점입니다. 그들은 도덕과 자연, 또는 마음과 자연, 또는 마음과 신체, 또는 '에고'와 '에코' 사이의 이러한 억압적 균열을 찾아내었고—그러한 것들은 모두 다 똑같은 균열이고—이러한 균열이 도저히 참을 수 없는 것임을 알아챘습니다. 그래서 당연한 거지만 그들은 **전체성**과 **통일**을 원했습니다. 그리하여 칸트와 피히테는 자연, 그리고 자연의 보다 저열한 본능으로부터의 '자기' **자율성**에 대해 끊임없이 이야기하고자 했던 것인 데 반하여, 낭만주의자들은 일종의 활기차고 의미심장한 합일 속에, '생명'과 '사랑'의 어떤 위대한 **일원적**一元的 조류 속에 자연과 '**통일하는 것**'에 대해 끊임없이 이야기하고자 했던 것입니다.

도덕과 자연 사이의 이러한 균열에 대한 치유의 타당성과 필요성, 이것이야말로 낭만주의자들이 선언하게 되었던 위대한 진리였고, 그리고 그것은 선험先驗의 필요성에 대한 칸트 철학적인 개념만큼이나 나름대로 당연히 영속하는 진리인 것입니다.

◘ 그렇지만 [화해하려면 서로] 무엇인가는 내주어야겠지요.

◉ 네, 이 역사적 시점에서 우리는 [사상적] 교통망의 총체적 정체停滯, 철학적 교통망의 완전한 정체, '에고주의' 진영과 '에코주의' 진영 사이의 극단적인 대치 이반離反 상태에 도달한 것입니다. 당신이 어떻게 하면 이러한 두 입장을 화해시킬 수 있다고 봅니까? 우리가 어떻게 하

면 자연으로부터 초탈해야 할 필요성을 그것과 하나가 될 필요성과 화해시킬 수 있다고 봅니까?

이것은 지금까지도 여전히 결정적으로 중요한 문제입니다. 그렇지 않은가요? 어떻게 하면 우리가 '에고'와 '에코'를 화해시킬 수 있겠습니까? 이것은 여전히 오늘날 세계에서의 결정적인 딜레마입니다. 분명 그렇지요?

'에고주의' 진영은 우리가 방금 살펴본 바와 같이 만족할 만한 답을 갖고 있지 않습니다. 그렇지만 '에코낭만주의적' 해법도 거의 모든 사람들이 이구동성으로 말하듯이 마찬가지로 아주 불만족스러운 것으로 정평이 나 있습니다. 그래서 "하나의 생명 조류"라는 그들의 "해법"은 '에고' 진영에 의해 격렬하게 공격받았습니다. "어떻게 하면 우리가 자연과 통일할 수 있고, 자연과 하나가 될 수 있고, 오직 자연의 충동[본성]에 따라 행동할 수 있으면서, 여전히 우리 모두가 획득하려고 그렇게도 열심히 분투 노력해온 세계중심적이고 탈인습적인 도덕성을 보존할 수 있다는 것인가?"라고 '에고' 진영은 물을 것입니다.

낭만주의적 대응은 극단적으로 치달아 망쳐버렸고, 대체로 두 개의 매우 상이하고 전적으로 모순된 방식으로 "자연"을 정의하는 데 집중되어 있습니다. 그래서 그들은 그들의 목적에 부합하는 대로 이러한 두 개의 [모순된] 정의 사이에서 단순히 번갈아 왔다 갔다 했던 것입니다.

자연으로의 회귀

■ 낭만주의자들이 자연에 대해 두 개의 서로 다른 정의를 내렸다는 말씀이신가요?

◎ 네, 맨 먼저 그들은 진실로 '하강적인' 양식으로 주장하기를, 자연은 유일한 실재이고 전全 포괄적이고 전全 포섭적인 실재라는 것입니다. 물론 이것은 곧 근대의 '하강적인' 격자이고, 그래서 낭만주의자들은 그것의 낚싯바늘, 낚싯줄, 낚시 추까지 몽땅 삼켜버린 것입니다. 그래서 그들은 주장하기를, 아직도 여전히 문화는 애석하게도 자연으로부터 **일탈**해 있고, 자연으로부터 **갈라져** 나와 있고, 거대한 생명 조류와의 접촉을 상실해 있고, 자연을 계속 황폐화시키고 있다는 것입니다.

◘ 생태철학자들도 여전히 그 같은 주장을 하고 있지요.

◎ 네, 그렇지만 그러한 언명 뒤에 숨겨진 자연에 대한 두 가지 매우 상이하고 모순된 정의에 대해 살펴보아야 합니다. 첫 번째로, 자연은 인간을 포함하는 모든 유기체들을 부분으로 하고 있는 유일한 실재로 간주되고 있습니다. 이러한 의미에서 자연은 절대적으로 **전 포괄적**이고 그 바깥에는 아무것도 있을 수 없습니다. 그것은 궁극의 전 포섭적인 실재이며, 생겨나는 모든 것은 이 궁극의 실재의 활동인 것입니다.

그렇지만 두 번째로, 문화는 반면 이러한 자연으로부터 **일탈**되어 있는 것으로 간주되고 있습니다. 문화는 스스로 어느 정도까지는 자연으로부터 갈라져 나와 있습니다. 사실 문화는 자연을 파괴하고 있습니다. 그렇다면 자, 이제 우리는 **두 가지** 자연을 갖게 되었습니다. 즉 당신이 일탈할 수 있는 자연에 대하여 당신이 일탈할 수 없는 자연이 바로 그것입니다. 그리고 분명히 그것들은 똑같은 것일 수는 없습니다. 그것들은 두 개의 자연 속으로 살짝 숨어든 것입니다.

그렇다면 문화에 의해 파괴당하고 있기 때문에 문화와는 **상이한** 이 자연nature에 대하여, **모든 것**을 포섭하는 '대자연'을 의미하는 영어의 대문자 N으로 시작하는 이 '자연Nature'의 관계는 무엇이라고 봅니까?

◘ 거대한 '대자연'은 문화와 자연을 포함하고 통일하는 것으로 보이는데요.

◎ 네, 그렇다면 다시 한 번 '대자연'과 자연의 관계는 무엇인가 볼까요? 무슨 뜻인지 알겠지요? 이것이 문제의 전부였습니다.

낭만주의 운동 전체는 이러한 내적인 모순으로 인하여 산산이 부서졌고 화염 속에 사라져버렸습니다. 낭만주의자들 중 최상의 사람들이 말하고자 애썼던 바는 바로, '영Spirit'은 문화와 자연을 정말로 모두 **초월**하고 **내포**하기 때문에 영어의 대문자 N으로 시작하는 '대자연Nature'이 곧 '영'이라는 것, 즉 전체 '온우주'('좌측'과 '우측')라는 것입니다. 그래서 그러한 관점은 좋은 것이고 그 말은 다분히 옳다고 봅니다.

그렇지만 낭만주의자들은 믿기 어려울 정도로 만연된 하강적인 격자 안에 갇혀서 '대자연'을 자연과 단순히 동일시하였던 것입니다. 그들은 '영'을 감각적 자연과 동일시했습니다. 전체적으로 보면 그들은 '영'을 육안으로 보이는 감각적인 '우측' 세계와 동일시했던 것이지요. 그들은 자연의 거대한 그물망과 영을 동일시했던 것입니다.

그래서 여기에 이르자 그들은 장관을 이루는, 자아도취적이고 자아중심적인 화려한 폭발과 더불어 연기 속으로 사라져버렸습니다. 왜냐하면 당신이 자연으로 다가가면 다가갈수록 당신은 더욱더 자아중심적이 되기 때문입니다. 그래서 낭만주의자들은 '대자연'을 찾아서 자연으로 돌아간 것입니다.

에코주의와 퇴행

◘ 그렇다면 '온우주'의 붕괴는 '대자연'이 자연으로 붕괴하는 것과 똑같다는 말씀이시군요.

○ 네, 옳은 말입니다. 이제 만약 당신이 '에고주의자'라서 여하간 그 어떤 종류의 영적 실재도 다 부정한다면 그런 건 아무 상관 없지요. 단순히 당신은 유리되어 있는 어떤 양식으로 주어진 이 경험적인 자연을 지도화하기만 하면 그만이니까 아무런 문제가 없습니다. 다만 당신은 행복하지만 얼이 빠져 지도를 제작하는 바보일 뿐입니다.

그렇지만 만약 당신이 다감한 마음의 소유자라면, 그래서 만약 당신이 영적 체험에 열려 있다면, 그렇지만 아직은 당신이 여전히 산업적 존재론에 의해 은밀하게 잡혀 있다면, 당신은 '영'을 단순히 감각적 자연과 동일시할 것입니다. 당신의 영적 **직감**은 필경 매우 순수하지만, 당신의 **해석**은 산업적 격자의 궤도 범위 내에서 생겨납니다. **따라서** 저기 [눈에 보이고] 있는 유일한 실재가, 즉 '우측'의 경험적 자연이, 또한 궁극의 영적 실재라야만 합니다.

그러므로 설사 당신이 '세계혼' 혹은 '비이원적 존재the Nondual'마저 직접 체험했다고 하더라도—와, 그건 굉장한 거지만요!—그것이 감각적 자연으로부터 오는 것으로 해석되어집니다. 산업적 격자는 당신을 전前의식적으로 조작하면서 그러한 해석으로 압도해버리고, 그래서 당신은 그러한 평원적 세계의 틀 속에 은밀하게 사로잡혀 있게 되는 것입니다.

그러므로 차별화된 마음과 자연을 진정으로 통일시켜줄 '대자연'이나 '영'(혹은 '세계혼')의 창발을 향해 **진화** 속에서 **앞으로 전진해 나아가는** 대신에 당신은 단지 "자연으로 돌아가라"고 권고합니다. '대자연'을 향해 앞으로 가라는 것이 아니라 자연을 향해 돌아가라는 것입니다.

□ 선생님은 이러한 퇴행은 오늘날의 생태철학자들에게까지 내려오고 있는 대부분의 낭만주의 운동의 특징이라고 지적하시는 거군요.

◎ 대개의 경우 그렇습니다. 그리고 바로 여기에, 이러한 퇴행적 사조가 역사적으로 매우 중요해지고 근대와 탈근대 세계에서 믿기지 않을 정도로 영향력 있는 조류가 되는 까닭이 있는 것입니다.

만약 자연이나 생물권이 오직 유일한 근본 실재라면—만약 그것이 실질적으로 "영"이라면—낭만주의자들은 **자연으로부터 멀어지는 쪽**으로 나가는 것은 어느 것이든지 다 영을 **죽이고** 있는 것이 틀림없다고 공공연하게 말했습니다. 문화도 자연으로부터 멀어지는 쪽으로 나가고 있고, 그래서 문화가 영을 '죽이고' 있는 것이 틀림없다는 것입니다. 고로 만약 감각적 자연이 궁극적으로 '참실재Real'라면 문화는 원초적 '범죄'[원죄]가 틀림없다는 것입니다.

그런데 우리는 단순히 문화가 너무 지나치게 [자연으로부터] 멀어져 버릴 수 있고, 그래서 자연을 억압할 수 있다는 사실에 대해 말하고 있는 것이 아닙니다. 또 우리는 마음이 신체적 충동을 억압할 수 있다는 사실에 대해—설사 그 모든 것이 당연히 옳다고 해도—말하고 있는 것이 아닙니다. 낭만주의의 거부는 그보다 훨씬 더 깊고 훨씬 더 강력합니다. 문화 자체에 관련되는 무엇인가는 필연적으로 자연을 훼손하였고, 그리고 자연이 유일한 영적 실재이므로 문화 자체에 관련되는 무엇인가는 반反영적靈的이었다는 말입니다. 사실상 문화는 자연 속의 자유와 영적인 풍요함이 넘치는 원초적 낙원에 어긋나는 '원죄'였다는 것입니다.

이러한 "영적 통찰"은 당시나 지금이나를 막론하고 모든 에코[생태] 낭만주의 운동의 핵심입니다. 그렇지만 이 같은 "통찰"은 어떤 심오한 의미에서 진정으로 영적인 것은 아니고, 대체로 산업적 격자의 은밀한 요구들 내에서 엮어진 하나의 해석일 뿐입니다. 그러한 영적 통찰은 단순히, 근대의 '하강적인' 격자가 어떠한 초월에도 반대하는 자신을 정당화하는, 그 어떤 순수한 영성에도 반대하여 자신을 정당화하는 수많은 숨겨진 방법들 중 하나에 불과한 것입니다. 그것은 오직 유한한 자연만이 실재라고 말하는 무법자적인 거짓말을 주장하고 싶어 하는 세계관의 방어기제입니다. 그리하여 그것은 이러한 자연을 '영'적인 존재로 밀어붙여야 하고, 그리고 그것은 자연으로부터 이탈하는 것은 어느 것이든지 '악마'적인 존재로 밀어붙여야 했던 것입니다.

그래서 이러한 "통찰"과 더불어 "자연으로 돌아가자"는, "고상한 야만"으로 돌아가자는, "실낙원"을 찾아가자는, 가공할 만한 '문화의 원죄'에 의해 훼손되고 일그러져버린 원초의 에덴으로 돌아가자는, 극도로 영향력 있는 운동이 시작되었던 것입니다.

보다 더 순수한 실재, 보다 더 진실한 '자기', 보다 더 지순한 감정, 보다 더 공정한 공동체를 찾아내기 위하여 우리는 '문화의 원죄' 이전으로 돌아가야 하고, 이 '원죄'가 생겨나지 않았던 역사적 과거를 재발견해야 한다는 것입니다. 그래서 일단 우리가 이러한 '실낙원'을 발견하면, 사회적 어젠다로서 원초적·본래적·원시적 삶의 방식 그대로 그것을 근대 세계 속으로 되가져오게 하거나 내포시킴으로써, '약속의 땅'으로 만들어야 한다는 것입니다.

그래서 바로 여기서 복고낭만주의의 [퇴행적] 활강이 시작됩니다.

실낙원

◘ 이러한 활강은 원초적 낭만주의자들로부터 근대의 많은 생태철학자들에 이르기까지 다수의 상이한 분야에서 나타나는 것 같군요.

◉ 그런 셈이죠. 헌데 그것이 어떻게 시작했는지를 아는 것은 매우 쉬운 일입니다. 근대성은 역사상 처음으로 용케도 '3대 가치'를 분화

시키는 데 성공하였습니다. 그리고 이것은 마음과 자연을 분화시키는 것도 포함하였습니다. 그러나 근대성은 여태껏 그것들을 통합할 수 없었기 때문에 '3대 가치'는 분열로 표류하는 경향이 있었고, 그래서 낭만주의자들은 놀라 경악하며 이에 옳게 반응하였습니다. 이러한 반응은 완전히 납득할 만한 것이었고, 사실 매우 고상한 것이기도 했습니다. 그래서 내가 믿기로는 낭만주의자들이 그 문제에 관해 **무엇인가를** 하려고 애쓰고 있다는 점에 대해서는 우리 모두 박수를 보낼 수 있습니다.

이 같은 분열은 너무나 놀랄 만한 일이었기에 낭만주의자들은 당시로는 뻔한, 그러나 이제 보면 고지식해 보이는 짓을 했던 것입니다. 그들이 생각하기에 문제는 분화 자체에 있다는 것이었습니다. 즉 우리는 단순히 애초부터 '3대 가치'를 결코 분화시키지 말았어야 했다는 것입니다. 분화야말로 **통합**을 위해 **꼭 필요한 전주곡**임을 아는 데 실패함으로써 낭만주의적 해법은 단순히 분화가 있기 이전의 시대로 되돌아가는 것이었습니다. 분열이 있기 이전이 아니라—이는 올바른 판단일 뻔했지만—분화 자체가 있기 이전으로!—이는 퇴행적 활강이었지만—말입니다. 상수리나무의 문제를 치유하는 유일한 길은 도토리인 상태로 되돌아가는 것이라는 셈이지요!

그래서 그렇게 하는 유일한 길은, 문화와 자연이 분화되지 않았던 때인 옛날의 좋은 시대로, 인류의 도토리 상태로, 인류가 자연에 대해 저질렀던 이러한 끔찍한 '원죄' 이전으로 되돌아가자는 것이었습니다. 따라서 인류의 역사는, 마음과 자연이 "하나"였던 원초적인 소박한 원시 상태로부터 인간성이 점점 더욱더 멀어지도록 이끌어가는, 기본적으로 일련의 가공스러운 오류인 것으로 묘사되었습니다. 이 같은 사고는 이러한 원초적인 "소박한 원시 상태"가 당연히 아무런 존엄성 같은 것들이 전혀 없었기 때문에 마땅히 근대성의 재앙 중 그 어느 것도 갖고 있지 않았었다는 사실을 자의적으로 간과한 데서 비롯된 것입니다. 낭만주의자들에게 상수리나무는 어찌 보면 도토리 상태에 대한 가증스러운 위반이었고, 그래서 인류의 임무는 도토리 속성을 재발견하고 그 상태로 되돌아가는 것이었습니다.

■ 반면에 진정한 해결책이 있다면 무엇이 될 수 있겠습니까?

● 아마 우리는 어떤 표준적이거나 인습적인 문화에는 흔히 순수한 영성의 상당한 부분이 깃들어 있지 않다는 데에는 모두 동의할 것입니다. 그러나 그 수정 방향은 전前인습적이 아니라 탈인습적으로 나아가는 데 있는 것입니다. 즉 그것은 자연 안에서 전인습적으로 나아가는 것이 아닌 '영' 안에서 탈인습적으로 나아가는 데 있는 것입니다. '영'은 자연과 문화 양쪽 모두를 초월하면서 내포하고, 그렇게 하여 양쪽을 통합하고 통일합니다.

그러나 만약 당신이 전인습적 상태로 돌아가도록, 도토리 속성으로 돌아가도록, 자연의 원초적인 "소박한" 원시 상태로 돌아가도록 권장한다면, 당신은 분화들을 통합한 것이 아니라, 그것들이 약간이라도 출현하기 이전의 시점으로 퇴행시킴으로써 그것들을 단순히 없애버린 것입니다. 당신은 그 모든 것들이 얼마나 썩어 있는가에 대해 끊임없이 불평을 늘어놓지만 다른 한편으로는 근대성의 존엄과 자유를 위선적으로 이용하면서 마법적 비분리나 신화적 몰입을 권고하고 있는 것입니다.

[낭만주의자들의] 이러한 짓[복고적 퇴행]은 결코 초논리적 '영에 의한 것'이 아닙니다. 그것은 외경심이 생기는 대화적 문화가 분명 아니고, 그것은 단지 순수하고 단순하고 독백적인 자연일 뿐입니다—말하자면, 나[낭만주의자]는 내가 만든 교묘한 이중 정의에 따라 이제 이것을

'영' 혹은 '대자연'이라고 선언한 것이다, 나는 '문화의 원죄'로부터 기필코 벗어나고야 말 것이다, 나는 '실낙원'으로 돌아가고야 말 것이다, 나는 나 자신 속에서 고귀한 야성을 찾아내고야 말 것이다, 근대성 분화의 그 어느 것도 나의 에고를 넓은 의미의 실재와 구별하도록 요구하는 부담을 주며 나를 괴롭히지 않을 경우 나는 원초의 '에덴'을 발견하게 될 것이다, 그렇게 되면 나는 근대성의 유죄를 증명하는 기소장을 손아귀에 쥐게 될 것이다, 나아가 만약 근대성이 내 말에 경청하게 되고 그래서 무언의 말 못하는 자연으로 되돌아가게만 된다면 '나는' '약속의 땅'이 될 게 틀림없는 '실낙원'을 찾아낸 것이다.

그래서 정신권으로부터 생물권으로의 이러한 퇴행에서 당신은 근대성의 존엄성뿐 아니라 그 요구로부터도 당신 자신을 해방시킴으로써 근대성의 재앙으로부터 정말로 해방된다는 것입니다. 당신은 **퇴행**에 의해 **억압**을 치료한 셈입니다.

■ 그러나 우리는 자연에서도 강한 영적 체험을 **가질 수** 있다고 봅니다. 이것은 아주 흔히 있는 일이지요. 그래서 그것이 곧 자연낭만주의자들이 '영'이라고 할 때 의미하는 것이라고 생각합니다만.

● 네, 과연 그렇게 볼 수도 있겠네요. 그러나 이러한 영적인 느낌의 원천은 자연 자체가 아닙니다. 당신은 해 지는 황혼을 오랜 시간 동안 바라볼 수 있고, 그래서 갑작스레 '세계혼' 속으로 사라지면서 당신 자신이 모든 자연과 하나가 됨을 느낄 수 있습니다. 이것은 아주 근사하고 좋은 일입니다. 하지만 자연이 곧 이러한 직관의 원천은 아닙니다. 벌레와 들쥐와 여우와 족제비들은 오랜 시간 동안 해 지는 황혼을 바라보지도 않고, 그 아름다움에 경탄하지도 않고, 그러한 해방 속에 그들 자신을 초월하지도 않습니다. 비록 그들의 감각이 많은 경우 우리의 것보다 더 예민하고, 비록 그들이 우리보다 더 명확하게 자연을 본

다고 해도 그렇습니다! 그럼요, 아니지요, 자연은 이러한 아름다움의 '원천'이 분명 아닙니다. 자연은 그것의 도착지입니다. **원천**은 초월적인 '영'이고, 자연은 그것의 찬란한 표현입니다.

그러므로 자연 속에서 당신이 당신의 에고적 집착을 놓아버린 채 쉬며 각성의 통로나 출구로 멈추어 있을 수 있을 때, 그리고 자연이 바로 그렇게 하기 위한 초대 장소일 때, 그러한 출구를 통하여 '세계혼'의 위력과 영광이 쏟아져 들어올 수도 있습니다. 그래서 당신은 모든 것들의 경이로움과 아름다움에, 한순간 당신의 숨을 멈추게 하고 당신 자신을 사라지게 하는 아름다움에, 말하자면 황혼녘의 석양에 새로운 광휘를 부여하고 자연이 그 모습을 드러내는 데 있어 정신 못 차릴 정도로 생생함이 넘치게 만드는 아름다움에, 일시적이나마 완전히 넋이 나가버립니다.

그러나 만약 당신이 완전히 '하강적'인 패턴 속에서 이러한 영적 체험을 **해석하는** 데에만 전념한다면—만약 산업적 격자에 사로잡히게 된다면—당신은 이러한 '영'을 단순한 자연 자체로 생각할 것입니다. 당신은 결과를 원인으로 착각할 것입니다. 당신은 각각 초월하면서 내포하는 감각적·생체중심적 수준에서 자아중심적·사회중심적·세계중심적·'세계혼'적 수준에 이르기까지 차례로 발달해옴으로써 비로소 자신이 바로 이러한 '세계혼적' 직관에 도달했다는 사실에 대한 앎을 놓치고 말 것입니다.

그러므로 당신이 잘못 착각하여 감각적 자연으로 환원시켜버린 '세계혼'의 아름다움에 넋이 나가서, 비록 당신 옆에 앉아 있는 족제비가 당신이 보고 있는 자연 속에서 똑같은 것을 보고 있는 것 같아 보이지는 않지만, 당신은 우리가 자연에서 문화로 '영'으로 나아갈 것이 아니라 오히려 오직 자연으로 돌아가야 한다고 권고할 것입니다. 왜 그렇게 하는지 아직도 이상한가요?

그래서 당신은 이제 '세계혼'이나 '영'은 단순한 감각적 충격이라고, 즉 자연 그 자체라고 생각하기 때문에 당신은, 문화란 '진아true Self'로서의 '영'의 **의식적** 파악을 향해 나아가는 **도상에서** 진화에 필요한 일부가 아니고 오히려 당신의 "진정한 자기"가 거주하고 있는 것으로 보이는 이 감각적 자연을 **은폐하고 왜곡하는** 것이라고 생각하기 시작할 것입니다. 문화는 '진아'를 향해 나아가는 **도상에** 있는 것이 아니라 단지 당신의 생체중심적 느낌의 "참자아true self"에 거스르는 범죄일 뿐이라는 것입니다.

한마디로 당신은 우리가 분기점-7의 '생태지성적 자기the Eco-Neotic Self'를 향해 전진해 나아가기를 바라는 게 아니라 분기점-2의 생체중심적이거나 생태중심적이거나 생태학적인 자기를 향해 되돌아 이동해 가기를 권장하기 시작할 것입니다.

◘ 그렇지만 내가 내 주위를 돌아볼 때 확실히 모든 것은 자연의 일부인 것으로 보입니다. 나의 유기체도 자연의 일부이고, 또한 자연 경관, 구름, 호수와 숲, 인간과 다른 동물들, 즉 모든 것이 자연의 일부입니다. 그런데 왜 생태적 접근이 모든 것을 포함할 수 없다는 것입니까?

◎ 그것은 정확한 지적입니다. 당신이 당신 **주위**('우측' 세계)를 살펴볼 때는 정말 그렇습니다. 만약 당신이 당신 **내부**('좌측' 세계)를 살펴볼 때는 전혀 다른 이야기, 즉 의식 자체의 성장과 진화에 관한 이야기를 발견하게 됩니다. 그러한 내면적 성장의 단계들은 그림 15-3에 묘사되어 있는 것처럼 경험적 자연의 세계 내에 정말로 상관자[상관 기능]들을 갖고 있습니다. 그렇지만 만약 당신이 그러한 내적인 것들을 그것들의 외적인 상관자들로—모든 것을 생태로, 자연으로, 감각운동적 세계로—환원시킨다면 당신은 (그림 15-4에서 보여주는 바와 똑같은)

일명 평원적 세계로 알려진 상호직조된 '그것들its'의 세계 내에 똑바로 착륙하는 것입니다. 반면에 진실로 통합적인 접근 방식은 '에고'와 '에코', 또는 내면과 외면, 또는 좌측과 우측을—곧 우리가 보게 되겠지만—포함할 것입니다. 그렇지만 그 도중에 우리는 당신이 말하듯이 "모든 것은 자연의 일부다"라고 믿고 있는 접근 방식들에 정확히 논의의 초점을 맞추고 있습니다.

◘ 저는 어쩌다 보니 저 자신도 모르게 평원적 격자를 받아들였습니다.

◎ 그렇지요. 당시나 오늘날이나 낭만주의자들도 그랬지요. 그래서 그러한 것은 퇴행적으로 되는 경향이 있는데, 그 까닭은 평원적 격자는 내면적인 위계를 무시하고 우리로 하여금 오직 감각적이고 물질적인 세계에만 남아 있게 만들기 때문입니다. 그래서 이는 우리를 우리 자신의 전前인습적이고, 에고중심적인 수준으로 끌어당기는 것입니다.

◘ 선생님은 이러한 퇴행이 근대성에 대한 비판으로 전환되었다고 말씀하셨지요.

◎ 네, 이와 같은 접근 방법에서의 진짜 악몽은 근대성이 가져온 문제의 실제 원인을 그것이 모두 다 놓쳐버리는 데 있는 것입니다. 진짜 문제는 '3대 가치'[3보三寶]가 분열되고 단일자연의 '1대 가치'로, 즉 산업적 존재론으로 붕괴되었다는 것입니다. 낭만주의자들은 산업의 추악함을 적시하고 이를 즉각 거부했지만 산업의 존재론에 대해서는 그렇게 하지 못했습니다. 그러므로 그들은 피상적인 문제는 공격했으나 반면에 더 심각한 깊은 문제, 진짜 악몽은 오히려 열광적으로 촉진시켰던 것입니다.

정말로 놀랄 만한 사실은, 생태학적 지혜란 어떻게 하면 자연과 조화롭게 사는가에 있는 것이 아니고 어떻게 하면 자연과 조화롭게 사는가에 대하여 의견을 같이하는 사람들을 어떻게 하면 확보할 수 있는가에 있기 때문입니다.

이러한 지혜는 생물권 내에 스며 있는 것이 아니라 정신권 내에서의 상호주관적 일치에서 나옵니다. 생물권의 표상은 아무리 해도 이러한 지혜를 만들어낼 엄두조차 못 낼 것입니다. 그 지혜는 외양적인 표면과 감각적 경이로움에 대한 지도들 중 그 어느 것에서도 찾아질 수 없습니다. 그것은 성실성에 바탕을 둔 상호이해에 기초한 상호주관적인 일치의 길인 것입니다. 그것은 특유의 논리를 가진 특유의 발달 단계를 갖고 있습니다. 이는 경험적인 자연 내의 어디에서도 찾아볼 수 없는 것입니다.

그러나 만약 전인습적 생물권이 당신의 '여신'이라면 당신은 구원을 받기 위해 감각적 자연으로 더 가까이 되돌아가지 않으면 안 됩니다. 그리고 근대성이 이와 같이 자연을 분화시켰으므로 당신은 그러한 분화 이전으로 되돌아가지 않으면 안 됩니다. 당신은 만사를 무릅쓰고 전근대로 가야만 하는 것입니다.

◘ 퇴행적 활강이군요.

◎ 그렇습니다. 그러므로 에고주의 진영은 **억압**에 상당하는 것을 영속시키고 있었던 데 반하여, 에코주의 진영은 **퇴행**에 상당하는 것을 옹호하고 있었습니다. 억압과 퇴행은 평원적 게임의 쌍둥이 기관, 산업적 존재론의 쌍둥이 기계였습니다. 그리고 그들은 지금도 계속 그러합니다.

과거로 돌아가는 타임머신

◘ 생태낭만주의자들은 흔히 과거의 잃어버린 영광에 대해 상당히

구체적이었다고 봅니다.

○ 그렇지요. 18세기에 시작하여 오늘날까지 줄곧 내려오면서 계속하여 우리는 낭만주의자들이 문화가 자연으로부터 최소한으로 분화되었던 때라고 느꼈던, 기본적으로 자신들이 선호하는 시기를 향해 '과거로 돌아가는' 타임머신을 장치해놓고 있다는 것을 알고 있습니다. '실낙원'을 찾기 위한 위대한 탐색이 시작되었던 것입니다.

그것은 바로 우리의 위축하고 집착하는 성향으로 인해 현재 이 순간에도 우리가 소외시켜놓고 있는 무시간적 '영Spirit'을 위한 탐색이 아니라, 과거의 어떤 역사적 혹은 선사시대적 시기에 완전하게 존재했던, 그러나 그리고 나서 위대한 '문화의 원죄' 또는 가부장제의 원죄 또는 모종의 원죄에 의해 "살해당한" 어떤 "영"을 찾기 위한 탐색이었던 것입니다.

□ 최초의 낭만주의자들은 그리스를 무척 좋아했지요.

○ 그랬지요. 실러와 같은 초기 낭만주의자들에게는 고대 그리스는 '회귀 급행열차'의 단연 인기 있는 정차장이었습니다. 그 시기는 마음과 자연이 "일체"가 되어 있는 것으로 보였기 때문이지요(그들은 사실 상당한 정도로 분화되어 있지 않았습니다). 그리고 바로 그러한 이유로, 그리스인 셋 중 한 사람은 노예였고 여자와 어린이도 아마 비슷한 처지였을지도 모른다는 사실에는 전혀 구애받지 않았지요. 근대성의 재앙이 거의 없었다는 것이, 그래서 그 존엄성도 거의 없었다는 것이 맞는 말입니다.

고대 그리스는 오늘날의 낭만주의자들에게는 인기가 아주 형편없는데, 주된 이유는 당시는 **농경사회적** 구조로 인해 가부장제적이었기 때문입니다. 그리하여 낭만주의자들은 그들의 '과거로 돌아가는' 타임머신을 한 단계 더 뒤로 장착하였고, 그래서 그들은 **원예농업사회**에 도달하였습니다. 이들 사회는 오늘날 에코페미니스트[생태여성주의자]들에게 훨씬 더 인기가 있어서 그들이 무시로 출입하는 곳입니다. 이러한 사회들은 앞에서 보았듯이 흔히 '태모'에 의해 지배되는 모계 중심 사회였습니다.

그래서 사실 거의 모든 원예농업사회에서의 중심이 되는 제식 같은 것—이를테면 다른 여러 가지들 가운데 곡물의 풍작을 도모하기 위해 요구되었던 인신희생제 같은 것—은 미묘한 문제이니 애써 무시하도록 하지요. 또한 렌스키의 방대한 자료에 따르면 놀랍게도 이러한 사회들의 44퍼센트는 빈번한 전투 행위에, 50퍼센트 이상은(평화를 사랑하는 '태모' 사회로서는 그 비율이 너무 높은) 단속적斷續的인 전투 행위에 종사하였다는 사실과, 또 그러한 사회들의 61퍼센트는 사유재산권을 가졌고, 14퍼센트는 노예를 가졌고, 45퍼센트는 신부 몸값 풍속을 가졌었다는 사실은 마찬가지로 편의상 잊어버리도록 하지요. 이러한 원예농업사회들은 에코마스쿠리니스트[생태남성주의자]들 스스로 지적하였듯이 "순수하고 소박한 원시적인" 것하고는 거리가 멀었습니다.

■ 그들은 수렵채집사회를 선호하고 있지요.

● 그렇습니다. 생태남성주의자("심층생태주의자")들은 아직도 한 단계 **더 뒤로** 밀고 들어가서 "순수하며 소박한 원시 상태"로서의 수렵채집 문화에 도달했지요. 그리고 사실 생태남성주의자들에 따르면 생태여성주의자들의 사랑을 받는 원예농업 문화는 순수한 방식으로 자연에 진실로 가까운 것은 아니라는 것이지요. 그 사회들은 주로 농사짓는 일에 의존하였고, 그래서 이는 현실적으로 토지에 대한 약탈이기 때문입니다. 수렵과 채집 활동, 이제는 그런 것이 곧 정말 순수하고 소박한 원시적 삶이라는 것입니다.

그런데 이러한 사회들 중 10퍼센트는 노예를 가졌고, 37퍼센트는 신부 몸값 풍속을 가졌고, 58퍼센트는 빈번하거나 단속적인 전투 행위에 참가했다는 자료들은 무시하도록 하지요. 이것은 순수하고 순박한 원시 상태가 틀림없지요. 더 이상은 뒤로 더 밀고 들어갈 수 없으니까요! 이것이야말로 **틀림없는** 거지요! 그러므로 나는 이러한 사회들 중 어느 것에 대한 단 하나의 불유쾌한 일이라도 이제는 하나도 남김없이 다 무시할 것이고, 그래서 그들은 고상한 야만인일 것입니다. 이제 그만하지요.

비록 논리적으로는 물론 유인원에까지 뒤로 더 밀고 들어가야 하겠지요. 그들에게는 노예제도, 신부 몸값 풍속, 전쟁 등이 없기 때문이지요. 내 말은, 이러한 복고적 퇴행에 대해 한번 심각할 정도로 진지해져서 정말로 그렇다면 '빅뱅' 이후에 생겨난 만물은 '큰 실수'였다는 결론까지 끌고 가보는 게 어떻겠느냐는 것입니다. 이것은 당신이 만약 분화와 분열을 혼동한다면 꼼짝없이 빠져들고 마는 논리인 것입니다. 당신은 모든 분화는 실수라고 생각합니다. 당신은 상수리나무가 도토리에 대해 죄를 짓는 것이라고 생각합니다.

그러므로 순수하고 자연 그대로의 소박한 원시 상태를 위한 탐색은 점점 더욱더 뒤로 밀고 들어가는 것뿐이겠지요. 자연 속으로의 낭만주의적 몰입이 일어날 수 있는 소박한 원시적 상태를 찾아서 '온우주'로부터 '심층'의 더욱더 많은 층들을 깎아내버리는 셈이지요. 당신은 퇴행에 의해 억압을 치유하려는 것입니다. 당신은 심층을 제거함으로써 질병을 치료하려는 것입니다. 말하자면 점점 더 얄팍하게 됨으로써 그렇게 하려는 것이지요.

◘ 그렇다면 이것은 '에고주의' 진영과 '에코주의' 진영 사이의 사상 초유의 교착 상태 같은 것이군요. '에고주의'는 '에코주의'를 진압하기를 원했고, 반대로 '에코주의'는 '에고주의'를 제거하기를 원했다는 말이군요.

◎ 네, 그 교착 상태란 바로 당신이 도덕적 자유와 자율성을 찾기 위해 자연을 **초월**하고자 하는 것인가, 아니면 통일성과 전체성을 찾기 위해 자연과 **하나**가 되고자 하는 것인가의 문제입니다. 당신이 초월적 '에고'인가, 아니면 내재적 '에코'인가의 문제입니다.

말하자면 순수한 '상승'인가, 아니면 '하강'인가의 문제입니다.

이것은 근본적인 문제이고, 완강하게 버티고 있는 이원론의 문제이지요! 이것은 '상승론자'와 '하강론자' 사이의 2000년이나 케케묵은 전투—서양의 전통 전체를 가장 특징적으로 규정해온 단일한 전투—가 '에고주의'와 '에코주의' 사이의 전투로 그 **근대적** 형태를 띠고 단순히 재현된 것일 뿐입니다.

그래서 1000년 이상 케케묵은 이러한 적대적 경쟁은 곧 그 원형적 옹호론을 피히테와 스피노자Spinoza에게서 찾아냈습니다.

◘ 아주 간략하게 말씀해주시지요.

◎ 아주 간략하게 짚고 넘어가자면, 피히테는 '에고주의', '상승'의 길을 절대화함으로써 '에고'와 '에코' 사이의 균열을 극복하고자 시도했습니다. 해방이 찾아지게 되었던 곳은 순수한 '나', 즉 순수한 초월적 '자기Self' 속이었습니다. 그리고 순수한 '에고'가 더욱더 많아질수록, 그래서 '에코'가 더욱더 적어질수록, 그건 만인에게 더욱더 좋은 일이라고 피히테는 '상승적인 신the Ascending God'의 제단 앞에서 머리

를 조아리면서 말했습니다.

물론 '생태낭만주의자들'은 정확히 다른 '신'을 응시하면서 정확히 반대 방향으로 나아갔습니다. 그들은 '에코주의'를 절대화함으로써, 즉 '하강'의 길을 절대화함으로써 '에고'와 '에코' 사이의 이러한 균열을 극복하고자 했습니다. 그리하여 '에코주의' 진영은 상상력을 동원하여 해석되어진 소피노자에게서 그들의 원형적 옹호론자를 찾아내었던 것입니다(그들은 스피노자가 '대자연Nature'이라고 할 때 자연nature을 의미했던 것이라고 상상하였습니다. 그러나 그런 대로 괜찮다!라고 그는 말할 테니 신경 쓸 것 없지요). 그러므로 순수한 자유는 자연의 '거대한 시스템', 순수한 '에코' 속으로의 전면적인 몰입 속에 살아서 존재한다는 것입니다. '에코'가 더욱더 많아질수록, 그래서 '에고'가 더욱더 적어질수록 만인에게 더욱더 좋은 일이라고 낭만주의자들은 순수하게 '하강적인 신the Descending God'의 세상으로 향한 제단 앞에서 열심히 머리를 조아리면서 말했습니다.

◘ 그리하여 우리는 '에고'와 '에코', 피히테와 스피노자 사이의 이러한 대립적 균형 상태를 갖게 되었다는 말씀이시군요.

◎ 네, 그렇지요. 그래서 이것은 결코 사소한 지엽적인 쟁점이 아니었습니다. 이것은 정확히 말해 깨어나려고 애쓰는 서양적 시도의 심장부에서 치른, 2000년이나 오래된 전투의 막다른 한계였습니다. 그래서 그것은, 모든 사람들이 그들 양쪽 진영 모두 최소한 부분적으로는 옳다는 것을 막연하게나마 직감했기 때문에 아주 골치 아픈 문제였습니다. 그렇다면 어떻게 해야 하나요?

그리하여 도처에서 우리는 피히테와 스피노자를 통합해야 한다!는 구호들이 높아져갔습니다. 아니면 칸트와 스피노자를, 아니면 칸트와 괴테Goethe를 통합해야 한다는 것이지요. 이는 모두 동일한 주제에 대한 변주곡이었습니다. 이것은 정말로 한 시대 전체에 걸친, 특히 18세기 말을 향한 강박관념이었습니다.

■ 그래서 누가 승자였습니까?

○ 글쎄요. 모두 똑같은 문제에 도달했지요. 당신은 어떻게 하면 도덕적 자유를 위해 자연을 초월하면서 동시에 여전히 전체성을 위해 자연과 하나가 될 수 있겠습니까? 자율성 대 전체성, 어느 쪽을 당신은 원합니까? 자연으로부터의 자유요? 아니면 자연으로서의 자유요? 어떻게 하면 당신이 양쪽 모두를 갖는 게 가능할 수 있을까요? 어떻게 하면 '상승적인 것'과 '하강적인 것'을 통합할 수 있을까요? 플라톤에 대한 이같이 단편화斷片化되어버린 각주脚註를 어떻게 할 건가요! 당신의 구원은 어디서 찾아질 수 있을까요! 당신의 '신'은 어디서 찾아질까요?

■ 이러한 전투의 한가운데서 선생님이 분명 매우 좋아하는, 그리고 어쩌면 그 딜레마를 해결한 인물이 나타났지요. 선생님의 저서에서 선생님은 그의 강의에 참석했던 어떤 사람으로부터 온 편지를 읽는 것으로 이 사람을 소개하고 있습니다. 제가 그 편지를 읽어도 괜찮을까요?

○ 그렇게 하시죠.

17

하강자의 지배

▣ "셸링은 놀랄 만큼 많은 청중을 향해 강의를 하고 있었소. 하지만 문으로 들어올 수 없는 사람들이 창밖에서 휘파람 불고 노크하는 등 지나칠 정도로 너무나 시끄럽고 소란한 분위기였고, 강의실은 수강자들로 빈틈없이 꽉 차 있었던 탓에 누구라도 이 강의가 계속된다면 듣기를 거의 단념하고 싶은 유혹을 받기 쉬운 분위기였소. 첫 번째 강의가 진행되는 동안 그의 강의를 듣는 것은 거의 생사를 건 필사적인 일이었소. 그렇지만 나는 [첫 번째 강의 후] 셸링에게 전폭적인 신뢰를 보내고 있었고 생애를 걸고서라도 한 번 더 그의 강의를 듣는 용기를 내었던 것이오. 그런 마음은 강의하는 동안 아주 멋지게 보상받을 수 있을 것이고, 만약 그렇다면 누구든지 기꺼이 자신의 생애를 한번 걸어볼 만한 일일는지도 모르오. 누구든 그의 강의를 듣기 위해 무슨 짓이라도 하지 않았겠소?

셸링의 두 번째 강의를 듣고 난 뒤—필설로는 형언할 수 없을 정도로—나는 너무나 행복하오. 현실태actuality[94]에 대한 철학의 관계와 관

94 한 존재의 잠재성의 실현이나 현실화.

련하여 그가 세계의 '현실태'에 대해 언급했을 때, 사상의 배아胚芽는 내 안에서 환희에 차 날아갈 듯 기뻐하였소. 나는 그 말 이후에 그가 말한 것은 거의 한 마디도 빼지 않고 모두 기억하오. 아마 여기에 이르러서야 비로소 명료성이 달성될 수 있게 되었지요. 이 한 마디 말이 나의 모든 철학적 고뇌와 고통을 생각나게 만들었소. 그리하여 내가 얼마나 기꺼이 그녀에게 돌아가고 싶어 하는가를, 또한 내가 얼마나 간절히 이렇게 하는 것이 올바른 코스라고 나 자신을 달래어 믿게 하고 싶은가를 알게 되었소. 그녀도 역시 나의 이런 기쁨을 공유할 수만 있다면—오! 내가 정말 그렇게 할 수만 있다면—얼마나 좋을까요! 이제 나는 나의 모든 희망을 셸링에게 걸고 있소."

○ 네, 그 편지는 1841년 셸링의 베를린 강의 기간 동안 쇠렌 키에르케고르Søren Kierkegaard로부터 온 것입니다. 키에르케고르 외에 그의 강의에 참석했던 사람 중에는 야콥 부르크하르트Jakob Burkhardt, 미하일 바쿠닌Michael A. Bakunin, 칼 마르크스의 (《자본론》의) 공저자였던 프리드리히 엥겔스Friedrich Engels도 있었습니다.

□ 그렇다면 특히 마음과 자연을 통합하는 데 관한 그의 핵심 관점을 요약해주실 수 있겠습니까?

○ 셸링은 이렇게 말하면서 시작했지요. 만약 계몽주의가 마음과 자연을 차별화하는 데 성공했다면, 한편으로 역시 그것은 양쪽의 선험적이고 통일적인 '근본바탕Ground'을 망각하는 경향이 있고, 그래서 그것은 마음과 자연을 '분열시키는' 경향이 있다고, 심지어 그것은 근대성의 재앙이라고 말입니다.

과학적 탐구에서 자연을 "거울처럼 비추는" 마음, 즉 표상 패러다임으로 우리가 알고 있는 것으로 인해 마음과 자연, '에고'와 '에코'의 이러한 분열은 물론 착착 진행되고 있었습니다. 셸링은 지적하기를, 표상은 외적인 객체로서의 자연과 주체로서의 [자연을 반사하는] 자아self 사이에 균열이나 분열을 야기했다는 것입니다. 그는 말하기를, 이는 역시 인간을 인간 자체에 대해 **객체**로 만들었다는—일찍이 앞에서 우리가 언급했듯이, 인간성을 비인간화했다는—것입니다. 이어서 그는 말하기를, 표상은 그 자체로서 목적화되었을 때 그것은 "영적인 불구의 고질병"이 된다는 것입니다.

이러한 점에서 그는 낭만주의자들과 일치하고 있었습니다. 사실 셸링은 '낭만주의'의 주요 창시자 중 한 사람이었습니다. 비록 그도 역시 주로 자연으로의 퇴행을 거부함으로써 낭만주의를 넘어 훨씬 더 나아갔지만 그랬던 거지요. 즉 셸링이 깨달은 바는, 분열에 대한 느낌의 직접성만으로는, 말하자면 "인류의 아동기"로 **회귀**하는 것만으로는 극복할 수 없다는 사실입니다. '에코' 자연Eco-nature으로 되돌아가는 것이라곤 아무것도 없었고, 그리고 셸링은 그것을 알고 있었습니다.

오히려 그는 주장하기를, 마음과 자연은 둘 다 하나의 '절대영'의, 즉 순차적으로 이어지며 전개되는 그 특유의 단계들 속에서 그 자신을 현현하는 '영'의 상이한 운동에 지나지 않는다는 것을 발견하기 위하여 우리는 이성을 '넘어서' 앞으로 전진해 나아가야만 한다는 것입니다. 셸링의 동료인 헤겔이 곧바로 지적했듯이, '영'은 '다자the Many'적 존재로부터 떨어져 나온 '일자the One'적 존재가 아니라, '다자'를 통하여 자신을 표현하는 '일자'의 [현현의] **과정**입니다. 그것은 **발달 자체의 과정을 통해** 자신을 표현하는 무한의 활동입니다. 혹은 오늘날 우리가 말하고 있듯이 '영'은 진화의 전 과정에 걸쳐서 자신을 표현합니다.

■ 그렇다면 이 발달적이거나 진화적인 일반개념은 다윈과 함께 새로 시작된 것이 아니라는 말씀이시지요.

● 당치도 않지요. 일찍이 라이프니츠Leibniz로부터 맨 먼저 시작하는 '대사슬Great Chain' 이론가들은, '대사슬'이란 모두 한꺼번에 주어지는 것이 아니고 오히려 어마어마하게 장구한 역사적·지질학적인 시간에 걸쳐서—물질에서 시작하여 다음에는 생명의 형태를 지닌 감각이 창발하고, 그러고 나서는 지각, 충동, 이미지 등으로 차례로—[축자적으로] 전개하는 홀라키로 가장 잘 이해될 수 있다는 것을 깨닫기 시작했습니다.

따라서 다윈이 나오기 전 1세기경에 이미 벌써 '대사슬'은 실로 광대한 시간에 걸쳐서 전개하거나 발달해왔다는 것이 지식인들에게는 광범위하게 받아들여져 있었습니다.

그래서—이것은 결정적으로 매우 중요한 일이었지만—'대사슬'은 "간극"이나 구멍을 전혀 내포하지 않으므로(왜냐하면 완전하게 충만한 '영'이 모든 허공을 채우기 때문에) 연구의 우선적인 과제는 진화에서 "잃어버린 고리"를 찾는 일이었습니다.

■ 그와 같은 것이 바로 현실적으로 그 용어가 나오게 된 까닭이로군요.

● 네, '대사슬'에서의 어떤 잃어버린 고리들이지요. 그리하여 다양한 종種 간의 "잃어버린 고리"를 찾기 위한 방대한 규모의 탐색이 시작되었습니다.

그래서 이에 대한 이해가 너무나 널리 만연되고 너무나 보편화되고 너무나 당연하게 받아들여져서, 저 악명 높은 서커스 흥행사 바넘Phineas Taylor Barnum[95]조차도 자신의 박물관에는 "오리너구리[96], 또는 바다표범과 오리 사이의 연결고리, 의심할 여지 없이 새와 물고기를 연결하는 날아다니는 물고기의 두 개의 색다른 종, 또 파충류와 물고기 사이의 연결고리인 머드이구아나Mud Iguana 등을—그 외에도 살아 있는 대자연의 '대사슬'에서 연결고리를 형성하는 다른 동물들"과 함께—다 갖추고 있다고 너스레를 떨며 선전할 수 있었습니다. 그것은 다윈이 《종의 기원Origin of Species》을 출판하기 20년 전의 일이었지요!

◘ 그건 아주 신나는 일이겠군요.

○ 동시에 그것은 아주 환상적인 것이지요. 잃어버린 고리를 찾는 모든 일들 말입니다. 그것은 미생물을 찾기 위한 탐색 이면에 깔린 생각이기도 했는데, 라이프니츠가 이미 '대사슬'에 기초하여 혼자서 그 존재를 논리적으로 추론했습니다. 즉 미생물은 '대사슬'에서 단순히 어떤 명백한 간극을 채우기 위해 반드시 존재하지 않으면 **안 되었다**는 것입니다. 그것은 다른 행성에도 생명이 존재한다는 확신의 배후에 깔려 있는 생각이기도 했는데, 조르다노 브루노Giordano Bruno[97]는 '대사슬'에 기초하여 그것을 추론했습니다. 그래서 종 사이의 잃어버린 고리들은, 즉 이 모든 것들은 애초에 경험적이거나 과학적 증거에 바탕을 둔 것이 아니라 '대사슬'에 대한 확신에 직접적으로 바탕을 두고 있었습니다.

95 미국의 심리학자이자 기업인이며 쇼맨. 제임스 베일리James Anthony Bailey와 함께 '바넘 앤드 베일리 서커스Barnum & Bailey Circus'를 설립하여 큰 성공을 거두었다.

96 원서에는 'Ornithorhincus'로 쓰여 있으나 'Ornithorhynchus(오리너구리)'의 오자로 보인다.

97 르네상스 시대의 이탈리아 철학자. 자연에 대한 동경으로 가득 찬 그의 철학은 범신론적인 특징이 강하다.

◘ 신플라톤주의적 관념이로군요.

○ 그렇습니다. 이 모든 것들은 이래저래 어떻게 해서든 플로티노스에게까지 거슬러 올라갑니다. 그는 말하기를, '영'은 너무나 충만하고 완전하여 그것이 스스로 창조물 속으로 흘러들어갈 때 그 손길이 닿지 않는 곳은 아무 데도 없다는 것입니다. 그것은 아무런 구멍이나 간극이나 잃어버린 고리를 남겨두지 않는다는 것입니다. 그래서 플로티노스의 '대홀라키Great Holarchy'는 물질로부터 '신'에 이르는 전체 도상에 걸쳐서 이러한 고리나 수준들이 상호 간에 서로를 연결하고 내포하고 겹겹으로 둥지화하는 방식인 것입니다.

이제 만약 당신이 그러한 '대홀라키'를 플로티노스가 제시한 대로(그림 14-1) 정확히 받아들인다면, 그래서 만약 당신이 그것은 시간 속에서—장대하고 유구한 시간에 걸쳐서—전개한다는 사실을 깨닫는다면, 당신은 기본적으로 진화의 주요 단계에 대한 오늘날의 일반적인 이해에 도달하게 되는 것입니다. 진화는 정말로 물질로부터 감각, 지각, 충동, 이미지 상징 등에 이르기까지 차례로 진행해왔습니다.

예외적으로, 물론 '하강적인' 격자에만 빠져 있는 우리 현대인들은 이성을 넘어서는 진화의 보다 더 상위적인 단계를 알지 못하고 있고, 그래서 우리는 '대사슬' 전체를 단지 경험적이고 자연적인 용어로 해석합니다. 여기에 바로, 그럼에도 우리가 우리 자신의 근대적 신이 되어온 이 진화의 자기초월적 동인을 이해하거나 설명하는 것에 대해 엄두조차 못 내고 있는 까닭이 있는 것입니다!

그러나 시간축에서 바라본 플로티노스 사상은 진화와 동등하다는 것이 핵심 관점입니다. 그래서 이러한 사실은 다윈이 나오기 1세기 전에 이미 모두 다 잘 이해되어서 널리 받아들여졌던 것입니다. 셸링은 1800년경에 선험철학에 대해 집필했고, 1840년경에는 바넘의 광고가 나왔습니다. 다윈은 1860년경에 《종의 기원》을 출판했는데, 이는 사람들이 이미 "잃어버린 고리들"을 보려고 박물관에 다닌 지 수십 년이 지난 뒤였습니다.

다윈과 월리스Wallace가 이같이 이미 공공연하게 받아들여졌던 일반 개념에 기여했던 점은 진화 이론이 아니라 자연선택에 의한 진화 이론이었습니다. 하지만 곧 이 이론으로는 거시적 진화를 전혀 설명할 수 없다는 사실이 판명되었습니다. 이것은 바로 월리스가 자연선택 자체는 "'영Spirit'에 의한 창조의 방식과 양태"의 원인이 아니라 어디까지나 그 결과일 뿐이라고 항상 주장했던 이유이고, 또한 다윈조차도 진화하는 자연으로부터 '영'을 제외시키는 것을 몹시 싫어했던 이유이기도 한 것입니다.

그러므로 만약 당신이 플라톤 이후에 서양인의 마음에 가장 폭넓은 영향을 미친 철학자 두 사람을 뽑아야 한다면 그들은 바로 플로티노스와 셸링이 될 가능성이 가장 높습니다. 이러한 이유 하나만으로도 플로티노스는 '대홀라키'에 가장 완전한 표현을 부여하였고, 셸링은 발달의 시간 속에서 부유하고 있는 '대홀라키'를 진화 속에 바로잡아 놓았던 것입니다. 그래서 만일 근대와 탈근대의 마음 전반을 지배하는 하나의 관점이 있다면, 그것은 바로 진화입니다.

그래서 우리는 역사적으로 '대홀라키'는 오랜 시간에 걸쳐 진화한 것임을 이제 막 이해하기 시작하고 있는 시점에 있습니다. 그리고 그 같은 결정적인 분수령에 서 있는 사람이 바로 셸링입니다.

진화 : 활동 중에 있는 영

■ 제가 보기에는 셸링에게 발달이나 진화는 언제나 영적인 운동이

었다고 보여지는데요.

◎ 다른 어떤 방식으로는 도저히 그것을 이해하기 어렵지요. 그리고 셸링도 그것을 알았습니다. '영'은 진화 과정 각각의 모든 단계에서 **다름 아닌 과정 자체로서** 현전現前합니다. 이어서 헤겔이 곧 지적하였듯이 '절대정신the Absolute'은 "그 특유의 생성 과정이고, 그것은 오직 자신의 발달에 의해서만 구체적이거나 현실적이 됩니다.

◘ 여기[《성, 생태, 영성》]를 보면 헤겔에서 나온 인용구가 하나 있는데, "세계의 역사는, 그 연대기가 보여주는 모든 전변하는 장면과 더불어 발달의 과정이자 '영'[절대정신]의 실현이라는—오직 **이러한** 통찰만이 '영'을 세계의 역사와 화해시킬 수 있다는—것이고, 과거에 일어난 것과 매일 일어나고 있는 것은 '신'의 부재가 아닌 것일 뿐만 아니라 본질적으로 '신'의 작품인 것이다"라고 말하고 있습니다.

◎ 네, 그렇지요. 여기에 바로 선禪에서, "우리는 무엇이든지 [공空의 도리道理/법성法性—활동하고 있는 영—으로부터] 벗어날 수 있다고 한다면 그런 것은 진정한 도道가 아니다"라고 말하는 까닭이 있는 것입니다.

셸링의 관점은, 자연은 유일한 실재가 아니라는 것이고 마음도 유일한 실재가 아니고, **영이 곧 유일한 실재**라는 것입니다. 그렇지만 현현하는 세계를 창조하기 위하여 '영'은 자신으로부터 나와 현현하는 속으로 자신을 흘러들게 해야 합니다. '영'은 현현하는 속으로 하강하지만 그럼에도 이 현현이 곧 '영' 자체이고, 또 '영' 자체의 한 형식이거나 표현인 것입니다.

그리하여 '영'은 맨 먼저 자연을 생산하기 위하여 자신으로부터 나오는데, 이것이 곧 단순히 **객관적인** 모습의 '영'입니다. 진화 과정의 이 시점에서 '영'은 아직은 **비자기의식적**입니다. 그러므로 셸링은 자연 전체를 **잠들어 있는 영**Slumbering Spirit이라고 언급합니다. 자연은

'에고주의' 진영이 주장하듯이 마음을 위한 단순히 그저 비활성적이며 도구적인 배경 장치가 아닙니다. 오히려 자연은 "**영의 객관적 현현**"인 "자기조직하는 동태적 시스템"입니다. 이는 곧 플라톤의 "볼 수 있고 지각할 수 있는 신"이지만 지금은 발달적으로 부상浮上하도록 설정되어 있는 것입니다.

그러므로 자연은 아주 확정적으로 정적靜的이거나 결정론적인 기계가 아닙니다. 셸링에게 있어 자연은 "생성[창조] 중에 있는 신God-in the-making"입니다. 자연의 진정한 과정은 곧 **영적인 과정**인데—말하자면 그들은 영적으로 깨어나기 위해 **분투**하고 있는데—그 까닭은, 그들은 곧 그 자신(에로스Eros)을 실현하려고 분투하고 있는 객관적 **영**이기 때문입니다.

그러므로 이 점에 있어서 셸링은 '생태낭만주의자들'의 주요 주장을 인정하고 있습니다. 자연은 정말이지 단지 기계적이며 우둔한 배경 장막이 아닙니다. **자연은 그 핵심부에서는 영적입니다.** 그러나 '영'이 잠들어 있어서 '영'은 아직은 자기의식적이 되지 않고 있으므로 '온우주'는 아직 의식적으로 **스스로에 대한 성찰**을 시작하지 못하고 있는 것입니다.

마음의 창발과 더불어 '영'은 자기의식적이 되고, 이것은 다른 어느 것보다도 의식적인 도덕, 즉 자연 내 어디에서도 찾아볼 수 없는 도덕을 세계 속으로 불러들입니다. 그리고 이러한 도덕은 잠들어 있는 자연에서 찾아질 수 있는 것을 넘어서는 의식의 진보를 나타냅니다. 그래서 이 점에 있어 셸링은 합리적 '에고주의' 진영과 그들의 부정할 수 없는 공헌을 인정하고 있습니다.

이제 '영'은 그 자신으로 스스로 깨어나기 시작하고 있습니다. '영'은 상징과 개념을 통해 스스로를 알고자 탐구하고, 그 결과 우주는 우주에 대해 생각하기 시작하는 것입니다. 이것이 이성의 세계, 특히 의식적 도덕의 세계를 생산해내는 것입니다. 그래서 셸링은 말하기를 자연이 **객체적인 '영'**이라면 마음은 **주체적인 '영'**이라는 것입니다.

그렇지만 '에고주의' 진영과는 달리 셸링은 '에고의식' 자체는 '영'의 자기실현을 위한 [발달의] 원호圓弧 전반에서 보면 단지 한순간일 뿐이라고 주장하고 있는 것입니다. 그는 '에코주의'나 '에고주의' 학파와 함께 같이 멈추어 있기를 거부합니다. 셸링은 '비이원의식the Nondual'을 향해 나아가고 있는 것입니다.

그러나 그는 [진화의] 이 역사적인 시점—마음과 자연이 차별화되는 시점—에 이르면 세계 내에는, 즉 반사하는 마음과 반사되는 자연 사이에는 정말로 거대한 균열이 있는 것으로 보인다는 점을 기꺼이 인정합니다. 그러나 마음을 지고至高한 것으로 여기고 싶어 하는 급진적 '에고주의' 진영과는 달리, 그리고 자연을 지고한 것으로 여기고 싶어 하는 순수한 '에코주의' 진영과는 달리 셸링이 알고 있는 바로는, 그들 양쪽 모두를 초월하고 내포하면서 그 자신의 지고의 정체성으로 깨어나게 될 '영'에 이르는 도중에 그들 모두는 꼭 필요한 것이지만 다만 부분적인 계기들일 뿐이라는 것입니다.

◘ 그렇다면 근대성과 더불어 우리는 마음과 자연, '에고'와 '에코' 사이의 전투에 일시적으로 교착되어 있는 셈이군요.

● 그렇습니다. 근대성의 예민한 자기의식의 고통에 찬 탄생은 '영'의 깨어남에 필요한 일부입니다. 우리 현대인들은 그 불길 속을 관통하여 나가야 합니다. 그리고 다른 어느 시대도 집합적인 규모로 이러한 불길을 직면한 적은 한 번도 없었습니다. 되돌아가면 단지 불길을 피하게는 되지만 그렇다고 그렇게 하는 것이 그것[근대성의 자기의식]을 변용시키지는 않습니다.

그래서 셸링은 주장하기를, 이러한 균열 이전으로 되돌아가는 대신 우리는 "절대적"인 양 행세하는 '에고주의'와 '에코주의'를 양쪽 다 넘어서 앞으로 나아가야 한다는 것입니다. 그렇지만 그가 일컫고 있듯이 이러한 두 개의 "외견상 명백하게 절대적인 것들"은 '영'의 위대한 제3의 운동 속에서 **종합**되는데, 이것은 자연과 마음 **양쪽 모두**의 초월이고, 그러므로 그것들의 근본적인 합일인 것입니다.

◘ 피히테와 스피노자를 염두에 두고 하는 말씀이시군요.

○ 정확히 그렇습니다. 순수한 '에고주의'와 순수한 '에코주의'를 염두에 둔 말입니다. 셸링에 따르자면 이러한 **비이원적** 종합도 역시 '자기'인식self-knowledge의, 즉 **그 자신을 '영'으로 직접 아는** '영'의, 시간을 초월한 하나의 행위 속에 나타나는 주체와 객체의 정체성인 것입니다. 말하자면 셸링이 말하는 이것[비이원적 종합]은, 어떤 형상形相들이 객체적 자연에 대한 **느낌**이거나 주체적 마음의 **상념**이거나 간에, 어떠한 **형상들을 통해서도 매개되지 않는** 직접적인 신비적 직감인 것이지요.

그래서 바로 여기에 이르게 되면 우리는 무형상[무색無色]이며 비이원적인 무기저의 '기저Ground', '일미一味'의 순수한 '공空'에 대한 틀림없고도 심오한 일별을 하게 됩니다. 셸링은, 에크하르트와 뵈메Jacob Boehme[98]과 디오니시우스Dionysius[99]의 신비전통에 정확히 나타나는 "무차별indifference"과 "심연Abyss"을 자주 언급하곤 합니다. "신성한 '존재', 원초의 기저나 무저無抵, Urgrund의 궁극의 어두운 '심연' 속에는

98 1575~1624, 루터교Lutheran의 신비주의 신학자.

99 사도 바울에 의해 그리스도교로 회심한 그리스 아테네의 최고 법원 의원으로, 후에 주교가 된 기독교 신비주의 학자. 중세 전반에 걸쳐 신플라톤주의적 기독교 신비주의 계통의 그리스어 저작인 '디오니시우스 문서'의 저자로 주목받았으나 후대 사람의 저작으로 밝혀졌다.

차별성은 없고 다만 오직 순수한 정체성만이 있다"는 것입니다. 우리는 그것을 '지고至高의 정체성Supreme Identity'이라고 불러오고 있는 것입니다.

그러므로 셸링에게(그리고 그의 친구이며 학생인 헤겔에게) '영'은 자신으로부터 나와서 객체적 자연을 생산하고 주체적인 마음속에서 자신으로 깨어나게 되고, 결국 순수한 '비이원적' 각성의식 속에서 자신을 회복하게 되는데, 그렇게 주체와 객체가 양쪽 다 실현되어진 '영' 속에서 자연과 마음 양쪽을 다 통일시키는 하나의 순수한 직접태immediacy인 것입니다.

그래서 요약하자면, '영'은 **자연**으로서의 자신을 객체적으로 알고, **마음**으로서의 자신을 주체적으로 알고, **영**으로서의—진화의 전체 순차에서의 '원천the Source', '정점the Summit', '에로스the Eros'로서의—자신을 절대적으로 안다는 말입니다.

비이원성의 희미한 빛

◘ 이러한 세 가지의 광범위한 운동은 역시 잠재의식적·자의식적·초의식적이라고 언급될 수도 있겠군요.

◎ 혹은 전개인적·개인적·초개인적, 혹은 전합리적·합리적·초합리적, 혹은 단도직입적으로 생물권·정신권·신권神圈이라고 말할 수 있습니다.

◘ 그렇다면 이러한 비전은 '에고주의'와 '에코주의' 양쪽 진영의 이점利點들을 단지 함께하기만을 강요하는 일 없이 얼마나 정확하게 통합한다는 것입니까?

◎ 셸링의 핵심 통찰은 바로 지고의 정체성 속에 의식적인 양식으

로 **실현되어진** '영'이 알고 보면 진화의 **전 과정** 자체로서 **처음부터 줄곧 현존해온** 바로 그 '영'이라는 것입니다. 말하자면 '영'의 모든 것은 자신을 전개하는 과정으로서 모든 단계에 현존한다는 것입니다. 그러나 각 단계에서 '영'은 저절로 자신을 더 많이 전개하고, 저절로 자신을 더 많이 실현하고, 그리하여 자연 속에서 잠들어 있는 상태로부터 마음속에서의 깨어남을 향해, 나아가 '영' 자체로서의 최종적인 실현을 향해 이동해 갑니다. 그러나 **실현되어지는** '영'은 곧 특유의 깨어남의 전 과정으로서 처음부터 줄곧 현존해온 바로 그 동일한 '영'인 것입니다.

그래서 당신의 질문에 보다 구체적으로 답하자면, 셸링은 '에고'와 '에코'를, 즉 피히테와 스피노자를, 자율성과 전체성을 통합할 수 있다는 것입니다. 그 까닭은 그가 지적하는 바에 의하면 당신이 '영'으로서 자신의 지고의 정체성을 실현하게 되면 당신은 가장 완전한 의미에서 **자율적 존재**가 되고, 당신 밖에는 아무것도 존재하지 않기 때문입니다. 따라서 당신은 가장 완전한 의미에서 **전체적**이거나 **통일되어** 있습니다. 당신 밖에는 아무것도 존재하지 않기 때문입니다. 완전한 자율성과 완전한 전체성은 지고의 정체성 안에서 하나이고 동일한 것입니다.

그러므로 사람들은 누구나 그들 자신의 자율성이나 의지를 꺾어버릴 필요가 없습니다. 그들의 의지는 그 자체로 전체 '온우주'와 궁극적으로 제휴되어 있기 때문입니다. 전체 '온우주'는 당신의 가장 심층적인 '자기Self'가 하고 있는 어떤 것입니다. 그래서 당신이 바로 그 전체성에 있어서의 '온우주'인 것입니다. 완전한 자율성은 곧 완전한 전체성입니다.

이것은 곧 '에고'와 '에코'의, '상승'과 '하강'의 초월과 내재의, 말하자면 최하위적인 상태로까지도 하강하고 나서 자신으로 상승하여 되돌아오는 '영'의 심오한 통합인 것입니다. 그러나 그럼에도 불구하고 이것은 각각의 매 단계에서 자기실현하는 과정으로 현존하는 '영'과 함께합니다. 이는 곧 '온우주'의 모든 하나하나의 운동에 현전하는 '영'의 신성한 유희이지만, 자신의 '유희'가 진행되면서 여전히 자신에 대해 더욱더 많은 것을 발견하고, 결코 실로 상실된 적도 결코 실로 발견된 적도 없는 우주의 모든 몸짓 속에서 완전하고 신성하게 춤추는 것입니다. 그러나 그것은 맨 처음부터 줄곧 현존하는 찬란하게 빛나는 '심연'으로부터의 눈짓과 끄덕임입니다.

언제나 이미

◘ 그러면 무엇이 이러한 비전을 '생태낭만주의적' 비전으로부터 정확히 분리시켰습니까?

◎ 그 당시나 오늘날도 순수한 낭만주의자들은 마음과 '영'이 자연을 초월한다는 것을 결코 인정하지 않으려 하는데, 그 이유는 아무것도 자연을 초월하지 않기 때문이라는 것입니다. **오로지** 자연만이 있고, 마음과 '영'은 아무튼 이 자연과 동일하거나 이 자연의 총합이거나 이 자연의 그물망 내의 가닥들이라는 것입니다.

그리하여 특히 무엇보다도 생태낭만주의자들은 "당신이[공이나 영의 현현으로부터] 벗어날 수 있다고 보는 것은 진정한 '도道'가 아니다"라는 말을 이해할 수가 없었던 것입니다. 생태철학자들은 우리가 **일탈해 있는** 것에 대해 계속 말하고 있는데, 이는 그들이 '대자연'이 아닌 오직 자연만을 인식하고 있음을 보여주는 것입니다. 그들은 진정한 도나 '영'을 이해하지 못하고 있는 것 같아 보입니다.

관념론자들—그리고 세계 도처의 '비이원적' 현자들—에 따르면 아주 비범하면서도 온통 역설적인 은밀한 가르침은, '최종 해방Final Release'[해탈]은 **언제나 이미** 달성되어 있다는 것입니다. "최후의 일보"란 곧 시간의 순환으로부터 총체적으로 내려서고 나서, **애초부터 거기에 있는**, 즉 바로 맨 처음부터 줄곧 무엇이든 티끌만큼의 일탈逸脫도 허용하지 않고 **모든 곳에** 상존常存하는, '무시간적 영원한 존재the Timeless'를 발견하는 것입니다.

헤겔은 말하기를, "지선至善, the Good", 즉 "절대적인 지선은 자신을 세계 내에서 영원히 달성하고 있고, 그 결과 그것이 우리를 두둔하고 보호하게 할 필요가 있다는 게 아니라 오히려 그것은 **이미 완전한 현실태**actuality**로 달성되어 있다**"는 것입니다.

헤겔의 위대한 해석자 중 한 사람인 핀들레이J. H. Findlay로부터 나온, 당신을 위한 마지막 하나의 인용문을 보도록 하지요. "진정한 헤겔주의자는 (선禪의 "평상심"과 대비되는) 지극한 평상 상태로의 단순한 회귀가 일어날 때 눈부신 장관의 절정과 일군의 비둘기를 동반하는 (……) '절대자'의 강림을 여전히 그리워하는, 흔히 근면하고 학자적이지만 아직도 깊숙이 오도되어 있는 그릇된 해석자와는 확연히 구별된다는 점을 이해하는 능력의 여부에 달려 있다. 헤겔은 가르치기를, **온갖 한계를 갖고 있는** 여기 지금 이 순간의 유한한 존재는, 올바르게 주의하여 받아들여질 경우, 곧 모든 곳에 언제나 현존하는 무한의 존재와 동일하다. 올바른 영[정신] 속에 살아간다면 도시의 '번화가'에서 사는 것도 '성스러운 도시the Holy City'에 거주하는 것과 같다."

플로티노스가 알고 있었고 용수보살이 가르쳤듯이, 언제나 정말로 내세來世란 곧 올바르게 내다본 현세現世입니다. 모든 '형상(색色)'은 **곧 그대로** '공空'입니다[색즉시공色卽是空]. 지고의 정체성에 대한 근본적인 비교秘敎는 오직 '신God'만이 존재한다는 것입니다. 언제나 이미 완전하게 현존하는, 언제나 이미 완벽하게 성취되어 있는, 언제나 이미 한 손으로 손뼉 치는 소리인 '일미의 온우주'만이 있습니다. 그래서 우리가 이것으로부터 **일탈할 수 있다**는 신념 그 자체가 바로 에고적 망상의 지극한 오만이고, 또 그 자신[이기주의] 특유의 위축되는 성향이 초래한 [평원의] 연기 나는 폐허를 흡족하게 바라보고 있는 신성 이기주의에 달라붙어 있는 유령 같은 가면인 것입니다. 우리는 자연을 보존할 수 있습니다. 그러나 바로 '대자연'이 우리를 보존합니다.

비전의 퇴색

◘ 관념론자의 비전은 수십 년이 채 지나기도 전에 거의 완전히 퇴색해버렸지요.

● 그렇습니다. '하강적인' 격자는 마르크시즘이나 에코중심주의나 자본주의의 형태든 아니든 간에—말하자면 이용 가능한 오직 두 가지의 선택, 즉 자연을 통제하거나(에고) 자연과 하나가 되거나(에코) 사이의 동일한 격자이고 동일한 요동搖動이지만—관념론을 산 채로 꿀꺽 삼켜버리고는 가이아 중심적 구원을 내뱉었던 것입니다.

◘ 그렇다면 그것은 단순히 관념론의 어떤 형태를 되가져오려고 애쓰는 문제란 말인가요?

● 꼭 그렇지는 않는데, 진화는 계속 진행되고 있기 때문이지요. 지금 우리는 다른 기술경제적 기반을 갖고 있고, 그래서 관념론은 그것이 제창되었을 당시의 것으로는 현재 기능적으로 적합하지 않다는 것이지요. 새로운 형식의 관념론이 있게 될 것이라고 말할 수 있겠지요. 그러나 앞으로 올 부처는 디지털 언어로 말하게 될 테니까, 이는 내 생각에는 또 다른 차원의 이야기라고 봅니다.

하여간에 우리는 셸링이나 그 어떤 관념론자들과 함께 그냥 멈추어서 있을 수는 없습니다. '활동 중에 있는 영'에 대해 내가 요약한 것이 옳다고 한다면—물론 나는 그것이 아주 확실히 그렇다고 믿지만—그럼에도 관념론자들 중 어느 한 사람도 4분면을 아주 제대로 이해한 사람은 없었습니다. 그래서 트랜스퍼스널 영역의 실제적인 상세한 내용과 단계들에 대해 그들이 파악한 것은 상당히 얄팍한 것이었습니다. 내가 믿기로는 두 가지 단순한 관점에서 이러한 단점들을 요약할 수 있다고 봅니다.

첫째로, 관념론은 진정한 **정관/명상적 수행**—어떤 참된 패러다임, 어떤 재생산 가능한 전범[본보기], 어떤 현실적인 **자아초월[트랜스퍼스널] 수행**—을 계발하는 데 실패했습니다. 달리 말해서 그 창시자들의 초개인적인[트랜스퍼스널한] 통찰과 직관을 의식 내에서 재생산할 만한 요가도 없었고 명상수련도 없었고 실험적인 방법론도 없었다는 것입니다.

그러므로 위대한 관념론자의 체계는 형이상학으로 오인되었거나 실질적인 언급자를 갖지 못하여 칸트가 철저하게 분쇄해버렸던, 똑같이 케케묵은 "단순한 표상" 철학보다 더 정도가 심한 것으로 오인되었던 것입니다. 게다가 관념론자들은 자아초월 수행이 결여되어 있었기 때문에 이러한 가혹한 비판은 애석하게도 여러 면에서 옳았습니다. 관념론은 독백적 형이상학으로 퇴행하는 경향이 있었고, 그래서 그것은 당연히 모든 단순한 형이상학들—말하자면 단지 세계를 **지도로 만들고** 나서 지도 작성자를 변화시키는 내면적 기술은 충분히 제공하지 않는 모든 시스템들—의 숙명적인 고통을 겪었던 것입니다.

◘ 그렇다면 첫 번째 실패는 그들에게 요가와 같은 것—그들의 통찰을 재생산할 자아초월 수행—이 없었던 탓이로군요.

◉ 맞습니다. 실행 전문가 집단[수행 공동체] 내에 자아초월적[초개인적] 깨우침을 재생산할 방법이 없었다는 것이지요. 말하자면 보다 더 심오한 진리('그것'/법法)를 표현하는 보다 더 심오한 공동체('우리'/승僧) 안에서 보다 더 심오한 자기('나'/불佛)를 구체적으로 드러내는 방법이 없었다는 거지요.

◘ 그러면 두 번째 주요 실패는 무엇입니까?

◉ 비록 순수하게 트랜스퍼스널 영역에 대한 심원한 직관은 관념론자 사조思潮의 배후에 있는 주요 추동력의, 즉 내가 말하고자 하는 **바로 그** [자아초월적] 주요 추동력의 일부가 분명하다고 해도, 이러한 직관과 통찰들은 총체적으로 거의 다 **비전논리** 안에서 표현되었고, 그래서 이것은 결코 달성할 수 없는 과제를 '순수이성Reason'에게 짊어지우는 부담을 안겨주었던 것입니다. 특히 헤겔에 와서 초개인적이고 초합리적인 '영'은 전체적으로 비전논리나 성숙한 '순수이성'과 동일시되었는데, 이는 '순수이성'으로 하여금 그것이 결코 감당할 수 없는 무게로 인해 붕괴하도록 운명 지우는 것입니다.

헤겔은 "'실재적인 것the Real'은 '합리적Rational'이고 '합리적인 것'은 '실재적'이다"라고 했는데, 이때 헤겔이 "합리적"이라고 말하는 것은 곧 비전논리를 의미합니다. 그런데 이것은 결코 이루어질 수 없지요. 비전논리는 단순히 켄타우로스 단계에 모습을 나타낼 때의 '영'일 뿐이니까요.

1796년에 헤겔은 횔덜린을 위한 시를 썼는데, 그 시의 일부에서 다음과 같이 말하고 있습니다. "왜냐하면 자기자신을 잊어버리고 시공으로부터 벗어나 무한대의 예감 속으로 비상하고 나서 다시 깨어나는 영혼을 **사색으로는 이해할 수 없기** 때문이다. 이에 대해 다른 사람에게 말하고 싶어 하는 사람은 누구든지 설사 아무리 천사의 말투로 말한다고 해도 언어의 빈곤을 느끼지 않을 수 없을 것이다."

그 같은 헤겔이 차라리 언어의 빈곤에 그대로 머물러 있었더라면 얼마나 좋았을까요. 그러나 헤겔은 '순수이성'이 천사의 말투를 계발할 수 있고, 또 할 수 있어야만 한다고 결심했던 것입니다.

만약 헤겔 역시 더 상위적인 트랜스퍼스널 단계의 발달적 전개를 위한 보다 신뢰할 만한 수련 방법을 가졌더라면, 그의 이러한 말은 아주 좋았을 것입니다. 선사禪師들은 한결같이 '공'에 대해 말하곤 하지요! 그렇지만 그들은 **수행과 방법론**—좌선이나 명상—을 갖고 있는데, 이것은 그들로 하여금 그들의 직관을 체험적이고 공개적이고 재현 가능하고 오류[검증가능]주의자적인fallibilist 기준에 바탕을 두도록 허용합니다. 선禪은 형이상학이 아니지요! 그것은 한낱 그저 지도화하는 데 불과한 어떤 것이 아니지요!

관념론자들은 이러한 것을 아무것도 갖지 못했습니다. 그들의 통찰은 쉽게 재현될 수 없고, 그러므로 오류주의자적일 수 없고, 따라서 "한낱 형이상학"으로 전락하였고, 그래서 만약 서양이 '세계혼'의 미래 강림을 언제고 극진히 맞이하려 한다면 필경 아직은 재시도해야만 할 가치가 분명 있는 대가 없는 기회를 놓쳐버린 것입니다.

◘ 관념론자들이 그들이 할 수 있는 한 최대한의 성취를 한 것을 보면 정말 놀라운 일입니다.

◎ 정말 그렇지요? 나는 다음과 같은 이야기를 줄곧 생각하곤 합니다. 2차 대전 후에 사르트르Sartre는 여러 면에서 대전의 전환점이 되었던 굉장한 전쟁터 스탈린그라드Stalingrad를 방문했습니다. 그곳에서 러시아인들은 이루 말할 수 없이 영웅적인 방어전을 펼쳤는데, 이로 인해 30만 넘는 독일군이 전사했던 것입니다. 전쟁터를 시찰한 후에 사르트르는 "그들은 정말로 놀랍다, 정말로 놀랍다"라고 계속 말했

습니다. 사르트르는 물론 공산주의 운동에 대해 크게 공감하고 있었는데, 그래서 이윽고 누군가가 말하기를 "러시아인들이 그렇게 놀랍다는 의미입니까"라고 하자, 그는 말했습니다. "아니오, 독일인들 말이오. 그들이 '**이렇게 멀리까지 쳐들어왔다니**.'"

내가 관념론자들을 생각할 때는 언제나 줄곧 이 구절을 떠올리곤 합니다. 그들이 이렇게 멀리까지 도달할 수 있었다니, 라고 말입니다.

하강론자들의 지배

■ 하지만 그들도 역시 패배했습니다. 헤겔 이후에 모든 사람들이 "칸트로 돌아가자!"라고 말하곤 했던 유명한 구호가 있지요.

● 네. 그것이 결국 의미하는 바는 합리성으로, 그리고 지각에서의 바탕으로 돌아가자는 것이지요. 바꾸어 말하면 단일자연으로 돌아가자는 것입니다.

관념론의 붕괴는 하강론자들을 근대성의 수호자 및 주형자鑄型者로서 실제로 거의 아무런 도전을 맞지 않은 채로 그냥 내버려두게 했던 것입니다. 의식과 트랜스퍼스널[초개인적] '영'에 관하여 '좌측' 차원을 위한 어느 정도 대단한 성과가 있은 후에도 관념론자의 사상적 조류는 산업적 격자에 의해 물어뜯기게 되었고, 포이어바흐와 마르크스를 거치면서 아주 강렬하게 유물론적이고 "자연주의적"인 발상으로 전환되었던 것입니다. 근대의 '하강적인' 격자로부터 도피한다는 것은 거의 불가능한 일이고, 그래서 관념론자들에 의한 단연코 영웅적인 기도企圖가 있은 후에 그들은 혈거인들에 의해 추격당해 마을 밖으로 쫓겨나버렸던 것입니다.

그리하여 헤겔의 학생이었던 포이어바흐는 심지어 **어떠한** 종류의 영성도, **어떠한** 종류의 '상승'도, 남녀 인간들의 인간적 잠재능력을 전적으로 상상적 원천에서 나온 "내세"로 단순히 투사하는 데 지나지 않는 것이라고 곧바로 선언할 정도였던 것입니다. 그래서 포이어바흐에 의하면 남녀 인간들을 불구가 되게 만들고 나아가 자기소외감의 진정한 원인이 되는 것은 필경 인간의 잠재능력을 "신성한" 세계로 투사한 탓이라는 것입니다.

물론 그는 고대의 신화적 내세관을 상위적이고 내면의 자아초월적인[트랜스퍼스널한] 잠재능력과 혼동하고 있는 것이지만, 그로 하여금 '하강적인' 격자를 포옹하고 자연만이 유일한 실재라고 주장하도록 허용한 것은 정확히 바로 이러한 혼동 탓입니다.

칼 마르크스와 프리드리히 엥겔스는 [이러한 방향으로] 아주 근접한 주의를 기울이고 있었습니다. "**자연과 인간으로부터 떨어져 나와서는**"이라고 하면서 엥겔스는 쓰기를, "아무것도 존재하지 않고, 그래서 우리의 종교적 환상이 창조해낸 보다 상위적인 존재는 다만 우리 자신의 본질의 환상적 반영에 지나지 않는다. 열광은 일반적이었고, 우리는 모두 다 당시의 포이어바흐의 추종자였던 것이다"라고 했습니다.

그래서 근대와 탈근대의 전 세계는 사실상 포이어바흐의 추종자인 셈입니다.

인터넷

■ 그렇지만 정보 교류의 장場으로서 지금 수천만이 넘는 사람들을 연결시키는 컴퓨터 네트워크인 인터넷과 같은 시스템은 어떻게 된 것입니까? 그것도 한낱 '하강적인' 것에 불과한 것인가요? 그것은 글로

벌[전술 지구적]이 아닌가요? 게다가 그것은 글로벌의식을 향하는 길을 지시하는 것이 아닌가요?

● 만약 나치주의자가 그 '네트워크'를 갖고 있다면 도대체 그게 무엇을 하는 데 좋을까요? 문제가 보이지요? '네트워크'는 단순히 **외면적** 사회구조, 즉 '우하 4분면'일 뿐입니다. 그러나 그 '네트워크'를 통해 오가고 있는 것—글쎄요, 이를테면 **내면적** 의식, 도덕, 가치를 수반하고 있는 것—에 대해 그 '네트워크'가 글로벌의식이라고 단순히 주장하는 사람들에 의해 아주 드물게나마도 다루어진 적이 없습니다. 수평적으로 확장된 네트워크는 수직적으로 발달된 의식과 동일한 것이 아니지요. 단지 수평적인 확장을 추구하는 것은 가장 최악의 의미에서, 그리고 가장 '하강적인', 어쩌면 가장 파괴적으로 평원적인 것입니다.

그 '네트워크'는 단순히 새로운 기술경제적 기반('우하 4분면')의 일부이고, 그러니만치 그 자체는 그것을 사용하는 **의식**에 대해서는 **중립적**입니다. 모든 '우측' 구조는 중립적이고 가치 무관합니다. 컴퓨터 기술이(그리고 '정보화 시대가') 의미하는 바는, 그 기술 기반이 세계중심적 조망주의, 글로벌의식을 **조장**할 수 있다는 것이지만 **어떠한 방법으로도 그것을 보장할 수는 없다**는 것입니다. 우리가 보아왔듯이, 인지적 진보는 도덕적 진보를 위해서 필요조건이지만 충분조건은 아닙니다. 그리고 인지적이란, 확장하는 인식의 그 사다리를 실질적으로 올라가려는 자발적 의지를 통상적으로 훨씬 앞서서 달린다는 것을 의미합니다. 네트워크는 그 가능성을 제공하지만 보장하지는 않습니다.

이러한 것이 바로 '네트워크' 자체는 단순히 글로벌의식 그 자체와는 동일시될 수 없는 까닭인 것입니다. 만약 도덕적 단계1에 있는 수천만 명의 사람들이 그들의 자아중심적egocentric 도덕성을 연장하는 수단으로 그것을 차지하고 있다면 그것은 도대체 무엇을 하는 데 좋을까요? 만약 나치주의자가 그 네트워크를 갖고 있다면 그것은 도대체 무엇을 하는 데 좋을까요?

사람들이 단지 단순정위[단순한 위치]의 홀리스틱[전일적] 회로망에만 초점을 맞출 때는 그러한 점들은 모두 간과됩니다. 우리는 외면적인 격자에 초점을 두고 있지만 그러한 격자망을 통해 흐르고 있는 내면적인 것들은 무시합니다. 인터넷은 글로벌하고, 그래서 그것을 사용하는 의식은 글로벌한 것이 틀림없다는 생각이 바로 평원적 관념입니다. 그렇지만 그[글로벌의식이라는]건 전혀 얼토당토않은 생각이지요.

애석하게도 대부분의 사람들은 아직도 자아중심적이거나 민족중심적인 인식의 전前인습적이거나 인습적인 양태에 있습니다. 그래서 그 어떤 시스템 지도나 인터넷도 자동적으로 이것을 변화시키지는 못할 것입니다. 글로벌 전일적 지도나 글로벌 인터넷 어느 것도 저절로 내면의 변용을 촉진시키지는 못하게 될 터이고, 그래서 흔히 오히려 사로잡히거나 심지어 퇴행하는 데 기여하는 정반대 방향으로 촉진시킬 것입니다. '정보 고속도로'를 질주하는 수없이 많은 엄청난 남성들은 디지털 약탈자들입니다. 즉 상호주관적 협력과 상호인식에 대해서는 티끌만큼도 배려하지 못하는 자아중심적 컴퓨터 전사들이란 말입니다. 글로벌의식이란 게 고작 그런 정도에 지나지 않지요. 세계중심적인 수단이 아직 세계중심적이 되기에 미흡한 개인에게 제공될 경우 그러한 수단은 그같이 아직 세계중심적이 되기에 미흡한 개인의 어젠다를 추진하는 데 단순히 이용되는(그리고 악용되는) 것입니다. 나치주의자들은 '네트워크'를 기꺼이 애용했을 것입니다. 신나치주의자들도 확실히 그렇습니다. FBI 보고서에 의하면, [인종차별주의자들의] 증오 그룹 활동은 이런 사람들이 서로서로를 찾아내게 허용하는 네트워크[인터넷] 덕분에 극적으로 치솟아 올랐다는 것입니다.

◘ 그렇다면 통상 그렇듯이 진실로 글로벌의식을 성취하기 위해서는, '좌측'과 '우측' 양쪽의 발달을 포함시킬 필요가 있군요.

○ 네, 그게 바로 정곡을 찌르는 핵심입니다.

가이아 종교

◘ 그렇지만 인구 과잉, 오존층 파괴 등과 같은 문제는 어떻게 된 것입니까? 그러한 것들은 '가이아'에게, 우리 모두에게 아주 긴박한 위협이고, 그래서 '생태낭만주의자'들이 그러한 것을 정면으로 공격하고 있다고 보는데요.

○ 가이아의 주된 문제는 산업화나 오존층 파괴나 인구 과잉이나 자원 고갈에 있는 게 **아닙니다**. 가이아의 주요 문제는 바로 **정신권에서** 그러한 문제들에 대해 어떻게 대처해나가느냐에 관한 **상호이해와 상호합의의 결여**에 있습니다. 만약 우리가 글로벌한 공통의 관심사에 관한 세계중심적인 도덕적 조망에 바탕을 둔 상호이해와 상호합의에 도달할 수 없다면 우리는 산업을 도저히 통제할 수 없습니다. 게다가 우리는 내면적 성장과 초월의 지극히 어렵고 수고로운 과정을 통해서야 그러한 **세계중심적인** 도덕적 조망에 도달하는 것입니다. 한마디로 말해, 글로벌 문제는 글로벌의식을 요구하고, 글로벌의식은 대여섯 개의 주요 내면적 단계에 걸친 발달의 산물입니다. 단순히 글로벌 지도를 지니고 있다고 해서 그렇게 해주지는 않을 것입니다. 시스템 지도도 그렇게 해주지는 않을 것이고, 생태 지도도 그렇게 해주지는 않을 것입니다. 다른 한편으로의 내면적 성장과 초월이 그렇게 **해줄** 것입니다.

그렇지만 '하강적인' 격자는 초월이라면 무엇이든지 몽땅 거부합니다. 그러다 보니 그것은 가이아의 진정한 구제를 위한 유일한 근원을 경멸하고 있는 셈입니다. **초월에 대한** 이 같은 **혐오**는 바로 '하강적인' 격자의 교활함 탓입니다. 이것이 바로 어떻게 '하강적인 격자'가 평원적 세계와 자신의 정사情事를 영원히 지속시키고자 하는가를 보여주는 것입니다. 이것이 바로 어떻게 '그것'이 '그것들its'의 전일적 사슬에 의해 '나'와 '우리'의 예속화를 영원히 지속시키고자 하는가를 보여주는 것입니다. 이것이 바로 어떻게 '그것'이 '진', '선', '미'의 지독한 분열을 영구히 지속시키고자 하는가를, 그리고 마음, 문화, 자연에 대해서도—각각은 서로 신뢰할 만한 친구가 아니라 복수할 의도를 갖고 주시하는 가운데 앙심에 차 있는 상대에게 엄청나게 심각한 위협이 되는—근본적인 앙숙 관계를 설정해놓고 있는가를 보여주는 것입니다.

그러다 보니 물론 조악하면서도 분명한 합리적 '에고주의' 진영은 자연을 통제하고 지배하려는 의도 속에서 '가이아'의 약탈[환경/생태 파괴]에 기여하고 있습니다. 그러나 근대성의 최종적인 아이러니는 바로 가이아 숭배 종교 역시 똑같은 '하강적인' 격자 속에 갇혀 있다는 것이고, 그래서 그러한 격자야말로 바로 근본적인 파괴력이라는 것입니다. 가이아 종교는 가이아를 죽이고 있는 격자에게 충성을 서약한 꼴입니다.

그래서 근대적 상황의 가공할 만한 진실이 서서히 밝혀지고 있습니다. 초월에 대한 혐오야말로 바로 평원적 격자가 자신이 파괴하고 있는 것들의 의식 속에 자기자신을 재생시키는 길이라는 것입니다.

18

통합적 전망

◘ 이제 네 가지의 주제, 즉 우리의 영적 직관, 환경적 윤리, 미래 세계의 발달, 그리고 통합적 전망 자체를 어떻게 해석하는가에 초점을 맞추어 이러한 논의들에 대한 결론을 내렸으면 합니다.

벽 위에 글쓰기

◘ 첫째로 선생님은, 많은 사람들이 심오한 영적 직관을 정말 지니고 있다고 주장하고 계십니다. 그렇지만 이러한 사람들의 대다수는 이러한 직관을 썩 잘 해석하고 있지는 않다고 봅니다.

○ 이러한 영적 직관은 흔히 매우 진실되고 매우 사실적인 것이라고 나는 믿습니다. 하지만 이러한 직관들은 우아한 방식에는 못 미치게 **해석**—사실은 **해독**解讀—되고 있습니다. 우리는 모두 근대의 하강적인 격자 속에 그것의 자아, 문화, 자연 사이의 대규모 **분열**과 더불어 정도의 차이는 있지만 깊숙이 빠져 있습니다. 그래서 영적 직관은 흔히 분열된 격자 속으로 순식간에 무너져 내리게 되고, 그 결과는 그다지 행복하지 못한 것입니다.

■ 예를 들면요?

◎ 나는 '온우주'의식에 대한 체험이나 모든 것을 포섭하는 '세계혼World Soul'에 대한 직관을 지니고 있을지 모르나 나는 이것을 오로지 나의 '상위적인 자기Higher Self'를 발견한다는 것에 의해서만 해석할는지도 모릅니다. 그러고 나서 만약 내가 나의 '보다 상위적인 자기'나 보다 상위적인 의식을 일단 발견하고 나면 다른 모든 문제들은 아주 근사하게 간단히 저절로 해결될 것이라고 생각할 수 있습니다. 나는 예전의 피히테식의 대응 방식을—즉 순수 '자기'가 모든 것을 해결할 것이라는 식으로—그대로 답습하고 있는 것이고, 그래서 나는 변용을 위해 또한 꼭 필요한 **행동적·사회적·문화적** 요소들을 무시하는 경향이 있습니다. 나는 대단히 자아도취적 성향에 사로잡히는 경향이 있습니다. 즉 나의 '진아'를 발견하라, 그러면 세상은 자연히 스스로 돌보게 될 것이다, 라는 식으로 말입니다.

혹은 그렇지 않으면 나는 다른 극단으로 치달을 수도 있습니다. 나는 '온우주'의식이나 혹은 아마 '세계혼'에 대한 이러한 체험을 하게 되고, 나는 세계와의 일체감을 느낄 수 있고, 그러고 나서는 나와 하나가 된 세계는 단순히 경험적인 자연, 단일자연일 뿐이라고 단정해버릴 수도 있습니다. 나는 정말로 산과 대양과 모든 생명과의 어떤 일체성을 감지하고 있는 것입니다. 그러나 근대의 격자 속에 갇혀서 내가 산과 하나가 될 수 있는 경지까지 발달하도록 허용한 주관적이고 상호주관적인 공간을 나는 무시하게 될 것이고, 그래서 이 "일체성"은 오직 자연만을 포함한다고 생각할 것입니다.

그래서 나는 만약 우리 모두가 오직 '가이아'와 하나가 되고 순수한 '에코주의'와 하나가 될 수 있다면 우리의 모든 주요 문제들은 다 해결될 것이라고 단정할 것입니다. 나는 세계에 대한 멋진 시스템 지도를 제시하고, 그리고 모든 사람들에게 우리 모두는 '거대한 그물망' 내의 가닥들이라는 것에 동의해야 한다고 말합니다. 그런데 이는 바로 애초부터 시스템적 관점을 파악 가능하게 하는 일에서조차도 필요로 하는 의식의 엄청난 내면적 변화를 외면하고 있는 것입니다. 나는 예전의 스피노자식의 대응 방식을 그대로 답습하고 있는 것입니다. 즉 거대한 내재적인 시스템 속으로 몰입하는 것이 우리 모두를 구원할 것이라는 거지요. 하지만 이는 내가 오직 내면의 초월이라는 수고로운 과정에 의해서만 거대한 내재적인 시스템과 하나가 될 수 있다는 사실을 간과하고 있는 것입니다(이것은 최소한 발달의 예닐곱 분기점을 수반하는 것입니다).

이러한 근대의 분열은 집합적 인간정신the psyche 속에 매우 견고하게 보루화되어 있어서 어떤 순수한 영적 직관이 내려올 경우에도 그것은 이러한 근대적 단편화의 **해석적 격자** 속으로 내려오는 것입니다. 원초적인 영적 직관은 전체감을 지니고 있게 마련이지만, 만약 내가 이러한 직관을 단지 내가 선호하는 분면에 의해서만 **해석**한다면 나는 내가 선호하는 단편 조각으로 하여금 모든 [분면의] 기반들을 포괄하게 만듦으로써 전체성을 재현하려고 애쓰는 것에 불과한 것입니다.

◘ 그렇다면 직관은 순수할 수 있지만 해석은 망쳐버릴 수 있다는 말씀이시군요.

◎ 네, 그게 바로 핵심 요점입니다. 앞에서 언급한 바와 같이 표면은 보여질 수 있지만 모든 **깊이는 해석되어**져야만 합니다. 그리고 우리가 깊이를 어떻게 해석하는가는 그러한 깊이 자체의 탄생을 위해 결정적으로 중요한 것입니다. '영'에 대한 격조 높고 조화로운 해석은 '영'의 더 풍성한 강림을 촉진시킵니다. 격조 높게 직관을 해독하는 것, 직관을 해석하는 것이야말로 그러한 새로운 영적 깊이의 출현을 촉진시킵

니다.

다른 한편으로 격조 없는 해석은 더 이상의 영적 직관을 방해하거나 중지시키는 경향이 있습니다. 허약하거나 얄팍하거나 단편화된 해석은 영적 과정을 탈선시키고 맙니다. 해석이 다만 하나의 분면에서 이루어지기 때문에 보통 이러한 일이 일어납니다. 말하자면 그러한 해석들은 네 분면 모두를 똑같이 존중하며 해독하지도 않고, 또 그것들은 '3대 가치'를 존중하면서 통합하지도 않습니다. 게다가 '영'은 네 분면 모두—또는 단순히 3대 가치—로 현현하기 때문에 자칫 '영'의 어떤 모습이 부정되거나 왜곡되거나 지나치게 강조되기 쉬운데, 이것은 '영'의 완전한 표현을 방해하고 '영'의 보다 더 광범위한 전개에서 영적 과정을 탈선하게 만듭니다. 우리는 '진'이나 '선'이나 '미'를 무시합니다. 우리는 '나' 영역이나 '우리' 영역이나 '그것' 영역을 무시합니다. 우리는 자기나 문화나 자연을 무시합니다. 그리하여 우리는 '영'을 우리 자신의 자기위축적인 방식들의 단편 조각으로 분쇄하여 흩어지게 해버립니다.

슈퍼맨 자기

◘ 그렇다면 에고주의와 에코주의 양쪽 다 격조 없는 해석 속에 사로잡혀 있는 것이군요.

● 아주 흔히들 그렇지요. 앞에서 말했듯이 에고주의 쪽에서는 수많은 개인들이 '영'을 직관에 의해 알고 있습니다. 하지만 아직은 오로지 또는 단순히 '상위의 자기the Higher Self', '내면의 소리the Inner Voice', 원형적 심리학, '기독교 영지주의Gnosticism', 비파사나Vipassana, '영혼'의 보호, 내면의 '주시Witnessing', '우주심Universal Mind', 순수한 '각성의식

Awareness', 에니어그램 패턴, '초월의식', 혹은 그와 유사한 **좌상 4분면 용어**들에 의해서만 그러한 직관을 해독하고, 또 그 같은 직관을 해석합니다. 게다가 직관의 그러한 측면들이 아무리 진실하다고 해도 이러한 해독은 "우리"와 "그것"의 차원들을 제외시켜버리거나 지나칠 정도로 축소해버립니다. 그것[좌측 해독]은 '영'의 상호주관적인 형태인 공동체, 사회봉사, 문화적 활동, 그리고 인간관계 일반의 여러 형식들에 대한 품위 있는 설명을 제대로 하지 못합니다. 그것은 '영'의 객관적 형태인 기술경제적 기반구조와 사회체계의 변화를 무시하거나 간과합니다. 그것은 의지적인 것에는 중심을 두고 있지만 행동적·문화적·사회적인 것들은 무시합니다. 즉 그것은 다른 세 가지 분면들을 무시하거나 혹은 최소한 그것들을 매우 열등하고 부차적인 지위로 격하시켜버립니다.

그러므로 "**상위의 자기**" 진영은 사회적 관심사들에 대해 무심한 것으로 좋지 않은 평판이 나 있습니다. 어느 개인에게 일어나는 만사는 "자기자신의 선택"이다—초작인적超作因的인 '상위의 자기'가 생겨나는 '만사'에 대해 책임이 있다—라고 말하곤 합니다. 이것은 전능한 유아독존적唯我獨存的 환상 속에 가공할 정도로 무법적으로 되어버린, 독백적이고 총체적으로 유리되어 있는 '에고'인 것입니다. 이것은 '영'의 현현을 구성하는 데 있어 작용인作用因만큼이나 중요한 풍성한 사회적·문화적·공존적 영적 교섭 네트워크들을 억제합니다.

그 아이디어는 짐작컨대, 만약 내가 단지 나의 '상위의 자기'를 접촉할 수만 있다면 그 외의 만사는 자연히 저절로 돌보아질 것이라고 여기는 것과 같습니다. 그러나 애석하게도 이것이 보지 못하고 있는 바는, '영'은 **온우주의 4분면 모두로** 언제나 동시에 현현한다는 사실입니다. '영'은 어느 수준에서나 사회적·문화적 바탕을, 그리고 객관적 상관자들을 가진 공동체 속의 자기로 현현합니다. 그러므로 아무리 **상위의 자기**라 해도 공통 관심사들의 보다 **더 심층적인** 객관적 상태로 존재하고 있는 **더 광범위한** 공동체를 불가피하게 수반할 것입니다. '상위의 자기'를 접촉하는 일이 모든 문제의 끝이 아니고 오히려 모든 분면에서 수행되어야 할 광대하면서도 지난至難한 새로운 과업의 시작인 것입니다.

◘ 그렇지만 이러한 접근 방법들에서는 '당신이 당신 자신의 실재를 창조하는 것이다'라고 실제로 계속 주장하고 있지요.

◎ 당신이 당신 자신의 실재를 창조하는 것이 아닙니다. 정신이상자들이나 그들 자신의 실재를 창조해냅니다. 내가 알기로는, 순수하게 영적인 '자기Self'가 자신 특유의 실재를 현현한다는 것이 바로 요점입니다. 그래서 여기서 베단타 힌두사상에서 나온 고사를 하나 들어보지요.

한 남자가 깨달은 현자에게로 가서 당연히 인생의 의미에 대해 묻습니다. 현자는 베단타적인 관점을 간결하게 요약해주는데, 말하자면 이 전체 세계는 지고의 브라만Brahman이나 '절대신성Godhead'에 지나지 않고, 게다가 당신 자신의 주시하고 있는 각성의식은 곧 브라만과 하나라는 것입니다. 당신의 진정한 '자기'가 '신'과의 어떤 지고의 정체성 속에 있는 것입니다. 브라만이 모든 것을 창조하므로, 또 당신의 최상의 '자기'는 브라만과 하나이므로 당신의 최상의 '자기'가 모든 것을 창조한다는 것입니다. 여기까지만 보면 이것은 확실히 '뉴에이지New Age' 도시에 온 것 같아 보이는 것이 분명하지요.

남자는 현자로부터 떠나오면서, 이제 인생의 궁극적 의미를 이해했다고 확신하게 되었는데, 이는 다름 아니라 그 자신의 가장 심층적인 '자기'는 실질적으로 '신'이 틀림없고 그것이 모든 실재를 창조한다는 것입니다. 집으로 돌아오는 길에 그는 이 놀랄 만한 생각을 시험해보기로 작정합니다. 코끼리를 타고 있는 한 젊은이가 그를 향해 정면으로 오고 있었습니다. 그는 만약 자신이 '신'이 분명하다면 코끼리는 자신을 해칠 수 없을 것이라고 확신하고서 길 한복판에 서 있었습니다. 코끼리를 타고 있는 사람은 계속해서 "길에서 비켜나시오! 길에서 비켜나시오!"라고 소리치고 있었습니다. 그러나 그는 꿈쩍도 않고 있었습니다. 그래서 그는 코끼리에 의해 완전히 납작하게 깔려버렸던 것입니다.

그는 현자에게 절뚝거리며 돌아가서 브라만이나 '신'은 곧 모든 것이며 그의 '자기'는 '신'과 하나이므로 코끼리는 자신을 해치지 말았어야 한다고 불평을 늘어놓았습니다. "오, 그렇고말고요. 모든 것은 정말로 '신'이지요. 그런데 당신은 왜 '신'이 길에서 비켜나라고 당신에게 말했을 때 듣지 않았나요?"라고 현자는 말했습니다.

'영'이 모든 실재를 창조한다는 것은 옳은 말이고, 또 당신이 '영'과 동일시되는 만큼이나 당신은 그러한 창조적인 활동 안에 당신이 있다는 것을 발견하게 됩니다. 그렇지만 그러한 창조적 활동은 단지 당신 자신의 독특한 각성의식 안에서나 또는 그로부터만이 아니라 **4분면 모두에서 현현**합니다. 그러나 만약 당신이 영적 각성을 **단순히** '상위의 자기'로만 해석한다면 당신은 다른 분면에 있는 '신'을 무시하게 될 것입니다. 말하자면 당신은 코끼리를 무시하거나 아니면 그것은 실재가 아니라고 생각하거나 아니면 중요하지 않은 것이라고 생각하게 될 것입니다. 당신은 바로 당신 자신이기도 한 '영'을 **완전하게** 표현하기 위하여 그러한 영역들에서 절실하게 행해져야 할 필요가 있는 문화적·사회적·행동적 과업을 무시하게 될 것입니다.

그러나 그러한 모든 것들을 무시하게 되면 조만간에 당신은 어떤 종류의 코끼리에 의해 납작하게 깔려버릴 것입니다. 당신은 병을 얻게 되거나 직장을 잃어버리거나 대인관계가 파탄 날 것입니다. 즉 어떤 종류의 코끼리가 당신을 덮칠 것입니다. 그런데 만약 당신이 자신의 진정한 '자기'[진아]와 정말로 접촉하고 있었더라면 코끼리가 당신을 해치지 못했을 터이기 때문에 당신은 엄청난 자책감을 뼈저리게 느낄 것입니다. 그 모든 것이 실로 의미하는 바가 있다면 당신은 모든 분면에서의 '신'의 소리에 경청하지 않고 있었다는 것입니다.

◘ 이러한 접근들은 우리가 보다 상위적인 의식이나 '상위의 자기'에게 더 많이 접촉하면 할수록 우리는 세상에 대해 더욱더 적게 걱정하게 될 것이라고 주장하고 있지요.

◎ 그렇습니다. '진아Real Self'는 '슈퍼맨Superman'이지요! 게다가 '슈퍼맨'은 결코 걱정하지 않지요! 그래서 역으로 만약 당신이 세상의 빈곤이나 불공정이나 고통에 대해 "걱정하거나" "우려한다"면 이는 당신이 아직 '참나true Self'를 찾지 못했음을 보여준다는 것입니다.

그런데 사실은 바로 그 정반대입니다. 당신이 더 '상위의 자기'를 접촉하면 할수록 **더욱더** 당신은 바로 당신의 진정한 '자기'의 구성요소로서의 세상에 대해, 각각의 모든 '자기'에 대해 걱정하게 됩니다. 즉 '공즉시색空卽是色'인 것입니다. '브라만'이 곧 '온세상the World'입니다. 브라만을 **최종적으로** 접촉한다는 것은 **궁극적으로 '온세상'**에 관여한다는 뜻입니다. 만약 당신이 자신의 '상위의 자기Higher Self'를 정말로 접촉한다면 당신이 하고 싶어 하게 되는 것 중 가장 우선적인 하나는 코끼리를 무시하는 것이 아니라 그것을 돌보는 일입니다. 말하자면 이러한 것이 현실화되어 나타나도록 도와주기 위해 4분면 모두에서 작업하는 일이고, 또한 '절대신성the Divine'의 현현으로 개개의 모든 홀론을 취급하는 일입니다.

지고의 정체성과 더불어 당신은 비로소 근원적인 '자유' 속에 안주하게 된다는 것은 옳은 말입니다. 그러나 그러한 '자유'는 자비심이 넘치는 활동으로, 고뇌에 찬 염려로 **현현**합니다. '자유의 형태'는 깨어나려고 분투하는 자들을 위한 슬픔, 즉 끊임없는 근심으로 나타납니다. 보살은 매일같이 눈물을 흘리고, 그 눈물은 시방세계의 '온우주'를 구성하는 바로 그 직조물을 얼룩지게 적십니다. 그의 '마음Heart'은 '영'이 전파되지 않고 그것에 대해 듣지 못한 채로 남아 있는 곳들을 향해 움직입니다. 그가 하는 일은 열정이고 고뇌입니다. 그것은 언제나 충만되어 있고, 그래서 그것은 결코 끝나지 않는 일입니다.

그러나 만일 당신이 '영'을 단순히 상위의 또는 신성한 '자기'로만—다른 분면들에서의 '영'을 무시해버리고서—계속 해석하고 있다면, 그것은 더 이상의 실현을 중지할 것입니다. 그렇게 하는 것은 단지 타인들에게 상처를 주는 것만이 아니라 당신 자신의 영적 발달을 아주 철저하게 방해할 것입니다. 그것은 온누리에 편재하는 '영'의 현존의 더 이상의 실현을 중단시켜버릴 것입니다. 그 [영적] 샘이 메말라버릴 때까지 당신은 오직 자신의 내면적 인식 속으로만 계속 물러나며 빠져들어갈 것이고, 그래서 결국 당신은 현현하는 세계가 당신의 "진정한" '자기'로부터 "벗어나기" 때문에 그 세계를 경멸하는 것으로 끝장나게 됩니다.

다른 한편으로는 보다 더 격조 높은 세련된 해독은 더 이상의 더 깊은 직관, '나'·'우리'·'그것'의 영역들을 어루만지는 직관을 촉진시킵니다. 즉 그것은 단지 상위의 '자기'만을 **깨닫는** 방법이 아니라 문화 속에 **포섭된**, 자연 속에 **구현된**, 사회제도 속에 **각인된** 그것[상위의 자기]을 보는 방법을 가능하게 하는 것입니다.

'영' 자체는 4분면 모두로 현현하기 때문에, 실현되고 포섭되고 구현되고 각인된다는 것이야말로 4분면 모두를 망라하는 보다 더 격조 높은 우아한 해석인 것입니다. 게다가 이러한 보다 더 격조 높은 해석은 그 같은 해석을 요구하고 있는 바로 그런 '영'의 탄생을 촉진시킵니다. 격조 높은 우아한 해석은 '영'의 탄생, '영'의 강림을 돕는 산파역을 하는 것입니다. 내가 '영'에 대한 직관을 보다 적절하게 해석하면 할수록, 더욱더 많이 그러한 '영'은 내게 말을 걸어올 수 있고, 더욱더 많이 영적 소통의 통로를 열어놓는데, 이는 영적 교류 소통에서 영적 교섭으로, 영적 합일로, 영적 정체성으로까지, 즉 지고의 정체성으로까지 이르게 해줍니다.

대그물망 가이아 자기

■ 다른 대표적인 접근 방법인 에코주의적 접근 역시 분열된 해석에 사로잡히는 경향이 있지만 이 경우엔 다른 극단적인 쪽으로 그렇겠지요.

○ 그렇습니다. '영'에 대한 심오한 직관을 가지고 있지만 그러한 직관을 단지 "그것" 용어로 해독하는 수많은 선량한 영혼들이 있습니다. 그들은 '영'을 거대한 통일된 시스템, 네트워크, 그물망, 숨겨진 질서, 통일장統一場 속에 모두 함께 상호직조된 모든 현상이나 과정의 총합—'우하 4분면'—으로 기술하고 있습니다.

그 모든 것들은 납득이 갈 만큼 충분히 옳은 것이지요. 하지만 그 모두는 그들 특유의 용어로 밝혀내고 있듯이 "나"와 "우리"의 내면적인 차원들을 전적으로 도외시해버립니다. 적절하다고 보기에는 아주 미흡한 이 같은 해석은 운 나쁘게도 매우 독백적이고 철두철미하게 평원적입니다.

그것[평원적 해석]은, 낭만주의적 반동의 형태를 띤 낡은 스피노자식의 대응 방식, 즉 근본주의적 계몽주의 패러다임의 다른 반대 방향의 극점, 즉 에코주의 극점인 것입니다. 그것이 생각하기로는, 우리의 적은 다름 아닌 원자주의와 기계주의이기에 중심 문제는 우주란 단순히 위대하고 통일된 홀리스틱[전일적] '시스템'이거나 '질서Order'이거나 '그물망Web'이라는 것을 단번에 명쾌하게 증명하거나 논증할 수 있어야 한다는 것입니다. 그것은 물리학에서 생물학과 시스템 이론—모두 독백적인 것들!—에 이르는 방대한 양의 과학적 증거들을 정리하고 나서는, 나아가 우주의 홀리스틱 속성을 객관적으로 증명하는 데 모두 딱 들어맞게 되어 있는 해박한 논증을 제공하고 있습니다. 하지만 그것은 만약 우리가 원자론적 개념을 지닌 한 무리의 에고들을 데리고 그들에게 우주는 홀리스틱하다고 가르친다면, 우리가 현실적으로 얻게 되는 것은 모두 기껏해야 홀리스틱 개념을 지닌 한 무리의 에고들뿐이라는 사실을 알지 못하고 있습니다.

이러한 독백적 접근은, 어쩌면 아주 순수한 직관에 대한 세련되지 못한 해석과 더불어 "나"와 "우리"의 차원을 무시하거나 간과하는 바로 그런 까닭으로 인해, 그것은 애초부터 '전체자the All'를 포섭하는 정체성을 찾아낼 수 있게 하는 데 절대적으로 필요한 내면적 변용의 정확한 본성과 내면적 초월의 단계들을 제대로 썩 잘 이해하지 못하고 있습니다. 아무리 우리가 원하는 만큼 충분히 '전체자'에 대해 **언급한다**고 해도 근본적으로 아무것도 변하지 않습니다.

그래서 경험적 자연의 이러한 세계, 즉 **생물권**은 누구나의 '신', 누구나의 '여신'인 것입니다. ['영'적인] '대자연Nature'이 아닌 [물리적] 자연이 위대한 경배의 대상입니다.

그러므로 '영'에 대한 원초적 직관이 아무리 진실되다고 하여도—그리고 나는 그것이 진실하다는 것을 믿어 의심치 않지만—그것은 이러한 단편화된 해석으로 인해 제대로 촉진되어지지 못하고 있습니다. 그러한 해석들은 그것들이 지닌 속성상 자연스레 그렇게 된 것으로서, 변용적인 사건이 생기는 것을 기필코 **차단**합니다. 그러한 해석들은, 원래는 바로 그 진정한 '신성'에 대한 참된 직관에 의해 추동되어진 것이지만, 그러한 '신성'의 강림을 더 이상 촉진시키지 못합니다. 그러한 해석들은 '영'의 탄생의 산파역을 하는 데 있어 세련되지 못한 것입니다.

■ 그렇다면 그것들은 실질적으로 더 이상의 [영의] 실현을 방해하는 것이로군요.

● 만약 내가 나의 '온우주적' 의식의 체험을 감각적 자연과의 일체성으로 계속 해석하고 있다면, 나는 다른 분면에서의 '영'을 훼방 놓는 게 됩니다. 나는 평원적 가이아 지도를 계속 밀어붙이고 있는 셈이지요. 그리고 나는, 사람들이 혹 그 지도를 살는지는 모르지만 사실 근본적인 것은 아무것도 변화하지 않고 있다는 것을 발견하게 됩니다. 그들은 진정으로 변용되고 있는 것이 아닙니다. 그들이 하는 짓이란 고작 모두 공론자空論者가 되는 것뿐이고, 다른 사람들로 하여금 그 평원적 세계의 지도를 구입하게끔 유인하기 위해 애쓰고 있을 뿐입니다.

그래서 나는 아주 의기소침해지고 퀭하니 눈이 파여 넋이 나가게 됩니다. 나는 말하기를 내가 그와 같이 아주 의기소침해진 이유는 '가이아'가 파괴되고 있기 때문이라는 것입니다. 그 같은 하향의 선회 속에서 내가 행사하고 있는 손놀림은 알아차리지 못한 채로 말입니다. 단순정위의 산업적인 존재론을 포옹함으로써 나는 '가이아'의 죽음에 이르기까지 그녀를 갈아 없애고 있는 운명의 바퀴살을 끌어안고서 입맞춤하고 있습니다.

앞에서 보았듯이 그 극한으로 가면 이러한 접근은 퇴행, 즉 생물중심적이고 에고중심적 입장으로의 개인적 퇴행과 부족적이거나 채집농적 이상향으로의 문화적 퇴행, 양쪽 모두를 수용합니다. '온우주'를 평원적인 세계의 감각적 자연으로 환원시키는 것은, 또 그러고 나서는 생물중심적 몰입 속에 그러한 자연과 하나가 되려고 애쓰는 것은, 아주 깊숙하게 퇴행적·전인습적·신체적·자아도취적 예찬 속으로 빠져들게 만듭니다. 이것이 바로 낭만주의적 활강이 주는 교훈의 전부였지요! 당신이 전前인습적 자연에 더 가깝게 다가가면 갈수록 당신은 더욱더 에고중심적이 되는 것입니다. 다시 말해서 심오한 영적 직관도 이같이 볼품없이 해석될 경우 결코 만족스럽지 못한 결과를 낳게 되는 것입니다.

◘ 선생님은 생태적 지혜가 자연과 어떻게 조화롭게 살아가느냐에 있는 게 아니라 주체들로 하여금 자연과 어떻게 조화롭게 사는가에 대해 동의하도록 어떻게 설득하느냐에 달려 있다고 말씀하시는 것 같습니다. 다시 말하면 어떻게 '3대 가치'를 통합하는가에 대해서 말입니다.

◎ 그렇습니다. 사람들은 '가이아'를 돌보게 되기를 바라며 태어난 것이 아닙니다. 글로벌[전 지구적] 보호라는 고상한 상태는 (앞에서 보았듯이 여닐개 정도의 내면적 단계나 분기점들을 수반하는) 성장과 초월의 길고도 고되고 어려운 과정의 **산물**입니다. 그렇지만 다문화주의자들에서와 같이 표준적인 '생태적' 접근에서는 그 고상한 상태를 만들어낸 초월의 실제적인 경로를 비난합니다.

그렇게 되면 이것은 다른 사람들이 그러한 상태에 도달하는 것을 완전히 훼방 놓고, 또한 모든 사람들을 그들 자신의 최하의 가능성 쪽으로 활강하도록 해이한 상태로 돌려놓습니다. 이것은 다문화주의자들과 더불어, 또 수많은 생태적 접근 방법들과 더불어서도 이미 일어난 것입니다. 정말로 다문화주의자들과 생태이론가들은 미국 문화의 재부족화[부족사회로의 퇴행적 회귀]를 도모하기 위하여 자주 손을 잡아왔습니다.

■ 그렇지만 다문화주의자들의 기본 아이디어는 개인적인 차이를 존중하는 것이라고 보는데요.

● 네, 그렇지만 그런 자세는 '오직' 보편적 다원주의의 세계중심적 입장의 **옹호**하에서만 가능한 일인데, 그 자체는 탈인습적 단계(단계 5, 6 및 그 이상)가 되기 전까지는 창발하지 않습니다. 그러므로 우리는, 이러한 상위적인 단계들로 사람들이 발달 진화하기 위한 방법들을 [사회문화적으로] 요구하며 육성하지는 않으면서, 단지 그들로 하여금 자신들의 보다 더 얄팍한 관심사들을 실행에 옮기도록 격려할 뿐입니다. 그러다 보니 현실적으로는 아주 소수의 사람들만이 유독 그 같은 [개인적 차이의 존중에 대한] 옹호를 허용하는 세계중심적 입장을 열망할 뿐입니다.

그 대신 모든 종류의 재부족화, 단편화, 전前인습적·에고중심적·민족중심적 천박성 같은 "다양성"들 모두는 탈중심화된 세계중심적 입장의 일부로 예찬되고 있습니다. 하지만 실제로 그런 것들은 정확히 그러한 입장을 방해하고 훼방 놓고 있는 것이고, 그래서 점차적으로 더욱더 퇴행적 세간사들과 자아도취의 책략 속으로 그런 자세를 손잡고 이끄는 것입니다. 이는 만약 그렇게 하는 것이 실질적으로 성공하기만 한다면 애초부터 보편적 다원주의를 옹호했던 세계중심적 입장을 분쇄해버릴 것입니다. 그래서 이것은 이제 되레 거꾸로 현실적 억압, 민족중심적 전쟁, 제국주의적 악몽을 향해 문을 열어놓을 것입니다. 그리하여 우리는 계몽주의의 좋은 소식과 세계중심적 관용에 의해 보장된 모든 해방운동을 상실하게 될 것입니다.

결국 당신은 단순히 성장의 결여, 발달의 결여, 초월의 결여, 진화의 결여를 조장하는 데 그치고 맙니다. 당신은 퇴행의 문화, 자아도취의 책략을 조장하는 것입니다. 그래서 이것이야말로 근대성으로 알려진 그 가공할 만한 억압으로부터 결국 당신을 자유롭게 놓아준 것이라고 흡족해하면서 혼자서 자신에게 중얼거릴 것입니다.

포스트모던 마인드를 넘어서

■ 이 포스트모던 마인드[탈근대적 마음]로 말하자면, 선생님은 세계의 위대한 전통지혜의 대부분은 다양한 방식으로 근대성에 대립하고 있다고 인식하시는 것 같군요. 근대성이란 곧 '신'을 "죽이는" 거대한 반종교운동, 즉 합리적인 세속화의 거대한 운동으로 보여지는데요.

● 신화적 '신'을 죽였다는 말은 맞습니다. 그러나 '영'은 어느 선호하는 특정한 획기적 시대나 시기나 시간이나 장소가 아닌 전반적인 과정 속에 있습니다. 이성은 신화보다는 더 깊은 깊이를 갖고 있고, 그래서 '영' 스스로의 잠재적 가능성의 더 상위적인 전개를 실질적으로 나타냅니다. '신'의 합리적인 부정은 '신'의 신화적 긍정보다 더 많은 '영'을 포함하고 있는데, 그 까닭은 그것이 단순히 보다 더 깊은 심층을 포함하기 때문입니다. 근대성의 진정한 운동이란 다름 아닌 '영'의 자유의 집합적인 증대이며, 이는 다른 많은 것들 중에서 특히 근대성의 바로 그 핵심을 규정하는 위대한 해방운동에서 그대로 증명되고 있는 것입니다.

그래서 예컨대 나는 영광스러운 신화적 농경 제국을 찬미할 수도 있는데, 이 시대는 내가 선호하는 신화적 '신'의 축복 속에 흠뻑 젖어 있는 때이고, 나는 '자유'·'박애'·'자애'의 축소판으로서의 '신'을 숭배할 수도 있습니다. 그렇지만 나는 그러한 신에게 예배하는 사원과 기념물들, 즉 거대한 피라미들과 석조 대성당들이 노예들과, 그리고 동물에게 자비를 베푸는 정도로 취급되던 부녀자와 어린아이들의 부러진 등뼈 위에 세워졌다는 점을 애써 무시함으로써만 그렇게 할 수 있습니다. 즉 그러한 신화적 '신'이나 '여신'에게 예배하는 이 거대한 기념 건조물들은 수백만의 고통 받은 육체를 짓밟고 헌정되었던 것입니다.

위대한 '자유'로서의 '영'은 일면에 불과합니다. '영'은 현실적으로는 정치적 민주주의라는 아주 또 다른 면으로 현현했습니다. 이성은 신화 속에 갇혀 있던 광명을 자유롭게 하여 억압 받는 자들 가운데 풀어놓았습니다. 이것은 그들의 사슬을 단지 어떤 약속된 천국에서가 아니라 지상에서도 현실적으로 풀어놓은 셈입니다.

과거의 획기적인 시대를 찬미하면서 현재를 혐오하는 이러한 모든 것들은, 대개의 경우 그러한 문화들에서의 가장 진보된 양태를 평균적 양태로 오인하는 데서 비롯된 것입니다. 이러한 접근 방식은 단순히 찬란한 과거 시대의 가장 진보된 양태를 근대성의 가장 비참한 측면들과 비교하고 있고, 그래서 물론 퇴화 외에는 아무것도 찾아내지 못하지요.

그렇지만 이런 것은 앞에서 말하던 것에 대한 단지 전형적인 한 가지 예에 지나지 않는 것이고, 이는 곧 대부분의 위대한 종교적 전통들이 근대성 및 탈근대성과 아주 깊숙하게 불편한 관계에 있음을 시사하는 것입니다. 근대성은 다양한 여러 방면에서 '거대한 사탄'으로 보여지는 것입니다.

그래서 그러한 관념은 아주 심한 혼란 속에 빠져 있다는 것이 나의 핵심 관점입니다. 내가 믿기에는, 대다수의 전통적인 종교 사상가들은 단순히 근대성을 분명하게 제대로 **이해하지** 못하고 있습니다.

◻ 근대성을 제대로 이해하지 못하고 있다면 얼마나 정확히 그렇다는 건가요?

○ 인간진화의 모든 위대한 시대는 중심이 되는 하나의 관념, 즉 그 시대 전체를 총체적으로 지배하면서 '영'과 '온우주'에 대한 그 시대의 접근 방식을 요약하여 우리에게 심원한 어떤 것들을 모두 함께 말해주는 하나의 관념을 갖고 있는 것 같습니다. 게다가 그 각각은 선행하는 것 위에 축조되는 것 같아 보입니다. 이러한 관념은 아주 단순하고 매우 핵심적이어서 그것들은 아래와 같이 하나의 문장으로도 나타낼 수 있습니다.

• 수렵채집사회Foraging: **영은 대지적 신체와 상호직조되어 있다**. 세계 도처의 수렵채집 문화들은 이러한 심원한 진리를 노래하고 있습니다. 바로 대지야말로 우리의 피이고 뼈이고 골수이며, 그래서 우리는 모두 그러한 대지의 아들과 딸이라는 것입니다. 그 속에서, 그리고 그것을 통하여 '영'은 자유롭게 흘러 다닌다는 말입니다.

• 원예농사회Horticulture: **그러나 '영'은 희생을 요구한다**. 희생이 바로 모든 원예농사회를 관통하여 흐르는 대주제이지만, 그렇다고 그것이 꼭 실제 의식儀式에서의 희생이라는 구체적인 형태로 있는 것만은 아닙니다. 비록 우리가 그 시대에서 그것을 확실히 보긴 하지만 그렇다는 것입니다. 그러나 근간이 되고 널리 만연되어 있는 일반개념은, '영'과의 조화를 이루기 위해서는 분명 어떤 독특한 인간적인 발달 단계들을 반드시 거쳐야 한다는 것입니다. '영'으로 하여금 보다 더 명확하게 앞을 비추게 하기 위해서는 평범하거나 혹은 전형적인 인간성은 말하자면 앞으로 나아가는 길로부터 비켜서야, 즉 희생되어야 한다는

것입니다. 다시 말하면 보다 더 충분하게 실현되는 영적 각성을 향하는 길 도중에는 여러 단계들이 있다는 것입니다.

• 농경사회Agrarian: **이러한 영적 단계들은 사실 '존재의 대사슬**Great Chain of Being **안에 이미 마련되어 있다.'** '대사슬'은 거의 예외 없이 세계 도처의 모든 신화적 농경사회의 중심적이고 지배적인 불가피한 주제입니다. 그리고 대부분의 "문명화된 역사"는 농경문화의 역사를 거쳐왔으므로 러브조이가 [그의 저서 《존재의 대사슬》에서] '대사슬'은 대부분의 문명화된 문화에서 지배적인 관념이 되어왔다고 서술했을 때 그는 매우 옳았던 것입니다.

• 근대성Modernity: **'대사슬'은 진화적 시간의 축상에서 전개한다.** 바꾸어 말하면 그것이 곧 진화입니다. '영'이 [진화의] 방정식에서 통상 제외되어버렸다는 사실은 근대성의 존엄도 아니고 정의定義도 아니며 단순히 근대성의 재앙입니다. 진화는 모든 개개의 근대적 운동에 밀착되어 있는 하나의 거대한 배경개념입니다. 그것은 근대성의 '신'입니다. 그래서 사실 이것은 아주 엄청난 영적 실현인데, 그 까닭은 그것[진화]이 의식적으로 스스로를 영적으로 동일시하건 안 하건 간에 그것은 인간을 간단없는 양상으로 온우주에 접속시키기 때문입니다. 그리고 더 나아가 인간들은 그들 자신의 진화, 그들 자신의 역사, 그들 자신의 세계공간의 공동 창조자라는, 피할 수 없지만 아주 놀라운 사실을 그것이 가리키고 있는 것도 사실이기 때문입니다.

• 탈근대성Postmodernity: **아무것도 미리 주어져 있는 것은 없다. 세계는 단지 지각되는 것이 아니라 또한 해석되기도 한다.** 이러한 면이 대다수의 포스트모더니스트들을 무조망적 광기의 발작 속으로 빠져들게 한다는 사실 자체는 우리의 관심사가 아닙니다. 아무것도 미리 주어진 것은 없다는 것이야말로 위대한 포스트모던적 발견입니다. 그

리고 그것은 인간을 그들 자신의 공동 창조자로서의 소성적塑性的 '온우주'에 접속시킵니다. 그리고 '영'은 자신의 초의식적 충격으로 향해 나아가는 도상에서 가장 예리한 형태로 자기의식적이 됩니다.

■ 그러한 것들이 곧 각 시대를 두드러지게 정의하는 관념들이군요. 그렇다면 반근대적 종교 사상가들에 대한 선생님의 관점은…….

● 네, 그들은 농경사회적 세계관에 철저하게 갇혀 있다는 것이 나의 관점입니다. 그들은 '영'의 형태와 관련하여 근대적이거나 탈근대적인 양태 어느 쪽과도 타협에 도달하지 못하고 있습니다. 근대성의 경이로움과 존엄성을 외면하는 눈으로 그들은 어제의 경외로움에 대한 찬가를 부릅니다. 대부분의 전통종교 사상가들은 진화가 일어났다는 사실에 대해 생각조차도 하지 못하지요!

그들은 근대성으로 현현하고 있는 '영'을 포착하지 못하고 있습니다. 즉 그들은 월리스가 말하듯이 진화야말로 "영이 창조하는 방식이고 양태"라는 사실을 보지 못하고 있는 것입니다. 그들은 '3대 가치'의 분화로서 근대성의 본질을 파악하지 못하고 있고, 그래서 그들은 근대적 해방운동과 노예제 철폐, 여성운동, 자유민주주의의 존엄성들을 놓쳐버렸습니다. 이들 각각은 신화적 농경사회에서는 들어보지 못한 자유라는 새로운 양태를 통하여 노래하도록 '영'이 허용한 것입니다. 진보의 변증법을 포착하는 데 실패함으로써 근대성이 특유의 재앙을 초래했기 때문에 심지어 진화 자체가 거부되어야 한다고 생각합니다.

또한 그들[종교 사상가들]은 마찬가지로 탈근대성으로 현현하는 '영'도 흔히 포착하지 못하고 있습니다. 아무것도 예정된 것은 없습니다. 하지만 농경사회적 마음을 가진 사람에게 모든 것은 단순히 항구적으로 예정되어 있고 정적靜的이며, 그래서 시간의 진전이나 발달의 전개에 따라 순응하는 게 아닙니다. 전 세계는 신화적 '신'에 의해 단순히 예정된 것이며, 구원은 석판 위에 영원히 새겨진 소정의 계명을 엄격하게 따르는 데 달려 있다는 것입니다. 그러한 농경사회적 세계관에 동의하지 않는 데에 바로 영원한 원죄가 있다는 것입니다. 그리고 그러한 세계관이 민족중심적이든 인종차별적이든 성차별적이든 가부장적이든 호전적이든 아니든 간에 그런 건 전혀 문제가 안 되는데, 그 까닭은 그것이 신화적 '신'에 의해 영광스럽게 말해져왔기 때문입니다.

그렇습니다. "종교계의 지도자들"이 농경사회적 세계관에 뿌리를 내리고 있는 한 그들은 근대성을 혐오하고 진화를 혐오하고, 나아가 사실 그들 자신의 권위의 바탕을 훼손시키려고 작업하고 있는 [근대적] 과정도 혐오합니다.

그래서 아직도 그들이 '영'을 정적靜的이고 예정론적인 농경사회적 세계관과 동일시하는 것은, 곧 근대와 탈근대 세계가 '영'을 인정하는 것을 방해하는 것이 됩니다. 만약 '영'이 단지 신화적 농경사회적인 것만을 의미한다면 근대성은 **결코** '영'을 받아들이지 않을 것입니다.

다른 한편으로 통합적 전망을 받아들이고 나서 '영'을 모든 분면에서 모든 수준에 작용하고 있는 것으로 본다는 것은 '영'의 과거의 현현을 인정하고 영예롭게 존중한다는 것이고, 그리고 근대성과 탈근대성이 달성한 것들에서의 '영의 현존Presence'을 인정하고 영예롭게 존중한다는 것입니다.

세계의 변용과 문화적 격차

■ 선생님은 세계의 변용이 현재 현저하게 진행 중에 있다고 생각하십니까?

◎ 발작적으로 갑작스레 멈추기도 하고 변덕스럽게 돌변하기도 하면서 그렇다고 볼 수 있지요. 대체로 2차 세계대전 이래로 합리적 산업사회로부터 비전논리적 정보화사회로 서서히 이행해가고 있음을 우리는 보고 있고 보아왔습니다. 이것은 영적인 '뉴에이지' 변용은 아니지만, 그럼에도 그 변용은 매우 심원한 것입니다.

만약 잠시 동안 우리가 '우하' 4분면을 지표指標로 사용한다면 인간 진화에서 6~7단계의 주요 변용—이를테면 수렵채집사회에서 원예농사회로, 초기 농경사회로, 진보된 농경사회로, 초기 산업사회로, 후기 산업사회로, 초기 정보화사회로의 변용—이 있어왔습니다. 그래서 우리는 지금 바로 인류라는 종의 형성 과정에서 예닐곱 단계 정도의 주요하고 심오한 세계적 규모의 변용 중 하나의 선단에 서 있는 것입니다. 이들은 흔히 세 개의 주요 변용으로, 즉 농업, 산업, 정보로 단순화되기도 하는데, 그래서 오늘날은 "제3의 물결"의 시작이라고도 합니다.

그렇지만 내 생각으로는, 우리는 이러한 변용을 (최소한) 모든 4분면들에 의해 분석하지 않으면 안 된다는 것을 꼭 기억해야 한다고 봅니다. 그렇지 않으면 우리는 그 변용에 실질적으로 기여한 요인들을 놓쳐버릴 수도 있습니다. 이러한 변용은 새로운 기술경제적(정보화사회적) 기반에 의해 추진되고 있지만, 그것 역시 새로운 사회제도를 가진 새로운 문화적 세계공간 안에 정착 장치로 설정되어 있는 새로운 '자기'의 양태와 새로운 의지적·행동적 양태와 더불어 새로운 세계관을 그[변용]와 함께 가져옵니다. 그리고 보통 그렇듯이 특정한 개개인들은 이러한 새로운 가능성을 실현하며 살거나 그렇지 않거나 할 수 있습니다.

◘ 그렇다면 4분면에 두루 걸쳐 있겠군요.

○ 새로운 [사회문화적] 중심重心이—디지털 정보 전달의 기술경제적 기반(우하 4분면) 속에서 등장한 실존적·무조망적 세계관(좌하 4분면)과 더불어 비전논리적 정보화사회가—서서히 새롭게 출현하고 있습니다. 그리고 이에 따라 만약 자신의 행동(우상 4분면)이 새로운 세계공간 안에서 기능적으로 적합하게 되려면 물질, 몸, 마음—물리권, 생물권, 정신권—을 통합해야 하는 켄타우로스 '자기'(좌상 4분면)가 출현하고 있습니다.

게다가 이것은 매우 거창한 주문입니다. 왜냐하면 정말로 중대한 점은 새로운 변용이란 곧 세계 위에다 새롭고 아주 무시무시한 **부담**을 짊어지우는 것이기 때문입니다. 그것[변용]은 퇴색되지 않은 순수한 축복이 되기 위한 원인과는 아주 거리가 멀지요! 모든 새로운 창발적이고 변용적인 발달은 새로운 요구와 새로운 책임을 초래하는데, 상위적인 것은 하위적인 것과 통합되어야 하기 때문입니다. 초월하고 내포해야 한다는 거지요. **그래서 발달의 정도가 점점 더 커질수록 내포하는 부담도 그만큼 더 커진다**는 것입니다.

□ 그것이 문제로군요.

○ 그것은 아주 큰 문제입니다. 그리고 진짜 악몽은 다음과 같은 데 있습니다. 새롭고 보다 상위적인 세계공간이 설사 가용하게 된다고 해도 모든 인간은 [태어나면서] 여전히 **출발점에서 자신의 발달을 시작**해야 한다는 것입니다. 즉 예외 없이 모든 사람은 분기점-1에서 출발하고, 보다 더 상위적인 새로운 단계가 가용하게 되는 수준에 도달하기 위해서는 하위적인 단계들을 모두 거치며 성장하고 진화해야 한다는 것입니다.

그래서 장엄하고 찬란하고 글로벌한 비전논리적 문화 속에서 태어난 사람조차도 '그럼에도 불구하고' 물질중심적·생물중심적·자아중심적 수준에서 발달을 시작하고, 그러고는 사회중심적 수준으로 이동해 가고, 탈인습적이고 세계중심적 수준으로 차례로 이동해 가는 것입니다. 그와 같은 일반 과정을 피하거나 우회할 수 있는 방도는 결코 있을 수 없습니다. 설사 당신이 거창한 세 권짜리 소설을 집필한다 해도 당신은 여전히 어린아이 때 당신이 배웠던 똑같은 알파벳 문자를 사용하고 있고, 그래서 당신은 아동기 때의 습득이 없이는 도저히 소설을 쓸 수가 없는 것이지요!

그리고 어떤 문화 내에 있는 성장의 수직적 수준이 더욱 많아질수록 아주 무섭게 잘못되어갈 수 있는 것들이 더욱더 많아질 수 있는 것입니다. 앞에서 내가 말한 바 있듯이 한 사회의 깊이가 더욱 깊어질수록 시민들의 교육과 변용에 부과되는 **부담이 그만큼 더욱더 커지는** 것입니다. 깊이가 더욱 깊어질수록 엄청난 규모로 비참하고 무시무시하게 잘못되어갈 수 있는 가능성이 더욱더 많아지는 것입니다. 수준들이 많으면 많을수록 엄청난 기만(병리)의 기회가 그만큼 더욱더 증대하는 것입니다. 오늘날 우리 사회는 초기의 수렵채집인들이 문자 그대로 상상조차 할 수 없을 정도의 방식으로 병들 수 있습니다.

◘ 그렇다면 더 큰 깊이를 가진 사회는 점점 더 큰 문제에 직면하게 되는 것이군요.

◉ 네, 4분면 모두에서 그렇지요! 그래서 많은 사람들이 다가오는 변용에 대해 말하고 그 생각에 모두 황홀해하며 들떠 있지만 오히려 나는 우리에게 곧바로 닥쳐올 또 하나의 거대한 악몽의 가능성을 보는 버릇이 있습니다.

◘ 약간의 예를 들어주실 수 있으실는지요?

◉ 서구 사회에서의 주요 문제 중 하나는 빈부 간의 격차라고 때때로 말하고들 있지요. 이것은 옳은 말입니다. 그러나 그러한 것은—단

지 재물의 격차로 정량화하여—그것을 바라보는 평원적 의식의 방식일 뿐입니다. 그런데 개개인들 사이의 그러한 외적인 격차가 아주 놀라운 것에 못지않게 보다 더 우려되는 격차—이를테면 **내면의** 격차, 문화의 격차, 의식의 격차, 깊이의 격차—가 있습니다.

사회의 중심重心이 더욱더 많은 중량을 더해가게 되면서—더 많은 개인들이 자아중심에서 사회중심으로, 나아가 세계중심으로(혹은 보다 더 상위적인 수준으로) 이동해 가게 되면서—이러한 것은 그런 개인들 자신의 발달에 있어서 서로 다른 깊이에 있는 개인들을 **수직적으로 통합하려는** 사회적 필요성에 거대한 짐을 짊어지게 합니다. 그래서 문화적 중심의 깊이가 더욱 깊어질수록 이러한 수직적 통합의 요구와 부담이 더욱더 커지는 것입니다.

그러므로 빈부 간의 "경제적 격차"도 아주 나쁘기 짝이 없는 문제이지만, 훨씬 더 중대한 문제는—그리고 훨씬 더 은폐되어 있는 것은—**문화의 격차**, "가치의 격차", "깊이의 격차"인데, 이것은 바로 문화에 의해 잠재적 가능성으로 제공되는 깊이와 그러한 깊이를 그들 자신의 삶의 경우에 실질적으로 전개할 수 없는 자들 사이의 격차인 것입니다.

언제나 그렇듯이 새롭고 보다 더 상위적인 중심重心은 개개의 시민들에게 보다 상위적인 혹은 보다 더 깊은 구조의 이용 가능성을 **가능하게 만들 수 있지만 그것을 반드시 보장하지는 않습니다.** 그래서 사회의 중심이 더욱더 많은 중량을 더해가게 되면서 개개인들 특유의 본래 갖추어진 [잠재능력의] 전개로부터 뒤처지고 소외되고 배제될 수 있는, 또 그들 자신의 내면의식·가치·값어치 면에서 모든 가능한 가장 잔혹한 방법으로 불이익을 받을 수도 있는, 더욱더 많은 개인들이 있게 마련입니다.

이것은 문화 그 자체에서 **내부의 긴장**을 야기합니다. "갖고 있다"와 "갖고 있지 않다"는 단지 돈 문제만을 언급하는 것이 아니고 의식, 도덕, 심층을 언급하는 것입니다. 문화에서의 이러한 내부의 긴장은 파괴적일 수 있습니다. 그리고 이러한 문화의 격차나 의식의 격차에 대한 잠재적 가능성은 **모든** 새로운 문화적 변용과 함께 **더 커지게** 됩니다. 어이쿠!

◘ 그러한 점은 선생님이 개인의 병리에 대해 말씀하시던 것과도 비슷하군요.

◉ 그렇습니다. 개인의 주요 '자기' 혹은 중심과 분열되고 배제된 채 남아 있는 "군소자기들" 사이의 격차가 바로 그렇습니다. 내부의 긴장, 내부의 싸움은 개인을 정신이상자가 되게 몰아가지요.

사회 및 문화 일반의 경우에도 그와 똑같습니다. 문화적 깊이가 더욱 깊어질수록 문화적 격차의 가능성, 즉 문화에 의해 제공된 평균 깊이와 그러한 깊이까지 현실적으로 전개할 수 있는 사람들 사이의 격차의 가능성은 더욱더 커집니다. 그래서 이것도 마찬가지로 문화적 정신이상자가 되게 몰아갈 수 있는 내면적 긴장을 야기합니다.

◘ 이것이 바로 수렵채집사회의 경우와 같은 문화가 훨씬 더 적은 내면적 문제를 가졌던 또 다른 이유겠군요.

◉ 네, 그렇습니다.

◘ 해결 방안에 대해 어떤 제안 같은 것은 없는지요?

◉ 글쎄요. 어느 의미에서 문화적 격차는 우리의 진정한 문제가 아닙니다. 진정한 문제는 바로 우리가 문화적 격차에 대해 생각하는 것조차 허용되지 않는다는 것입니다. 게다가 우리는 평원적 세계에 살고 있기 때문에 문화적 격차에 대해 생각하는 것도 용인되지 않습니다. 평원적 세계에서는 의식, 깊이, 가치, 값어치의 정도 같은 것을 인정하

지 않습니다. 모든 사람은 단순히 똑같은 깊이, 말하자면 영零의 깊이를 갖고 있습니다.

그리고 평원적 세계에서는 깊이를 인정할 수 없으므로 깊이의 격차, 문화의 격차, 의식의 격차를 인정하는 것은 엄두조차 낼 수 없게 됩니다. 따라서 이는 발달되고 "문명화된" 나라들에 계속하여 혼란을 야기시키게 될 것이고, 그래서 드디어 모든 문제 중에 이와 같이 가장 결정적으로 중대한 문제가 최초로 제대로 인식되고 나서야 비로소 우리로 하여금 그 문제를 다루기 시작하도록 허용하는 방식으로 짜여 있는 것입니다.

◘ 그렇다면 해결책을 논의하기 전에 최소한 문제부터 인정하지 않으면 안 되겠군요.

◉ 네, 그래서 평원적 세계에서 모든 것은 그러한 점에 대해 인정하는 것을 막기 위해 공모共謀합니다. 이러한 문화적 격차—수직적인 문화의 통합이라는 거창한 문제—는 평원적 용어로는 도저히 해결될 수 없는데, 그 까닭은 평원적 세계는 수직적 차원의 존재를 몽땅 다 부정하고, 내면적 변용과 초월도 통틀어 몽땅 부정하고, 나아가 진실로 문화적 인간자본의 일부이지만 평원적 세계의 밑바닥에조차도 들어가지 못하고 있는 의식발달의 아홉 개 남짓한 내면적 단계를 부정하기 때문입니다.

◘ 그렇다면 이런 것이 현재 멈칫거리며 위태롭게 진행 중에 있는 세계적 규모의 변용에 어떻게 연관되는 것인가요?

◉ 생각해내겠지만 나의 가설은 근대성이 '3대 가치'(3보)를 분화시켰고, 그래서 탈근대성은 그들을 통합하는 길을 찾아야 한다는 것입니다. 만약 그러한 통합이 일어나지 않는다면 [앞에서 설명한] 20가지 원칙은 서로 연결되지 않을 것이고, 또한 진화는 모양이 아주 좋지 못

할 것입니다. 그래서 결과적으로 어떤 종류의 엄청난 규모의 온통 불유쾌한 재조정이 야기될 가능성이 아주 높아질 것입니다.

그래서 요컨대 평원적 세계에서 당신은 '3대 가치'의 통합을 이룩할 수 없다는 것입니다. 평원적 세계에서 그것들은 기껏해야 분열된 채로 있거나 최악의 경우에는 붕괴된 채로 남아 있습니다. 게다가 우리가 인식하고 있는 어느 시스템도 이러한 유형의 대규모의 내부 분열과 함께 미래를 향해 절뚝거리며 나아간 적이 결코 없다는 것입니다. 만약 이러한 혼돈스러운 긴장이 자기초월로 귀착되지 않는 경우에는 필연코 그것들은 자기분열로 끝나고 말 것입니다. 그러한 것은 진화가 각각 수직적으로 창발할 즈음에 언제나 제공해온 소름끼칠 정도로 섬뜩한 두 개의 선택인 것입니다.

그래서 우리는 문화적 격차가 문화적 붕괴로 이어지고 마는 것을 목격하는 시점에 매우 가까이 와 있는데, 그 까닭은 바로 평원적 세계가 애초부터 문제를 인정하지 않을 것이기 때문입니다.

환경윤리 : 홀론적 생태학

◘ 그렇다면 선생님은 **문화의 격차** 문제가 **환경 위기**보다 더 시급하다고 생각하십니까?

● 그 둘은 똑같은 것입니다. 정확히 똑같은 문제이지요. 에고중심적이고 민족중심적인 자세는 글로벌한 공통 관심사에 대해서는—당신이 그들로 하여금 그것이 그들 자신의 자아도취적 실존에 얼마나 심각한 영향을 미치는지를 겁주어 알게 하지 않는 한—관심을 덜 가질 수밖에 없고, 그 때문에 당신은 애초부터 문제의 원인인 단순히 자기중심적 생존의 동기만을 틀림없이 **강화시켜온 것입니다.** 그들은 생

태학적 협박 전술로 그러한 모든 것을 강화시키기만 할 뿐입니다.

그래서 오직 글로벌하고 탈인습적이고 세계중심적인 자세(분기점-5, 분기점-6과 더 상위의 단계)에서만 개인들이 환경 위기의 글로벌 차원을 인식할 수 있고, 나아가 보다 중요하게는 글로벌한 바탕 위에 계속 나아가기 위한 도덕적 비전과 불굴의 용기를 겸비할 수 있는 것입니다. 그렇다면 분명, 글로벌한 보호와 생태학적 개혁에서의 상당한 세력이 되기 위해서는 상당한 수의 개인들이 발달의 탈인습적이고 세계중심적인 수준에 도달해야 하는 것입니다.

바꾸어 말하면 오직 문화적 격차를 효과적으로 대처함으로써만 우리는 생태적 위기를 효과적으로 대처할 수 있는 것입니다. 즉 그들은 똑같은 격차이고 똑같은 문제입니다.

◘ 선생님이 앞에서 언급하셨듯이, 글로벌 문제는 해결을 위한 글로벌의식을 요구하며, 또한 글로벌의식은 최소한 여섯 개 정도의 내면적 성장 단계의 산물이지요. 내면적 성장이 없다면 문제는 그대로 남아 있는 거겠지요.

● 네, 그렇지요. 문화적 격차와 환경 위기는 평원적 세계에 의해 우리에게 유산으로 물려진 주요 문제들 중 두 가지에 해당합니다. 평원적 세계의 종교는 수직적 깊이와 내면적 초월의 심도degree를 부정합니다. 하지만 오직 이것만이 인간들로 하여금 어떻게 생물권과 글로벌한 공통의 관심사들을 보호하며 대처해나갈 것인가에 대한 세계중심적이고 글로벌한 합의를 도출하도록 이끌 수 있습니다.

◘ 앞에서의 논의에서 선생님은 만약 평원적 세계가 부정될 경우 창발하게 될지도 모르는 환경윤리에 대해 간략하게 개요를 말씀하셨지요. 어쩌면 이제 그 주제로 들어가볼 수 있지 않을까요?

● 환경윤리에 대한 논의는 보통 가치론, 즉 가치의 이론으로 알려

진 것에 중심을 두고 있습니다. 그래서 환경가치론에는 넓게 보아 네 개의 학파가 있습니다.

첫째는 생물평등설입니다. 즉 모든 살아 있는 홀론은 평등한 가치를 지니고 있다는 것입니다. 벌레와 유인원이 동등한 가치를 지니고 있다는 말입니다. 이것은 심층생태주의자와 일부 에코페미니스트[생태여성주의자]들 사이에 아주 흔히 있는 일입니다.

두 번째 접근 방식은 동물의 권리에 대한 차등을 수반합니다. 즉 동물에게 어떤 종류의 미미하나마 기본 감정이 있기만 한다면 우리는 그러한 동물에게 어떤 기본권리를 연장해야 한다는 것입니다. 따라서 이 학파는 우려할 만한 감정을 충분히 지니고 있지 않은 생명 형태들—예컨대 곤충들—과 감정을 지닌 것들—포유동물과 같은 것들—사이에 진화상의 경계선을 그으려고 시도합니다. 서로 다른 이론가마다 얼마나 아래로까지 감정이나 감각이 존재한다고 합리적으로 가정할 수 있는가에 바탕을 두고 서로 다른 곳에서 그러한 경계선을 긋습니다. 지금까지 가장 맨 아래로 진지하게 제안된 것은 새우와 연체동물입니다(물론 당신이 그것을 맨 아래에 이르기까지 밀고 내려간다면 이것은 생물평등설로 전환되고, 그래서 모든 살아 있는 홀론들은 동등한 권리를 갖습니다).

세 번째 학파는(예컨대 버치Charles Birch와 콥John B. Cobb의 경우) 위계적이거나 홀라키적이고 대개 화이트헤드의 철학에 바탕을 두고 있습니다. 이 접근 방식에서는 더 많은 권리를 소유하는 각각의 더 복잡한 존재와 함께 진화를 홀라키적 전개로 봅니다. 인간존재는 가장 진보되고 그래서 가장 많은 권리를 지니고 있지만, 그렇다고 이러한 권리가 다른 살아 있는 존재들을 도구적으로 약탈할 수 있는 권리를 포함하지는 않습니다. 그 이유는 그것들도 역시 어떤 기본적이나마 의미 있는 권리를 지니고 있기 때문입니다.

네 번째 학파는 관리자 직분적인 다양한 접근 방식 등을 내포합니다. 여기서는 오로지 인간만이 권리를 갖고 있지만 그러한 권리 중에는 지구와 그 위에 서식하는 생물들을 돌보고 관리하는 직분도 포함한다는 것입니다. 수많은 종래의 종교 이론가들은(예컨대 막스 오엘슐레거Max Oelschlaeger에서 보듯이) 도덕적 양심의 명령 안에서 환경보호를 정착하기 위한 한 방편으로 이 접근 방식을 채택하고 있습니다.

환경윤리에 대한 나 자신의 특수한 접근 방식은 내가 믿기에는 비록 그것이 다양한 여러 학파들 각각의 기본사상을 포괄하는 데 그치고는 있지만 위에서 언급한 학파들을 종합하려고 계획한 것은 아니었습니다.

◘ 그렇다면 그러한 사상들은 곧 가치에 관한 네 학파인 셈이군요. 선생님의 접근 방식 역시 가치의 상이한 **유형**에 바탕을 두고 있군요.

◉ 네, 이것들은 바로 '기저Ground' 가치, 내재적intrinsic[본질적] 가치, 외재적extrinsic[비본질적] 가치를 일컫습니다. 여기서 간략하게 요약해 보지요.

모든 홀론은 동등한 **기저 가치**를 갖고 있습니다. 즉 원자에서 유인원에 이르기까지의 모든 홀론은 더 높거나 더 낮은 것도 없이 더 좋거나 더 나쁜 것도 없이 '공空'이나 '영靈'의 완벽한 현현입니다. 모든 홀론은 존재하는 그대로 '공'의 완벽한 표현, '절대신성the Divine'의 찬란한 몸짓입니다. '절대자'의 현현으로서의 모든 홀론들은 동등한 '기저' 가치를 지니고 있습니다. 모든 '형상'(색)이 있는 존재들은 똑같이 '공'한 것[색불이공色不異空]입니다. 그래서 그러한 것이 곧 '기저' 가치입니다.

그러나 모든 홀론은 **절대자**의 표현이라는 것 이외에도 또한 **상대적**인 전체/부분입니다. 그것은 특유의 상대적인 **전체성**과 특유의 상대적인 **부분성**을 지니고 있습니다.

하나의 **전체**로서 모든 홀론은 **내재적 가치** 또는 자신의 독특한 전체성의, 즉 자신의 독특한 깊이의 가치를 지니고 있습니다. 따라서 전체성이 크면 클수록, 혹은 깊이가 깊을수록 **내재적 가치는 더욱더 커지는** 것입니다. 내재적 가치는 그것이 본질적으로 가치를 지니고 있다는 것을 의미합니다. 그러한 깊이가 '온우주'의 국면들을 자신의 존재 속으로 **감싸 넣기** 때문에 바로 그 깊이는 가치가 있는 것입니다. 자신의 존재 속으로 감싸 넣어진 온우주가 많으면 많을수록—깊이가 깊으면 깊을수록—내재적 가치는 더욱더 커지는 것입니다. 원숭이는 세포, 분자, 원자를 포함하고, 그것들 모두를 자신의 내부적 구조—보다 더 큰 깊이, 보다 더 큰 전체성, 보다 더 큰 내재적 가치—안에 포섭합니다.

그러므로 비록 원숭이와 원자는 양쪽 다 '영'의 완벽한 표현이지만(그것들 양쪽 다 동등한 '기저' 가치를 지니고 있지만), 원숭이는 더 깊은 깊이, 더 큰 전체성, 따라서 더 많은 내재적 가치를 갖고 있습니다. 원자도 역시 내재적 가치를 지니고 있지만 상대적으로 더 적게 지니고 있습니다(더 적은 가치가 곧 무가치하다는 의미는 아닙니다!). 우리가 또한 앞에서 보았듯이, 홀론의 깊이가 보다 더 깊어질수록 의식의 정도는 더욱더 커지고, 그러므로 원숭이는 훨씬 더 의식적이기 때문에 그것은 원자보다는 내재적으로 더 가치 있다고 말하는 것과 아주 똑같은 것이 됩니다.

그렇지만 모든 홀론은 한 전체일 뿐만 아니라 역시 한 부분이기도 합니다. 그리고 한 **부분**으로서 그것은 **다른 것들을 위한 가치**를 지니고 있습니다. 그것은 다른 홀론들이 그것들의 실존을 위해 의존하고 있는 한 전체의 부분입니다. 그렇다면 한 부분으로서 각 홀론은 **외재**

적 가치, 도구적 가치, 다른 홀론들을 위한 가치를 지니고 있는 것입니다. 더 많이 부분이 되면 될수록 그것은 더욱더 많은 외재적 가치를 지니게 됩니다. 원자는 원숭이보다 더 많은 외재적 가치를 지니고 있습니다. 말하자면 원숭이를 모두 소멸시킨다 해도 우주의 그다지 많은 부분이 영향을 받지 않습니다만, 원자를 모두 소멸시키면 아원자입자들을 제외한 모든 것이 소멸됩니다. 원자는 다른 홀론들을 위해 엄청나게 큰 외재적 가치, 즉 도구적 가치를 지니고 있는데, 그 까닭은 그것이 너무나도 많은 다른 전체들의 도구적 부분이기 때문입니다.

◘ 선생님은 또한 이것을 권리 및 책임과 결부시키고 있군요.

● 네, 그렇지요. 권리와 책임은 흔히 동시에 잇따라 사용되고 있으나 왜 그것들이 불가분하게 연결되어 있는지를 제대로 이해하지 못한 채 그렇게 하고 있습니다. 그러나 그것들은 모든 홀론이 곧 하나의 전체/부분이라는 사실의 고유한 양상들입니다.

하나의 **전체**로서 한 '홀론'은 상대적 자율성을 표현하는 **권리**를 갖고 있습니다. 이러한 권리들은 단순히 전체성을 유지하기 위해 필요한 조건들에 대한 특징적 **열거**일 따름입니다. 만약 그 권리들이 충족되지 않을 경우 전체성은 아홀론들로 분해되어버립니다. 식물이 물을 공급받지 못한다면 그것은 고사(분해)되어버립니다. **권리**란 존재하려는 한 홀론의 **내재적 가치**를 위한 조건들, 즉 전체성을 유지하기 위해, **작인**을 유지하기 위해, 깊이를 유지하기 위해 필요한 조건들을 나타냅니다.

그러나 더 나아가서 각 홀론은 역시 어떤 다른 전체(들)의 한 부분이고, 한 **부분**으로서 그것은 그러한 전체의 유지를 위한 **책임**을 지니고 있습니다. 책임이란 단순히 어느 홀론이 전체의 한 부분이 되기 위하여 이행해야 하는 조건들에 대한 **특징적 열거**입니다. 만약 그것이 그러한 책임들을 완수하지 못한다면 그것은 전체와의 기능적 적합성을 지속시킬 수 없고, 그래서 그것은 추방됩니다(또는 현실적으로 전체 자체를 파괴시킵니다). 만약 그러한 책임을 다하지 못한다면 그것은 전체의 일부가 되는 것을 멈추게 됩니다. **책임**이란 존재하려는 한 홀론의 **외재적 가치**에 대한 조건들, 즉 부분성을 유지하기 위해, **공존적 교섭** communion을 지속하기 위해, 폭span을 지속하기 위해 필요한 조건들을 나타냅니다. 만약 어느 홀론이 한 전체의 부분이 되기를 원한다면 그것은 어떤 일정한 책임을 완수해야 합니다. 이는 단지 이러한 책임을 다하면 좋을 것이라는 게 아니라 그 책임들을 **완수하지 않으면 안 되거나** 문화적·기능적 적합성인 그것의 공존적 교섭을 지속하지 못할 거라는 말입니다.

◘ 그렇다면 모든 홀론은 하나의 전체/부분이므로, 작인과 공존적 교섭, 내재적 가치와 외재적 가치, 권리와 책임은 모든 홀론의 상대적 국면들이군요.

● 네, 복잡성과 깊이를 확대하는, 겹겹의 둥지로 된 홀라키에서는 그렇다는 것입니다. 말하자면 인간은 아메바보다는 상대적으로 더 깊은 깊이를 갖고 있기 때문에 우리는 더 많은 **권리**를 갖고 있습니다. 즉 인간의 전체성을 지속하기 위해 필요한 더 많은 조건들이 있습니다. 그렇지만 역시 우리가 부분이 되는 우리 자신의 인간사회에 대해서뿐만 아니라 우리 자신의 아홀론들이 부분이 되는 공동체들 모두에 대해 훨씬 더 많은 **책임**을 갖고 있습니다. 우리는 물질권·생물권·정신권 속의 홀론들과 관계의 네트워크 속에 존재하고 있고, 그래서 상대적으로 더 큰 우리의 권리는 이러한 차원들 모두에 대한 상대적으로 더 큰 책임을 절대적으로 요구합니다. 이러한 책임들을 완수하는 데 실패한다는 것은 우리의 홀론과 아홀론들이 교섭 속에서 존재할 수

있는 조건들을 충족시키는 데 실패한다는 것을 의미합니다. 즉 이는 우리 자신의 자기파괴를 의미합니다.

다시 한 번 말하지만, 우리가 이러한 책임들을 완수한다면 좋을 것이라는 말이 아니라, 그것은 실존의 조건입니다. 그것은 강제적인 의무이고 그렇지 않으면 우리의 공존적 교섭들은 와해되고 그것들과 함께 우리를 와해시킬 것입니다. 그러나 물론 우리는 흔히 책임을 지지 않고서 권리만을 주장하고 싶어 하는 것 같습니다. 우리는 어떤 것의 한 **부분**이 되지 않고서 오로지 한 **전체**가 되고 싶어 합니다. 우리는 우리 자신들을 위한 일만을 하고 싶어 하니까요!

◘ 자아도취의 문화를 말씀하시고 계시는군요.

◎ 그렇습니다. 자아도취, 퇴행, 재부족화의 문화를 말하는 거지요. 우리는 책임은 없이 에고적 권리만을 추구하는 탐닉 속에 있습니다. 누구나 할 것 없이 모두 다 분리된 전체가 되고 싶어 하고 그들 자신의 힘을 발휘하기 위한 권리만을 요구하지만, 그러나 아무도 부분이 되고 싶지는 않고 상응하는 공존적 교섭의 책임을 지고 싶지는 않습니다.

그렇지만 물론 우리는 다른 쪽 없이 어느 한쪽을 가질 수는 없습니다. 권리에 대한 우리의 열광을 부채질하는 것은, 단순히 스스로 요구하는 것이 아니라 어떤 다른 것의 부분들이 되는 것 역시 거부하는, 점차적으로 에고중심적인 "전체들"로 되어가는 단편화의 한 징후인 것입니다.

◘ '에고주의'나 '에코주의'의 접근 방식은 이러한 문제들을 극복합니까?

◎ 그렇다고 생각하지 않습니다. 근대의 평원적 패러다임이 직면한 지극히 난해한 문제들 중 하나로는—에고와 에코의 버전 양쪽 모두에

서—권리와 책임의 일반개념이 양쪽 다 흔히 알아볼 수 없을 정도로 무자비하게 붕괴되어버렸다는 것입니다.

■ 예를 들면요?

● 평원적 세계에 대한 '에고계몽주의'적 버전에 의하면, 속박에서 풀려난 자율적인 '에고'는 오직 자신에게만 자율성을 부여한다는 사실을 우리는 알고 있습니다. 말하자면 합리적인 '에고'만이 오로지 자기충족적인 전체성이고, 그래서 합리적 '에고'만이 오로지 **내재적 가치**와 이에 따른 **권리들**을 갖는다는 것입니다. 모든 다른 홀론들은 단순히 상호 맞물린 거대한 질서의 부분들이고, 그러므로 모든 다른 홀론들은 단지 부분적 가치, **외재적 가치**, 도구적 가치만을 갖고 있다는 것입니다. 그래서 권리란 전혀 없다는 말입니다. 그것들은 모두 다 '에고'의 설계에 이용되는 도구적인 존재일 뿐입니다. 그래서 속박에서 풀려난 '에고'는 자신 특유의 일을 할 수 있고, 또 자신이 원하는 쪽으로 어떠한 방식으로든 주위 환경을 밀어붙이는데, 그 까닭은 그 외의 모든 것이 이제 오직 '에고'의 도구일 뿐이기 때문입니다.

'에코낭만주의'적 해석에 의하면 상호 맞물린 대그물망은 여전히 유일한 기본실재이고, 그러다 보니 이제는 그것을 반사하는 '에고'가 아니라 바로 그것이 자율의 가치를 부여받습니다. '대그물망the Great Web'이 궁극의 실재이므로 '대그물망'만이 오로지 전체성의 가치나 **내재적 가치**를 지니고 있고, 그래서 다른 모든 홀론들(인간과 그 외의 모든 존재들)은 이제 단지 그것의 자기생산적autopoietic[자동복사적] 유지를 위한 도구에 지나지 않는다는 것입니다. 말하자면 다른 모든 홀론들은 단지 그 '그물망' 속의 부분들이거나 가닥들이고, 그래서 그것들은 단지 **외재적**이고 도구적 가치만을 지니고 있다는 것입니다. 달리 말하면 비평가들이 에코파시즘ecofascism이라고 일컫는 것이지요. '대그물망'만이 오로지 **권리**를 갖고 있고 모든 다른 홀론들은 궁극적으로는 종속적으로 그것을 추종하는 부분들일 따름이라는 것입니다. 그래서 만약 당신이 '대그물망'을 대변하여 말하고 있다면 당신은 우리 모두에게 무엇을 할 것인가를 말해야만 하는데, 그 까닭은 당신만이 오로지 내재적 가치를 대변하여 말하고 있기 때문입니다.

이러한 접근 방식은 '에고' 진영과는 달리 '에코낭만주의자'들이 흔히 순수한 영적인 가치와 조화를 추구했기 때문에 훨씬 더 복잡해졌습니다. 그러나 근대성과 탈근대성의 모든 주요 사조에서와 같이 그들의 영적 직관은 순수하게 평원적 용어로 해석되었던, 즉 '하강적' 용어로 해독解讀되었던 것입니다.

그래서 그들은 곧장 **기저 가치**를 **내재적 가치**와 혼동하였고, 그래서 "생물평등설"의 입장에 도달하였던 것입니다. 말하자면 그들은 '기저' 가치(모든 홀론들은 동일한 절대적 가치를 갖고 있다는 것—이는 옳은 해석이고)를 내재적 가치(모든 홀론들은 동일한 상대적 가치를 갖고 있다는 것—이는 틀린 해석이고)와 혼동하였고, 그래서 이윽고 그들은 "생물평등설"에 도달하고 만 것입니다. 다시 말하면 어떠한 홀론들 사이에서도 내재적 가치에는 아무런 차이가 없다는 것입니다. 예컨대 벼룩과 사슴 사이에는 내재적 가치에 아무런 차이가 없다는 말입니다. 이러한 산업적 존재론은 아이러니하게도 대다수의 생태학적 운동들을 관류하고 있는 것입니다.

◘ 그렇다면 우리는 세 가지 가치를 모두 존중하고 싶어 하는 것이군요.

◎ 네, 그렇다고 생각합니다. 진실로 "홀론적인holistic 생태학"은 개개의 모든 홀론에 대해 가치의 세 가지 유형—'기저' 가치, 내재적 가치, 외재적 가치—모두를 존중한다고 봅니다. 우리는 환경윤리가 예

외 없이 모든 홀론들을 '영'의 현현으로 존중하기를 원합니다. 그리고 역시 우리는 동시에 그것이 내재적 값어치에 있어서의 차이에 대한 실용적 구분을 할 수 있기를 바랍니다. 그래서 우리는 원숭이보다는 바위를 걷어차는 것이 훨씬 더 바람직하고, 암소보다는 당근을 먹는 것이 훨씬 더 바람직하고, 포유류보다는 곡물로 생활해가는 것이 훨씬 더 바람직하다는 것을 깨닫게 되기를 바랍니다.

◘ 선생님은 이러한 홀론적 생태학은 환경윤리학의 네 가지 주요 학파들의 핵심 사상을 포괄하는 것에 지나지 않는다고 말씀하셨습니다. 어떻게 하여 이렇게 할 수 있습니까?

◎ 생명평등설의 신봉자들과 더불어 우리는 모든 홀론은 동등한 '기저' 가치를 지니고 있다는 주장에 동의할 수 있고, 그래서 다수의 이러한 이론가들이 표현하려고 애쓰고 있는 영적 직관을 존중할 수 있는 것입니다. 그렇지만 모든 홀론이 다 동등한 고유의 내재적 가치를 갖고 있는 게 아닌지라 우리는 의식의 위계나 홀라키가 있다는, 그래서 그러한 홀라키상에서 보다 더 상위일수록 어떤 유정의 존재가 당신은 자신의 욕구 충족을 위해 그것을 희생시켜야 할 권리가 더욱더 적어진다는, 동물권리보호 운동가들과 화이트헤드 학파 주장에 동의할 수 있는 것입니다. 최종적으로 인간이야말로 일반적으로 가장 큰 깊이를 지니고 있으므로 우리 인간은 생물권의 번영에 가장 큰 책임(또는 관리의무stewardship)을 지니고 있다는 의미에서 관리의무 학파의 주장에 우리는 동의할 수 있는 것입니다.

◘ 구체적인 용어로 말한다면 이러한 것은 어떻게 작용합니까? 그것의 실용적인 함의는 무엇인지요?

◎ 환경윤리에 대한 우리의 첫 번째 실용적인 주먹구구식 방법에 따르자면, 우리의 생명 유지에 필요한 욕구를 추구하는 데 있어서 가급

적 최소한의 깊이를 소모하거나 파괴하라는 것입니다. 가급적 의식에 최소량의 해로운 짓을 해야 합니다. 가급적 내재적인 값어치가 적은 것을 파괴해야 합니다. 그것을 긍정적인 형태로 말하자면, 가급적 깊숙이 깊이를 보호하고 증진해야 한다는 것입니다.

그렇지만 우리는 유독 그와 같은 강요하는 방식에서만 멈추어질 수는 없는데, 그 까닭은 그것이 오직 깊이만을 망라하고 폭은 아닌, 즉 오직 작인만을 다루고 공존적 교섭은 아닌, 오직 전체만을 다루고 부분은 아니기 때문입니다. 오히려 우리는 **가장 큰 폭으로 가장 큰 깊이**를 보호하며 증진하기를 원합니다. 단지 가장 큰 깊이만을 보호하는 것이 아니라—그러한 것은 파시스트적이고 인간중심적인 것이기에—그리고 단지 가장 큰 폭만을 보호하는 것이 아니라—그러한 것은 전체주의적이고 에코파시스트적인 것이기에—오히려 가장 큰 폭으로 가장 큰 깊이를 보존하는 것입니다.

기본적인 도덕적 직관

■ 선생님은 이것을 '기본적인 도덕적 직관'이라고 일컫고 계시는군요.

● 네, 그렇지요. '기본적인 도덕적 직관'이란 "가장 큰 폭으로 가장 큰 깊이를 보호하고 증진한다"는 것입니다. 내가 믿기로는, 그것은 영적 직관의 실질적인 형태, 즉 영적 직관의 실질적인 구조입니다.

다시 말하면 우리가 '영'을 직관할 때 우리는 그것이 4분면 모두에 나타나는 그대로의 '영'을 실질적으로 직관하고 있습니다(왜냐하면 '영'은 모든 4분면—또는 요약하자면 나, 우리, 그것—으로 현현하기 때문입니다). 그러므로 내가 '영'을 명확하게 직관하고 있을 때 나는 나 자신 안에서만

이 아니라 모든 다른 존재들 안에서도 똑같이 그것의 소중함을 직관합니다. 왜냐하면 그들도 (그들 자신의 깊이로) '나'와 함께 '영'을 공유하기 때문입니다. 그러므로 나는 단지 내 안에서만 아니라 그와 같은 모든 존재들 속에서 '영'을 보호하고 증진하고 싶어 하며, 그래서 만약 내가 '영'을 명확하게 직관한다면 이러한 영적 전개를 가급적 많은 존재들 속에서 구현하도록 나의 마음이 움직이게 됩니다. 나는 다만 '나'로서뿐만이 아니라, 또 '우리'로서뿐만이 아니라 세계 내 만사의 '객관적 상태Objective State of Affairs'('그것It')로서 그러한 [영적 전개의] 실현을 구현하려는 동인으로서도 '영'을 직관합니다.

그러므로 다름 아니라 실질적으로 '영'은 4분면 모두로(또는 나, 우리, 그것으로) 현현하는 까닭에 '영적' 직관은 명확히 파악될 경우, '나I'의 깊이를 만사의 객관적 상태('그것It')로서의 '우리We'의 폭으로까지, 즉 불佛·승僧·법法으로까지 확장하려는 소망으로 파악되는 것입니다. 따라서 그것은 가장 큰 폭으로 가장 큰 깊이를 보호하고 증진한다는 뜻이 되지요.

내가 믿기로는 '기본적인 도덕적 직관'은 모든 홀론들, 즉 인간 및 그 밖의 다른 존재들에게 주어져 있다고 봅니다. 하지만 홀론의 깊이가 보다 더 깊어질수록 그 홀론은 그러한 '기저Ground'를 더욱더 분명하게 직관할 것이고, 그것은 그러한 '기본적인 도덕적 직관'을 더욱더 완전하게 해독하게 될 것이고, 그래서 그 과정 속에서 점점 훨씬 더 많은 다른 홀론들에게 그 직관을 확장하게 될 것입니다.

◘ 폭을 가로지르는 깊이인 셈이군요.

◎ 그렇습니다. 그 기본 아이디어는, 말하자면, 가장 큰 폭으로 가장 큰 깊이를 증진하려고 도모하는 데 있어서 우리는 내재적 값어치의 차이에 대하여, 즉 우리가 우리 자신의 생명 유지에 필요한 욕구를 충

족시키고자 도모하는 과정에서 파괴시키는 깊이의 정도에 대하여 실용적 판단을 내려야 한다는 것입니다. 이를테면 암소보다는 당근을 죽이는 것이 더 낫다는 것입니다. 어떤 사람이 앨런 와츠Alan Watts[100]에게 당신은 왜 채식주의자냐고 물었을 때 그는 이러한 말로 그 사람의 뒤통수를 내려쳤습니다. "왜냐하면 암소는 당근보다 더 요란한 비명을 지르기 때문이지요."

그렇지만 그러한 것은 (홀론의) 폭을 가로질러서도 이루어져야 하는데, 이렇게 하면 지배자형 위계의 등장을 막아줍니다. 아주 극단적인 예를 하나 들어보지요. 만약 10여 명의 원숭이를 죽이거나 알 카포네Al Capone를 죽이는 상황이 되었다고 한다면 나는 카포네를 죽여야 한다고 말할 수밖에 없을 겁니다. 인간 홀론이라고 해서 신성불가침한 것이란 아무것도 없습니다. 그러한 사고 자체가 본래 무의미한 것입니다. 그러한 것은 본래 가장 최악의 의미에서 정말로 인간중심적인 사고에서 나온 것입니다.

내가 희망하는 바이기도 하지만, 선행하는 '기저' 안에 모두 갖추어져 있는, 단지 깊이뿐만 아니라 폭을 가로질러 깊이를 보존하는 홀라키적 윤리의 일반적인 구도 정도는 파악할 수 있다고 봅니다. '공' 안에 안주하면서 가장 큰 폭으로 가장 큰 깊이를 증진한다는 말입니다. 내가 믿기로는 그와 같은 것이, 바로 시방세계 보살들이 흘리는 눈물의 패턴이라고 봅니다.

100 영국 태생의 미국 사상가. 선불교의 탁월한 해석자이자 인도 및 중국 철학에 정통한 학자로 철학 및 종교심리학에 관한 20여 권의 저술을 남겼다.

◘ 그렇다면 이러한 모든 경우들—문화적 격차와 더불어, 수직적 통합과 더불어, 환경윤리와 더불어 생겨나는 여러 문제들—에 있어서 그것들은 모두 다 평원적 세계의 거부 여하에 달려 있는 거군요.

◉ 확실히 그렇고말고요. 우리는 앞으로 올 변용의 가능성에 대해서 얘기한 적이 있는데, 이는 여러 방면에서 이미 시작되고 있습니다. 그러나 나는 이러한 새로운 변용이 '3대 가치'를 통합하지 않고서도 조화롭게 진행될 수 있다고 믿지 않습니다. '3대 가치'의 분열은 근대성의 실패로 인해 우리의 자각인식에 남겨진 골이 깊게 파인 상처였고, 그래서 새로운 포스트모던 변용은 그러한 조각 난 단편들을 통합해야만 하고, 그렇게 하지 않으면 그것은 20가지 원칙들의 요구에 부합하지 않을 것입니다. 즉 그것은 초월하며 내포하지 않을 것이고, 분화하며 통합하지 않을 것이고, 더 이상의 진화를 할 수 없을 것이고, 거짓된 출발을 할 것이고, 그래서 진화는 십중팔구 그것을 지워버릴 것입니다. 우리는 어제의 상처 위에다 내일을 건설할 수는 없습니다.

수많은 다른 것들 가운데 특히 이것[포스트모던 변용]이 의미하는 바는, 새로운 형태의 사회가 의식·문화·자연을 통합하고, 그리하여 예술·도덕·과학을 위한—말하자면 개인적 가치를 위한, 집합적 지혜를 위한, 기술적 노하우를 위한—여유를 발견하는 진화를 해내야 한다는 것입니다.

게다가 평원적 세계를 넘어서 나아가지 않고서는 결코 이러한 것을 할 수 있는 길은 없습니다. 오로지 평원적 세계를 거부함으로써만 '진', '선', '미'는 통합될 수 있습니다. 오로지 평원적 세계를 거부함으로써만 우리는 신록이 무성한 영역들 모두에서 '영'의 찬란한 표현에 우리 자신을 조율시킬 수 있습니다. 오로지 평원적 세계를 거부함으로써만 우리는 만물 속에 완벽하게 갖추어진 은총에 하나하나 기꺼이 절하며 진정한 환경윤리와 도일체중생度一切衆生에 도달할 수 있습니다. 오로지 평원적 세계를 거부함으로써만 우리는 파괴적인 문화 격차와의 원만한 타협이 이루어질 수 있고, 그리하여 용기를 북돋우는 문화 속에서 개인들로 하여금 그들 자신의 가장 심층적인 가능성을 전개하도록 하기 위해 자유롭게 놓아줄 수 있습니다. 오로지 평원적 세계를 거부함으로써만 단일자연의 속박은 타파될 수 있고, 그리하여 자연은 아이러니하게 자신을 파괴하는 데 기여하는 거짓 신으로 만들어지는 대신 실질적으로 통합되고 따라서 순수하게 존중받게 될 수 있는 것입니다. 오로지 평원적 세계를 거부함으로써만 우리는 인종과 피와 박애의 전쟁으로 황폐화된, 자아중심적이고 민족중심적이며 민족주의적인 제국주의로부터 벗어나, 탈중심화된 의사소통의 교류 속에서 전지구적으로 보통 사람들을 자유롭게 해방시킬 수 있습니다. 오로지 평원적 세계를 거부함으로써만 우리는 비전논리의 진정한 잠재적 가능성에 참여할 수 있는데, 이는 곧 그 [비전논리] 특유의 내재된 희열의 급격한 표출 속에 물질권, 생물권, 정신권을 통합하는 것을 정확하게 겨냥하는 것입니다. 오로지 평원적 세계를 거부함으로써만 '정보 고속도로'의 기술적 기반은 디지털적 무정부의 주인으로서가 아니라 오히려 공존적 교섭에의 봉사자로 만들어질 수 있고, 이러한 방식으로 '정보 네트워크'는 글로벌 단편화가 아닌 글로벌 결속의 여명이 왔음을 실질적으로 선언할 수 있을지도 모릅니다. 오로지 평원적 세계를 거부함으로써만 '세계연합World Federation'이나 '국가집단Family of Nations'은, 그러한 세계중심적 공간의 정력적인 보호에 전념하는 '세계혼' 그 자체, 즉 자비가 넘치는 포섭 속에 찬란하게 빛나는 '영'의 근대적 목소리의 진정한 형태를 중심으로 홀라키적 결속 속에 출현할 수 있는 것입니다.

그러므로 특히 영적이고 자아초월적인[트랜스퍼스널한] 주제로 돌아가려면, 영성에 관심이 있는 사람들이 오로지 평원적 세계를 거부함으로써만 '상승'적인 조류와 '하강'적인 조류를 비로소 통합하기 시작할 수 있습니다. 평원적 세계에서 당신은 오로지 '상승론자'이거나 '하강론자'일 수밖에 없습니다. 당신은 (상승론자로서) 평원적 세계에 대한 어떠한 실존도 몽땅 다 부인하거나 아니면 (하강론자로서) 그것을 '신God'으로 만들려고 애쓰게 됩니다.

■ 그렇다면 우리는 서양 전통의 심장부에서의—상승론자 대 하강론자의—원형적인archetypal 전투로 곧바로 되돌아옴으로써 완전히 한 바퀴 돌아서 여기로 온 셈이로군요.

○ 그렇습니다. 순수하게 '하강적인' 접근에서는 '상승'의 길을 두말할 나위 없이 절대적으로 경멸하고 사실상 거의 모든 인간의 문제와 가이아의 문제에 대해 그들을 비난합니다. 그러나 염려할 필요 없이 혐오는 쌍방적입니다. '상승론자들'은 주장하기를, '하강론자들'은 단순히 자기상실과 외향적 무지에 사로잡혀 있으며, 이것이야말로 전 인류의 혼란의 진정한 근원이라는 것입니다.

'상승론자'와 '하강론자'들은 **2000년이 지난** 지금까지도 여전히 각각 서로의 목을 조이려고 달려듭니다. 말하자면 각각은 여전히 자신만이 '전체자the Whole'임을 주장하고 있고, 여전히 상대의 사악함을 비난하고 있고, 여전히 상대의 탓으로 돌리며 경멸하고 있는, 똑같이 파탄된 정신이상 상태를 영속시키고자 도모하는 것입니다. 상승론자와 하강론자, 이들은 이 모든 세월이 다 지나가도 여전히 미쳐 있는 것입니다.

◘ 요컨대 인간존재 내의 상승적이고 하강적인 조류들을 통합하고 균형을 취해야 한다는 말이군요.

◎ 네, 요점은 이러한 두 조류를 어떤 종류의 합일과 조화 쪽으로 이끌어 와야 한다는 것입니다. 그리하여 지혜와 자비 양쪽 다 이 세계를 초월하고 포함하는 '영', 즉 이 세계에 영원히 선행하면서도 여전히 이 세계와 일체 중생들을 무한한 사랑과 자비, 배려와 관심, 가장 부드러운 자애로움, 광휘 속의 찬란함으로 포섭하는 '영'을 찾는 데 서로 협력할 수 있는 것입니다.

게다가 설사 '하강적' 종교들의 쇄도가 제아무리 대단하게 우리로 하여금 본래 당연한 것으로 받아들여진, 육안으로 보이고 감각할 수 있는 '신'과 '여신'을 인정하고 고맙게 생각하도록 도와준다고 해도, 그 종교들은 가엾은 유한한 '가이아'가 감내할 수 없는 무한한 중압감을 바로 그녀에게 지우고 있는 것입니다. 그것은 지속이 가능한 성장일는지는 모르나 분명 지속이 불가능한 영성입니다. 그런데 우리는 양쪽 모두를 반드시 꼭 필요로 합니다. 인간존재의 상승적인 조류도 역시 관여되어야 하고 활성화되어야 하고 계발되어야 합니다. 왜냐하면 모든 유정有情의 존재[중생]들의 공통의 '원천Source'과 '기저Ground', 즉 석양에 새로운 광휘를 부여하고 각각의 모든 몸짓에서 은총을 찬란하게 발산하는 '원천'을 우리가 발견할 수 있는 것은 오로지 우리 자신의 제한된 도덕적 에고들을 초월할 수 있는지 여부에 달려 있기 때문입니다.

일반적인 '상승론자'와 일방적인 '하강론자' 양쪽 다 온우주를 그들이 선호하는 단편적인 것으로 찢어놓음으로써 이 전쟁 상태의 잔혹성에 기여하고 있고, 그래서 그들은 단순히 그들의 질병을 공유하고 그들의 상처를 애써 외면함으로써 상대방을 전향시켜서 지배하려고 애쓰는 것입니다. 그러나 조화가 찾아지는 것은 '상승적인 것'과 '하강적인 것'의 합일 속에서이지 결코 양자 간의 어떤 잔혹한 전쟁 속에서가 아닙니다. 오직 양쪽이 다 통합될 때에만 양쪽 다 구원받을 수 있다고 말할 수 있겠지요.

■ 이것이 곧 우리를 통합적 전망 자체로 직접 데려오는 것이군요.

● 네, 어떤 종류의 전일적이고 통합적인 관점으로 말입니다. 나는 전근대성의 진정한 최상('존재의 대등지'), 근대성의 최상('3대 가치'의 분화), 그리고 탈근대성의 최상('3대 가치'의 통합)을 존중하고 포함하려고—진실로 "온수준·온분면" 접근 방식에 도달하고자—시도하는 접근 방식에 집중해왔습니다.

■ 예컨대 그림 15-1, 15-2, 15-3으로 요약될 수 있는 통합적 전망에 도달하기 위해 애썼다는 말씀이시군요.

● 네, 맞습니다. 이전에는 결코 퍼즐의 모든 조각들이 가용하지 않았기 때문에 역사상 예전에는 결코 이러한 형태의 온수준·온분면 접근 방식이 가능할 수 없었다는 뜻입니다. 전근대성은 온수준이지만 온분면은 아니었습니다. 근대성은 온분면이지만 온수준은 아니었습니다(그리고 그 근대성이 온분면들을 평원적 세계로 붕괴시켰을 때 그러한 상황은 더욱더 악화되기까지 했습니다). 조각들을 주워 모아서 온분면들을 통합하기 시작한 탈근대성은 대신 평원적 세계의 강도 높은 중력장 속으로 휩쓸려 들어가서는 전보다 훨씬 더 단편화되어버리는 데 그치고 말았습니다.

그렇지만 그 조각들은 모두 존재하고 있고, 그래서 지금 우리가 필요로 하는 것은 순수하게 전일적인 양상으로 그들을 모두 함께 짜 엮는 능력이 있는 전망인 것입니다. 이것이 곧 "온수준·온분면"이 제시하고자 노력하는 것입니다. 그리고 만약 이러한 형태의 통합적 전망이

성공한다면 그것은 비즈니스, 교육, 의료, 건강관리, 정치, 문화 연구, 심리학, 인간발달들에—그 항목들을 열거하자면 정말로 끝이 없어 보이지만—즉각 응용할 수 있을 것입니다.

■ 사람들은 그들이 속해 있는 그 어떤 분야에도 4분면을 적용함으로써 이러한 통합적 전망을 그들 스스로 세워나갈 수 있다고 보는데요.

● 맞는 말입니다. 예를 들면 의료 행위에서 어느 효과적인 관리care는 당신이 환자에게 주는 단지 객관적인 의술이나 물리적 치료(우상 4분면)뿐만이 아니라 환자의 주관적인 신념과 기대심리(좌상 4분면), 질병에 대한 문화적 태도나 희망이나 두려움(좌하 4분면), 그리고 사회적 제도와 경제적 요소와 건강관리를 위한 접근 방식(우하 4분면)도 고려되어야 한다는 것을 알 수 있습니다. 이 모든 것은 환자의 병력에 인과적 영향을 미치는 것입니다(그 까닭은, 모든 4분면은 서로 다른 쪽의 원인이고 또 다른 쪽에 의해 그 원인이 주어지기 때문입니다). 당신은 법률, 교육, 비즈니스, 정치, 환경윤리, 페미니즘 학파, 형무소 개혁, 철학적 체계 등에도 동일한 분석을 할 수 있습니다.

그리고 이것은 가장 구체적인 방식으로 성과를 가져오게 할 것입니다. 만약 4분면이 사실적이라면, 그것들 모두를 포함하는 건강관리체계는 어느 것이라도 보다 더 효과적이 될 것입니다(따라서 보다 더 비용효율적이 됩니다). 4분면을 고려하는 비즈니스는 어느 것보다도 효율적이 되고, 그러므로 보다 더 많은 이익을 낼 수 있을 것입니다. 어떠한 교육체계도 보다 더 효과적일 것이고, 정치도 보다 더 호응이 커질 것이고 영성도 보다 더 변용적이 될 것이라는 등등입니다.

그러한 것은 보다 더 통합적 전망—한 분면의 접근 방식으로부터 **온분면의** 접근 방식으로 이동하는 것—을 구현하는 첫걸음입니다. 두 번째 걸음은 온분면으로부터 **온수준·온분면**으로 이동하는 것입니다.

◘ 이렇게 하면 각 분면에서의 발달의 다양한 파동 및 조류를 추적해나가겠군요.

◉ 네, 맞습니다. 우리는 특히 '좌상 4분면'—물질에서 신체, 마음, 혼, 영으로 차례로 이동해 가는, 그리고 의식의 각 단계의 상이한 욕구, 동기, 가치, 세계관, 자기정체성 등과 더불어 의식의 전체 스펙트럼에 걸쳐 있는 아홉 개 남짓한 분기점들—에서의 발달에 초점을 맞추어왔습니다. 그러나 그러한 발달들은 다른 모든 분면들과 상관성을 갖고 있으며, 그러므로 당신은 그 분면들에서도 마찬가지로 따라갈 수 있는 것입니다. 만약 의료 행위가 모든 4분면을 포함한다면 단지 그것이 어떻게 보일 것인가에 대한 것만이 아니라, 각 분면에서의 의식의 전체 스펙트럼에도 역시 의료 행위가 걸쳐 있다면 그것이 어떻게 보일 것인가에 대한 것입니다. 만약 당신이 치유하기 위해 물질과 신체를 사용한다면 단지 당신이 무엇을 할 수 있는가에 대한 것만이 아니라, 오히려 치유하기 위해 당신이 마음, 혼, 영도 마찬가지로 사용한다면 당신이 무엇을 할 수 있는가에 대한 것입니다. 전全 스펙트럼 의술은 어떻게 보일 것인가에 대한 것입니다. 마찬가지로 전 스펙트럼 교육은 어떻게 보일 것인가? 전 스펙트럼 경제는? 전 스펙트럼 정치는? 비즈니스는? 결혼은? 영화는? 예술은? 어떻게 될 것인가에 대한 것입니다.

◘ 각 분면에서의 전 스펙트럼을 따라간다면 어떻게 되는가 하는 것이지요. '나'·'우리'·'그것들' 영역은 모두 신체에서 마음으로 혼으로 영으로 진화하는 것이지요. 그러므로 온분면·온수준이군요.

◉ 그렇습니다. 그래서 통합적 관점 내에 혼과 영을 포함할 경우 우리는 '상승'적이고 '하강'적인 방식 양쪽으로 다 그렇게 한다는 것을

특히 기억하고 싶어 할는지도 모릅니다. 우리는 우리 자신을 신체에서 마음으로 혼으로 영으로 데려가는 지혜의 해방적 이동뿐 아니라 또한 혼과 영을 내려오게 하여 신체, 세속, 생명, 관계 속으로 데려오는 자비와 치유의 환생적 이동도—'신'과 '여신'을 똑같이 존중하며—포함하고 싶어 합니다.

이러한 것은 또한 엄청나게 많은 연구 프로젝트들에 길을 열어놓습니다. 온수준·온분면적 접근 방식을 구현하는 방법에 관한 1000편이나 되는 학위 논문이 있습니다(각 분면에서의 수준과 계통들을 준수하기 위한 특정 분야의 추천에 대해 《통합심리학》을 참조하기 바랍니다). 그렇지만 마찬가지로 당신이 당신 자신의 통합적 전망을 구현할 수 있는 모든 사소하고 일상적인 면들도 또한 있습니다.

◘ 이를테면 개인적 변용과 영적 수련 같은 것 말씀이시군요. 통합적인 변용 수련은 필경 온수준·온분면적일 것이므로 그러한 것은 실질적으로 무엇을 수반합니까?

○ 원한다면 당신이 이러한 것을 따라서 할 수 있는 몇 가지 접근 방법들에 대해 당장 열거할 수 있습니다. 예컨대 토니 슈워츠Tony Schwartz의 《무엇이 정말 문제인가: 미국의 지혜를 찾아서What Really Matters: Searching for Wisdom in America》와 마이클 머피와 조지 레오나르드George Leonard의 《우리에게 주어진 삶: 신체, 마음, 가슴, 혼의 잠재능력을 실현하기 위한 장기 프로그램The Life We are Given: A Long-Term Program for Realizing the Potentials of Body, Mind, Heart, and Soul》 그리고 나의 저서인 《일미One Taste》를 들 수 있습니다.

일반적인 아이디어는 단순히 우리가 몸, 마음, 혼, 영을 단련할 필요가 있다는 것입니다. 또 나아가 자기self, 문화, 자연 속에서도 그렇게 할 필요가 있다는 것입니다.

◘ 통합적 전망이군요.

○ 네, 통합적 전망이지요. 그리고 최종 결과는 무시간성 속에서 단순히 당신이 누구이고 무엇인가를 깨우치는 것입니다. 즉 이 통합적 현시의 실제 저자인 '영'으로 깨어나는 것입니다.

그리하여 바로 거기, '신'과 '여신'이 마침내 통일되는 곳, 잃었다가 다시 찾은 '가장 사랑 받는 자Beloved'로서의 모든 '색'('형상')을 '공'이 포옹하는 곳, '영원성Eternity'이 우아한 '시간'의 찬미를 즐겁게 노래하는 곳, 시바Shiva가 휘황찬란한 샥티Shakti에 주체할 수 없을 정도로 매료되어 넋이 나가는 곳, 상승적인 것과 하강적인 것이 한 손으로 치는 손뼉 소리 속에 선정적으로 서로 포옹하는 곳인 [온우주의] '가슴the Heart'속 비밀스러운 동굴 속에 숨어서—바로 거기 '일미One Taste'의 우주 속에서 영원히—온우주는 놀랄 만한 이야기를 말해주는 데 있어 단 하나의 영혼이라도 결코 제외시키지 않는다는 무언의 인식 속에서 스스로 보여지는 자신의 참된 본성을 알아보는 것입니다.

그리고 기억하지요? [온우주의] '가슴'속 바로 거기에서, 천상의 연인이 마침내 결합하는 바로 그곳에서, 전체 게임, 즉 이 진화의 악몽은 원상태로 되돌려지고, 그래서 당신은 전체 쇼가 시작되기 전에 있었던 바로 그곳에 있는 것입니다. 절대적으로 명백한 것에 대한 급작스런 충격과 더불어 당신은 당신 자신의 '본래면목本來面目', 빅뱅 이전에 당신이 가졌던 면목, 즉 모든 피조물로 미소 짓고 전체 '온우주'로 노래하는 순수한 '공'의 면목을 알아봅니다. 그래서 그것은 그러한 원초의 섬광 속에 모두 원상태로 되돌려지고, 그래서 남아 있는 것 전부란 미소뿐이며, 어느 투명하게 밝은 밤 조용한 연못 위에 비친 달의 모습뿐입니다.

부록: 홀론의 20가지 원칙

우리가 어디에서나 20가지 원칙들을 발견해도 그것들은 언제나 진화적 체계의 성향들 중 단지 몇 가지에 지나지 않는 것일 뿐입니다. 즉 그것들은 "온우주적 패턴"입니다. "20"이라는 숫자에 신성불가침적인 것은 아무것도 없습니다. 이것들 중 일부는 단순한 정의이고, 다른 것들은 정말로 성향입니다. 원칙2는 실제로는 네 가지이고, 원칙12는 다섯 가지를 갖고 있습니다(그렇게 되면 열아홉 가지가 됩니다). 세 가지가 추가로 더 있습니다(그러면 스물두 가지가 됩니다). 그렇지만 최소한 두 가지 원칙은 단순정의(예컨대 원칙7과 원칙9)이고, 이것이 대략 스무 가지가 되게 합니다. 그렇지만 흥미 있는 독자는 더하거나(혹은 빼거나) 하는 것들을 필경 더 많이 발견할 수 있습니다.

1. 전체로서의 실재는 사물이나 과정으로 구성되어 있는 것이 아니라 홀론holon(다른 전체의 부분인 전체, 예컨대 전체 원자는 전체 분자의 부분이고, 분자들은 전체 세포의 부분이고, 세포들은 전체 유기체의 부분이고 등등)으로 구성되어 있다.
2. 홀론은 네 가지 근본능력을 보여준다. 즉 (a) 자기보존 능력(작인agency) (b) 자기적응 능력(공존적 교섭communion) (c) 자기초월 능력(에로스eros) (d) 자기소멸 능력(타나토스thanatos)이 그것이다.

3. 홀론은 창발한다.

4. 홀론은 홀라키적으로 창발한다.

5. 각 창발된 홀론은 선행하는 것(들)을 초월하고 포함한다.

6. 하향적인 것은 상위적인 것의 가능성을 설정하고, 상위적인 것은 하위적인 것의 개연성을 설정한다.

7. 홀라키를 구성하는 수준의 수는 홀라키가 "천층shallow"인지 "심층deep"인지 여부를 결정한다. 그리고 어느 주어진 수준에서의 홀론의 수는 그것의 "폭span"이라고 일컬어져야 할 것이다.

8. 진화의 각 순차적인 수준은 보다 큰 깊이와 보다 작은 폭을 만들어낸다.

추가1: 홀론의 깊이가 보다 더 깊어질수록 의식의 정도는 더욱더 커진다.

9. 어떤 홀론을 파괴해보라. 그러면 당신은 그 홀론보다 위인 홀론들을 모두 파괴할 것이고, 그것보다 아래인 홀론들은 아무것도 파괴하지 않을 것이다.

10. 홀라키는 공共진화한다.

11. 미시적인 것은 그 깊이의 모든 수준의 거시적인 것과 관계적 교류를 하고 있다.

12. 진화는 방향성을 갖고 있다.

a. 복잡성이 증가한다.

b. 분화/통합성이 증가한다.

c. 조직화/구조화가 증가한다.

d. 상대적 자율성이 증가한다.

e. 목적인目的因이 증가한다.

추가2: 모든 홀론은 온우주에 '차용증서IOU'를 발행해준다.

추가3: 모든 '차용증서'는 '공空' 속에서 되찾게 된다.

켄 윌버의 사상과 생애

조효남

현대의 철학자, 심리학자, 문명비평가, 신비가, 후기 탈근대 사상가, 자아초월 사상가, 통합 사상가라고 다양하게 일컬어지고 있는 켄 윌버의 사상은 깊고 방대하지만 그만큼 비판자들도 적지 않다. 그러나 윌버만큼 전 세계의 다양한 분야의 학자, 전문가, 지식인들로부터 폭넓은 인기와 많은 추종자와 동조자들을 확보하고 있는 통합 사상가는 찾아보기 어렵다. 물론 그가 주도하는 통합사상연구회Integral Institute 관련 주요 사이트에 쇄도하는 접속을 제외하고서도, 전 세계 수십 개국의 심리학회 또는 트랜스퍼스널학회 관련 웹사이트나 전문가들의 개인 홈페이지에 들어가보면 그의 위상과 인기를 실감할 수 있다.

심지어 그의 통합 사상과 가르침에 심취한 브래드 레이놀즈Brad Reynolds와 같은 추앙자들은 그를 환생한 현대의 '문수보살'로 생각하고 단순한 사상가, 철학자가 아닌 '구루(선사禪師)'로 생각하며 따르고 있다. 분명 그는 스스로 말하듯이 구경각究境覺에 도달한 선사는 아니고 서양의 뛰어난 선지식善知識 중 한 사람이다. 물론 40년이 넘게 명상, 참선 수행을 해오면서 수많은 신비 체험, 절정 체험을 통해 어느 정도는 자아초월적 깨달음의 경지에 이른 사상가라고도 말할 수 있을 것이다.

천재적인 대사상가인 그는, 1970년대 중반에 트랜스퍼스널(자아초월)심리학이 심령/무속 체험, 신비 체험 정도나 다루고 사상적 체계를 못 잡고 있을 태동의 시기에, 23세에 집필한《의식의 스펙트럼The Spectrum of Consciousness》이라는 획기적인 저서를 통해 혜성같이 등장하였다. 마치 연예인이 자고 일어나니 하룻밤 사이에 유명인이 되듯이, 그는 트랜스퍼스널 분야에서 갑작스레 유명해지고 트랜스퍼스널심리학 패러다임의 전환을 가져오면서 이 분야의 새 지평을 열었다. 이후 그는 30여 년간 수많은 글과 논문을 통해, 그리고 20권 이상의 통합철학, 자아초월심리학, 통합심리학, 통합심리치료, 통합영성, 통합수련 관련 저서를 통하여, 통합 사상과 통합 패러다임을 단계적으로 발전시켜왔다. 한마디로 그는 인간의식의 전 스펙트럼과 동서고금의 모든 분야 및 모든 종류의 사상들과 진리 주장을 그의 '모든 것의 이론'으로서의 이른바 AQALAll Quadrant All Level 통합 패러다임으로 포섭하여, 그들의 진리 주장의 부분적 타당성을 인정하면서도 그 한계와 오류를 통렬하게 비판함으로써 그의 방대한 통합 사상의 체계를 축차적으로 확장시키며 발달시켜온 것이다. 마치 그의 핵심 사상인 이 책《모든 것의 역사》의 온우주론에서 강조하는 온우주의 홀론/홀라키적 실재의 창발적 진화를 통해 창조적으로 전개하는 '영Spirit'의 활동과도 같이, 그의 사상은 초기의 제1기(윌버 모형 I)에서 현재의 제5기(윌버 모형 V)에 이르기까지(윌버 자신은 자신의 현재 이론 모형을 아직도 제4기 후기의 포스트 윌버 모형 IV라고 함) 홀론적으로, 정합적으로 이전의 사상을 포함하고 초월하면서 확장시키고 발전해온 것이다.

켄 윌버는 벡Don Beck/카우언Christopher Cowan의《스파이럴 다이내믹스Spiral Dynamics》의 '밈meme'의 경우와 같이 다른 사상들을 흡인하여 자기 것으로 만들면서 그 사상가 자체도(벡의 통합적 스파이럴 다이내믹스, 4QFour Quadrant/8LEight Level의 경우와 같이) 그의 영향을 받아 변하게 만들며 계속 성장 변화해왔다. 지금도 그는 그의 모든 사상의 정수를 담은 '온우주론 3부작Kosmos Trilogy' 중 1995년에 내놓은 《성, 생태, 영성Sex, Ecology, Spirituality》 이후 여러 비중 높은 사상서들(《영의 눈Eye of Spirit》, 《감각과 영혼의 만남Marriage of Sense and Soul》, 《통합심리학Integral Psychology》, 《켄 윌버의 일기One Taste》, 《모든 것의 역사A Brief History of Everything》, 《모든 것의 이론Theory of Everything》, 《부머리티스Boomeritis》, 《통합영성Integral Spirituality》 등 그의 제4기 후반 및 제5기 초기의 사상서)을 계속해서 내놓고 있다. 그리고 그는 2000년대 초부터 탈형이상학적·포스트모던적으로 전향된 제5기(윌버 모형 V)의 정수를 담고 있는 온우주론 3부작 중 제2부작《온우주적 카르마와 창조성-탈/근대성의 영Kosmic Karma and Creativity-Spirit of Post/Modernity》과 제3부작《성, 신, 젠더Sex, God and Gender》를 이미 오래전부터 자신의 웹사이트에 대부분 발췌하여 올려놓고 토론해왔고, 2부작은 최근에 e-book으로 출판하였다.

한마디로 말하기는 어렵지만, 그의 통합 사상은 특정한 근대/탈근대/후기 탈근대 사상적 조류나 독특한 사유 체계에서 나온 어떤 특이한 진리 주장이 아니다. 그의 사상은 진리에 대한 통합적 접근에 관한, 그리고 '인간의식 연구'의 선단에서 인간의식과 관련되는 '모든 것'에 대한 통합 패러다임을 제공하는 후기 탈근대적 메타 이론이며 거대 담론이다. 따라서 최근의 그의 주요 저서에 담긴 방대한 통합 패러다임 사상과—또한 그가 주도하여 만든 통합연구회를 통하여 다양한 분야에의 실제 적용 활동에서 나타나는 사상적 동향을 모두 포괄하는—현재의 그의 통합 철학/통합 사상을 제대로 고찰하거나 비판한다는 것은 매우 어려운 일이다.

그리고 그의 최근의 제5기 포스트칸트적·탈형이상학적인 이른바 통합방법론적 다원주의 윌버 모형 V와 같이 AQAL-IMP Integral

Methodological Pluralism 모형은 그의 제4기까지의 사상과 어느 정도 정합적이지만 포스트모던적으로 전향된 사상이다.

윌버는 현대의 위대한 철학자이며 사상가인 하버마스를 비롯한 일부 철학자들조차도 그의 사상 전부를 제대로 읽지 않고 정확히 이해하지 못한 채 부분적이거나 특정한 시각에서 비판하고 있다고 불만을 토로하고 있다. 또한 그의 사상에 대한 유일한 비판서인 《대화 속의 켄 윌버Ken Wilber in Dialogue》에서 보듯이 당대의 주도적인 트랜스퍼스널 사상가들도 그의 사상적 약점을 공격하고 있지만, 윌버의 공격적 답변을 읽어보면 그들의 지적을 일부 수용하면서도 그의 사상의 오류를 근본적으로 인정하는 경우는 거의 없다. 그의 사상의 비평에 대해 그가 답한 글을 보면, 브래드 레이놀즈(《포섭하는 실재—켄 윌버의 통합비전Embracing Reality—The Integral Vision of Ken Wilber》)나 프랭크 비세르Frank Visser(《켄 윌버—열정으로서의 사상Ken Wilber—Thought as Passion》)나 류 하워드Lew Howard(《켄 윌버 소개하기—진화화는 세계에 대한 개념들Introducing Ken Wilber—Concepts for an Evolving World》)의 경우와 같이 그의 저서 20여 권을 거의 모두 통달한 사람이라면, 그의 제5기 사상을 제외하고는 그의 답변에 어느 정도는 공감할 수밖에 없다는 것을 느낄 수 있다.

무엇보다도 오늘의 켄 윌버의 통합 사상을 제대로 이해하려면 먼저 그의 사상의 5단계에 걸친 성장발달에 대한 이해가 필수적이다. 그의 5단계 모형은 이미 널리 알려진 것이지만 그의 사상의 추앙자이며 유명한 해석가인 브래드 레이놀즈는 5단계를 다음과 같이 규정하고 있다.[101]

101 브래드 레이놀즈,《포섭하는 실재—켄 윌버의 통합 비전》, Tarcher/Penguin, 2004, p.15.

- 윌버/제1기Wilber/Phase 1, Wilber Model I: "의식의 스펙트럼 모형The Spectrum of Consciousness" 시기(1973~1977). 이 시기의 모형은 낭만주의적 모형('되찾은 선善, recaptured goodness')으로, 의식의 스펙트럼을 잠재의식에서 자의식에, 초의식에(또는 이드id에서 에고ego에, 신God에) 걸쳐 있는 것으로 단정하였다. 이때 상위의 단계는 본래의, 그러나 잃어버린 잠재적 본성으로 돌아가고 또 되찾는 것으로 보았다.
- 윌버/제2기Wilber/Phase 2, Wilber Model II: "진화로의 변혁 모형The Evolution Revolution" 시기(1978~1983). 이 시기의 모형은 발달의 단계나 수준에 따라 전개하는 의식의 스펙트럼과 함께 보다 구체적으로 진화적이거나 발달적인 모형('선善을 향한 성장growth-to-goodness' 모형)이었다.
- 윌버/제3기Wilber/Phase 3, Wilber Model III: "통합적 비전 모형The Integral Vision: 자기Self, 수준Levels, 계통Lines" 시기(1983~1994). 이 시기의 모형은 발달의 수준에 발달의 계통(라인)들이 더해진 것이다. 즉 전반적인 의식의 스펙트럼의 기본수준을 통해 비교적 독립된 방식으로 진전하는 수많은 상이한(이를테면 인지적·욕구적·감정적·도덕적·심리적·영적 등의) 발달 계통들이 포함된 모형이다.
- 윌버/제4기Wilber/Phase 4, Wilber Model IV: "4분면과 포스트모던 비판 모형Four Quadrants & The Post Modern Critique" 시기(1998~2000). 이 시기의 모형은 4분면의 아이디어, 주관적(의도적)·객관적(행동적)·상호주관적(문화적)·상호객관적(사회적) 차원들 등이 추가된 모형이다(그의 제4기 AQAL 메타 이론의 모형이 정립된 시기이다).
- 윌버/제5기Wilber/Phase 5, Wilber Model V: "통합적 AQAL 접근 모형Integral AQAL Approach" 시기(2001~현재). 이 시기의 모형은 온수준all-

level·온분면all-quadrant, 또는 제4기 AQAL 모형의 성숙과 연장으로서 후기 탈근대적·탈근대적 전향과 함께 통합적 탈형이상학 IPM: Integral Post-Metaphysics과 통합방법론적 다원주의에 바탕을 둔 AQAL-IMP 모형이다. 제4기 후반 이후부터 그의 통합 사상은 비즈니스에서 정치에, 교육에서 의료에, 과학에서 영성 등에 이르는 다양한 분야에서의 통합적 방법론의 실용적 적용을 보다 더 강조하고 있다.

윌버 사상과의 만남

켄 윌버가 누구인가는 그의 웹사이트나 통합연구회 사이트를 클릭해 들어가서 그의 사상, 저서, 근황, 그에 대한 비판·토론·대담 등을 접해보면 알 수 있으며, 그가 얼마나 인기 있는 이 시대의 대사상가인가를 실감할 수 있다. 켄 윌버는 현재 미국 콜로라도주 볼더에서 명상·저술·학술 활동을 하면서 자아초월심리학/정신의학과 통합 사상 분야의 세계적인 석학들이 참여하고 있는 세계통합연구회를 주도하고 있다. 수년 전부터 그는 건강상 문제(간질병 발작)로 인해 전보다는 덜 활동적이지만, 지금도 여전히 통합연구회를 이끌며 다양한 문화·학술 활동에 참여하고, 세미나·대담·인터뷰 등 대외 활동을 활발하게 하고 있다.

20여 권에 이르는 그의 저서는 세계 여러 나라 언어로 번역되고 있어서 전 세계적으로 그의 통합 사상을 21세기 융복합 과학기술혁명 시대의 진정한 통합비전으로 보는 사람들이 점점 더 늘어나고 있다.

우리나라에서는 20년 전까지만 해도 소수의 관심 있는 사람들만 일본의 번역서나 원서를 통해 그의 사상을 접하고서 그 위대함을 알고 있었으나, 2000년대 초 필자에 의해 《감각과 영혼의 만남》이 최초로 번역 소개된 이래 최근에 이르기까지 그의 저서 중 10권 이상 번역 소개되면서 누구나 켄 윌버 사상을 쉽게 접할 수 있게 되었다. 하지만 열린 의식을 가진 지식인과 전문가, 학자들을 제외하고는 아직도 제도권 내의 인문사회학 분야의 전문가나 일반 지식인들에게 그의 사상은 비교적 생소한 편이다.

그의 저서는 어느 것을 막론하고 동서양의 고금의 철학, 종교, 심리학, 인류학, 과학, 신물리학, 신과학, 사회학, 예술 등 거의 모든 분야를 종횡무진으로 인용하며 넘나들고 있다. 대부분의 그의 저서는 동서양의 '영원의 철학'적 전통지혜의 정수에서 나온 의식의 스펙트럼, 인간의식의 성장 및 진화, 존재의 대사슬/대둥지, 온우주의 대홀라키, 심층과학적 방법, 진리의 4분면, 3대 가치권에 대한 통합적 패러다임을 해박하고 명석하게 밝히고 있다. 뿐만 아니라 40년 이상의 명상·수련을 통한 체험과 깨달음에서 우러나온 초월적 의식세계, 정신세계에 대한 통합적 안내 지도를 심오하고 명확하게 기술하고 있다.

따라서 그의 모든 저서는 누차 강조했지만 그의 심오한 사상이 보여주듯이 단순한 포스트모던적 편향의 어떤 독특한 사상에 관한 저술이 아니다. 윌버는 포스트모던적·신과학적·신시대적·정신과학적인 종교·철학·심리학·신과학 사상가이면서도 오늘날 유행하고 있는 깊이 없고 단조로운 평원적 의식의 전일주의적·시스템적 포스트모던 사상과 신과학 사상, 극단적·이론주의적 신패러다임주의자들을 신랄하게 비판하고 있는 진정한 심층 통합 사상가이기도 하다.

각 분야의 열린 의식을 가진 전문가와 선구자들이 윌버의 사상을 예찬하는 말은 수없이 많으나 그중 몇 사람의 경우만 예를 들어보면, 《세계의 종교The World's Religion》의 저자 휴스턴 스미스Huston Smith는 "서양 심리학을 세계의 전통지혜의 통찰에 의해 열리게 한 작업을 윌버 만큼 한 사람은 아무도 없고, 융조차도 하지 못한 것을 윌버는 해냈다"고 말하고 있다. 그런가 하면 《사람은 왜 늙는가Ageless body, Timeless mind?》의 저자 디팩 초프라Deepak Chopra는 말하기를, "켄 윌버는 이 세기에 의식의 분야에서 가장 중요한 선구자 중 한 사람이다. 나는 그를 나의 스승으로 간주한다. 그는 우리 모두에게 영감과 통찰의 근원이다. 그가 저술하는 것을 모두 읽어라. 그러면 그것은 그대의 삶을 변화시킬 것이다"라고 극찬하고 있다.

그러나 누구보다도 윌버 사상의 핵심을 예리하게 적시한 사람들 중에는 《무엇이 정말 문제인가: 미국의 지혜를 찾아서》의 저자인 미국의 저명한 저널리스트 토니 슈워츠를 꼽을 수 있다. 그는 이 책 《모든 것의 역사》의 추천사에서 윌버의 사상을 쉽고 탁월하게 설명하고 있다.

오랫동안 주로 불교 사상과 동양학, 그리고 동서양의 명상, 영성, 신비 사상과 신과학 관련 서적을 주로 탐독해오던 필자가 우연히 켄 윌버의 사상을 본격적으로 알게 된 시기는 거의 25년 전으로 거슬러 올라간다. 그 전에는 윌버에 대하여 범양사출판부에서 번역되어 나온 《동양의 명상과 서양의 심리학》에서 그의 초기 사상인 의식의 스펙트럼에 대해 소개한 짧은 글을 접한 적이 있었는데, 당시에는 의식의 수준에 스펙트럼이라는 물리학적 용어를 도입한 정도의 이론쯤으로 보았기에 별로 감명 받지 않았다. 그 외에도 그의 사상서가 아니고 위대한 물리학자들의 신비 사상에 대한 글을 모은 《현대물리학과 신비주의Quantum Questions》를 보았으나 크게 관심을 두지 않았다.

그러다 미국에 학술 발표 차 갔다가 서점에서 그의 최초의 저서 《의식의 스펙트럼》을 우연히 발견하였고, 그 외에도 그의 심층과학 사상에 관한 주저서인《아이 투 아이Eye to Eye》, 의식의 변용과 통합적 심리치료에 관한《의식의 변용Transformation of Consciousness》, 문화인류학적 진화 사상에 관한《에덴을 넘어Up from Eden》, 그리고 그의 영적 성장과 그의 삶에 관한 자전적인 저서《세상에서 가장 아름다운 용기Grace and Grit》 등을 접하게 되었다. 오랫동안 기공 수련과 정신세계에 대해 공부해오던 필자는 그의 사상이 바로 필자가 추구하고 찾아오던 그 진리관임에 너무나 놀랐고, 동서양의 모든 종교·철학·심리학·과학 사상 등을 망라하는 그의 사상의 방대함과 심오함에 매료당하게 되었다. 결국 그 서점에서 당시에 나와 있던 그의 저서를 거의 모두 구입하여 귀국한 뒤 본격적으로 그의 사상에 깊숙이 빠져들게 되었다. 특히 그의 초기 사상 중에《무경계No Boundary》와《아트만 프로젝트Atman Project》,《세상에서 가장 아름다운 용기》,《에덴을 넘어》, 그리고 그의 사상을 보다 완숙한 경지에서 심오하게 전개한《아이 투 아이》,《의식의 변용》 등에 심취하였다. 그 이후 1990년대를 거치며 90년대 중후반에 나온 그의 방대한 '온우주론Kosmology' 제1부《성, 생태, 영성》과 이를 쉽게 대화체로 요약한《모든 것의 역사》,《감각과 영혼의 만남》,《영의 눈》, 그리고 2000년대 초에 나온《모든 것의 이론》 등 그의 4기 사상의 주 저서들을 통해 필자는 그의 사상에 점점 더 빠져들었다. 특히 동서양의 전통 사상과 현대의 철학·심리학·과학 사상을 통합하는 그의 '영원의 철학'적 의식의 스펙트럼, 의식의 진화/발달 모형과 넓은 의미의 체험과학인 심층과학 사상에 심취하였다. 그리고 진리에 대한 다양하지만 완전한 통합적 시각에서 나온, 이른바 AQAL 매트릭스Matrix라고 일컫는 의식의 온수준·온분면·온계통·온상태·온유형을 모두 포괄하는 온전한 통합적 진리관에 매료당하였고, 윌버주의자가 될 정도로 그의 온우주에 대한 홀라키적 세계관 속으로 빠져들었다.

1977년 《의식의 스펙트럼》이 나온 후 40년 가까이 윌버는 자신의 사상을 더욱 심오하고 성숙한 수준으로 전개해오면서, 전근대 동서양의 종교와 철학의 전통지혜에서 나온 존재의 대사슬/대둥지에 대한 영원의 철학을 신영원의 철학으로 진화적으로 해석하여 근대와 탈근대의 최상의 패러다임들과 통합시킨 후기 탈근대적인 의식의 온수준·온분면·온계통의 통합 모형을 단계적으로 발전시켜왔다.

오늘날 ICT-SNS 융복합 과학기술 혁명이 주도하는 대통합의 시대에 미국을 대표하는 통합 사상가로서 윌버는, 이러한 의식의 스펙트럼 모형을 기본으로 하고, 육안·심안·영안에 의해 획득되는 순수한 지식으로서의 굳은모hardware·무른모software·초월모transware라는 넓은 의미의 과학 사상, 즉 심층과학·정신과학 사상을 바탕으로 하여, 전통 경험과학과 신과학 사상, 전근대·근대·탈근대의 종교·철학·심리학 사상, 실증주의와 신비주의 세계관을 모두 포괄하고 통합하는 홀라키적 온우주론에 바탕을 둔 통합적 세계관으로 우리를 안내하고 있다.

켄 윌버의 생애

천재적인 대사상가 윌버는 1949년 미국의 오클라호마 주에서 태어났고, 공군 장교였던 직업군인 아버지를 따라 여러 곳을 옮겨 다니며 어린 시절을 보냈다. 그는 매우 활달한 성격으로 스포츠와 학업에서 두각을 드러냈고, 특히 물리학·화학·생물학·자연과학과 수학에 매우 뛰어났다고 스스로 회고하고 있다. 듀크대학교에 입학하여 전공 분야를 의학에서 생화학으로 바꾼 것도 소년 시절부터 품고 있었던 자연과학에 대한 호기심과 열정 때문이었다. 그러던 그가 대학에 입학하고 나서 얼마 되지 않은 어느 날 우연히 도서관에서 노자의《도덕경》을 읽게 되면서 생활과 사상과 정신은 급격한 전기를 맞이하게 된다.

그가《도덕경》으로부터 받은 감명은 청년기였던 그의 세계관의 뿌리를 흔들어놓을 정도로 매우 충격적인 것이었다. 그 후 그는 동서양의 정신적 전통, 종교, 신비주의에 관한 문헌과 서양 심리학, 철학에 관한 서적을 열정적으로 탐독하기 시작하였다. 듀크대학교 시절에 그는 특히 선禪 사상에 심취하였고, 동서양의 사상서를 모두 섭렵함과 동시에 한편으로는 명상과 선 수련에도 정진하였다. 그는 곧 듀크대학교를 그만두고 부친이 근무하던 네브라스카로 돌아가 월남전에 징집될 것이 두려워 네브라스카대학교에 등록하였다. 대학원에 들어갈 때까지 그는 생화학과 생물리학을 전공하는 한편 도교, 불교, 힌두의 베단타 사상을 비롯한 각종 동양 사상, 서양 신비주의 문헌, 심리학 각 학파의 문헌, 동서양의 철학·영성 관련 문헌 등을 닥치는 대로 섭렵하였다.

윌버는 자신의 기존 세계관의 두꺼운 껍질을 깨는 고통스러운 체험을 게슈탈트 요법과 참선 수행을 통해 극복하고서 영적으로 깨어나게 되었다고 한다. 그 후 그는 곧 당시의 행동주의 심리학, 정신분석, 실존/게슈탈트 심리학의 혼란뿐 아니라 초기의 트랜스퍼스널(자아초월, 초개인) 심리학에서도 동양 종교나 초의식에 관한 이론들이 난립된 상태를 목격하고는, 이와 같이 혼란의 와중에 있는 모순된 심리학의 학설이나 교의를 통합·정리해보려는 생각을 갖게 되었다. 결국 생화학 박사과정을 그만두고, 그해에 결혼을 한 후 대학을 떠나《의식의 스펙트럼》을 3개월 만에 집필하였다. 이 책은 당시 아직도 체계가 서 있지 않던 이른바 제4심리학이라는 초기 트랜스퍼스널 심리학의 이론적 기틀을 제공할 정도로 트랜스퍼스널 심리학에 패러다임의 변화를 가져오게 하였고, 그를 하룻밤 만에 그 분야의 유명인으로 만들었다. 사실 이 책은 3년간 20여 개 출판사로부터 출판을 거절당하는 수모와 우여곡절 끝에 'Quest Book' 출판사에 의해 발간된 것이었다. 그 후 수년간 윌버는 엄청난 독서와 집필 활동을 계속하였는데, 이 기간에 그는 시간제로 노동일을 하면서 생계를 유지하였다고 한다. 동시에 그는 매월 일정 기간 수련원에 들어가 수련하고 매일 여러 시간의 명상과 함께 참선 수행을 심화시켰다고 한다. 동시에 그는 최초의 저서 《의식의 스펙트럼》의 접근 방법을 훨씬 더 발전시키는 일련의 논문과 책들을 잇달아 신속하게 내놓았다.

한편, 윌버의 개인적 삶을 보면 20대 초부터 명상, 참선, 연구, 저술로 일관하며 활달하면서도 일면 영적 구루와도 같은 삶을 살았으나 결혼 생활만은 시련을 겪었다. 그의 첫 아내와의 결혼 생활은 1981년에 파경에 이르렀으나 원만하게 헤어졌다고 한다. 1983년에는 그를 숭배하며 흠모하던 시인이자 작가인 트레야 킬람Treya Killam을 만나 결혼하였는데, 결혼한 지 열흘 남짓한 시기에 그의 아내는 유방암 진단을 받았다. 그 후 5년여의 기간 동안 그는 아내의 병 치료를 위해 아내와 함께 끊임없이 여행하면서 전업적인 가족 "부양자" 노릇을 하는 법을 배웠다고 한다. 헌신적인 병수발에도 불구하고 그의 아내는 1989년에 사망하였다. 그들이 함께한 삶에 대한 아주 감동적이고 눈물겨운 이야기는 윌버 자신의 고백과 그의 아내의 명상일기를 바탕으로 한 《세상에서 가장 아름다운 용기》에 자세히 소개되어 있다.

이 책의 집필이 끝난 후 윌버는 아내와 마지막 몇 년을 함께 보냈던 콜로라도 볼더로 돌아와 강도 높은 연구와 저술과 명상의 생활로 다시 돌아갔다. 결혼 생활 이후에 결여되어 있던 것으로 보이는 '신들린 듯한 정신'과 영감은 명백하게 회복되었던 것이다. 그 후 그는 자신의 사상을 더욱 심오하고 광범위하게 발전시킨 '온우주론Kosmology'의 3부작을 집필하면서, 또한 더욱 성숙해진 철학·심리학·종교·문화·사회·예술 사상을 담은 주옥같은 저서들을 집필하였다. 2000년대 초에 그는 세 번째로 한 번 더 결혼하였으나 아이를 갖기 원하는 아내와의 갈등으로 다시 헤어지게 되었고, 간질병의 발작으로 사경을 헤매기도 했으나 회복하였고 전만큼 건강하지는 않지만 지금도 통합연구회를 중심으로 어느 정도 활발하게 사회 활동을 하고 있다.

켄 윌버의 업적

이 시대의 자아초월 사상과 통합 사상 분야를 대표하는 대사상가로서의 윌버의 위대한 업적은 지난 40년간 그가 발표한 수많은 논문과 20여 권의 저서(8권의 전집과 최근의 여러 저서)에 잘 수록되어 있다. 윌버의 수많은 논문과 발간된 책의 일부는 처음에는 그가 수년간 편집자로 일했던 《리비전Revision》 학술지에 발표되었다. 1979년에서 1984년 사이에 윌버는 그의 트랜스퍼스널 사상과 통합 모형을 논리정연하게 전개하는 여러 권의 책과 수많은 논문들을 발표하였다.

그중에 그의 제3기 사상까지의 주요 저서로는, 이미 앞에서도 언급한, 개인적 성장발달에 관한 《무경계》와 《아트만 프로젝트》, 집합적으로 인간의 인류학적·사회문화적 진화발달에 관한 《에덴을 넘어》, 과학의 인식론·과학철학과 신과학 사상에 관한 《홀로그래프적 패러다임과 그 외의 모순들The Holographic Paradigm and Other Paradoxes》, 심층 과학 사상의 대표 저서인 《아이 투 아이》, 현대물리학 거장들의 신비 사상에 관한 글들을 편집한《현대물리학과 신비주의》, 종교의 심리학·사회학에 관한《소셔블 갓 A Sociable God》, 정신병리와 정신치료에 관한 다양한 성장발달 진화적 의식의 스펙트럼과 명상치료와 트랜스퍼스널 이론을 소개하는《의식의 변용》등을 꼽을 수 있다.

아내의 병간호와 사별로 인한 시련과 공백기가 끝난 후 수년간의 집필을 위한 칩거 끝에, 1995년에는《의식의 스펙트럼》에 이어 1984년까지의 일련의 초중기 저술에 담긴 '전 스펙트럼적 모형들'을 더욱 심오하고 광범위하게 발전시켜 스스로 그의 최초의 '성숙한' 업적으로 평가하는《성, 생태, 영성》을 발표하였다. 이는 그의 제4기의 원숙한 사상이 시작되는 온우주론의 3부작 중 제1부에 해당한다. 1년 뒤인 1996년에는 난해한 이 책을 일반 독자들을 위해 대담 형식으로 보다 쉽게 축약한 후 적절하게 부드러운 제목을 달아서《모든 것의 역사》를 내놓았다. 그의 초기 저술에서 나오는 기본 주제의 대부분이 이 두 권의 책 속에 담겨져 있다. 이 책들 속에서 그는 초중기 저술에서 심층적으로 다루지 않은 통합적 모형의 거대 담론을 수많은 개념적 혁신과 더불어 보다 심층적으로 취급하고 있다. 이를테면 이 두 책에는 일반 시스템 이론, 진화적 이론, 페미니즘, 생태학적 사고, 근대성과 포스트모던 사상에 대한 철학적 연구 등이 내포되어 있다.

1990년대 후반에서 2000년대로 넘어오면서 윌버는 학문의 대가로서 보다 성숙한 위치에서 온우주론의 3부작 작업을 계속하는 한편, 그의 원숙한 사상이 녹아 있는 10권의 책을 더 내놓았다. 먼저 그는《영의 눈》에서 심리학, 철학, 인지과학, 의식 연구, 인류학, 예술, 문학 이론 등의 다양한 분야에 대한 통합적 접근의 본질을 탐구하는 그간의 발표 논문을 한데 모아서 자신의 통합 사상을 보다 심층적으로 보여주고 있다. 보다 최근에 그는 참과학과 참종교의 통합에 대한 심층적·통합적 홀리스틱 사상을 쉽고 체계적으로 다룬《감각과 영혼의 만남》을 출간하였다. 2000년에는 인간의식의 성장발달의 상이한 스펙트럼의 파동/수준에 따른 다양한 발달 사조/라인/조류/계통의 사상들에서의 의식·자기·정신, 그리고 심리학·심리치료에 관한 통합적 비전을 제시하는, 이른바 온수준·온분면·온계통적인 AQAL 통합 패러다임을 체계화시킨《통합심리학》을 내놓았다.

그리고 양자물리학의 슈퍼스트링 이론의 궁극적 통일 모형인 '모든 것의 이론T.O.E : Theory of Everything'의 개념을 확장하여, 온우주에 존재하는 모든 것의 전부를 포섭하는 보다 원숙한 제4기의 통합 패러다임을 바탕으로 21세기의 진정한 대통합 비전을 제시하는《모든 것의 이론—경영, 정치, 과학, 영성을 위한 통합적 비전》을 내놓았다. 그 외에도 최근에는 윌버 사상의 본질을 여러 저서에서 조금씩 발췌하여 발간한《켄 윌버 사상의 본질》과 일기 형태의 명상록《켄 윌버의 일기—일미》가 나옴으로써 켄 윌버 사상을 보다 심층적으로 알고 싶은 사람들에게 좋은 길라잡이가 되고 있다. 뿐만 아니라 최근에는 소설 형식의 저서《부머리티스Boomeritis》를 통하여 자아중심주의/자아도취주의에 빠진 '베이비붐 세대'의 한 엘리트 젊은이가 에고의 장애를 넘어 통합적 비전을 깨닫게 되는 과정을 보여주고 있다. 그 외에도 최근에 그의 여러 저서에 나타나 있는 자아초월·영성 사상을 뽑아놓은《존재의 단순한 느낌Simple Feeling of Being》은 그의 영성과 자아초월 사상을 맛볼 수 있는 좋은 길라잡이가 되는 책이다.

현재 윌버는 최근의 저서《통합 영성》에서 제4기까지의 사상과는 달리 제5기 사상이라고 일컬을 수 있는 보다 더 포스트모던적으로 전향된 통합적 탈형이상학에 바탕을 둔 통합방법론적 다원주의 AQAL 모형과 탈형이상학적 영성을 제시하고 있다.

한편 1995년에는 '미국종교한림원'에서 켄 윌버의 사상과 업적을 조사하기 위한 대규모의 분과 토론회가 있었는데, 이는 최초로 윌버 사상에 대한 공개 학술 토론으로 기록되고 있다. 이어서 1997년에는 그의 사상을 조명하기 위한 학술대회인 '켄 윌버와 트랜스퍼스널 연구의 미래Ken Wilber and the Future of Transpersonal Inquiry'가 개최되었는데, 전 세계에서 참가한 다양한 분야의 학자와 전문가들로 대회장이 넘쳤다고 한다. 이 학술대회에 이어 윌버 사상을 재조명하고 비판한 트랜스퍼스널 분야의 여러 학자들의 논문과 그의 답변을 수록한《대화 속의 켄 윌버》가 출판됨으로써 윌버 사상을 트랜스퍼스널 분야의 다른 연구 맥락과 함께 살펴볼 수 있는 좋은 계기가 되고 있다.

AQAL 매트릭스 메타 이론

지금까지 켄 윌버의 소개와 그의 통합 사상의 배경과 변천, 그리고 그의 업적을 개관하였다. 여기서는 켄 윌버 통합 사상을 처음 접하는 독자들의 이해를 위해 그의 AQAL 매트릭스 메타 이론의 정의적 개념만을 먼저 간략하게 소개하겠다.

켄 윌버의 온우주론 제1부인《성, 생태, 영성》이후《모든 것의 이론》까지의 그의 모든 저서에서 일관되고 보다 세련되게 체계적으로 다듬어진 (제4기 사상의 정수라 할 수 있는) AQAL 매트릭스 통합 모형은 인간의식과 관련되는 '모든 것'에, 즉 과학·철학·심리학·사회학·정치학·경제학·공학기술 등의 모든 학문 분야와 예술·교육·문화·종교·경영·영성 수행·생활 수련 등 모든 문제에 모두 다 적용할 수 있는 메타 이론으로 제안된 것이다.

이미 언급한 바와 같이 AQAL 모형은 인간의식 존재와 인식에 관한 전근대의 최상인(영원의 철학의 존재의 대사슬/대둥지의) 온수준all-level과 근대의 최상인(가치권의 분화를 4분면으로 나타내는) 온분면all-quadrant, 탈근대의 최상인(인간의식의 다양한 조류/계통을 통합하는) 온계통all-line, 온상태all-state, 온유형all-types을 망라하는 통합 모형이다. 물론 켄 윌버는 최근의 제5기 사상에서 보다 포스트모던적으로 전향하면서 그의 AQAL 모형을 탈형이상학적IPM이고 통합방법론적 다원주의IMP적 AQAL-IMP 4Q4Quadrants/8Z8Zone 모형으로 확장하였다. 그리고 그는 이미 《통합심리학》에서 셸드레이크Sheldrake의 형태 형성적 발달 공간이라는 신과학적 가설 패러다임을 사용하여 AQAL 매트릭스의 설명을 시도하고 있다. 또한 다변량 모델로서의 AQAL은 마치 컴퓨터 S/W의 OS와 같이 '모든 것'에 'IOS Basic'으로서 기본 통합 운영 시스템이나 통합연산Integral Calculus/통합수학Integral Math 모형같이 마치 수리적으로 인간의식의 모든 조망perspectives을 통합적으로 표현할 수 있다. 특히 윌버-콤스Wilber-Combs 상태-단계State-Stage 모형과 함께 AQAL 매트릭스는 모든 인간의식과 조망의 위치address와 고도altitude를 확인하는 도구로 사용될 수 있음을 보여주고 있다.

윌버의 제4기 AQAL 메타 이론의 가장 근본 요소들인 온수준·온분면·온계통·온상태·온유형의 핵심 내용은 다음과 같이 요약할 수 있다.

- 온수준: 그림 2, 3과 같은 인간의식의 스펙트럼에서 스펙트럼 각 단계의 의식의 수준이며 발달의 기본 파동이다. 이는 어느 의식의 발달 계통(인지, 자아, 정서, 도덕성 등) 내에서 재현 패턴들의 질적으로 명확한 등급에 바탕을 두고 있다. 그래서 "상위적"(보다 복잡한) 의식, 그리고 "하위적"(보다 단순한) 의식의, 축차적 전개의 "단

계" 또는 "구조"이다. 그래서 일반적으로 이것들은 전근대의 세계관, 전통지혜를 대표한다. 이 온수준은 계통 발생적으로 진화적 관점이나 개체 발생적으로 발달적 관점에서 보면 신영원의 철학적으로 해석한 의식의 스펙트럼이 된다.

- 온분면: 도표1과 같이 표현되는, 온우주의 4코너/4분면(4분위/4분면)으로도 일컬어지는 온우주 내 모든 존재 및 의식 홀론에 대한 개체적·집합적, 내면적·외면적 시각/조망이다. 온분면이란 어느 홀론이든지 내면적/주관적 "나I" 영역과 상호주관적 "우리/당신we" 영역과 외면적/객관적 "그것It" 영역과 상호객관적 "그것들Its" 영역으로 범주화시켜 다중 조망으로 바라볼 수 있다는 것이다. 이것은 아원자입자 홀론에서 식물, 유인원에 이르는 모든 것들에 대해 4분면적 조망/시각으로 조사 연구하고 인식할 수 있다는 것이다. 최근의 AQAL-IMP에서는 통합방법론적 다원주의에 따라 각 분면도 다시 내측·외측 관점에서 조망할 수 있어 8존Zone으로 구분할 수 있다고 본다.

  이 온분면의 외면적인 시각인 '그것It'과 '그것들Its'을 하나로 취급하면, 온분면은 근대성의 가치권의 분화, 즉 근대의 3대 가치권(과학·도덕·예술), "3보The Big Three"가 된다. 이는 주관적 자기·미학("1인칭I" 언어), 상호주관적 문화·도덕("2인칭we" 언어), 객관적 과학·자연("3인칭Its" 언어)으로 질적 차별화가 된다. 이는 전통적인 동서양의 플라톤의 진Its·선We·미I, 유교의 지I·덕We·체Its, 불교의 불佛, I·법法, Its·승僧, We이 모두 분화되고 통합된 형태로 표현된다. 그래서 온분면은 일반적으로 가치권이 분화된 근대적 세계관을 나타낸다.

- 온계통: 그림 4, 5와 같이 인간의식의 다양한 발달의 라인/조

류/계통이거나 진화하는 요소들로 구성된 발달의 패턴들이다. 이것들은 자기체계(인지, 도덕/윤리, 감정/정서, 상호개인적, 욕구, 자기정체성, 심미성, 가치, 성심리, 영성 등)의 발달을 포함하는 의식의 다양한 전개 수준들을 통해 진행하는 비교적 독립적인 조류이거나 발달 능력으로 정의할 수 있다.

- 온상태: 구조화되어 지속적으로 작용하는 경향이 있는 의식의 구조적 수준, 자기체계의 발달 수준과는 달리 인간의 의식은 정상의식 상태에서 일시적 "상태"로 조대체의 전오식前五識(감각, 지각)과 현재 의식이 깨어 있는Waking 상태, 정묘체(혼체)가 깨어 있는 꿈꾸는 상태Dreaming state, 꿈이 없는 수면 상태에서 원인체(영체)만 주시witnessing하고 있는 상태를 비롯하여, 초의식 수준의 명상 상태에서의 절정 체험/신비 체험이나 트랜스 상태와 같이 약물에 의해 인위적으로 유도된 변성/비일상 의식의 상태를 모두 포함한다. 이것은 "통합 생활 수련Integral Life Practice"이나 교의적 방법론과 함께 통상(조대 → 정묘 → 원인 → 비이원으로의) 의식의 강도 높은 층변의 결과로 나타나는 상태-단계의 축차적 전개를 내포한다.
- 온유형: 인간은 생물학적 성별에 따라서 나타나는 성격/기질에 따라 동일한 의식의 수준에서도 정서, 도덕성, 세계관, 심미성 등의 심리나 행동 패턴이 달라진다. 그래서 남성/여성의 유형, 성격의 에니어그램 유형, 사상 체질/8상 체질 유형, 혈액형 유형 등에 따라 감정, 사고, 심리, 행동, 정신의 패턴이 달라진다는 것을 모두 포괄적으로 고려해야 한다.

위에서 소개한 켄 윌버의 AQAL 매트릭스 메타 이론에 대한 상세한 개념은 그의 《통합비전》에 잘 요약되어 있다. 21세기 통합 비전으로서 AQAL 통합 사상의 대강을 제대로 이해하고자 하는 독자들은 《통합비전》을 읽고 나서 이 책 《모든 것의 역사》를 비롯한 윌버의 전문적 저서들로 들어가는 게 좋을 것이다. 하지만 심리학·철학·종교학 관련 분야의 전문가들은 아래에 요약한 그의 핵심 사상의 총론적 개요를 개관하고 나서 이 책 《모든 것의 역사》와 그 외 다른 전문적 저서들의 각론으로 들어가는 것도 윌버 사상의 포괄적·심층적 이해에 도움이 될 것으로 본다.

인간의식의 연구와 트랜스퍼스널 심리학, 통합철학 분야의 대이론가·거대담론가로서 20여 권의 방대한 저서에 나타난 윌버의 철학·심리학·과학·종교·사회학·인류학·문화·예술 사상은 모두 다 위에서 소개한 존재와 인식(앎)의 온수준·온분면·온계통·온상태·온유형의 AQAL 매트릭스 모형이라고 일컫는 통합 모형을 기본으로 하고 있다. 여기서는 윌버 사상의 핵심인 AQAL 매트릭스 통합 모형의 이론적 배경에 대한 기본 개념부터 알아보기로 하자.

그의 AQAL 매트릭스 모형에서 온수준은 '영원의 철학'에서 나온—그림 1의 a)와 같은 존재의 대사슬Great Chain of being에 대한—사물 → 생명 → 마음 → 혼 → 영(정신)으로 이어지는 윌버의 존재의 홀라키도, 또는 그림 1의 b)와 같이 휴스턴 스미스Huston Smith의 지상계(몸) → 중간계(마음) → 천상계(혼) → 절대계(영)와 같은 존재의 대둥지Great Nest of Being'로 나타낼 수 있다. 이것은 그림 2, 3과 같이 그가 의식의 스펙트럼이라고 일컫는 존재론과 인식론적으로 보는 인간의식의 모든 온수준을 의미한다. 이 온수준과 함께 그의 독특한 통합 관점인 진리의 4분면, 또는 온우주[102]의 네 코너라고 일컫는—온우주의 모든 존재(홀론)[103]의 개체적·내면적(주관적·의식적·의지적), 개체적·외면적(객관적·행동적·과학적), 집합적·내면적(상호주관적·문화적·도덕적), 집합적·외면적(상호객관적·사회적·시스템적) 차원을 모두 통합하는—온분면, 그리고 인간의식 발달의 다양한 계통(라인) 조류를 다 포괄하는, 그림 4와 같은 온계통 및 인간의식의 모든 상태를 망라하는 온상태, 그리고 모든 인간의식의 상이한 유형이나 패턴이나 기질을 다 포섭하는 온유형의 통합이 그의 AQAL 매트릭스 메타 이론의 바탕이다.

그의 사상 초기의 제1단계는 《의식의 스펙트럼》과 《무경계》에서의 (그림 2와 같은) 융의 자기심리학적 의식스펙트럼 모형(윌버 모형 I)[104]에 따른 낭만주의적 사상의 시기이다. 당시에 영성의 회복을 추구하는 철학 사상과 트랜스퍼스널 심리학 사상의 유행병 같은 낭만주의 철학에

102 여기서 윌버가 말하는 '온우주'는 원래 피타고라스 학파의 우주의 정의인 'Kosmos'를 채택한 것으로, 이는 물질우주cosmos(물질권physiosphere), 생물bios(생물권biosphere), 그리고 마음phyche 혹은 이성nous(정신권noosphere)과 신神, theos(신의 영역theosphere, divine domain)를 모두 합한 총체적 온우주를 의미한다. 따라서 그의 온우주론은 물질권에서 신의 영역에 이르는 모든 차원의 홀라키적 온우주에 대한 존재론/실재론이고 온우주적 세계관이다.

103 아서 쾨슬러는 그리스어의 '전체'라는 의미를 가진 'holos'와 조각이나 부분을 말하는 접미어 'on'의 합성어로 '홀론holon'이란 말을 만들었다. 그 의미는 모든 존재는 더 하위의 존재에 대해서는 자기종속적 전체로 기능하지만 동시에 더 상위의 한 전체 존재에 대해서는 수동적·종속적 한 부분이 되는 전체/부분적 야누스 속성을 갖는 것을 지칭한다. 또한 모든 상위의 홀론은 더 하위의 홀론을 초월하면서 집어넣은 채 포섭하는 홀리스틱 역량이 증가하면서 계층hierarchy적으로 등급화되어 있는 것을 지칭하기 위해 '홀라키holarchy'라고 일컬었다. 윌버는 모든 존재는 무수한 아홀론subholon으로 구성된 계층적 구조이고 온우주와 모든 실재는 홀론으로 구성된 홀라키라고 본다.

104 의식의 수준의 진화를 우주심Mind → 초개인적Transpersonal 수준 → 실존적Existential 수준 → 생물사회적Biological 수준 → 자아Ego 수준 → 그림자Shadow(페르소나Persora) 수준으로 점차로 자아정체성이 좁아지는 것으로 보았고, 그래서 그 역방향으로 전체성이 넓어지는 방향을 인간의 본성을 되찾아가는 역진화involution로 보았다.

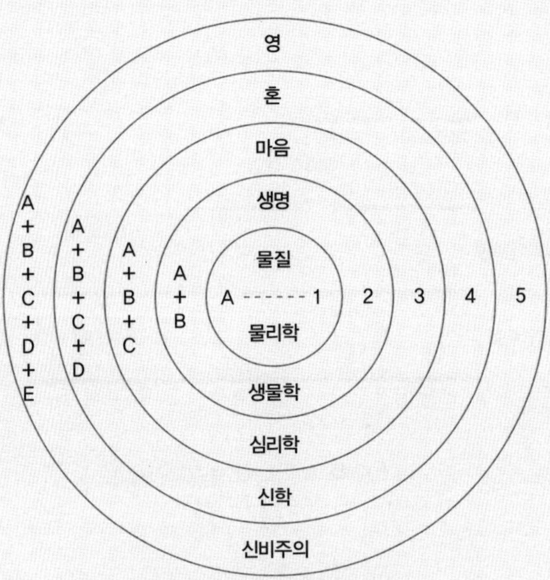

a) 깊이순으로 나타낸 존재의 홀라키도
(《모든 것의 역사》, 90쪽)

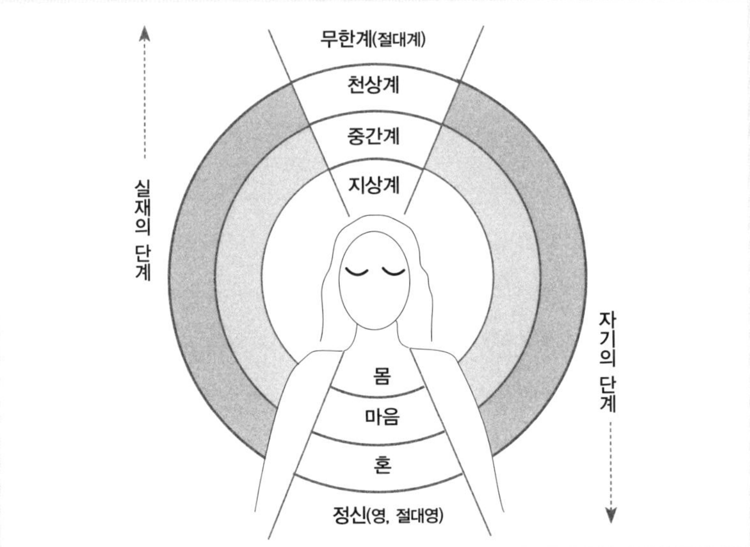

b) 존재의 대원환
(휴스턴 스미스, 《잃어버린 진실: 세계 종교의 공통 비전》, p. 62)

그림 1 **존재의 대원환**(존재의 홀라키도)

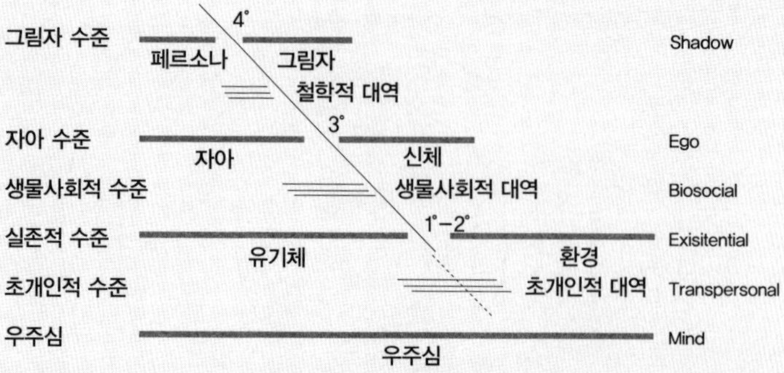

그림 2 **월버의 의식 스펙트럼도(월버 모형 I)**
(《의식의 스펙트럼》, 234쪽)

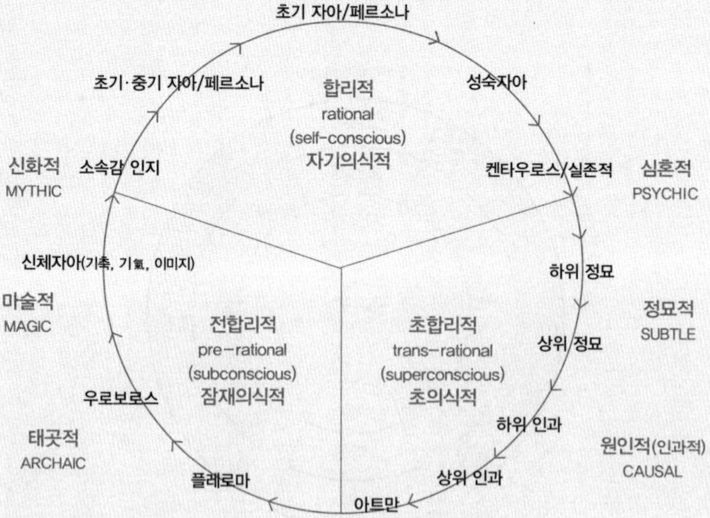

그림 3 **의식의 스펙트럼 7계층 기본 구조와 상세 발달도(월버 모형 II)**
(《아트만 프로젝트》, p.5, 《아이 투 아이》, 397쪽)

그 자신도 흠뻑 젖어 있었고, 지금은 윌버 자신이 가장 경계하는 환원주의와 승화주의적 전초오류PTF: Pre-/Trans- Fallacy를 스스로 범했던 시기라고 회고하고 있다.

그 이후 그는 자기 이론에 포함된 PTF를 깨닫고서 제1단계의 낭만주의 모형을 버리는 고통을 거치며, 《아트만 프로젝트》에서는 당시 발달심리학의 의식, 인지, 욕구, 도덕성, 자기의 성장발달 모형을 도입하여 그림 3과 같이 개인이 개체발생적인 성장발달의 잠재의식적Subconscious → 자기의식적Conscious → 초의식적Superconscious 의식의 성장 과정을 거치는 상세한 10여 가지의 여러 성장발달 단계를 제시하였다. 이어서 《에덴을 넘어》에서는 계통발생적으로 태곳적archaic → 마법적magic → 신화적mythic → 합리적rational → 심혼적psychic → 정묘적subtle → 원인적causal 진화 과정을 거치는, 즉 인류 문화의 문화인류학적 진화발달 모형을 사용하는—그림 3과 같이 의식의 '전 스펙트럼 모형Full Spectrum Model'(윌버 모형 II)을 기본으로 하는—제2단계로의 사상적 성숙을 이룩하였다.

그 후 그는 인간의식 성장의 상이한 수준/파동에 따른 그림 4와 같은 발달의 다양한 라인/계통/사조/조류를 포섭하는 보다 일반화된 모형(윌버 모형 III)을 《의식의 변용》에서 소개하였고, 1980년대 중반을 지나면서 더욱 통합적이고 세련된 모형을 도입함으로써 제3단계의 사상으로 발전하였다. 그리고 1990년대로 넘어오면서 그의 사상은 더욱 성숙하여 온우주론 3부작의 제1부인 《성, 생태, 영성》 이후 《통합심리학》에 이르는 최근 저서에서는 '윌버 모형 II, III'과 본문의 4분면 도표와 같은 '진리의 4분면'(의지적·행동적·사회적·문화적)을 AQAL 매트릭스 모형으로 통합함으로써 의식발달의 다양한 조류/계통을 나타내는 그림 4와 '통합심리도psychograph(그림 5와 같은 발달의 홀라키적 심리도)'를 기본

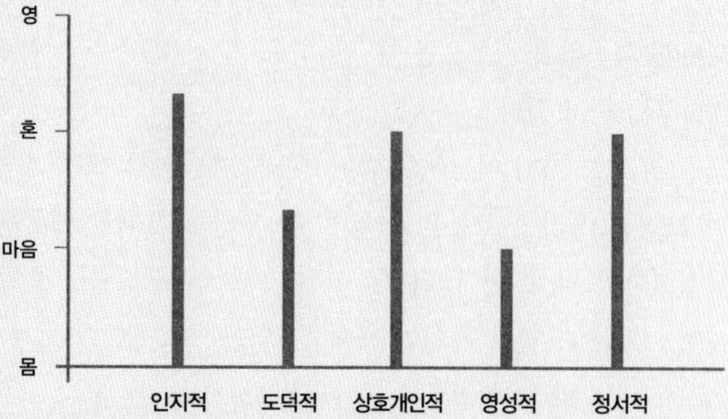

그림 4 **다양한 의식발달 계통의 심리도**Psychograph(**월버 모형 Ⅳ**)
(《통합심리학》, p.31)

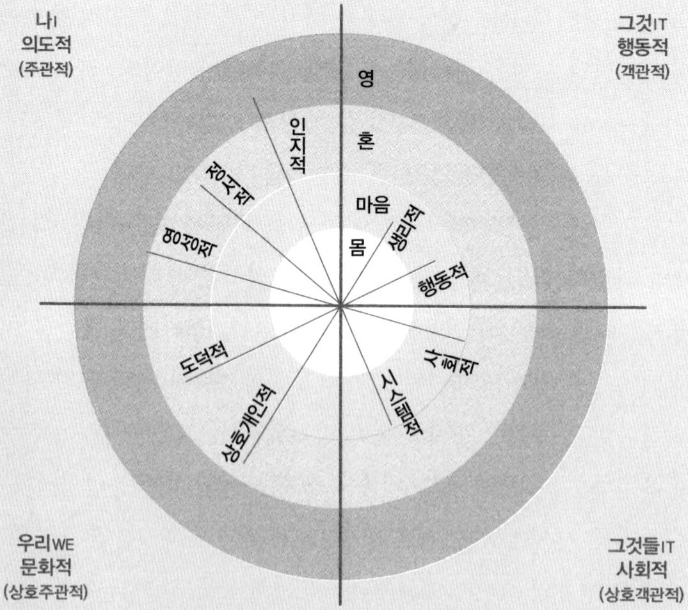

그림 5 **온수준·온분면·온계통적 및 4분면과 홀라키적 심리도에 의한 개인의식 발달의 한 유형**
(월버 모형 Ⅳ) (《통합심리학》, 62쪽, 《켄 윌버의 ILP》, 147쪽 참고)

으로 하는 제4단계의 보다 완전한 통합 모형(윌버 모형 IV)을 AQAL 통합 패러다임으로 제시하였다. 나아가 그의 사상은《모든 것의 이론》에서 보여주는 AQAL 모형의 정치, 경제, 사회, 과학, 영성, 경영, 비즈니스, 문학, 예술 등 다양한 분야에서 응용 AQAL-Apps을 보여주는 제4단계 후기로 더욱 성숙하였다.

이상에서 간략하게 언급한 그의 2, 3, 4단계의 모형들은 대체로 정합적인 순서에 따라 각각 그 선행 모형을 통합하며 그 위에 보다 포괄적으로 구축된 것이다. 여기서는 최근에 나온《통합영성》에서 보여주는 탈형이상학과 통합방법론적 다원주의를 바탕으로 하는 제5단계 모형인 AQAL-IMP 매트릭스 일반 모형과 IPM적 IMP에 대해서는 여기서 언급하지 않을 것이다. 반면에 필자의 졸저《의식, 영성, 자아초월 그리고 상보적 통합》에서 켄 윌버의 사상을 전반적으로 개관하면서 그의 제5단계 통합 사상을 비판하였고, 그의 사상과 동양 사상의 상보적 통합의 측면과 응용 측면에 대해 다루었다.

이와 같이 변천 성숙해온 그의 핵심 사상의 배경을 요약해보면, 그의 사상은 플로티노스의 신플라톤주의, 헤겔의 절대관념론과 신헤겔주의, 동양의 전통 종교(베단타 사상, 중도공관·화엄학·유식학, 선불교 등)와 서양 종교(기독교, 유대교, 이슬람교)의 신비 사상, 서양의 발달심리학, 포스트모던적으로는 스무츠Smuts의 홀리즘holism(전일주의) 사상과 쾨슬러의 홀론/홀라키 사상, 보편적 통합주의(통합적 무조망주의integral aperspectivism)적 포스트모던 사상, 그리고 합리적 신비 사상에 따르는 트랜스퍼스널 사상 등을 배경으로 하고 있다. 특히 그의 사상에서 가장 중요한 비중을 차지하는 '홀라키적 온우주론Holarchic Kosmology'은 홀론/홀라키 사상, 화이트헤드의 과정철학, 힌두의 베단타 사상, 티베트의 금강승불교, 대승불교의 유식학唯識學-공空 사상-선禪 사상-화엄

사상 등에 뿌리를 두고 있다. 그리고 인간의 실존의식과 세계관의 성장 진화는 그레이브스-벡-카우언이 인간의 사회 문화적 의식의 척도로 사용하는 가치밈value meme의 '스파이럴 다이내믹스'적인 역동적 진화발달 사상, 신헤겔학파 크레이머Deirdre Kramer[105]의 역동적인 변증법적 세계관 등과 맥락을 같이하고 있다.

무엇보다도 최근에 그의 성숙한 제4기의 사상(윌버 모형 Ⅳ)을 담고 있는 《성, 생태, 영성》, 《영의 눈》, 《감각과 영혼의 만남》, 《통합심리학》, 《모든 것의 이론》 등 최근의 여러 저서에서 제시하고 있는 AQAL 매트릭스의 온수준·온분면·온계통의 역동적이고 심층적이며 포괄적인 통합적 진리관은 그의 제4기 사상의 정수라 할 수 있다. 따라서 그의 사상을 제대로 이해하려면, 그가 창안한 의식의 전 스펙트럼 모형인 '윌버 모형' Ⅰ, Ⅱ, Ⅲ와 그가 제시하는 진리의 '4분면도'(본문의 4분면 도표)와 의식의 전 스펙트럼 모형을 상호연관적으로 도식화한 통합모형인 '윌버 모형 Ⅳ'(그림 5)에 대해 알아야 한다. 또한 이에 따른 인간의식의 기본구조의 상이한 수준/파동을 통해 나아가는 다양한 발달의 라인/계통/조류를 추적하는 개인의 심리발달의 통합적 심리도 Psychograph와 그 발달의 항해자로서의 의식의 기본구조와 단계에 따른 자기와 자기정체성의 성장발달, 그리고 다양한 의식의 발달 계통의 전이적 성장발달과 병리·치료 양태 등에 관한 《통합심리학》의 핵심사상에 대해서도 알아야 한다. 그리고 《모든 것의 이론》에서 보여주는

105 독일 막스플랑크연구소Max Planck Institute의 심리학 교수이자 성인발달과 노화 문제를 주로 연구하는 여성학자로, 보통 남녀 성인의 세계관은 변증법적 발달에 따라 6단계(전형식주의Preformism → 형식주의/기계주의Formism/Mechanism → 정적 상대주의/맥락주의Static Relativism/Contextualism → 정적 시스템Static System → 동태적 상대주의/맥락주의Dynamic Relativism/Contextualism → 동태적 변증법주의Dynamic Dialecticism)를 거쳐 발달한다고 제안하고 있다.

온수준·온분면·온계통의 전全 통합에 관한 그의 성숙한 제4기의 사상을 거의 모든 분야(정치·경제·경영·사회·과학·영성 등)에 적용하는 온우주의 통합적 비전에 대해서도 이해해야 한다.

한편 윌버가 《아이 투 아이》, 《감각과 영혼의 만남》, 《모든 것의 이론》 등에서 보여주는 넓은 의미의 심층과학 사상, 영성과학적인 심층종교 사상, 과학과 종교의 통합 사상은, 넓은 의미의 체험주의에 따르는 '참과학적 방법의 세 요건'과 인간의식의 '세 가지 눈(육안·심안·영안)'에 의해 타당성 있게 획득된 참지식(앎)에 바탕을 둔 넓은 의미의 과학, 심층과학과 넓은 의미의 종교, 심층종교 사상을 핵심으로 하고 있다. 따라서 그의 과학과 종교의 통합 사상도 그의 AQAL 통합 패러다임에 따라 그림 1과 같이 존재의 대둥지의 상이한 수준의 상이한 양태를 대상으로 하는 모든 다양한 계통의 다양한 수준의 경험과학, 정신과학, 영성/영지과학들의 '진리의 4분면'적 통합에 따른 온수준·온분면적인 심층과학 사상과 심층종교 사상을 기본으로 하고 있다.

물론 윌버 사상에서 빼놓을 수 없는 부분은 통합영성과 자아초월 사상이고, 이에 대해서는 그의 모든 주요 저서에서 보여주고 있다. 특히 《의식의 스펙트럼》, 《무경계》, 《세상에서 가장 아름다운 용기》, 《일미》와 그의 자아초월 사상의 정수를 뽑아놓은 《존재의 단순한 느낌》 등에서 보여주는 그의 영성과 자아초월 사상은 동서양의 모든 주요 신비사상과 전통지혜에 바탕을 두고 있는 방대한 사상임을 알 수 있다. 그의 영성·영적 성장과 자아초월 사상, 그리고 통합 실천/수행/수련의 핵심 사상에 대해서는 최근에 필자가 옮겨서 국내에 소개된 《켄 윌버의 ILP》에 잘 소개되어 있다.

결론적으로 윌버의 사상은, '영'에 의해 역동적으로 진화하는 홀라키적 온우주와 다양한 파동에 따라 발달하는 다양한 조류의 인간의식·영성·자아초월에 대한 이러한 온수준·온분면·온계통·온상태·온유형적인 5차원의 완전한 AQAL 통합 모형을 기본 바탕으로 하고 있다고 볼 수 있다. 그리고 윌버는 이 AQAL 통합 모형에 의해 역동적으로 변화하는 과정으로서의 온우주와 세계에 대한 진정한 의미의 심층적이고 포괄적인 통합 비전과 심오한 통합 패러다임을 제공하고 있다고 말할 수 있다.

현재 윌버의 통합 사상은 제4기 AQAL 모형의 성숙 단계를 지나 제5기 통합적 탈형이상학적 AQAL-IMP 사상으로 전환되면서 비즈니스에서 정치에, 교육에서 의료에, 과학에서 영성에 이르는 다양한 분야에서의 AQAL-IMP의 통합방법론적 다원주의의 실용적 응용을 보다 더 강조하고 있다. 2000년대로 들어온 이후에 켄 윌버는, 통합연구회Integral Institute(I-I)를 중심으로 하는 여러 웹사이트의 네트워크를 통해 온라인이나 오프라인으로 적극적인 대외 활동을 해오고 있다. 따라서 현재 그는, 세계 철학·통합 비전으로서 그의 통합 사상의 확산을 통하여 21세기 후기 탈근대적 통합 패러다임의 시대를 선단에서 앞당겨 열어가기 위해 모든 분야에서의 AQAL 통합운영체제IOS의 적용과 통합적 실천(수행)을 통한 통합적 삶의 확장을 적극적으로 주도하고 있는 시기에 있다고 볼 수 있다.

요약하자면 이 책 《모든 것의 역사》를 비롯하여 《감각과 영혼의 만남》, 《영의 눈》, 《통합심리학》과 《모든 것의 이론》을 포함하는 2000년 초까지의 그의 성숙한 제4기의 사상(윌버 모형 IV)을 담고 있는 최근의 여러 저서에서 그가 제시하고 있는 심층적이고 포괄적이며 통합적 진리관인 AQAL 매트릭스 모형의 핵심은 단순하다. 한마디로 그의 5차원적인 AQAL 통합 사상은, 앞에서 언급한 바와 같이, (1)전근대의 전통지혜의 최상인 '영원의 철학'의 존재의 대사슬/대둥지를 '영'의 진화발달적 전개로 보는 '신영원의 철학neo-perennial philosophy'적 인간의식 발달의 모든 단계/파동/수준의 온수준, (2)근대정신의 최상이라고 보는 3대 가치권(과학·도덕·예술, 나·우리·그것, 眞·善·美)의 4분면적(내면적·외면적, 개인적·집합적) 분별의 측면인 '온우주의 4코너'로서의 온분면, (3)탈근대 사상의 최상으로서의 인간의식과 사상/이론/사조 발달의 다양한 라인/조류/계통을 탈근대 정신의 해석학·맥락주의·구성주의에 의해 포용하고 통합하는 온계통, (4)인간의식의 조대·정묘·원인·비이원의 온상태, 그리고 (5)다양한 기질, 성격, 젠더, 체질 등의 온유형의 통합을 기본 바탕으로 하고 있다.

따라서 다시 강조하지만 그의 사상을 제대로 이해하기 위해서는, 앞에서 언급한 AQAL 매트릭스의 (온수준으로서 의식의 기본구조를 나타내는) 전 스펙트럼 모형과 (온우주의 4코너를 나타내는) '4분면도'의 온분면을 (인간의식의 상이한 수준/파동을 통해 나아가는 다양한 발달계통/사조/조류를 추적하는) 개인의 심리발달의 온계통과 함께 상호연관적으로 도식화하여 나타내는 그림 5와 같은 통합심리도Psychograph에 대해서 심원하게 이해해야 한다. 그리고 그 발달의 조종자로서의 자기의 성장발달에 관한《통합심리학》의 핵심 내용의 이해와 함께 온수준·온분면·온계통의 AQAL 통합에 관한 그의 성숙한 제4기의 사상을 거의 모든 분야에 적용하는《모든 것의 이론》의 T.O.E적인 AQAL-Apps와 온우주의 통합비전에 대해서도 이해해야 한다.

나가는 말

이상에서 간략하게 살펴본 윌버의 AQAL 매트릭스 메타 이론의 핵심 사상은 인간의식과 관련되는 '모든 것'에 대한 통합이다. 시대적으로 보면 전근대의 '영원의 철학'적 존재의 대사슬과 근대의 가치권의 분화와 탈근대의 해체, 구성주의적 모든 조류/사조의 (시간축 상에서 영의 전개로서의) 진화발달적 관점에서 본 통합이다. 그래서 AQAL 통합은 동서양의 사유와 인식의 차이를 고려하지 않고 서구적 관점에서 무차별적으로 이해하고 해석하는 전근대의 신영원의 철학적 통합, 근대의 3대 가치권의 통합, 탈근대의 보편적 구성주의적 통합을 모두 포괄하는 통합 패러다임 사상임을 알 수 있다.

그러므로 켄 윌버의 통합 사상은 동서고금의 모든 사상의 '차이'에 대한 예리한 해석이나 인식을 바탕으로 하는 통합은 아니지만 그냥 가급적 최대한으로 많은 분야의 연구를 존중하면서 모든 것을 정합적 구도와 양상으로 AQAL 매트릭스 안에 포함하려는 시도이다. 윌버는 강조하기를, 어느 누구의 이론도 100퍼센트 옳을 수는 없기 때문에 '누구든지 옳다, 다만 부분적으로 옳다'는 것이다. 그래서 그의 AQAL 매트릭스는 동서양의 전통 종교와 신비주의뿐 아니라 근대과학, 탈근대 철학들의 주장을 모두 포함하는 메타 통합 이론이다.

이는 어느 진리 주장이든지 온우주에 대한 통합적이거나 보다 포괄적인 정의를 위한 이 전반적 "거대그림Big Picture"이나 '모든 것의 이론' T.O.E에 기여할 부분적 진리이지만 그것들 특유의 가치 있는 것을 가지고 있다는 것이다. 그래서 이것은 탈포스트모던적인 통합방법론적·다원주의적·후기 탈근대적 접근이면서, '모든 것은 부분적인 진리'이지만 주체의 포스트칸트적 인식의 진화발달에 의해 단계적으로 더 깊고 더 온전한 모습이 드러난다는 탈형이상학적 사유에다 '100퍼센트 옳은 것은 없다'는 포스트모던 사유마저 깔려 있는 통합 패러다임임을 알 수 있다.

지금까지 《모든 것의 역사》를 통해 켄 윌버 통합 사상의 통합철학적 온우주론과 인간의식의 진화의 정수를 이해하려는 독자를 위해 개략적으로 켄 윌버의 통합 사상의 의의, 배경, 변천에 대한 고찰과 AQAL 매트릭스 메타 이론의 기본 개념만을 상세한 설명 없이 요약하였다. 켄 윌버의 사상을 좀 더 폭넓게 이해하려는 독자는 이 책 《모든 것의 역사》와 함께 《통합비전》을 읽고 나서, 그의 과학과 종교의 통합 사상인 《감각과 영혼의 만남》, 통합의식 심리학인 《통합심리학》, 사상과 모든 분야에의 AQAL 응용 지침서인 《모든 것의 이론》, 그리고 진정한 웰라이프와 영적 성장을 위한 통합생활수련 지침서인 《켄 윌버의 ILP》를 비롯하여 국내에 소개된 그의 저서를 자신의 전문 분야와 연관되거나 관심이 가는 책부터 차례로 읽어나가면 21세기 대통합의 시대에 어느 분야의 전문가이든지 간에 진정한 통합 정신을 실천하는 지성이 될 것이다.

A BRIEF HISTORY
OF
EVERYTHING

찾아보기

ㄹ

ㅁ

ㅂ

ㅅ

ㅇ

ㅈ

ㅊ

ㅋ

ㅌ

ㅍ

ㅎ

A BRIEF HISTORY
OF
EVERYTHING

옮긴이

조효남

육군사관학교를 졸업한 후 미국 미시간 주립대학교에서 구조공학박사를 취득, 육군사관학교 교수를 역임한 후 한양대학교 건설환경시스템공학과 교수로 재직하였다. 공대 학장과 대만국립과학기술대 초빙 석좌교수를 역임하였으며, 2000년 이래 한국트랜스퍼스널(자아초월)학회 공동회장, 한국건강연대 공동상임대표, 미래사회와종교성연구원 이사, 한국정신과학학회 회장 등을 역임하였다. 현재는 서울 불교대학원대학교 초빙 교수이고, 한양대학교 명예교수, 공학한림원 명예회원, 한국정신과학학회 명예회장이다.

지난 30여 년간 도가기공, 불교 심신 수련과 함께 켄 윌버의 통합 사상을 국내에 소개하며 자아초월심리학, 통합철학, 불교, 윤리학, 기학氣學, 정신과학 분야의 학술 활동을 해왔다. 오랫동안 한양대학교와 고려대학교에서 공학윤리와 과학기술윤리를 강의해왔고, 지난 8년간 서울불교대학원에서 통합이론, 통합치유리더십, 핵심통합수련, 몸에너지동작치료, 통합에너지치유, 양자치유 등을 강의해오고 있다.

저서로 《의식·영성·자아초월 그리고 상보적 통합》《역동적 통합변혁리더십》《현대과학기술윤리》《공학윤리》 등이 있고, 역서로 켄 윌버의 《감각과 영혼의 만남》《모든 것의 역사》《켄 윌버의 ILP》《의식의 변용》 등이 있다.